普通高等教育"十一五"国家级规划教材
21 世纪交通版高等学校教材

地铁与轻轨

（第二版）

张庆贺　朱合华　庄　荣　等编著
张　弥　杨林德　主审

人民交通出版社

内 容 提 要

本书为普通高等教育“十一五”国家级规划教材，为高等学校土木、交通、铁道工程类专业教科书，系统介绍了地铁与轻轨交通工程在规划、设计、施工与灾害和防护方面的知识，具体包括：线路规划与设计、车站建筑设计、地铁与轻轨施工、地铁与轻轨设备系统、灾害与防护等内容。

本书既可作为从事地铁与轻轨交通工程勘察设计、施工、监理、监测和科学研究的工程师和技术人员的工具书，也可供岩土、工民建、铁道、道路与隧道工程等专业领域的师生和科技工作者参考，并可作为短训班培训教材。

注：本书另配有PPT教学课件，有需要者可向我社索取，联系电话：010－85285983，85285984。

图书在版编目（CIP）数据

地铁与轻轨/张庆贺等编著．—2版．—北京：人民交通出版社，2006.8（重印2007.7）

ISBN 978-7-114-06089-2

Ⅰ．地…　Ⅱ．张…　Ⅲ．①地下铁道－铁路工程　②轻轨铁路－铁路工程　Ⅳ．U23

中国版本图书馆CIP数据核字（2006）第082069号

书　　名： 普通高等教育“十一五”国家级规划教材
地铁与轻轨（第二版）

著 作 者： 张庆贺　朱合华　庄　荣

责任编辑： 曲　乐

出版发行： 人民交通出版社

地　　址：（100011）北京市朝阳区安定门外外馆斜街3号

网　　址： http://www.ccpress.com.cn

销售电话：（010）59757973

总 经 销： 人民交通出版社发行部

经　　销： 各地新华书店

印　　刷： 北京印匠彩色印刷有限公司

开　　本： 787×1092　1/16

印　　张： 27.75

字　　数： 694千

版　　次： 2002年3月　第1版　2006年8月　第2版

印　　次： 2021年11月　第2版　第11次印刷　总第13次印刷

书　　号： ISBN 978-7-114-06089-2

定　　价： 40.00元

（有印刷、装订质量问题的图书由本社负责调换）

序

由同济大学地下建筑工程、环境、电气和机械工程系的各位资深教授共同费心撰写的这本专业教学用书《地铁与轻轨》即将付梓问世，承张庆贺主编的邀约，要我为本书写述推荐，我当乐以从命。

众所周知，随着我国城市建设事业的飞速发展，继北京地铁之后，晚近十余年来，上海、广州、深圳、南京、青岛等诸大城市纷纷兴起了大规模建造地下铁道的热潮。以上海市为例，地铁1号线、2号线相继投入运营，对缓解地面交通，特别是广大职工上下班的交通拥挤状况有了极大程度的改善，社会效益十分显著；而上海市明珠线一期轻轨交通，利用早前沪杭铁路已废弃的旧有线路，建造高架型轻轨交通，通行2年多来，交通负荷也逐年递增，自市北江湾至铁路南站只需约40分钟便可安全、迅速地直达，完备了上海市内西缘的南北交通联络，也自然地组成了与内、外环线高架道路系统不可或缺的配套项目。这些为民造福、功在千秋的实事工程，市民们欢欣鼓舞，无不额首称庆！无怪国内许多大城市，在条件许可的情况下，也都以大力修建地铁、轻轨为市府的头号市政建设任务。自己作为地下工程建设战线的一名老兵，深感可喜可贺。

为此，作为与国家基本建设事业相适应的高校某些相关专业，适时地开设“地铁与轻轨”这门新课，并积极撰写本门新课的专业教材，当然是顺理成章应办的一桩好事。我对本书经粗阅一过，觉得它深入浅出，以学生容易接受的文字分章阐述，条理清楚，资料翔实、丰富，书中各个章节能够很好地相互配合成一个整体，使青年学子阅读后将可具备这一专业领域的基本知识，也有利于教师备课和相关专业技术人员的参考学习。

我喜见本书的早日出版，并高兴地写了上面的一点文字，代之以为序。

孙钧

2001年仲秋，于同济园

第二版前言

《地铁与轻轨》自2002年3月出版以来，受到城市地铁和轻轨建设、设计、施工和监理工程师的欢迎。一些大专院校土木工程及交通工程专业开设类似的课程，将本书用作教材和参考书。拙作能对从事地铁和轻轨建设的工程师们学习新的技术有所裨益，能为相关专业院校师生们学习参考，笔者甚感欣慰。

《地铁与轻轨》出版至今虽然只有4年多时间，但是我国城市地铁和轻轨交通有了蓬勃的发展。到2004年北京地铁城市轨道交通的总里程达到113km。为了迎接2008年奥运会，北京地铁4号、5号、奥运支线、机场专用线都在紧张施工，预计2008年城市轨道交通总里程达到260km。上海地铁先后建成明珠轻轨3号线、地铁1号线南北延伸线，4号环线浦西段，通车营运总里程超过120km。为了迎接2010年世界博览会，地铁6号、7号、8号、9号、10号、11号五条线都在紧张设计施工，可望2010年前建成13条线组成的总长510km的城市轨道交通网。广州地铁1号、2号线先后投入运营，3号线及4号线正在按计划快速施工。这期间深圳、南京市各有一条地铁线投入运营。天津市对原有地铁1号线进行全面技术改造，同时建成了49.051km的津滨轻轨线。武汉、重庆、大连和长春等市也先后建成1条或数条轻轨交通线。哈尔滨、沈阳、成都、青岛、杭州和苏州等市先后完成了地铁的规划和设计，业已开始或即将开始地铁工程施工。西安、济南、合肥、桂林、鞍山、乌鲁木齐、兰州、佛山、福州、宁波等城市都进行了城市轨道交通的前期可行性研究、客流预测、初步设计。

如此大规模的城市轨道交通工程建设，在世界各国交通工程建设史上是独一无二的。大量的工程实践，各地结合不同的情况，创造了许多新的先进的施工工艺、施工机具、施工材料，克服了许多困难，战胜了多种灾害，积累了丰富的建设经验。再版时应吸收各地地铁与轻轨建设的经验、新的创新科研成果、新的设计理念，缩短教学理论与工程实践差距。

本书出版4年来，国家重新修订颁布了地铁与轻轨勘察、设计、测量和施工验收的标准及规范。这些变化，使本书部分内容显得陈旧，并与工程实践不适应。人民交通出版社本书责任编辑曲乐先生多次来电和来校面谈，希望尽快对《地铁与轻轨》作第二版修订，以适应新的建设需要。出版社也将原本2005年底第四次印刷拖延至修订后第二版印刷。

参加《地铁与轻轨》第一版编著的同济大学的老师们有的已退休，有的离开学校忙于新的工作。主编难以召集原班人马作详细的修订。在不得已的情况下，听取了原参编各位老师的意见后，由主编按国家新颁布的标准规范，对相关的内容做了删除、更换、改正，适当补充近年来新的科研成果和成熟的施工工法和经验，剖析典型工程事故的原因及教训。对于第一版中存在的问题、遗留的差错，笔者加以一一的订正。另外，应出版社要求，作者将近十几年来为同济大学土木工程专业本科学生讲授本书的PPT教学课件加以整理，由出版社统一管理和发送，希望对各院校同行授课有所助益。需要说明的是，我国城市轨道交通规模大，发展速度快，各城市轨道交通的规划网络经常优化更新，各城市轨道交通通车总里程也随时在刷新，本书第二版很难准确地反映各城市地铁和轻轨交通建设的地点、里程、费用等相关参数，许多城市先进的经验被遗漏，许多单位创新的科研成果未被收纳，都请读者原谅。本书第二版列为普通高等教育“十一五”国家级规划教材及同济大学“十一五”教材改革项目，得到学校的支持与资助。鉴于笔者经验水平有限，第二版的“地铁与轻轨”仍然会有许多错误和不当之处，肯请同行专家学者及所有读者批评指正。

本书第二版由北京交通大学张弥教授、同济大学杨林德教授主审。

修订编著者：张庆贺、朱合华、庄荣

2007 年 6 月

于上海同济大学

第一版前言

本书为普通高等学校土木、交通、铁道工程类专业教科书。它既可用作从事地铁与轻轨工程勘察设计、施工、监理、监测和科学研究的工程师的工具书,也可以用作岩土工程、工民建、铁道工程、道路与隧道工程等专业科技工作者及大专院校师生、短训班学员的参考书。

随着城市轨道交通的迅速发展,作者自 1998 年暑假开始在同济大学土木学院地下建筑与工程系开设"地铁与轻轨"选修课,受到许多本科生、研究生、施工企业短训班学员的热烈欢迎。但由于缺少这方面系统的教材给教学工作带来诸多不便,适逢人民交通出版社编辑与作者联系,乐于出版本书,于是促成了本书的完成。

本书第一章介绍了大中城市公共交通的困境及城市轨道交通发展的历史现状和前景;第二章介绍地铁与轻轨路网,线路规划和设计,简要说明轨道工程特点及地铁隧道及车站的限界;第三章介绍了地铁和轻轨车站区间隧道建筑装饰设计原理方法;第四章重点叙述各种类型的地铁轻轨车站与隧道结构材料选择、荷载计算,内力分析,断面设计;第五章介绍地铁轻轨车站、隧道施工组织设计编制,施工方法、施工工艺,施工过程中经济、进度、质量、安全管理控制方法;第六章重点介绍地铁轻轨工程供配电、通讯、信号、给排水、通风排烟和环境控制工程的原理和设计方法;第七章详细阐述了地铁与轻轨工程受到自然灾害和人为灾害破坏机理及防护对策。各章节中插入丰富的工程实例、图片,以便于阅读和理解。每章后附有一定数量思考练习题,供学员课后复习巩固和提高。

本书由张庆贺、朱合华和庄荣教授主编。第一、二、七章及第五章第一、二、五节由张庆贺、黄宏伟教授编写;第三章由庄荣教授编写;第四章由朱合华教授、丁文其、周生华讲师编写;第五章第三节由上海地铁公司总工程师葛世平高工编写;第五章第四节由王聿讲师编写;第六章第一节由刘畅讲师、陈艳琳工程师编写;第六章第二节由吴喜平副教授编写;第六章第三节由高乃云教授、彭海清高工编写;第六章第四、五节由刘畅讲师编写。全书各章节由张庆贺教授做了统稿及校对。作者同事同济大学地下工程系地下建筑教研室的同志对本书编写提纲提出了宝贵意见,上海市市政工程局总工程师白云教授级高工、上海地铁建设总公司副总工程师宋博高工、铁道部第四勘察设计院耿露云、邓朝晖高工以及刘国彬教授等为本书提供了许多有用资料,人民交通出版社的领导、编辑、校审人员为本书的出版付出辛勤劳动。此外,朱小龙、朱忠隆、王慎堂、刘军、朱小华等研究生为本书的打印、校对、编排做了大量工作。

作者的老师、中国科学院院士孙钧教授于百忙之中为本书写了序。

在本书付梓之日,作者对于他们为本书的编写和出版所给予的支持和帮助一并表示衷心的感谢。

在本书的编写过程中,作者虽力求通俗易懂、便于自学,兼顾系统性、准确性、科学性、实用性,但因时间和水平有限,书中有不当和错误之处,敬请同行专家和读者批评指正。

作者
2001 年 4 月 5 日
于上海同济大学

目　录

第一章　绪　论

地铁和轻轨都属于城市快速轨道交通的一部分,因其运量大、快速、正点、低能耗、少污染、乘坐舒适方便等优点,常被称为"绿色交通"。世界范围内人口向城市集中,城市化步伐加快,大中型城市普遍出现人口密集、住房紧缺、交通阻塞、环境污染严重、能源匮乏等所谓"城市病"。地铁和轻轨经过150年的发展,机车车辆、自动控制、通信和信号等技术方面有了很大的进步,很多方面代表和体现了当今高新科学技术发展的水平。发达国家的经验表明,地铁和轻轨是解决大中城市公共交通运输的根本途径,对于21世纪实现城市持续发展有非常重要的意义。

第一节　我国大中城市的交通问题

一、大中城市的交通现状

1. 交通阻塞,行车速度慢

交通阻塞,行车速度缓慢,已成为我国许多城市普遍存在的突出问题,就连新兴城市深圳也不例外。北京市主干道平均车速比10年前降低50%以上,而且以每年递减2km/h的速度持续下降。在20世纪60年代公交运营速度平均为40km/h左右,到了90年代已下降到10km/h。市区183个路口,据统计严重阻塞的达60%,阻塞时间达半小时。上海市一些重要路段的平均车速仅8km/h。公交的服务水平日益下降,客运效益越来越差,以至造成大量自行车涌上街头,出租汽车、私人轿车不断增加。

2. 交通秩序混乱

我国城市传统的混合用地模式,即步行、自行车、低运输量的公共交通工具为主的出行方式,限制了城市客流的疏散。各种车辆混行在道路上,交通次序混乱,交通事故频增。目前我国城市自行车总数已超过一亿辆,一些特大型城市自行车的保有量达几百万辆以上。一辆公共汽车的载客量相当于上百辆自行车的载客量,而几辆自行车在道路上运营空间就占去相当于一辆公共汽车所占道路面积。大量的自行车随意穿行街道,必然造成交通阻塞、车速低。公共汽车、无轨电车等的客运能力仍然较弱,难以满足大城市交通主干线客流需求。

3. 耗能多,污染严重

我国一些大城市环境形势日益严峻,大气污染日益加剧。全国500多座城市,大气质量达到一级标准的不到1%,北京、沈阳、西安、上海、广州均列入世界十大空气污染最严重的城市。资料表明,一辆公共汽车可以代替15~20辆私人汽车,一个拥有600辆公共汽车的车队可以使街道上的小汽车减少12 000辆,这十分有利于缓解交通阻塞的状况。轿车载客的社会费用为公共交通的6~8倍,能耗高达3~4倍,空间占用量高9倍,环境污染损失高达9倍。交通运输虽然不能直接创造财富,但它能把生产、分配、交换和消费在空间上连接起来。越是发达的地区,交通运输的时间价值越高。根据上海市资料,由于交通拥挤所造成的经济损失占当年国民经济总值的10%；而由于交通保障不力，使企业投入增加，生产率下降，这种间接的损失约为直接损失的45%。同样，若以北京“五五”期间车速为标准进行计算，仅公共汽车乘车的时间损失一项，每年的经济损失就高达792亿元。

二、引起城市交通阻塞的原因

1.道路面积少

交通阻塞的关键在于城市道路面积和城市面积比例及人均道路面积太低，见表1-1。

世界主要都市人口与道路密度对比表 表1-1

城　市	人口密度(人/km²)	道路面积占城市面积(%)	人均道路面积(m²)
东京	13 158	15.0	11.3
大阪	11 809	17.6*	14.9
首尔(汉城)	18 047	12.0*	6.5
德里	6 579	16.45*	25*
海德拉巴	17 036	17*	10.06*
马德拉斯	22 133	12.7*	5.72*
雅加达	12 435	7.5*	6.09*
开罗	31 522	33.6*	10.6*
布宜诺斯艾利斯	14 827	17.9*	12.10*
巴黎	20 445	15*	7.32*
巴塞罗那	16 459	15.9	9.69
莫斯科	8 953	8.12	9.10
伦敦	4 363	9.3*	21.3*
纽约	8 886	12.38*	13.9*
曼谷	3 554		
北京城区	27 000	8.4	4.4
上海城区	40 000	8.3	1.6

注：①*估计数字，假设了道路宽10m；

②资料来源：《世界大都市比较统计年表》1994、《国际统计年鉴》1996年。

上海每公里道路汽车拥有量为506辆，北京为345辆，为发达国家汽车拥有量的两倍乃至数倍。长期以来，我国城市人均道路面积一直处于低水平状态，改革开放以来，才有较大发展。根据上海统计年鉴(2005年)资料，2004年底上海市道路长度11825km，为1990年道路总长度的7.25倍。2004年底民用车辆拥有量为326.92万辆，外地车有15万辆，每公里汽车拥有量仍然约为276辆。此外还有750万辆非机动车。市区汽车拥有量大大高于郊区，近年来郊区高速公路增长显著，因此市区汽车拥塞，行车速度下降没有得到根本的缓解。据统计，北京市2004年末汽车保有量为187.1万辆，其中轿车109.6万辆、私人汽车129.8万辆(其中轿车80.3万辆)，机动车拥有约为380万辆。虽然北京市市区快速环线、城市立交桥、郊区高速道路发展速度占全国首位，但道路增长仍跟不上汽车的增长速度，市区上下班高峰时候经常出现汽车阻塞、人流拥挤现象。城市道路增长是有限度的，总是跟不上汽车和人口的增长，开发地下空间，建设快速轨道交通是必然趋势。

2.人口密集、客流量大

近年来我国城市化步伐加快，百万人口以上的城市已达35座之多，50～100万人口之间的城市也超过43座。按照国际标准，城市人口密度大于每平方公里2万人，属于拥挤情况。20世纪80年代初，我国城市人口平均为4万/km²，局部地区有16万人/km²。据上海市2005年统计年鉴统计，2004年底户籍总人口1289.13万人，人口密度(包括郊区)2133人/km²。黄浦区

4.93 万人/km^2,密度最高。9 个老城区中 3 个区人口密度超过 4 万人/km^2 以上,人口密度最小的普陀区也达到 1.55 万人/km^2。而处于郊区的奉贤区人口密度只有 743 人/km^2。将老城区密集人口向郊区疏散,只能通过城郊快速轨道交通来实现。北京市内的四个区平均 2.7 万人/km^2,均处于饱和状态,属于世界人口最稠密城市之一,而诸如上海、重庆、沈阳等城市的人均建设用地仅有 $50m^2$ 左右,在如此狭小的空间布置工业、居住、办公和交通用地,必然导致人均道路面积和城市绿地的减少。我国许多大中城市交通主干道的高峰每小时客流量均超过 3 万人次,有的高达 8 ~9 万人次,低运输量的公共交通运输工具很难适应客流增长的需要。

3. 缺乏科学的现代化管理

路网规划不合理,各种交通工具换乘联运不便,停车场、加油站、维修点配套不齐,现有的道路、高架、地铁使用效率不高,居民利用机动车出行的程度低,平均每人每天只有 0.8 次。上海目前每公里地铁承担的客运量不到香港的 1/3,小于应有的负荷。市民的交通文明意识和交通法规有待提高和改进。现代化的交通工具,一流的管理,文明的乘客,才能做到道路的畅通无阻。

三、解决城市公共交通问题的途径

随着城市的发展以及人民生活水平的提高,人们的出行次数和出行距离均有增加,交通流量更有大幅度增加。据预测,到 2010 年,我国 20 多个大城市主要干道的高峰小时单向断面客流量将高达 3 ~7 万人次/小时。如此巨大的客流量,单采用运能 8 ~9 千人次/小时的地面公共汽车已不能解决问题,与机动车道分离行驶的自行车只能作为短途客运的补充,而大量发展私人轿车在目前尚不符合中国的国情。我国许多大城市建设用地十分有限,不能无限制的扩展道路。因此,应结合城市的总体规划,做好城市快速轨道交通——地铁和轻轨的规划,有计划地、分期分批地建造地下铁道、高架轻轨、郊区快速铁路,并与公共汽车、出租车、有轨电车、轮渡等交通工具有机结合,互为补充。同时也应改进现有的交通法规,强化城市居民交通文明意识。发展城市交通应围绕安全、高效、有序、经济和环保的要点,逐步使交通结构合理,供求平衡,实现 21 世纪的可持续发展。

第二节　地铁和轻轨交通的特点

一、共同的特点

地铁和轻轨均属于城市快速轨道交通的一部分。轨道交通还包括单轨交通、新交通、磁悬浮交通等交通系统。它们虽各有特色,但都能为居民提供优质快速的交通服务。地铁和轻轨交通客运量大、速度快、安全、正点、污染小、低能耗、方便舒适,世界上又称之为“绿色交通”。

二、不同的特点

1. 轮轨系统

地铁和轻轨都是利用轨道作为车辆导向运输方式,以钢轮和钢轨(胶轮和钢筋混凝土凹槽)为走行系统的交通方式。

(1)钢轨选用原则上应以轨道承受的荷重来区分。虽然轻轨车辆轴重较轻,如我国轻轨样车的轴重只有 100kN,但为了保证客车车辆运行的质量,使钢轨有较长的使用寿命以及适应无缝线路的需要,在正线上宜采用 60kg/m 的钢轨,在车场支线内可采用 50kg/m 的钢轨。上海明珠轻轨线的轨道设备考虑到运营强度和城市环境条件,努力减少运营期间轨道设备的维修,选用60kg/m(PD_3 型)高强度耐磨钢轨。目前我国地铁钢轨均采用60kg/m 的重型钢轨,只有车场空车运行、速度低的区段,才选用50kg/m 和43kg/m 的轻型钢轨,而且地铁和轻轨都趋向于选用重型钢轨,因为重型钢轨不仅能增强轨道的稳定性,减少养护和维修工作量,并能增大回流断面,减少杂散电流。

(2)弹性扣件和减震垫层的作用是固定钢轨正确位置,阻止钢轨纵向和横向位移,防止钢轨倾翻,还能提供适量的弹性,并将钢轨所受的力传递给轨枕或道床承轨台。北京地铁一、二期工程均采用DTI 型扣件,经过三十几年的试铺使用和地铁运营的实践,扣件状态良好。北京地铁复八线、复兴门至西单段铺设DTIV 型扣件。上海地铁1 号线一般减震地段铺设DT III 型扣件。轻轨线扣件分为轻轨I 和轻轨II 型扣件。上海明珠轻轨线选用自行研制的 w_{j-2}型分开式大调整量小阻力的弹性扣件,可以使钢轨纵向力与桥梁结构合理匹配。高架轻轨的减震垫层为压缩型橡胶垫板,置放在钢轨和承轨台之间。

(3)轨道结构从运营管理和环境保护方面考虑,城市高架轨道交通不适宜采用有碴轨下基础,多采用弹性支承轨道结构、无枕式整体道床。上海明珠轻轨高架线选用承轨台式新型整体轨下基础。轨枕式整体道床和浮置板式整体道床在地铁工程中广泛应用,因为重量大,会加大桥梁的荷重,增加工程造价,故不宜用在高架轻轨线上。

2. 运输量

地铁是特大容量的公共交通工具,轻轨为大容量的交通运输工具,而有轨电车和公共汽车为小容量的交通运输工具。地铁单向高峰每小时载运30 000 ~ 90 000 人次,轻轨单向高峰平均每小时客运量为10 000 ~ 30 000 人次,有轨电车和公共汽车单向高峰平均每小时载客量低于10 000 人次。各种轨道交通系统的主要技术特征如表1-2。

各种快速轨道交通系统主要技术特征表 表1-2

轨道交通运能分类	I(高运量)	II(大运量)	III(中运量)	
	(地铁)		(轻轨)	市郊轨道
单向运能(万人次/小时)	5 ~ 7	3 ~ 5	1 ~ 3	1 ~ 3
适用车型	A	(B 或A)	C(或B)	C(或市郊列车)
列车最大长度(m)	185	140	100	
线路型式(市中心区)	全封闭	全封闭	半封/全封闭	半封/全封闭
最高速度(km/h)	≥80	80	60 ~ 80	80 ~ 120
旅行速度(km/h)	30 ~ 40	30 ~ 40	20 ~ 30/30 ~ 40	30 ~ 60

3. 线路的规划

(1)轻轨高架线路。轻轨线以高架线和地面线路为主,只有在繁华市区不得已时才采用地下线,以浅埋区间段为宜,一般不设地下车站。轻轨线主要沿街道布线,时而转弯,时而高架或入地,线路的曲率半径小,坡度大。根据我国城市的特点和车辆的技术条件,建议正线列车设计最高运行速度大于80km/h,列车旅行速度一般不低于35km/h,平曲线最小曲率半径 R_{min} = 300m,特殊困难地段可以采用半径 R = 250m,最大坡度 i_{max} = 60‰。

(2)地铁线路。早期的地铁,大部分线路都设在地下,自70 年代以来,地铁吸收了轻轨的一些技术优点,并且为了减少造价,只是在市区建筑物密集的地段设在地下,在市郊结合部和郊区,在建筑场地和环境允许的情况下,线路和车站均建在地面和高架上。地铁线路沿主要交通干道布线,在商业、文化、政治中心和交通枢纽附近布置地下车站。由于地铁速度快,运量大，为了减少轮轨的磨耗，一般情况下地下铁道正线最小曲率半径为500～550m，特殊困难地段为400～450m。北京地铁一期特殊地段最小曲率半径为200m，但钢轨磨耗严重。地铁二期最小曲率半径为250m，磨耗情况尚可，在曲率半径 $R \geqslant 300$m 的线路上，未发现不正常磨耗现象。地铁由于高密度行车和大运输量，为了保证行车的安全正点，原则上要求列车失去部分（最大可达到一半）牵引动力的条件下，仍能用另一部分牵引力将列车从最大坡度上启动，为此最大坡度阻力及各种附加阻力之和不宜大于列车牵引力的一半。我国地铁设计规范规定，正线最大坡度不宜大于30‰，困难地段可为35‰，联络线、出入线的最大坡度不宜大于40‰（均不考虑各种坡度折减值）。一般重车的最大坡度值为40‰～45‰。隧道线路要满足纵向排水要求，最小坡度一般不宜小于3‰。线路工程主要技术标准见表1-3。

线路工程主要技术标准　　表1-3

基本车型		A	B	C
最小曲线半径（m）	正线	300～350	250～300	50～100
	辅助线	250	150～200	25～80
	车场线	150	80～110	25～80
最大坡度（‰）	正线	30～35	30～35	60
	辅助线	40	40	60
	车场线	1.5	1.5	1.5
竖曲线半径（m）	正线	3 000～5 000	2 500～5 000	1 000
	辅助线	2 000	2 000	1 000
钢轨（kg/m）	正线	≥60	50～60	50
	辅助线	≥50	≥50	50
道岔（N0、R0）	正线	9/200	9/200或7/150	7/150
	车场	7/150	6/110	（待定）

4. 车辆及其编组

轻轨车辆较地铁车辆新颖，有单节四轴车、双节单铰六轴车、三节双铰八轴车。车辆间采用铰接，可使车辆节间贯通，有利于乘客均匀分布及增加载客量，每组车可以单行，也可以联挂编列，可以通过小的曲率半径（$R=25$m）和大坡度（6%～7%）地段，适应能力强。各种车型主要技术规格如表1-4。

各种车型主要技术规格　　表1-4

序号	项目名称		A型车	B型车	C型车		
			四轴车	四轴车	四轴车	六轴车	八轴车
1	车辆基本长度（m）		22	19	18.9	22.3	29.5
2	车辆基本宽度（m）		3	2.8	2.6		
3	车辆高度（m）	受流器车（m）（加空调/无空调）	3.8/3.6	3.8/3.6	3.7/3.25		
		受电弓车（m）（落弓高度）	3.8	3.8	3.7		
		受电弓工作高度（m）	3.9～5.6				
4	车内净高（m）		2.10～2.15				
5	地板面高（m）		1.1		0.95		
6	车辆定距（m）		15.7	12.6	11	7.2	

续上表

序号	项目名称		A型车	B型车	C型车		
			四轴车	四轴车	四轴车	六轴车	八轴车
7	固车轴距(m)		2.2~2.5	2.1~2.2	1.8~1.9		
8	车轮直径(mm)		Φ840		Φ760		
9	车门数(每侧)(个)		5	4	4	4	5
10	车门宽度(m)		≥1.3				
11	车门高度(m)		≥1.8				
12	定员人数(人)	带司机室车辆	310	230	200	240	315
		无司机室车辆	310	245	210	250	325
13	车辆轴重(t)		≤16	≤14	≤11		
14	适应线路最小曲线半径(m)		300~350	250~300	50~100		
15	适应线路最大坡度(‰)		40	40	60		
16	最高运行速度(km/h)		≥80		≥70		
17	起动平均加速度(m/s^2)		≥0.9		≥0.85		
18	常用制动减速度(m/s^2)		1.0		1.1		
19	紧急制动加速度(m/s^2)		1.2		1.3		
20	噪声[db(A)]	司机室内	≤80		≤70		
		客室内	≤83		≤75		
		车外	80~85(站台)		≤82		

注:①本表根据《城市快速轨道交通工程项目建设标准》的规定和有关资料编制;

②由于市郊轨道系统采用车辆情况较复杂,表中未列。

早期北京地铁使用的车辆是由长春客车厂生产的,车体由普通碳素钢构成,车辆较重,车身防腐蚀性能差,很难满足高密度行车的需要。列车在启动和制动时,纵向冲击感明显,由于电阻发热,又没有制动装置,所以能耗较大。

上海地铁1号线引进前联邦德国20世纪80年代水平的铝合金车体整车,具有较好的防腐蚀性能,重量较轻,能耗不高(比北京地铁车辆可节能20%左右)。车辆传动变控方式和制动方式采用较先进的风冷(GTO)斩波调压技术,并有空气制动、电阻制动和再生制动装置,可满足高密度行车间隔短的需求。还配备有模拟制动的自动运行装置,远期可实现自动驾驶。由于空气干燥和滤清装置技术性能良好,可保证制动和车门开关控制等元件正常使用。

90年代末期,上海地铁2号线和广州地铁1号线引进了德国制造先进的地铁车辆,车辆的传动控制系统已改为当今最先进的交流变频调压(VVVF)传动技术,与其相匹配的也都是技术先进的机电设备。

5.土建工程

轻轨线区间和车站常建在高架桥上,常规采用上承式T形梁和箱梁预应力结构,也有采用建筑高度较小的槽型梁、下承式脊梁以及超低高度的板式结构。轻轨高架桥的墩台形式常用的有倒T形桥墩、T形桥墩、双柱式桥墩和Y形桥墩。轻轨高架桥系永久性城市建筑，设计中应考虑结构在制造、运输、安装及运营过程中应具有规定的强度、刚度及稳定性，且要求施工简便快捷，对城市交通干扰少，并考虑城市景观，结构寿命应按100年以上考虑。高架桥的总体设计中，下部结构应具有足够的强度、稳定性，以避免在荷载作用下的过大位移和转动。桥梁下部结构的造型对整个桥梁结构的设计方案有较大影响，在桥梁美学方面具有独特的功能，合理地选型能使上下部结构协调一致，轻巧美观，并能使轻轨高架桥与城市环境和谐、匀称，使人有一种赏心悦目的感觉。

轻轨车站包括车站进出口、售票室和其他用房，高架车站的站房，应尽量布置在地面，以降低工程造价，站房也可以利用桥下空间或者利用街道两侧空地、绿化带、街心公园布置。跨线设施及垂直交通、乘客越线、行人过街和垂直交通应综合考虑，高架车站应尽量利用桥下空间解决跨越的功能。

高架线的垂直交通布置，通常为两种方式：一种为街道两侧布置垂直交通，经天桥进入站台，即天桥进出方式；另一种是利用桥下空间，单跑楼梯通向休息平台，再经由双跑楼梯走向两侧高架站台，或直接通向岛式站台，即桥下进出式。两种方式各有优缺点，应根据高架桥所处地形条件、道路条件及景观要求综合考虑。

车站设施较简单，地面车站上主要建筑是装有风雨篷的站台，其高度与车厢地板面相当，有利于乘客上下，减少停顿时间。上海明珠轻轨线高架车站选用轻型钢网架顶盖结构，上盖彩钢板，造型新颖别致。

设置在地下的地铁车站和区间隧道，结构复杂，施工困难。软土层中浅埋地铁车站多为两层三跨框架结构，大多采用明挖法，市区为减少施工干扰也有采用盖挖法和逆作法。岩石当中修建的地铁车站，一般采用钻爆法或者新奥法施工，结构形式多为拱形、搭拱形和多跨拱形。区间隧道施工方法视地质条件的不同而异，软土地区多为盾构法施工，钢筋混凝土管片在盾壳掩护下拼装成圆形隧道。在岩石地质情况下，依照技术经济条件可以采用岩石掘进机（TBM）机械化施工，也可以采用新奥法等施工方法。深埋地铁车站和隧道，需借助三圆、多圆异形盾构和其他特殊性能的隧道掘进机。

6. 振动和噪声的控制

地面和轻轨高架线上运营的列车，需加强消音和减震的防护措施。在车辆选择上采用“弹性车辆”，在吸收冲击中能起主要作用。轮上装有“旋转圆盘”，可以吸收车辆通过曲线时的噪声。在轮对与转向架之间，有橡胶弹簧装置，可吸收三个方向以上的自由振动。在轨道上除采用长距离无缝线路外，还设有橡胶弹性垫层减少噪声及振动传递，在轨道的两侧还设置了吸音挡板。国外对轻轨交通噪声控制要求是车内为67～70dB；车速在50km/h时，两侧7.5m的距离以外控制在76～80dB范围内，小于公共汽车噪声。地铁车站和线路深埋于地下，振动噪声对于外界的干扰较少，只要做好车厢内的减震和减噪即可。

7. 速度和正点率

地铁和轻轨线通常实行全隔离式或大部分隔离的措施，列车运营受外界干扰少，正点率高。国内地铁列车最高行驶速度为120km/h，地铁的运营速度为30～40km/h。轻轨线路受坡度、转弯半径等限制，最大行驶速度45km/h，运营速度25～30km/h。

8. 供电方式

由城市电网对地铁和轻轨系统供电分为：集中式、分散式、混合式。沿线所有用电负荷通过沿线变电所,形成一个完整的供电网络。内部供电系统分为三部分:主变电所、牵引变电系统和变配电系统,其中牵引变电系统为地铁运行提供动力。北京、天津地铁采用走行轨供电方式,也即所谓的第三轨供电;上海、广州地铁采用架空接触网供电。新建的轻轨交通,电压制式应按国际标准 DC750V 电压级选用,并采用架空线接触网的馈电方式。

9. 通风、空调和采暖

轻轨交通的地面、高架线路和车站不需要专门的通风设备。北方寒冷地区需考虑高架车站和运营车厢的采暖。南方炎热地区,则要采用空调设备来保持车站和车厢内有适宜的温度和湿度。

地铁在运营中将产生大量的热量和废气,大量的客流集中疏散也要消耗新鲜空气,排出 CO_2。地铁的车站和区间线路均被围岩介质严密地包裹,热量散发不出,地面新鲜空气和内部空气无法交换。为了保证乘客旅行的舒适度,区间隧道除利用列车行驶的活塞风外,不能满足空气对流交换时,还要增加机械进排风。车站和车厢内采用空调,可保证站内和车厢内一定的空气温湿度。车站站台和区间隧道之间还装有屏蔽门系统。地铁的通风排烟设施,对于一旦发生的火灾的救护也是十分必要的。

10. 信号

大部分轻轨系统可以在没有信号装置的情况下安全行驶,但在道口、曲线地段、隧道内或瞭望距离受到限制的地段,应设置信号,以保证行车的安全。如果行车的速度快,密度大,就应设置自动闭塞信号系统。

地下铁道内信号系统应尽量选用列车自动控制系统——现代信号系统。由于条件限制或初期运量不足等原因,也可采用由信号、联锁闭塞、机车信号、自动停车、调度集中等设备组成的中等水平传统信号系统。现代信号系统即列车自动控制系统(ATC)主要由三个子系统组成:①列车自动防护系统(ATP);②列车自动驾驶(ATO)子系统;③列车自动监控(ATS)子系统。当前,我国在地铁信号系统方面与发达国家有一定的差距,主要设备尚需依靠进口。北京地铁引进了英国西屋信号公司的列车自动控制系统,上海地铁引进美国的通用信号列车自动控制系统,广州地铁引进了德国西门子等公司研究的通用连续式列车控制系统 $L_{ZB}-80$。因此,尽快实现地铁、轻轨信号系统的国产化是当务之急。

11. 通讯

通讯系统是组织轨道交通运输生产的神经中枢,为其他自动化系统提供通道。它服务于行车调度、运营管理,提供快速可靠的指挥手段和实施科学管理的方法。通讯网按传输媒介不同可分为有线通讯、无线通讯;按传输对象不同可分为语音、数据和图像通讯;按使用性质不同又可分为专用通讯、公务通讯、广播和闭路电视等。地下铁道比轻轨客运量大,行车速度快,公务联系密切频繁,如果没有一套行车专用指挥系统,就必须设置独立的内部通讯网。地铁建设周期长,一旦建成后再进行改造比较困难,因此新建地下铁道工程应优先采用数字通讯技术。地下铁道一旦发生火灾和其他灾害事故时,需迅速传达信息下达指令,单独设一套防灾救灾通讯系统势必增加更多投资,长期不使用设备也难以保持良好的状态。因此在设置地下铁道程控自动电话、调度电话、区间电话和列车无线电话等通讯设备时,既要考虑平时使用,又要兼顾事故发生的非常情况下的应用。

12. 给排水系统

地铁和轻轨给水水源选择应优先选用城市自来水,排水方式优先利用城市排水系统,地面和高架轻轨排水设施类似于地面铁路工程。

地下铁道宜采用生产、生活和消防共用的给水系统，这样不仅可以节省给水管道，降低工程造价，而且使用管理也比较方便，如北京地铁、天津地铁、青岛和南京地铁。根据经济比较，也可采用生产、生活与消防用水分开的给水系统，如上海地铁1号线的地铁消火栓给水系统就是单独设置的。

地铁的排水系统可分为：结构渗漏水排水系统、消防及冲洗废水系统、粪便及生活污水排水系统、隧道洞口及露天出入口雨水排水系统等。

13. 灾害防护

地铁和轻轨在施工和运营期间都可能受到火灾、洪水、台风、地震、滑坡、泥石流、雷击、严寒、大雪等自然灾害的影响，也可能受到战争、人为工程事故危害，给生命和财产造成极大损失。1969年11月11日，北京地铁因电气故障，使电气机车发生火灾，浓烟聚集，由于排烟设备不完善，未能形成有组织的排烟，因此烟气四处扩散，并从口部逸出，给人员的疏散和救援带来极大困难，多人被烟气熏倒，200多人中毒受伤。世界各国地铁因火灾造成的灾害时有发生，因此地下铁道应特别注重火灾防护，要设置可靠的火灾自动报警系统和自动消防、通风排烟系统。地下铁道对于战时空袭有得天独厚的优越条件，有的国家也结合人防工程要求设计地铁车站和隧道。这样一来，战时地下铁道不但可以疏散客流，而且还可当做战时人员的掩蔽部，可谓一举两得。只有在地震等级高、震源离地铁工程较近时，地震才对地铁车站和隧道产生损害，例如1997年阪神大地震，造成大阪和神户多处地铁车站和隧道受到不同程度严重破坏。地震对轻轨高架桥墩台剪切破坏更严重，因此高架轻轨桥梁结构必须考虑抗震设防，采取相应构造措施。

14. 自动售检票系统

地铁和轻轨均需要自动售检票系统（Automatic Fair Collection System，简称AFC）。地铁因客运量大，行车间隔短，运行速度快，世界各国地铁大都采用自动售检票系统，而轻轨线售检票系统则不像地铁要求那样高。

地铁售检票系统有开放式和封闭式两类。开放式系统在地铁站台上不设检票口闸门，敞开的通道直通站台，上车前或在车上注销车票，随机查票。这种售检票系统投资少，紧急疏散时没有障碍物，但对逃票者难以控制。

封闭式是通常所说的自动售检票系统（AFC），是现代地铁普遍采用的票务管理模式。乘客从自动售票机箱得到车票，在进出车站闸门口经自动检票进站或离站。世界各地较通用的可循环车票为信用卡大小（ISO标准）的塑胶车票，又称磁卡车票。

15. 造价

一般说来，钢轮钢轨制导的快速轨道交通系统，滚动磨擦小，单位电耗小，运输费用较经济。同样规模的线路，建设在地面与高架上的轻轨交通和地铁比较，三者投资相差较多，其比值一般为1∶3∶9。每公里地铁造价高达6～8亿元人民币，每公里轻轨1.5～3.5亿元人民币。因此如何降低工程造价，进一步实现地铁轻轨车辆、信号、通讯、防火、供配电等设备国产化，是加快城市轨道交通建设的关键。据国内有关地铁工程统计，地铁工程中土建工程的投资约占工程投资的50%～55%，车辆造价占工程总投资12%～15%。各种车辆的造价差别较大，A型车高达900万元/辆，B型车约为700万元/辆，而C型车仅为200～500万元/辆。因此正确车辆选型、合理运营组织，优化线路，合理缩小车站的规模，可以大大节约投资。

三、地铁和轻轨交通在城市公共交通的地位

1. 地铁和轻轨是大中城市公共交通运输的主干线，客流运送的大动脉。它又是城市的生

命线工程，一旦建成运营，将日夜不息地承担城市客运交通，直接关系到城市居民的出行、工作、购物和生活。

2. 地铁和轻轨是世界公认的低能耗、少污染的"绿色交通"，对于实现城市可持续发展有重要意义，同时它也是国际化大都市的标志。

3. 快速轨道交通建设可以带动城市沿轨道交通廊道的发展，促进城市繁荣，形成郊区卫星城和多个副都中心，缓解城市中心人口密集，住房紧张，绿化面积小，空气污染严重的城市通病。

4. 提高市民出行办事效率，改善生活质量。香港现有人口600万，人口密度最密集的地方16万人/km^2，每百人拥有小汽车7.7辆，但由于香港轨道交通事业十分发达方便，人们大多依靠地铁轻轨上下班、上学和购物，故城市交通秩序井然。同样日本东京人口达1 000多万，拥有汽车600多万辆，但绝大多数人上下班、上学、出行均乘坐地铁和市郊铁路，很少乘私人车辆。

第三节 地铁和轻轨交通的发展

一、国外地铁和轻轨的发展

1863年1月10日，用明挖法施工的世界上第一条地铁在伦敦建成通车，列车用蒸汽机车牵引，线路全长约6.4km。1890年12月8日伦敦首次用盾构法施工，建成用电气机车牵引5.2km的另一条线路。从此，城市交通进入轨道交通时代，因此可以说轨道交通的历史比汽车还悠久。

1892年6月6日，芝加哥建成世界上第二条蒸汽驱动地铁，1895年5月6日建成世界第二条电气化地铁；1896年5月8日，布达佩斯建成世界第三条、欧洲大陆第一条电气化地铁，并由澳匈帝国皇帝佛朗西斯约瑟夫剪彩通车；1897年9月1日，波士顿建成世界上第四条电气化地铁；1898年5月9日维也纳也建成世界上蒸汽驱动地铁。

1900年7月9日，巴黎建成世界第六、欧洲第二条电气化地铁；1901年12月10日，纽约建成第七条蒸汽驱动地铁，该条铁路直到1904年10月27日才实现电气化。1902年2月18日柏林建成世界第八，欧洲大陆第三条电气化地铁。20世纪上半叶，东京、莫斯科等几座城市相继修建了地铁。截至1963年的一百年间，世界上建有地铁的城市共有26座。1964年到1980年的17年中又有30座城市修建了地铁，到1985年世界大约共有60座城市正在有计划地段建地铁，当时全世界地铁运营的里程总计3 000km。据1994年7月德国出版《地铁世界》一书统计资料，到1990年世界有98个城市约5 300km轨道交通投入运营，另有29个城市，94条线约1 000km在建。现在全世界约有120个城市建有地铁。近20年来增加的线路是1863年到1963年一百年建成地铁总长度的3倍。运营线路长度排名前十位的城市依次为：纽约、伦敦、巴黎、莫斯科、东京、芝加哥、墨西哥城、柏林、波士顿、圣彼得堡，线路总长2 300km，占世界轨道交通的43%。

城市轨道交通的发展经历了一个曲折的过程，大致分为以下几个阶段：

1. 初步发展阶段(1863年~1924年)

在这一阶段，欧美的城市轨道交通发展较快，其间13个城市建成了地铁，还有许多城市建设了有轨电车。20世纪20年代，美国、日本、印度和中国的有轨电车有了很大发展。这种旧式的有轨电车行驶在城市的道路中间,运行速度慢,正点率很低,而且噪声大,加速性能低,乘客舒适度差,但在当时仍然是公共交通的骨干。

2. 停滞萎缩阶段(1924 年~1949 年)

二次世界大战的爆发和汽车工业的发展,促使了城市轨道交通的停滞和萎缩。汽车的灵活、便捷及可达性,一度成为城市交通的宠儿,得到飞速发展。而轨道交通因投资大,建设周期长,一度失宠。这一阶段只有五个城市发展了城市地铁,有轨电车则停滞不前,有些线路被拆除。美国 1912 年已有 370 个城市建有有轨电车,到了 1970 年受拆除风的影响,只剩下 8 个城市保留有轨电车。

3. 再发展阶段(1949 年~1969 年)

汽车过度增加,使城市道路异常堵塞,行车速度下降,严重时还会导致交通瘫痪,加之空气污染,噪声严重,大量耗费石油资源,市区汽车有时甚至难以找到停车地方,于是人们又重新认识到,解决城市客运交通必须依靠电力驱动的轨道交通。轨道交通因此重新得到了重视,而且从欧美扩展到亚洲的日本、中国、韩国、巴西、伊朗、埃及等国家,这期间有 17 个城市新建了地铁。

4. 高速发展阶段(1970 年至今)

世界上很多国家都确立了优先发展轨道交通的方针,立法解决城市轨道交通的资金来源。世界各国城市化的趋势,导致人口高度集中,要求轨道交通高速发展以适应日益增加的客流运输,各种技术的发展也为轨道交通奠定了良好的基础。近几年又有四十几个城市修建了地铁、轻轨或其他轨道交通。

世界各国地铁各具特色。莫斯科地铁是世界上最豪华的地铁,有欧洲"地下宫殿"之称。天然的料石、欧洲的传统灯饰与莫斯科气势恢宏的各类博物馆交相辉映,简直是一座艺术的博物馆。市区 11 条地铁线路纵横交错,充分体现了前苏联城市交通规划和建筑业的一流水平。纽约是当今世界运行线路最长的城市,其线路 37 条,全长 432.4km,车站多达 498 个,设施较为陈旧。巴黎地铁是世界上最方便的地铁,每天发出 4 960 列车,在主要车站的出入口,均设电脑显示应乘的线路,换乘的地点等,一目了然。巴黎地铁也是世界上层次最多的地铁,包括地面大厅共有 6 层(一般为 2~3 层)。法国里尔地铁是当今世界最先进的地铁,全部由微机控制,无人驾驶、轻便、省钱、省电,车辆行驶中噪声振动都很小,高峰时每小时通过 60 列车,为世界上行车间隔最短的全自动化地铁。美国旧金山地铁是当今世界地铁列车速度之冠。香港地铁 4 条线 94.9km,44 个站,换乘站 11 个。使用密度高达 10 万人次/km·日。平均每天 223.5 万人次,1999 年圣诞节创新高 300 万人次/日。香港地铁 1994 年总收入 51.3 亿港元,扣除经营开发、折旧、利息和财务开支后,当年利润为 10.38 亿港元。世界各国地铁均靠政府补贴,唯独香港地铁既解决市区出行,同时又可创利。新加坡地铁又叫《大众捷运系统》,由 3 条干线组成"锚"形,东西长、南北短。运营总长 101km,共设 49 个车站,平均站距 1.59km。日均客运量 80 万人次,占新加坡公交总客运量的 60%。新加坡地铁车站和线路清洁明亮,一尘不染,是世界上最安全、最清洁、管理最好的地铁。新加坡像莫斯科地铁一样考虑了战时的防护掩蔽,车站出入口设置防护门、密闭门等防护设施。

墨西哥城在短短的十年间修建了 150km 地铁,到 2000 年将开通 21 条地铁线路,全长 400km,承担全城客运量的 58%。韩国首尔(汉城)地铁 1971 年开始建设,目前已有 7 条线,总长 217km,到 2000 年计划建成 285km 共 8 条线。墨西哥城与首尔(汉城)是世界上地铁发展最快的城市,世界各国地下铁道修建的情况见表 1-5。

世界各国地下铁道 表 1-5

城市(国家)	开始通车年代	当时人口(万人)	线路条数	线路长度(km)		车站数目	轨距(mm)	牵引供电	
				全长	地下			方式	电压(V)
伦敦(英国)	1863	670	9	408	167	273	1 435	第三轨	630
纽约(美国)	1867	730	29	443	280	504	1 435	第三轨	600 650
芝加哥(美国)	1892	370	6	174	18	143	1 435	第三轨	600
布达佩斯(匈牙利)	1896	210	3	27.1	23	30	1 435	第三轨	750
格拉斯哥(英国)	1897	75.1	1	10.4	10.4	15	1 435	第三轨	600
波士顿(美国)	1898	150	3	34.4	19	39	1 220	第三轨	600
维也纳(奥地利)	1898	150	3	34.4	19	39	1 435	第三轨	750
巴黎(法国)	1900	210	15	199	175	367	1 440	第三轨	750
柏林(德国)	1902	320	10	134	106	132	1 435	第三轨	750
费城(美国)	1905	170	4	62	76		1 435	第三轨	600 700
汉堡(德国)	1912	160	3	92.7	34.3	82	1 435	第三轨	750
布宜诺斯艾利斯(阿根廷)	1913	290	5	39	36	63	1 435	架空线	600 1 100
马德里(西班牙)	1919	320	10	112.5	107	154	1 445	架空线	600
巴塞罗那(西班牙)	1924	170	6	115.8	68.7	129	1 674 1 435	第三轨 架空线	1 200 1 500
雅典(希腊)	1925	300	1	28.8	3	23	1 435	第三轨	1 500
东京(日本)	1927	1190	10	219	182	207	1 067 1 372	第三轨 架空线	600 1 500
大阪(日本)	1933	260	6	99.1	88.6	79	1 435	第三轨 架空线	750 1 500
莫斯科(俄罗斯)	1935	880	9	246	200	143	1 524	第三轨	825
斯德哥尔摩(瑞典)	1950	66.3	3	110	62	99	1 435	第三轨	650 750
多伦多(加拿大)	1954	220	2	54.4	42	60	1 495	第三轨	600
克利夫兰(美国)	1954	57.3	1	30.6	8	18	1 435	架空线	600
圣彼得堡(俄罗斯)	1955	320	4	92		51	1 624	第三轨	825
罗马(意大利)	1955	280	2	25.5	14.5	33	1 435	架空线	1 500
名古屋(日本)	1957	210	5	66.5	1 258	66	1 067 1 435	第三轨 架空线	600 1 500
里斯本(葡萄牙)	1959	90	3	16	12	24	1 435	第三轨	750
基辅(乌克兰)	1960	210	3	32.7	29		1 524	第三轨	825

续上表

城市(国家)	开始通车年代	当时人口(万人)	线路条数	线路长度(km)		车站数目	轨距(mm)	牵引供电	
				全长	地下			方式	电压(V)
米兰(意大利)	1964	150	2	56	36	66	1 435	第三轨 架空线	750 1 500
奥斯陆(挪威)	1966	45	8	100	15	110	1 435	第三轨 架空线	750 600
蒙特利尔(加拿大)	1966	190	4	65	53	65	1 435	第三轨	750
第比利斯(格鲁吉亚)	1966	110	2	23	16.4	20	1 524	第三轨	825
巴库(阿塞拜疆)	1967	150	2	29		17	1 524	第三轨	825
法兰克福(德国)	1968	62	7	57	12	77	1 435	架空线	600
鹿特丹(荷兰)	1968	56.7	2	42	11.5	39	1 435	第三轨	750
北京(中国)	1969	600	2	40	40	29	1 435	第三轨	750
墨西哥城(墨西哥)	1969	2 000	8	141	71	125	1 435	第三轨	750
慕尼黑(德国)	1971	130	6	56.5	43	63	1 435	第三轨	750
扎幌(日本)	1971	160	3	39.7	28.6	33	2 150 2 180	第三轨 架空线	750 1 500
横滨(日本)	1972	320	2	22.1	22.1	20	1 435	第三轨	750
旧金山(美国)	1972	71.5	4	115	37.4	36	1 676	第三轨	1 000
纽伦堡(德国)	1972	47.5	2	21.4	15.9	29	1 435	第三轨	750
平壤(朝鲜)	1973	183	2	22.5		15	1 435	第三轨	825
圣保罗(巴西)	1974	1 060	2	40.3	18.4	38	1 600	第三轨	750
首尔(韩国)	1974	1 020	4	116.5	93	102	1 435	架空线	1 500
布拉格(捷克)	1974	120	3	35	19	36	1 435	第三轨	750
圣地亚哥(智利)	1975	430	2	27.3	21.9	37	1 435	第三轨	750
哈尔科夫(乌克兰)	1975	140	2	22.9		19	1 524	第三轨	825
华盛顿(美国)	1976	64	4	112	52.8	38	1 435	第三轨	750
布鲁塞尔(比利时)	1976	110	3	39		51	1 435	第三轨	900
阿姆斯特丹(荷兰)	1977	69.1	2	24	3.5	20	1 432	第三轨	750
马塞(法国)	1977	87.4	2	19	15.5	22	1 435	第三轨	750
塔什干(乌兹别克斯坦)	1977	190	2	24		19	1 524	第三轨	825
神户(日本)	1977	140	2	22.6	14	16	1 435	架空线	1 500
里昂(法国)	1978	120	3	16.5	14	22	1 435	第三轨	750
里约热内卢(巴西)	1979	580	3	21.6	13	19	1 600	第三轨	750
亚特兰大(美国)	1979	120	2	52.3	7	29	1 435	第三轨	750
香港(中国)	1979	550	3	43.2	34.4	38	1 435	架空线	1 500
布加勒斯特(罗马尼亚)	1979	220	2	46.2	37	30	1 432	第三轨	750
新堡(英国)	1980	28.1	4	55.6	6.4	46	1 435	架空线	1 500
天津(中国)	1980	540	1	7.4	7.4	8	1 435	第三轨	750

续上表

城市(国家)	开始通车年代	当时人口(万人)	线路条数	线路长度(km)		车站数目	轨距(mm)	牵引供电	
				全长	地下			方式	电压(V)
福冈(日本)	1981	120	2	18	17	19	1 067	架空线	1 500
埃里温(亚美尼亚)	1981	100	1	8.4	8.4	9	1 524	第三轨	825
京都(日本)	1981	150	1	9.9	9.9	12	1 435	第三轨	1 500
赫尔辛基(芬兰)	1982	49	1	15.9	4	11	1 524	第三轨	750
加拉加斯(委内瑞拉)	1983	350	2	40		35	1 435	第三轨	750
巴尔的摩(美国)	1983	80	1	22.4	12.8	12	1 435	第三轨	700
里尔(法国)	1983	110	2	25.3	9	34	2 060	第三轨	750
迈阿密(美国)	1984	170	1	34.5		20	1 435	第三轨	750
明斯克(白俄罗斯)	1984	130	1	9.5		9	1 524	第三轨	825
加尔哥答(印度)	1984	730	1	16.4	15.1	17	1 674	第三轨	750
累西腓(巴西)	1985	120	2	20.5		17	1 600	架空线	3 000
下诺夫戈罗德城(俄罗斯)	1985	140	1	9.8		8	1 524	第三轨	825
贝洛奥里藏特(巴西)	1985	220	1	12.5		7	1 600	架空线	3 000
新西伯利亚(俄罗斯)	1985	130	2	12.9	12.9	10	1 524	第三轨	825
阿雷格里港(巴西)	1985	130	1	27.5		15	1 600	架空线	3 000
釜山(韩国)	1985	130	1	21.3	15	20	1 435	架空线	1 500
温哥华(加拿大)	1986	120	1	21.4	1.6	15	1 435	第三轨	600
古比雪夫(俄罗斯)	1986	100	1	12.5		9	1 524	第三轨	825
仙台(日本)	1987	90	1	14.4	11.8	16	1 067	架空线	1 500
新加坡(新加坡)	1987	260	2	67	18.9	42	1 435	第三轨	750
开罗(埃及)	1987	830	1	5	4.5	6	1 435	架空线	1 500
第聂伯罗彼得罗夫斯克(乌克兰)	1988	110	1	11.2			1 524	第三轨	825

5.21 世纪的地铁

21 世纪的地铁,以高速、正点、低能耗、少污染、安全、舒适等功能吸引大中城市客运交通的 80% 以上。美国、日本、德国、法国等经济发达国家不断加大地铁的科技投入,许多新材料、新技术、新工艺运用在地铁工程中。

1960 年 10 月 10 日日本东京到大阪的东海道新干线正式通车,时速达到 210km/h,它的成功运行给各国铁路指出了发展方向。法国的"TGV"高速列车、穿越英吉利海峡的"欧洲之星"、德国的"ICE"城际列车、日本新干线等不少国家的特别快车,经过不断提速试验,都实现了第一代高速(时速 200 ~ 350km/h)。这些快车都是车轮在钢轨上转动行驶的,称为"粘着驱动"。这种驱动有一定的极限,即无论怎样加大动力,由于受到摩擦力的限制,列车时速最高也只能达到 300 ~ 350km/h。1999 年 4 月 5 日,由五节车辆编组的磁悬浮列车时速达到 552km/h,在日本山梨线运行试验第一阶段已经结束。今后 5 年要重点改善车辆运行空气动力学性能,降低建造成本和运行成本,进一步确认系统的可靠性、耐久性。日本计划沿东京至大阪的东海道新干线修建磁悬浮新干线。磁悬浮列车是非粘着驱动式列车的一种,它是利用常导或超导电磁铁与感应磁场之间产生相互吸引或排斥力，而使列车悬浮于轨道上，再由直线电动机作为推动力前进的先进交通工具。由于它没有车轮及相应的传动装置，进入高速运行后与地面无机械接触，因而从根本上克服了传统列车轨道限制、机械噪音和磨损等问题。不但有启动和停车快，爬坡能力强，运行安全稳定等优点，而且具备不污染环境、节省能源等诸多性能特点。磁悬浮列车实现的500km/h时速称为第二代高速。当列车时速超过500km/h时，空气阻力非常巨大，所以有人设想地下真空隧道内建造磁悬浮列车干线，它在真空隧道内行驶最高时速可达到2 000km/h以上。美国的兰德公司设计了一条横贯美国东西、由纽约到洛杉矶的一条长3 950km长的真空地下隧道，在隧道内行驶磁悬浮列车，它的造价估计需2 500亿美元。这种第三代高速列车（地下真空磁悬浮或超高速列车）将在21世纪开发实现。

新一代轨道交通要采用可调式转向架，使列车在运行时适应不同轨距的变化。开发地铁轻轨智能运输系统（ITS），满足各种乘客的旅行需要，自动获取旅客要求、个人信息、单个地点识别、公共运输和私人运输信息的交换。根据不同的需求调度和指挥，包括扶助伤残、老人、儿童系统，智能列车控制系统。研制新的橡胶减震轨道系统，减少噪声、振动，降低能耗，改进车体设计，保证时速350km/h情况下，噪声控制在75dB以下。开发新一代自动信号控制系统（ATC），实现列车的自动运行、自动保护、自动监控。车辆材料推广采用国际先进的拉伸铝合金型材为基础结构轻型车体，保证车辆运行中的稳定性，新的地铁轻轨列车应装有IGBT智能模块和VVVF交流变频调压传动技术。主传动为鼠笼式感应电动机，采用现代微机处理电子控制技术，对运行列车轨道、各类设备和仪器自动诊断显示，自动修复，将一系列先进的材料、设备、技术、工艺等高科技成果运用到地铁和轨道交通才能适应21世纪的发展。我国目前还在开展关于轻轨高架上长大无缝线路铺设引起温度应力的研究，并相应开发与之适应的轨道伸缩控制器和小阻力大调节量扣件的研制，高架轨道交通大跨度预应力钢筋混凝土桥梁徐变控制，各种设备如机车车辆、自动控制、信号、通信、防灾系统的国产化方面的研究，在这些方面都取得了丰硕成果，为我国21世纪地铁和轻轨发展奠定了一定的基础。

二、发达国家地铁建设的经验

1. 支持大运输量公共交通系统发展，控制小汽车的盲目发展。轨道交通是大都市交通运输的骨干，纽约、莫斯科、东京、巴黎、香港等已形成地铁网络的城市，居民出行一般步行5～10min就可乘坐轨道交通，非常方便。号称“汽车王国”的美国，仅1997年就有13个城市订购上千辆地铁和市郊轻轨列车，用以发展城市轨道交通系统。

2. 城市轨道交通促进城市社会、经济、资源和环境的协调发展，使城市走向可持续发展的道路。轨道交通发展使城市沿轨道交通廊道轴向发展，市区密集人口可能疏散到郊区卫星城。有了大运输量、高速正点的地铁和轻轨，人们白天到市中心上班，享受城市文明，晚上可远离喧闹的市中心，住进环境优美的郊区，同时轨道交通又是世界上公认的“绿色交通”，与其他交通方式相比污染明显减少，如表1-6。

各种交通方式能源消耗和环境污染比较 表1-6

比较项目	城郊铁路	航空	城市道路	城市轨道交通
能源消耗	1.0	5.3	4.6	0.8
人均 CO_2 排放	1.0	6.3	4.6	1.0
人均噪声	1.0	1.5	1.7	0.4

注：以城郊铁路指标为基准。

3. 规划要有科学性、可行性、经济性、前瞻性。巴黎城区和七个行政区组成巴黎都市圈。总面积 1.2 万 km^2，人口 1100 万，市区 $4000km^2$，人口 960 万。巴黎地铁 19 条线共长 551km，其中城区 199km，4 条区域快速地铁（RER）352km。乘客步行 5min 可达车站，列车最短间隔为 95s。在巴黎从单中心向多中心转变过程中，巴黎的交通部门预见到由此带来巨大客流的潜力，及时规划和建设市区地铁和郊区轨道交通。先建成 4 条 RER，线路总长近 352km，共 166 个站；同时又规划修建了 28 条辐射市郊的快速轨道线，与 RER 连接成一个功能完善的市郊铁路网，运送大量的通勤乘客。据统计，每天市郊客运量中，市效铁路占 74%，高峰时间内市郊铁路承担总运输量的 87%。巴黎市快速轨道交通，在转轨期成功疏散了大量客流。交通联系的便捷，反过来又促进各市中心区的经济发展，从而步入良性循环轨道。

4. 重视各种渠道筹集资金，加快地铁和轻轨交通的发展。世界各国地铁和轻轨建设都靠国家、州和市政府财政补贴。有的国家规定城市税收的一定比例用于地铁建设，还鼓励大的企业、财团参于地铁轻轨建设和管理。发展中国家应积极利用世界银行贷款和发达国家的低息贷款发展城市轨道交通。

5. 长远规划与近期实施相结合。依据经济技术的能力及实际需求，分期、分批、分段开工，分段调试运营，尽快取得社会经济的效益，滚动发展，逐步实现长远规划目标。

6. 地铁和轻轨建设实行改革开放政策，吸取世界各国的先进技术。地铁是一门包括土木、机械、自动化、计算机、新材料、通信信号、环控、防灾等专业的系统工程，很多方面体现了当今世界最新高科技术。一些发达国家已积累了大量的成功经验和先进技术，只有随时吸收这些先进的技术和设备，坚持走国产化道路，不断创新，才能少走弯路。

7. 引进竞争机制，建立健全的地铁轻轨运营管理体系，充分发挥现有地铁轻轨设施的功能，创造更大的社会经济效益。

三、中国地铁的发展

1. 北京市

我国于 1965 年 7 月在北京开始修建第一条地铁线，第一期工程全长 22.17km，于 1971 年投入运营。二期地铁工程环线 16.1km 也建成通车。复八线西起复兴门，东至八王坟，13.5km 西段已于 2002 年贯通，开始试运营。2003 年 1 月 28 日全长 40.8km 北京地铁 13 号线建成运营，北京城市轨道交通通车总里程达 95km。2005 年 6 月 14 日北京地铁开通运营 35 年，总客运量达 89 亿人次。已有 4 条线，轨道交通运营线路总里程约 114km。日均开出列车 1235 列，间隔 3 分钟。2004 年票款收入超过 8 亿元人民币。北京地铁已在城市交通中发挥了重要作用，客运量 1994 年已突破 5 亿人次，地铁每天运载约 146 万人次，外地乘客占 70% 左右，并创下满载率世界第一，单车运行公里世界第一两项世界记录。

目前正在建设的轨道交通线有 4 号线、5 号线、9 号线、10 号线、奥运支线和机场线等，此外还要建设昌平、良乡、顺义 3 条郊区铁路及京、津、塘城际快速铁路。到 2008 年奥运会召开前夕，北京市区将新增轨道交通线路约 143km，城市轨道交通总里程约达到 260km，包括城郊铁路，北京轨道交通运营总里程将约为 400km。2050 年北京市城市轨道交通通线网规划方案见图 1-1，其中未来的地铁与城市郊区轻轨网络总长达 800 余千米。

2. 上海市

上海地铁 1 号线一期 16.4km 于 1995 年建成通车，向南延伸至莘庄站，现在通车里程约 20km。于 2000 年底，地铁 2 号线一期 14.6km 建成通车。2003 年明珠轻轨线 22.14km 建成通车。近三年来，相继建成地铁 1 号线南北延伸线，地铁 4 号环线浦西段。截至 2005 年底，上海

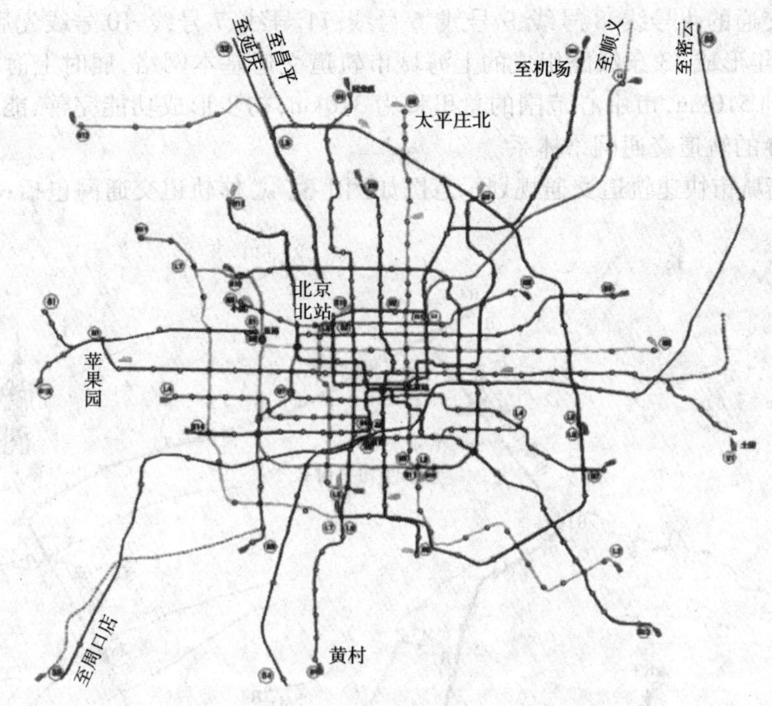

图 1-1　北京市区轨道交通线网规划方案(2050 年)

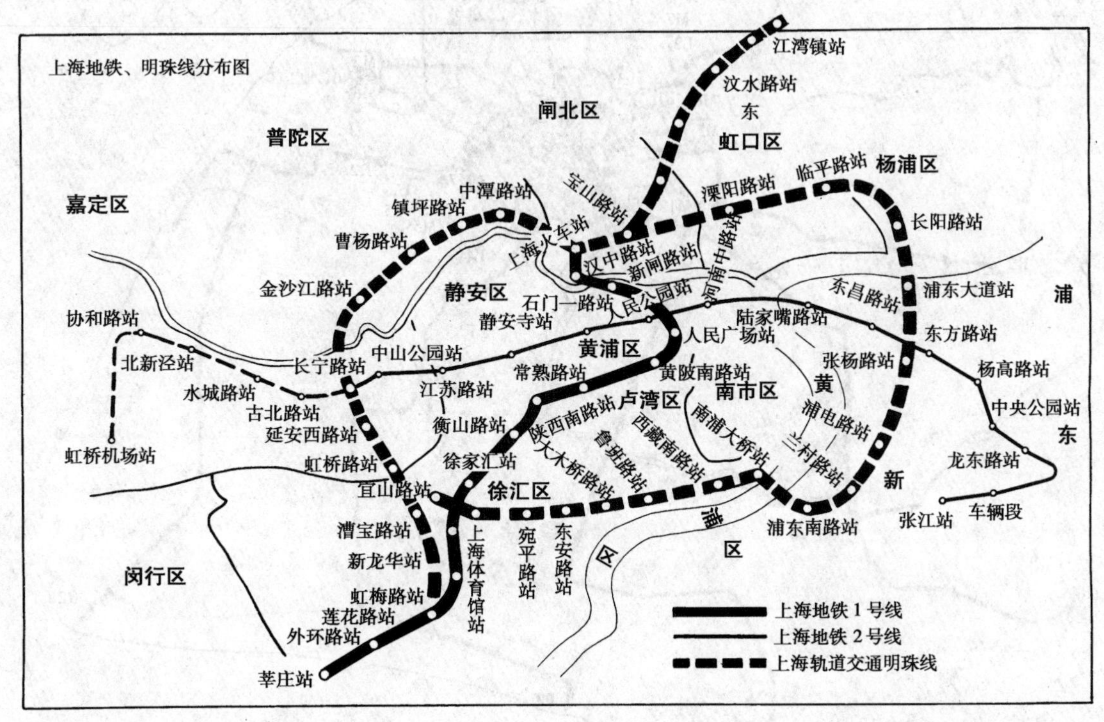

图 1-2　上海地铁、明珠线分布图

市已经运营的地铁线路约为 120km。图 1-2 为上海地铁、轻轨明珠线分布图。据预测 2010 年上海市博会总参观人数将超过 7000 万人,高峰日参观人数将达到 80 万人,而且其中 50% 的客流量将完全依靠轨道交通系统来承担,为此 2010 年前大力发展轨道交通,解决交通问题是成功举办世博会关键因素之一。上海市城市轨道交通,必须打破常规,实现跨越式发展的战略。

目前城市轨道交通的4号线、8号线、9号线、6号线、11号线、7号线、10号线先后开工,加速建设。计划2010年形成13条线路组成的上海城市轨道交通基本网络,届时上海城市轨道交通的总长度将达到510km,市中心范围的总里程为310km,初步形成功能完善、能够支撑国际级大都市发展目标的轨道交通网络体系。

上海市最新城市快速轨道交通规划示意图如图1-3。总体轨道交通网包括:市域级快速轨

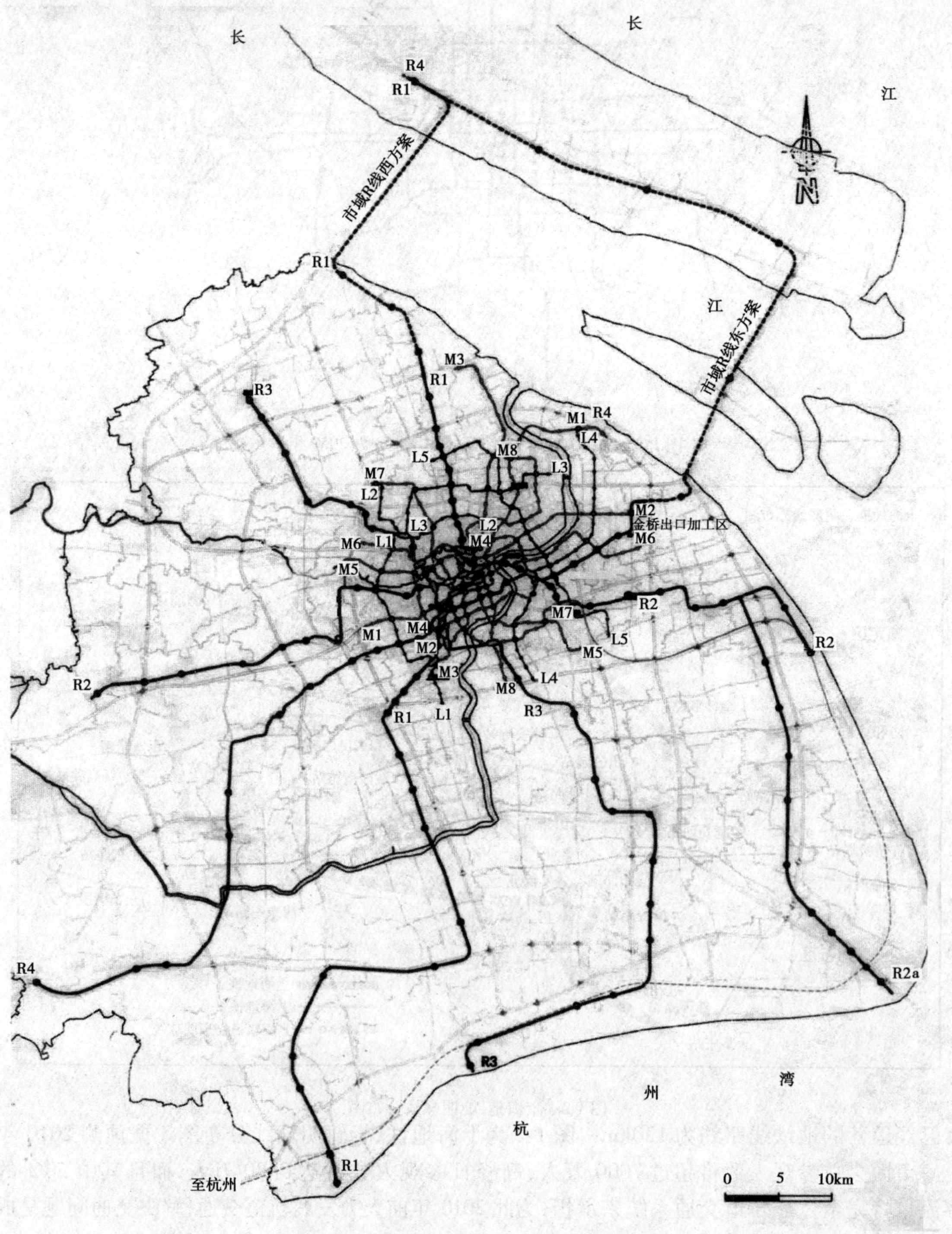

图1-3 上海地铁与轻轨交通路网规划示意图

道线(R1 ~ R4 线)、市区级轨道线(M1 ~ M8 线)、市区级轻轨线(L1 ~ L5 线)、磁悬浮列车线，总里程为875.1km,共设约 450 座车站。

(1)市域级快速轨道线:这是轨道网络的骨架,为市区提供快速到达城市各大枢纽的服务,配合城市向多中心方向发展。

—R1 线:宝山新城 ~ 金山新城(已通车的地铁 1 号线为其一部分),线路长约 140km,40 座车站。

—R2 线:青浦新城 ~ 海港新城(已通车的地铁 2 号线为其一部分),线路长约 82km,40 座车站。

—R3 线:嘉定新城 ~ 上海化学工业区,线路长约 100km,30 座车站。

—R4 线:杨高路 ~ 风泾,线路长约 155km,30 座车站。

(2)市区级轨道线:对城市最密集的中心区域提供发车频率高、运输能力大、运行速度快的服务,满足城市活动需要的服务。

—M1 线:环西大道 ~ 外高桥,线路长约 34km,共 28 座车站。

—M2 线:龙漕路 ~ 浦东巨峰路,线路长约 21km,共 18 座车站。

—M3 线:富锦 ~ 铁路上海南站,线路长约 41.7km,共 31 座车站。

—M4 线:铁路上海火车站 ~ 虹桥路,线路长约 33.7km,共 26 座车站。

—M5 线:环西二大道 ~ 华夏路,线路长约 23.1km,共 22 座车站。

—M6 线:环西二大道 ~ 金桥出口加工区,线路长约 30.1km,共 26 座车站。

—M7 线:环西二大道 ~ 铁路浦东客站,线路长约 31.1km,共 27 座车站。

—M8 线:开鲁路 ~ 三林,线路长约 31.2km,共 30 座车站。

(3)市区级轻轨线:为局部区域交通需求提供服务,是对市域级和市区级网络的补充,在卫星城作为一种局部的交通服务。

—L1 线:上海西站 ~ 环南二大道,线路长约 16.9km,共 15 座车站。

—L2 线:祁连山路 ~ 虹口足球场,线路长约 15.5km,共 15 座车站。

—L3 线:上海西站 ~ 中原地区,线路长约 30.3km,共 24 座车站。

—L4 线:外高桥 ~ 环南一大道,线路长约 28.8km,共 28 座车站。

—L5 线:长江西路 ~ 华夏路,线路长约 25.7km,共 19 座车站。

(4)磁悬浮快速列车

自浦东新区陆家嘴连接浦东国际机场,全长约 35km。

3. 天津市

未来的天津市区快速轨道交通主要为以环线——放射线形成路网的格局,由 3 条穿越市中心的放射线和一条环线组成。路网总长 177km,其中地下铁路长 106km,郊区环线预留 71km 远期轻轨线。2001 年天津市政府批复的《天津市中心城区快速轨道交通线网规划》由 6 条线路组成,其中 4 条放射线,2 条半径线,线网总长 160.6km。核心区路网的密度 1.22km/km^2,中心城区线网密度 0.42km/km^2。线网规划确定 1、2、3 号线为城市快速轨道基本骨干线,4 号线为内部填充线,5、6 号线为外围发展线。于 2003 年 10 月 1 日建成通车的津滨轻轨线全长49.051km,自天津铁路东站起,经河西区、河东区、东丽区、塘沽区至天津滨海开发区,全线设站 23 座(地面站 2 座,高架站 21 座)。天津地铁 1 号线长约 10km,1970 年动工,1980 年建成通车。现在天津地铁 1 号线全线改建,同时 2 号线、3 号线全面启动。

4. 广州市

按照1998年广州市政府批准的《广州市快速轨道交通路网规划》,全市共规划7条线,总长206.5km。其中地铁1号线是广州市地铁规划网的东西干线。地铁1号线总长18.47km,沿线共设16座车站、车辆段控制中心和2座主变电站,已于1999年建成通车。地铁2号线为广州市快速轨道交通系统中客流量最大的基本骨干线,是新线路网中的南北轴线。从国际机场至海珠区后窖,全长46.5km,第一期长23.21km,其中高架10.68km,地下线长11.10km,地面线长0.27km,过渡线长1.16km,全线共设20座车站。地铁2号线工程已于1998年5月经国家计委批准立项,1998年7月28日海珠广场站率先开工。广州地铁2号线用3年的时间建成,3年半时间实现开通运营,这在国内建设的速度是较快的。广州地铁另外规划的5条线路情况如下:

(1)3号线:从沙贝到南岗,全长44.5km,是连接东翼大组团和中心大组团的东西主干线。

(2)4号线:白云区的黄金围到海珠区的江燕路,全长20.5km,是南北方向的一条辅助线,从而扩大对北翼大组团的照顾范围。

(3)5号线:芳村区的西郎站到世界大观,全长28.5km,它串联被珠江分隔的三大块区域,同时作为海珠区东西方向的贯通线。

(4)6号线:起自白云区的槎头,终到海珠区的石榴岗,全长23km,是围绕旧城市中心东北侧的半环线,串联北翼大组团、天河新区和海珠东部地区。

(5)7号线:从芳村区的三眼桥到广州植物园附近的高塘石,全长25km,西南至东北走向。它便于东北方向的乘客直达老城区和芳村。根据广州市城市轨道交通建设规划,其中4号、5号、6号、7号线将采用直线电机系统。至2010年,总长将达107km。

此外还考虑了利用既有国营铁路(如广深线、京广线)来提供市郊旅客运输服务,与城市轨道交通网相呼应。2003年,经广州市政府批准的《广州市轨道交通线网规划》规划了城市轨道线、市郊列车线、城际轨道线三层线网组成的全长717km的轨道交通线网。其中城市轨道交通线15条,总长610km;市郊列车线1条,长67km;城际轨道线3条,线路总长40km。

5. 深圳市

深圳市整个客运轨道交通规划网络系由"一主、三重、五辐射"为主共14条线组成。地铁1号线主要承担着各个组团最密集的东西间的客流及所有其他轨道线路换乘客流。三重:平南、平盐和广深组成特区与两区之间的通勤铁路。五辐射:2、3、4、5、6均以地铁1号线为基础;沿交通走廊呈向外辐射状。整个轨道交通网总里程约390km,总站数105个,总投资为785亿人民币。深圳地铁一期工程由1号线(罗湖站至香密湖站)和4号线(皇岗站至水晶岛站)组成,全长约21km,1座地面站,1座车辆段,两线在金田站呈十字换乘。设计工作于1998年9月全面展开,并于1999年10月全线开工,于2004年建成投入运营。根据城市近期发展需要,有针对性地选择6条轨道交通线作为二期工程优先建设。二期工程累计里程约175km。

6. 沈阳市

沈阳市城市交通体系规划概括为:"三环"、"四轨"、"五快"和"十四射"。建立一个以快速轨道交通为中心、公共交通为主体,快速道路交通为骨干,交通系统立体化,客运管理现代化,有足够容量和应变能力的综合交通体系。"三环"中一环(内环)长29km,二环(中环)长50km,三环(外环)长80km,3条环线全长159km。"四轨"即有1、2、3号线和一条环线组成的快速轨道系统。1号线长47.4km(包括支线),2号线长45.3km(包括支线),3号线长44km,环线长24km,全长160.7km,其中高架线长66km,地下线长95km。经国家计划委员会批准,沈阳地1号线于2005年全面开工建设。

7. 南京市

南京市的地铁及快速轨道交通网，主要承担主城区客运交通及主城区至城市圈范围外围城镇间的快速客运走廊的客流运输。主城区地铁路网有四条线组成，地铁 1 号线南北线，地铁 2 号线北——东南线，地铁 3 号线（东西向）和地铁 4 号线。南北线总长 21.72km，设 16 座车站，1 个车辆段。1999 年 4 月 15 日经国务院国家计划委员批准一期工程进入正式实施阶段。南京地铁在吸收国外先进技术经验的同时，坚持走国产化的道路，一期工程确保总体国产化率 70%，2005 年南京地铁 1 号线一期开通。图 1-4 为南京市轨道交通路网规划示意图。南京市最新轨道交通规划 13 条线，9 条线为地铁，4 条线为轻轨。总里程达 433km，需 1700 亿～1800 亿元人民币投资。到 2010 年南京市要建成 77km 轨道交通，2020 年将建成 200km 轨道交通。

图 1-4　南京市轨道交通路网规划示意

8. 重庆市

早期的重庆市的轨道交通路网由三条东西和南北间相互渗透线路构成，线路总长 44.5km，车站 41 座。其中 1 号线自朝天门至沙坪坝全长 16.56km，13 个车站，采用钢轨—钢轮系统，95% 在隧道运行。2 号线自较场口至新山村，全长 17.4km，设 17 个车站，采用跨座式单轨交通,以高架为主,部分在地下。重庆市轻轨较新线一期工程是重庆市轨道交通2号线一部分,正线长度14.35km。共设车站14座(其中地下站3座、高架站11座),车辆段和综合基地一处,大坪控制中心一处,设主变电站2座。2004年12月已建成投入运营。3号线自江南岸4km处至嘉陵江北新牌坊,全长10.7km,共11座车站,采用空中客车交通模式。根据2010年城市总体规划,新增加4号线:大扬石至南坪;5号线:西部至江北新城。

9. 青岛市

青岛市地下铁路网初步规划由南北线,东西线和环线组成,总长48km。地铁1号线开工多年,即将竣工通车。主城区与外围城镇的轨道交通由3条轻轨线和1条市效线组成。图1-5为青岛市地铁路网。

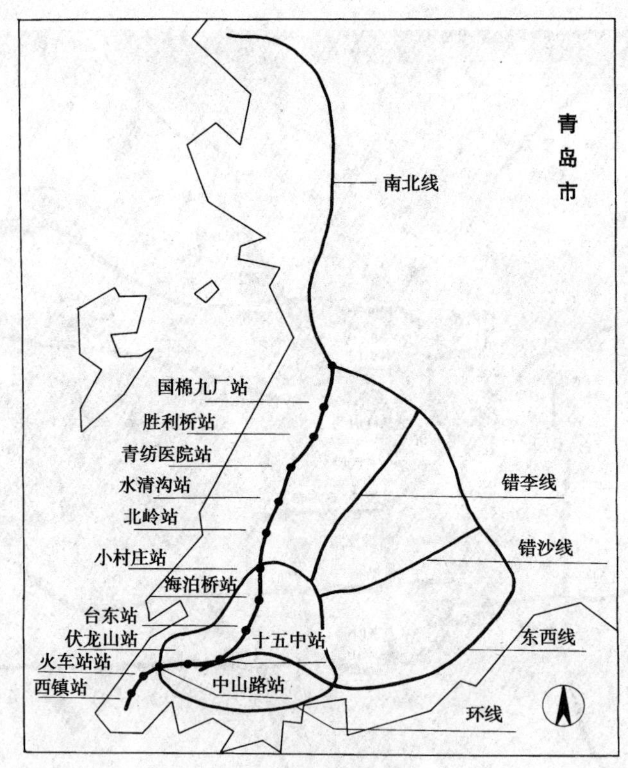

图1-5 青岛地铁路网

10. 台北市

宝岛台湾是我国神圣领土不可分割的一部分。台湾省台北市都会区快速轨道系统(台湾习惯称捷运系统)初期路网一共6条路线,全长86.8km,设有79个站,服务于台北市12个行政区及台北县的16个市镇,服务范围以台北车站为中心,半径约15km,面积达837km^2。这6条路线中,依其完工时程排序分别是木栅、淡水、中和、新店、南港及板桥线。木栅线是中运量系统,除有一处穿越山区采用新奥法施工外,其余全线采用高架方式构筑,其他5条线路都是高运量系统。在全长86.8km的路线中,地面段有9.5km,高架段21km,地下段45.7km。

11. 香港

香港地铁公司目前经营4条地铁线(观塘线、基湾线、港岛线和东三角线)和机场铁路。快速轨道交通系统全长70km,共有44个车站和4个车厂,总造价约为611亿港元。全港约有30%的人口使用地铁提供的交通服务。香港正在修建中的地铁新线有鱼涌舒缓乘客挤塞工程和将军澳支线。规划中的地铁线路有北港岛线和东九龙线。

12. 其他城市

我国大陆现有北京、上海、天津、广州、深圳、南京6个城市有地下铁道15条线约300km正式投入运营。武汉、重庆、大连和长春等城市各有1条或2条轻轨线已建成投入了运营。根据武汉市轨道交通近期建设的规划,2010年前武汉市将建成长达67km的轨道交通网络。该网络由2条地铁和1条轻轨线组成,建成后承担每天147万人次的旅客运输,占武汉市主城区公共交通总客运量545万人次的约27%。其中1号线全长10.177km(全线高架),设10座车站(1座岛式,9座侧式),1个高架停车场及综合维修中心,1个指挥中心,1座主变电所。远期为4辆车编组(两动两拖),车辆采用B型车,列车长78.62m,接触网为第三轨下接触变电(采用钢铝复合轨)。已经于2002年开通运营的大连市轨道交通3号线,起于大连火车站北广场西侧,向北跨过大连铁路货运站,转向西至香炉礁立交桥,沿东北路东侧穿椒金山隧道,经泉水小区后走振兴路北侧进入开发区,沿5号路南侧向东,经高科技园区至金石滩,线路全长约49.15km。一期工程由香炉礁至金石滩,线路全长46.45km,其中地面线30.33km,高架线14.21km,隧道长1.12km;设一座车辆段和13座车站(高架站6座,地面站7座),车辆最高速度100km/n,旅行速度为65km/h。哈尔滨、杭州、成都、苏州等城市都有一条线的试验段已开工或即将开工建设。西安、鞍山、乌鲁木齐、合肥、兰州、佛山、桂林、昆明、济南、石家庄、福州、宁波、郑州、无锡等城市也都在积极筹备建设城市轨道交通。

地铁和轻轨工程在中国将有巨大的市场和广阔的前景。我国50万~100万人口的大中城市44座,100万以上的大城市35座。根据发达国家经验,要使快速轨道交通承担客运交通的50%~80%,居民出行百万人口以上城市控制在40mim,中等城市为30min。中等城市要修建轨道交通1~3条,100万人口以上的大城市则要修建4~8条快速轨道交通线。我国所有大城市和部分中等城市正在审定城市总体规划,规划城市的快速轨道交通。已经修建和正在准备开工的有20条,近期规划修建50条,按每条15km,约750km,所有大中城市均实现轨道交通为客运交通主体,应该修建约300条,4 500km,预计2010年,将建成快速轨道交通850km,到2020年可建成2000km,到2050年将建成4 500km。

思考题

1. 我国大中城市交通阻塞的原因有哪些? 解决城市公共交通的对策是什么?
2. 简述地铁和轻轨交通的构成、特点。
3. 简述地铁和轻轨交通发展的历史过程及发达国家发展地铁轻轨交通的经验。
4. 中国建设地铁和轻轨交通应走怎样道路?

第二章　地铁与轻轨交通线路规划与设计

第一节　线路网络规划

现代城市需要有一个与其相适应的现代化交通体系，要形成一个与城市发展布局相协调的综合交通格局。近期应做好与城市交通量基本相应的道路网络系统，有机配合好综合交通规划，扩展空间、利用条件、重点发展以轨道交通为骨干的公共交通网络，逐步改变以常规公共交通为主的客运方式，引入大、中客运量的地铁和轻轨交通方式。远期应逐步实现多层次、多平面、立体化的城市交通网络体系，大部分地区实施机动车辆和非机动车辆分流行驶，充分利用高新技术建设管理。

城市轨道交通项目的建设，是一个城市有史以来最大的公益性基础设施，是一个涉及面广、综合性很强的系统工程。它的建设和实施是城市的百年大计，对城市的形成及发展模式都将产生深远的影响。城市轨道交通网络是城市总体规划的一个组成部分。因此，怎样做好一个城市的轨道交通规划、编制原则及需求条件，以及预测项目按规划建成后能否充分发挥城市交通与市际交通的整体效益，促进土地的有效开发利用，都是当前亟待探索和需要解决的重大问题。

我国城市考虑修建轨道交通系统的历史还很短，仅从80年代以来，有些城市才进行策划。在此以前，总体规划中很少吸纳轨道交通网络，有些城市甚至连综合交通规划也不够完善。因此，编制轨道交通规划对于城市规划人员和建设者来说是一个新生事物。哪一些城市可修建地铁，哪一些城市应修建轻轨，都要经过充分论证和规划，才能使我国城市的轨道交通事业做到健康有序地发展。它的发展直接影响城市的整体布局和功能定位，对城市实现可持续发展将产生深远的影响。线路网络的规划是快速轨道交通工程设计建设的主要技术依据，它的好坏直接影响城市交通结构的合理性和工程投资及工程建设的经济效益及社会效益。所以每一个城市在修建第一条快速轨道交通线路之前，首先应按规划设计年限认真编制好快速轨道交通路网规划，经专家评审后，报有关政府机关审批立法。

一、规划设计原则

1. 路网的规划要与城市客流预测相适应

通过对城市主要交通干道的客流预测，定量地确定各条线路单向高峰小时客流量，也就可以确定每条线路规模。规模确定后，就可以确定其为高容量、大容量、中容量还是小容量的轨道交通。在大城市修建轨道交通的最主要目的是为居民提供优质的交通服务，尤其是对中、远程乘客，快速轨道交通应是最能满足出行要求的交通方式。居民每天出行的交通流向与城市的规划布局有密切关系，轨道交通只有沿城市交通主客流方向布设，才能照顾到居民快速、方便的出行需要，并能充分发挥快速轨道交通客运量大的功能，对提高城市的社会效益、经济效益以及企业内部的财务效益都是非常有益的。

2. 路网规划必须符合城市的总体规划

根据城市总体规划和城市交通规划做好轨道交通规划，快速轨道交通网络规划又是大城市总体规划的重要组成部分。交通引导城市发展是一条普遍规律。近年来，我国城市发展大都是围绕老城，呈现一种摊大饼式的发展模式。这种发展模式与发达国家在本世纪末相类似。轨道交通的发展改变了大都市地区的发展形式，使城市沿轨道交通走廊轴向伸展；而小汽车及高速公路的飞速发展则带来了城市蔓延和郊区中心出现。如上海市新一轮总体规划中确定城市发展的四个伸展轴，无不依附于相应的快速轨道交通干线。人口过密及交通拥挤引起了城市中心功能的衰退，而对公共交通系统的投资（特别是轨道交通投资）对整个城市中心的发展有很大的作用。

轨道交通的规划和建设，可带动沿线住宅和商业区的开发和升值。国际上成功的作法是：先修路、后建房，政府修路，商家建房。政府可以通过规划建设轨道交通，促进沿线房地产市场的发展，带动地皮升值，取得沿线地皮升值所带来的效益之后，用以投入新的市政建设，滚动发展。交通设施的完善，也将明显地改善投资环境，从而使城市的发展走上良性循环的轨道。

轨道交通路网规划与城市的远景规划相结合，要有前瞻性。巴黎市郊快速铁路发展规划是在巴黎城市总体规划和土地使用规划的基础上，结合巴黎市远期发展制定的。在巴黎从单中心向多中心转变的过程中，巴黎的规划部门已经预见到由此带来的客流潜力，及时规划和建设了地区快速轨道交通线，从而在转轨期间成功地疏散了大量客流。交通的便捷也反过来促进各中心区经济迅速发展，从而使城市步入良性发展的轨道。

3. 规划线路要尽量沿城市主干道布置，线路要贯穿连接城市交通枢纽对外交通中心（如火车站、飞机场、码头和长途汽车站等）、商业中心、文化娱乐中心、大型的生活居住区等客流集散数量大的场所，以减少线路的非直线系数和缩短居民出行时间。这样规划的轨道交通线，可以满足城市居民由于工作、学习或购物等原因外出换乘需要，最大地吸引客流，经济效益和社会效益显著。沿城市主干道布置的轨道交通线，减少动迁拆除费，大型主干道路面宽阔，便于工程施工的开展，减少对城市居民生活的干扰。

4. 路网中线路布置要均匀，线路密度要适量，乘客换乘方便，换乘次数要少。乘客外出对出行距离的远近不是主要的问题，而最关心的是一次出行在旅途中要花多少时间。路网密度、换乘条件及换乘次数同出行时间关系极大，并且直接影响着吸引客流大小的问题。根据国内外的经验，两平行网线间的距离在市区一般以 1 400m 左右为宜，同时要与街道布局相配合，除特殊情况外，两线间距离最好不少于 800m，且不大于 1 600m。在市郊两线间距离可以适当增大，若乘客必须换乘时，除在设计中创造方便的换乘条件之外，其次数最好经一次换乘就能达目的地，最多不要超过两次。

5. 大城市的交通组织一定要发展以快速轨道交通为骨干，常规的公共交通为主体，辅之以其他交通方式，构成多方位多层次交通体系。居民出行时间是由步行时间、候车时间、换乘时间和乘车时间四部分组成，快速轨道交通是城市大运输量交通系统，因投资巨大，施工周期长，短时间无法形成密度适中的网络。为了减少乘客出门换乘轨道交通不便，快速轨道交通应做好与城市其他交通形式如公共汽车、小汽车和自行车等的衔接。一般城市公共交通应服务到门，如与主干道上的快速轨道交通的车站换乘联系甚至联运，这样可减少居民出门步行时间。

6. 路网中各条规划线路上的客运负荷量要尽量均匀，要避免个别线路负荷过大或过小的现象。注重考虑线路吸引客流能力，穿越商业中心、文化政治中心、旅游点、居民集中区次数要均衡。居民出行可达性要好，乘客平均乘距与线路长度的比值要大，并且越大越好。

7. 在考虑线路走向时,应考虑沿线地面建筑的情况,要注意保护重点历史文物古迹和保护环境。要先考虑地形、地貌和地质条件,尽量避开不良地质地段和重要的地下管线等构筑物,以利于工程的施工和降低工程造价。线路位置应考虑与地面建筑、市政工程相结合及综合开发的有利条件,充分开发利用地上、地下空间资源,以利于提高工程实施后的经济效益以及社会效益。

8. 尽可能利用城市旧有的铁路设施。上海市轨道交通明珠线,是属于规划中的地铁 4 号线,规划线路总长 62km,南起闵行北至宝山。一期工程南起漕河泾北至江湾镇,全长 24.975km,贯穿徐汇、长宁、普陀、闸北、虹口、宝山 6 个区。沿线共设漕河泾、石龙路、龙漕路、漕溪路、宜山路、虹桥路、延安路、长宁路、金沙江路、曹杨路、镇坪路、中潭路、宝山路、宝兴路、虹口体育馆、上农新村、汶水东路和江湾镇 19 个停靠车站。除起点漕河泾站、石龙路站和上海火车站站为地面站外,其余 16 座均为高架站。它充分利用了旧有的淞沪、沪杭两条铁路线共约 18km,占 72%。这其中高架线约占 86%,沿主干道;地面线约占 14%,主要在郊区。这样既减少了地面拆迁费用,又解决了困扰上海市内铁路道口交通通行的难题。该工程可使既有沪杭铁路内环线城市道路的 20 多处平交道口得以解脱,从而大大改善了地面公共交通的拥挤堵塞状况。考虑到乘客换乘其他公共交通工具的需要,在不减少经过沿线 19 座车站公交线路的情况下,还规划新辟了地面公交线 25 条,延伸了 9 条,局部调整 5 条,同时明珠线沿线 8 个车站还可以与地铁、铁路、轻轨换乘,从而沟通市中心与南北两翼的客运交通。

9. 车辆段和综合基地是快速轨道交通的车辆停放和检修的基地,还应包括物资总库、培训中心和必要的生活设施等。在规划线路时,一定要同时规划好其位置和用地的范围。另外还要规划好设备维修、维修材料供应和人才培训基地的用地等。该基地最好和车辆段(场)规划在一起,若条件不允许时,可单独设计。这些基地占地面积较大,在寸土寸金的大城市里,规划设计一定要做到合理用地。一般车辆段,检修厂设置在一条线路的两端郊区,这样可以方便地面铁路运输的轨道交通的车辆,设备与材料等经由车辆段(场)进入轨道交通的地下或高架线。这之间要布置规划铁路专用线,专用线位于车辆段(场)内。在网线之间为便于路线调运车辆,还要设置联络线。

10. 一个城市轨道环线的布设,要在客流预测基础上,经过分析比较,优化组合确定,不可生搬硬套,要做到因地制宜。环线的主要作用是为了减少不必要到市中心换乘的客流,并使沿环线乘行的乘客能直达目的地,提高其可选性,以起到疏散市中心客流的作用。所以,环线除方便乘客换乘与减少市中心区客流压力外,在环线上一定要保证日常有足够的客流量,不然环线客流负荷强度太小,会影响其运营效率和企业的经济效益。

11. 在确定线路规划网中的各条线路修建程序时,要与城市建设规划和旧城改造计划相结合,以保证快速轨道交通工程建设计划实施的可能性和连续性,工程技术和经济上的合理性。

二、网络规划内容

目前,世界上已有 100 多个城市建有轨道交通系统,其中伦敦、巴黎、柏林、纽约、东京、莫斯科等早已形成网络。这些轨道交通系统网络虽然形态多种多样,但都是与各自城市结构相适应又相互影响的结果。城市现有街道的基本形式及地理条件,对于轨道交通路网形成起到了决定性的作用。80 年代中期,继京、津、沪、穗四大城市之后,我国已有约 20 个大中城市进行了地铁和轻轨交通系统规划,先后提出 25 项地铁和轻轨项目。我国除北京、香港地铁初步形成网络之外,上海、天津、广州、深圳、南京、武汉、重庆、大连等城市仅有 1 条到 4 条地铁和轻轨线运营。我国正处于经济起飞阶段,城市化进程加快,目前百万人口以上的大城市已有 40 多个，许多城市缺少轨道交通的总体规划网络，近期将制定总体轨道交通规划。因此，分析国内外已有轨道交通网络的结构形式及其对城市结构的影响和作用，从中借鉴可供我国大城市发展轨道交通的有益经验，寻求与我国大城市发展方向相适应的交通网络结构，对我国大城市轨道交通规划具有重要意义。

根据城市规划现状与规划情况编制的路网中各条线路的组成的几何图形一般称为路网的结构形式，其形成一般要与城市道路网的结构形式相适应。但在选定时，首先应考虑客流主方向，并为乘客创造便利条什，以便吸引更多乘客。路网的形成布置得当与否，直接关系到路网建成后的经济效益、社会效益及交通服务质量。为此在设计路网时，不但要考虑各线的具体情况，更要考虑路网的整体布局，也就是考虑路网总的结构形式是否合理。虽然世界各国城市轨道交通路网结构形式千差万别各有特色，但从几何形状区分，主要归纳为放射形（星形）结构、条带形（树状结构）、放射加环形、棋盘形（栅格网状结构）、棋盘加环线形、棋盘环线加对角线形和其他形如十字、L字、T字等简单图形及混合图形等。各种几何结构图形如图 2-1。

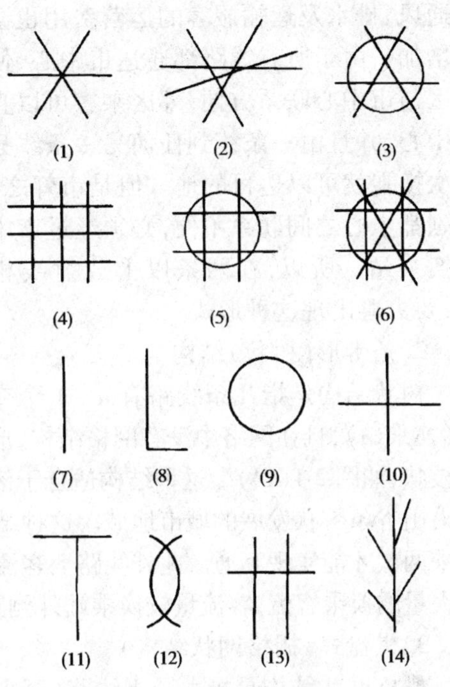

图 2-1　路网几何结构图形

1. 放射形（星形）

星形结构是指路网中所有的线路只有一个交点（换乘站）的结构，如图 2-1（1）。其唯一的换乘站一般都位于市中心的客流集散中心，如目前的布拉格地铁网络系统图 2-2，俄罗斯圣彼得堡地铁网络图 2-3。这种路网结构中所有线路间都可以实现直接换乘，但换乘站上的客流量大，换乘

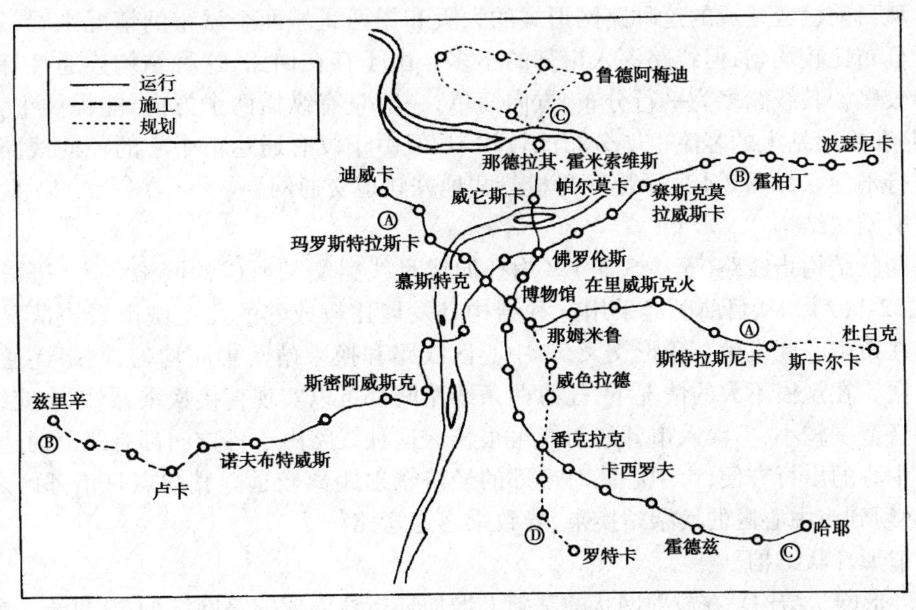

图 2-2　布拉格地铁网

客流相互干扰也大,常易引起混乱和拥挤。此外换乘车站的设计与施工难度也大,一般多采用分层换乘。这事必使车站埋深加大,车站建设费用增加,乘客换乘时间延长,车站通风、排水及运输旅客的运营费用也会有所增加。由于所有线路都通达市中心,使得郊区与市中心联系方便,郊区乘客可以直达市中心,并且由一条线到任何另一条线只有一次换乘就可以达目的地。但是市郊之间,各副都中心之间联系不便,必须经过市中心的换乘站。所以,在两条以上放射线相交时,要力避出现这种形式。

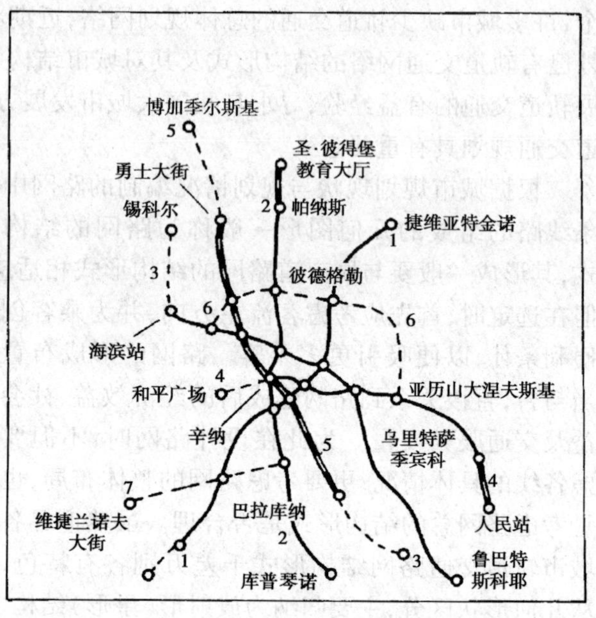

图 2-3 圣彼得堡地铁网

2. 条带形(树状)结构

树状结构是指几条线路有 $n-1$ 个交叉点(换乘站),且在网络中没有网格结构,形如树枝状,如图 2-1(14)。这种结构适合于沿江或沿山谷条带状发展的城市地域。这种结构连通性差,线路间换乘不方便,两条树枝线间至少要换乘两次才能实现互通。此外线路上客流分布不均,同一线路上两个换乘站之间的路段因担负着大量的换乘客流,客流量较换乘站外侧路段显著增高,给线路的行车组织带来困难。

3. 棋盘式(栅格网状结构)

栅格网状结构是指由若干线路(至少四条)大多呈平行四边形交叉,所构成的网络多为四边形路网结构,其形状如图 2-1(4)。这种路网的最大的缺点是二次换乘多,如结合城市干道网必须采用这种结构形式时,应尽量将分叉点布置在大的客流集散点上,以减少换乘次数,方便乘客。从目前已经建成的这种路网形式的大阪和墨西哥城两个城市的情况来看,这种结构在内城区分布比较均匀,但线路深入市郊的不多。由于存在回路,这种结构连通性好,乘客换乘的选择较多。其线路多为平行分布,方向简单,一般只有纵横两个方向,能提供很大的运输能力,线路和换乘站上的客流也能分布比较均匀,但由于没有通达市中心的径向线路,市郊到市中心出行不便。如图 2-4 所示墨西哥棋盘式地铁轨道交通网。

4. 放射网状结构

放射网状结构指线路(至少 3 条)多为径向线且线路交叉所成的网格多为三角行的路网结构,如图 2-1(2)。从目前已经采用这种结构且发展比较成熟的几个城市系统情况来看,多数线路都在市中心区发生三角形交叉,市中心区线路和换乘站密集而均匀,网络连通性好,乘客换乘方便。在规模不大的情况下,任意两条线路间都可以实现直接换乘,路网中交织成网的部分影响区范围较小,但深入市郊的射线可很长。这种线路由于各方向都有线路通达市中心,市郊到市中心的出行方便,市中心区对市郊的经济辐射距离较远。其缺点是市郊区之间发生联系时,必须到市中心区的换乘站换乘,导致乘客走弯路。

5. 放射形环状结构

放射环形网状结构是在放射网状的基础上增加环行线而成的路网结构,常见于一些规模很大的系统,如莫斯科、巴黎、东京、上海等。其环线一般与所有的径线交叉,如图 2-1(3)所示。这种路网结构既具备了放射形路网的优点,又克服了其不足之处。由于环线和所有经过径线

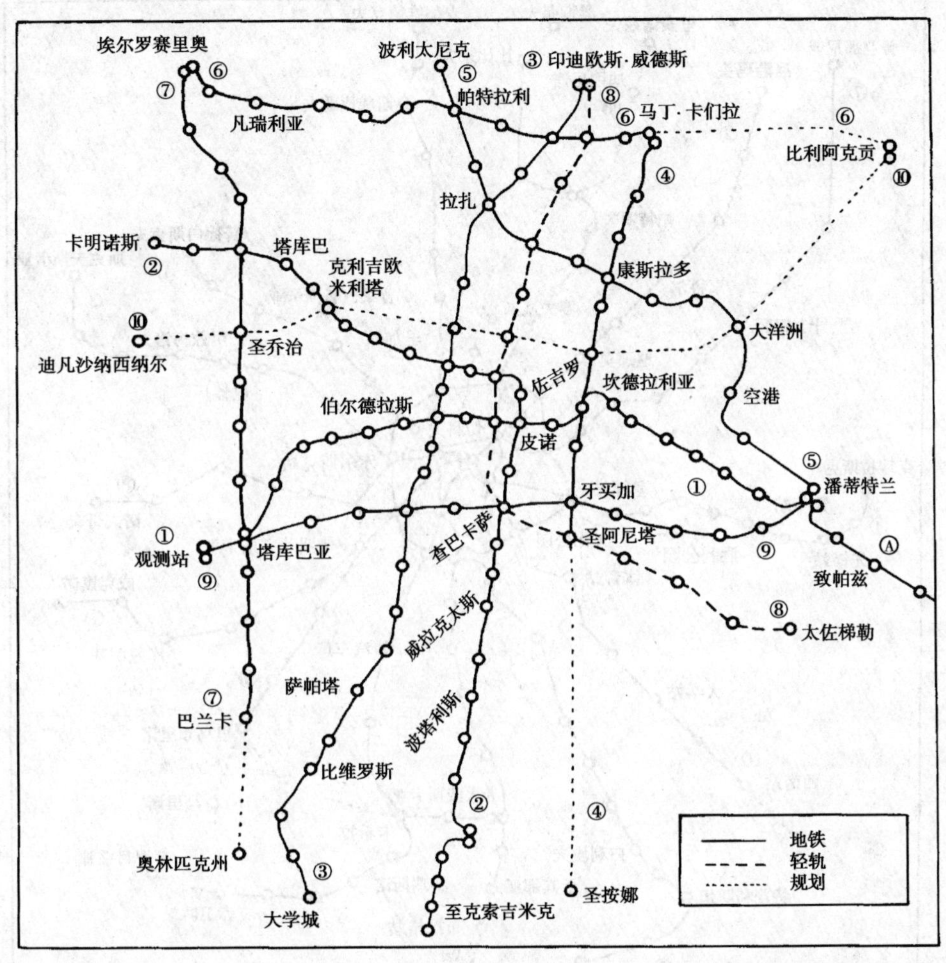

图 2-4　墨西哥城地铁网

可以直接换乘，整个路网连通性好，方便了环线上的直达乘客和相邻区间需要换乘的乘客，而且能有效地缩短市郊间乘客利用轨道交通出行的里程和时间，还可以起到疏散市中心客流的作用。图 2-5 为莫斯科地铁网。莫斯科市有 800 年城市发展史，现有人口 1000 万，城市面积 1 070km^2。环形公路内面积 875.6km。1922 年规划 3 条横穿城市地铁线路和一条环线，连接莫斯科 9 个火车站。2003 年莫斯科有 11 条地铁运营，按双线计算长 296.5km，共 165 站，其中 49 个换乘站，站间距 1.83km。日客运量 880 万人次，年客运量 31.62 亿人次，占城市公共交通营运总量的 45% 以上。所有线路均设于地下，每小时 40 对列车发出。

6. 棋盘加环线形式

如图 2-1(5)所示。环线应放在客流密度较大的地方，并尽量多地贯穿大的客流集散点，如对内、对外交通枢纽等。这种路网的最大特点是提高环线上乘客的直达性和减少换乘次数，改善环外平行线间乘客的换乘条件，缩短了出行时间，并减轻了市中心的线路负荷，起到疏散客流作用。这种路网的典型形式如图 2-6 所示北京地铁路网。

7. 对角线形

对角线形是在棋盘加环线的基础上，增加对角线走向线路，如图 2-1(6)。这种形式可弥补棋盘形非直线系数大的缺点。对角线上的街区之间，或郊区至市中心的居民出行，增加了其可

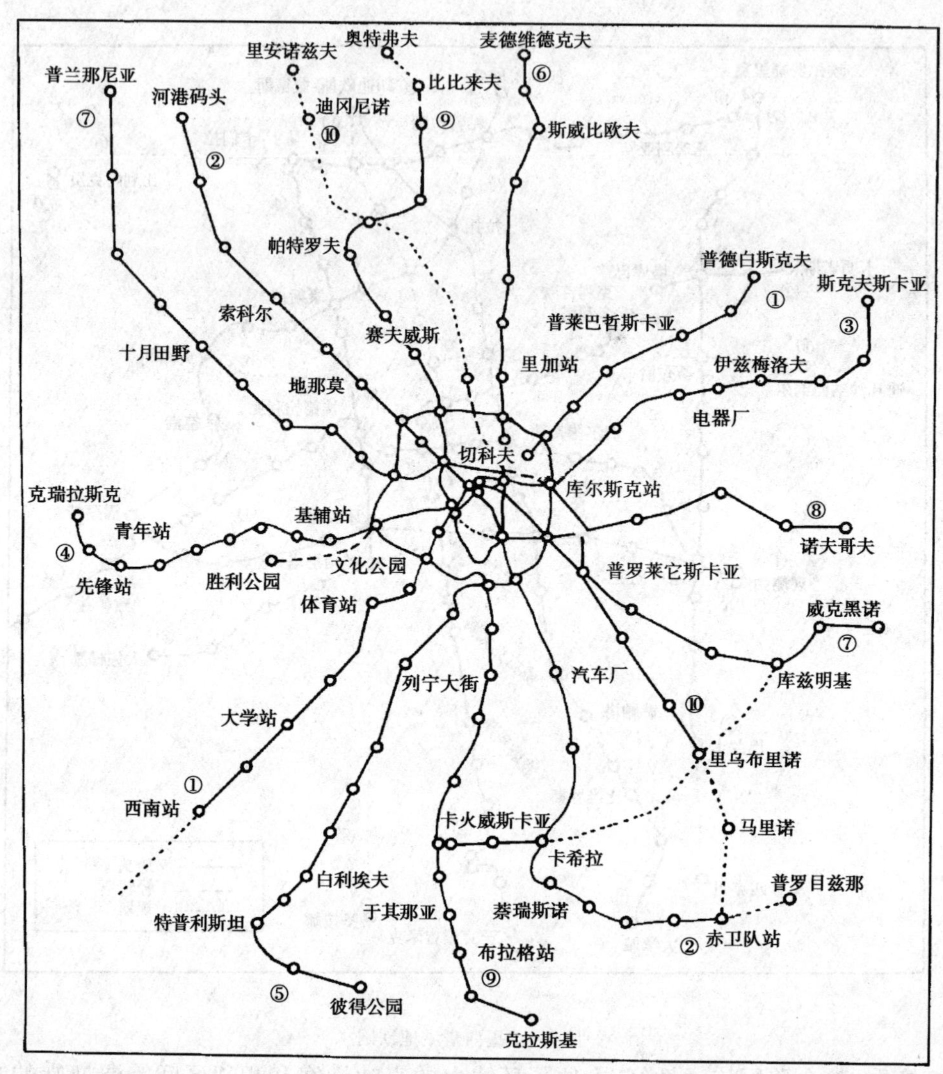

图 2-5　莫斯科地铁网

达性,并且减少了出行时间。但若对角线只能沿棋盘形道路布置成若干阶梯形线路,意义就不大了,它不但不能缩短乘客出行距离,反而由于增加了许多曲线恶化了线路条件。这种对角线形式不但没有弥补棋盘形路网的缺点,反而增加了线路长度。只有对角线方向的客流确实较大,并且有布置线路的适宜条件时,才能采用这种形式的路网。

8. 其他形状

国内外许多规模不大的城市,或城市地理位置特殊等原因,客流流向较为集中单一,往往不需修建更多的轨道交通线,形不成轨道交通网。也就形成了如图 2-1(14)的几何图形,目前国外较典型的类似路网还有秘鲁利马 1 字形地铁,日本神户 L 形地铁,英国格拉斯 O 形地铁,巴西累西腓 Y 形地铁,哥伦比亚麦得林 T 形地铁,意大利罗马的十字形地铁,法国里尔 X 形地铁和巴西圣保罗 + + 形地铁等。

9. 混合形

混合形路网是结合城市的具体情况,将上述几何图形的两种或多种有机地结合在一起,成为一个完整的路网结构形式称为混合结构形路网。只有充分适应城市的特点,并尽力吸收各种几何图形的优点,因地制宜布置与城市特征相协调的路网形式,才能达到较好的效果。

去昌平
去密云
西三旗
清河
北苑
首都机场
西苑
辛店
镶红旗
万泉河
东坝
东直门
门头沟
动物园
六里屯
复兴门
天安门
五路
石景山
通县
北京西站
北京站
南花园村
永定门
十里河
焦化厂
宋家庄
郭公庄
南苑
东庄
黄村
图 例
地铁站
地铁换乘站
市郊铁路

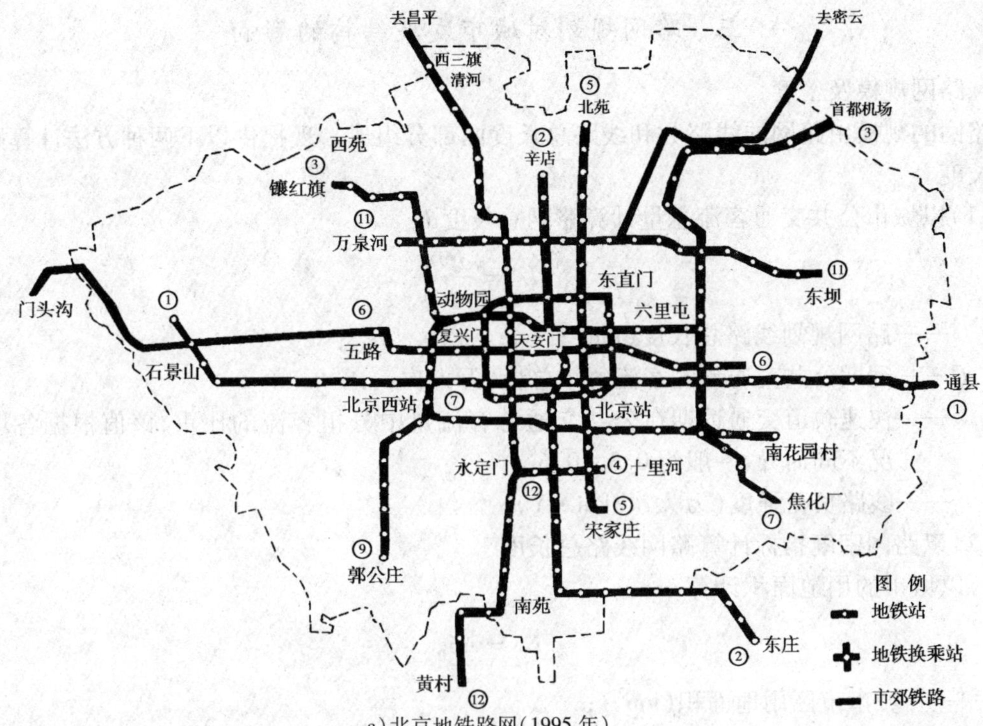

a）北京地铁路网（1995 年）

①线 50km；②线 23km；③线 48km；④线 29km；⑤线 22km；⑥线 19.5km；⑦线 21.5km；⑧线 35.5km；⑨线 16km；⑩线 10km；⑪线 21km；⑫线 17km

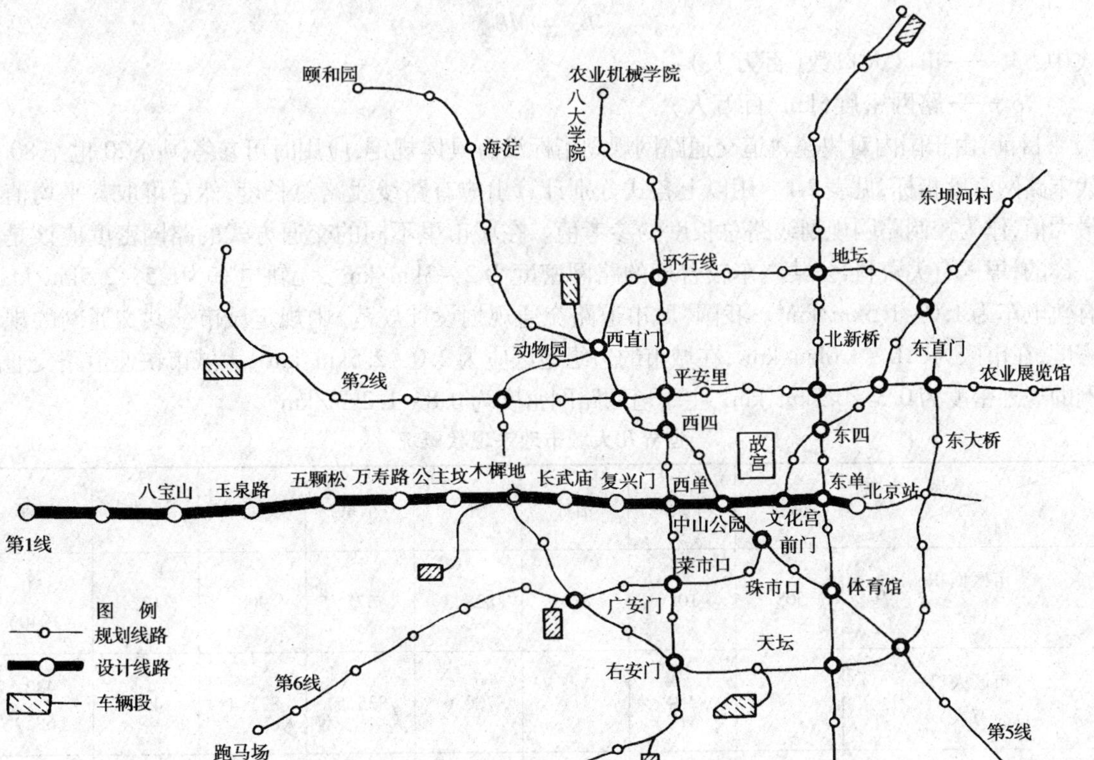

颐和园
农业机械学院
八大学院
海淀
东坝河村
环行线
地坛
北新桥
西直门
动物园
东直门
第2线
平安里
农业展览馆
西四
东四
故宫
东大桥
八宝山
玉泉路
五颗松
万寿路
公主坟
木樨地
长武庙
复兴门
西单
东单
北京站
第1线
中山公园
文化宫
前门
菜市口
珠市口
体育馆
广安门
天坛
右安门
第6线
跑马场
第5线
十八里店
第3线
图 例
规划线路
设计线路
车辆段

b）北京地铁 50 年代路网

图 2-6　北京地铁规划网络图

三、路网规划对城市发展结构的影响

1. 路网规模及密度

路网的规模由路网的线路数和线路总长度两部分组成。现提供以下两种方法计算路网线路总长度。

(1)以城市公共交通客流总量计算路网总长度 L_z

$$L_z = \frac{aQ}{q} \tag{2-1}$$

式中:L_z——路网规划线路总长度(km);

Q——远期公共交通预测客流每年总量(万人次);

a——快速轨道交通远期在公共交通总客流量中分担客流的比重,该值根据各城市情况不同而异,一般为0.3~0.6;

q——线路负荷强度(万人次/km·Y)。

(2)以路网密度指标计算路网线路总长度

1)以城市的用地面积计算

$$L_z = A\delta_1 \tag{2-2}$$

式中:A——城市市区用地面积(km^2);

δ_1——路网密度指标(km/km^2),一般取0.25~0.35。

2)以人口总数计算

$$L_z = M\delta_2 \tag{2-3}$$

式中:M——市区人口数(百万人);

δ_2——路网密度(km/百万人)。

目前,由于国内对快速轨道交通路网规划指标没有具体规定,应用时可参考国外20世纪80年代末路网密度指标,见表2-1。用以上各式分别计算出应有路线线路总长度,然后可取其平均值或最大值,作为控制路网规划线路总长度的参考值。在城市里不同的交通方式的路网密度应该是不一样的,根据有关资料,公共汽车较合理的路网密度为2~3km/km^2,无轨电车为1.5~2.5km/km^2,有轨电车为1.0~1.5km/km^2。我国《城市道路交通规划设计规范》中规定城市公共交通网的规划密度,在市区为3.0~4.0km/km^2,在城市的边缘地区应为2.0~2.5km/km^2;大城市快速道路交通路网的规划密度为0.3~0.5km/km^2,主干道的路网密度为0.8~1.2km/km^2。

世界几大城市地铁现状概况 表2-1

项目 \ 城市	伦敦	巴黎	柏林	纽约	东京	莫斯科	香港	北京
市区面积(km^2)	303	105	833	828.3	575	900	172	351 (1040)
市区人口(万人)	277	230	317	708.6	835.5	871.4	444	432 (685)
地铁线路总长(km)	388	209	138.4	432.4	211.7	230.5	43.2	42 (314)

续上表

项目 \ 城市	伦敦	巴黎	柏林	纽约	东京	莫斯科	香港	北京
地铁年客运量(百万人次)	775	1 225	433	1 114.4	2 453	3 182	804	558
路网密度(面积计)(km/km^2)	1.28	1.99	0.16	0.52	0.37	0.26	0.25	0.12
路网密度(人口计)(km/百万人)	140	90.9	43.7	61	25.3	26.5	9.73	9.72 (45.8)
线路负荷强度(万人次/km·年)	199.7	586	312.9	257.7	1 158.7	1 380.7	1 861.1	1 328.6

地铁路网密度主要取决于居民出行步行到车站的距离,并以此距离为半径,以车站中点为圆心,画一吸引环,要求两环间除大的客流集散点外不套接,各环间空白点的少量乘客由地面交通去解决。考虑适当的步行时间及速度,一般市区采用600~700m作为吸引半径,也就是两平行线间的距离以1 200~1 400m为比较合适,特殊情况最好不小于800m,不大于1 600m,市郊距离可以放大一些。

2. 路网结构的优化

在相同的人口和工作岗位分布下,相同里程不同的网络结构其运输效率是不同的。一个城市在选择轨道交通网络结构时,总是希望这种结构的运输效率是最高的。这就需要对不同网络结构,在相同人口分布下的运输效率进行比较,从中找出最优网络结构。网络结构的运输效率,可以用网络服务城市中市民出行的总时间和总里程的比来反映。总时间越小,总里程越短,网络结构运输效率就越高,说明网络结构与市民出行需求的吻合程度就越高。出行总时间可以表示为:

$$T_t = \sum_{i=1}^{n}\sum_{j=1}^{n} N_{ij} t_{ij} \tag{2-4}$$

式中:T_t——出行总时间(h);

N_{ij}——从第i个交通分区到第j个交通分区的出行人数;

t_{ij}——从第i个交通分区到第j个交通分区的出行时间(h);

n——交通分区数。

$$L_L = \sum_{i=1}^{n}\sum_{j=1}^{n} N_{ij} L_{ij} \tag{2-5}$$

式中:L_L——表示出行总里程(km);

L_{ij}——交通分区i到交通分区j的出行里程(km);

其他符号同上。

式(2-4)、(2-5)中的出行总时间和总里程与城市人口及工作岗位的分布有关。假设两种典型分布方式:均匀分布和市中心集中分布,分别计算各个结构下的市民出行总时间和总里程。选择图2-1中有代表性的路网形式图2-1中(2)(3)(4)三种。假定栅格网状(棋盘式)结构线路均匀分布,中心辐射星形结构的线路沿以换乘站为中心的圆圈均匀分布,放射圆环形网状结构是在星形结构上增加环线而成。同时使所有的线路交叉点均为换乘站点。除网络结构不同外,其余所有条件(如路网规模、平均站距、研究区域面积、分区方式、人口分布方式)都相同。计算所采用参数列于表2-2,计算结果列于表2-3。

对比计算采用的参数　　表 2-2

线路规模(km)	拟定站距(km)	研究区宽度(km)	研究区面积(km^2)	分区宽度(km)	总人口(万人)	人均日出次数(次)	最大人口密度(万人/km^2)	最大工作岗位密度(万人/km^2)
415	1.0	25	625	1	1 000	2.53	8	10

三种典型网络结构下市民的出行总时间与总里程　　表 2-3

评价指标	人口和工作岗位均匀分布			人口和工作岗位集中分布		
	栅格状	放射网状	放射环状①	栅格网状	放射网状	放射环状②
出行总时间(h)	8.10E6	8.94E6	9.24E6	3.48E6	3.27E6	3.25E6
出行总里程(km)	1.35E8	1.56E8	1.41E8	4.59E7	5.54E7	4.72E7

注:①的环线半径 3km;
②的环线半径 6km。

从表 2-3 数据可看出,当人口和工作岗位均匀分布时,棋盘栅格网状结构下市民出行总时间和总里程是最小的,因此从网络的交通功能的角度去区分栅格结构是最优的。当人口和工作岗位市中心集中分布时,放射形环状结构下市民的出行总时间和总里程最小,说明在这种人口和工作岗位分布下放射形环状结构最有利于市民出行,其交通功能是最优的。

3. 不同网络结构对城市结构的影响

不同的网络结构,因其运输特性不同对城市人口分布的影响也不同,因此对城市结构的影响也不同。

(1)放射星形结构对城市发展的影响

星形结构引导城市向单中心结构发展。因为所有轨道交通线都从市中心发出,导致城市中心比其他任何地方的可连性都显著提高。在吸引各种功能设施时,市中心便成为首选位置,市民也愿意在交通便利的中心城区居住,而城市中的其他地方则会因此而受到不同程度的冷落。随着市中心交通基础设施的不断开发完善,居民密集现象更为加剧,最终结果便是在城市中心形成一个强大的单一的市中心区,造成城市在市中心区高密度地土地利用。

(2)条带(树状)结构对城市发展的影响

树枝状结构引导城市呈条带状中心区结构发展,树枝状结构两个换乘站之间的线路客流量相对较高,表明这段线路为城市中的交通干道。这会吸引开发商在这段线路周围开发土地。开发的结果是大量功能设施和居民在线路两侧聚集,而密集的功能设施又会吸引市郊居民到这一地区出行,包括就业、购物和娱乐等。更多的客流会刺激更多的功能设施聚集,但为了保持交通便利的优势,这种聚集都是尽可能地靠近线路,从而在城市中形成密集的带状中心。

(3)栅格网状结构对城市发展影响

由于这种结构的线路分布比较均匀,在路网的覆盖区域内各点的到达性相差不大,因而会有效地降低既有市中心的土地利用强度。这一方面是由于市中心地价较高,另一方面在同样的交通环境下,人们更喜欢开阔的居住生存空间。因为线路能纵横两个方向分布延伸,为了方便地利用轨道交通,从市中心迁出的人口也会沿这两个方向分布。路网分布范围内可达性差异不大,路网覆盖范围以外郊区交通条件相差很大,使郊区居民向轨道交通网附近迁移。这些都引导城市较均匀地向外扩展,整个城市不易形成土地利用强度特别高的市中心。

(4)发射网状结构[图 2-1(2)]对城市发展的影响

这类路网结构的市中心区,由于线路和换乘站密集,网络覆盖区内各点的可达性大大高于网络覆盖范围外的区域,从而对城市居民和房地产开发商产生很大吸引力。由于其径向线深入市郊,使得市中心区与市郊的联系方便,加上市中心区各种齐备完善的功能设施为市郊的居民提供了就业的机会和换乘场所,从而产生大量的向心客流,有力地维持了市中心的繁荣与活力。在市郊,从市中心伸出的放射线不仅能够有效的将市郊的居民出行引向市中心,而且还能促成轨道交通沿线居住密度的提高,形成城市居民的带状分布。从市中心向郊区的辐射线,最初沿交通走廊布置,本来沿线居民有一定的密度,进一步吸引市郊苦于出行不便的居民向轨道交通线两侧迁移。由于市郊生活环境较好,加之轨道交通快捷,促使部分市中心居民搬迁到市郊轨道交通两侧定居。大部分居民一早乘轨道交通去市中心上班办公,晚上乘轨道交通回郊区居住,于是在市郊形成一条条高密度的带状发展的轴。放射网状结构在市中心区引导城市呈高密度面状开发,在市郊引导城市呈高密度线状开发,从而促使城市形成手掌状向外延伸的平面图。图 2-7 为哥本哈根、日内瓦和汉堡城市发展的形态图。

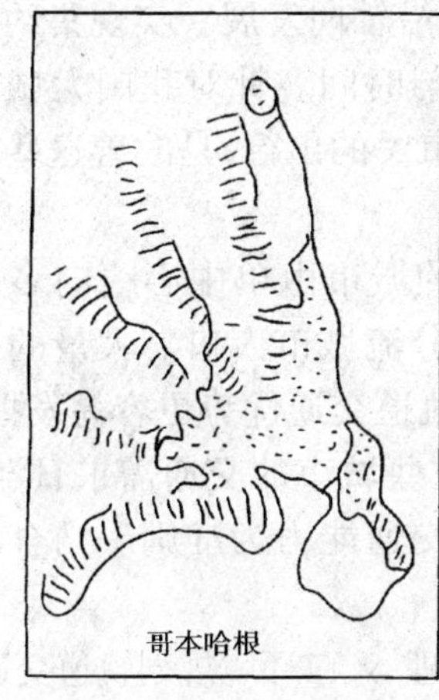

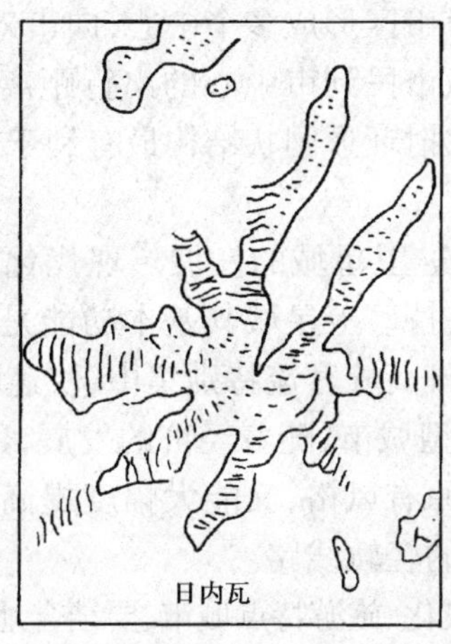

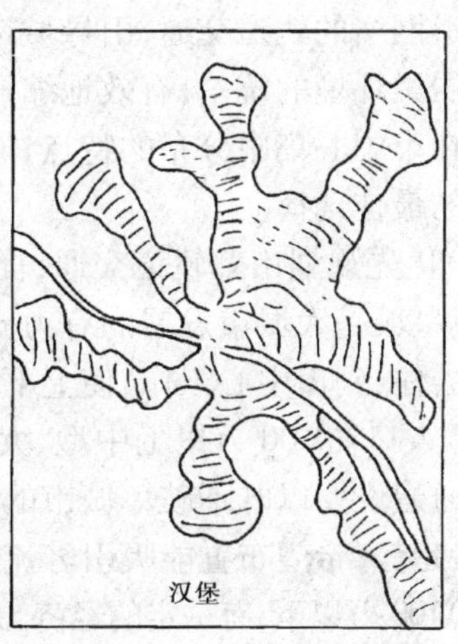

图 2-7 轴向式发展的城市形态示意图

(5)放射—环形路网对城市发展的影响

这种结构具有放射网状结构的全部优点,因此也能引导城市如手掌状向外延伸。根据环线的位置不同,对城市延拓施加不同的影响。

环绕在市中心商务区(CBD)周围的环线,除同一般轨道交通的作用外,还可以截流到市中心换乘的客流,并将其引至 CBD 附近的环线上。这样可以大大减少市中心的客流量,从而缓解市中心的交通拥挤状况,如莫斯科和北京的地铁环线。由于这种环线位于网络的覆盖范围内,提高了网络和换乘站的密度,从而更加刺激了市中心的高度开发。环绕市中心的环线,一般布置在市中心的外围,穿越城市的建成区,包含一些原有的商业文化中心,可以导引城市副中心的形成和发展。环线和径向线交叉点处轨道交通可选性好,客流密度高,加之这里离 CBD 较远,迫切需要修建满足附近居民需要的各种功能设施,因此很容易在此形成新的副中心。如巴黎的地铁环线上形成了共和国广场、戴高乐广场、巴士二底狱广场三个副中心,而在东京的山手线上形成了池袋、新宿、涉谷、大崎、上野、锦丝町和银海等七个副都中心。

4. 我国大城市轨道交通网络

我国绝大多数城市都是单中心结构,市中心人口密集,城市发展仍是那种由市中心向周围蔓延的同心圆环状向外扩展的模式。北京和上海等大城市四周都有一些小城镇,早期的城市规划曾经设想建立一定数量的卫星城,作为对大城市发展的支持。由于缺少快速的轨道交通干线,卫星城对居民缺少吸引力,因而难以成为名副其实的卫星城。卫星城的基本作用就是分流城市人口。大量的人口在卫星城居住而在市中心工作,使上下班高峰时期交通流向集中,流量极大,更适合于轨道交通大运输量、高效率的特征。反之,单一中心的缺陷则十分明显:

1)加剧市中心的交通拥挤;

2)增加人们平均出行距离;

3)造成市中心的地价高,反过来抑制市中心的发展:

4)造成市中心人口过分密集,环境污染,生活质量下降。

我国城市要走持续发展之路,必须借鉴世界发达国家城市发展的成功经验,变单一中心的同心圆平面发展的模式为多中心的轴线式发展模式,变单一向平面坐标延伸,增加为高空和地下三维立体拓展。实现这种转变的一种有力手段就是利用快速轨道交通引导城市结构布局的改变和发展。

(1)对于北京、上海、天津、重庆、沈阳、广州等300万以上人口的特大型城市,应设置放射—环形网络的轨道交通,引导城市市区形成多个中心,向市郊沿轴向发展。实现集约化用地和改善居民环境的统一,有效地缩短市民到市中心的出行距离与时间。针对我国大城市工作岗位多在市中心集中分布的特点,放射环形网状结构最有利于市民的出行,是改善这些城市公共交通的最佳选择。

(2)优先规划市郊轨道交通,促进卫星城的发展。现代化的城市由单中心线向多中心的转变,卫星城是大城市发展的有力支持。卫星城其基本功能是分流城市人口。大量的人口在卫星城居住,到市中心工作,使上下班高峰客流特别集中,快速轨道交通优势更容易发挥。

(3)人口在100万以上中型、大型城市,随着经济的发展,这些城市的交通需求日益增大。城市交通建设要以既不破坏城市的原有风格,又能大幅度提高交通能力为准则。结合城市特点、发展趋势,希望布置能吸引客流的轻轨线路。

(4)100万以下,有一定的经济、文化、旅游特点城市,要结合地理、人口环境规划轨道交通。

四、城市轨道交通线路客流预测

1. 客流预测方法的发展

客流预测是确定城市快速轨道交通系统路网规模、交通方式选择以及线路运输能力、车站规模、设备能力、运营组织、经济效益评价的重要依据。在规划路网时,先要根据居民出行调查OD分布图及城市道路网等资料初拟路网规划图,然后预测路网客流流量以证明路网设计的合理性,如发现不当之处,要重新调整路网规划,并重做客流预测,多次反复,直到满意为止。

客流预测是一门新兴的学科,城市总体客流预测方法逐步趋于成熟,对轨道交通线路的客流预测尚处于探索研究阶段。城市客流量的大小和城市人口规模及人口分布、城市用地类别及分布、城市社会经济及发展水平、城市文化程度和人民群众生活水平等因素密切相关。根据国内外的实践经验,在进行城市客流预测时,首先对现状客运交通进行调查,除了搜集一般历年来的统计资料外,普遍的做法就是开展城市居民出行调查。依据调查的资料,可以比较科学地掌握城市居民的出行特征,有关参数及客流在时空分布的规律。在此基础上,依照城市发展人口用地规模(社会经济发展水平)以及城市客运交通的发展趋势,选择合适的预测模型,运用趋势外推的方法预测未来线路客流量。这种基于现状的预测方法能够比较好地反映近期交通量的增长情况,但无法预测轨道交通建成后所引起的交通结构变化和城市交通分布的变化。80年代初引进了工业发达国家的交通工程学理论,随着电子计算机技术逐步在城市交通工程中的应用,我国城市交通规划和与之相关的轨道交通线路客流预测技术进入了定量和定性相结合的新阶段。目前国内已普遍采用了量化分析的四阶段法，即交通的产生、交通的分布、交通的方式和交通在网络上的分配四个阶段，十分重视土地利用。结合土地利用规划分析城市客流发展趋势，能够较好地反映城市远期客流的分布。城市客流预测的主要参数一般可通过城市居民出行调查资料获得，通过城市居民出行调查可获得城市人均日出行次数、城市客运交通方式结构（构成比例）、OD 分布及路网上客运量的分配量以及客流量在时间上的分布。城市客运交通结构对城市轨道线路的客流预测影响较大，影响因素有社会、经济、政策、城市结构、基础设施水平和地理环境等。从国内若干城市的实践经验，普遍的趋势是采用定性和定量相结合，根据城市经济发展水平、客流交通政策以及相关城市的类比，确立未来城市的交通比例，以此来指导城市轨道交通客流进行微观预测。

城市轨道交通作为城市客流运输的骨干，起着其他交通方式难以替代的作用，但轨道交通也需要其他交通方式的辅助和接驳。在客流预测中，最难预测的是城市交通结构，城市交通结构的变化和政策导向，经济水平和人们的习惯等社会因素，将小区的出行量以一定比例分配给轨道交通和其他交通方式。目前较常用的有转移曲线法，交通方式比例随出行时耗、出行距离和各种交通方式出行时耗比的转变而呈一定函数关系；其次是概率方法，又称费用函数和效用函数法，出行者通常以出行费用最小，也即是效用最高的交通方式出行，其难点在于费用函数的确定。

客流预测中票价因素，直接关系到轨道交通吸引客流量的多少，特别在短期内影响更大。以往的客流预测绝大部分未考虑票价因素，不能提供不同票价下的客流情况，因此也就降低了轨道交通系统效益评价的可信度。轨道交通总体网络与个别线路对客流预测的依赖关系不同。轨道交通的网络规划是与城市发展密切相关的，其客流预测侧重于客观上与城市中其他交通方式的协调，强调网络布局的合理性。个别线路客流预测侧重于线路各点客流分布和断面客流量，是微观的和具体的。在客流分析中不仅要考虑线路在网络中的作用，也应考虑站点的布局形式对客流的影响。

总之，轨道交通规划和建设中客流预测问题，是我国目前面临的一个难题。它不仅技术性强，也存在政策性、社会和经济性等因素的制约。

2. 客流预测模型及方法

地铁和轻轨客流预测在我国虽然起步较早，曾在北京地铁试测过，但真正应用于工程实践中，则始于 20 世纪 80 年代末的上海地铁 1 号线设计。目前，就全国来说客流预测处于探索状态，没有规范化。各城市根据掌握的资料情况，选用的预测方法不同。快速轨道交通（下文以地铁为例）客流预测，随着发展时期的不同，而有不同的模式。大概分为三种：

（1）模式 A

“现状公交”⇨“虚拟现状地铁”⇨“远期地铁”。首先假定规划地铁线路已经存在，称为“虚拟地铁”，接着根据现状公交路线与虚拟现状地铁的相关度，将相关公交线路纳入统计基础集合，然后依据集合内的公交车站乘降人数，累加“虚拟现状地铁”的车站乘降人数。以上数据经校核后，构造简单的数学模型，以现状交通客流推算“虚拟现状地铁”的站间 OD 矩阵。此后“虚拟现状地铁”作为公交系统的组成部分，以增长率法向预测年度增长，这一模式属于早期模式。受其原理的限制，以现状公交为预测基础，对现状交通特征的反应较为片面，在增长过程中，考虑新的影响因素不多，因此精度较低。因其操作简单，常用于其他模式预测后的比较验证，或作为定性分析的手段。

（2）模式 B

"现状 OD"⇨"虚拟现状地铁"⇨"远期地铁"。该模式以 OD 调查为基础,将现状出行经 OD 的方式选择,虚拟出"现状"地铁客流,并推算其站间 OD。由"虚拟现状地铁"向"远期地铁"推算与模式 A 相同。由于预测基础为城市客流、出行 OD,对客流出行现状特征的反应比较全面,因此预测精度有所提高。

(3)模型 C

"现状 OD"⇨"出行需求预测"⇨"远期地铁"。以居民出行 OD 为调查基础,进行各规划年份全方位出行预测,然后通过方式划分,得出各期地铁客流分布。此模式遵循交通需求预测的四阶段法:交通出行产生、交通的分布、交通方式的划分和交通在路网上的分配。该法预测精度较高,但对基础数据要求相对较高且方法复杂。

1)交通的产生

土地使用动态是出行客流生成的起源。居民出行预测要建立在对规划线路一定范围内城市建设和土地开发变化、人口分布及就业情况了解的基础上进行。采用单位系数法按不同的出行目的预测各交通小区出行的生成量和吸引量,先要对城市轨道交通路网规划范围内进行交通小区的划分。在市区以主要道路为小区中轴,以交叉路口为小区中心,在市中心区以 1.4km左右为边长划分小区。小区近似方形,面积约 2 km^2。随着向郊区延伸,面积逐渐加大。小区的用地性质尽可能单一。在郊区以主要道路为中轴,以出行的主要集散点为中心,在人口稠密区当跨度不太大时,不要分割成两个小区,应使其位于小区附近,尽量以自然障碍物为边界,如以铁路、河流、湖泊、农田等划分,面积约 6km^2。在交通小区的基础上,将 2 ~5 个交通小区组合成交通中区,并在保持行政区的形状基本不变的前提下,将若干个交通中区组成交通大区。

①出行生成预测模型

$$P_i = \sum_{i=1}^{n} C_{pi} X_{pi} \tag{2-6}$$

式中: P_i——第 i 个交通小区出行生成量(人次/日);

X_{pi}——第 i 个交通小区的总人口数、成人数、学生数或就业岗位数;

C_{pi}——相应的出行生成系数。

②出行吸引量预测模型

$$A_j = \sum_{j=1}^{n} C_{aj} X_{aj} \tag{2-7}$$

式中: A_j——第 j 个交通小区出行吸引量(人次/日);

X_{aj}——j 交通小区的总人口数、就业岗位及用地面积;

C_{aj}——相应的出行吸引系数。

2)出行分布预测模型

居民出行分布形式和小区的生成量、吸引量、小区的阻抗及城市布局等因素有关,一般采用综合重力模型进行居民出行分布量预测。

综合重力模型为:

$$T_{ij} = \frac{P_i A_j F(l_{ij}) K_{ij}}{\sum\limits_{j=1,i=1}^{n} A_j F(l_{ij}) K_{ij}} \tag{2-8}$$

式中: T_{ij}——i 交通小区至 j 交通小区居民出行量;

$F(l_{ij})$——两交通小区 i 至 j 之间的出行阻抗函数,一般为总出行距离的函数;

K_{ij}——两交通小区 i 至 j 之间的布局调整系数,其他符号同前。

以下式迭代消除 j 交通小区出行吸引总量的误差：

$$A_j^{(k)} = \frac{A_j^{k-1} A_j}{\sum_k T_{ij}^{(k-1)}} \tag{2-9}$$

式中：k——出行方式划分参数。

3）出行方式划分模型概率

居民出行可以选用各种不同的交通方式，如步行、自行车、公共电汽车、轨道交通及其他交通方式，交通方式的选择确定就称为交通方式划分。其模型形式为：

$$P_{ij}^{k} = \frac{\exp(-u_k)}{\sum_k \exp(-u_k)} \tag{2-10}$$

式中：P_{ij}^{k}——i 交通小区至 j 交通小区第 k 种出行方式的分配率（%）；

u_k——i 交通小区至 j 交通小区第 k 种出行方式广义运输费用。

$$u_k = \beta t_k + C_k L + d_k \tag{2-11}$$

式中：t_k——i 交通小区至 j 交通小区，以 k 种出行方式的出行时间（min）；

L——i 交通小区至 j 交通小区第 k 种出行距离（km）；

β、C_k、d_k 均为参数。

4）路网客流分配模型

居民出行总希望选择行程最短，时间最少，且方便舒适的路线，其行程分配在交通路网上的程序为客流分配。其模型形式为：

$$P_k = \frac{\exp[-\beta t_{ij}^{k}]}{\sum_k \exp[-\beta t_{ij}^{k}]} \tag{2-12}$$

式中：P_k——居民出行选择路线 k 的概率；

t_{ij}^{k}——线路 k 的出行广义费用，一般采用出行时间；

β——系数。

3. 客流预测结果

设计年限一般分为近期与远期两个阶段，时间均从工程建成通车当年起算。目前，国内准备修建地铁与轻轨的城市，在工程可行性研究设计阶段，要从客流角度评估现时修建地铁和轻轨的必要性并进行投资估算，都预测了工程建成通车年，即初期的客流量，并据此配备运营车辆和相应的车辆检修设备。根据国外的经验，设计年限一般近期定为 10 ~ 15 年，远期 20 ~ 30 年。我国《地下铁道设计规范》（GB 50157—2003）规定，地铁工程的设计年限应分为初期、近期、远期三期。初期按建成后 3 年要求设计，近期按第 10 年要求设计，远期按第 25 年要求设计。路网规划年限一般应与城市发展总体规划规定的年限相一致，但不应少于 30 年。

路网中各条线路经过详细的客流预测后，应提供下列主要的成果资料：

（1）交通小区的划分图；

（2）规划年居民全方式出行期望线路图；

（3）规划年全市客流分布图：

（4）规划年各网线全日乘降量及断面客流量表；

（5）规划年各网线早高峰小时乘降量及断面客流量表：

（6）规划年各网线晚高峰小时乘降量及断面客流量表；

（7）规划年换乘车站各方向客流换乘量；

(8)路网中各线路吸引客流量占总客运用量的百分比。

五、交通方式选择

中国需要大运输量的城市轨道交通系统。中国有34个城市人口超过100万人,其中8个城市人口超过300万人,且各城市路面交通已趋向饱和,生活在城市中的人口希望增加便捷的交通工具,故中国是最大的轨道交通系统市场。由于城市交通堵塞,人们在出行及上下班的路上浪费了大量时间,这就意味着产值的流失以及人们自由时间的减少。当今世界的大城市和特大城市中,轨道交通系统已在公共交通系统中处于骨干(又称主动脉)的地位,而在我国的北京、上海、天津、广州、香港则处于起步阶段,表2-4为世界几个大城市公共交通方式比较表。

世界几个大城市公共交通方式分担率(%) 表2-4

城市(年份)	轨道交通	公共汽车、电车
伦敦(1982年)	89.0	11.0
莫斯科(1986年)	49.0	51.0
东京(1990年)	94.0	6.0
纽约(1982年)	68.0	32.0
巴黎(1984年)	65.0	35.0
柏林(1986年)	54.0	46.0
维也纳(1982年)	88.0	12.0
香港(1984年)	33.0	67.0
首尔(汉城,1995年)	43.0	57.0
上海(1997年)	4.5	95.5
北京(1994年)	15.0	85.0

1. 轨道交通分类

经过一个多世纪的发展,当今世界城市轨道交通的形式可谓百花齐放。它们都有自己的适应范围和成长的生命力,因而能在一定领域里得到发展,很难用一种方法来分清楚轨道交通的类别。通常采用的分类方法有以下几种。

(1)以容量分

分为高容量、大容量、中容量和小容量。所谓容量是指运送能力,也就是指每小时单方向断面的乘客通过量。5万人以上的可称为高容量系统,3万人以上的称为大容量系统,过去一般指地铁系统;1~3万人的为中容量系统,一般有轻轨、单轨、新交通系统等;1万人以下的为小容量系统,一般指有轨电车和公共汽车系统。

(2)以架设方式分

可分为隧道(地下、山岭、海底、江、河、湖底)、高架和地面。高容量和大容量均采用隧道和高架全封闭系统,小容量系统一般采用地面铺设,而中容量系统一般以高架和地面为主,个别区段为地下隧道。

(3)以导向方式分

可分为轮轨导向和导向轮导向。一般钢轮钢轨系统如地铁、轻轨、有轨电车,均属于轮轨导向方式;单轨和新交通系统等胶轮车辆属于导向轮导向系统。

(4)以线路隔离程度分

可分为全隔离、半隔离和不隔离3种系统。高大容量和3万人以上的中容量系统都必须全封闭隔离，不可与其他交通方式混流；中容量系统一般采用半隔离；有轨电车系统属于不隔离体系。

(5)以轮轨的材料分

可分为钢轮钢轨系统和胶轮钢筋混凝土轨道系统。地铁、轻轨、有轨电车属于前者，单轨和新交通系统属于后者。

(6)以牵引方式分

可分为直流旋转电机牵引、交流旋转电机牵引和直流电机牵引。

2. 几种系统介绍

(1)有轨电车

该系统最大的客流量为每小时单向客流量5 000人次，行车间隔为5min，可与其他交通方式(如个人小汽车)混行，运行的一切责任由驾驶员掌握。中国的大连、长春、鞍山等城市有典型的有轨电车系统在运行，它比地铁晚几年诞生，但几乎经历了和地铁同样的几个阶段，本世纪的20年代是有轨电车辉煌的时代，在城市交通中起到了主要作用。例如1920年美国有370个城市建有有轨电车，线路总长度2.5万公里，车辆近万辆，年客运量达137亿人次，占城市客运总量的88%。

(2)轻轨交通

轻轨系统较灵活，可与任何类型的城市及郊区交通网络相连接。与有轨电车不同的是，轻轨系统的运行与其他交通方式是分开的，有自己的专用轨道。但当需要时，也可以与其他路面交通混合运行。在独立的轨道上它能以25~30km/h的速度运行，因而保证按运行时刻表运行。日常运行时，由于交通量的不稳定，轻轨系统可以很容易地根据实际情况从1节车到4节车改变编组方式。典型的轻轨电车为2.65m宽，7.5m长，各节车厢间通常为绞接式连接。具备保护模块的轻轨车辆可以达到2.5min的发车间隔。此系统的最大载客量为每小时单向25 000人次。轻轨系统是在本世纪60~70年代诞生发展起来的电气牵引交通系统。一度由于汽车的发展，导致了有轨电车的衰落；又由于汽车的再发展，促进了有轨电车的复兴。汽车在发达国家的疯狂发展，使城市交通瘫痪，大气污染，噪声严重，人们才又怀念起有轨电车这种绿色交通。但有轨电车又有振动、噪声以及与其他交通方式混行等不足之处。60~70年代新技术的发展，对有轨电车扬其所长，改其所短，实施了一系列新的技术改造措施：可控硅斩波调速、弹性车轮减振、铰接车身、车辆组合制动、铝合金焊接的轻型车体、小半经转向架、高架线路降噪声等。新生产的有轨电车在速度、能耗、噪声、振动、爬坡能力、制动能力、运输能力、转弯性能、车身重量上均优于原来的有轨电车，并产生了质的变化，而且在造价、工期、灵活方面又优于地铁。在1978年公共交通国际联合会议上这种新生产的有轨电车被命名为轻轨交通(LIGHT RAIL TRANSIT)。轻轨交通诞生后，刚好填补了轨道交通单向小时客运能力1~3万人的空缺，整体上完善了轨道交通系统，因此得到很快发展。

(3)地铁

所有的地铁系统都是封闭运行的(完全专用车道)，平均旅行速度在32~40 km/h之间。大多数地铁系统都采用自动控制模式，但并非无人驾驶，其典型的发车时间间隔为2min。地铁既可以在隧道中运行，也可在地面或高架上运行。在郊区部分的延伸线如改为地面运行，则可大大降低建设成本。高运量和低运量车的不同在于车辆的尺寸不同。典型的低运量车为2.3~2.9m宽，列车长度小于100m(6节车编组)。高运量列车宽为3.2m，列车最长为186m(8

节车编组)。地铁开始时确都建在地下,但随着技术的变化和线路延长,后来才出现了地面和高架线。不管地面和高架线,它都采取全隔离系统。现在全世界称为地铁的系统,51%是地面线,13.6% 高架线,35.4%为地下隧道线。例如日本东京山手线,全长34.5km, 90%以上为封闭的地面线,但道口全部立交,日运量在400万人次。

(4)单轨交通

单轨交通是一种跨越或悬挂在高架上的钢或混凝土轨道上行驶的交通系统,最早的运营线产生于1888年。由于车辆摇晃、轮轨磨耗大、舒适性差等不足,一直未得到发展,直到本世纪50年代,从技术上解决了行驶稳定问题后才得以发展。单轨交通是一种小容量的系统,适合于每小时单向截面客流0.5~2.0万人次。它具有占地少,爬坡能力大(可达10%)、噪声小(用橡胶轮胎)等优点,所以在机场、博览会、游乐场、旅游线等中小客流量的线路上常被采用。

(5)新交通系统

它是一种单车或数辆胶轮车编组运行在专用轨道(钢筋混凝土)上导向运行的交通系统,单车定员在20~80人左右。这种交通方式载客量与单轨系统相仿,是一种小容量的客运系统,但比钢轮钢轨的双、单轨系统稳定性好,并实现自动驾驶,也适合于机场、博览会、旅游等线路。轻轨未诞生之前,有轨电车和地铁有着明显的界限。但自轻轨诞生以来,其强大的生命力以及新技术的广泛应用,使其客运量越来越大,已接近甚至达到了地铁的客运量水平,地铁也吸收了轻轨的新技术,从大编组、大间隔、重车体,向小编组、小间隔、轻车体方向发展,增加了高架和地面部分的比例。特别是70年代以后发展的地铁,由于高架技术的日趋成熟,噪音和振动污染得以解决,考虑到造价的比较,使高架部分的比例有明显地增加。地铁和轻轨互相渗透发展,其差别越来越小,有些系统也很难说它是地铁还是轻轨。例如,加拿大温哥华的空中列车线(SKY TRAIN),有人将它归为地铁,也有人将它归为轻轨。又如上海市轨道明珠线是高架,大容量系统,既不能完全称为地铁,也不能确切地叫它轻轨。

3.城市轨道交通系统的选择

选择城市轨道交通方式时,必须综合考虑以下因素:

(1)预期客流量要求

客流容量不同,选择的系统也不同。客容量较大的系统,应选择宽车体(乙型车)、钢轮钢轨的快速轨道交通系统,供电电压可选用直流1 500V,线路设置方式可依次采用地下、高架和地面,并采用相应的封闭隔离系统。中容量系统应选用2.8m宽甲型车、钢轮钢轨的快速车轨道系统,供电电压可采用直流1 500V和750V,线路设置方式可采用高架、地面和地下。单向高峰小时客运量在1万~3万人之间的中小容量系统,可选用单轨交通系统或新交通系统,也可选用钢轮、钢轨快速轨道系统,线路设置方式一般采用地面和高架,一部分路段可与其他交通混行。单向高峰小时客容量在1万人以下都为小容量系统,可以选择全线混行的有轨电车。

(2)投资和经济方面要求

一般来说,钢轮钢轨快速轨道交通系统,滚动摩擦力小,单位电耗少,运营费用较经济。线路设置方式与投资额的关系也很大,同样规模的线路,地面、高架、地下3种不同的线路设置方式其经济投资比一般为1∶3∶9。因此,即使全封闭的线路,从造价角度考虑,应首先考虑地面能否封闭,能封闭者一定采用地面线路,地面线不能封闭的,再考虑高架。一般当道路幅宽在40m以上者应考虑采用高架,当高架困难时,才考虑地下。

(3)建设的主要目的

建设轨道交通目的,在世界范围内大概分为两大类,欧美等发达国家是一类,亚、非等发展中国家为一类。欧美的快速轨道交通系统其目的是吸引私人小轿车客流，因此出行必定选择豪华、气派、舒适、别致的系统，线路网密度高，满载率低。乘客在豪华的车辆内可以阅读，休息，观览甚至工作。又因快速、准时不被气候条件影响，加之费用低，因此深受中近程乘客欢迎。除大容量外，还开辟一些中、小容量的线路，所以大中小容量的轨道交通都很发达。亚洲、非洲的发展中国家快速轨道交通建设目的主要是解决城市交通拥挤、大客流运送的问题，因此，它必须选择安全、方便、快速、准点、经济的轨道交通系统，大部分为大容量的轨道交通系统。根据我国的经济实力和技术基础，应选用安全、整洁、投资低、维修费用低、实用型的系统，在吸收引进国外轨道交通系统先进经验和技术设备的同时，逐步实现各类设备系统的国产化，建设有一定中国特色的城市轨道交通。

(4)环境要求

对噪声有严格限制的环境，应选用胶轮系统（胶轮地铁、单轨交通系统、新交通系统）和直流电机系统，或采用地下线路方式，也可采用罩形声屏障的高架线路。对于大爬坡的环境（6%以上）可选用胶轮系统。该系统粘着力大，爬坡能力强，可爬10%坡道。高架铁路所产生的噪声是一种集中型噪声，它有两个特点：一是人均噪声小。轨道交通系统运量大，噪声相对较小。如日本东京山手线每天运送旅客350～400万人，如此大规模的客运量，人均噪声很有限与有相同客运量的道路交通产生的分散型噪声相比较，总量远远小于高速公路产生的噪声。二是易于治理。通过现代化的技术手段可以大大降低轨道交通产生的噪声。如采用超长无缝钢轨，可以消除运营过程中的冲击噪声，采用橡胶轮胎，可以减少摩擦噪声，通过城市规划和有效遮拦可以把噪声危害大大削弱。地铁没有对城市地面噪声的污染，不占用宝贵的土地资源，是最理想的轨道交通系统。修建高架铁路在一定程度上影响了城市景观。高架道路一般宽度在40m以上，高架铁路占地面积仅为高架道路的1/3～1/2。采用混凝土结构的高架铁路和道路，效果如果处理不好，地面会形成一片混凝土柱树林，大煞城市风景，影响观瞻。对于风景旅游城市，历史文化古迹较多的文化名城，设计高架铁路时要尽可能使结构轻巧美观，与原有城市景观融合成一体，不仅不破坏旧的城市景观，还可以在保护城市特色的情况下成为一种新的景点，增加城市现代化美感。因此，选用何种交通方式，究竟采用地面、地下或高架线路，都必须综合考虑上述影响因素，结合城市自身特点，因地制宜、不拘一格、灵活选用，才能达到事半功倍效果。各种城市轨道交通系统性能及经济技术参数对比列于表2-5。

各种城市轨道交通系统主要参数 表2-5

技术参数 \ 交通方式	有轨电车	轻　轨	低运量地铁	高运量地铁
最大运量人次/单向每小时	2 000～5 000	5 000～25 000	15 000～30 000	30 000～60 000
转弯半径(m)	>11	>25	>70	>150
道路专用比例(%)	50	90	100	100
线路布置	地面	大部分地面	大部分高架和隧道	大部分高架和隧道
平均站间距(m)	400～900	750～1 500	700～1 000	1 000～1 590
车辆宽度(m)	2.3～2.65	2.4～2.65	2.1～3.0	2.75～3.2
车辆长度(m)	<60	<100	<100	<100
典型轴重(6人/m^2)	9	10	12	14

续上表

技术参数 \ 交通方式	有轨电车	轻　轨	低运量地铁	高运量地铁
典型编组车辆数	<2	<4	<6	<6～8
典型发车间隔(min)	>5	>2.5	>2	>2
平均运行速度(km/h^2)	15	25～35	32～40	32～40
列车运行方式	人工	大部分有列车保护系统	自动	自动
造价比	1	3	9	15～18

4. 轨道交通线路系统选择的步骤

(1)确立线路走向

根据城市总体规划和城市交通规划做好轨道交通规划。轨道交通规划只能确定线路走向和各线路的车场用地。

(2)确定线路规模

通过对每条线路的客流预测,定量地确定各条线路单向高峰小时客流量,就可确定每条线路的规模。规模确定以后就可以确定该条线路属于高容量、大容量、中容量、还是小容量的轨道交通。

(3)确定线路的封闭程度

客流规模确定之后,就可以确定其线路是采用全封闭、半封闭或不封闭。一般单向客流高峰小时1.6万人以上,必须采用全封闭;1.6万人以下者,还须确定封闭比例。1万人以下的线路,可选用不封闭的有轨电车。

(4)确定线路设置方式

对于不封闭的区段,一般可采用地面线路。对于封闭线路,要根据周围地理条件确定地下、地面高架的不同方式。

(5)确定特殊要求

根据线路的特殊条件(转弯半径、坡度等)确定系统选择。

1)对大容量系统,在地面或空中转不过弯来时,只能选择地下铺设。

2)中容量系统碰到小转弯半径(100m以下),可选用六轴、八轴铰接车辆,小弯道及大坡道合一的线路,可选用直流电机系统。

3)中、小容量的系统中,小转弯半径的大坡度线路较多,可选用胶轮的单轨系统和新交通系统。对噪声严格要求的线路,可选用胶轮的系统或地下线,也可采用声屏障的高架线路。

第二节　线路设计

一、基本规定

线路设计一般分为四个阶段,即可行性研究阶段、总体设计阶段、初步设计阶段和施工设计阶段。通过不同的设计阶段,逐步由浅入深,不断地比较修正线路平面、纵剖面和坡度、线路与车站的关系,最后得到地铁和轻轨线路在城市三维空间中准确的位置。

地铁和轻轨线路按其在运营中的作用,可分为正线、辅助线、车场线。正线为载客运营的线路,行车速度高、密度大,且要保证行车的安全和舒适,因此线路标准较高。辅助线包括折返线、渡线、停车线、出入线、安全线等。辅助线是为保证正线运营而配置的线路,一般不行驶载客车辆,速度要求较低,故线路标准也较低。车场线是场区作业的线路,行车速度低,故线路标准只要满足场区作业即可。

地下铁道线路在城市中心地区宜设在地下,在其他地区,如市郊、市区与各卫星城之间,条件允许时可设在高架桥和地面上,这样布置可以节约工程造价,加快施工速度。

地下铁道的地下线路的平面位置和埋设深度,应根据地面建筑物、地下管线和其他地下构筑物的现状和规划、工程地质和水文地质条件、采用的结构类型及施工方法、施工对城市居民生活的干扰、建成后运营要求等因素,经技术、经济综合比较确定。

地下铁道每条线路均应按独立运营进行设计,线路之间以及线路与其他交通线路之间的相交处,应为立体交叉。两条地铁线路应根据需要设置联络线。联络线主要解决车辆调配和处理其他事项须进行转线运行的需要。地下铁道的车站应设在客流量大的集散点和地下铁道线路交会处。车站间的距离应根据实际需要确定,在市区宜为1km左右,在郊区不宜大于2km。

二、选　　线

选线包括设计线路走向、线路路由、车站分布、辅助线分布、线路交叉形式、路线敷设方式等的选择。选线分为经济选线和技术选线。

1. 经济选线

经济选线就是选择行车线路的起始点和经过点。线路起始点往往选择在换乘量大的处所,如火车站、码头、飞机场、城郊集合部、长途汽车站等。起始点与轨道交通线路的列车停车场、维修基地的位置有关,城市中难以找到合适的场地,往往将停车场选择在城市边缘或近郊,轨道交通线路再做适当的延伸。这些延伸地段由于交通条件改善,将成为新的城市投资的热点,运营量也不断地增加。例如上海地铁1号线一期工程是为解决上海市漕河泾、徐家汇、人民广场及上海火车站之间的南北客流交通,因此新龙华、徐家汇、人民广场、上海火车站是必经的控制点。上海火车站和新龙华是地铁1号线一期的起始点,车辆段则设在自新龙华向南延伸线的锦江乐园站。地铁1号线二期自新龙华到莘庄于二年前建成通车,其三期从火车站向北到泰和路段于2000年内动工,2004年建成通车。

地铁线路应尽量多地经过一些大的客流集散点,如闹市区、商业区、政治文化经济中心、居民生活集中区、工矿区、地面交通枢纽等。为了最大吸引客流量,提高地铁的内部效应,方便市民搭乘地铁,往往放弃控制点间的最短路由方向。例如上海地铁1号线1期工程衡山路至人民广场间长约5km,有复兴路、淮海中路和延安路3条路由可选,以复兴中路方案为最短,施工干扰小,但最后选定长200m的淮海中路方案,理由是淮海中路是繁华商业街,吸引客流比复兴中路大50%,见图2-8。

在城市中心区,往往建筑密集,道路狭窄,交通拥挤,环境及地面景观要求严格保护,为了减少建设中的困难,降低噪声和振动等对城市的影响,轨道交通宜设置在地下,如图2-9所示。

在市郊集合部和郊区,地面建筑稀少,路面宽阔,应以高架桥和地面线路为主,以减少工程造价,如图2-10所示。城市间、城市与卫星城之间的快速客运轨道交通应以地面线为主,如图2-11所示。设在地面的线路应充分考虑线路封闭给地面带来的隔离影响。不管是高架还是地

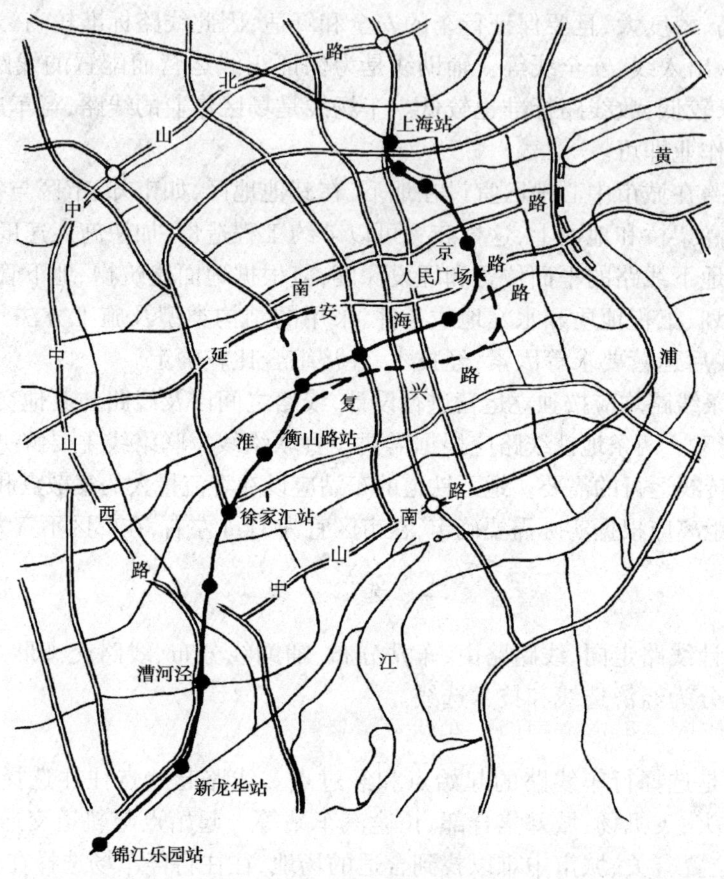

图 2-8　上海地铁 1 号线示意图

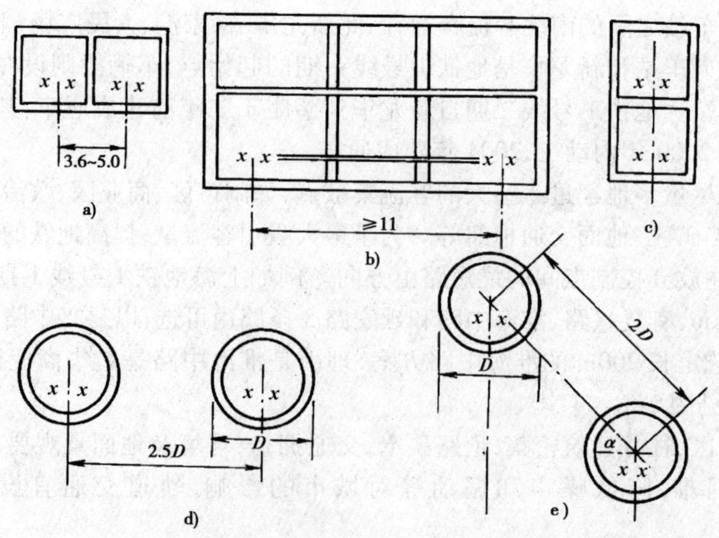

图 2-9　左右线路位置关系（尺寸单位：m）

面线路，要求两侧的建筑红线宽不小于 40m，以保证地面双向各有两条机动车道。为了减少轨道车辆冲击振动噪声污染，新规划街道建筑线路红线宽度以不小于 60m 为好。

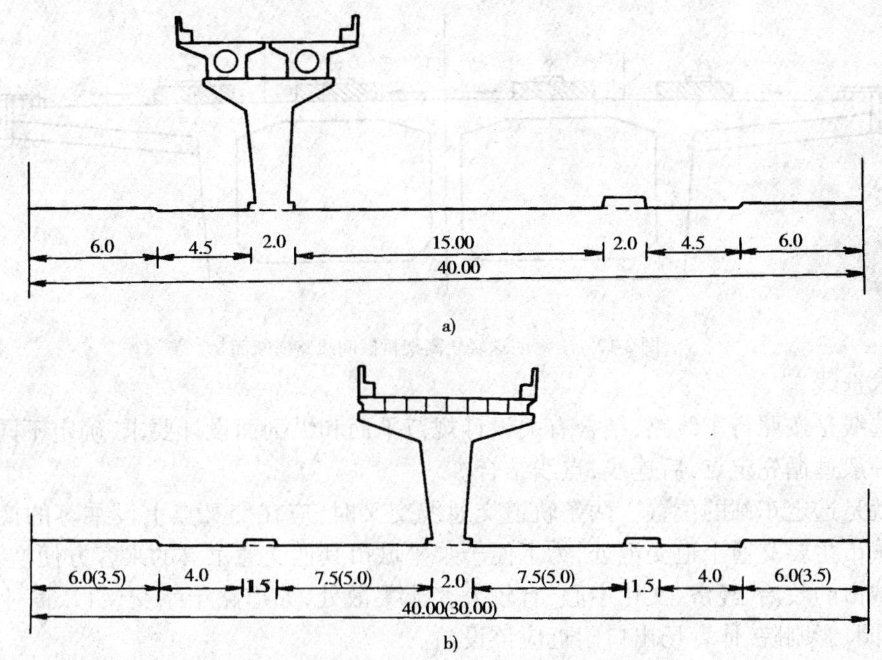

图 2-10　高架轻轨线路及车站横断面(尺寸单位:m)

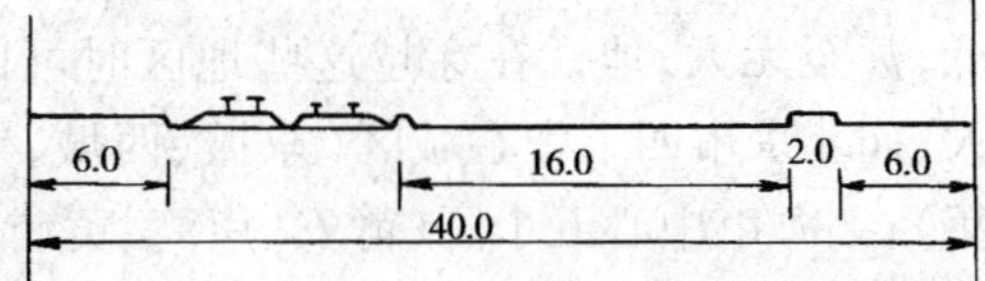

图 2-11　地面轨道交通线路横断面(尺寸单位:m)

地铁与轻轨不论地下、高架或地面线,左线和右线一般平行并列于同一街道范围内。在左右线平行条件下,依照两线间距大小,轨面标高差异,可有各种组合,常见地下线的组合形式如图 2-9。其中图 2-9a)为左右线等高并列平行,线路间距一般为 3.6m~5.0m,适用于区间矩形隧道结构,敞口明挖法施工的线路上;图 2-9b)为左右线等高平行并列,线路间距一般在 11m 以上,适用于浅埋明挖法的矩形框架车站的线路;图 2-9c)是左右线上下重叠,明、暗挖法施工均可采用,适用于在狭窄的街道下布置线路;其中 2-9d)左右线分开,线路间距宜大于 2.5D(D 为隧道开挖直径),困难情况下,采取土壤加固之后,也可降至 1.5D,适用于单线单洞圆形或马蹄形隧道结构,盾构法施工或矿山法施工的线路上;其中图 2-9e)为左右线在平面和高度之间均保持一定的距离的并列,采用暗挖法施工,适用于较窄区域地形高程存在一定高差街道下布置线路。香港地铁港岛线路、深圳地铁 1 号线、上海地铁 4 号线均有这种线路布置形式。这种形式常使上下行线路的站台不等高,增加车站的提升设备和高度,对乘客使用欠方便。这种有高低差隧道,区间联络通道施工较困难,事故发生时不利于人员的快速疏散。沿街道布置的区间隧道,两个圆形隧道应尽量在同一个高程,并尽可能相互靠近,以方便中间联络通道的施工。

高架线路在左右线一般采用同一桥墩,由于桥墩设置受限制,故左右线一般均为并列、平行、等高,车站和区间线间距基本一致,如图 2-12 所示。两直线间距最小为 3.20m,车辆限界为 2.60,安全量为 0.60m。当接触网两立柱设于两线间时,两线再增加立柱宽 0.40m,立柱安装制造误差安全量 0.20m,合计宽度为 3.80m。曲线地段,按规定合理加宽。地面线路一般也是并列、平行、等高。地面上的轨道交通线路,应结合街道规划,可以放在车道中心,也可设置在一侧,应全线通盘考虑,不可随意换位,即使利用街道转弯处换位,也会出现小半径和大跨度桥梁,或与街道平交。

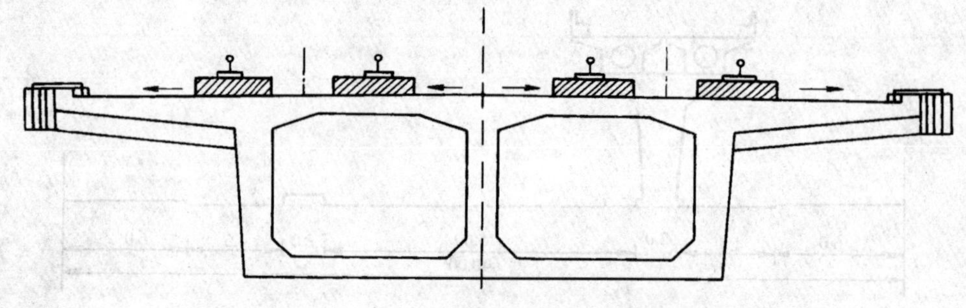

图 2-12　上海明珠轻轨高架桥区间线路横断面

2. 技术选线

技术选线是按照行车线路，结合有关设计规范平面和纵剖面设计要求，确定不同坐标处线路位置。一般遵循先定点，后连线，点线结合。

定点就是选定车站的位置。两条轨道交通线交叉时，应在交叉点上设乘客的换乘站。轨道交通与城市主要交通干道交汇处，为了便于乘坐城市其他交通工具的乘客方便换乘地点，也应设站。城市的政治、经济、文化中心，有较大客流集散处，如道路十字交叉口、商业区的中部或两端、公园、影剧院、体育场出口附近应该设站。

一条线路的长度，短则几公里，长则几十公里，不同线路的长度，车站的疏密宜有所不同，短线路宜多设站，长线路宜少设站。城市中的江、河、湖、山和铁路站场、仓库区等，人口密度低，甚至无人，地铁在穿越这些地区时可以不设或少设站。而城市中心地区人口密度往往很大，如北京市四个中心城区（东城、西城、崇文、宣武）人口密度每平方公里为 2.8 万人（1991 年）；上海市中心五个区（静安、卢湾、黄浦、虹口、南市）人口密度每平方公里超过 5 万人（1985 年）；广州市中心荔湾、越秀两区人口密度每平方公里为 5 万人（1988 年）。人口密度大，同样吸引半径范围内，发生的交通客流量大，因此车站分布宜密。

在车站分布数量上，除大型客流集散点及换乘站外，其他车站的位置，主要受人们对车站距离要求所支配。对于平均站距，世界上有两种趋向，一种是小站间距，平均为 1km 左右，一种是大站间距，平均为 1.6km 左右。车站之间距离的选定应根据具体情况确定，站间距离太短会降低运营速度，增大能耗和配车数量，同时，由于多设车站也增加工程投资。站间距离太大，会使乘客感到不便，特别对步行到车站的乘客尤其如此，而且增大车站的负荷。香港地铁平均站距为 1 050m，其中港岛线仅为 947m；莫斯科地铁平均站间距 1.7km 左右。香港、莫斯科都是以公共交通为主要运输工具，地铁同样都有很好的运营业绩。1994 年香港地铁 43km，每公里线路年客流量负荷为 1 865 万人次，承担全市公共交通的 27.8%。1985 年底莫斯科地铁 214km，每公里线路负荷为 1 170 万人次，承担全市公共交通客流的 45%。

我国地铁吸收世界各国地铁建设的经验，在地下铁道规范中规定“车站间的距离应根据实际需要确定，一般在城市中心区和居民稠密区宜为 1km 左右，在城市的外围区应根据具体情况适当加大车站间距离，一般不宜大于 2km”。我国已建地铁平均站间距列入表 2-6。

我国已建成地铁平均站间距离（m）　　表 2-6

城市名称	线　别	线路运营长度（km）	车站个数	平均站间距离（m）
北京	1 号线西段	16.87	12	1 534
北京	环线	23.01	18	1 278
北京	复八线	13.5	11（地下 9 个、地面 2 个）	958

续上表

城市名称	线　别	线路运营长度(km)	车站个数	平均站间距离(m)
上海	地铁 1 号线(一期)	16.1	13	1 200
上海	地铁 2 号线(一期)	13.5	10	1 277
上海	明珠轻轨线	24.975	19（高架 16 个、地面 3 个）	1 370
广州	地铁 1 号线	18.47	16	1 086
广州	地铁 2 号线	23.21	20	1 105
天津	一期工程	7.4	7	1 100

3. 辅助线的分布

辅助线路按其使用性质可以分为折返线、存车线、渡线、联络线、车辆段(车场)出入线。辅助线是为保证正常运营,合理调度列车而设置的线路,最高运行速度限制在 35km/h。

折返线为供运营列车往返运行时调头转线及夜间存车而设置的线路。存车线供故障列车停放及夜间存车。折返线和存车线布置形式一般相同,功能也可互换。用道岔将上行线、下行线及折返线连接起来的线路,又分为单渡线和交叉渡线。渡线单独设置时,用来临时折返列车,增加运营列车调度灵活性;在与其他辅助线合用时,完成并增强其他辅助线功能。折返线形式很多,常见如图 2-13 所示。

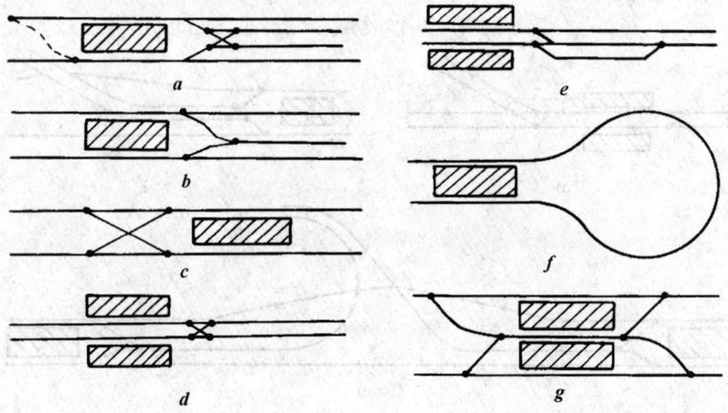

图 2-13　折返线形式

联络线是为沟通两条单独运营线路而设置的连接线,为两线车辆过线服务。车辆段出入线是正线与车辆段间的连接线,是车辆段与正线之间的联络通道。图 2-14 为联络通道的实例,它将存车线与联络线合并布置。

每条线路的起始点或每期工程的起止点,因列车需要转线返回,必须设置折返线或渡线。在靠近车辆段端,一般可以不设折返线而设渡线,利用正线折返。

当线路上客流断面发生变化时,为了经济使用运输能力,小客流截面的区段上要减少列车的对数,一部分列车实行中途折返,在这些站上也应设置区段折返线,其车站叫区段折返站。在客流很大的车站上设置折返线,要考虑区段折返列车必须带来部分回头客流及继续前进的乘客,增加该站台上的客流量,必须对站台面积及上下车时间进行验算,一旦处于临界状态时,宜将折返线向断面客流减少方向移动一站。

为了故障列车能尽快退出正线运营,每隔 3 ~ 5 个车站应设置存车线,供故障列车临时存

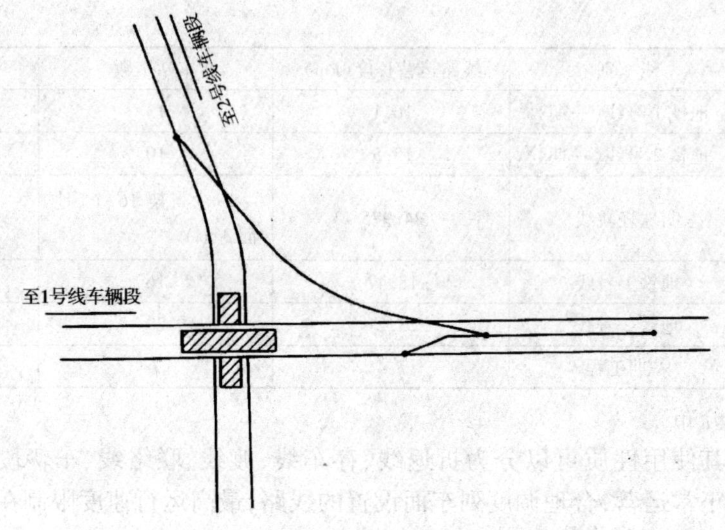

图 2-14　联络线图

放或检修。起终点站及区段折返线上应有供故障列车存放的能力,不再另设存车线。靠近车辆段出入线的折返线可以不考虑故障列车存放。远离车辆段的终端折返线,若列车折返对数多,没有能力停放故障列车时,应选择临近车站设置存车线。图 2-15 表示车辆进入车辆段的三种典型形式。

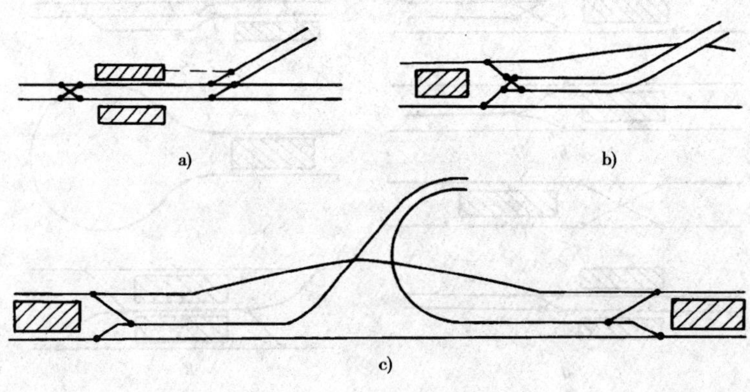

图 2-15　车辆段出入线

三、线路平面设计

理想的轨道交通线路平面上应是由直线和很少数量的曲线组成,而且每一条曲线采用尽可能大的半径,在曲线和直线之间有缓和的过渡曲线。小半径的线路有许多缺点,如需要较大的建筑接近界限去容纳与车辆端部和中部的偏移距离,加速轮缘和轨道的磨耗,增加噪声和振动公害,还必须限制行车速度。限制行车速度,往往会增加运营费用和维修的费用。在城市中,两个车站不可能都用一条直线连接,线路中有时要避开障碍物,曲线是不可避免的,如图 2-16,曲线半径应按照规范或公式计算选取。

1. 地铁线路曲线平面设计

地铁车站站间距离小，列车旅行速度一般不低于 35km/h，所以地铁线路设计最高运行的速度为 80～120km/h。对于连接市中心区与周边卫星城的线路及开行大站快车线路，平均

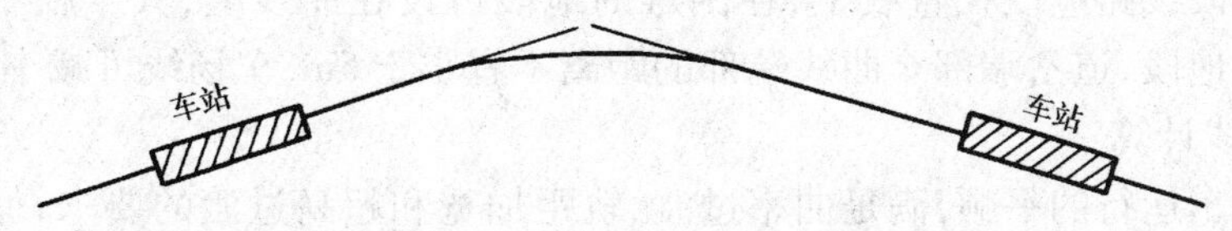

图 2-16　地下铁道曲线连接示意图

站间距离大，其最高运行速度应大于 80km/h。美国旧金山湾区快速运输系统（BART）最高限速为 120km/h。

最小曲线半径是修建地下铁道的主要技术标准之一,它与地铁线路的性质、车辆性质、行车速度、地形地物条件等有关。最小曲线半径选定的合理与否,对地下铁道线路的工程造价、运行速度和养护维修都将产生很大影响。

(1)理论公式

$$R_{min} = \frac{11.8v^2}{h_{max} + h_{gy}} \tag{2-13}$$

式中：R_{min}——满足欠超高要求的最小曲线半径(m)；

v——设计速度(km/h)；

h_{max}——最大超高(120mm)；

h_{gy}——允许欠高(h_{gy} = 61.2mm)。

列车在曲线上运行产生离心力影响乘客的舒适度,通常设置超高产生向心力以平衡离心力。曲线半径一定,速度越高,要求设置超高就越大,一旦超出允许最大超高值时,就有一部分未被平衡的尚可接受的对应离心力的允许欠高。

(2)曲线半径选择

曲线半径要按标准半径从大到小合理选用。实际工程中最大半径很少超过 3 000m。300m 以下的曲线半径轮轨磨耗大,噪声大,应尽量少用,尤其位于两站中间更应少用。线路平面最小线路半径,按《地下铁道设计规范》(GB 50157—2003)规定,按表 2-7 选用。

最 小 曲 线 半 径　　表 2-7

线　路		一般情况(m)		困难情况(m)	
		A 型车	B 型车	A 型车	B 型车
正线	$v \leq 80$km/h	350	300	300	250
	80km/h < $v \leq 100$km/h	550	500	450	400
联络线、出入线		250	200	150	
车场线		150	110	110	

注:除同心圆曲线外,曲线半径应以 10m 的倍数取值。

参考国内外经验,一般情况下地下铁道正线最小曲线半径为 300 ~ 600m,困难的情况下为 250 ~ 300m。考虑到在城市修建地下铁道时,线路定线受控制的因素较多,如果最小曲线半径标准定的太高,会给设计和施工带来很大困难,并大幅度地增加工程投资。

辅助线一般为不载客运行线路,而且通过的列车对数较少,行车速度较低,应比表 2-7 中规定的最小曲线半径标准略低。

车场线的最小曲线半径,是根据道岔的导曲线半径及车辆构造允许的最小曲线半径等因素确定的。

车站的站台段线路应设在直线上，在困难的地段可设在曲线上，其半径不应小于800m。道岔应设在直线地段，道岔端部至曲线端部的距离不宜小于5m，车场线可减小到3m。

(3)缓和曲线计算

为了保证列车运行的平顺，满足曲率过渡、轨距加宽和超高过渡的要求，保证乘客舒适安全，在正线上当曲线半径等于或小于2 000m时，圆曲线与直线间应根据曲率半径和行车速度按表2-8设置缓和曲线。道岔附带曲线可不设缓和曲线和超高，但其曲线半径不得小于道岔的导曲线半径。缓和曲线可以是放射螺旋型、三次抛物线型。正线和辅助线圆曲线的最小长度A型车不宜小于25m，B型车不宜小于20m，在困难情况下不得小于一个车辆的全轴距。相邻曲线间的夹直线的长度，在有缓和曲线时，A型车不宜小25m，B型车不宜小于20m。缓和曲线的最小长度为20m，主要是从不短于一节车辆的全轴距而确定的。全轴距系指一节车辆第一位轴至最后位轴之间距离(下同)，目前我国地铁车辆的全轴距最大不超过20m。

车场线上夹直线长度不得小于3m，车站站台计算长度段应设在直线上，在困难地段可设在曲线上，其半径不应小于800m。

缓和曲线设置长度除从表2-8查表求得外，也可作简单的计算分析。

缓和曲线长度 表2-8

R \ l \ v	100	95	90	85	80	75	70	65	60	55	50	45	40	35	30
3 000	30	25	20	—	—	—	—	—	—	—	—	—	—	—	—
2 500	35	30	25	20	20	—	—	—	—	—	—	—	—	—	—
2 000	40	35	30	25	20	20	—	—	—	—	—	—	—	—	—
1 500	55	50	45	35	30	25	20	—	—	—	—	—	—	—	—
1 200	70	60	50	40	35	30	25	20	20	—	—	—	—	—	—
1 000	85	70	60	50	45	35	30	25	25	20	—	—	—	—	—
800	85	80	75	65	55	45	40	35	30	25	20	—	—	—	—
700	85	80	75	70	60	50	45	35	30	25	20	20	—	—	—
650	85	80	75	70	60	55	45	40	35	30	20	20	—	—	—
600		80	75	70	70	60	50	45	35	30	20	20	20	—	—
550			75	70	70	65	55	45	40	35	20	20	20	—	—
500				70	70	65	60	50	45	35	20	20	20	20	—
450					70	65	60	55	50	40	25	20	20	20	—
400						65	60	60	55	45	25	20	20	20	—
350							60	60	60	50	30	25	20	20	20
300								60	60	60	35	30	25	20	20
250									60	60	40	35	30	20	20
200										60	40	40	35	25	20
150												40	40	35	25

注：表中R——曲线半径(m)；v——设计速度(km/h)；l——缓和曲线长度(m)。

1）超高顺坡率

超高顺坡率不宜大于2‰，困难地段不应大于3‰，则缓和曲线最小长度为：

$$l_1 \geqslant \frac{H}{2} \sim \frac{H}{3} \tag{2-14}$$

式中：l_1——以超高顺坡率求缓和曲线最小长度（m）；

H——圆曲线实设超高（mm）。

2）限制超高时变率要求

为保证乘客的舒适，缓和曲线长度 l_2（m）为：

$$l_2 \geqslant \frac{Hv}{3.6f} \tag{2-15}$$

式中：v——设计速度（km/h）；

f——允许的超高时变率，是保证乘客舒适度的标准，主要依据实测确定。

目前国内地铁设计尚缺乏这方面的资料，通常取 $f = 40\text{mm/s}$。以 $f = 40\text{mm/s}$，$H = 120\text{mm}$ 代入式(2-15)，得到：

$$l_2 \geqslant 0.84v \tag{2-16}$$

3）限制离心加速度时变率

为了保证乘客进入曲线段舒适，必须限制离心加速度的增长率 β：

$$\beta = \frac{av}{3.6l_3} \tag{2-17}$$

式中：a——离心加速度（m/s^2）；

v——设计速度（m/s）；

l_3——按离心加速度增长率限制确定缓和曲线长。

离心加速度 a 应按一定的增长率 β 值逐步变化，不能突然产生或消失，否则乘客感到不舒适。β 值经过实测得到，取为乘客舒适度指标接近与感觉到的边缘。英国地铁取 $\beta = 0.4\text{m/s}^3$，日本地下铁道取 $\beta = 0.249 \sim 0.373\text{m/s}^3$，中国地面铁道取值 $\beta = 0.29 \sim 0.34\text{m/s}^3$，美国地面铁路取 $\beta = 0.29\text{m/s}^3$。参照国内外实测资料，为保证乘客的舒适度，取 $\beta = 0.3\text{m/s}^3$，代入式(2-17)得到：

$$l_3 = \frac{0.4v}{3.6 \times 0.3} = 0.37v < l_2 \tag{2-18}$$

道岔附带曲线可不设缓和曲线和超高，但曲线半径不得小于道岔曲线半径。设置复曲线会增加勘测设计、施工和养护维修的困难，在复曲线上行驶的列车，其受力情况和横向加速度将在短时间内发生较大的变化，会降低列车的平稳性和乘客的舒适度，故地下铁道线路不宜采用复曲线。在困难地段有充分技术依据时才可采用复曲线。当两圆曲率差大于1/2 500，应按计算设置缓和曲线，其长度根据计算确定，在困难的情况下不得小于20m。

2. 高架轻轨线

高架轻轨运营速度低，车辆性能、养护和维修的困难程度与地下铁道线路有区别，因此轻轨高架线和地面线对曲线半径、缓和曲线长度、外轨超高值等要求标准，较地铁线路适当降低。计算原理和方法与地铁线路平面设计基本相同。

（1）半径的选择

线路平面要与规划道路平面保持一致，曲线半径参照表2-8选用。正线上最小半径一般不小于200m（控制速度55km/h），困难条件下不小于100m（限速40km/h），特殊困难条件下个别半径小于60m（限速30km/h），场线上最小半径30m，但应尽可能使用较大半径。联络线可比正线标准再降低一级使用，但最小半径不应小于60m。为了减少轮轨的磨损，降低噪声、提高运行速度，在地形地物不受限制地段，曲线半径选择应尽可能大些。

（2）平面连接

正线与联络线上曲线半径小于1 500m时，直线与圆曲线间，要设缓和曲线。场线上由于运行速度低，可不设缓和曲线和超高。当曲线半径小于150m时，按3‰的变坡率设过渡段，其长度不短于表2-9所列数据。

过渡段长度(m) 表2-9

R	30	40	50	60	80	100
过渡段	5	4	3	2	1	1

两曲线间所夹直线，一般情况下不短于50m，困难情况下不短于25m。场线上两曲线夹直线不短于12.5m（均不含过渡段）。圆曲线最小长度为12.5m，不小于最大转向架中心销距11.0m，进整为标准轨长的一半。

（3）曲线函数计算公式

1）缓和曲线示意图见图2-17。

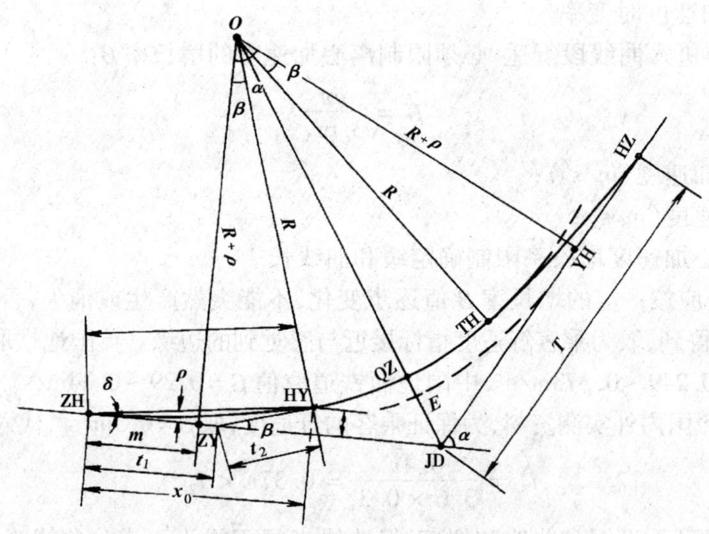

图2-17 缓和曲线示意图

2）圆曲线函数计算公式

$$\left.\begin{aligned} T(\text{切线}) &= R \times \tan\frac{\alpha}{2} + m \\ L(\text{曲线}) &= R \times \frac{\pi\alpha}{180} + m \\ E_o(\text{外矢}) &= R \times \sec\frac{\alpha}{2} - R \end{aligned}\right\} \tag{2-19}$$

式中：R——半径；

α——偏角。

3）缓和曲线函数计算公式

$$
\left.
\begin{aligned}
T &= (R+\rho)\times\tan\frac{\alpha}{2}+m \\
L &= \pi\times R\times\frac{\alpha}{180}+l \\
E_{o} &= (R+\rho)\times\sec\frac{\alpha}{2}-R \\
\beta(\text{缓和曲线角度}) &= 90\times\frac{l}{\pi R} \\
m(\text{切垂距}) &= \frac{l}{2}+\frac{l^3}{240R} \\
\rho(\text{圆曲线运动量}) &= \frac{l^2}{24R}-\frac{l^4}{2688R^3}
\end{aligned}
\right\}
\tag{2-20}
$$

式中：l——缓和曲线长度；

x_{o}(如图 2-17) $=l-\dfrac{l^3}{40R^2}+\dfrac{l^5}{3456R^4}$

y_{o}(如图 2-17) $=\dfrac{l^2}{6R}+\dfrac{l^4}{336R^3}$

t_1(如图 2-17) $=\dfrac{2l}{3}+\dfrac{l^3}{114.5R}+\dfrac{l^5}{4786.2R^2}$

t_2(如图 2-17) $=\dfrac{56R^2l-l^3}{7(24R^2-l^2)}$

C_{c}(缓和曲线弦长) $=l-\dfrac{l^3}{90R^2}+\dfrac{l^5}{3888R^4}$

曲线加宽和缓和曲线函数表,见表 2-8。

四、线路纵断面设计

轨道交通线路按地面标高差异分为地面线、高架桥线、地下线。地面线形的坡度应与城市道路相当,以减少工程量。地下线的埋深受到所在地区工程地质水文地质条件限制,还与隧道施工方法、地面建筑物和地下构筑物的情况等因素有关。高架线应充分注意城市景观,考虑机车牵引能力,坡度尽量延长。

地下铁道车站设在线路纵剖面的最高处,车站两端为下坡,称为节能纵坡。列车从车站启动后,借助下坡势能增加列车的加速度,缩短列车牵引时间,从而达到节能目的。在列车进站时,可借助上坡阻力,降低列车的速度,缩短制动时间,减少制动发热,节约环控能量的消耗。车站主体结构采用明挖法施工,区间隧道采用盾构法或其他暗挖法施工,方便设计成节能纵坡。上海、广州和深圳地铁,就为此类节能型纵坡。北京地铁第一期,车站和区间隧道均为明挖法施工,如按节能型纵坡设计,势必加大明挖区间隧道的埋深,增加工程投资。这种情况下,纵断面一般不设计成节能型纵坡。

1. 坡度选择

(1)最大纵坡

地铁由于高密度行车和大运量,为了保证行车安全和正点,设计原则要求列车失去部分(最大可达到 1 半)牵引动力条件下,仍能用另一部分牵引动力将列车从最大坡度上启动,因此最大坡度阻力及各种附加阻力之和，不宜大于列车牵引力的一半。

以北京地铁采用的 DK_2 型车辆技术参数作为检算坡度依据。根据 DK_2 型车辆的电气牵引启动图得知，列车启动速度取平均速度为 10km/h 时，每辆车牵引力为 60kN，空车约为 48kN；如假定重车重力 455kN，空车重力 340kN，则每千牛牵引力最大启动重力为：重车 0.76kN，空车 0.70kN。列车在线路上运行，在某种情况下可能会停在最不利地段上，如该地段不仅坡度大，而且处于小半径曲线上，再加上单位基本阻力和起动阻力，则重车的最大坡度值为 40‰～45‰，空车的最大坡度值为 45‰～50‰。对于北京浅埋地铁，车站往往低于区间，列车出站即为上坡，车站由低速逐步提高运行，并能达到与平面曲线最小半径相适应的限速，该值约为 55km/h。根据牵引特征曲线查得，坡度在不超过 35‰时，便可以达到上述限速的要求。另外从设置进出站合理加速度考虑，出站加速度的坡度取 15‰～30‰；进站制动坡度也可在此范围内选择，但其值以偏小为宜。如果车站坡度太大，将增加列车进站制动力，会使乘客感到不舒适。

原苏联地下铁道设计规范（1981 年 7 月 1 日起执行）规定的地下线路段和隐蔽地面线段的纵坡不大于 40‰，而敞开地面段的坡度则不大于 35‰。法国巴黎市区地铁线路最大坡度为 40‰，地区快车线最大坡度 30‰，困难地段的坡度还可以大一些。香港地铁线路最大纵坡 30‰。综合上述各种因素，我国地下铁道正线规范规定最大坡度不宜大于 30‰，困难地段可采用 35‰，辅助线的最大坡度不宜大于 40‰，但均不包括各种坡度的折减值。

高架轻轨线按我国轻轨样车技术条件规定正线的限制坡度为 60‰。

（2）车站纵坡

地下铁道车站站台线路应在一个坡道上，最好为平坡，考虑到纵向排水沟的坡度，站台计算长度段坡度宜采用 2‰，困难条件下不大于 3‰。车站线路应尽量接近地面，这样不仅可以减少工程量，节约工程造价，也可以方便乘客进出车站。北京地铁二期工程由于个别车站埋深较大，乘客进出不方便，反映较大。车站在有条件时，应尽量布置在纵剖面的凸形部位上，即车辆进站上坡，出站下坡，有利于列车的起动和制动。

地面和高架桥的车站站台段线路应设置在平道，在困难地段可设在不大于 3‰的坡道上。

（3）最小纵坡

隧道内和路堑地段的正线的最小坡度主要为了满足纵向排水需要，一般情况下线路的坡度与排水沟坡度取一致，隧道内线路坡度一般不宜小于 3‰，地面和高架桥上正线最小坡度在采取了排水措施后不受限制。

车场线设在不大于 1.5‰的坡道上，较大的坡度停车不稳，易发生溜车的危险事故。

为了便于道岔的养护与维修，道岔应铺在较缓的坡道上，一般规定设在不大于 5‰的坡度上，在困难的条件下可设在不大于 10‰的坡度上。

隧道内折返线和存车线，既要保持隧道内最小的排水坡度，又需满足停放车辆和检修作业的要求，一般宜取 2‰，地面和高架桥上的折返线、停车线、其坡度不宜大于 1.5‰。

2. 竖曲线

为了缓和变坡度的急剧变化，使列车通过变坡点时产生的附加加速度不超过允许值，相邻坡度差大于或等于 2‰时，应设竖曲线。地下铁道为钢筋混凝土的整体道床，其弹性变形量比地面铁路碎石道床小得多，所以地下铁道设置竖曲线的要求要高。抛物线形曲率渐变，更适合列车运行，但铺设和养护复杂，竖曲线通常为圆曲线形。

列车通过变坡点时要产生附加加速度 a_v（m/s^2），其与竖曲线半径 R_v（m）和行车速度 v（km/h）之间关系为：

$$R_v = \frac{v^2}{(3.6)^2 a_v} \tag{2-21}$$

参照国外试验资料，我国地铁规范正线取值一般取 $a_v = 0.1\mathrm{m/s^2}$，困难条件下 $a_v = 0.17\mathrm{m/s^2}$。区间正线的运行速度一般为80km/h，站端为60km/h。将上述数据代入式(3-21)，区间线路竖曲线半径采用5 000m，困难地段为3 000m；在车站端部为3 000m，困难地段为2 000m；辅助线和车场线采用2 000m，如表2-10 。

竖曲线半径 表2-10

线路类别		一般情况	困难情况
正线	区间	5 000	3 000
	车站端部	3 000	2 000
联络线、出入线		2 000	
车场线		2 000	

对于轻轨线路，设计行车速度 $v = 30 \sim 60\mathrm{km/h}$，竖向离心加速度 $a_v = 0.3 \sim 0.6\mathrm{m/s^2}$，以此代入公式(3-21)，其计算结果列于表2-11。其结果均在500m以下，为便于线路铺设养护，建议统一标准，安全系数取4，进整后 $R_v = 2\ 000\mathrm{m}$。困难条件下当 $v \leq 30\mathrm{km/h}$，R_v 最小限值为1 000m。

竖曲线 R_V 计算表 表2-11

序号	v(km/h)	a_v($\mathrm{m/s^2}$)	R_V 计算值(m)	R_V 取值(m)	R_V 最小限值(m)
1	30	0.3	232	2 000	1 000
2	40	0.3	412		
3	50	0.45	430		
4	60	0.6	463		

3. 坡段长度

在列车通过变坡点时要产生附加离心力和附加加速度，为行车平稳考虑，宜设计较长的坡段，但为了适应线路高程的变化，坡段也不能太长，否则将引起较大的工程量，给施工带来困难，因此应综合考虑两者的影响来确定最短坡段长度。

(1)一般情况下线路纵向最小坡段小于列车长度时，可以使一列车长范围内只有一个变坡点，以避免变坡点附加力叠加影响和附加力的频繁变化，保证行车的平稳。

(2)坡段长度还应满足竖曲线既不相互重叠，又能相隔一定距离，两竖曲线夹直线长度不宜小于50m，以利于列车运行和线路的维修。

竖曲线不得侵入车站站台范围，以保证站台的平稳和乘客的安全，并有利于车站设计和施工。为了节能和降低造价，竖曲线紧邻站台端最为有利，更易找到变坡点最佳位置，不至失去节能型坡段的设计条件。

对于轻轨高架线，坡段最小长度不短于远期列车长度，同时保证两竖曲线间夹直线不小于25.0m。对于大坡道，由于牵引功率限制，要求：60‰坡度限长500 m；50‰坡道限长1 000 m；小于50‰坡道不限。

第三节 轨道与路基工程设计

轨道是由钢筋、连接零件(扣件)、轨枕、道床、道岔及其他附属设施等组成。轨道是地铁和轻轨运营设备的基础,它直接承受列车荷载,并引导列车运行。轨道以连接件和扣件固定在轨枕上,轨枕埋设在道床内,道床直接铺设在路基上。轨道承受列车传递的复杂多变的静、动力荷载,通过力学分析及试验研究,可以计算出轨道各组成部分产生的应力及变形,从而确定其承载能力及稳定性。城市轨道交通由于行车密度大,因而要运营安全平稳,舒适度好,并能减少维修和养护。城市轨道交通对轨道结构的基本要求如下:

①结构简单、整体性强,具有坚固性、稳定性、耐久性和适量弹性等特点,确保行车安全、平稳、舒适;

②具有足够的强度、刚度;便于施工,易于管理,可靠性高,使用寿命长,可以少维修或者避免维修,并有利于日常的清洁养护,降低运营的成本;

③对于扣件,要求强度高、韧性好;

④采用成熟的新工艺、新技术、新材料,满足绝缘、减振降噪和减轻轨道结构自重的需要,尽可能符合城市景观和美观要求。

路基是地铁工程的重要组成部分,直接承受轨道和车辆的荷载。路基工程作为土工结构物,必须具备足够的强度,稳定性和耐久性。

一、钢　　轨

1. 基本要求

钢轨是轨道结构的主要组成部分,直接承受地铁(轻轨)列车荷载,并将其传递到扣件、轨枕、道床和结构底板(路基或桥梁),依靠钢轨的头部内侧和列车轮缘的相互作用,引导列车前进。在列车静荷载和冲击动力荷载作用下,钢轨产生弹性挠曲和横向弹性变形,钢轨应有足够承载能力、抗弯强度、断裂韧性、稳定性、耐磨性、耐腐蚀性。其断面形状主要为工字形,由轨头、轨腰、轨底三部分组成。

2. 选型

目前,我国地铁及轻轨没有统一的选型标准,参照国家铁路的钢轨选型标准:"年通过总重在15~30Mt时,采用50 kg/m钢轨;在30~60Mt时,采用60kg/m钢轨。"钢轨类型是按每延米大致重量区分的,选用钢轨原则上应以轨道承受荷载的大小确定。虽然轻轨交通车辆的轴重较轻,如我国轻轨样车轨重只有100kN,但为保证客运车辆的运行质量和钢轨有较长的使用寿命以及适应铺设无缝线路的需要,在正线上宜选用50kg/m钢轨,在车场内可采用43kg/m钢轨。

现在国内外采用地铁和轻轨有选用重型钢轨的趋势,从技术性能分析,60kg /m的钢轨重量只增加17%,而允许通过的总重量可增加50%,重型钢轨不仅能增加轨道的稳定性,减少养护维修工程工作量,而且还能增加回流断面,减少杂散电流。据有关试验资料介绍60kg/m钢轨比50kg/m钢轨抗弯强度增加34%,而弯曲压力减少28%;使用年限增加1.5~3.0倍,而疲劳破坏造成的更换率减少84%;振动影响减少10%。我国地铁和轻轨均采用60kg/m的重型钢轨。车场线供空车运行,速度又低,所以选用50kg/m或43kg/m的轻型钢轨。香港轨道交通采用45.60kg/m的钢轨。图2-18、2-19,分别为43kg/m和50kg/m级钢轨断面尺寸详图。表

2-12为国外一些城市轨道系统所用钢轨类型，50kg/m级钢轨用的最多。国产50kg/m、43 kg/m钢轨力学特征参数见表2-13。

3.损伤分析及材质选择

(1)损伤分析

钢轨作为一根支承在连续弹性基础上的无限长梁，主要承受车辆的集中垂直荷载，使钢轨断面产生一定弯曲，但钢轨由于断面抗弯强度不足损坏的现象很少，造成其损坏的主要原因是磨耗和疲劳损伤，钢轨磨耗在直线上主要出现在接头部分的鞍形磨耗及内股钢轨的头部压溃和波形磨耗，曲线上则表现为外股钢轨的侧面磨耗及内股钢轨的头部压溃和波形磨耗，尤其在小半径曲线上显得更为严重。钢轨的疲劳损伤主要表现为核伤，它是从轨头内部的细小裂纹开始，随着车辆的频繁通过，使钢轨头内部出现极为复杂的应力组合，使一些细小裂纹先是成核，然后再向轨头四周发展，最后在毫无预兆的情况下，猝然折断，引起严重的行车事故。为了确保行车安全，必须加强防范措施，减少磨耗，进行定期的钢轨探伤，及时消除隐患，避免发生事故。

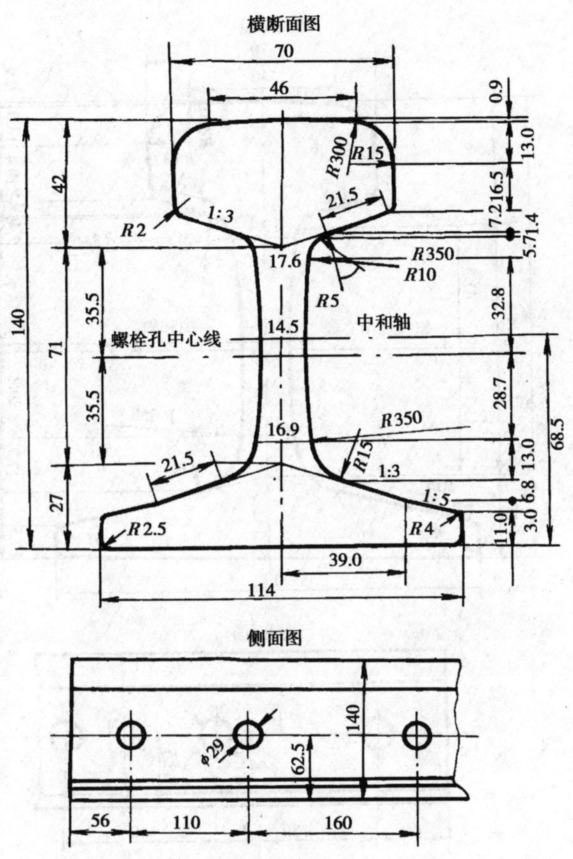

图2-18 43kg/m级钢轨(尺寸单位:mm)

(2)材质分析

国外轻轨交通系统所用钢轨重量 表2-12

城市名称	巴塞罗那	布加勒斯特	纽约	东京	伦敦
钢轨重量(kg/m)	54	49	49.5	50	47.54
城市名称	鹿特丹	马尼拉	汉堡	香港	新加坡
钢轨重量(kg/m)	46	50.1	49	45.60	60

钢轨的计算数据 表2-13

计算数据	单位	钢轨类型	
		43kg/m	50kg/m
钢轨断面积	cm^2	57.0	65.8
重心轨距底距离	cm	6.9	7.1
重心轨距头距离	cm	7.1	8.1
对水平轴的惯性矩	cm^4	1 489.0	2 037.0
对垂直轴的惯性矩	cm^4	260.0	377.0
下部断面系数	cm^3	217.3	287.2
上部断面系数	cm^3	208.3	251.3
底侧边断面系数	cm^3	45.0	57.1
每延米重量	kg	44.653	51.514

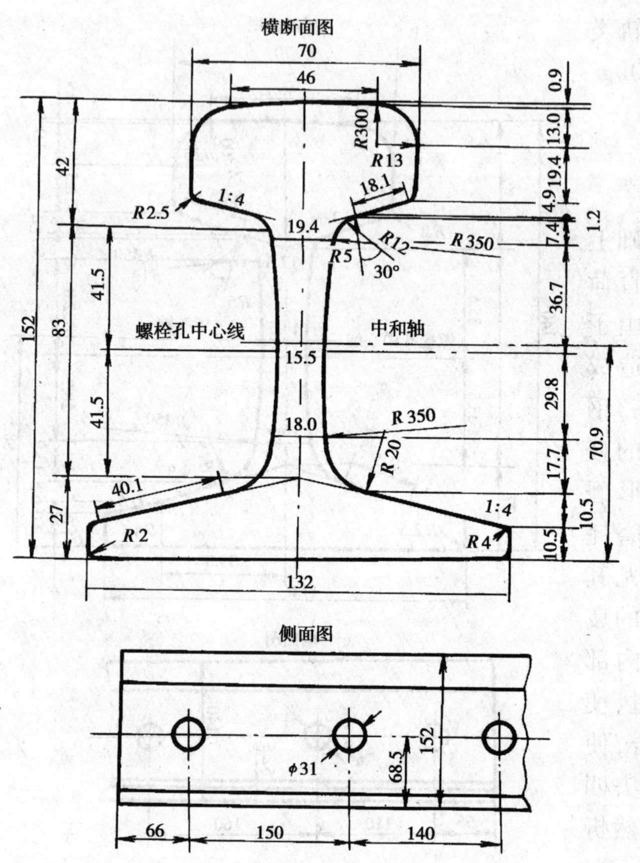

图 2-19 50kg/m 级钢轨(尺寸单位:mm)

以 60kg/m 钢轨为例,计算出列车通过时静荷重及冲击动力荷重作用下钢轨顶面最大接触应力。在此应力条件下,保证列车运行的强度、稳定性、疲劳破损方面的要求,对普通碳素钢钢轨($V_{71}M_n$)、普通碳素淬火钢钠轨(PD_2)和高碳微钇钢轨(PD_3)进行允许应力对比分析,我国地铁和轻轨在材质方面选择高碳微钇钢轨(PD_3)。

4. 钢轨铺设

正线地段和半径为 250m 及以上的曲线地段,应铺设长轨节,即无缝线路。高架线上的无缝线路需做特殊设计。在曲线半径 $R<300$m 地段,要铺设耐磨长钢轨,以减少磨耗和接头振动。由于车轮踏面与钢轨顶面主要接触部分是 1/20 斜坡,为了使钢轨轴心受力,钢轨亦要设置向内倾斜的轨底坡。规范规定地下铁道轨底坡为 1/40。

钢轨焊接方法有三种:

(1)接触焊又称电阻焊。该法焊接质量稳定,材质均匀,其强度可以达到母材的 95% 以上。

(2)气压焊。一种是在工厂进行的大型气压焊,另一种是在工地进行的移动式小型气压焊。气压焊焊接质量与接触焊法相近,其强度为母材的 90% ~95%。

(3)铝热焊。铝热焊是焊接中铁的氧化物被铝还原成铁水,同时产生巨大的热量,把高温铁水浇入预热的轨端缝隙而将两轨焊接在一起。铝热焊法设备简单、轻便、成本低,但焊接质量容易受人为因素影响,质量不稳定,一般焊接强度为母材的 70% ~90%。

北京地铁一期工程钢轨焊接,是先在工厂采用气压焊法,将标准钢轨焊接成长钢轨,再将长钢轨运到现场,采用铝热焊法将长钢轨焊接成长轨节。经过 20 多年地铁的运行,铝热焊接头还相当好,上海地铁 1 号线钢轨焊接也是先在工厂用接触焊法,将标准轨焊成长钢轨,在现场采用移动式气压焊机将长钢轨焊接成为长轨节。

二、扣　　件

扣件是钢轨与轨枕或其他轨下基础连接的重要联接件,它的作用是固定钢轨,阻止钢轨纵向和横向位移,防止钢轨倾斜,并能提供适当的弹性,将钢轨承受的力传递给轨枕或道床承轨台。扣件由钢轨扣压件和轨下垫层两部分组成。

1. 扣件设计原则

扣件应具有足够的强度、扣压力和耐久性。在高架桥无碴、无枕的轨道上,扣件还必须有一定的弹性，保持轨距和较大轨距水平调整量，以适应预应力梁的徐变和桥墩的不均匀沉降，满足减振、降噪、绝缘的要求。扣件的结构力求简单，尽量标准化，通用性好，造价低。对于扣件的铁部件应作防腐处理。不同道床型式的扣件，宜符合表 2-14 规定。

扣件类型 表 2-14

道床型式	型式	扣压件	与轨枕联结方式
一般整体道床	弹性分开式	有螺栓弹条、无螺栓弹条	在轨枕预埋套管
高架桥上整体道床	弹性分开式	有螺栓弹条、小阻力	在轨枕预埋套管
混凝土枕碎石道床	弹性不分开式	有螺栓弹条、无螺栓弹条	轨枕内预埋螺栓或铁座
木枕碎石道床	弹性分开式	有螺栓弹条、无螺栓弹条	采用螺纹道钉
车场库内整体道床、检查坑	弹性分开式	有螺栓弹条、无螺栓弹条	在轨枕或立柱内预埋套管

2. 扣件的技术性能

(1) 调整量

地铁整体道床上的扣件，轨距调整量 +8mm、-12mm，高低调整量 +10mm 能满足使用要求。轻轨高架线路，轨距调整量适当加大，参考国家铁路预应力梁整体道床的扣件调整量，轨距调整量为 +14mm、-22mm，高低调整量为 +30mm。

(2) 抗横向力

根据北京地下铁道轨道动测资料，曲线半径为 200m，车道行车速度为 50km/h，扣件受到最大横向力 37kN，所以抗横向力定为大于等于 40kN。

(3) 扣压力

根据北京地铁现场防爬试验和多年运营经验，一组扣件的扣压力大于 12kN 就能制止钢轨爬行，故对高架桥无缝线路上扣件的扣压力，可适当减少或间隔上紧扣件。

(4) 绝缘性能

扣件的绝缘部件工作电阻应大于 $10^8\Omega$。

(5) 垂向和横向静刚度

在确保列车安全运行的条件下，根据地铁和轻轨交通车辆轴重及减振的要求，一般扣件垂向静止刚度为 200 ~ 290kN/cm，静止横向刚度应为 220 ~ 600kN/cm。

(6) 扣件强度

扣件垂向受力 55kN，横向受力 40kN。经过 200 ~ 300 万次疲劳试验，其零件无损坏及磨耗。

3. 地铁线路扣件

我国地铁线路使用的扣件为 DT 系列，其中主要有 DTI、DTII、DTIII、DTIV、DTVI 和 DTVII 等型号。

(1) DTI 型扣件

这种扣件为全弹性分开式，见图 2-20。扣押件为弹性扣板，扣压力较强，用轨距块调整轨距，原为四边形，调量 +4mm、-8mm，个别调量不够，北京地铁二期工程现为六边形，其调量为 +8mm、-12mm，高低调量为 -5mm，+10mm。轨下设一层 10mm 厚的沟槽形橡胶垫板，铁垫板下设一层 8mm 厚塑料垫板，主要起绝缘作用。扣件与轨枕连结，采取在轨枕内预埋玻璃套管，螺栓道钉可拧进取出，使用方便。北京地铁一、二期工程采用了 DTI 型扣件，经过 30 多年试铺使用和运营实践，扣件状态良好。

(2) DTIII、DTIV 型扣件

这两种扣件均为全弹性分开式，二阶减振，结构形式相同，如图 2-21 所示。DTIII、DTIV 型

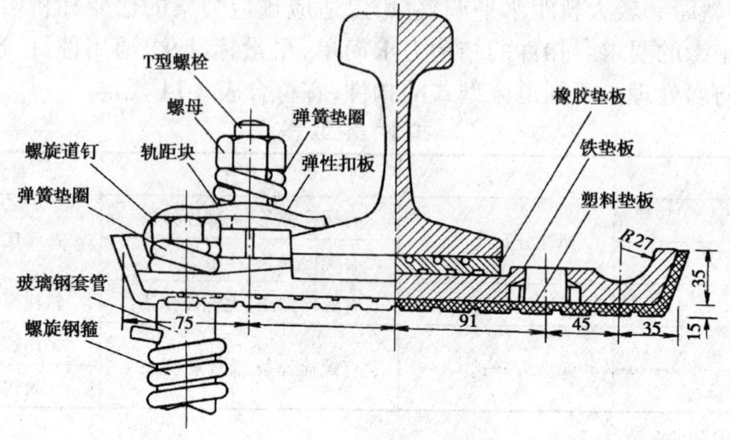

图 2-20　DTI 型扣件图

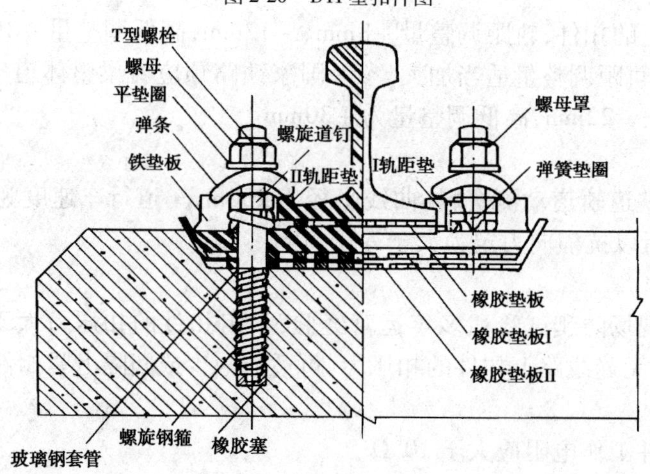

图 2-21　DTIII 型扣件图

分别用于 60 kg/m、50 kg/m的钢轨，适用于整体道床一般减振地段。主零部件为：

1）扣压件。采用地面铁路重型的 ω 弹条，用螺栓紧固；材料为 60 Si_2Mn 和 55 Si_2Mn，弹性好扣压力大。

2）轨距垫。材料为增强聚酰胺 6，不仅可以节约轨距，还能起到绝缘隔振作用，多一道阻挡迷流电荷的防线。为了防止受列车振动，轨距垫纵向串联，轨距垫卧进铁垫板挡肩内。

3）铁垫板。材料为 KTH350—10，一般规格为 328mm × 170mm × 18mm，铁垫板上梅花孔使 T 形螺栓旋转 90°定位后，垂直于钢轨，避免前后滑动。设铁垫板能增强扣件保持轨距的能力，改善轨枕受力状态，延长扣件和轨枕的使用年限，又能增加扣件高低调整量。

4）橡胶垫板。设橡胶垫板可以减缓列车对轨下基础的冲击，弥补刚性道床的弹性不足，从而减少振动和噪声，又能起到绝缘的作用。

5）螺旋道钉。材料为钢 Q235、M24 梯形螺纹，其长度应使玻璃钢套管下部空 5 ~ 8mm，以避免进入少量杂质而影响拧紧程度。

6）玻璃钢套管。材料为酚醛树脂，外径 $\phi39.5$，距套管顶部 20mm 处开始设螺纹，能增加螺旋道钉抗横向力强度。

DTIII、DTIV 型扣件静刚度较小，为 210kN/cm 左右，弹性较好。减振对比试验较 DTI 型扣件,加速度传递函数值减少 5~10dB。北京地铁复八线复兴门至西单段铺设 DTIV 型扣件;上海地铁 1 号线一般减振地段铺设了 DTIII 型扣件,运行后使用情况良好。

(3)DTVI 型扣件

扣件为全弹性分开式,类似于英国潘得罗尔扣件,专为青岛、沈阳和上海地铁 2 号线轨道铺设研制的,如图 2-22 所示。扣压件为地铁新研究的 DT 弹条,材料为 ϕ18 弹簧钢,扣压力较强,单个弹条扣压力为 8kN,弹性好,弹程为 10.5mm。轨距垫材料亦是增强聚酰氨 6,扣压钢轨斜坡按不同的钢轨斜坡设计。轨距垫两端头突角卡住铁垫板上挡肩,避免纵向串动。设有 4 个号码,配合铁垫板调转,轨距调整量 +8mm、-16mm,特殊情况可调 +14mm、-22mm。橡胶垫板,在轨下和铁垫板下分别设一层厚 10mm 和 16mm 的圆柱型粒子。做减振对比试验,相当于两层 10mm 厚橡胶垫板的减振效果。

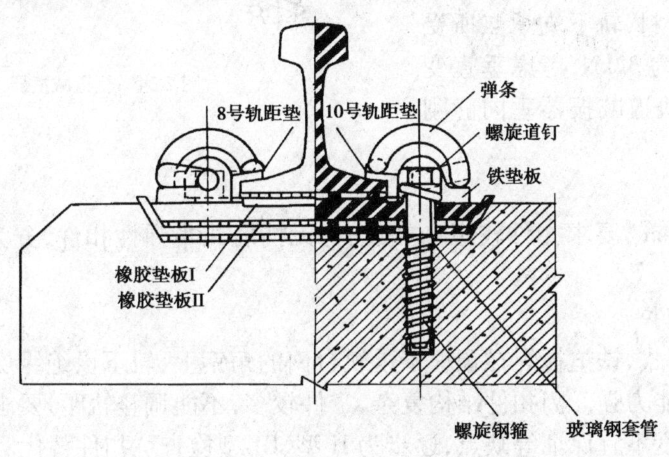

图 2-22　DTVI 型扣件图

(4)DTVII 型扣件

为半弹性分开式,如图 2-23 所示。该扣件专为伊朗德黑兰地铁研究设计的,适用于 54kg/m钢轨和整体式道床,一般减振地段。轨距垫等材料同 DTVI 型。

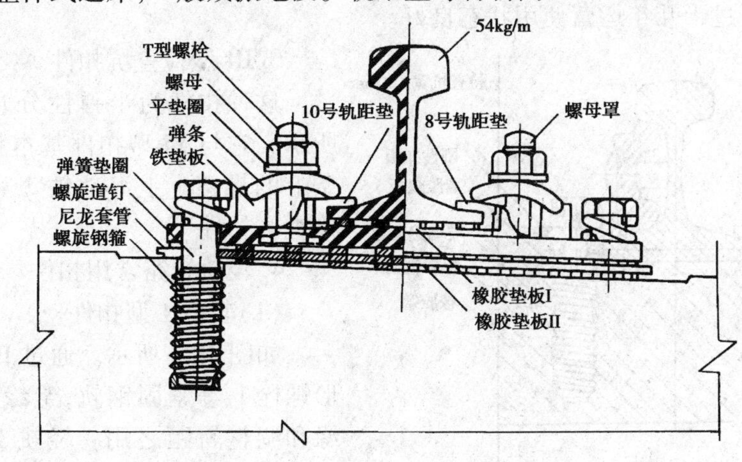

图 2-23　DTVII 型扣件图

(5)轨道减震器扣件

为了降低地铁和轻轨交通的振动和噪声,减少对附近居民的影响,研究出轨道减振器扣件。该扣件为全弹性分开式、三阶减振，适合于枕式整体道床，较高减振地段，如图 2-24 所示。

轨道减振器是国内轨道减振的新形式，能有效地减少振动与噪声。根据减振原理，结合轨道交通特点，确定外型为椭圆形。减振器的刚度 k 越小，由钢轨到结构底板的振动传递率也越小。但 k 值过小，会影响轨道的稳定性和列车安全运行。另外，橡胶反复变形过大，也容易疲劳老化。根据北京地铁实测资料，轨下支承点所受的动载，平均最大值为 32kN，考虑垂直变形2.5mm，所以确定轨道减振器垂向静刚度为 80kN/cm。

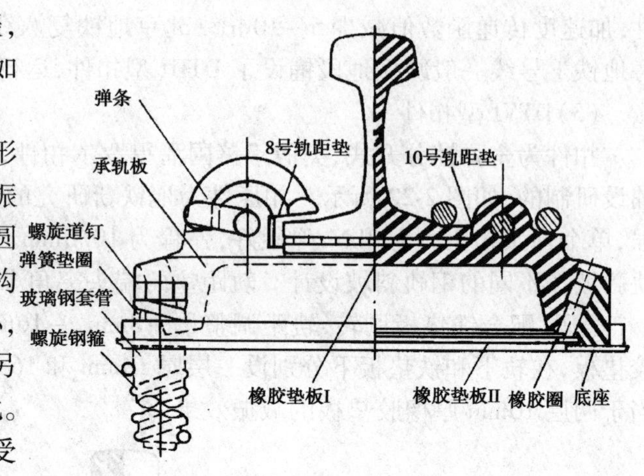

图 2-24　轨道减振器

(6) 检查坑扣件

检查坑宽 1 200mm，要求扣件较短，一般均为无挡肩式半弹性扣件，分为 I 型、II 型和 III 型三种检查坑扣件。

①I 型检查坑扣件

为半弹性不分开式，铁垫板焊在预埋于承轨台内的角钢上，轨下设绝缘层。用螺栓和扣板固定钢轨，保持轨距能力强。因扣件结构复杂，零件较多，不能调整轨距，要求安装扣件现场焊接，承轨台面施工精度不宜保证等缺点，逐步为 II 型、III 型检查坑扣件替代。

②II 型检查坑扣件

这种扣件为弹性不分开式，如图 2-25 所示。北京地铁二期工程太平湖车辆段和古城车辆段扩建，铺设了这种扣件，扣压件为中间和接头两用的刚性扣板，短的扣压端用于接头。可少量调整轨距，与短轨枕联结的方式亦采用预埋玻璃钢套管。扣件结构简单，零部件少，造价低，施工维修方便，经过十几年运营使用状态良好。

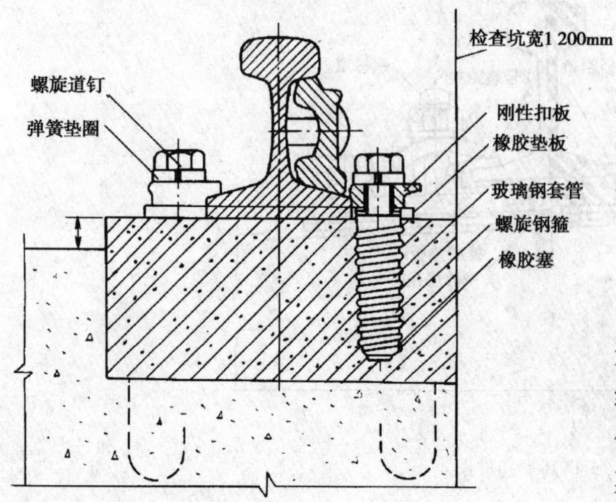

图 2-25　II 型检查坑扣件图

③III 型检查坑扣件

这种扣件为半弹性分开式，见图 2-26 所示。它与 VI 型扣件基本相同，也取消弹条上的螺栓。上海地铁 2 号线采用 III 型检查坑扣件。

4. 轻轨线路常用扣件

(1) 轻轨 I 型扣件

如图 2-27 所示。通过 B 型弹条 4 和 T 形螺栓 1 等紧固钢轨，绝缘轨距块兼作绝缘和调整轨距之用。轻轨 I 型结构简单、使用安装方便，通用性好，而且造价较低。其主要技术性能如下：

①抗横向力≥400N；

②轨顶标高调整量 10mm；轨距调整

量:有备件时为 -8 ~ +4mm,无备件时 -4 ~ 0mm。在进行扣件设计和研制时,分别对车辆轨道荷载下产生横 向力、垂直力、钢轨倾翻力矩、绝缘轨距块、T 型螺栓的锚固力进行了理论分析和计算。用于有碴轨道静刚度为 50kN/mm,动刚度为静刚度的 1.5 倍;用于无碴轨道的静刚度为 20kN/mm,动刚度为静刚度的 1.5 倍。

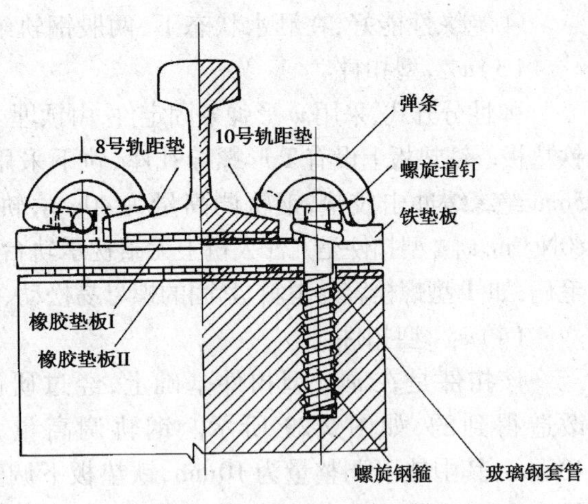

图 2-26　III 型检查坑扣件图

(2)轻轨 II 型扣件

如图 2-28 所示,轻轨 II 型是类似“科隆蛋”的高效能减振扣件。该扣件上下铁垫板用硫化橡胶联成整体,在荷载作用下,橡胶以承受剪力为主,产生较大的剪切变形,因而弹性较好,硫化橡胶既减振又起绝缘作用,具有良好的绝缘性能。另一个突出的特点是:扣件承受垂直荷载时,轨下衬垫(用塑料制作)压缩变形小,扣压钢轨的部件不容易松弛。试验表明轻轨 II 型扣件各项技术性能都优于轻轨 I 型,但由于构造较复杂,造价高,除非环境要求极高的地段,一般不轻易使用。它的主要技术指标为:

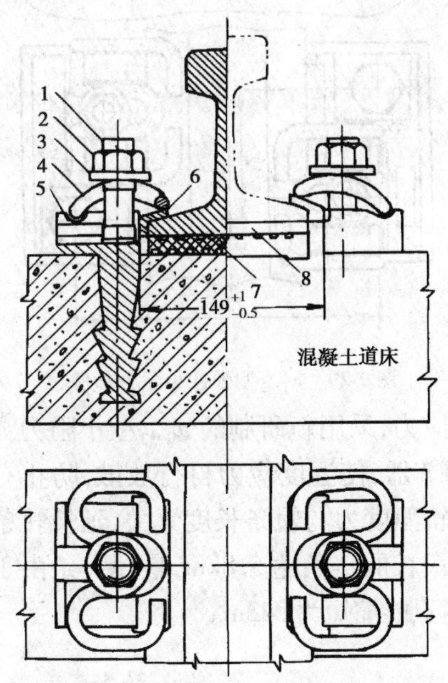

图 2-27　轻轨 I 型扣件(尺寸单位:mm)

1-T 型螺栓;2-螺母;3-平垫圈;4-B 型弹系;5-T 型螺栓插入座;6-绝缘轨距块;7-橡胶垫板;8-调高垫板

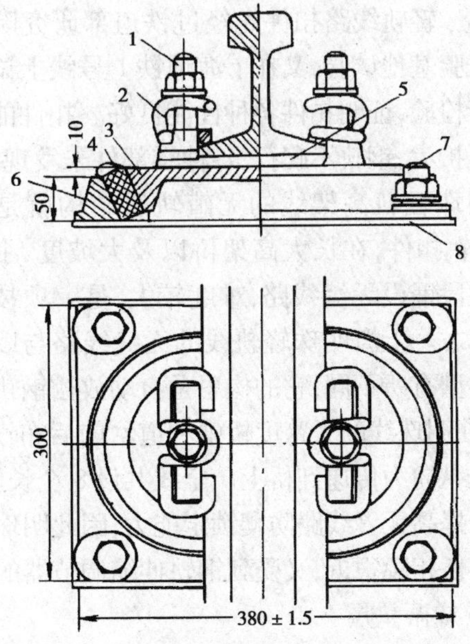

图 2-28　轨 II 型扣件(尺寸单位:mm)

1-T 型螺栓;2-弹系;3-上铁垫板;4-硫化橡胶;5-轨下衬垫;6-下铁垫板;7-垫板螺栓;8-垫板衬垫

①垂直静刚度 8.46kN/mm,满足不大于 10kN/mm 的设计要求。良好的弹性,百万次疲劳试验,减振垫完好。

②结构设计合理,在 30kN 横压疲劳荷载作用下,各部件良好无损,轨距扩大 3.5mm。

③减震效果好,加速度幅值从钢轨到承托梁衰减 97.7%,加速度自振频率谱从钢轨到承托梁衰减 99.3%,有明显地社会环境效应。

④绝缘性能好,在洒水状态下,两股钢轨绝缘电阻能满足设计要求。

(3) w_{j-1} 型扣件

弹性分开式,采用 w 形弹条固定件,由预埋于混凝土承轨台内的塑料套管和锚固螺栓配合紧固铁垫板。铁垫板上设有T形螺栓孔座,轨下采用含不锈钢的复合胶垫。铁垫板与承轨台间设置5mm 绝缘缓冲击胶垫,钢轨调高量为 40mm,轨间距调整量 ±20mm,扣压力 4kN,T 形螺母扭距 80N·m。w_{j-1} 型扣件是九江大桥上无碴枕承轨台道床结构专用扣件,运营效果良好,但也出现一些毛病,如 T 型螺栓容易歪斜、紧固的螺母易松动、抗扭距不稳定、部分弹条断裂等问题。

(4) w_{j-2} 型扣件

该扣件是在 w_{j-1} 型扣件基础上,经过研制改造得到的,如图 2-29 所示。钢轨调高量为 40mm ,其中轨下调整量为 10mm,铁垫板下调整量为 30mm,轨间距调整量为 ±20mm(每股轨 ±10mm),可承受最大横向力 40kN(疲劳荷载)。承轨台上的支承块不设挡肩。扣件垂直点刚度为 40 ~ 60kN/mm,锚固螺栓拧紧扭矩为 300N·m,预埋绝缘套管抗拔力大于 100kN。钢轨与承轨台间电阻不大于 $10^8\Omega$。

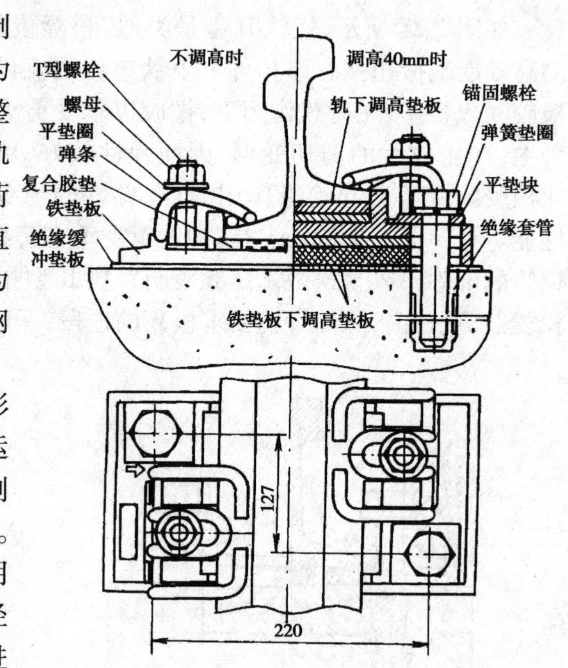

图 2-29 w_{j-2} 型弹性小阻力扣件

w_{j-2} 轻轨线路扣件先经过铁道部研究院环形铁道试验基地试验,又在上海地铁 1 号线上试铺运营疲劳检验,证明扣件各种性能良好。扣件能控制轨距不扩大,钢轨不爬行,各种零部件未发现损坏。上海明珠轻轨高架线的无碴轨道结构就是采用 w_{j-2} 轻轨扣件,在长大高架桥以及大坡度、小半径曲线地段铺设无缝线路,难度较大,是一项技术进步的标志。上海明珠轻轨线的无缝线路与以往铺设的类型有所不同,它的构思是自动放松钢轨内部的温度应力,采用新研制的 w_{j-2} 型小阻力弹性扣件,并在明珠线的大跨度桥中和道岔前后布设钢轨伸缩调节器,使温度应力自行放散,防止有过大的钢轨纵向力传递到桥上。全线共设 8 个长轨条,由于钢轨温度力与轨条长度无关,延长轨条长度有助于提高无缝线路防爬锁定能力,因此明珠轻轨线一期最长的轨条达 5.8km,最短一条由于两座大跨度桥相距很近,又受到钢轨伸缩调节器的限制,其长度只能缩短为 342m。

5. 减振垫层

减振垫层为压缩型橡胶垫板,放在钢轨与承轨台之间。减振垫层结构力求简单,加工容易,用材料省,便于推广,具有 15 年以上的使用寿命,能显著减少车辆振动,降低噪声。

用于无碴轨道减振垫层的基本要求是,使用减振垫层的无碴轨道,其振动衰减的性能相当或优于有碴轨道。此时,减振垫层的静刚度应为 13 ~ 50kN/mm。由于轻轨车辆轴重较轻(约 100kN),因此减振垫层静刚度可以取此范围的下限数值,即不大于 20kN/mm 。

试验和理论证明,橡胶材料的泊桑比近于 0.5,因而其体积是不可压缩的。要提高其弹性,必须使胶垫能自由地横向变形,即使减振垫层有足够的自由表面积。胶垫的硬度直接影响刚度值,因而适当降低硬度是有益的。胶垫的几何尺寸也对其刚度产生影响,当平面尺寸扩大有困难时,适当增加胶垫的厚度,也将使其刚度合理地降低。

经过多方案比选和试验，国内已研制出用于轻轨交通无碴轨道结构的16—B型胶垫，如图2-30所示。该胶垫静刚度为18.7kN/mm，符合不大于20kN/mm的设计要求。胶垫疲劳试验表明，在特大荷载75kN作用下，胶垫不会产生早期破损。

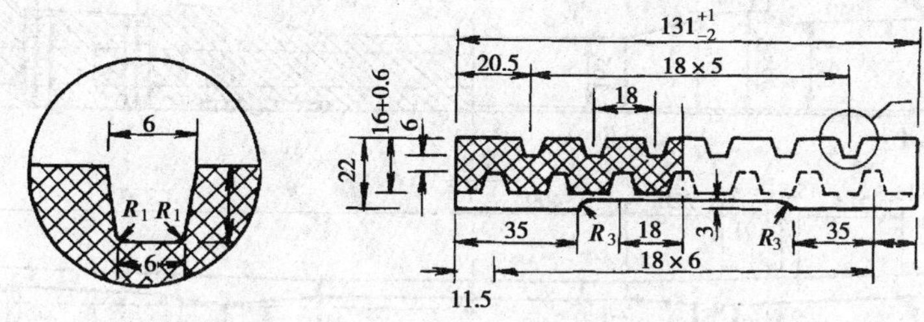

图2-30 16-B型橡胶垫板（尺寸单位：mm）

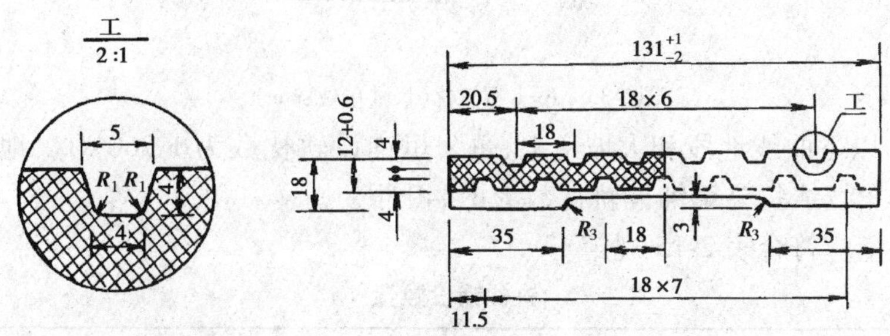

图2-31 12-B型橡胶垫板（尺寸单位：mm）

此外还研制了用于有碴轨道的12—B型胶垫，如图2-31所示。该胶垫静刚度为31.7kN/mm，可与弹条I型扣件配合使用。用于地面有碴轨枕式道床弹条I型扣件如图2-32。

三、轨　　枕

轨枕类型随轨距、道床种类、使用处所不同而异。地下铁道正线隧道内线路一般采用短轨枕或无轨枕的整体钢筋混凝土道床，车场线采用普通钢筋预应力混凝土轨枕，在道岔范围内少数区段采用木枕。高架轻轨线宜采用新型轨下基础，这种新型的轨枕结构不同于传统的道碴道床上铺设木枕或混凝土的轨下基础，而是以混凝土道床为主的构造形式，如上海明珠轻轨高架线，采用承轨台、支撑块整体式道床。因为轻轨车辆轴重小，可以直接采用常规铁路强度最低的预应力混凝土枕，如9—1型或J—1型轨枕，它们主要的外形尺寸如图2-33所示，重量约为260kg。每公里直线段轨枕配置根数为1 600根，在曲线半径300m以下地段，每公里增加80根，地面线路为碎石道床上铺预应力钢筋混凝土轨枕。

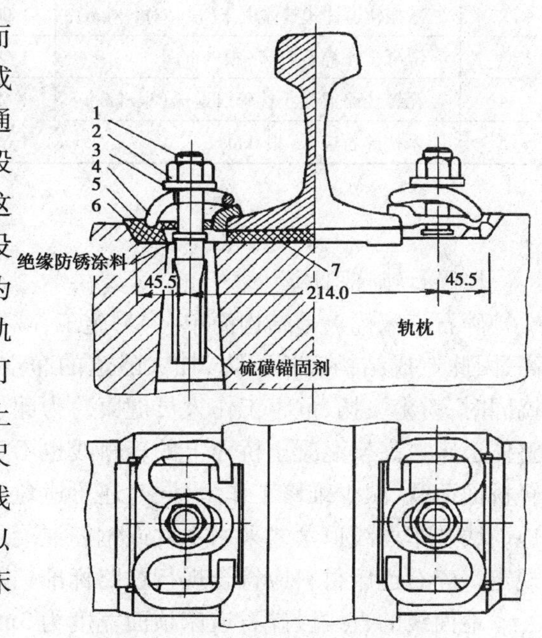

图2-32 弹条I型扣件（尺寸单位：mm）

1-螺栓；2-螺母；3-平垫圈；4-弹条；5-轨距挡板；6-挡板座；7-橡胶垫板

隧道的正线及辅助线的直线段和半径大于等于400m的曲线段，每公里铺设短轨枕数为1 680

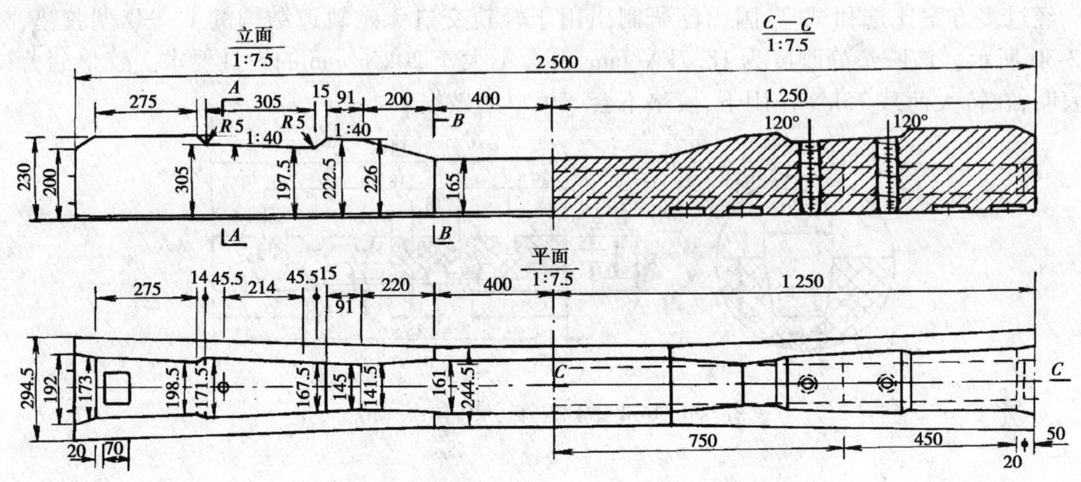

图 2-33　J—1 型轨枕(尺寸单位:mm)

对,半径为 400m 以下曲线地段和大坡道上,每公里铺设轨枕数为 1 760 对。地面碎石道床上铺轨枕数同上。车场线每公里铺设轨枕数为 1 440 根。

轨枕铺设数量应符合表 2-15 规定。

轨枕铺设数量　　表 2-15

序号	道床型式	轨枕铺设数量			
		正线 50kg/m、60kg/m 钢轨		辅助线	车场线
		直线及 $R>400$m 或坡度 $i<20‰$	$R\leqslant400$m 或坡度 $i\geqslant20‰$		
1	枕式整体道床(根<对>/km)	1 600 ~ 1 680	1 680	1 600	1 440
2	减振轨道枕式整体道床(根<对>/km)	1 600 ~ 1 680	1 680	1 600	1 440
3	混凝土枕粹石道床(根/km)	1 600 ~ 1 680	1 680	1 600	1 440
4	无缝线路混凝土枕碎石道床(根/km)	1 680 ~ 1 760	1 760 ~ 1 840	1 680 ~ 1 760	—
5	木枕碎石道床(根/km)	1 680 ~ 1 760	1 760 ~ 1 840	1 680	1 440

四、道　床

1. 碎石轨枕道床

碎石道床优点是结构简单,容易施工,减振、减噪性能较好,造价低,但其轨道建筑高度较高,因此造成结构底板下降,加大隧道的净空,排水设施复杂,养护工作频繁,更换轨枕困难。捣固时,粉尘飞扬,危害工作人员健康。为此,城市轨道交通的隧道内不采用碎石道床,而采用整体道床。高架混凝土桥面上的轻轨线也不采用碎石轨枕道床,而采用新型的道床形式,以减轻桥面荷载,减少维修工作量,同时还可避免列车运行的偶然石子飞落桥面,伤害行人。只有地面线及车场线道岔才采用木枕或钢筋混凝土枕的碎石道床。碎石道床的厚度应符合表 2-16 规定。碎石道床材料应符合现行铁路标准《铁路碎石道碴》和《铁路碎石道床底碴》的规定。

地面线的直线段碎石道床顶面宽度为 3m,车场线为 2.9m,半径等于或小于 400m 的曲线地段外侧应加宽 0.1m。在铺设无缝线路地段及安装接触轨一侧也应适当加宽。为增加轨道横向稳定性,道床的肩宽不应小于 300mm,在 $R<600$m 的曲线段,曲线外侧道床肩部加宽

100mm，道床边坡均为1∶1.75，碎石道床的最小厚度，在直线段轨枕下应为300mm，车场线轨枕下应为250mm。地面直线和曲线段碎石道床断面分别如图2-34、图2-35所示。

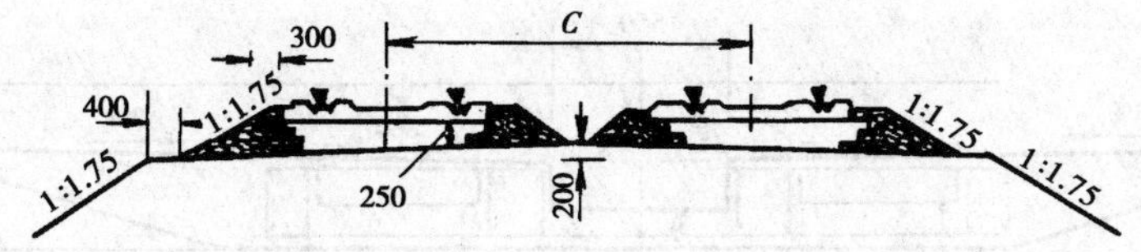

图2-34　地面直线段道床断面（尺寸单位：mm）

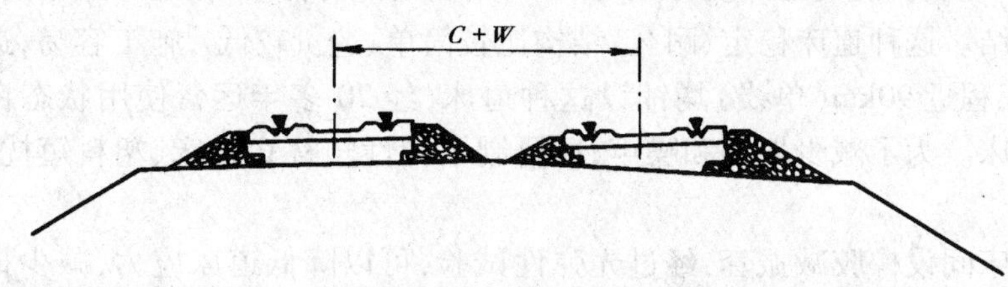

图2-35　地面曲线段道床断面

为了尽量减少用地，路肩宽可选为0.4m。由于双线路基宽度较大，为方便排水，路基中部应设置路拱。图2-34、图2-35中C是根据与车辆界线确定的最小间距。对于新研制的轻轨车，当两线间无电柱或其他设施时C为3.2m；当两线间设ϕ0.4m电柱时C为3.8m。在曲线地段还要计入线路间距的加宽W。

碎石道床厚度　表2-16

路基类型	道床厚度（mm）		
	正线		车场线
非渗水土路基	双层	道碴250	单层250
		底碴250	
岩石、渗水土路基	单层道碴300		

2. 整体式道床

整体式道床优点是整体性好，坚固、稳定、耐久；轨道建筑高度小，减少隧道净空，节省投资；轨道维修量小，适应地铁和轻轨交通运营时间长、维修时间短的特点。长度大于100m的隧道内和隧道外U形结构地段及高架桥和大于50m的单体桥地段宜采用短枕式和长枕式整体道床。

（1）无枕式整体道床

该类道床也称为整体灌注式道床，其轨道建筑高度小，道床混凝土强度等级为C30，自下而上施工，先使用专用施工机具把联结扣件的玻璃钢套管按设计位置预埋在道床内，上面做成承轨台，然后再安装钢轨和扣件。施工方法繁琐，机具复杂，进度又慢，承轨台抹面精度不易保证，难以达到设计要求的精度。1970年北京地铁一期工程十几组道岔整体道床采用此种形式，经过20多年运营使用，技术状态良好。香港、美国旧金山、加拿大等地铁也铺设了此类无枕式整体道床。

（2）轨枕式整体道床

这类道床可分为短枕式和长枕式两种。

①短枕式整体道床

这种道床轨道建筑高度一般为550mm左右，道床混凝土强度等级为C30，轨下道床厚度一般小于 160mm，一般设中心排水沟，见图 2-36。

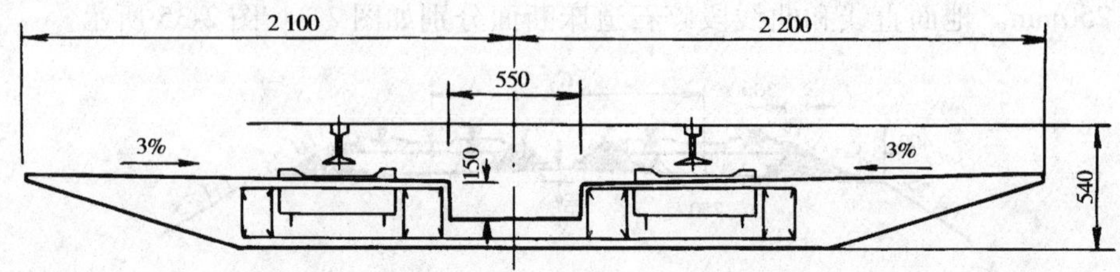

图 2-36　短枕式整体道床图（尺寸单位：mm）

短轨枕在工厂预制，混凝土强度等级为 C50，其横断面为梯形，底部外露钢筋钩，以加强与道床混凝土的联结。这种道床稳定、耐久，结构比较简单、造价较低，施工容易，进度较快。北京地铁一、二期工程近 90km（单线）均铺设这种道床，经 20 多年运营使用状态良好。天津地铁亦铺设这种道床。为了减少振动和噪声，还研制了弹性短枕式道床、塑料短枕式道床、短木枕式道床。

在短枕与道床间设橡胶减振套，经过光弹性试验，可以降低道床应力，减少振动。北京地铁东四十条站试铺了这种弹性短枕式整体道床，现场测试车辆簧下振动加速度值较一般地段整体道床减少 30% 左右，减振效果良好。但减振套的材质及更换技术还需进一步研究解决，所以这种道床未能得到推广。

塑料短枕式道床的短轨枕采用塑料材质制作，四周及底部还设有橡胶套，具有良好的减振及绝缘性能，国内曾对此种道床进行过研究，但造价昂贵，未能实施。奥地利等国家地铁铺有此类道床。前苏联地铁铺设过短木枕式整体道床，北京地铁在道床弹性过渡段，采用了梯形短木枕式整体道床。因埋在道床内的短木枕更换困难，因此此类道床使用亦受限制。

②长枕式整体道床

这种道床，设侧向水沟，如图 2-37 所示。一般长轨枕预留圆孔，道床用纵向筋穿过，加强了与道床的联结，使道床更坚固、稳定和整洁美观。这种道床适用于软土地基隧道，可采用轨排法施工，进度快，施工精度亦容易得到保证。上海和新加坡地铁铺设这种道床使用状况良好。

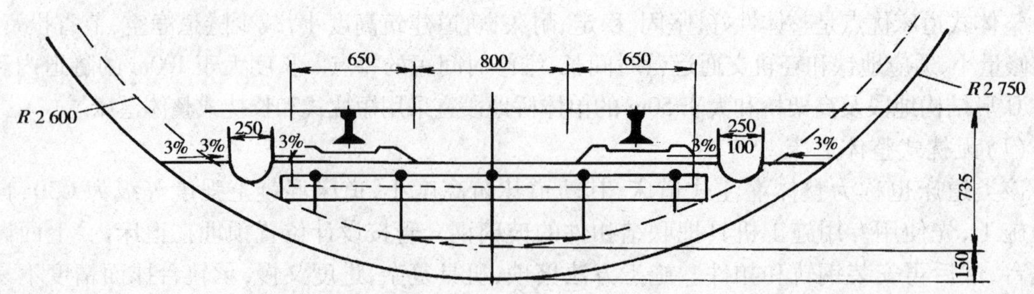

图 2-37　长枕式整体道床（尺寸单位：mm）

3. 浮置板式整体道床

这种道床是在浮置板下面及两侧设有橡胶垫，减振效果明显，如图 2-38 所示。

浮置板较重，需要较大吊装机具，施工进度难以保证，更换底部橡胶垫困难，大修时要中断地铁正常运营，造价也高。根据新加坡地铁使用经验，发现浮置板式道床对隧道外减振、减噪效果明显，但地铁车厢内振动和噪声较大，超过了环境保护的标准。德国、新加坡等国家的地

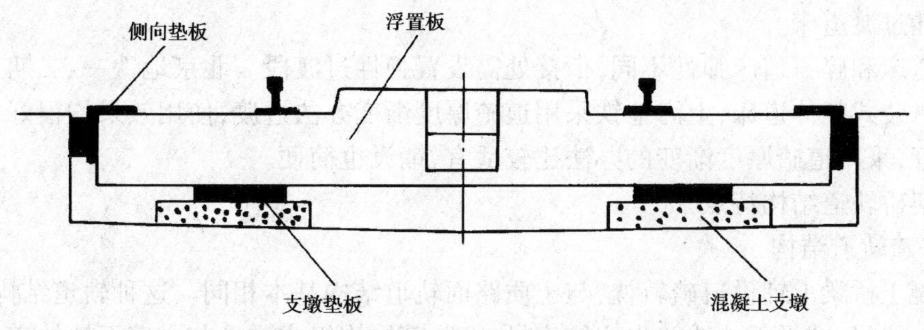

图 2-38　浮置板式整体道床

铁，我国广州、香港部分地铁区段铺设了这种道床。

4. 纵向浮置板式整体道床

针对浮置板式道床的缺点，国内研究了纵向浮置式整体道床，如图 2-39 所示。

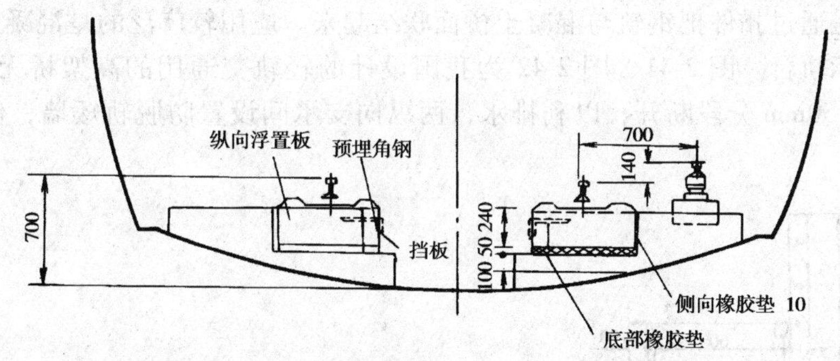

图 2-39　纵向浮置板整体道床（尺寸单位：mm）

该类道床由浮置板、橡胶垫、道床承台和联结挡板等组成，浮置板长（沿钢轨方向）为 2 200 mm，宽为 60mm，高为 240mm，板重约 730kg，一块浮置板上设置 4 组扣件，可设挡肩，其端部道床设纵向挡墙，内预埋角钢，用螺栓和挡板压紧浮置板，限其横向位移，扣件对应部件的侧向及底部与道床承台之间设橡胶垫，起到减振、减噪的作用，亦能调整浮置板的高低，道床设中心排水沟。这种道床的主要优点在于：①浮置板较轻，制造和铺设较为简便；②高低调整量较大，可达 +50mm、-12mm；③可以维修，不影响地铁正常运营；④减振效果显著，尤其是对低频域振动。

这种道床较轨枕式道床施工难度大，要求严格控制施工的精度。莫斯科、基辅地铁铺有这种道床，国内还正在进行研究，未正式应用。

5. 弹性整体道床

在整体道床与结构底板之间铺设一层 3cm 厚弹性绝缘材料塑料油膏的混合物或橡胶沥青混凝土，有的还铺旧轮胎，这种道床减振效果显著，但造价很高，国内未有研究铺设。还有一种弹性支承轨道结构，如图 2-40。

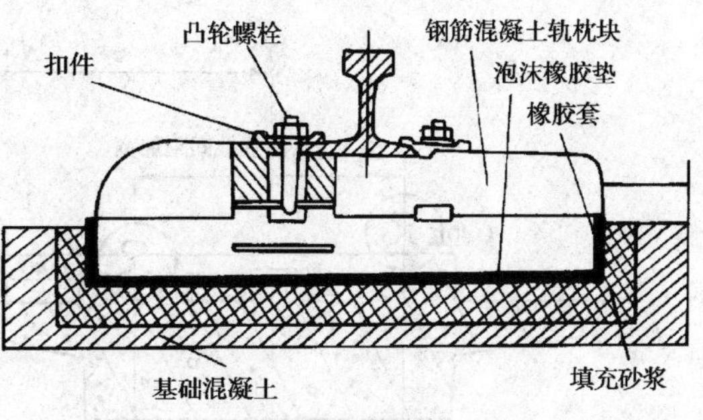

图 2-40　弹性支承轨道结构

双块式轨枕支承块支承在泡沫橡胶上，用橡胶套把泡沫橡胶套在轨枕上，用水泥砂浆把轨枕连同橡胶套与基底混凝土粘牢，现已在美国的华盛顿、巴尔的摩、亚特兰大、费城等城市地下铁路隧道中采用。这种轨道的支承刚度约为 10kN/mm，具有很好降低噪声及减振性能。

6. 弹性过渡道床

整体道床和碎石道床弹性不同,衔接处需设置弹性过渡段。北京地铁一、二期工程采用梯形短木枕拼装式整体道床,上海地铁采用道碴厚度渐变办法过渡,使用效果均很好。由于地铁扣件弹性好,采用道碴厚度渐变的办法比较适宜,铺设也简便。

7. 高架桥轨道结构特点

(1)有碴轨道结构

在混凝土桥梁上铺设道碴轨枕,与土质路面轨道结构基本相同。这种轨道结构简单,施工方便防振性能好,铺设无枕线路也比较容易处理,其结构组成详见前文碎石轨枕道床。国外仍有一些国家轻轨高架线路采用这种轨道结构,如1985年建成运营的14.5km的马尼拉轻轨交通系统(全都为高架结构),采用双块式钢筋混凝土轨枕碎石道床;新加坡轻轨高架桥系统也是采用碎石道碴轨枕结构,但采用木枕。

(2)无碴整体轨道道床结构

这种结构是通过扣件把钢轨与混凝土桥面联结起来。应用较广泛的是混凝土梁上二次灌注混凝土纵向承轨台。图2-41、图2-42为我国设计的轻轨交通用的高架桥无碴轨道结构,纵向承轨台高150mm分段断开,以利排水,两纵向支承间设置防脱轨矮墙,代替通常使用的护轨。

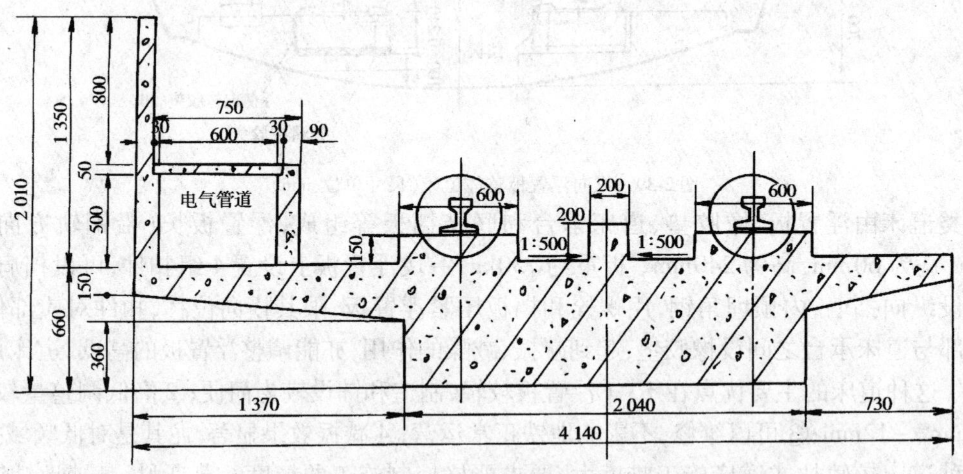

图2-41 高架混凝土桥无碴轨道结构(尺寸单位:mm)

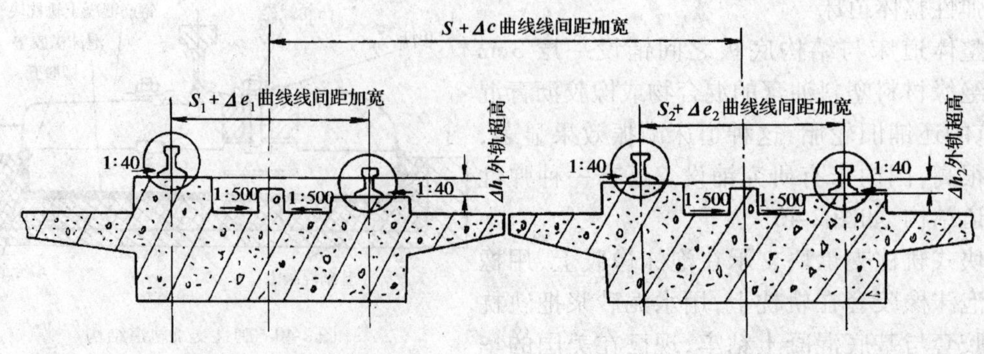

图2-42 轻轨曲线桥双线无碴轨道结构(尺寸单位:mm)

上海明珠轻轨线高架桥线路采用支承块、承轨台式新型整体道床结构。支承块为钢筋混凝土预制短轨块,在相邻两股钢轨下每间隔一定距离各垫一块,每个支承块顶面预留两只锚固螺栓孔,并与钢轨联结。混凝土设计强度为C50。支承块底部预留六根钢筋,与梁面预埋钢筋联结,以提高与承轨台间锚固强度。

承轨台为现浇钢筋混凝土块体,顶部埋设支承块,其混凝土强度为C40。承轨台与桥面之间,通过预埋于桥面的联结钢筋,使两者结合为一个整体。承轨台标准长度选为2.3m,不仅为施工创造了有利条件,而且当承轨台破损后,便于在不影响运营条件下进行修复,克服了一般轨下整体道床的缺点。两相邻承轨台留有适当间隙(100~120mm),以利于桥面横向排水和电缆的穿行。轨道标准高度为0.50m,承轨台顶面高度差0.05m,以便于养护作业进行和防脱轨装置的安装。

承轨台式整体道床与其他整体道床施工工艺相比,要求严,难度大。①进行高架桥面梁体施工时,预留好与承轨台相联的预埋钢筋,位置准确,以免施工承轨台时有较大的偏差;②每一个支承块通过扣件固定在钢轨底部,相邻支承块不宜直接相联,各自自由度大。当浇筑承轨台时,每个支承块应准确就位,顶面的坡度必须达到规定的要求,以保证轨底坡设置的标准。③在桥面上进行承轨台作业时,必须采取有效措施,以防止轨道上部构架在施工中横向移动。④支承块承轨台和梁体之间,必须按施工工艺要求,对接触面严格处理,以确保二次浇灌施工缝的结合强度。在高架桥上施工,由于工作面窄,各种施工干扰很大,桥的允许载重又限制了大型铺轨设备的进入。因此研制并采用轻巧,灵活的小型铺轨机具是十分必要的。图2-43为上海明珠高架桥上的钢筋混凝土承轨台式新型整体道床。

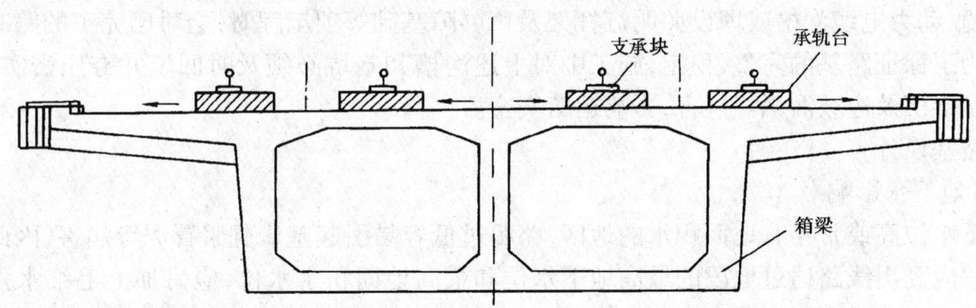

图2-43　上海明珠轻轨线高架桥上的钢筋混凝土承轨台式新型整体道床

1)桥上无碴轨道减振降噪措施

对于无碴轨枕结构,应采用高性能的钢轨扣件,如轻轨Ⅰ、Ⅱ型和w_{j-2}型,扣件节点的静刚度应在50kN/mm以下。扣件刚度越小,其减振效果越显著。为了减低车辆运行冲击噪声,在承轨台下铺设泡沫橡胶或其他聚硫和聚氨脂合成衬垫材料,也有的在承轨台上设置弹性聚合物砂浆层等措施。经过改进后的弹性减振道床比通常道床相比可降低噪声10dB,与有碴轨道相比可降低2.3dB。

2)桥上无碴轨道结构防止迷流措施

无碴轨道钢轨对地绝缘电阻降低,在暴雨时由于水膜的影响电阻会更低,这点比隧道内的无碴轨道结构更为不利。因此,桥上无碴轨道结构要采取切实可靠的防迷流措施:

①采用高绝缘扣件,使钢轨与基础之间多层绝缘,增大绝缘电阻。

②在钢轨和基础之间设置绝缘性能很好的聚合物砂浆层。

③采取排除迷流措施,即把基础钢筋焊接,引导迷散电流回至变电所,香港轻轨交通采用

此种型式。

④采用绝缘性能良好的桥梁支座,以增大桥梁结构对地的电阻。

3)桥上无碴轨道结构无缝线路的铺设

当温度变化或桥梁承受车辆荷载产生挠曲时,桥面与铺设于其上的长钢轨产生相对位移而产生附加相互作用力。这些作用力与桥跨大小、温度跨度、温度约束条件、钢轨断面、扣件和伸缩调节器性能、车辆荷载、墩台形式等因素有关。桥上铺设长钢轨无缝线路时,梁轨之间相互作用的各种纵向力和横向力(温度应力、伸缩力、挠曲力、断轨力等)应进行合理组合,既要考虑各种不利情况,又要使各种不利组合是实际可能发生的。除对焊接长钢轨进行强度、稳定性验算外,还要对桥梁、墩台的结构和部位进行强度和稳定性验算。高架桥上无缝线路应在适当位置设置钢轨伸缩调节器。

五、路　　基

路基承受轨道结构及车辆的轴重等静动荷载长期作用,长时间受到气候环境的影响,必须具有足够的强度不断裂;具有足够的稳定性不产生滑移塌陷;具有足够的耐久性不被风化、侵蚀等破坏。

路基工程应优先采用新技术,新结构,新材料和新工艺,并采用机械化施工。设计路基要满足环境保护要求,地面线路,高架线路重视沿线绿化设计。路基工程应做好防排水设计,确保排水通畅,便于清扫及卫生的保持。

电缆沟槽及其他设施的施工经常在路基本体工程施工验收后进行,在路基或边坡上开挖通信电缆、动力电缆沟槽或埋设照明灯杆架及声屏障基础等项工程时,会对已完工的路基造成损坏。为了保证路基的完整、稳定,施工中对上述沟槽和基坑必须及时回填并夯压密实,以免产生路基下沉及边坡溜塌等病害,影响运营安全。

1.路基设计

(1)地下水影响

地下水位高或常年有地面积水的地区,路堤过低容易引起基床翻浆冒泥等病害,因此路基路肩高程应高出线路通过地段的最高地下水位和最高地面积水水位,应另加上毛细水强烈上升高度和有害冻胀深度或蒸发强烈影响深度,再加0.5m。一般地区有害冻胀深度为最大冻结深度的60%,东北地区有害冻胀深度为最大冻结深度的95%。确定毛细水强烈上升高度的方法有直接观测法、曝晒法和公式计算法等。盐渍土地区的水蒸发后,盐分积聚下来,容易使路堤土体次生盐渍化,进而产生盐胀等病害,因此盐渍土路基的路肩高程尚应考虑蒸发强烈影响高度。若采取降低地下水位、设毛细水隔断层等措施,路肩高程可不受上述限制。路基面应根据基床土质设路拱或做成平面。不易渗水的填料必须设置三角形路拱,使道床下的积水能迅速排出路面。路拱的高度是按路拱所需大约4%的排水坡确定的,单线路拱高0.15m,双线路拱高0.20m。渗水性好的填料能较快向地下渗水,故不需要设置路拱。渗水土、岩石路基与非渗水土路基连接时,路肩施工高程由衔接处向渗水土路肩施工高程顺坡,以利于排水,其长度不小于10m。

(2)路基宽度、坡度及厚度

区间路基面宽度应根据正线数目、线间距、轨道结构尺寸、路基面形状、路肩宽度计算确定。当路肩埋有设备时,路堤及路堑的路肩宽度均不得小于0.6m,无埋设设备时路肩宽度不得小于0.4m。

以双线非渗水路基面宽度为例，如图 2-44，其计算公式如 2-22。

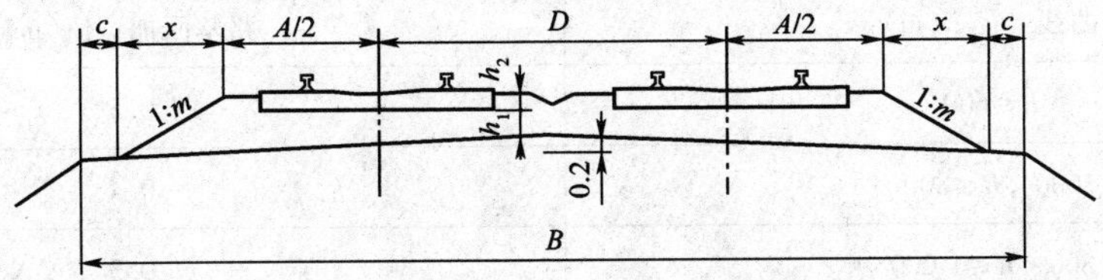

图 2-44　双线非渗水土路基面示意

$$B=\frac{M\pm\sqrt{M^2-4N}}{2} \tag{2-22}$$

式中：$M=D+A+2c+2m(0.2+h_1+h_2)$；

$N=m(0.4D+0.8c-0.6)$；

B——路基面宽度；

D——双线的线间距；

A——道床顶面宽度；

c——路肩宽度；

m——道床边坡坡率；

h_1——路基中心的钢轨处轨枕下的道床厚度；

h_2——轨枕埋入道床深度。

区间曲线地段的路基面宽度，应在曲线外侧加宽。单线应在曲线外侧，双线应在外股线的外侧。其加宽值由最高行车速度计算轨面超高值引起的路面加宽确定。双线曲线地段路基面加宽应按表 2-17 的数值加宽。如图 2-45，曲线地段路基面加宽的计算公式如式 2-23。

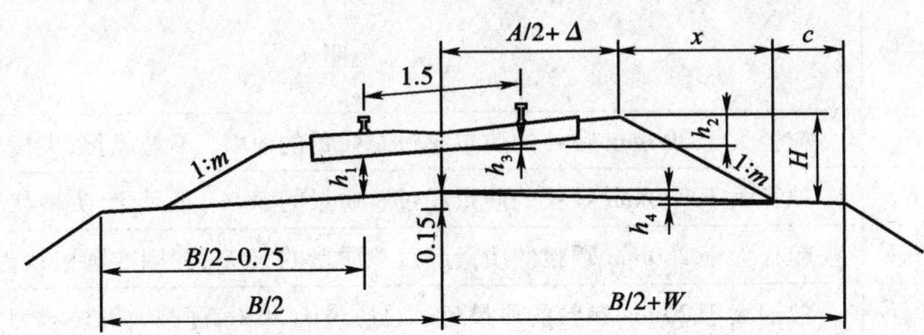

图 2-45　曲线地段路基面示意

$$W=\frac{A}{2}+\Delta+x+c-\frac{B}{2} \tag{2-23}$$

式中：W——曲线地段路基面加宽值；

Δ——道床顶面加宽值，无缝线路 $R<800$m、非无缝线路 $R<600$m 时，$\Delta=0.1$m，否则 $\Delta=0$；

$x=m(h_1+h_2+h_4)$；

h_1——钢轨处轨枕下道床厚度；

h_2——外侧道碴肩至内股钢轨下轨枕底的道碴厚度；

h_4——外侧碴脚至钢轨下路拱高度。

曲线地段路基面加宽值 表2-17

曲线半径 R(m)	路基面加宽值(m)
$R \leqslant 600$	0.5
$600 < R \leqslant 800$	0.4
$800 < R \leqslant 1\,000$	0.3
$1\,000 < R \leqslant 2\,000$	0.2
$2\,000 < R \leqslant 5\,000$	0.1

一般情况下土质路堤边坡高度不大于6m,故采用1∶ 1.5单一坡率,如路堤高度超过6m时,可采用设平台及变坡率形式。路堤坡脚外应设宽度不小于1.0m的天然护道。路堑边坡坡度是指土质比较均匀,无不良地质现象及地下水的路堑边坡坡度上、下限值。低边坡选用较陡的坡度,高边坡采用较缓的坡度。

路基基床受轨道、列车动力作用。并受水文气候影响较大,需进行土层处理。基床厚度根据动应力在路面以下衰减的形态,借鉴国内外目前采用的基床厚度综合分析确定。路基基床分表层和底层,表层厚度应不小于0.4m,底层厚度应不小于1.1m。基床厚度以路肩施工高程为计算起点。

(3)基床填料的选择

基床土的性质是产生基床病害的内因,为预防基床变形产生,基床表层采用渗水性强的粗粒土较好,细粒土遇水后抗剪强度降低,承载力减少,稳定性差,所以基床表层填料应优先选用A、B组填料,基床的底层选用A、B、C组填料。填料分类如表2-18。

填料分类表 表2-18

填料			符号	说明	填料组别
类别		名称			
岩块	块石类	硬块石	R_h	粒径大于200mm颗粒的质量超过总质量的50%,不易风化,尖棱状为主	A
		软块石	R_s	粒径大于200mm颗粒的质量超过总质量的50%,易风化,尖棱状为主	B、C、D
		漂石土	R_bF	粒径大于200mm颗粒的质量超过总质量的50%,浑圆或圆棱状为主	A、B、C
	碎石类	卵石土	R_gF	粒径大于20mm颗粒的质量超过总质量的50%,浑圆或圆棱状为主	A、B、C
		碎石土	R_cF	粒径大于20mm颗粒的质量超过总质量的50%,尖棱状为主	A、B、C
粗粒土	砾石类	圆砾土	G_cF	粒径大于2mm颗粒的质量超过总质量的50%,浑圆或圆棱状为主	A、B、C
		角砾土	G_fF	粒径大于2mm颗粒的质量超过总质量的50%,尖棱状为主	A、B、C、
	砂类	砾砂	SG	粒径大于20mm颗粒的质量占总质量的25%~50%	A、B
		粗砂	S_c	粒径大于0.5mm颗粒的质量超过总质量的50%	A、B
		中砂	S_m	粒径大于0.25mm颗粒的质量超过总质量的50%	A、B
		细砂	S_f	粒径大于0.075mm颗粒的质量超过总质量的85%	B
		粉砂	SM	粒径大于0.075mm颗粒的质量超过总质量的50%,细粒土部分以粉粒为主	C
		粘砂	SC	粒径大于0.075mm颗粒的质量超过总质量的50%,细粒土部分以粘粒为主	B

续上表

填料类别	填料名称	符号	说明	填料组别
细粒土 粉土类	砂粉土	*MS*	塑性图 A 线以下，C 线以左	B
	粉土	*M*	塑性图 A 线以下，B、C 线之间	C
	粘粉土	*MC*	塑性图 A 线以下，B 线以右	D
粘土类	砂粘土	*CS*	塑性图 A 线以上，C 线以左	B
	粉粘土	*CM*	塑性图 A 线以上，B、C 线之间	C
	粘土	*C*	塑性图 A 线以上，B 线之右	D
有机土		W_u	有机质含量大于 5%	E

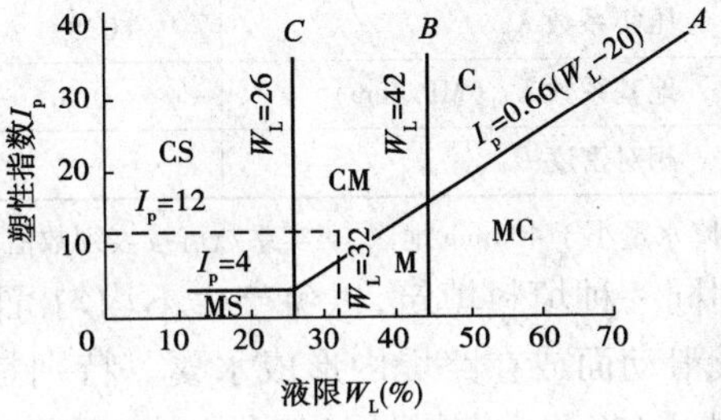

40
30
20
10
0
10
20
30
40
50
60
70
C
B
A
C
CS
CM
MC
M
MS
W_L=26
W_L=42
W_L=32
I_p=12
I_p=4
I_p=0.66(W_L−20)
塑性指数I_p
液限W_L(%)

注：①软块石填料组别：B 组指不易风化的，C 组指易风化的，D 组指强风化及全风化的；

②漂石土、卵石土、碎石土和圆砾土、角砾土的填料组别是根据细粒土含量确定的：含量小于 15% 者为 A 组，含量在 15% ~30% 者为 B 组，含量大于 30% 者为 C 组；

③表内填料组别为 A、B 者：A 组指级配良好的（$C_u \geq 5, C_c = 1 \sim 3$），B 组指级配不良的（$C_u < 5, C_c \neq 1 \sim 3$）。其中不均匀系数 $C_u = \frac{d_{60}}{d_{10}}$；曲率系数 $C_c = \frac{d_{30}^2}{d_{10} \times d_{60}}$；$d_{10}$、$d_{30}$、$d_{60}$ 分别为颗粒级配曲线上相应于 10%、30% 及 60% 含量的粒径；

④硬块石的单轴饱和抗压强度 $R_c > 30$MPa；软块石的单轴饱和抗压强度 $R_c \leq 30$MPa。

既有铁路调查资料表明，塑性指数不大于 12，液限不大于 32% 的细粒土易产生病害。所以在使用 B 组填料中砂粘土及 C 组填料中的粉土、粉粘土和卵石土、碎石土、圆砾土、角砾土中细粒土含量大于 30% 时，在年平均降水量大于 500mm 的地区，其塑性指数不得大于 12，液限不得大于 32%。

路基基床各层压实度按表 2-19 要求。基床底层厚度范围内天然地基为冲积细粒土时，其静力触探比贯入阻力 P_s 值不得小于 1MPa。路堑基床表层的压实度达不到表 2-20 规定值，则应采取压实措施。基床底层为软弱土层时，其静力能探比贯入阻力值不得小于 1MPa。

基床土的压实度

表 2-19

层位	压实指标 \ 填料类别	细粒土和粘砂、粉砂	细砂、中砂、粗砂、砾砂	砾石类	碎石类
表层	压实系数 K_h	0.91	—	—	—
	地基系数 K_{30}（MPa/cm）	0.9	1.0	1.2	1.2
	相对密度 D_r	—	0.75	0.75	—
底层	压实系数 K_h	0.89	—	—	—
	地基系数 K_{30}（MPa/cm）	0.8	0.8	1.0	1.0
	相对密度 D_r	—	0.7	0.7	—

注：①K_h 为重型击实试验的压实系数；

②K_{30} 为 30cm 直径荷载板试验得出的地基系数，一般取下沉量为 0.125cm 的荷载强度。

基床以下部分填料的压实度

表 2-20

填筑部位	压实指标 \ 填料类别	细粒土和粘砂、粉砂	细砂、中砂、粗砂、砾砂	砾石类	碎石类
不浸水部分	压实系数 K_h	0.86	—	—	—
	地基系数 K_{30}(MPa/cm)	0.7	0.7	0.8	0.8
	相对密度 D_r	—	0.65	0.65	—
浸水部分及路桥过渡段	压实系数 K_h	0.89	—	—	—
	地基系数 K_{30}(MPa/cm)	0.8	0.8	1.0	1.0
	相对密度 D_r	—	0.7	0.7	—

注:在年平均降水量小于400mm地区,压实系数可按表列数值减少0.05。

路堤宜用同一种填料填筑,以免产生不均匀沉降。当不得不采用不同的填料填筑时,应防止接触面形成滑动面或在路堤内形成水囊。特别是渗水土填筑在非渗水土上时,非渗水土层顶面应向两侧设4%的人字横坡,以利排水。基床以下部分填料压实度应符合表2-20的规定。

路堤基底处理对路基的稳定,减少路堤下沉具有十分重要的作用,必须予以足够的重视。为防止路堤沿基底面滑动,将原地面挖成宽度不小于1m的台阶即可。当路堤基底有地下水影响路堤稳定时,应将地下水拦截或引排至基底以外,并在路堤底部换填渗水土或不易风化的碎石,片石等。

2. 路基支挡结构物

(1)路基在下列情况下修筑支挡结构物

1)路基位于陡坡地段或风化的路堑边坡地段;2)为避免大量挖方及降低边坡高度的路堑地段;3)为了节约用地,少占农用和城市用地的地段;4)为了保护重要的既有建筑物及其他特殊条件和生态环境等重要的地段。

(2)支挡结构物设计

作用在挡土墙上荷载包括主力、附加力和特殊力。

主力包括:①墙背承受由垫料自重及轨道和列车荷载产生的侧压力;②墙身的自重;③墙顶部的有效荷载;④墙身与第二破裂面之间的有效荷载;⑤基底的法向反力及摩擦力;⑥常水位时的静水压力和浮力。

附加力包括:①设计水位的静水压力和浮力(浸水挡墙应从设计洪水位以下选择最不利水位作为计算水位;②水位胀落时的动水压力;③波浪压力;④冻胀压力和冰压力;⑤温度变化的影响。

特殊力包括:①地震力;②施工及临时荷载;③其他特殊力(如挡墙顶部设置声屏障等设施时,应考虑风力对挡土墙的作用。

在各种荷载作用下,支挡结构物应满足稳定性、坚固性和耐久性的要求。

(3)构造要求

支挡结构物与桥台、地下结构、既有支挡结构物连接时应平顺衔接。支挡结构物两端与路堤的连接要保证路堤边坡坡面平顺,采用锥体填土坡面。为了加强挡土墙与路基连接处坚固性,挡土墙端部深入路堤内应不小于0.75m。挡土墙锥体顺线路方向的边坡坡度,因不受列车荷载的影响,可比路堤边坡坡度变陡一级,当锥体护坡高度在8m以内时,顺线路方向锥体边坡的坡度为1:1.25,垂直线路方向的边坡坡度与路堤边坡相同。

列车荷载通过轨枕端部在道床内向下扩散至路基面。测试表明,当道床厚度为0.5m时,动荷载在路基面上的宽度约为3.5m，从而推算出列车荷载在道床内的扩散角约为45°。

六、轨距加宽、超高

1. 轨距加宽

有固定轴距的车辆，为了平顺圆滑通过曲线线路部分，轨距应有一定扩大，这种扩大称为轨距的加宽。一般轨距加宽是内侧轨向曲线里侧移动。地下铁道曲线上的轨距加宽是按车辆在静力自由内接条件下所需轨距来进行计算的，其值视车辆固定轴距、曲线半径、轨与轮缘的间隙、轮缘的高度、轮距而定，如图2-46所示。一般曲线半径小于等于200m时，才进行按标准轨距的加宽，其计算公式为：

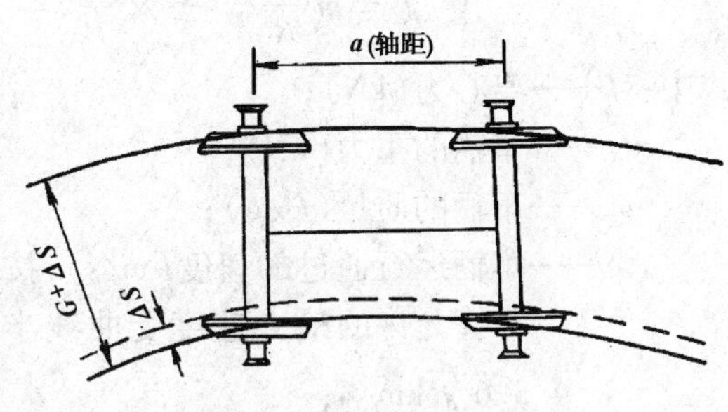

图2-46　地下铁道轨距加宽图

$$\left.\begin{aligned}\Delta S &= f_{o} - \delta_{\min} \\ f_{o} &= \frac{a^{2}}{2R} \times 1000\end{aligned}\right\} \qquad (2\text{-}24)$$

式中：ΔS——轨距加宽量（mm）；

f_o——外轨矢距（mm）；

R——曲线半径（m）；

a——固定轴距（m）；

$\delta_{\min}$——最小半径（mm）。

车辆在直线上行驶时，车辆纵轴线与线路中线吻合一致。进入曲线时，车辆转向架可以沿线移动，借助轨距加宽通过。车厢为一个刚体，不能随线路弯曲，车厢两端要突出曲线之外，中部伸入曲线以内。

由于目前地下铁道车辆固定的轴距尚未统一，因此上述公式计算的同一半径的加宽值就有出入。鉴于国内外对曲线轨距加宽有逐渐减小趋势，对上述计算的轨距加宽值还要做一些修正。辅助线和车场线曲线轨距加宽值，可依照规范，按表2-21选用。

曲线地段轨距加宽值　　表2-21

曲线半径（m）	加宽值（mm）		轨距（mm）	
	B型车	A型车	B型车	A型车
$200 \geqslant R > 150$	5	10	1 440	1 445
$150 \geqslant R > 100$	10	15	1 445	1 450

辅助线的曲线轨距加宽应在缓和曲线范围内或在直线段递减，车场线的轨距加宽应在直线段递减。

2. 曲线超高

车辆通过曲线部分时，由于离心力的作用，有向曲线外侧抛出的趋势。为防止车辆向外倾覆，需使曲线外侧钢轨提高，就是所谓超高。外轨超高值一般根据行车速度、车辆性能、乘客的舒适度和线路构造等特征来确定，并使曲线内外轨垂直压力和垂直磨耗相等。根据国外试验，当横向离心加速度 $a = 0.4\text{m/s}^2$ 时，乘客稍有感觉，不影响舒适度，因此外轨超高足以平衡横向加速度不超过 0.4m/s² 时的横向惯性离心力，如图 2-47 所示。

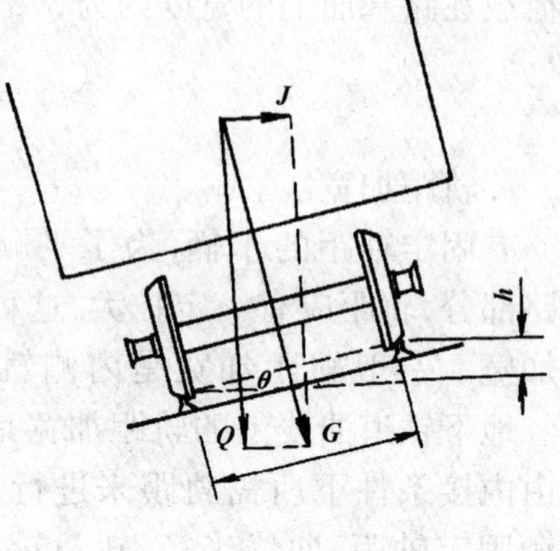

图 2-47　超高计算图

$$J = m\frac{v^2}{R} = \frac{Q}{g} \times \frac{v^2}{R} \tag{2-25}$$

式中：J——离心力(kN)；

Q——车辆的重力(kN)；

m——车辆的质量(Q/g)；

v——车辆运行通过的速度(m/s)，按牵引机车能力计算允许的最大速度受曲线半径限制，$v_{max}=3.6\sqrt{R}$ km/h；

R——线路的曲线半径(m)；

g——重力加速度(取 9.8m/s²)。

θ 为轨顶面与水平线的倾斜角(度)；h 为外轨超高(mm)；G 为标准轨距。根据静力平衡原理：

$$h = J \times \frac{G}{Q} = \frac{G}{Q} \times \frac{Qv^2}{gR} = \frac{Gv^2}{gR} \tag{2-26}$$

把速度量纲由 m/s 换算成 km/h，须乘以系数 1/3.6，上式为：

$$h = G \times \frac{1}{3.6} \times \frac{v^2}{9.8R} = \frac{Gv^2}{127R} \tag{2-27}$$

以 $G=1435$mm 代入上式得：

$$h = 11.8\frac{v^2}{R} \tag{2-28}$$

超高的计算数值以 5mm 取整数，圆曲线的最大超高值为 120mm。计算值小于 10mm 时可不设超高，为了减小隧道净空高度，防止车辆重心抬高，地下铁道整体混凝土道床曲线超高，采取外轨抬高超高值的一半和内轨降低超高值一半的办法设置，这种设置的方式一般称为半超高。地下铁道隧道外的线路一般采用碎石道床，如若超高采取抬、降各半的办法是很难实现的，故只能在曲线外侧道床采取全超高的办法实现。

曲线超高值应在缓和曲线内递减顺接，无缓和曲线时，应在直线段递减顺接。根据超高的时变率、缓和曲线长度、列车通过时的最大时速，可以计算超高的顺坡率不宜大于 2‰，困难地段不应大于 3‰。

七、线路标志

地下铁道的线路标志是用来表示状态和位置的一种标志。信号标志是对列车操作人员起指导作用的标志。

地下铁道线路上应设：百米标、坡度标、制动标、圆曲线和缓和曲线始点及终点标、曲线标、竖曲线起点和终点标、水准基点标、桥号标、涵洞标、水位标、限速标、警冲标、停车位置标等。百米标、限速标、停车位置标和警冲标等标志应采用反光材料制作。警冲标应设在行车方向右侧，警冲标应设在两会合线间，其位置应根据设备限界及安全量确定。地铁地面线、轻轨高架桥线的标志，按现行国家的有关规范设定。

第四节 限 界

一、限界确定的一般规定

1. 地铁列车沿着固定轨道高速运行,需要在特定的空间中运行。根据车辆轮廓尺寸和性能、线路特性、设备安装及施工方法等因素经技术经济综合比较确定的空间尺寸称为限界。为了确保运营的安全,各种建(构)筑物和设备均不能侵入限界。

2. 限界是确定地下铁道与行车有关的构筑物净空大小和各种设备相互位置的依据,例如隧道的断面尺寸、桥梁的宽窄,都是依据限界确定的。限界越大,安全度越高,但工程量和工程投资也随着增加。地下铁道限界应根据车辆轮廓尺寸、线路特性、安装施工精度等因素进行综合比较,确定一个既能保证列车运行安全,又不增加桥梁、隧道空间的经济合理的断面,是制定地铁工程限界的任务和目的。

3. 地铁和轻轨限界应包括车辆限界、设备限界、建筑限界。受电弓限界或受流器限界是车辆限界的组成部分,接触轨限界是属设备限界的辅助限界。

4. 地铁设备限界是用以限制设备安装的控制线。地铁和轻轨的限界是按车辆在平直轨道上运行时制定的,而车辆在曲线上运行时,由于车辆纵向中心线是直线,轨道中心线为曲线,因此两者不能吻合。同时在曲线段外轨 还要设超高以平衡车辆驶经曲线段时的离心力。所以车辆相对轨道中心线而言就产生平面漂移和竖向加高,其漂移量和加高量应根据不同曲线半径、车辆性能进行计算。

5. 车辆限界是车辆在正在运行状态下形成的最大动态包络线。直线段车辆限界分为隧道内车辆限界和高架或地面线车辆限界,高架或地面线车辆限界应在隧道车辆限界的基础上,另加当地最大风荷载引起的横向及竖向偏移量。

6. 建筑限界是在设备限界基础上,考虑了设备和管线安装尺寸后的最小有效断面。在宽度方向上设备和设备限界之间应留出 20~50mm 的安全间隙。当建筑限界侧面和顶面没有设备或管线时,建筑限界和设备限界之间的间隙不宜小于 200mm;困难条件下不得小于 100mm。建筑限界中不包括:测量误差、施工误差、结构沉降、位移变形等因素。

7. 地铁限界应根据车辆轮廓线和车辆有关技术参数,结合轨道和接触网或接触轨的相关条件,并计及设备和安装误差,按规定的计算方法进行设计。

8. 相邻的双线,当两线间无墙、柱及其他设备时,两设备限界之间的安全间隙不得小于 100mm。

9. 本节规定只适用于 A 型和 B_2 型受电弓车辆及 B_1 型受流器车辆。当选用其他类型车辆时,应重新核算车辆的限界、设备限界及建筑限界。

二、制定限界的基本参数

1. 车辆的基本参数

A 型车参数取自广州地铁 1 号线、上海地铁一、二号线;B_1 型车参数取自长春客车厂提供的资料;B_2 型车的参数参照 B_1 型车得到。各型车辆基本参数参照表 2-22。

线路、轨道参数采用行车速度小于或等于 80km/h 时数据。当行车速度大于 80km/h 且小于或等于 100km/h 时,直线地段车辆限界和设备限界会有小的变化,但不影响建筑限界。

各型车辆基本参数表(mm) 表 2-22

参数 \ 车型	A 型	B 型		
		B_1 型		B_2 型
		上部受流	下部受流	
计算车辆长度	22 100	19 000		
车辆最大宽度	3 000	2 800		
车辆高度	3 800	3 800		
车辆定距	15 700	12 600		
转向架固定轴距	2 500	2 300(2 200)		
地板面距走行轨面高度	1 130	1 100		
受电弓落弓高度	3 810	—		3 810
受电弓最大工作高度	5 410	—		5 410
受流器端部距车体横向中心距离	—	1 473	1 440	—
受流器中心距走行轨顶面工作高度	—	140	256	—

2. 建筑限界的基本参数

(1)接触导线距轨顶面安装高度

1)隧道内 4 040mm;

2)高架和地面线地段,最小为 4 400mm;

3)车辆段车场线 5 000mm。

(2)正线平面曲线最小半径

1)A 型车 300m;

2)B 型车 250m。

(3)轨道超高

1)最大超高 120mm;

2)超高设置方法:第一种内轨降低半超高,外轨抬高半超高;第二种外轨抬高一个超高。

(4)高架线或地面线风荷载为 600N/m^2。

三、制定建筑限界的原则

1. 建筑限界分为矩形隧道建筑限界、马蹄形隧道建筑限界,圆形隧道建筑限界、高架线及地面线建筑限界,车辆段车场线建筑限界。矩形隧道直线段建筑限界以直线段设备限界为计算依据,曲线地段建筑限界是在曲线设备限界基础上再考虑超高进行计算。正线段马蹄形隧道,由于直线地段建筑限界和曲线地段建筑限界的断面尺寸差别不大,为了简化计算,采用一种模板台车进行施工,全线宜按规定运行速度用最小曲线半径和最大超高值计算的曲线设备限界以及设备安装尺寸,误差等因素来设计隧道建筑限界。用盾构机进行机械化施工的圆形隧道,全线是统一孔径的,所以必须按规定运行速度用最小曲线半径和最大超高计算的车辆设备限界设计隧道的建筑限界。

2. 建筑限界坐标系与限界标准中的基准坐标系是两种不同的坐标系。建筑限界的坐标系规定正交于轨道中心线的平面内的直角坐标,通过两钢轨轨顶中心连线的中点引出的水平坐标轴称水平轴,以 X 表示;通过该中心的垂直于水平轴称垂直轴,以 Y 表示。

3. 矩形隧道建筑限界的计算

(1)直线地段矩形隧道建筑限界,应在直线设备限界基础上,按下列公式计算确定:

1)建筑限界宽度:

$$B_S = B_R + B_L \tag{2-29}$$

线路中心线至隧道右侧墙净空距离:

$$B_R = X_{S(max)} + b_1 + c \tag{2-30}$$

线路中心线至隧道左侧墙净空距离:

$$B_L = X_{S(max)} + b_2 + c \tag{2-31}$$

2)自结构底板至隧道顶板建筑限界高度 H:

A 型车和 B_2 型车:

$$H = h_1 + h_2 + h_3 \tag{2-32}$$

B_1 型车:

$$H = h'_1 + h'_2 + h_3 \tag{2-33}$$

式中:$X_{S(max)}$——直线地段设备限界最大宽度值(mm);

b_1、b_2——右侧、左侧设备或支架最大安装宽度值(mm);

c——设备安装误差和安全间隙(mm);

h_1——接触导线安装高度(mm);

h_2——接触网系统高度(mm);

h_3——轨道结构高度(mm);

h'_1——设备限界高度(mm);

h'_2——设备限界至建筑限界安全间隙(mm)。

(2)曲线地段矩形隧道建筑限界,应在曲线地段设备限界基础上按下列公式计算确定:

1)曲线建筑限界外侧宽度:

$$B_a = X_{ka}\cos\alpha - Y_{ka}\sin\alpha + b_2(\text{或 } b_1) + c \tag{2-34}$$

2)曲线建筑限界内侧宽度:

$$B_i = X_{ki}\cos\alpha + Y_{ki}\sin\alpha + b_1(\text{或 } b_2) + c \tag{2-35}$$

3)曲线建筑限界高度应按下式计算确定:

A 型车和 B_2 型车:采用式(2-32)。

B_1 型车:

$$B_u = X_{kh}\sin\alpha + Y_{kh}\cos\alpha + h_3 + 200 \tag{2-36}$$

$$\alpha = \sin^{-1}(h/s) \tag{2-37}$$

式中:h——轨道超高值(mm);

s——滚动圆间距(mm);

(X_{kh}, Y_{kh})、(X_{ki}, Y_{ki})、(X_{ka}, Y_{ka})——曲线地段设备限界控制点坐标值(mm)。

曲线地段设备限界应按平面曲线几何偏移量,过超高和欠超高引起的设备限界加宽和加高量,曲线轨道参数及车辆参数变化引起的设备限界加宽量计算确定。详细参阅《地下铁道设计规范》(GB 50157—2003)附录 A 曲线地段设备限界计算方法。

4. 轨道超高造成设备限界和建筑限界之间的空间不均匀,为此,隧道中心线应作横向和竖向位移。圆形和马蹄形隧道在曲线超高地段，应采用隧道中心线向线路基准线内偏移的方法解决轨道超高造成的内外侧不均匀位移。

按第一种超高设置时：

$$x' = h_0 \times h/s \tag{2-38}$$

$$y' = -h_0(1 - \cos\alpha) \tag{2-39}$$

按第二种超高设置时：

$$x' = h_0 \times h/s$$

$$y' = h/2 - h_0(1 - \cos\alpha) \tag{2-40}$$

式中：x'——隧道中心线对线路基线内侧的水平位移量(mm)；

y'——隧道中心线竖向位移量(mm)；

h_0——隧道中心至轨顶面的垂向距离(mm)。

由于竖向位移量只在毫米级变化，为了简化施工，竖向位移可忽略不计。

5. 高架线建筑限界按高架线设备限界及设备安装尺寸计算确定；当线路一侧设人行通道时，通道宽度大于或等于600mm，人行通道与电缆槽结合设计。

(1)线路一侧无人行通道时，建筑限界宽度的计算方法按照矩形隧道办理。

线路一侧有人行通道时，人行通道和设备限界之间的安全间隙应不小于50mm。

(2)线路一侧设置接触网支柱时，接触网系统最大突出点与设备限界之间的安全间隙应不小于100mm。

(3)线路一侧设置声屏障时，声屏障与设备限界之间的安全间隙应不小于100mm。

(4)建筑限界高度：

1)A型车和B_2型车按接触导线安装高度和接触网系统高度加轨道结构高度确定；

2)B_1型车按设备限界顶部高度和轨道结构高度另加不小于200mm的安全间隙。

6. 道岔区的建筑限界，应在直线地段建筑限界的基础上，根据不同类型的道岔和车辆技术参数，分别按几何偏移量和相关公式计算合成后进行加宽。采用接触轨授电的道岔区，当电缆从隧道顶部过轨时，应检查顶部高度，必要时采取局部加高措施。隧道内安装风机、接触网隔离开关、道岔转辙机等设备时，应符合限界要求，必要时建筑限界应采取局部加宽、加高措施。

7. 车站地段建筑限界

(1)直线地段

站台的高度应根据空车状态下的车厢地板面高度计算确定，车厢地板面在任何情况下(轮轨磨耗、车体下垂、弹簧变形等)均不得低于站台高度。站台至轨顶高度应满足：

A型车：$(1\,030 \sim 1\,080)^{\ 0}_{-10}$mm

B_1、B_2型车：$(1\,000 \sim 1\,050)^{\ 0}_{-10}$mm

当采用外挂门或塞拉门时，应检查车门与站台边缘的安全间隙，必要时修改车体轮廓尺寸或站台高度以满足限界要求。

计算长度内站台边缘距线路中心线距离，我国过去由于没有一套科学的车辆限界计算理论，都采用经验数据：按车辆限界加10mm安全间隙确定，但站台边缘与车辆轮廓线之间的间隙，当采用整体道床时不应大于100mm；当采用碎石道床时不应大于120mm。站台计算长度外的站台边缘距线路中心距离，宜按设备限界另加50mm的安全间隙确定。屏蔽门设于站台长度之内，屏蔽门安装尺寸应考虑在弹性变形状态下，屏蔽门最外突出点至车辆限界之间应有不小于25mm的安装间隙。

(2)曲线地段

曲线站台边缘与车辆地板面处车体的间隙规定为180mm,用以限制站台计算长度内的线路平面曲线半径不得小于800m,轨道超高不大于15mm。

8. 防淹门和人防隔断门建筑限界内除接触导线外的一切管线都不准在门框内通过。防淹门门框的高度应与区间矩形隧道的高度相同;人防隔断门框的高度,当采用接触网授电时,应按接触网导线和汇流排距门框下沿保持150mm净距设计。

9. 车辆段和辅助线

车辆段库外连续建筑物至设备限界净距,当有人行便道时取100mm;车辆段库外非连续建筑物(其长度不大于2m)至设备限界净距,当有人行便道时取600mm。

辅助线的平面曲线半径小于正线平面曲线半径,运行速度低,应另行计算制定专用限界。

四、A型、B_1型及B_2型车限界图

1. 经过计算可得隧道内直线地段接触网授电车辆轮廓线、车辆限界、设备限界坐标值。如图2-48、表2-23~表2-25。

2. 对A型车高架或地面直线地段接触网授电车辆轮廓线、车辆限界、设备限界与坐标值计算得到,如图2-49、表2-26~表2-28。

3. 同样的计算方法也可以得到B_1型车、B_2型车隧道内(或高架和地面)直线段接触网授电车辆轮廓线、车辆限界、设备限界的坐标值。鉴于篇幅所限,不一一列举。

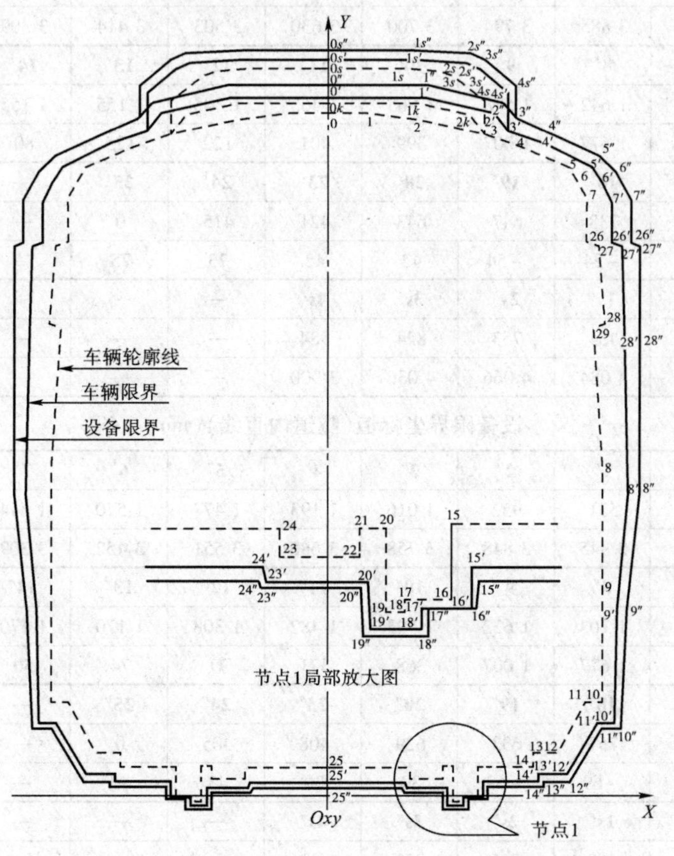

图2-48　隧道内直线地段车辆轮廓线、车辆限界、设备限界图

车辆轮廓线坐标值(mm)　　表 2-23

点号	**0**	**1**	**2**	**3**	**4**	**5**	**6**	**7**	**26**	**27**
X	0	250	500	850	1 031	1 300	1 365	1 412	1 425	1 481
Y	3 800	3 790	3 759	3 677	3 623	3 504	3 416	3 313	3 078	3 064
点号	**28**	**29**	**8**	**9**	**10**	**11**	**12**	**13**	**14**	**15**
X	1 507	1 452	1 500	1 500	1 500	1 400	1 250	1 120	1 120	811.5
Y	2 621	2 605	1 800	1 130	520	520	234	234	170	170
点号	**16**	**17**	**18**	**19**	**20**	**21**	**22**	**23**	**24**	**25**
X	811.5	708.5	708.5	676.5	676.5	626	626	450	450	0
Y	0	0	-28	-28	160	160	95	95	160	160
点号	**0*s***	**1*s***	**2*s***	**3*s***	**4*s***	—	**0*k***	**1*k***	**2*k***	—
X	0	325	615	687	850	—	0	466	772	—
Y	4 040	4 040	4 022	3 992	3 856	—	3 842	3 842	3 780	—

注:表中第 0~13 点是车体上的控制点;第 13~15 点是转向架上的控制点;第 16、17 点为车轮踏面上的控制点;第 18、19 点为轮缘上的控制点;第 22、23 点为连结在车轴上的齿轮箱点;第 20、21、24、25 点为连结在转向架构架上的车载信号设备的最低点;第 26~29 点为信号灯预留位置;第 0*s*、1*s*、2*s*、3*s*、4*s* 点为隧道内受电弓控制点;第 0*k*、1*k*、2*k* 点是车顶空调器点。

车辆限界坐标值(隧道内直线)(mm)　　表 2-24

点号	**0′**	**1′**	**2′**	**3′**	**4′**	**5′**	**6′**	**7′**	**26′**	**27′**
X	0	525	916	984	1 171	1 437	1 499	1 544	1 550	1 606
Y	3 878	3 885	3 794	3 700	3 630	3 503	3 414	3 309	3 074	3 058
点号	**28′**	**8′**	**9′**	**10′**	**11′**	**12′**	**13′**	**14′**	**15′**	**16′**
X	1 620	1 642	1 578	1 565	1 465	1 303	1 155	1 155	846	841
Y	2 498	1 677	1 007	399	401	122	125	80	82	-18
点号	**17′**	**18′**	**19′**	**20′**	**23′**	**24′**	**25′**	—	—	—
X	738	738	647	643	421	415	0	—	—	—
Y	-18	-54	-54	42	42	73	75	—	—	—
点号	**0*s*′**	**1*s*′**	**2*s*′**	**3*s*′**	**4*s*′**	—	—	—	—	—
X	0	464	753	824	984	—	—	—	—	—
Y	4 084	4 084	4 066	4 036	3 900	—	—	—	—	—

设备限界坐标值(隧道内直线)(mm)　　表 2-25

点号	**0″**	**1″**	**2″**	**3″**	**4″**	**5″**	**6″**	**7″**	**26″**	**27″**
X	0	531	952	1 016	1 193	1 477	1 570	1 644	1 645	1 700
Y	3 938	3 945	3 848	3 758	3 686	3 551	3 452	3 309	3 074	3 058
点号	**28″**	**8″**	**9″**	**10″**	**11″**	**12″**	**13″**	**14″**	**15″**	**16″**
X	1 700	1 703	1 622	1 593	1 482	1 308	1 170	1 170	859	856
Y	2 498	1 677	1 007	368	371	71	74	50	52	-18
点号	**17″**	**18″**	**19″**	**20″**	**23″**	**24″**	**25″**	—	—	—
X	753	753	633	629	408	405	0	—	—	—
Y	-18	-69	-69	30	30	43	45	—	—	—
点号	**0*s*″**	**1*s*″**	**2*s*″**	**3*s*″**	**4*s*″**	—	—	—	—	—
X	0	465	765	851	1 016	—	—	—	—	—
Y	4 134	4 134	4 115	4 079	3 938	—	—	—	—	—

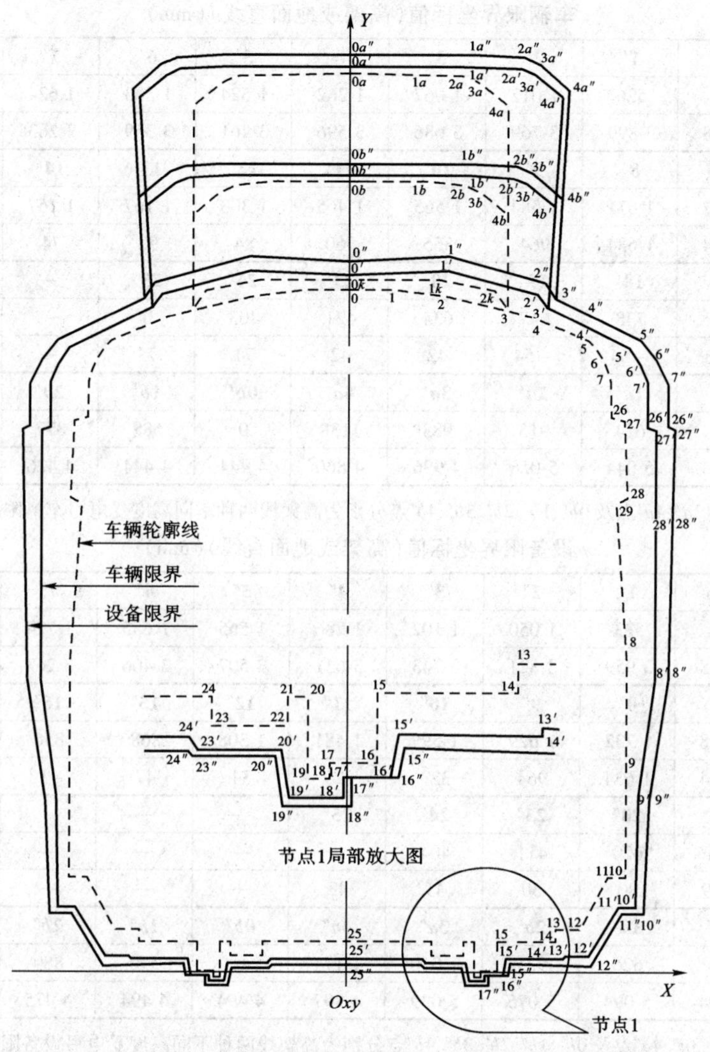

图 2-49 高架或地面直线地段车辆轮廓线、车辆限界、设备限界图

车辆轮廓线坐标值(mm) 表 2-26

点号	**0**	**1**	**2**	**3**	**4**	**5**	**6**	**7**	**26**	**27**
X	0	250	500	850	1 031	1 300	1 365	1 412	1 425	1 481
Y	3 800	3 790	3 759	3 677	3 623	3 504	3 416	3 313	3 078	3 064
点号	**28**	**29**	**8**	**9**	**10**	**11**	**12**	**13**	**14**	**15**
X	1 507	1 452	1 500	1 500	1 500	1 400	1 250	1 120	1 120	811.5
Y	2 621	2 605	1 800	1 130	520	520	234	234	170	170
点号	**16**	**17**	**18**	**19**	**20**	**21**	**22**	**23**	**24**	**25**
X	811.5	708.5	708.5	676.5	676.5	626	626	450	450	0
Y	0	0	−28	−28	160	160	95	95	160	160
点号	**0*a***	**1*a***	**2*a***	**3*a***	**4*a***	**0*b***	**1*b***	**2*b***	**3*b***	**4*b***
X	0	325	615	687	850	0	325	615	687	850
Y	5 000	5 000	4 982	4 952	4 816	4 400	4 400	4 382	4 352	4 216
点号	**0*k***	**1*k***	**2*k***	—	—	—	—	—	—	—
X	0	466	772	—	—	—	—	—	—	—
Y	3 842	3 842	3 780	—	—	—	—	—	—	—

注:表中第 0 ~ 13 点是车体上的控制点;第 13 ~ 15 点是转向架上的控制点;第 16、17 点为车轮踏面上的控制点;第 18、19 点为轮缘上的控制点;第 22、23 点为连结在车轴上的齿轮箱点;第 20、21、24、25 点为连结在转向架构架上的车载信号设备的最低点;第 26 ~ 29 点为信号灯预留位置;第 0*a*、1*a*、2*a*、3*a*、4*a* 点为高架线受电弓(高度 5 000m)控制点;第 0*b*、1*b*、2*b*、3*b*、4*b* 点为高架线受电弓(高度 4 400m)控制点;第 0*k*、1*k*、2*k* 点是车顶空调器点。

车辆限界坐标值(高架或地面直线)(mm)　　表 2-27

点号	0′	1′	2′	3′	4′	5′	6′	7′	26′	27′
X	0	526	1 012	1 067	1 262	1 524	1 583	1 624	1 623	1 678
Y	3 878	3 899	3 769	3 686	3 596	3 461	3 369	3 263	3 027	3 010
点号	28′	8′	9′	10′	11′	12′	13′	14′	15′	16′
X	1 677	1 671	1 584	1 565	1 465	1 303	1 167	1 167	858	841
Y	2 454	1 634	964	355	360	84	92	74	77	-18
点号	17′	18′	19′	20′	23′	24′	25′	—	—	—
X	738	738	647	634	421	403	0	—	—	—
Y	-18	-54	-54	42	42	71	73	—	—	—
点号	0a′	1a′	2a′	3a′	4a′	0b′	1b′	2b′	3b′	4b′
X	0	624	913	983	1138	0	588	877	947	1 102
Y	5 044	5 044	5 026	4 996	4 860	4 444	4 444	4 426	4 396	4 260

注:第 0a′、1a′、2a′、3a′、4a′点及 0b′、1b′、2b′、3b′、4b′点分别为高架线两种不同高度受电弓车辆限界坐标。

设备限界坐标值(高架或地面直线)(mm)　　表 2-28

点号	0″	1″	2″	3″	4″	5″	6″	7″	26″	27″
X	0	533	1 050	1 102	1 286	1 565	1 655	1 724	1 717	1 772
Y	3 938	3 959	3 821	3 743	3 651	3 507	3 406	3 263	3 027	3 010
点号	28″	8″	9″	10″	11″	12″	15″	16″	17″	18″
X	1 758	1 732	1 629	1 593	1 481	1 308	868	856	753	753
Y	2 454	1 634	964	323	329	34	47	-18	-18	-69
点号	19″	20″	23″	24″	25″	—	—	—	—	—
X	634	620	411	404	0	—	—	—	—	—
Y	-69	30	30	41	43	—	—	—	—	—
点号	0a″	1a″	2a″	3a″	4a″	0b″	1b″	2b″	3b″	4b″
X	0	626	925	1 010	1 171	0	590	889	974	1 135
Y	5 094	5 094	5 075	5 039	4 897	4 494	4 494	4 475	4 439	4 297

注:第 0a″、1a″、2a″、3a″、4a″点及 0b″、1b″、2b″、3b″、4b″点分别为高架线两种不同高度受电弓设备限界坐标。

思考题

1. 怎样进行客流的预测?

2. 路网的形式对城市发展产生何种影响?怎样进行路网优化?

3. 已知地铁通过曲线段最高运营速度为 80km/h,外轨最大超高 120mm,内轨最大欠高 61.2mm,求理论计算平面曲线最小曲线半径 R_{min}?取列车通过变坡点的附加加速度 $a_v = 0.1$ m/s²,正线运行速度仍为 80km/h,试计算适合运行的竖曲线最小半径?

4. 地铁正线最大、最小纵坡怎样确定?

5. 选定轨道结构的基本要求是什么?

6. 适合于地铁的道床形式有哪几种?各有哪些优缺点?

7. 为什么要进行建筑限界的设计?

第三章　地铁与轻轨车站的建筑设计

第一节　概　　述

地铁与轻轨同属于城市轨道交通,它是现代化城市所应有的高效的公共交通工具,地铁是指在城市地下穿行的轨道交通,而轻轨实指在城市地面和上空行驶的轨道交通,并且地铁与轻轨可以相互转换,在城市地面建筑较稀疏的地段,轨道交通还可以直接在地面铺设。

城市轨道交通建筑包括车站建筑及车站与车站之间为铺设轨道线路所需的地下隧道或高架桥。作为区间隧道或高架桥,其结构形式及功能比较单一,而车站建筑的结构与功能就比较复杂,它要解决客流的集散、换乘,同时也要解决整条线路行驶中的技术设备、信息控制、运行管理,以保证交通的通畅、便捷、准时、安全。

1. 地铁车站与轻轨车站的特征

地铁车站顾名思义就是建在城市地下的车站,因此它具有地下建筑的特征:其一,为了有利于结构、施工及节约投资,它的形体必须简单、完整;其二,没有自然光线,必须全部靠人工采光;其三,设有庞大的空调设施,以保证地下空间的舒适环境;其四,有众多鲜明的指示标牌和消防设施,以保证客流安全、顺畅、快捷地进出;其五,有一定长度的地下通道与地面出入口连接,在地面有较大体量的风亭建筑。

轻轨车站的特征是车站架于地面之上,人们必须上行才能到达车站的站台,因此车站具有一般地面建筑的特征及强烈的交通建筑的形体。另外,为了节约用地及减少对城市建设的影响,轻轨线路往往结合城市交通干道,与城市地面交通叠合建造,因此,在车站两侧建有过街的人行天桥。

地铁车站与轻轨车站除了它们各自的特征外,还具有轨道交通所共有的特征,即车站沿着轨道,按车辆编组长度作线形的布置;车站有候车的站台及客流集散、售检票等功能的站厅;还有必要的设备用房及管理用房等。

2. 地铁车站与轻轨车站建筑的设计原则

车站建筑设计必须满足客流的需要,保证乘降安全,疏导迅速、布局紧凑、便于管理,并具有良好的通风、照明、卫生、防灾等设施,为乘客提供舒适的乘车环境。

(1)适用性

地铁车站与轻轨车站是人流相对集中的交通建筑,在设计中必须有序地组织人流进站和出站,或方便地换乘,满足客流高峰时所需的各种面积规定及楼梯、通道等的宽度要求,上下楼梯位置的设置能均匀地接纳客流,另外要有足够的设备用房和管理用房,以满足技术设备的布置及运行管理的要求,使车站具有管理和完善的使用功能。

(2)安全性

地铁车站和轻轨车站的建造,人们比作上天入地的工程,因此对工程结构的安全、可靠提出更高的要求,一旦出问题将危及千百人的生命。在建筑设计上,特别是地铁车站建筑设计要给人们带来安全、可靠的保证,如有足够明亮的照明设施以减弱人们身处地下的不安心理;有足够宽的楼梯及疏散通道,在突发事件时能在安全时间内快速疏散;有明确的指示标牌及防灾设施等。

(3)识别性

城市轨道交通是一种定时快速的公共交通,站间运行速度很快,而到站至发车的间歇时间也极短,因此车辆线路及车站都必须有明显的特征和标志,以免旅客的误乘和错站。如车辆按运行不同的线路标示不同的色带,车站有特殊的造型和不同的色调,使乘客快速产生信息,作出正确的行为判断,在关键部位设有详尽清晰的指示标牌,引导人们的走向。

(4)舒适性

以人为本的设计原则已成为世人的共识,无论是车辆内部环境还是车站的内部环境都必须体现这一设计原则,目前我国城市轨道交通引进了部分国外的车辆,具有内部舒适的环境和现代的视觉观感,有利于提高我国车辆设计生产的观念。作为大量客流集散的车站,在经济条件许可下,也应尽量从以人为本的出发点来考虑设计标准。如自动扶梯数量的配置、环控的设置、车站内各种服务设施如公用电话、自动售票、残疾人通道、公厕、坐椅、垃圾筒等,尽管人们在车站内逗留的时间是短暂的,但还是要创造一个满足人的行为所需的场所,使人们在生理和心理上得到舒适感。

(5)经济性

城市轨道交通建设的投资是相当大的,根据我国已建的轨道交通设计,城市高架轻轨交通平均每公里造价约为4亿人民币,城市地铁的造价平均每公里约为6亿~7亿人民币,其中车站土建工程的造价约占总投资的13%,因此在车站建筑设计时,在满足功能的前提下,应尽量压缩车站的长度及控制车站的埋深或车站架空高度,以降低造价、节约投资。

第二节 地铁车站建筑设计

1. 地铁车站的选型与车站组成

地铁车站的选型可从线路走向分为侧式站台候车与岛式站台候车,从结构的类型可分为矩形箱式地下建筑和圆形或椭圆形的隧道式建筑,从建筑布局的形式可分为浅埋式和深埋式。

从线路走向区分的侧式站台候车和岛式站台候车具有不同的优缺点,从功能上比较岛式站台候车便于客流在站台上互换不同方向的车次,而侧式站台候车客流换乘不同方向的车次必须通过天桥才能完成,一旦乘客走错方向,会给换乘带来很多不便,但侧式站台候车方式带来的轨道布置集中,有利于区间采用大的隧道或双圆隧道双线穿行,具有一定的经济性,但在城市地下工况复杂的情况下,大隧道双线穿行反而又缺乏灵活性,而岛式站台候车方式的两根单线单隧道布线方式在城市地下工况复杂情况下穿行则具有较大的灵活性,如图3-1。

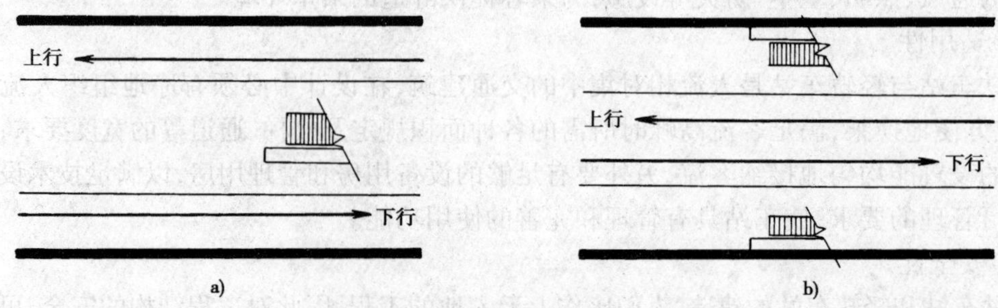

图3-1 岛式和侧式站台

a)岛式站台;b)侧式站台

结构类型不同的矩形箱式车站，基本上都是采用地下连续墙后大开挖的现浇钢筋混凝土结构，施工时对周边的环境影响较大，土方量也大，对地面交通也有影响；而圆形或椭圆形的隧道或暗挖车站建筑，基本可采用盾构掘进的方式，土方量减少，同时对周边环境的影响也大大减少，但带来的技术要求则较高且需更大的盾构掘进机械，如图 3-2。

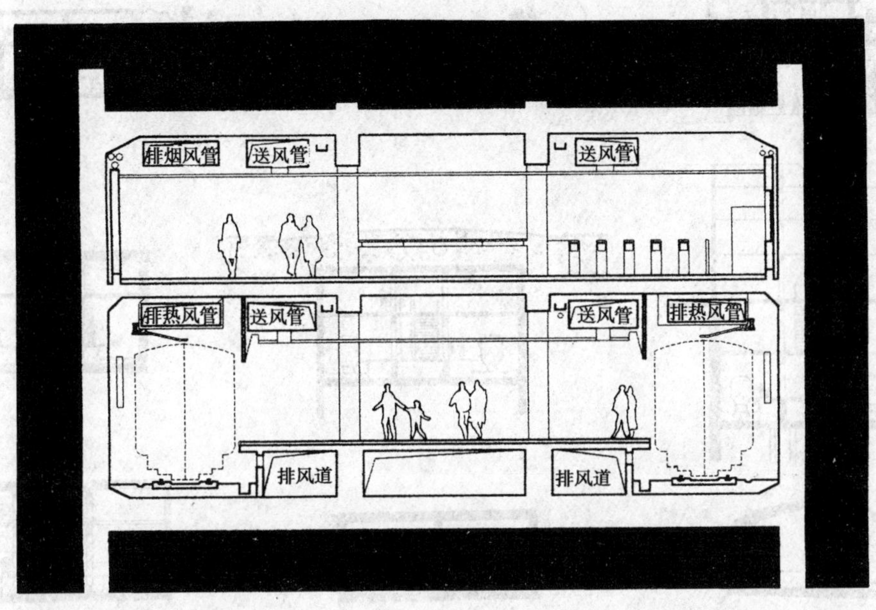

a)

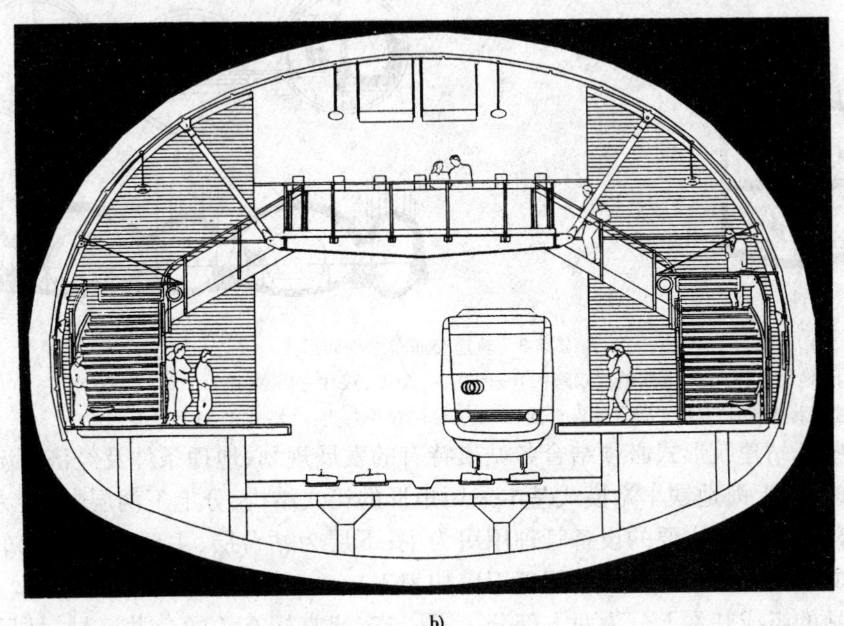

b)

图 3-2 矩形箱式和椭圆形隧道式结构车站

建筑布局形式不同的浅埋式车站，由于车站的埋置深度浅，带来一系列的经济效益，如土方减少、技术难度减小、出入口通道客流上下高度减小等等，甚至它的售检票大厅也可直接建于地面，大大节约车站在地下的建设投资。这种车站的前提是，地面下没有各种城市管线通过，也不在城市主要道路下，并得到地下铁道线路走向的允许。

深埋式车站因受周边环境的影响和线路走向的制约，必须较深地建于地下，带来深基坑的技术难度增加、土方量增加、投资的加大和客流上下高度的增加，如图3-3所示。

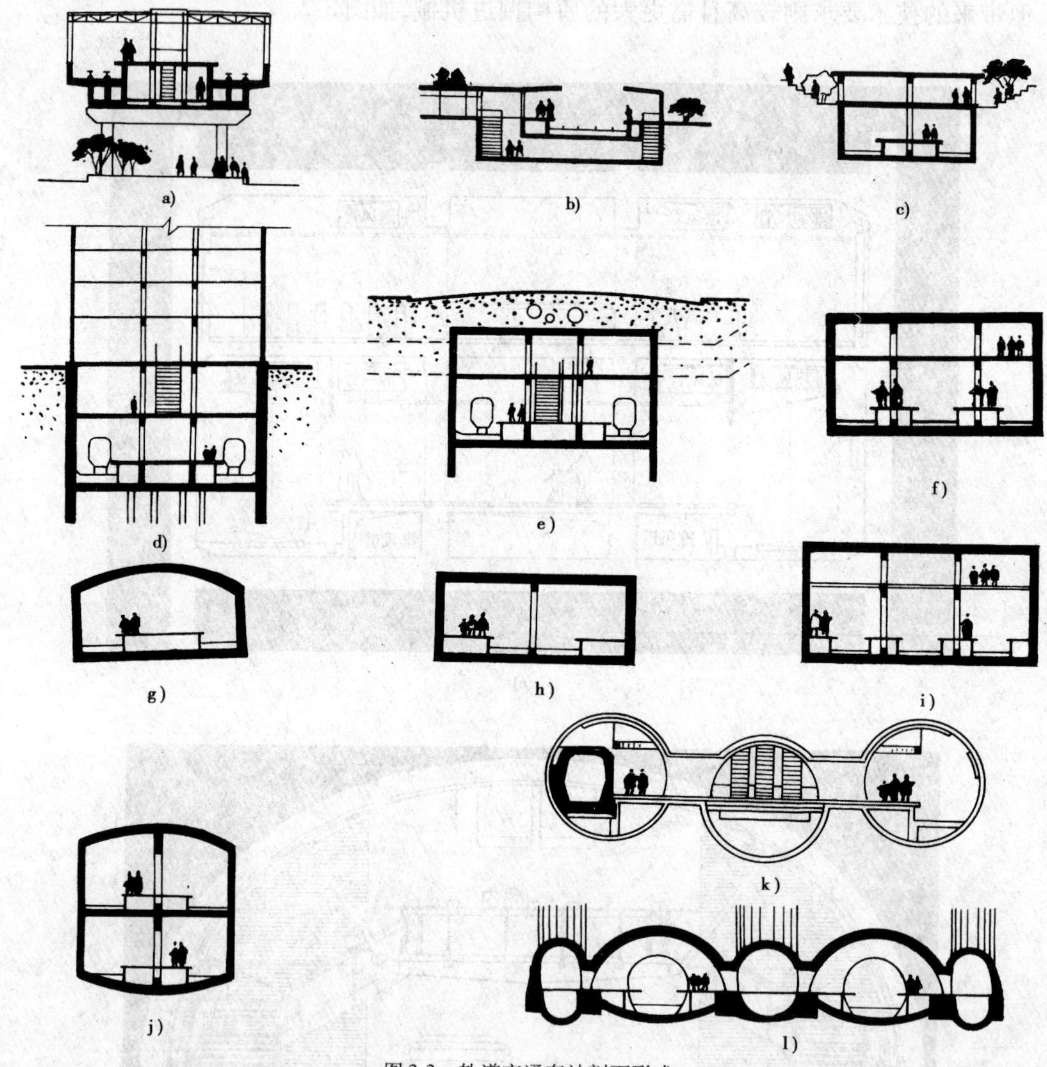

图3-3 轨道交通车站剖面形式

a）高架式；b）地面式；c）半地下式单柱双跨；d）浅埋式；e）深埋，双柱三跨岛式；f）双柱三跨双岛式；g）单拱岛式；h）单层单柱双跨侧式；i）双柱三跨岛侧混合式；j）双层单柱双跨岛式；k）塔柱式；l）多拱混合式

上述这些车站建筑形式必须结合各城市特有的发展规划、地理条件及经济状况，因地制宜地考虑选型，目前上海地铁车站模式基本采用矩形的箱式结构，分上下两层，上层为站厅层，以集散客流、售检票，设置主要的设备管理用房为主；下层为站台层，主要功能为列车停靠、客流候车及少量的设备管理用房。设备管理用房如表3-1。

地铁车站的组成基本上分为两大部分，一是与客流直接有关的公共区域，站厅层、站台层及出入口通道，站厅层要有足够的公共区域面积，满足高峰时段客流的集散，要有足够数量售检票设备和其他为公共服务的设施，还要有足够宽度的联系地面的地下通道、出入口及通向站台的楼梯和自动扶梯；站台层要有足够的站台宽度，要有分布均匀的楼梯、自动扶梯和满足列车编组停靠的有效站台长度。二是涉及车站运行的技术设备用房及管理用房，一般分设于站厅和站台的两端部。

车站设备管理用房面积参考表 表 3-1

层	部位	房间名称	面积（m^2）	备注
站台层	大端	整流变压器室		设牵引变电站的车站才有
		牵引变电所开关柜室		
		降压变电所开关柜室		
		控制室		
		供电值班室（每座降压变电所配一间）	10	加 SCADA 同步可不设
		蓄电池室		
		配电室		
		烟络尽室		
		静压室		
		屏蔽门管理室		
		污水泵房		
		电梯、电梯机房		
		辅助楼梯间		
		列检室	10	交路折返站
		司机休息室	6~8	交路折返站
		维修巡检室	8~12	宜每站一间至少 3~5 站一间
	中部	清扫室（站厅、站台各设一间）	(6~8)	附：洗涤池、两个站厅、侧式站台另增
		值班室		
	小端	配电室		
		静压室		
		蓄电池室		
		废水泵房		位于坡度最低处

层	部位	房间名称	面积（m^2）	备注
站厅层	大端	通风机房		
		冷冻机房		
		环控机房		
		环控电控室		
		交接班室（兼会议、餐厅）	1.2~1.5m^2/人	按一班定员计
		女更衣室	0.6~0.7m^2/人	
		男更衣室	0.6~0.7m^2/人	
		收款室	16~20	
		车票分类编码室		
		警务室	(12~15)×2	1 条线上另加 1~2 间警署室 12m^2
		配电室		
		男厕	1 个坑位 2 个小便斗	管理人员用（也可与设于车站的公厕合用）
		女厕	2~3 个坑位	
		茶水室	8~10	
		库房	16~20	
		通信设备		
		信号设备（含防灾控制）		
		站控室	35~50	两个站厅时另加设一间 12m^2 副值班室，地面、高架站适当减小
		站长室	15~18	中心站另加 1 间 12m^2
		站务员室	12~15	侧式站设两间
		通信仪表		
		辅助楼梯		
		直升电梯		
	小端	通风机房		
		环控机房		
		环控电控室		
		消防泵房		
		配电		

2. 地铁车站的平面布局

以上海地铁标准车站的组合形式为例，如图 3-4。

站厅层和站台层在进行建筑平面布局时必须时时紧密地同时考虑，如它们的宽度和长度，所需楼梯的数量、位置、设备用房上下的孔洞等。设计时首先由站台层着手，根据列车编组确

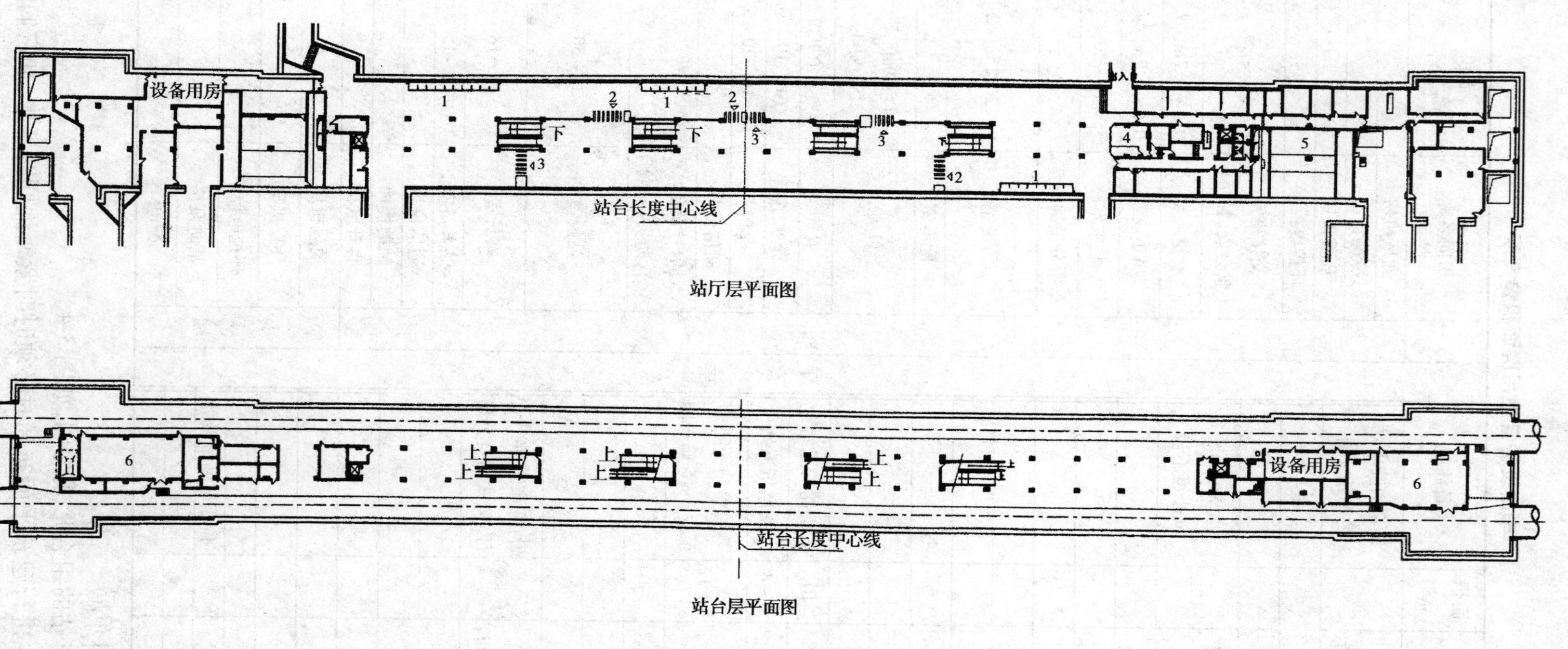

图3-4　上海地铁标准车站示意图

1-半自动售票机;2-进站;3-出站;4-车站控制室;5-环控机房;6-降压变电所

定站台的有效长度，再根据站台两端应有的设备用房和必须的端头井（作为施工时盾构机械调头、进出洞用）定下车站的初步长度，同样根据计算所得的站台宽度加上上下行车道的宽度，确定车站的总宽度，再根据站厅层设备管理用房所需面积划分出站厅公共区和设备管理用房区，同时调整站厅至站台的楼梯数量及位置，使其能均匀面向客流，这是一个集结构、建筑功能和各工种工艺流程复杂的综合过程。

(1)站厅层布局

设备管理用房基本分设于车站的两端，并呈现一端大，另一端小的现象，中间留出作站厅公共区，有利于客流均匀通向站台候车。在设备用房中占面积最大的是环控机房，其中包括冷冻机房、通风机房及环控电控室，作为建筑设计人员必须了解地铁车站中环控的系统及其工作原理和主要设备的基本尺寸，才能有效、经济地布置好环控机房。地铁车站的环控设计基本上有五个系统组成。一是车站公共区域的环控系统，主要是站厅、站台的制冷送风（包括新风）回风系统；二是车站的排风（排烟）系统；三是站台层列车及车道产生的热量和废气的排热、排烟系统；四是车站活塞风及区间隧道发生灾变时的送风排烟系统；五是各管理用房的小环控系统。这五个系统直接影响到环控机房的形状和面积大小，并且有许多与站台相连的孔洞，影响到车站的整体布局。如车道的排热、排烟风道必须经过站台与站厅上下连通的排风洞口通过站厅的排风设备，排风通道通向风井经地面风亭排出，这一上下连通的孔洞面积特大，它的位置对设备用房的布局十分重要。另外车站活塞风及区间隧道灾变时的送风排烟系统也是环控机房布局中另一个重点，它要组织上下行车道的活塞风，同时还要考虑区间灾变时两活塞风道中的 TVF 风机的双向可变送排风流程，使（新风）送风迎着人流逃生的方向。由于流程的可变及风机较长也会影响环控机房的布局及风道和风井的位置，一旦环控机房得到合理、紧凑的布局，其余设备用房就较易解决。

在管理用房中主要解决站控室及站长室的位置以及消防疏散兼工作楼梯的位置、工作人员厕所的位置。站控室要求视野开阔，能观察站厅中运行管理情况，一般设于站厅公共区的尽端、中部，室内地坪高出站厅公共区地坪600mm。站长室紧连站控室，便于快速处理应变情况。消防疏散兼工作楼梯位于管理用房的中部，照顾到该梯与站台的位置，避免与其他楼梯发生冲突。厕所位置只能设于管理用房的中部，因为它要与设于站台的污水泵房有直接管道连通的要求。

站厅层公共区设计：主要解决客流出入的通道口、售票、进出站检票、付费区与非付费区的分隔。站厅与站台的上下楼梯与自动梯的位置等。

①客流通道口

客流通道口主要位于站厅层的公共区，分左右两侧布置，有利于地面道路两侧出入口的均匀布置。有时车站位于地面十字交叉道路的下面，站厅通道通常以通向地面道路交叉口的四个方向布置。通道口的通行总宽度必须大于站台至站厅楼梯（包括自动楼梯）的总宽度，以利于灾变时的紧急疏散。根据地铁设计规范规定，通道口最小宽度不能小于2.4m。

②售票

根据经济条件和设备的可能性，售票可分为人工售票、半人工售票及自动售票三种。人工售票与半人工售票亭的尺度相同，半人工售票的方式为人工收费找零、机器出票，售票机将作为主要售票设备如图3-5所示。人工售票亭、自动售票机数量计算公式如下：

$$N_1 = \frac{M_1 K}{m_1} \tag{3-1}$$

式中：M_1——使用售票机的人数或上行和下行上车的客流总量（按高峰小时计）；

K——超高峰系数，选用1.1～1.4；

m_1——人工售票每小时售票能力，取1 200张/小时/人；自动售票机半自动售标机每分钟售票能力取4～6张/分/台。

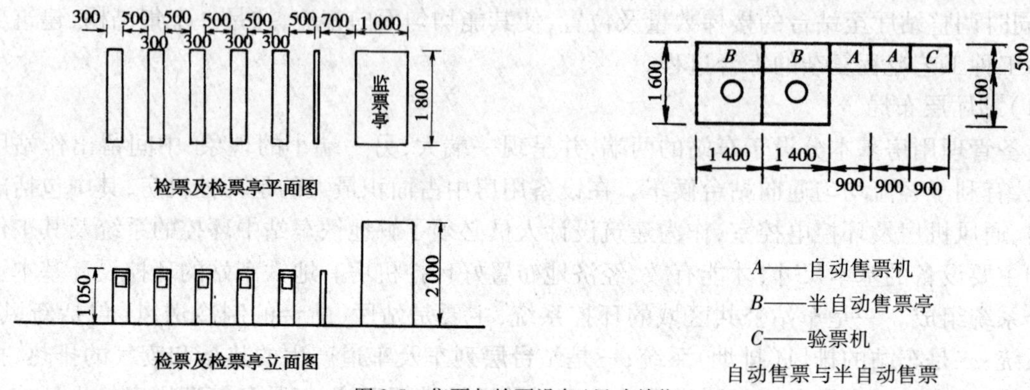

图3-5 售票与检票设备(尺寸单位：mm)

公式(3-1)仅为标准的高峰小时客流单人次买票所需的售票亭或自动售票机的数量，随着票务形式的改变和社会售票点的增多，如部分票面采用储值磁卡、公交IC卡等，售票点不局限于地铁车站内设置，可在地下商场或地面各便利店出售，这样站厅内的售票机(亭)数量将可大大减少。

售票亭的位置布置应在进站客流和进站检票的流线上，使其顺畅避免与出站客流交叉。

③进出站检票口设置及付费区和非付费隔离栏的设置

进出站检票口的数量必须根据高峰小时客流量来计算。

检票口计算公式：

$$N_2 = \frac{M_2 K}{m_2} \tag{3-2}$$

式中：M_2——高峰小时进站客流量(上行和下行)或出站客流量总量；

K——超高峰小时系数，选用1.1～1.4；

m_2——检票机每台每分钟检票能力，取20～25张/分/台。

(检票机、监票亭、补票亭尺寸见图3-5)

进出站检票机旁还需设置一定宽度的人工开启栅栏门，以便于解决检票过程中的特殊情况和较大行李的进出，也有利于站务人员的进出。在进站检票口处应设有监票亭，出站检票口附近设补票亭，以提供解决乘客票值不足的补票便利。

在检票口周围设有围隔的栏板，以区分非付费区和付费区。一般非付费区面积要比付费区面积大，因为客流一经检票就快速地进入站台候车，在付费区内很少停留。非付费区的布置希望能将几个通道口连接有利于客流出站后自由地选择出站通道通向地面的不同方位。在非付费区还必须设置一定的服务设施，如公用电话、厕所、小商亭等。

④站厅与站台联系之上下楼梯设计

楼梯的位置必须上下兼顾，在站厅层要考虑进出站检票口与楼梯的关系，特别是出站检票口与楼梯口有一定的距离要求，以解决出站客流检票时排队所需。在站台层主要考虑楼梯位置能均匀地接纳客流及楼梯的方向。设计从节约投资考虑，可只考虑出站客流上行乘自动扶梯，进站客流下行走步行梯。

自动梯和楼梯台数及宽度的计算，以出站客流乘自动梯向上到达站厅层考虑。

自动梯台数的计算：
$$n=\frac{NK}{n_1 n} \tag{3-3}$$

式中：N——预测下客量（上行+下行）（人/小时）；

K——超高峰系数，取1.1~1.4；

n_1——每小时输送能力9 600人/h/m（自动梯性能为梯宽1m，梯速为0.65m/s，倾角为30°）；

n——楼梯的利用率，选用0.8。

楼梯宽度计算：
$$m=\frac{NK}{n_2 n} \tag{3-4}$$

式中：N——预测上客量（上行+下行）（人/h）；

K——超高峰系数，取1.1~1.4；

n_2——楼梯双向混行通过能力，取3 200 人/h/m；

n——利用率，选用0.7。

乘客使用的人行楼梯宜采用26°34′倾角，其宽度单向通行不小于1.8m，双向通行不小于2.4m。当宽度大于3.6m时，应设置中间扶手，楼梯宽应符合建筑模数。

上述公式根据目前的经济条件，以向上出站疏散客流乘自动扶梯，向下进站客流走步行楼梯的模式而设置，在实际使用中，步行梯也有向上的疏散客流，在有条件设置上、下都使用自动扶梯的情况下，步行梯的宽度计算将作适当调整，相当部分的进站客流将被自动扶梯分担，因此步行梯宽度将缩小，根据地铁规范，在公共区中的步行楼宽度不得小于1.8m。图3-6为自动梯的基本尺寸图。

另外所设计楼梯的总宽度（包括自动梯宽度）应保证在远期高峰小时客流量时发生火灾的情况下，6min内将列车乘客和站台上候车的乘客及工作人员全部撤离站台。

站台层事故疏散时间按下列公式计算：
$$T=1+\frac{Q_1+Q_2}{0.9[A_1(N-1)+A_2 B]}<6(\text{min}) \tag{3-5}$$

式中：Q_1——一列车乘客数（人）；

Q_2——站台上候车乘客和站台上工作人员（人）；

A_1——自动扶梯通过能力[人/min·m]；

A_2——人行楼梯通过能力[人/min·m]；

N——自动扶梯台数；

B——人行楼梯的总宽度（m）；

1——为1min（作为人们遇灾变时所需的反应时间）。

（2）站台层的公共区设计

站台层公共区设计首先确定站台的有效长度及宽度，一般按车辆的编组长度加上车辆停靠的误差来决定站台的有效长度，图3-7为车辆长度平面及立面。

目前上海地铁1号线和2号线按8节车辆编组，其站台有效长度为186m，明珠线1期和2期为6节车辆编组，其站台有效长度为142m。站台宽度根据站台所需的面积去除以站台有效长度即可得出站台宽度。各类轨道交通车辆编组适应客流量及站台长估算如表3-2。

站台宽度计算公式：
$$B=2b_1+b_2+b_3+b_4 \tag{3-6}$$

式中：b_1——侧站台宽度；

b_2——柱宽之和；

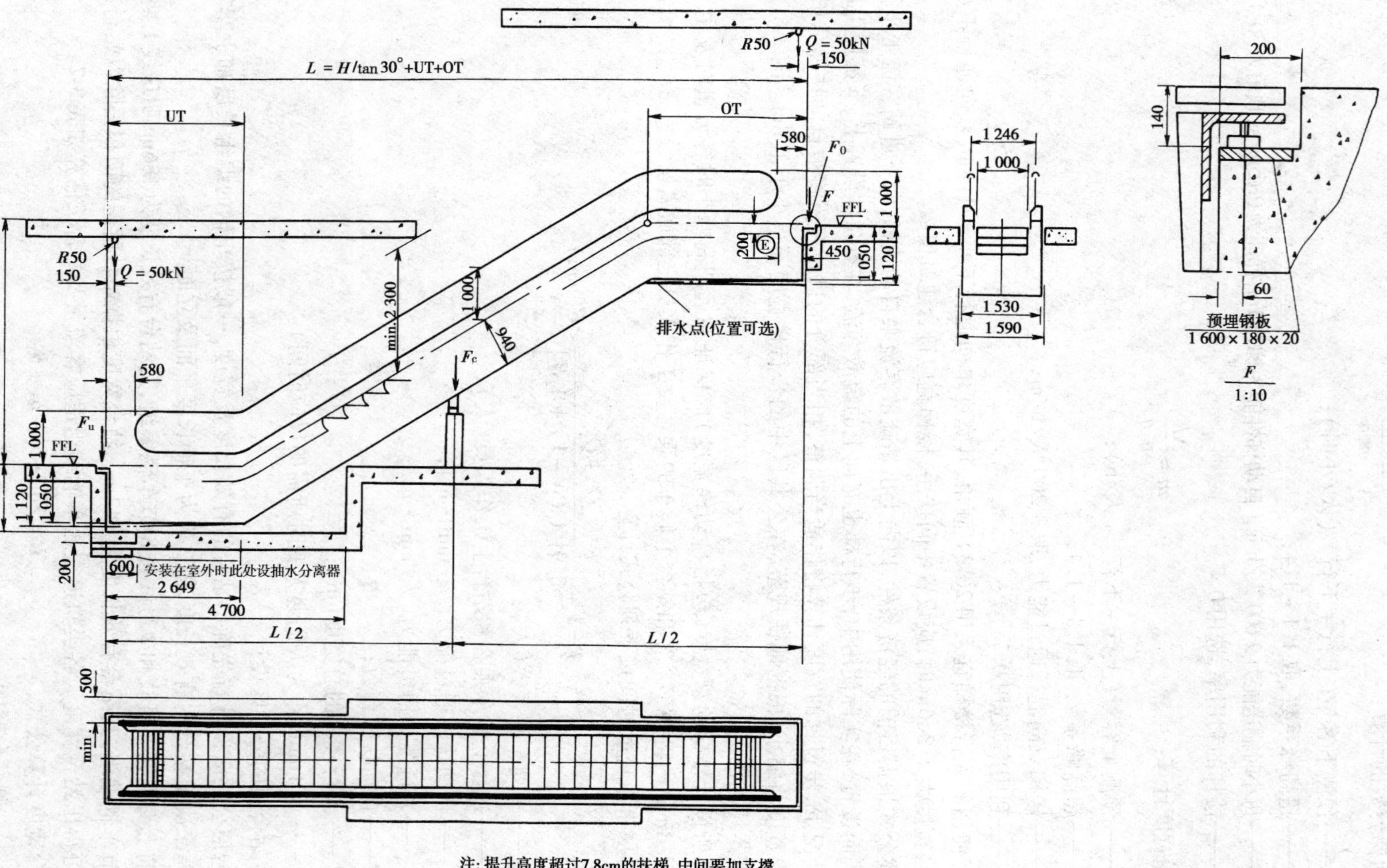

注：提升高度超过7.8cm的扶梯，中间要加支撑。

图3-6 自动梯的基本尺寸图（尺寸单位：mm）

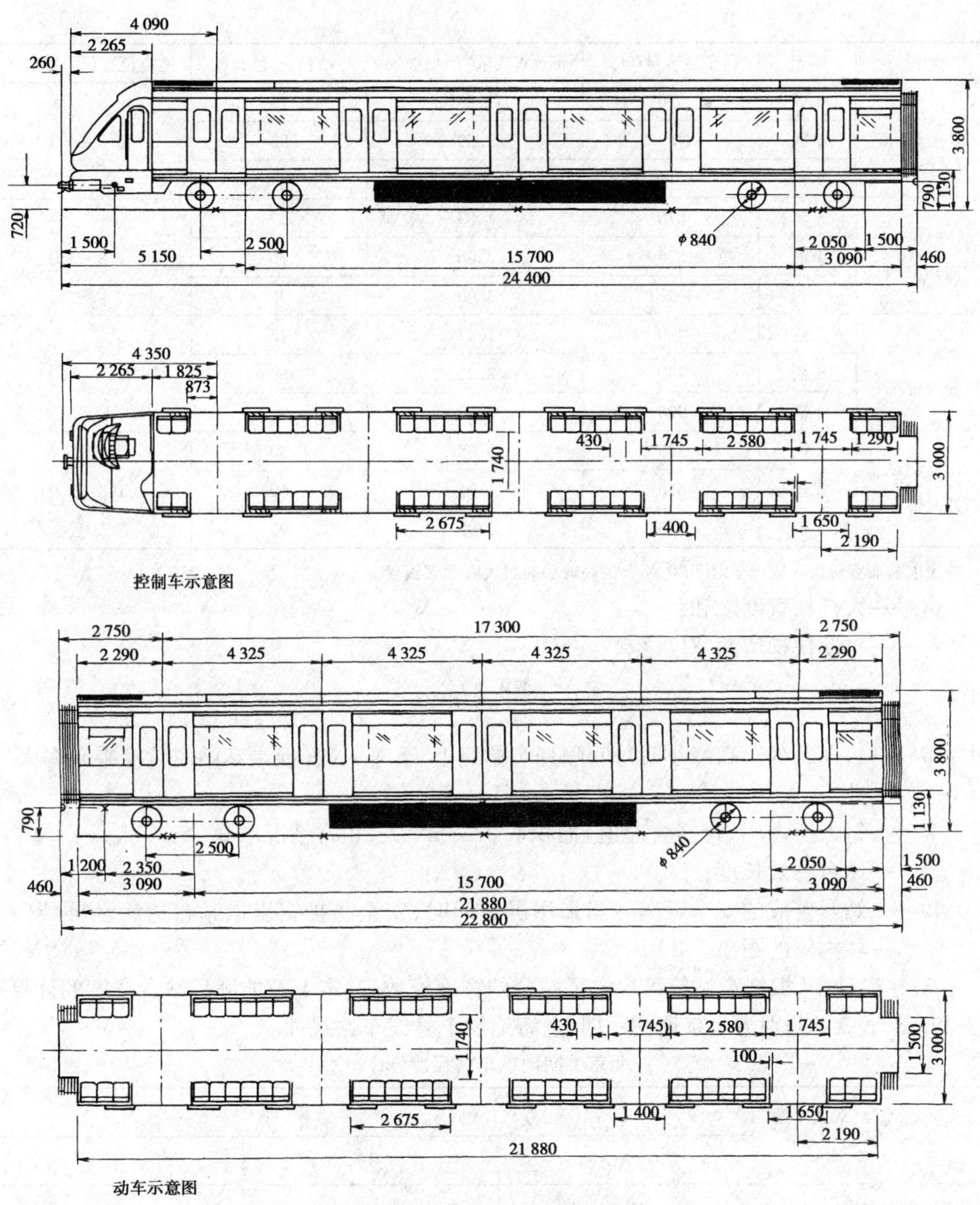

图 3-7 地铁车辆长度平、立面示意(尺寸单位:mm)

各种轨道交通车辆编组适应客流量和站台长估算表　　表 3-2

车型	编组	列车载客量(人)	断面客流量(万人次/h)	站台长度(m)	适应范围(万人次/h)
A 型车	4 辆	1 240	3.72	93	3.7～7.4
	6 辆	1 860	5.58	140	
	8 辆	2 480	7.44	186	

续上表

车型	编组	列车载客量(人)	断面客流量(万人次/h)	站台长度(m)	适应范围(万人次/h)
B 型车	4 辆	950	2.85	78	2.8~4.3
	5 辆	1 195	3.59	98	
	6 辆	1 440	4.32	120	
C 型车 四轴车	3 辆	610	1.83	57	1.8~3.0
	4 辆	820	2.46	76	
	5 辆	1 030	3.09	95	
C 型车 单铰六轴车	2 辆	490	1.47	45	1.5~3.0
	3 辆	740	2.22	68	
	4 辆	990	2.97	90	
C 型车 双铰八轴车	1 辆	325	0.98	30	1.0~3.0
	2 辆	650	1.95	60	
	3 辆	975	2.95	90	

注:表中断面客流量为按行车密度 30 对/h 的高峰小时最大断面客流量。

b_3——人行梯宽度之和;

b_4——自动扶梯留洞宽度之和;

其中:

$$b_1 = \frac{MW}{L} + 0.40 \tag{3-7}$$

式中:M——远期每列车高峰小时每间隔列车单侧上、下车人数(换乘车站应含换乘乘客人数);

W——每人所占用站台(含通道)面积取 $0.33m^2$/人,正常情况取 $0.75m^2$/人;

L——站台有效长度;

0.40——站台警戒的安全距离。当采用屏蔽门时,安全防护宽度取站台边缘至屏蔽门立柱内侧的距离。

一般在设计中,根据车站等级规定了站台的宽度模数,基本上都能满足站台宽度的计算要求。表 3-3、表 3-4 分别为北京地铁一期、上海地铁 1 号线车站尺寸。

北京 1 期地铁车站尺度(m)

表 3-3

项目 \ 岛式车站	规模(m)		
	大	中	小
站台总宽	12.5	11	9
站台中跨集散厅宽	6	5	4
站台面至顶板底高	4.95	4.55	4.35
侧站台宽	2.45	2.10	1.75
站台纵向柱中距	5	4.5	4
站台长度	118	118	118

注:此表摘自建筑设计资料集。

上海地铁 1 号线车站尺寸 表 3-4

项目 \ 岛式车站	规模(m)		
	大	中	小
站台总宽	14	12	10
侧站台宽	3.5～4	2.5～3	2.5
站台长度	186	186	186
站台面至顶板底高	4.1	4.1	4.1
站台面至吊顶面高	3	3	3
吊顶设备层高	1.1	1.1	1.1
纵向柱中心距	8～8.5	8～8.5	8

注:此表摘自建筑设计资料集。

站台层设计的另一个要点是限界要求,在设计规范中规定,在站台有效长度范围内,线路中心到站台内的结构物界面(柱面或墙面)的距离不得小于 3 600mm,在站台有效长度范围以外的,线路中心到站台内的结构物界面的距离不得小于 1 800mm。上海地铁的有些线路车站在站台层设置屏蔽门系统的,屏蔽门外侧的界面至线路中心限界按 1 700mm 考虑。

站台层的两端也布置有必要的设备及管理用房,形式上也是一端面积大,另一端面积小。降压变电所是站台层占面积最大的设备用房,位于面积大的一端,与上部站厅层大的设备用房相对应,符合就近供应用电负荷大的设计原则。整个车站纵向有 2‰的坡度,有利于车站的排水,因此站台层中的废水泵房应设在站台层标高低的一端。

3. 地铁车站的换乘设计

城市轨道交通只有形成基本网络的情况下才能充分发挥其应有的功效。在路网的交叉点,各线路车站之间必须设置相互联通的换乘设施。

换乘的布置形式有多种,有站台与站台的直接换乘,也有通过站厅的间接换乘。站台直接换乘给旅客带来快捷、省时、顺畅的方便,根据地铁线路交叉的情况及两车站的位置,可形成站台与站台的十字换乘、丁字换乘和平行换乘的模式,见图 3-8。换乘主要是通过上下楼梯来完成,因此楼梯宽度必需根据高峰小时最大换乘客流量来计算。在楼梯上下穿通不同线路车站底板或楼板时,必须注意留出设备、管线的通道以及楼梯上部洞口高度。在相近线路车站互不相交的情况下,客流换乘只能经由站台出站厅经连通道进站厅至站台的流程来完成,这样的方式对客流带来较多不便(如上海地铁 1 号线人民广场站与上海地铁 2 号线人民公园站之间的换乘),这是在总体布局已定的情况下属不得已的作法。因此换乘问题应在路网规划时就必须加以详尽的考虑。

欧洲地铁中的换乘有的也采用同一站台、不同线路车辆的停靠来实现。乘客不用走动,就像地面公交同站换乘一样的方便,这种模式更大地体现了对人的关怀,但带来技术上的更大难点和庞大的投资建设规模,在目前我国的经济条件下尚难实现。

4. 地铁车站的剖面设计

以上海地铁车站的标准横剖面为例,车站剖面分为上下两层及站台下的辅助层。剖面主要解决的是车站的结构形式、结构尺寸、设备和建筑所需的空间高度以及车辆通行停靠的限界要求,在这里必须综合辩证地考虑空间高度和经济的关系,空间的增高必然带来车站埋置深度的增加,因为车站上部覆土的厚度基本都有技术规定(满足道路管线铺设的要求),根据已有车站的设计经验,站厅层的净高不小于4m,基本上能满足设备安装及装修的尺寸要求,完成后的

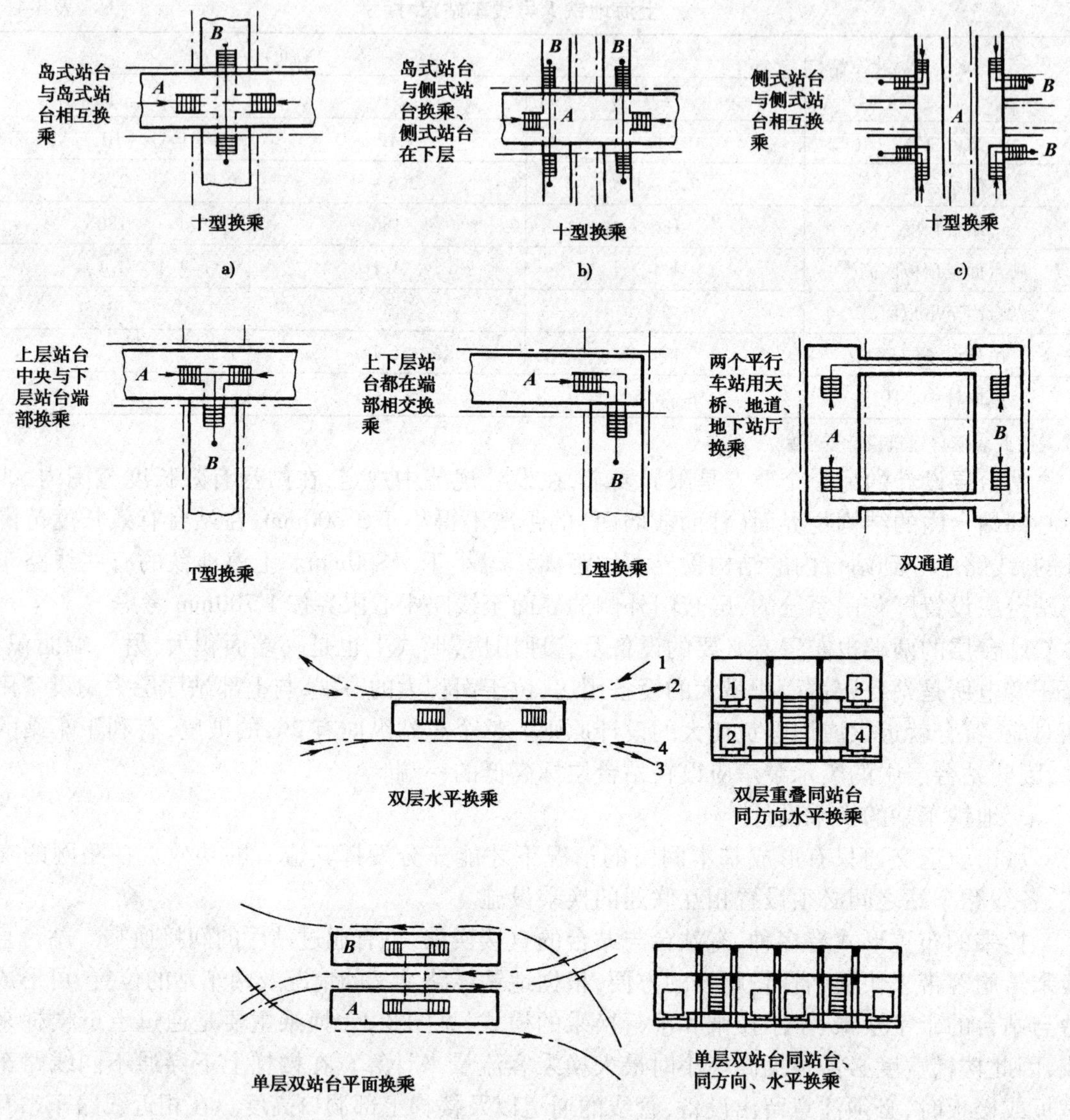

图 3-8　地铁车站两线换乘模式

净高不低于 3m；站台层的净高要根据车辆的高度、车辆受电弓安装的高度及排热、排烟风管的高度来确定。从已有的车站设计，从站台面到顶部的净高为 4.1 ~4.3m，保证站台装修后吊顶至站台的高度不低于 3m，站台下的空间主要是设置电梯基坑、电缆通道和排热风道（车轮与轨道摩擦产生热量和废气），其高度由车辆尺寸及轨道的道床高度决定，在已设计的车站中采用道床高度为0.54m，站台面至轨顶面高度为1.08m，因此从站台面至下部底板面的高度为1.62m，可以满足各种设备布置的要求，如图 3-9 和图 3-10。

5. 无障碍设计

为了体现"以人为本"的设计理念，地铁车站内应实施无障碍设计。针对地铁车站设置的不同位置，采取两种不同的设计方法，一种是车站位于道路地面以下，出入口位于道路的两侧，残疾人乘坐的轮椅可挂在楼梯旁设置的轮椅升降台下至站厅层，然后再经设置于站厅的垂直升降梯下达到站台，另外也可以直接自地面设置垂直升降梯，经残疾人专用通道到达站厅，然

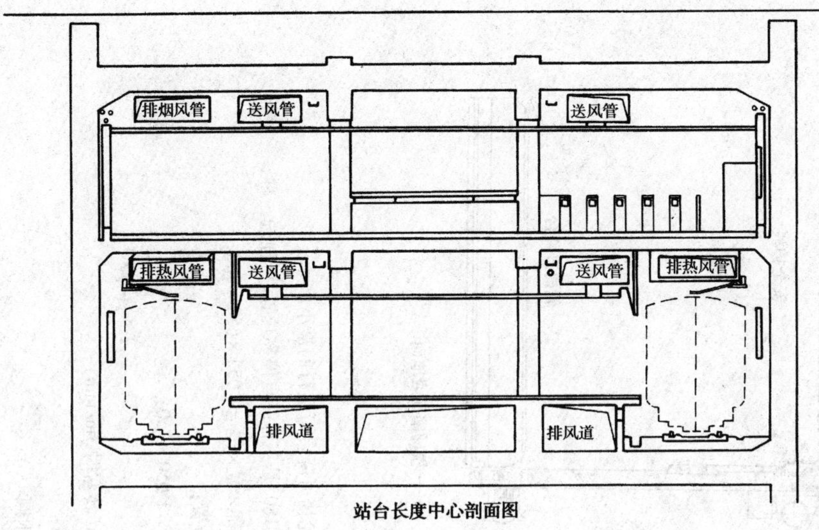

图 3-9　地铁车站标准剖面示意

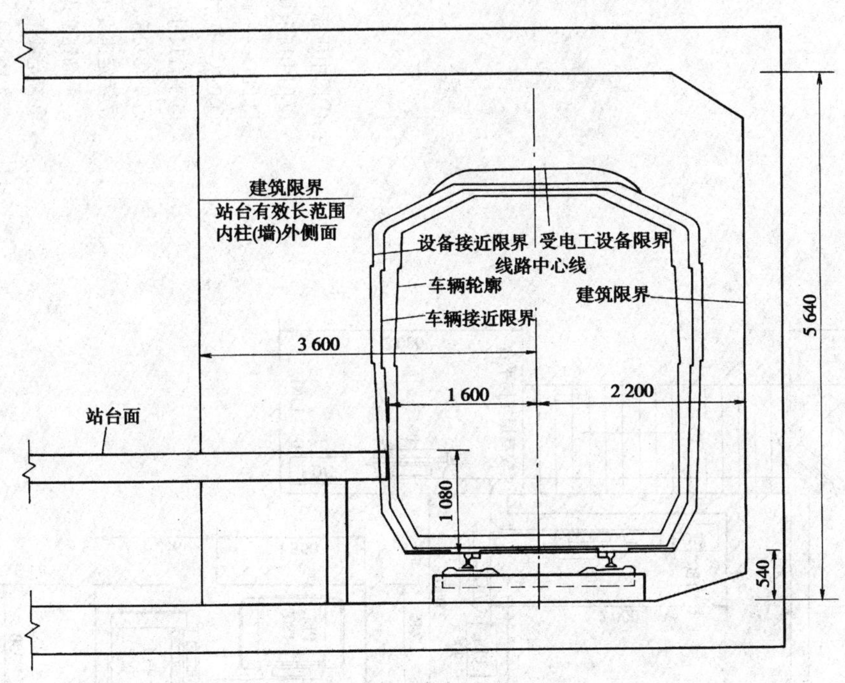

图 3-10　车站直线段矩形隧道限界图(尺寸单位:mm)

后再经设置于站厅的垂直升降梯下达到站台。盲人设置有盲道自电梯门口铺设盲道通至车厢门口。另一种形式是车站建于街坊内的地下,车站的垂直升降梯可直接升至地面,因此,在地面直接设有残疾人出入口,以方便残疾人的使用。

地铁车站内的垂直升降梯可采用液压升降,机房在站台层,面积较小,升降梯的开门方向应避免面向站台列车。盲道的铺设必须连贯,在站台层,上行和下行两个方向都需铺设,但一般只需自站台中心处的车厢门铺设至垂直升降梯门口(不必全长铺设),这样可适应不同车站垂直升降梯的不同位置,如图 3-11、图 3-12 及图 3-13。也可统一规定各车站将垂直升降梯设计于同一端,这样盲道的设置可以更短,联系更直接。

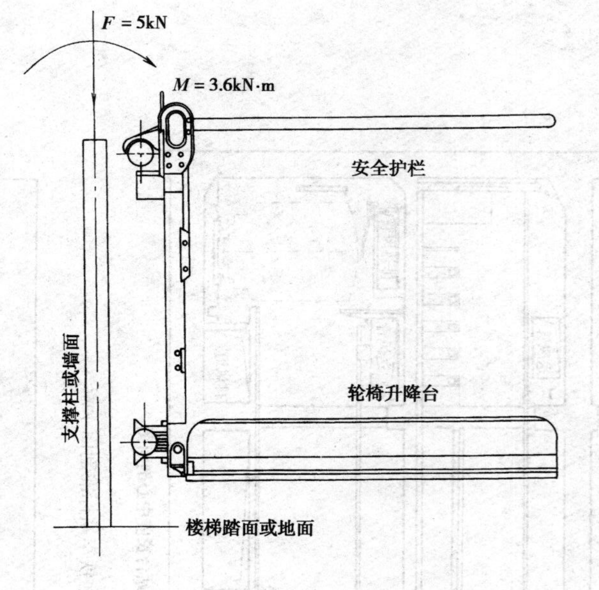

注：①图中所标尺寸是轮椅升降台可运行的最小尺寸；

②图中所示 0°、90°、180°是三种终点停靠位置，可任选一种；

③PDC——驱动柜，高 × 宽 × 厚 = 1 053 × 650 × 300；

④P 从一底层停靠位置；

⑤平台尺寸：长 × 宽 = 1 050 × 760；

⑥驱动功率：1.12kW；

⑦额定速度：6m/min（转弯时 3m/min）；

最高速度：9m/min；

⑧额定载重：204kg（限乘人）；

本图尺寸仅作参考。

图 3-11　轮椅升降台尺寸示意图（尺寸单位：mm）

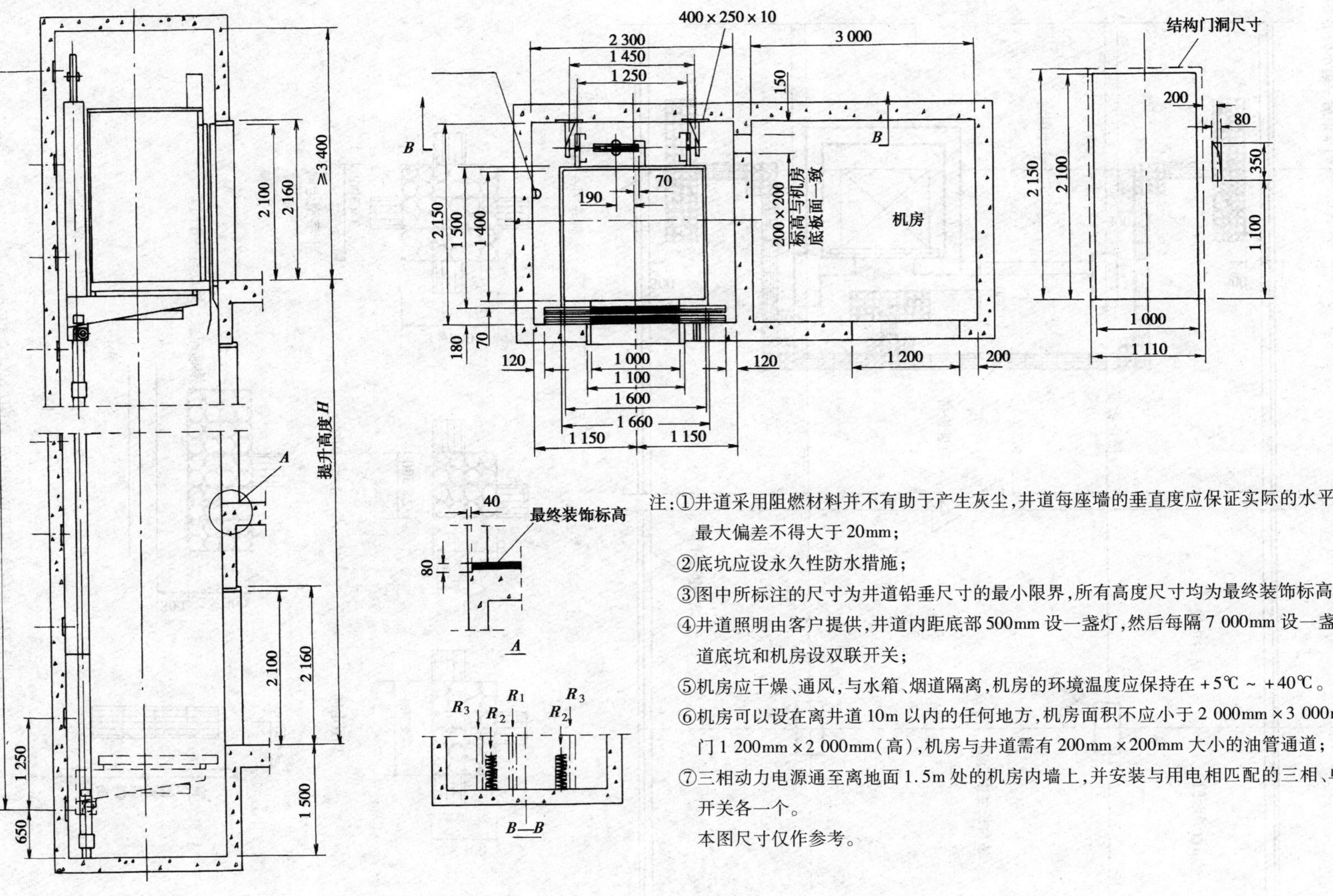

注:①井道采用阻燃材料并不有助于产生灰尘,井道每座墙的垂直度应保证实际的水平尺寸,其最大偏差不得大于20mm;

②底坑应设永久性防水措施;

③图中所标注的尺寸为井道铅垂尺寸的最小限界,所有高度尺寸均为最终装饰标高的基础;

④井道照明由客户提供,井道内距底部500mm设一盏灯,然后每隔7 000mm设一盏灯,在井道底坑和机房设双联开关;

⑤机房应干燥、通风,与水箱、烟道隔离,机房的环境温度应保持在+5℃~+40℃。

⑥机房可以设在离井道10m以内的任何地方,机房面积不应小于2 000mm×3 000mm,机房门1 200mm×2 000mm(高),机房与井道需有200mm×200mm大小的油管通道;

⑦三相动力电源通至离地面1.5m处的机房内墙上,并安装与用电相匹配的三相、单相电源开关各一个。

本图尺寸仅作参考。

图3-12 液压直升梯井道及机房尺寸示意图(尺寸单位:mm)

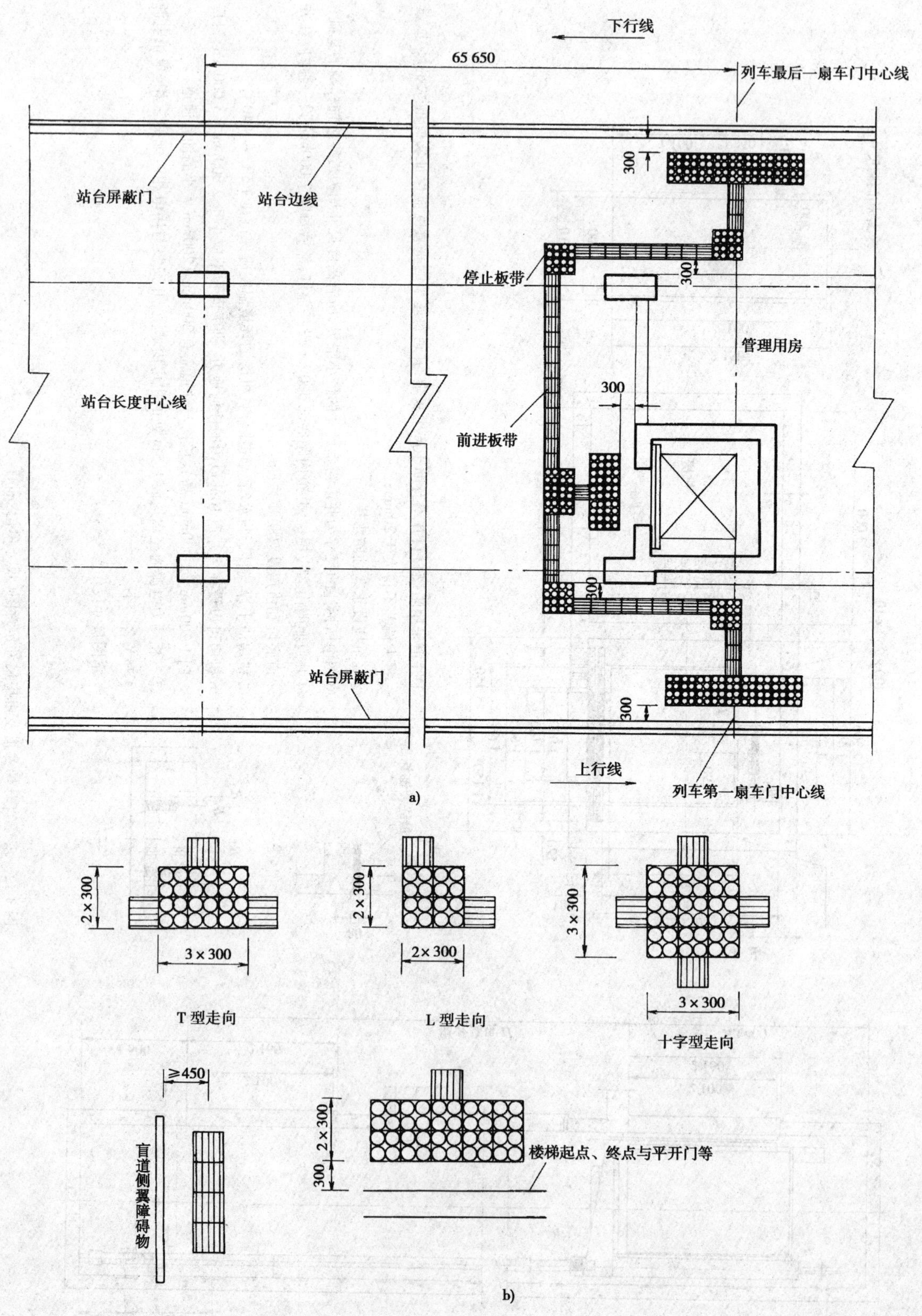

图 3-13　地铁车站盲道铺设示意图(尺寸单位:mm)
a)地铁车站盲道铺设示意图;b)盲道地面铺设示意图

6. 地铁车站的内部环境设计

上述地铁车站的布局及一系列的建筑设备及设施，最终要通过内部环境设计来体现。一个花巨资建设的地铁车站在公众眼里看到和切身感受到的就是地铁车站公共区的环境设计，因此它的设计标准不应太低，应与一定的建设投资相适应。地铁车站内部环境设计的原则应与建筑设计的原则相一致，首先应保证其安全、适用、通达、快捷，在此基础上同时考虑视觉范畴内的造型因素及装饰材料的应用，改善地下空间封闭、沉闷和压抑的感觉，使车站在全线统一格局的基础上设计或成为具有一定识别性的特型车站。

（1）空间形态设计

地铁车站内部的空间形体比较单一，特别是一般的标准车站，通长的空间内，列柱形成一定的节奏感，因此空间的变化更多依靠顶面的形体变化来达到目的，如在极其有限的单一空间内充分利用顶面设备布置剩余的空档来达到空间形体变化的目的，或者利用装饰材料的不同肌理组合，显示其空间形态的变化。在一些特殊的车站，如上海地铁 1 号线的人民广场站，利用地面公园的条件，加大地下站厅至站台的洞口，站厅顶部开设采光窗口，使自然光照直接射到站台，大大改善了地下空间原本阴暗的环境面貌，同时也丰富了室内空间形态，取得较好的效果。国外有些车站，将站厅部分压缩得很小，客流从车站的两端下入到站台层，从而使站台层的中间段处于一个高大的空间内，获得开敞舒展的极好视觉效果。

（2）界面线形及其用材

地铁车站的界面包含地面、墙面、顶面及柱面，根据规范要求，所有装饰用材都必须是不燃材料。

地面用材要耐磨、防滑、易清洁，常用的材料为花岗石及地砖，地面可做图案设计，但以简洁为宜，较好的图案组织能对人流起一定的导向作用。在站台层地面靠站台边缘均设有一定宽度的警戒线，靠内柱边还有盲道的纵向饰带，这些饰带可用同质不同色彩的地面用材镶拼，也可用不同质的材料镶嵌。

墙面处在人的主要视觉范围内，宜采用色彩明快、易清洁、耐久的材料。常用的有釉面砖和涂料，由于墙面特长，必须注意墙面上的线形处理，最简单的是做一定的分仓缝，一方面由于材料构造上的需要，另一方面也解决墙面过长的单调感觉。在实际操作中，经常会出现一些其他设备如消火栓箱、电器开关箱、广告灯箱等等，可在墙面上加以很好组织，成为墙面线形的组成内容。在地铁车站内因墙体壁面位于地下难免有渗水现象，为了保证内部墙面装修不受渗水影响，地铁车站公共区部分的墙面一般均做成离壁式衬墙，在两墙体下部做成排水沟，在离壁式衬墙上做各种装饰材料，如图 3-14。另外，必须提及的是墙面装饰壁画，一般来说在交通建筑内不主张增设此类装饰，一是增加造价，二是符合使客流快捷通畅的原则，但有时车站处在特定的地理位置，为了加强识别性和增加城市文化气息，可作一些喻示地面特性的墙面装饰，如壁画、浮雕之类墙面装饰，但即使设置该类墙面装饰，也应以简洁明了的视觉传达形态，切忌繁杂而喧宾夺主。

顶面主要是遮盖车站大量的设备管线和组合照明灯具、风口、通信广播、喇叭、消防喷淋等设备。常用材料为铝合金挂片、条板、方板及异形板等，色彩以浅色为主。以装配式的施工工艺可以拆卸，为设备的维修创造有利条件，同时还可利用不同品种的组合形成不同肌理的形态，丰富顶面的装饰效果。

柱面在地铁车站中成为人们经常靠近的一种界面，同时又是车站内部最富造型要求的构件，也是形成地铁车站识别性的重要元素，因此在设计中应加以特别重视。经常采用的装饰材料有花岗石、大理石、釉面砖、人造石、铝合金板、搪瓷钢板等。由于地铁车站结构的因素，往往柱子截面会很大，在装饰处理时尽量采用以大化小的手法，另外考虑人流的顺畅和防止对人的伤害，要尽量减少棱角的出现，如图3-15。

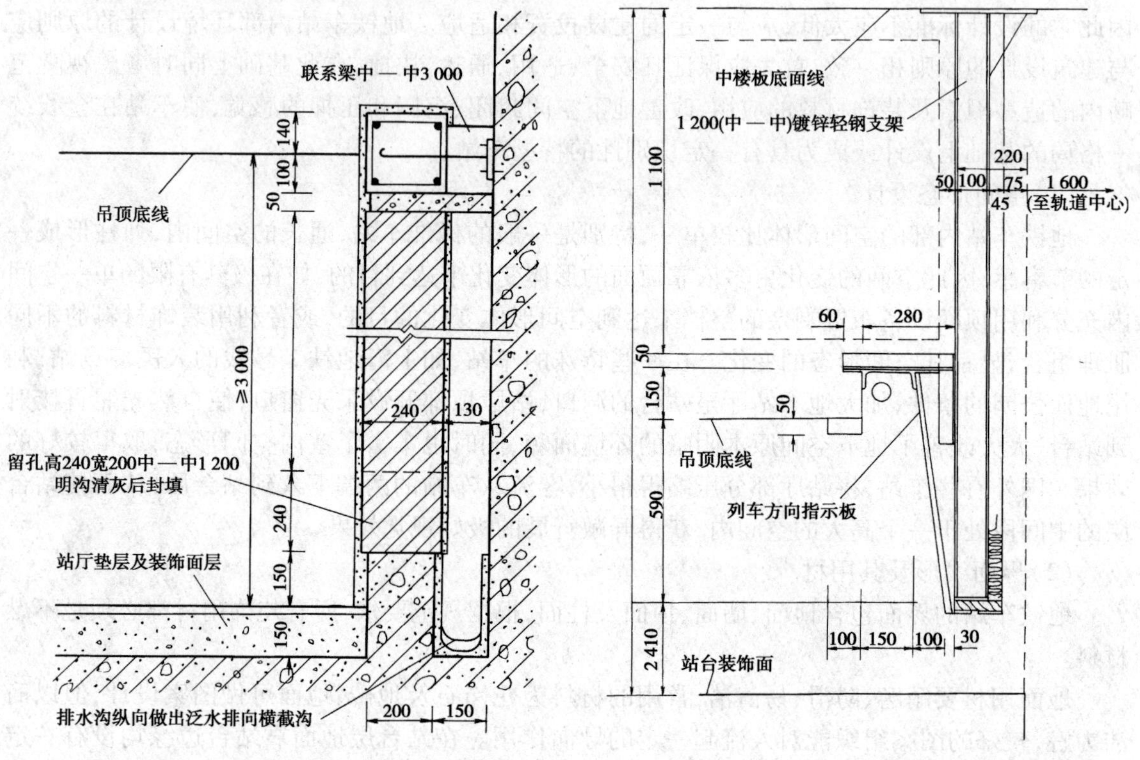

图3-14　离壁式隔墙示意图（尺寸单位：mm）

图3-15　站台口上沿列车方向指示板剖面图（尺寸单位：mm）

（3）照明、标识、色彩及其他公用设施配置

照明在地铁车站室内环境中起相当重要的作用，它不仅保证地铁运行所需的照度要求，而且在光照艺术处理下，可增添人们对地下空间的亲和感，在地铁车站中照明灯具的布置主要有整体照明、局部照明和灯箱照明。

整体照明是地铁车站照明的主要形式，它要考虑布置方式及照明灯具的形式，一般以长条形日光灯为主，光色温在4 000～5 000K之间，具有较好的显色系数。也可组合其他形式的荧光灯和一些筒灯（白炽应急灯）布置，灯具尽量以直接露明的方式布置（注意眩光的隔挡），这样有利于提高光照效率和便于维修更换灯具。灯具的布置形式要和顶面用材形式有机结合，这样才能取得较好的光照艺术效果。

灯箱照明在地铁应用较多，广告灯箱的引进，增加了车站的光照度标准，同时增添了车站内部的色彩和人情气氛。而指示标识灯箱则是地铁车站功能的重要信息亮点，人们通过它的指引，可以安全无误的完成旅程。而标识灯箱的艺术造型又是体现现代化地铁车站室内环境的元素之一，如图3-16。

地铁车站内部的色彩设计以高明度、低彩度色彩为主，作为车站的背景色，可以是冷色调，也可以是暖色调。适当配置高彩度构件或公用设施作点缀，可以增添环境的活力如公用电话、候车座椅、垃圾筒等，高彩度的构件还可以成为车站识别性的标志。

7. 地铁车站的出入口设计

图 3-16　车站应用标志图案

有人将出入口通道比作是地铁车站的“生命线”，因为出入口通道的确是地下向地面逃生的最主要通路，另外出入口所处的位置好坏会影响集聚客流的数量，涉及地铁运行的效益，同时出入口的设置还有利于周边地面的商业兴旺，所以许多商家争引地铁出入口进入商厦成为有见识的理念。

出入口的位置在总平面设计时要经多方面的协调，以取得最佳效益，一方面要考虑到地下通道的顺畅，同时又不宜过长；另一方面也要考虑能均匀地尽量多地吸纳地面客流，因此出入口一般都设于交叉路口和结合地面商业建筑设置。设置在地面建筑内的地铁出入口，由于其内部空间有一定限制，主要考虑其楼梯的位置与形式及客流路线与商家界限的可分可合，并满足地铁出入口本身的特殊防洪要求。一般出入口地面标高比室外人行道标高高出 450mm，出入口还必须设置防洪闸板以防特大洪水的侵袭，出入口的立面造型由整体地面建筑决定，但要有明显的地铁车站标志。

独立的地铁出入口其建筑形象必须具有鲜明的特征，通常一条路线中的地铁出入口作统一形式处理为好。

8. 地铁车站的地面风井（风亭）设计

地铁车站的地面风井是体量相当大的构筑物，由于其风量和风速的要求，排风或进风口的面积巨大，再加上规范要求进排风口之间保持一定的距离，风口开设高度必须离地高于 2m 等，使高大的风井耸立地面之上，对城市景观带来不利的因素，因此在建筑设计时必须加以重视，具体有如下几种处理方法：

（1）与地面开发建筑合为一体，淡化风井的存在，将风井建于地面开发建筑内。根据风口距地高度的要求或开发建筑功能的要求，风口可设于地面一层或建筑二层内，城市景观主要以开发建筑的造型为主体，风井之风口可隐融于建筑的整体造型之中，但此种处理方式往往风口只能设置于一个方向，有时地面开发建筑不能与地铁同步建设，该风井只能暂时独立存在时，要考虑与后建建筑结合的可能性及建筑造型的统一性。

（2）在城市街区中风井独立设置、形体加以分化，减小庞大体量的感觉，结合地面绿化及城市建筑小品，共同塑造成城市景观，独立风井的风口可有多个方向。

（3）在大片绿地中或城市车道的中间绿带中之风井，可以其独特的造型独立存在，也可压低风井高度，风口朝天开设，使其隐没于绿化丛中，但需要妥善解决井底雨水的排放。

9. 地铁车站人防设计

地铁车站利用它已有的结构条件，在战争时期是城市人民防空的理想待蔽场所和疏散、运输通道，按国家规定，在地铁建设中应结合人防按六级抗力等级设防，在常规武器袭击下，能保障列车运行及人员出入，作为城市人民防空疏散运输干道；在核武器、生化武器袭击下，车站能作为800人的临时待蔽场所。因此，要求地铁车站在战时必需的出入口、通风口、人防连通口及其他孔口的防护设施，应结合车站结构同步建设到位，对有些战时不需要的孔口、通道及战时的设备安装，则采取平时预留位置及预埋件，在临战规定期限内快速封堵、安装、改造到位，实行平、战功能的转换。

为了减少战争灾害的影响范围，将一个地铁车站加一段区间隧道作为一个防护单元，相邻防护单元设置一道防护隔断门，如图3-17。每个防护单元待蔽人数按800人考虑，战时只考虑供应饮用水，不考虑供应生活用水。饮用水采用2只24t食品级玻璃钢水箱，设置在站台层的饮水间内，平时预留位置，临战前用轻质隔断隔出，玻璃钢水箱在临战前拼装。饮水间的面积不仅要考虑存放水箱的位置，而且还要考虑水箱龙头前用水人员活动的面积，用水龙头一般按十只考虑。战时使用的厕所为干厕，设男女各一间，位置应远离饮水间，平时预留位置，临战前用轻质隔断隔出，干厕面积按每只便桶0.8m² 计算，随后加上人员活动的面积，便桶数量按人防规范确定。饮水间及干厕位置应不影响临战转换期间列车运时客流的通行。

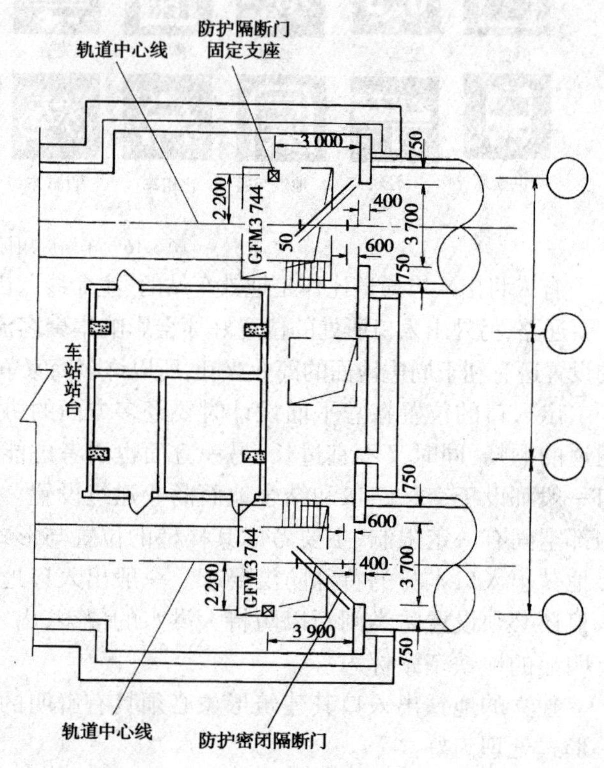

图3-17　区间防护密闭隔断门平面位置示意图(尺寸单位:mm)

每个地铁车站在战时直通地面的人员出入口(不含风井、人防连通口)不得少于两个，且必须位于车站的两端，其中有一个作为战时主要出入口，该出入口的位置要选择在战时便于待蔽人员出入之处，且位于地面可能倒塌建筑的范围之外。如该出入口在地面建筑为钢筋混凝土结构之内可不考虑倒塌影响，如位于倒塌范围以内的战时人员主要出入口，其上部必须设防倒塌措施，战时人员出入口与平时出入口结合设置，其门洞宽度由平时要求定，但其宽度不得小于2.4m。

在出入口密闭通道两端设活置式门槛防护密闭门、密闭门各一道，在密闭门外通道内设消洗污水集水井(可与平时排水集水井相结合)，设计时要考虑门扇安装后的开启及暗藏位置，为出入口通道装修后保持平直创造条件，如图3-18。另外每个车站还须设置不少于两个人防连通口，连通口的距离应相对拉开，并宜设置在车站两侧，连通口的净宽不小于1.5m，安装防护密闭门一道，附近有人防工程时，连接通道应同步建设到位。附近没有人防工程或暂不知设施情况时，人防连通口做完，通道预留出接口，如图3-19所示。

风口的防护措施考虑到战时清洁式通风和隔热式通风方式，在进排风口及活塞风口采用一道防护密闭门的设置。由于防护密闭门尺寸的限定，往往门洞尺寸与通风面积技术要求有矛盾，因此在防护密闭门门框墙上部加开孔口，以达到平时通风面积的需求，临战前上部孔口加以封堵。

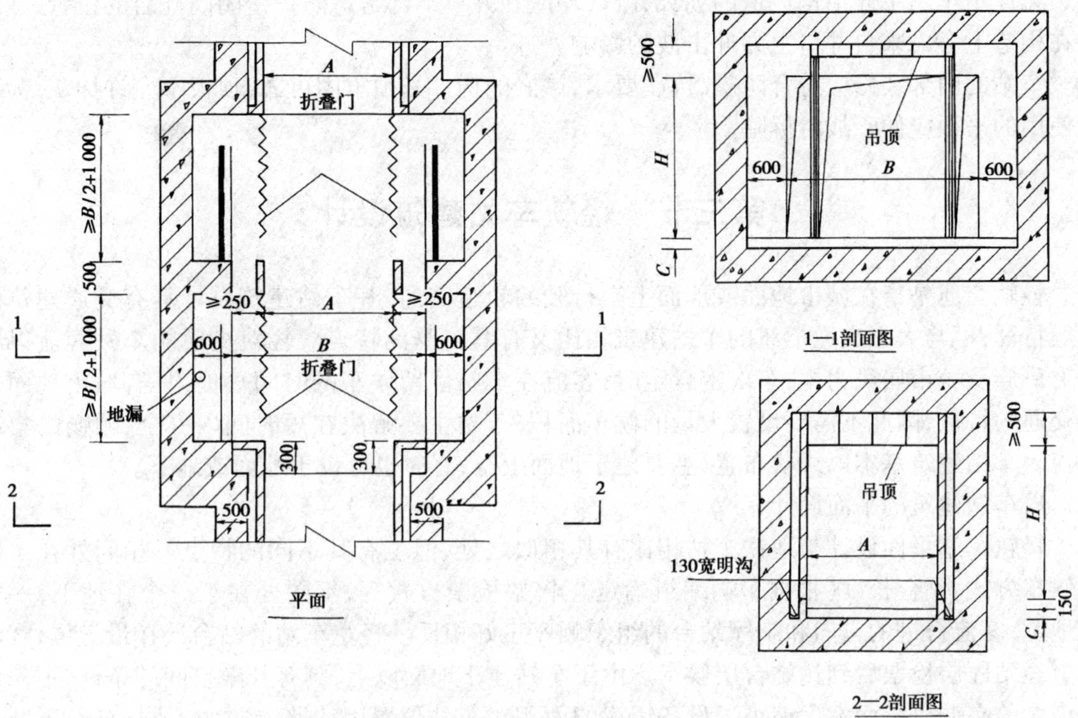

图 3-18　车站战时人员出入口密闭通道示意图(尺寸单位:mm)

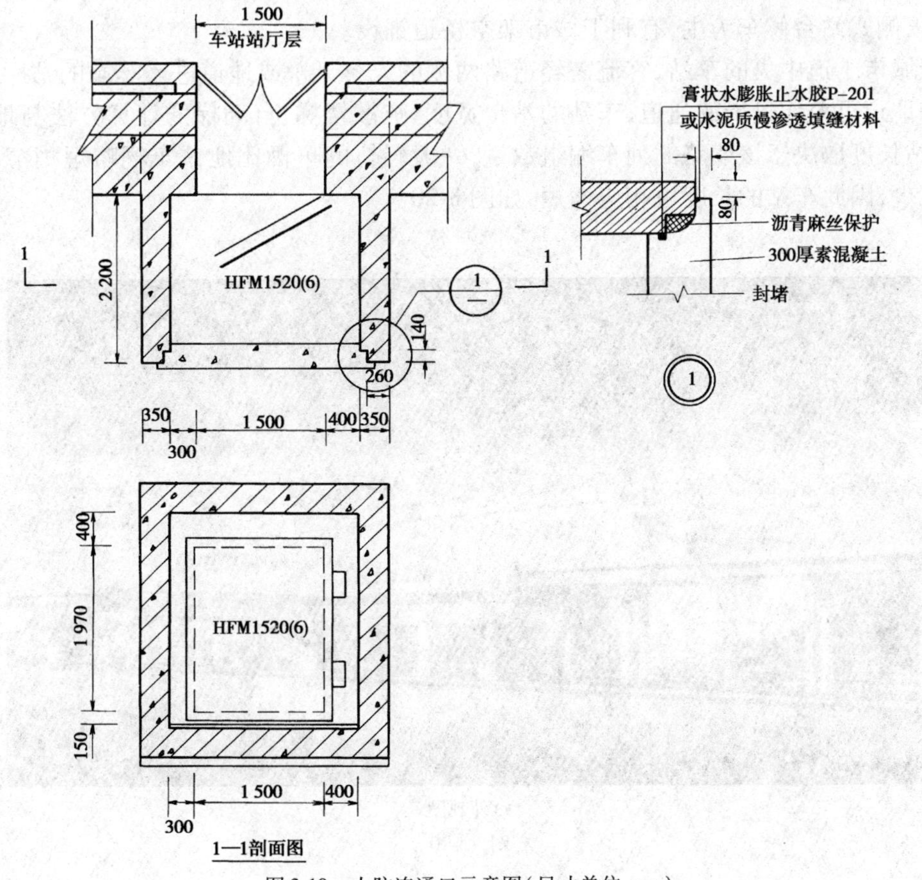

图 3-19　人防连通口示意图(尺寸单位:mm)

对于无伸出车站主体结构风道的朝天井口，均应在井口下部考虑防护密闭门开启的位置，并注意在构造上考虑来自井口上方冲击波的影响。

车站的内部装修应符合防震、抗震要求，镶嵌的构件必须牢固可靠，顶板不允许抹灰，为平时使用的吊顶应便于战时拆除。

第三节　轻轨车站建筑设计

轻轨交通是指在城市地面或地面上空行驶的轨道交通，其车站建筑设计具有交通建筑的一般特征，但与大型交通枢纽的车站建筑相比又有其自身的特点。轻轨交通的车站客流以城市上班族及城市居民为主，车次密且定时，客流在车站停留候车的时间短促，具有城市地面公共交通的特征，因此不需要设置大量的候车面积，车站主要解决在短时间内安全、顺畅的集散客流。车站建筑基本以线状布置，主要建于地面上空，有时也可设于地面或地下。

1. 车站建筑的平面设计

轻轨车站平面设计与地铁车站相比有其相似之处，但也有其不同的特点。相同处在于站台候车方式、站台长度(根据车辆编组确定)、售票检票方式等；不同处在于一个在地下，一个在地上，客流行进的方向和站厅站台的组织顺序正好相反。轻轨车站的站台层在最上层，客流向上经站厅层检票后到达站台层候车。由于车站建于地面以上，具有开敞空间的条件，不需设置庞大的空调机房而大大缩小了设备用房的面积。车站位置因线路走向的不同，有设于城市交通干道中央的，也有设于城市交通干道一侧的。车站站台的候车形式同样有岛式和侧式两种，一般以侧式站台候车为主，有利于城市架空桥道铺设。

设于城市干道中央的车站，客流需经道路两侧的人行天桥或地道进入车站的站厅层，其人行天桥和地道可兼作过街的通道，车站的站台宽度、疏散楼梯、自动梯的计算方法与地铁车站相同，车站长度取决于该线路的列车编组数量，一般轻轨的车辆比地铁车辆略短稍窄，列车编组数量也少，因此车站的长度也相应缩短，如图 3-20。

a)外观图

图　3-20

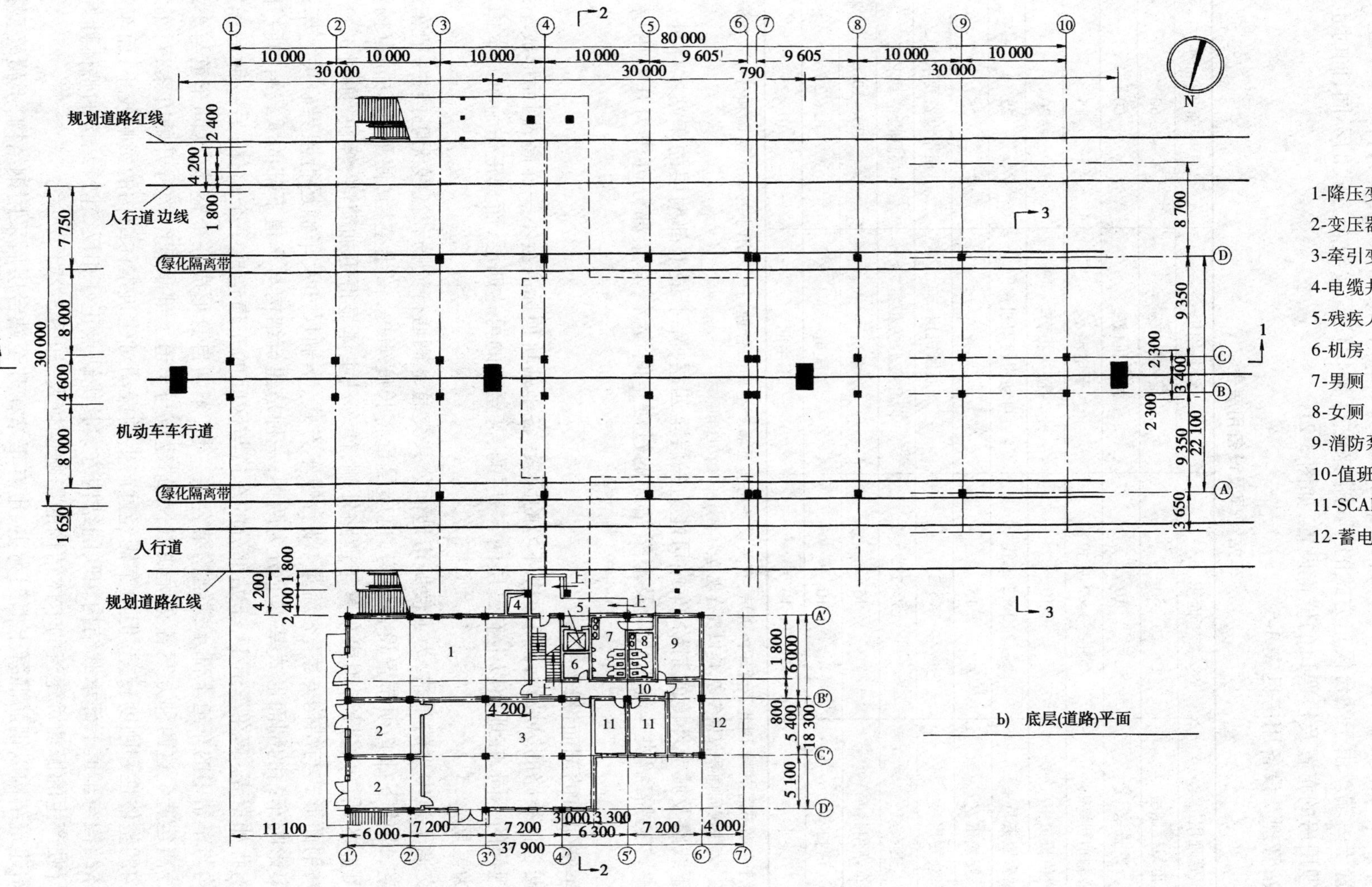

图 3-20　上海莘闵线某车站设计方案——底层(道路)(尺十单位:mm)

车站本体分为站厅层和站台层二层，在站厅层设置客流出入大厅及售检票厅，利用回栏分隔付费区及非付费区，其过街人行天桥及地道的出入口必须设于非付费区内，管理及设备用房尽量设置于一端。由于站台候车方式的不同带来站厅楼梯位置及组合方式的不同，同时也影响到管理用房的布置及检票口的位置设置，如图3-21。

车站管理及设备用房见表3-5。

车站管理及设备用房表　　表3-5

管理用房	参考面积(m^2)	设备用房	参考面积(m^2)
车站控制室	50	信号机械室	60
站长室	10	通信机械室	60
副值班室	侧式8×2 岛式8	蓄电池室	15
值班员室	10	防灾报警	20
站台服务员室	侧式10×2 岛式10	自动售检票机房	25
交接班室	15	票务	25
公安用房	15×2	通风机房	根据设备要求定
更衣室	15×2	降压变开关柜室	根据设备要求定
车站用品库	15	泵房	30～50
清扫室	10	配电	12×2
茶水	10	卫生间	10×2

注：由于车站不需空调，因此不设环控机房，有关设备用房及需要空调的管理用房采用小的集中空调和分体式空调解决。表中房间面积仅供参考，应以现行规范为准。

由于线路及城市环境的制约，车站可能为三层至四层，除了最上部两层的车站本体外，其下部的一、二层需解决客流出入口及上至站厅的过渡空间设计，其余部分可作为开发用房处理。

2. 车站建筑的剖面设计

根据总体线路的纵坡设计和周边环境的因素，各车站轨顶标高会不一样高，因而形成车站高度及规模的不同，在地面以上有二层的、三层的，甚至高的可达四层，而真正作为车站本体所用的仅为二层。

在交通干道中央的车站，为了使城市地面公共交通车辆通行流畅和视线无阻挡，一般车站下部架空，即使下部必须布置设备用房，也应尽量将长度缩短，留出空档，使下部空间有畅通感。有可能的话，可将设备用房布置于道路外侧，使车站主体显得更加简洁、轻快，如图3-22。

车站剖面形式与结构方案、客流量、站台候车方式、车辆尺寸及车辆运行限界有关。车站结构方案影响车站的剖面形式基本上分为两种，一种是建筑结构与车道下部的承载结构脱开，建筑结构犹如罩壳，套在车道上，车站部分的车道与区间的车道连成一个整体；另一种是车站建筑结构与车站中的车道下部承载结构结合在一起，车站自身形成一个整体，区间车道与车站的车道分离建造。这两种方案各有优缺点，车站建筑与车道下部承载结构分开的方案，对车站建筑结构的整体性和刚度较差，但由车辆经过产生的振动对建筑本体结构的影响较小；而车站建筑本体结构与车道下部承载结构相联的结构方案其优缺点正好相反，建筑结构的整体性好，但车辆行驶产生的振动对建筑的本体结构的影响也较大，如图3-23。

车站建筑结构以钢筋混凝土框架为主，也有车站在升至站台层后采用钢结构，上覆轻型钢结构屋盖，屋顶可以是全覆盖，也可以在候车站台上部作局部覆盖。

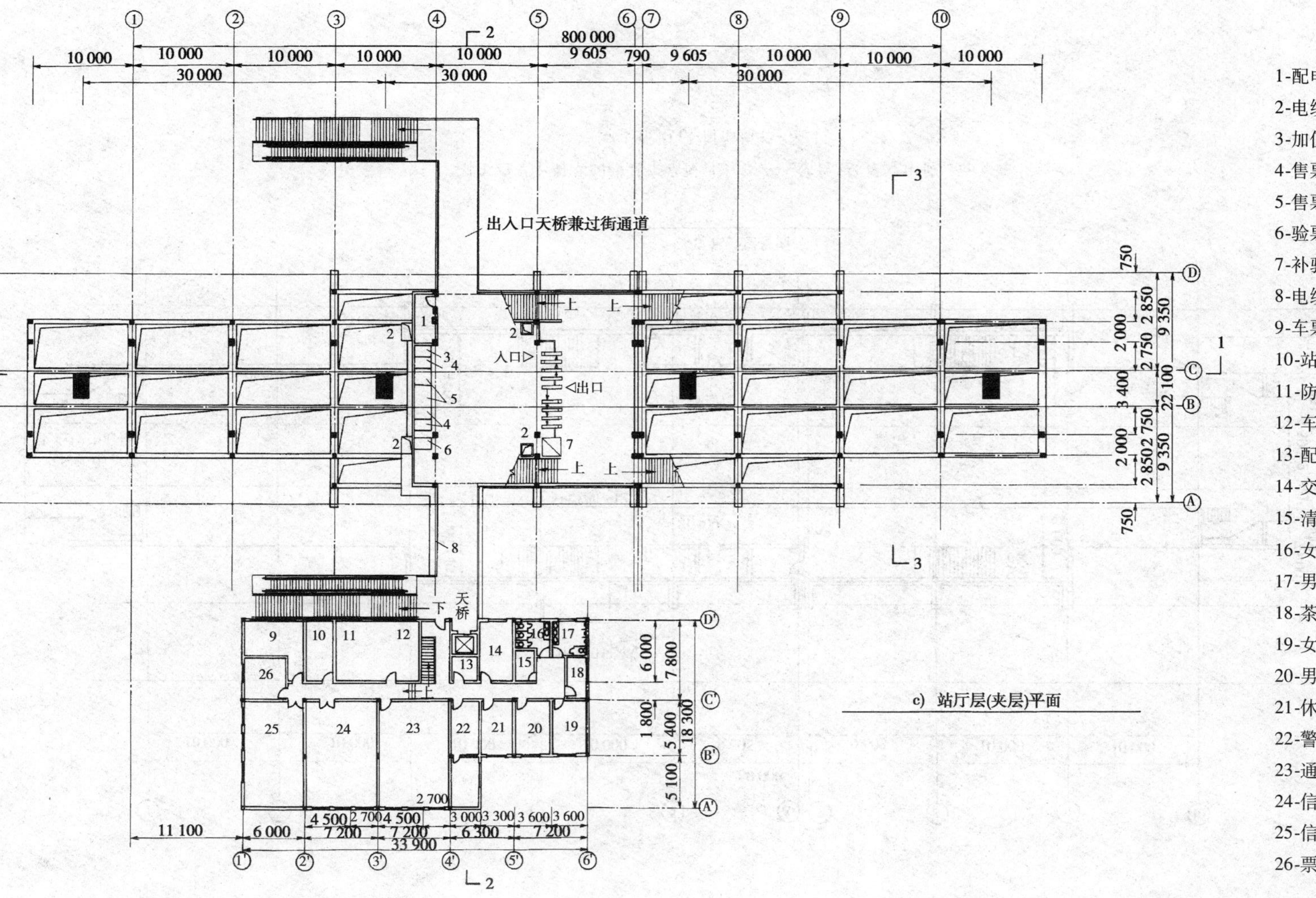

1-配电
2-电缆井
3-加值机
4-售票机
5-售票亭
6-验票机
7-补验票亭
8-电缆通道
9-车票分类编码
10-站长室
11-防灾报警控制室
12-车控室
13-配电
14-交接班室
15-清扫
16-女厕
17-男厕
18-茶水
19-女更衣室
20-男更衣室
21-休息室
22-警务
23-通信设备
24-信号设备
25-信号工区
26-票务

图 3-21　上海莘闵线某车站设计方案——站厅层(夹层)(尺寸单位:mm)

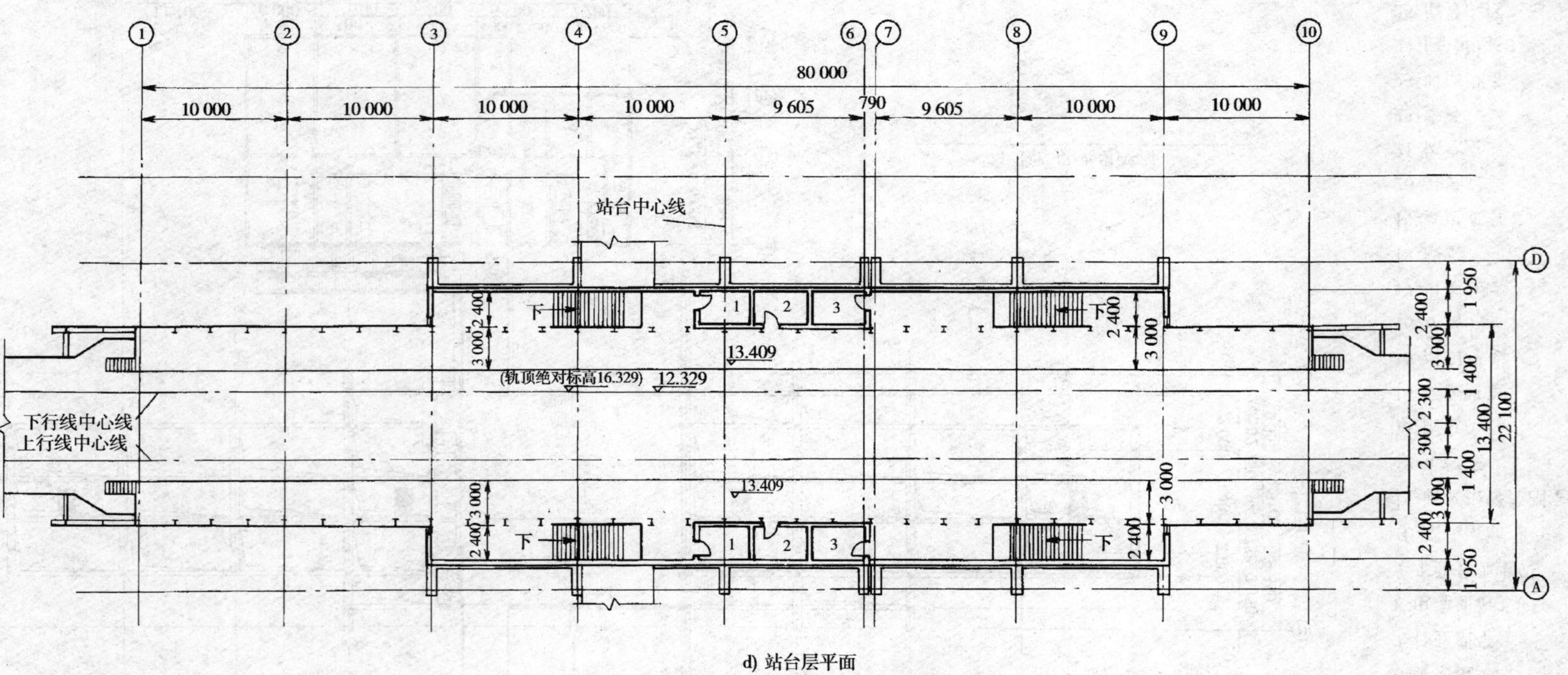

d) 站台层平面

图 3-22　上海莘闵线某车站设计方案——站台层(尺寸单位:mm)

1-配电;2-付值班;3-清扫

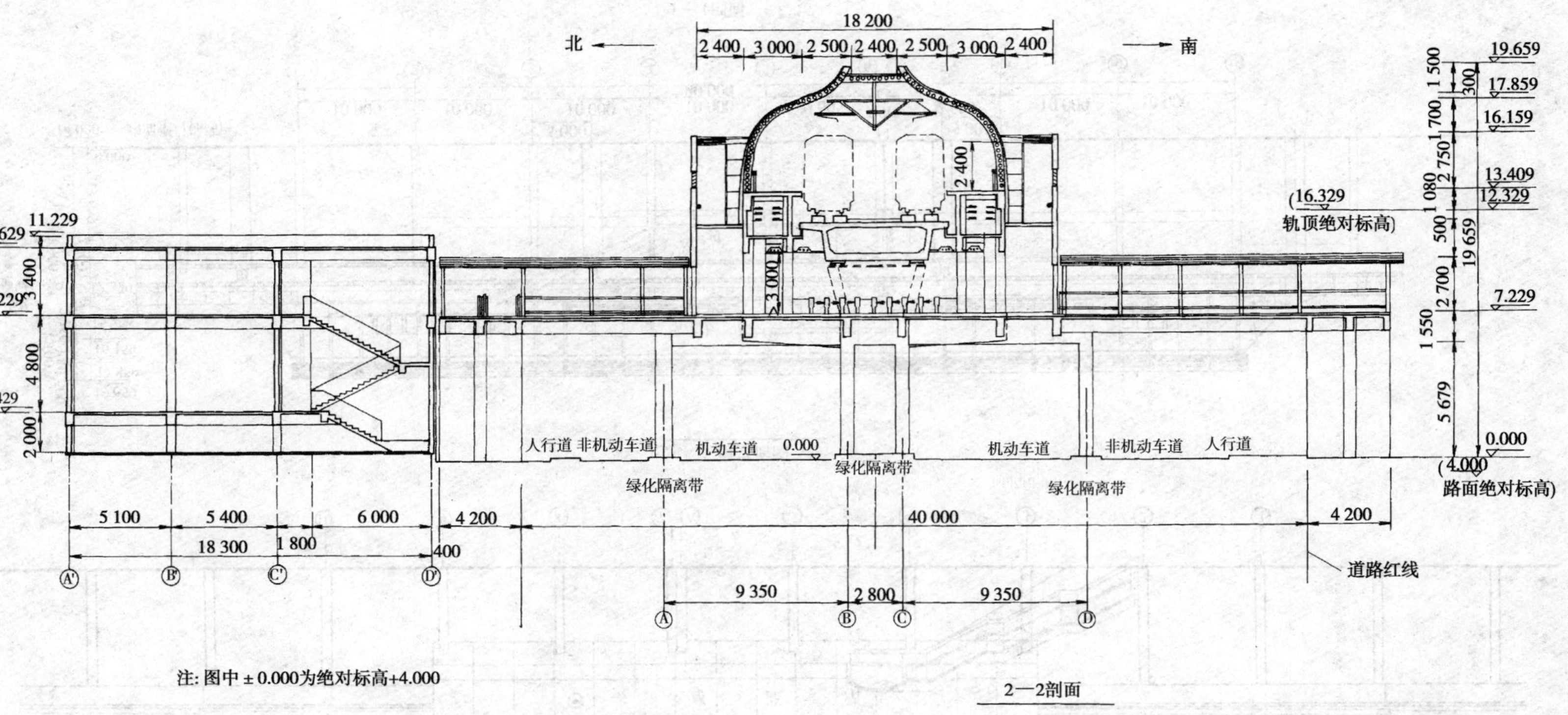

图 3-23　上海莘闵线某车站设计方案——2-2 剖面(尺寸单位:mm)

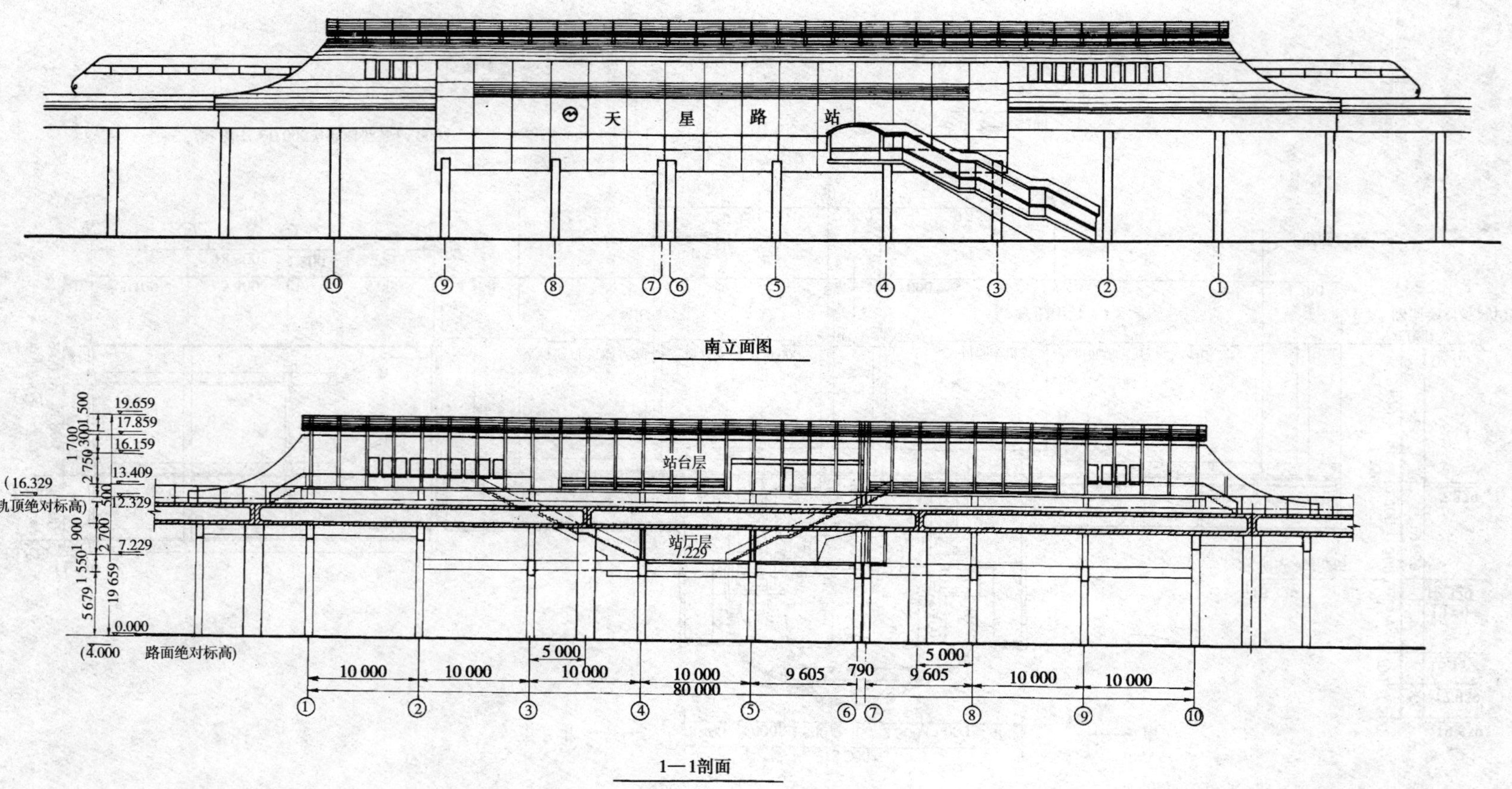

图 3-24 上海莘闵线某车站设计方案——1-1 剖面(尺寸单位:mm)

剖面设计(图 3-24)中还需根据车辆尺寸及车辆运行限界尺寸确定车道宽度及车辆中心至站台边缘的尺寸;根据车站轨顶标高及设备所需层面确定车站各层的标高及架空线对结构提出的屋顶标高要求;根据平面布局中的楼梯及自动扶梯的位置,详细计算楼梯的踏步数及其长度、自动梯的提升高度及其长度。

3. 车站立面造型设计

由于车站位于地面或架空于地面上部,因此车站形体及立面设计对周边环境及城市景观有一定影响,反之周边环境及城市景观对轻轨车站的造型、立面提出一定的制约条件。

轻轨车站的造型基本上由其功能决定,车站沿着轨道线路走向形成长条的形体,有时车站建在轨道曲线段上,车站也形成了弧形的条状体。从车站本体来说,基本上属于二层的车站建筑,但由于线路标高的高低差别造成了车站建筑的不同层数。为了不影响城市周边的其他交通,在车站的两侧不可能有过多的外凸体量,车站只能以其简洁、明确的形体,充分体现其内部功能,形成城市轨道交通建筑的一大特征。以上海轨道交通明珠线一期工程为例,沿线 19 个车站绝大部分车站的形体和立面处理统一于车站基本功能所形成的三段式,顶部是架在钢筋混凝土框架上的轻型屋架,金属屋面板及条形采光板,中间是体现站台和站厅的站主体围护墙体,下部绝大部分车站是架空层,形成了明珠线一期工程车站建筑形体的共性,然后以各车站所处的线路位置(高、低、曲、直)、周边环境等不同情况,对车站建筑的立面造型作不同的处理,形成各自的个性。

造型设计中的基本处理手法:

(1)车站造型、立面形式与内部功能有机结合。结合车站各层功能,有的可开设窗户,有的只需设置通风百叶(如电缆夹层),有的可作半开敞空间处理,使立面形式充分反映内部功能。

(2)充分利用顶部轻型屋架构成的不同形式,形成车站外部的不同造型。

(3)在立面处理上除考虑窗户大小、比例、对位关系以外,还必须考虑设置车站名牌、标志的实体墙面。

(4)车站下部架空处理或入口大厅等尽量处理成虚的空间,或向内收进,使车站建筑轻盈地浮于上空,另外利用过街人行天桥的轻快处理,增添车站的现代交通观感。

第四节　地铁与轻轨车站建筑设计实例

地铁与轻轨车站建筑设计实例见图 3-25 ~ 图 3-76。

图 3-25　虹桥路车站外立面

图 3-26　虹桥路车站站台层

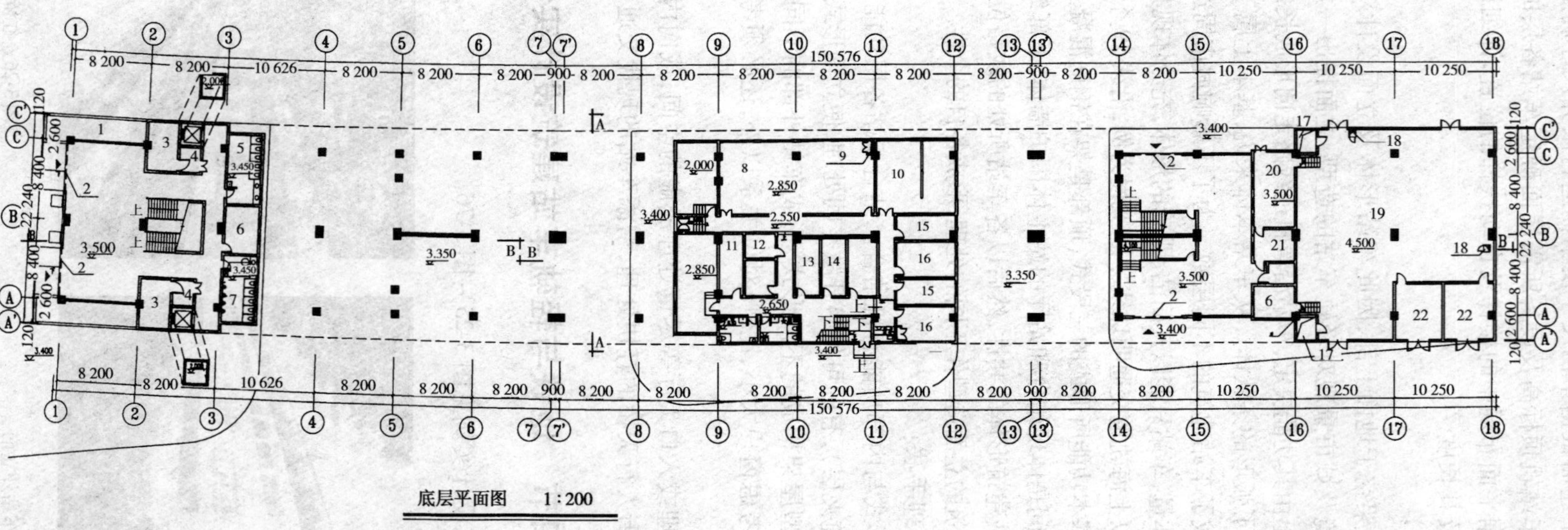

图3-27 上海轻轨虹桥路站——底层平面图(尺寸单位:mm)

1-花地;2-卷帘门;3-电梯机房;4-值班;5-女厕;6-储藏;7-男厕;8-信号机械室;9-通信电缆管理;10-通讯机械室;11-车站用品库;12-配电室;13-男更衣室;14-女更衣室;15-机械维修工区;16-自动售验票机械室;17-电缆竖井;18-下人孔;19-开关柜室;20-控制室;21-值班室;22-变压器

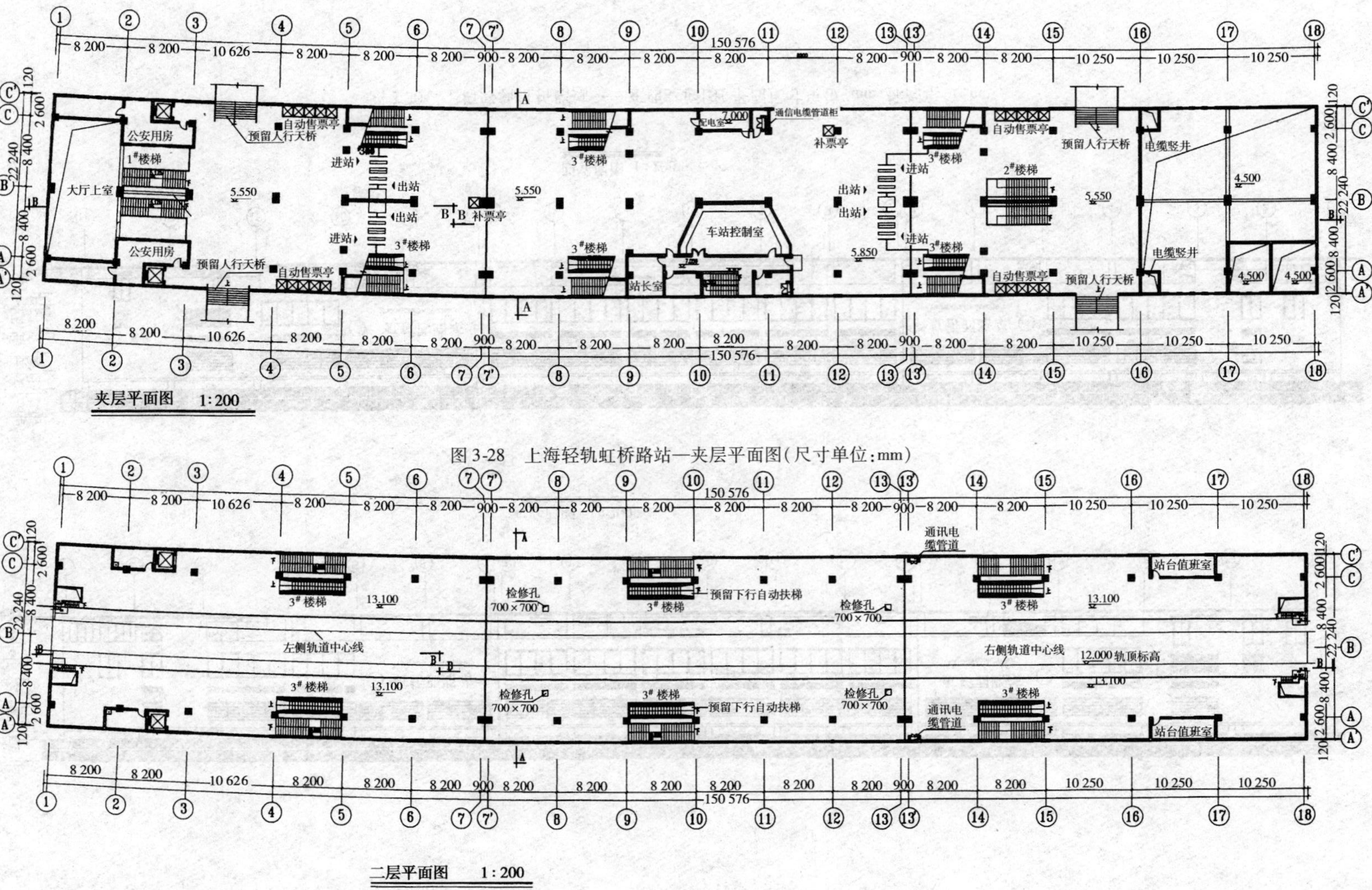

图 3-28　上海轻轨虹桥路站—夹层平面图(尺寸单位:mm)

图 3-29　上海轻轨虹桥路站——二层平面图(尺寸单位:mm)

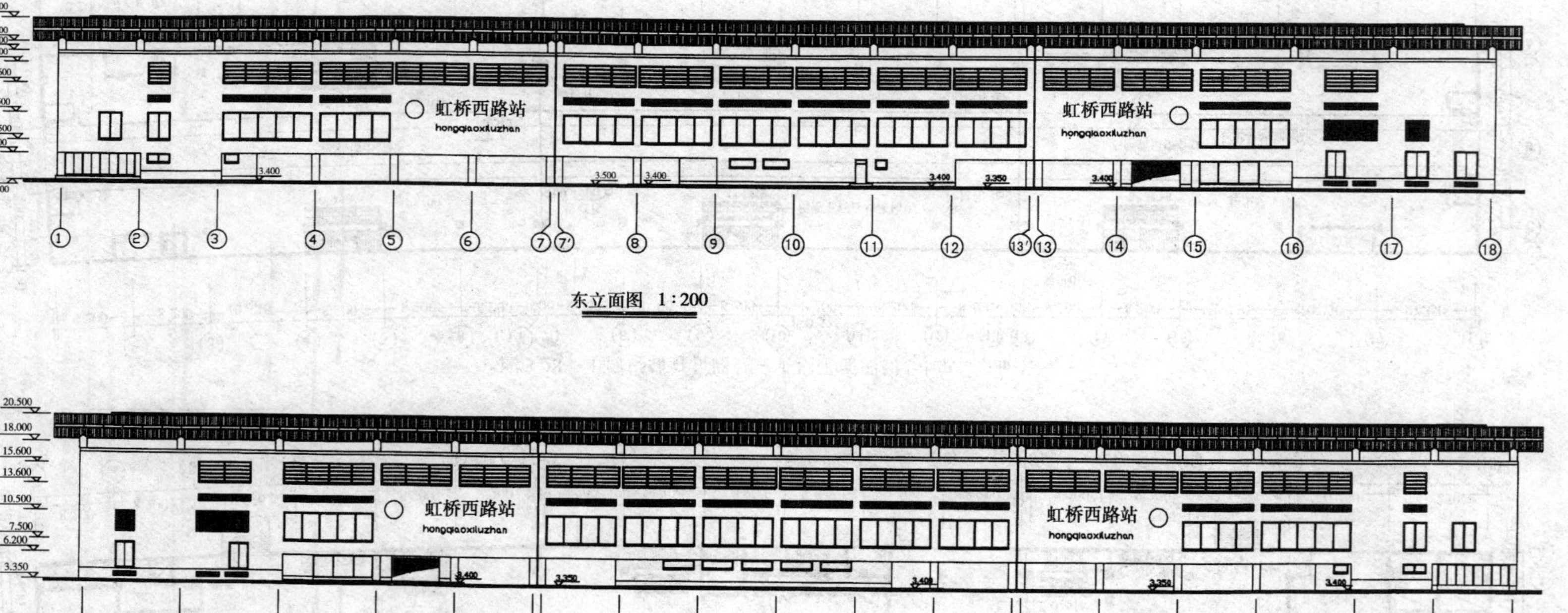

图 3-30 上海轻轨虹桥路站——东西立面图(平面尺寸单位:mm,标高单位:m)

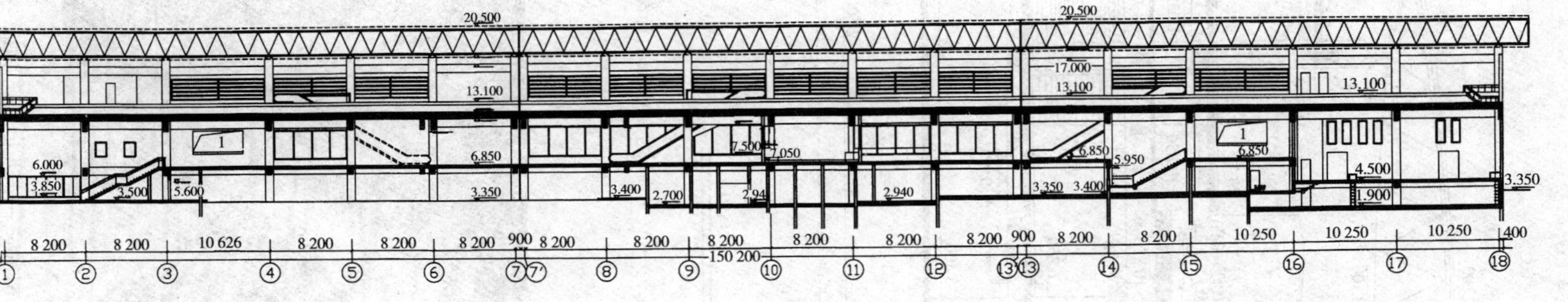

剖面图B—B 1:100

图3-31　上海轻轨虹桥路站——剖面图B—B(平面尺寸单位:mm,标高单位:m)

1-预留人行天桥出口

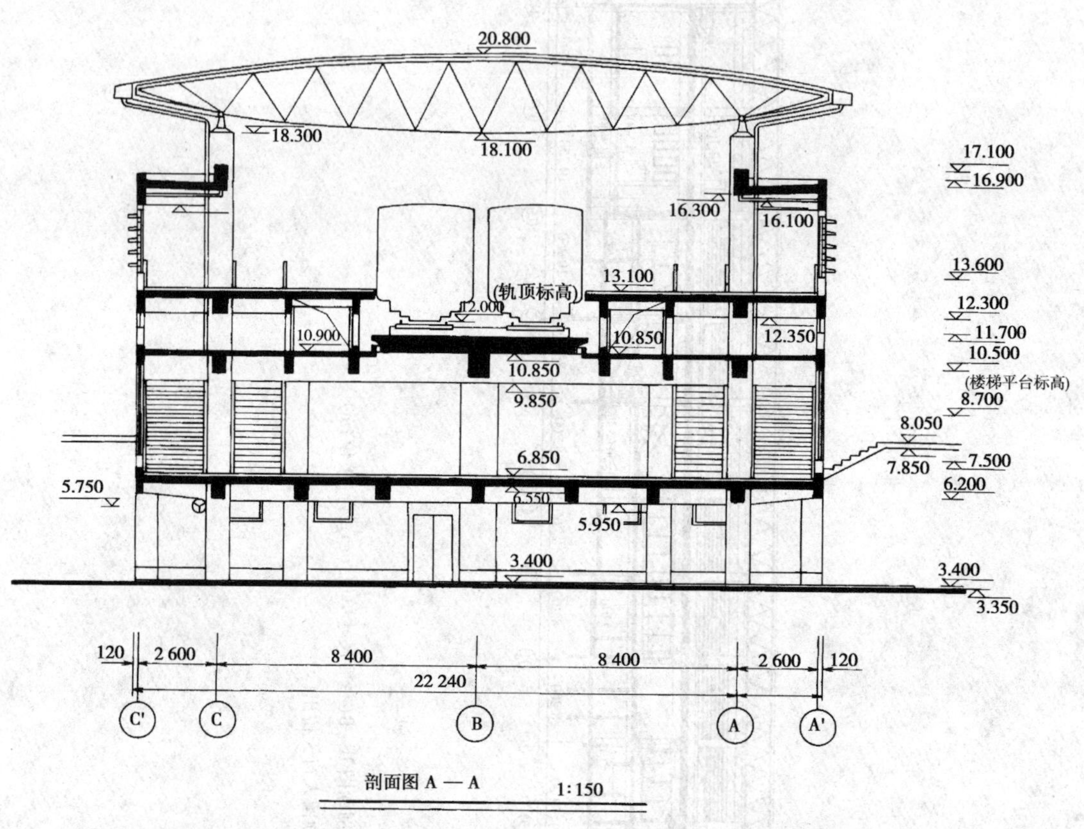

图 3-32 上海轻轨虹桥路站——剖面图 A - A(平面尺寸单位:mm,标高单位:m)

图 3-33 上海明珠一线龙漕路站——车道上方透空网格

图 3-34　上海明珠 1 号线中山公园站——车站横架于长宁路上

图 3-35　上海明珠一期东宝兴路站——高架车站上部有建筑

图 3-36　上海地铁 2 号线张江站（出地面高架站）

图 3-37　意大利布林车站——由电脑控制的自动擦洗玻璃器

图 3-38　意大利布林车站——站台客流入口处

图 3-39　日本东京临海线国际展示场站

图 3-40　日本东京临海线船舶科学馆站——带有屏蔽门之站台

图 3-41　上海地铁 2 号线石门一路站——站厅层

图 3-42　上海地铁 2 号线石门一路站——站台层

图 3-43　上海地铁 2 号线扬高路站——站厅利用顶部自然光

图 3-44　上海地铁 2 号线扬高路站——站台

图 3-45　上海地铁 2 号线龙阳路站(浅埋,站厅位于地面)——站厅层

图 3-46　上海地铁 2 号线龙阳路站(浅埋,站厅位于地面)——站台层

图 3-47　上海地铁 1 号线新闸路站——站厅层(鲜明色彩具有强烈的识别性)

图 3-48　上海地铁 2 号线静安寺站——站厅层(鲜明色彩具有强烈的识别性)

图 3-49　上海石门一路站壁饰(主题服饰一条街)

图 3-50　上海静安寺站壁饰(主题静安八景)

图 3-51　北京地铁 1 号线天安门东站—站台层装饰处理

图 3-52　北京地铁 1 号线天安门东站——铝合金方板、弧形板、挂片等细部处理

图 3-53　北京地铁 1 号线西单站站台层

图 3-54　北京地铁 1 号线王府井站站台层

图 3-55　新加坡 DHOBY GHAUT 站(站台带有屏蔽门设施,具有安全和隔声的功能)

图 3-56　德国慕尼黑市地铁 U_8 线 Konigoplaty 站

图 3-57　德国慕尼黑市地铁 U_5 线 Theresienwiese 站

图 3-58　西班牙毕尔包地铁车站地面出入口

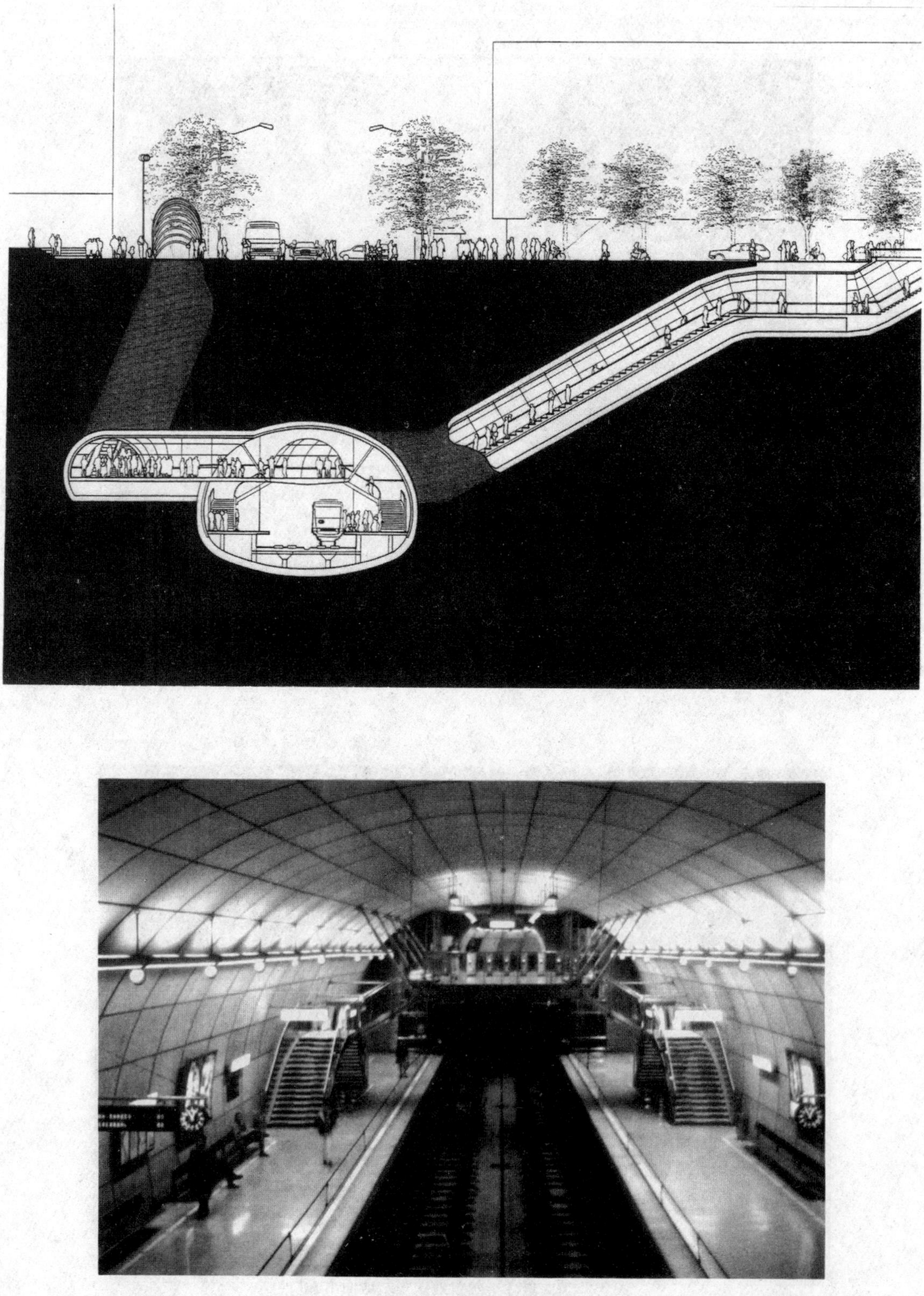

图 3-59　西班牙巴斯克地区毕尔包地铁车站

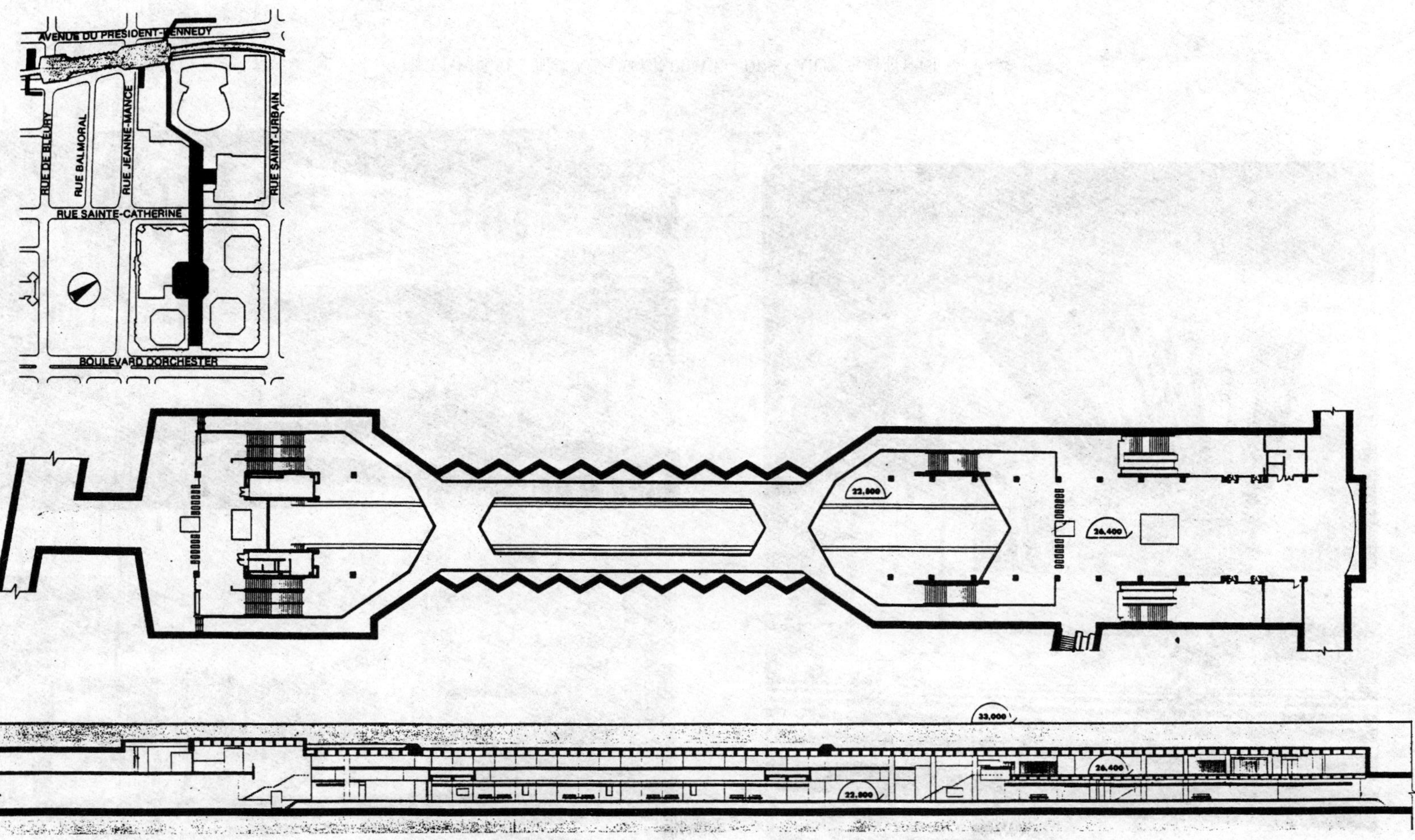

图 3-60　加拿大蒙特利尔 PLACE－DES－ARTS 车站设计图（站厅设于两端，站台空间高爽，侧墙呈锯齿形）

图 3-61　加拿大蒙特利尔 PLACE – DES – ARTS 车站照片图

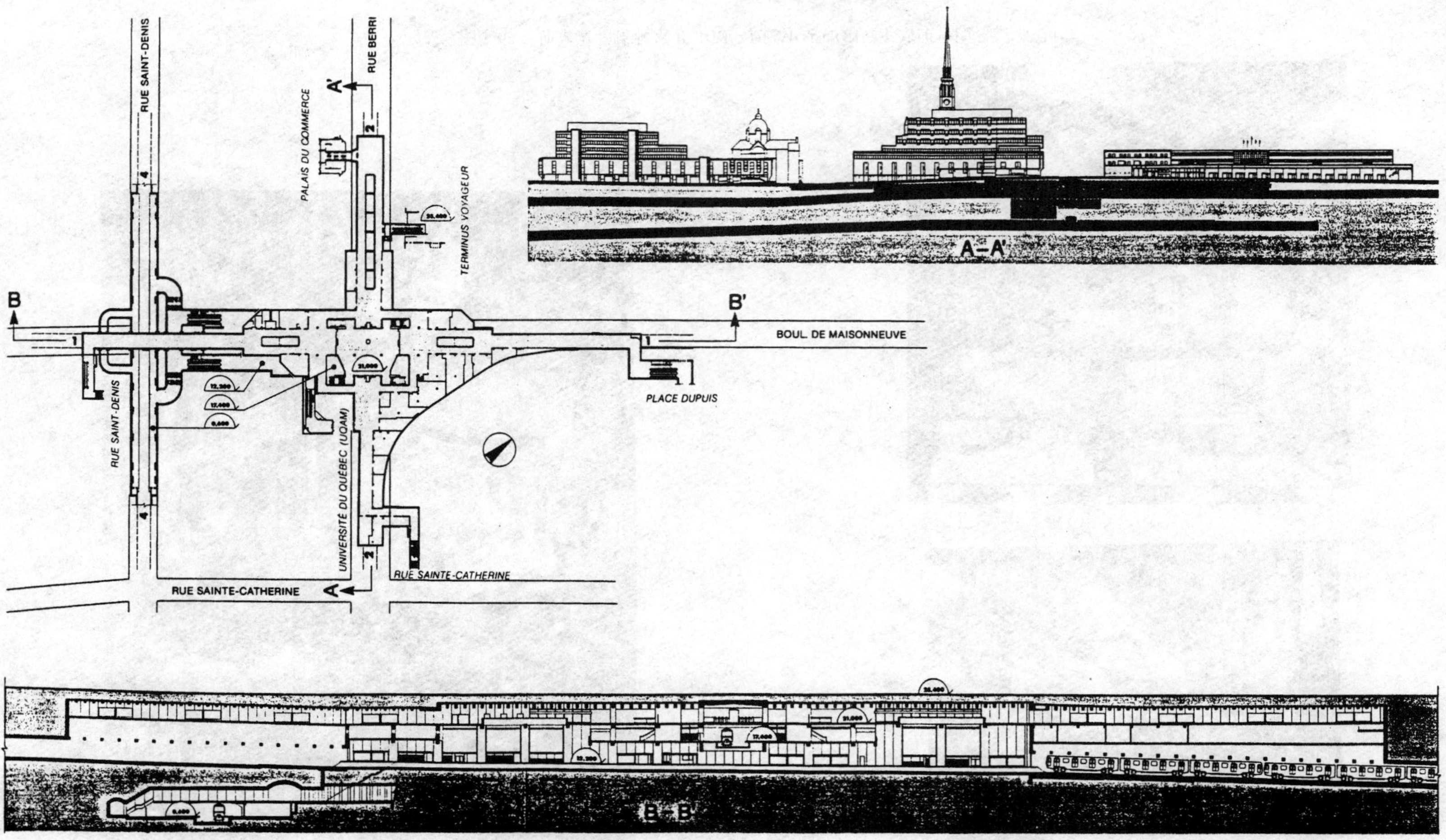

图 3-62 加拿大蒙特利尔 BERRI－DEMONTIGNY 车站设计图(车站有三条线路经过,可完成 1 号、2 号及 4 号线的客流换乘)

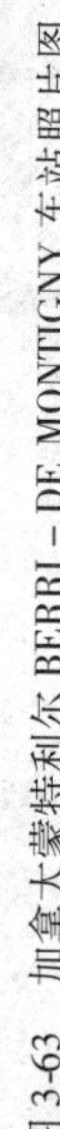

图 3-63　加拿大蒙特利尔 BERRI－DE MONTIGNY 车站照片图

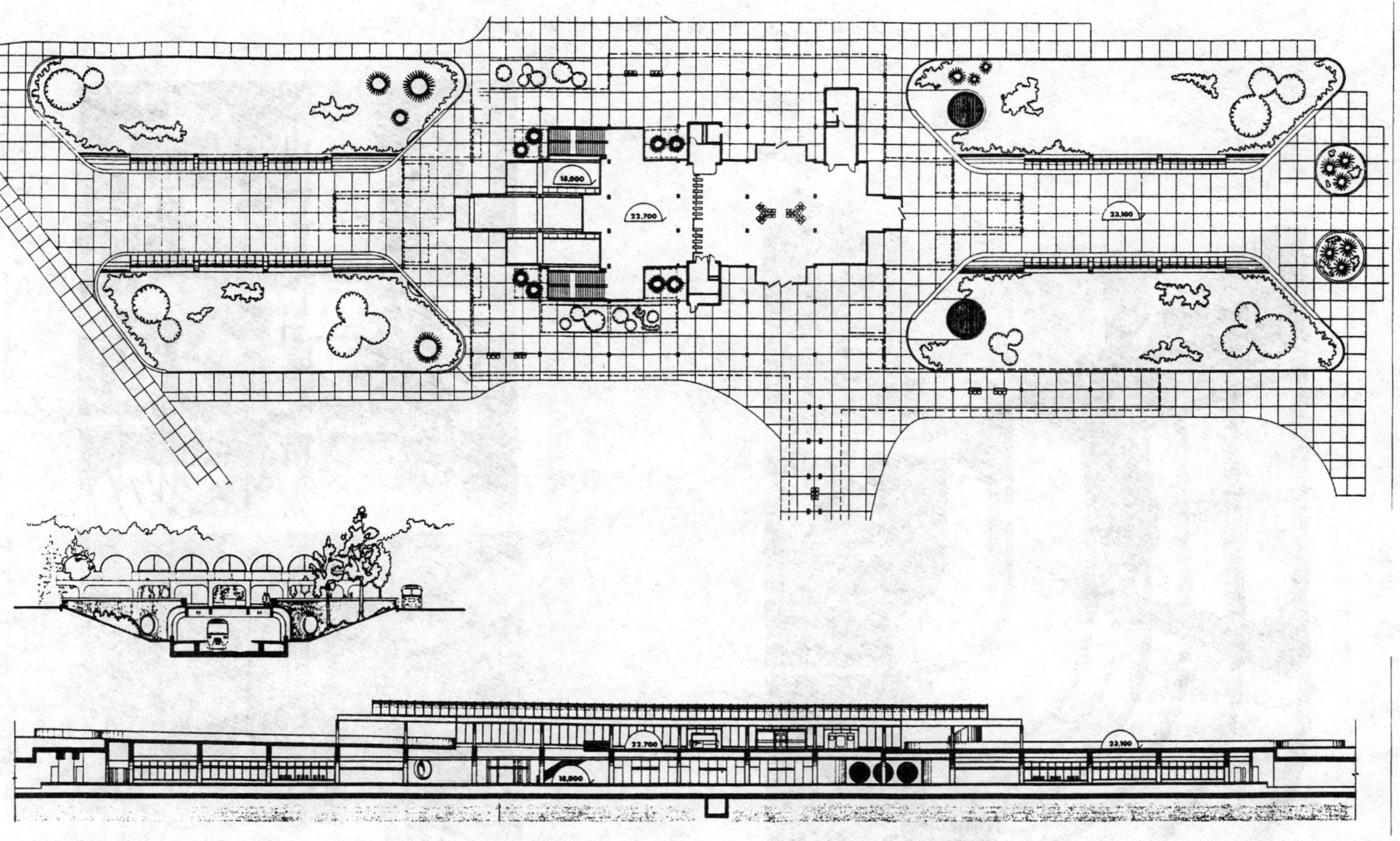

图 3-64 加拿大蒙特利尔 ANGRIGNON 车站设计图（车站为浅埋式，候车站台两侧做成下沉式的斜坡绿地，把阳光、绿树引入地下车站）

图 3-65　加拿大蒙特利尔 ANGRIGNON 车站照片图

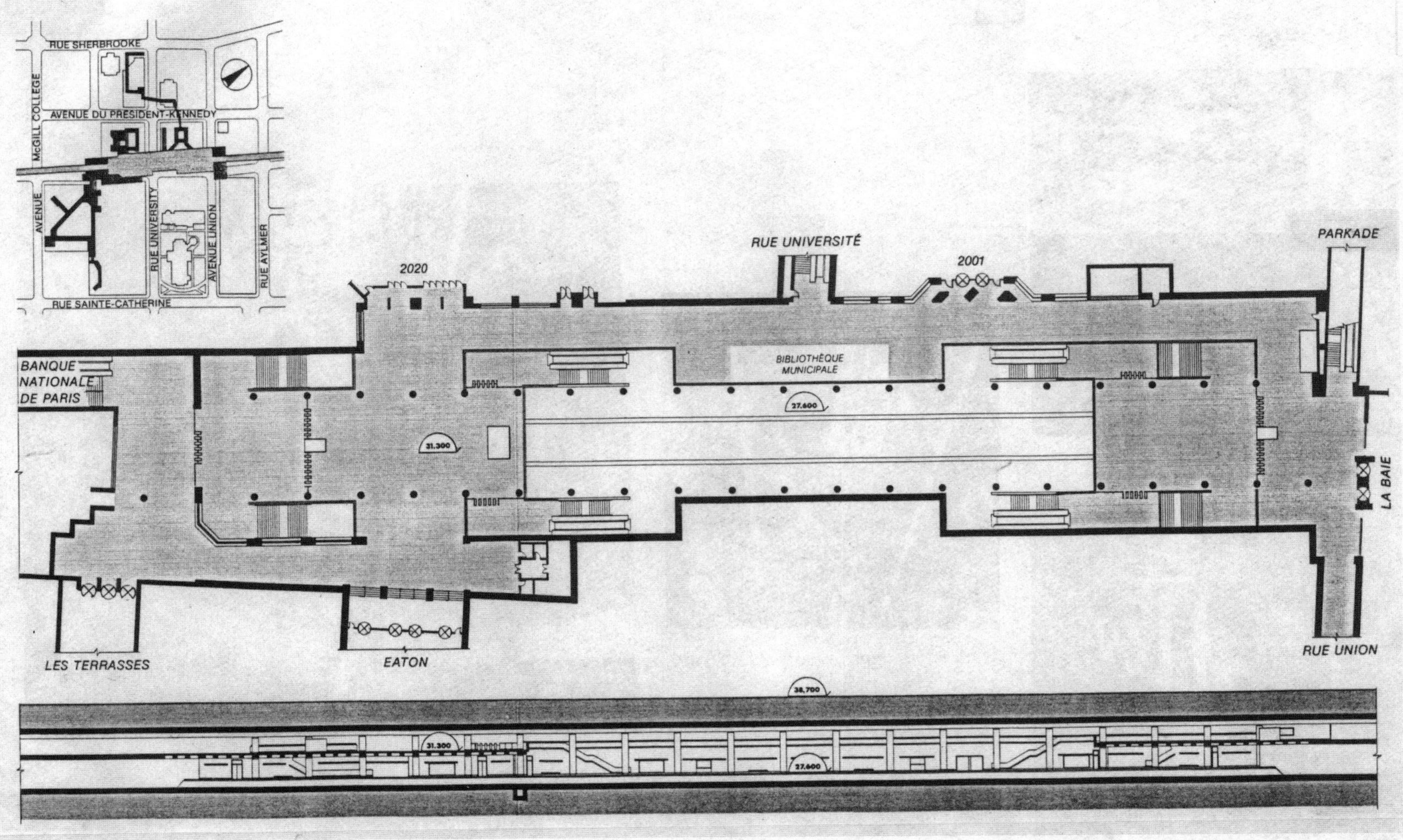

图 3-66 加拿大蒙特利尔 MCGILL 车站设计图(车站位于市中心,站厅有 9 个出口通向地面的街区和各类建筑)

图 3-67　加拿大蒙特利尔 MCGILL 车站照片图

图 3-68　上海明珠线一期车站指示标牌

图 3-69　上海地铁 2 号线车站指示标牌

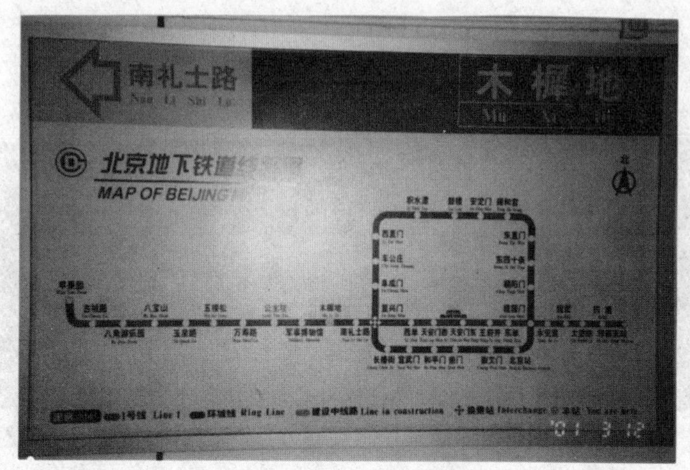

图 3-70　北京地铁信息指示标牌

图 3-71　上海地铁 2 号线杨高路站位于广场上的地面出入口

图 3-72　上海地铁 2 号线杨高路站自然采光的地面设计

a）地面出入口

b）风亭

图3-73　上海地铁1号线衡山路站地面出入口及风亭组合设计

a)圆形风亭

b)地面喷水池与下沉或广场

图 3-74　上海地铁 2 号线静安寺站圆形风亭与地面喷水池下沉式广场组合设计

图 3-75　上海地铁 2 号线杨高路站出入口

图 3-76　上海地铁 1 号线上海火车站站出入口

思考题

1. 简述地下、高架车站建筑设计的特征和原则？

2. 地铁和轻轨车站分成哪些区域、房间？怎样布置？

3. 高峰单向客流 5 万人次/小时，列车 8 节编组，列车运行间隔 1min，试求站台长、宽及自动扶梯和楼梯宽度。

4. 地铁车站换乘方式有哪几种？各有何优缺点？

5. 试述地铁车站内部环境设计特点？高架轻轨车站与地面交通的连接形式有哪些？

6. 上海明珠轻轨线高架车站侧立面设计的特点？

7. 地铁设计施工如何兼顾人防工程要求？

第四章　地铁与轻轨交通的结构设计

第一节　一般规定

一、地下结构(地铁车站、隧道等)

1. 设计方法

地下结构设计,应根据施工方法,结构或构件类型、使用条件及荷载特性等,除参照《地下铁道设计规范》(GB 50157—2003)外,选用与其特点相近的其他设计规范和设计方法,结合施工监测逐步实现信息化施工。受力明确并具备条件的,宜按极限状态设计;荷载不甚明确或尚不具备条件的,可按破损阶段或按容许应力法设计;在Ⅴ级及以下的围岩中用矿山法施工的区间深埋隧道,也可采用工程类比法设计。

2. 地质勘察资料

地下结构设计应以地质勘察资料为依据,按不同的设计阶段,考虑不同的施工方法提出相应较完备的地质资料。例如,当采用降低地下水位法施工有可能使地层产生固结沉降时,要进行固结试验;当采用地下连续墙工法施工时,为了满足基坑稳定性的要求,有时要采取坑内井点降水或坑底地基加固等措施,除不同部位土层的常规力学指标外,还需提供基坑内侧坑底土层卸载后排水固结状态下的 C、ϕ 值及坑外不排水、不固结、自重应力状态下的地层 C、ϕ 值,并需通过现场抽水试验测定地层的渗透系数;在软土地层为了预测明挖结构沿隧道纵向产生的不均匀沉降,应提供坑底土体卸载后再加载的弹性横量;为了判断盾构隧道在长期使用过程中底部砂性土层的稳定性,需要提供土层不均匀系数(d_{60}/d_{10} 及 d_{70})等指标;在采用泥水或土压平衡式盾构时,需要调查砾石的形状、大小、数量及硬度、颗粒组成,尤其是细颗粒所占的百分比及渗透系数等。当采用矿山法施工时,需要提供有关评价围岩质量和进行围岩分级的各种指标;在用气压法施工时,必要时应对土层进行透气试验;采用冻结法施工时,应提供土层热物理学指标及有关土层冻胀和融沉的力学指标。鉴于工程地质的复杂性及按一定间距布设的勘探点所揭示的地层信息与实际的地层剖面总是存在差异,地质勘察工作应贯穿工程建设的始终。施工中通过对开挖后地层状态(开挖面稳定性,净空位移量、节理裂隙及地下水发育情况等)的直接观察或监测反馈,对所提出的地质资料进行对比验证,必要时应根据实际情况修改初步设计和施工图设计。

3. 强度、刚度和稳定性的要求

地下结构应就其施工及正常使用阶段的不同工况,进行结构强度的计算,必要时应进行刚度和稳定性计算。对于混凝土结构,尚应进行抗裂验算或裂缝宽度验算。当计入地震荷载或其他偶然荷载作用时,不需验算结构的裂缝宽度。普通的钢筋混凝土结构的最大计算裂缝宽度允许值应根据结构的类型、使用要求、所处的环境和防水措施等因素确定。处于一般环境中的地下结构,按荷载效应标准组合并考虑长期作用影响时,最大裂缝宽度允许值按表 4-1 控制。处于冻融环境或有侵蚀性气体液体包围的结构，其最大计算裂缝宽度允许值应根据具体情况确定。

最大计算裂缝宽度允许值　表 4-1

结构类型		允许值(mm)	附注
钢筋混凝土管片		0.2	
其他结构	水中环境、土中缺氧环境	0.3	
	洞内干燥环境或洞内潮湿环境	0.3	环境相对湿度为45%～80%
	迎土面地表附近干湿交替环境	0.2	

注：当设计采用的最大裂缝宽度的计算式中保护层的实际厚度超过30mm时，可将保护层厚度的计算值取为30mm。

4. 工程材料

地下结构的工程材料大都采用混凝土及钢筋混凝土材料，必要时也可采用金属材料，高分子聚合物等。材料的选择应根据结构类型、受力条件，使用要求和所处的环境等条件，并考虑可靠性、耐久性和经济性。

混凝土的原材料和配合比、最低强度等级，最大水胶比和单方混凝土的胶凝材料最小用量应符合100年使用期的耐久性要求，还要满足抗裂、抗渗和抗侵蚀的要求。为了减少地下超长结构混凝土的温度收缩应力和沉降变形应力、除立柱和纵梁等构件外，一般环境下的混凝土强度等级不得低于表4-2规定。

地下结构混凝土的最低设计强度等级　表 4-2

明挖法	整体式钢筋混凝土结构	C30
	装配式钢筋混凝土结构	C30
	作为永久结构的地下连续墙和钻孔灌注桩	C30
盾构法	装配式钢筋混凝土管片	C50
	整体式钢筋混凝土衬砌	C30
矿山法	喷射混凝土衬砌	C20
	现浇混凝土或钢筋混凝土衬砌	C30
沉管法	钢筋混凝土结构	C30
	预应力混凝土结构	C40
顶进法	钢筋混凝土结构	C30

注：一般环境条件指现行国家标准《混凝土结构设计规范》环境类别中的一类和二a类。

地下结构承受的荷载大，钢筋用量多，配筋大多数由裂缝控制。按现行国标《混凝土结构设计规范》中裂缝宽度计算公式，其他条件相同的情况下，控制构件裂缝宽度所需要的钢筋面积仅与钢筋的类别（光面钢筋或带肋钢筋）有关，而与钢筋设计强度无关。所以在此情况下采用设计强度较高的HRB400级钢筋并不能达到减少钢筋用量或减薄断面厚度的目的。所以地下结构的普通混凝土和喷锚支护中的钢筋及预应力混凝土结构中的非预应力钢筋宜采用HRB335级钢筋，也可采用HPB235级钢筋；预应力混凝土结构中的预应力钢筋，宜采用预应力钢铰线、钢丝，也可采用热处理钢筋。地铁盾构隧道钢筋混凝土管片连接螺栓的机械性能等级一般采用4.6～6.8级，特殊情况下也有采用8.8级的。为了保证隧道的使用寿命，对螺纹坚固件表面必须进行防腐蚀处理。用矿山法施工的城市地铁隧道，大多由以喷射混凝土为主的初次支护和以现浇模注混凝土为主的二次衬砌共同承受使用阶段的荷载。喷射混凝土作为主要承重构件的初期支护，理应具备一定的耐久性。传统的干喷射混凝土，由于水灰比不宜控制，强度难以超过 C_{20}，基本不具备抗渗性；湿喷混凝土技术的推广对于减少回弹量，改善工人劳动条件起到了很大作用。由于仍然使用基于硅酸盐、铝酸盐和碳酸盐等传统速凝剂，导致后期强度大为降低（约 50% ~60%），抗渗性提高不多，且对工人还有较大的腐蚀性危害。近年来，随着高效减水剂、无碱速凝剂、有机纤维和新品种水泥的开发成功，出现了一种掺入纤维的高性能湿喷混凝土。由于掺入纤维的高性能混凝土具备和易性好、塌落度损失少、回弹量低、后期强度高，抗渗性和耐久性好以及使用中腐蚀性风险低等优点，故宜在地铁工程中推广，此时的喷射混凝土强度等级可采用 C_{25}。

5. 构造要求

（1）伸缩缝、施工缝和沉降缝

地铁的区间隧道和车站一般属于超长结构，目前工程界已经认识到控制此结构由于温度应力及差异沉降引起的纵向应力和有害裂缝的必要性。上海、广州、南京、天津等城市的地铁车站大多采用地下连续墙与内衬墙叠合的构造，顶、中楼、底板等水平构件的钢筋锚入地下墙内，形成刚接点。由于先期浇筑地下连续墙对后浇内衬和水平构件混凝土因受冷收缩变形的约束较大，在与地下墙交接处的顶板易产生斜裂缝，在与地连墙交接处的底板易产生垂直于纵向的垂直裂缝，裂缝间距一般 8 ~10m，长度可 1.5 ~2.0m，其宽度达 0.2 ~1.0mm。这些收缩温度应力裂缝可能贯穿整个截面，引起地下水渗漏。许多工程实践表明，即使沿纵向每隔 30 ~40m 设置一条贯通整个结构横断面的伸缩缝，内衬墙与顶底板相交节点附近增设纵向构造钢筋，稍有不慎，内衬墙仍然出现收缩的裂缝。为了控制地下结构的温度收缩应力裂缝，工程界通常采用下列技术措施：

1）设置伸缩缝、诱导缝和施工缝；

2）设置后浇带或控制分段浇注的长度；

3）合理选择水泥品种的标号；

4）控制混凝土入模温度，加强养护和洞口的遮挡；

5）及时回填，保证地下结构内外温度不出现急剧变化。

地下结构设置横向施工缝的主要目的是为了通过分段浇注控制超长结构或大体积浇筑时在混凝土中产生的温度收缩应力，同时也是施工作业的需要。由于受到作业条件的限制，通常矿山法结构的施工缝间距较短，一般为 6 ~12m，沉管隧道分段浇筑长度一般为 15 ~20m，明挖结构的情况较为复杂。施工缝间距与结构外部约束条件及收缩缝的形式和间距关系密切。深圳地铁采用 8 ~12m；上海地铁诱导缝之间的距离为 24m 左右时，中间不再设置横向施工缝。京沪两地的地铁工程实践表明，对于内外部约束条件较弱的放坡开挖或采用复合式侧墙的结构，情况良好，结构表面收缩裂缝基本能够控制；当采用叠合侧墙时，裂缝则较多。

（2）钢筋的混凝土保护层厚度

地下结构钢筋的保护层厚度应根据结构的类别，实际的环境条件，综合考虑混凝土的强度、施工精度和耐久性要求等，借鉴国内外同类工程的实践经验提出，适用于普通钢筋混凝土结构。其中矿山法施工的地下结构系采用《铁路隧道设计规范》规定的数值。

受力钢筋的混凝土保护层的厚度不得小于钢筋公称直径，且在一般环境条件下应符合表 4-3 规定。箍筋、分布筋和构造筋的混凝土保护层厚度不得小于 20mm。

（3）配筋率

明挖法施工的地下结构周边构件和中楼板每侧暴露面上分布钢筋的配筋率，当分布钢筋用I级钢筋时不宜低于0.3%；当为II级钢筋时不宜低于0.2%，同时分布钢筋的间距也不宜大于150mm。当受拉主筋的混凝土保护层厚度大于或等于40mm时，分布钢筋宜配置在受力筋的外侧。车站内后砌的内部承重墙和隔墙等应与主体结构可靠拉结，轻质隔墙应与主体结构连接。

受力钢筋的混凝土保护层最小厚度(mm) 表4-3

<table>
<tr><th rowspan="3">结构类别</th><th rowspan="2" colspan="2">地下连续墙</th><th rowspan="3">灌注桩</th><th colspan="5">明挖结构</th><th rowspan="2" colspan="2">钢筋混凝土管片</th><th colspan="3">矿山法施工的结构</th></tr>
<tr><th colspan="2">顶板</th><th rowspan="2">楼板</th><th colspan="2">底板</th><th colspan="2">初期支护或喷锚衬砌</th><th rowspan="2">二次衬砌</th></tr>
<tr><th>外侧</th><th>内侧</th><th>外侧</th><th>内侧</th><th>外侧</th><th>内侧</th><th>外侧</th><th>内侧</th><th>外侧</th><th>内侧</th></tr>
<tr><td>保护层厚度</td><td>70</td><td>50</td><td>70</td><td>50</td><td>40</td><td>30</td><td>50</td><td>40</td><td>40</td><td>30</td><td>40</td><td>40</td><td>35</td></tr>
</table>

注：①车站内的楼梯及站台板等内部构件主筋的保护层厚度可采用25mm；

②顶进法和沉管法施工的隧道主筋的保护层厚度可采用明挖结构的数值；

③矿山法施工的结构当二次衬砌的厚度大于50cm时，主筋的保护层厚度应采用40mm。

二、高架结构

1.设计计算方法

(1)城市轻轨交通工程中"高架结构"包括车站之间区间高架桥及高架车站。高架桥承受列车荷载；高架车站从功能上而言是多层多跨框架结构的房屋建筑，从传力体系看，当行驶列车与车站其他建筑构件有联系时，车站结构构件分成两大类：一类受列车荷载影响较大的构件如轨道梁、支承轨道梁的横梁、支承横梁的柱以及柱下基础等；另一类是受列车荷载影响小以致不受影响的一般建筑结构构件如站台梁、一般纵梁等。上述高架车站中的第一类构件连同区间高架桥梁按现行《地铁设计规范》(GB 50157—2003)执行，车站结构中其他构件的设计应按现行建筑设计规范执行。

(2)城市轻轨交通的列车荷载就其荷载集度而言，远小于铁路列车活载，但就其作用方式而言，如上桥即满载(指一列车长)，特别是水平力作用方式等于铁路列车活载接近。由于目前我国城市轨道交通高架结构专题研究成果(如荷载的分项系数、轨道桥的相互作用等)尚不多，工程实践经验不多，在此情况下目前沿用我国铁路桥涵设计采用的容许应力方法是合适的。随着我国高架城市轨道交通的不断建设及研究成果的积累，容许应力法理论必将向以可靠度理论为基础，具有城市轨道交通特色的完整的极限状态设计方法过渡。

(3)区间高架结构构造简洁，力求标准化，必须满足耐久性要求，满足列车安全运行和乘客乘坐舒适度的要求。地铁高架结构作为城市建筑物，其建筑形式应充分考虑城市景观的要求。

(4)区间高架桥的上部结构应优先采用预应力混凝土结构。结构除满足规定的强度外，要有足够的竖向刚度、横向刚度，并保证结构的整体性和稳定性。一般地段宜采用等跨简支梁式桥跨结构。

2.竖向挠度要求

城市轨道交通高架桥是行车密度很大的客运专线，而且一般是长大高架桥梁，因此其走行性即安全性和舒适性问题尤为重要。从这一思路出发，对梁的竖向刚度提出更高的要求。列车过桥动力分析结果表明，钢筋混凝土与预应力混凝土梁式桥跨结构在列车静活荷载作用下，其竖向挠度不应超过表4-4规定的容许值。

梁式桥跨结构竖向挠度容许值　　表4-4

跨度	挠度容许值
$L\leqslant30$m	$L/2\ 000$
$L>30$m	$L/1\ 500$

注：表中 L 为梁的跨度(m)。

预应力混凝土梁徐变上拱度会影响轨道的平整度，城市轨道交通高架桥一般采用无缝线路无碴轨道结构，扣件的调高量仅3～4cm，因此，梁的后期徐变必须严格限制。对于25～35m跨度的梁，线路辅设后的结构徐变上拱值不大于2cm。加大梁的竖向变形刚度对于减少无缝线路的挠曲力有明显的作用。

3. 横向变形刚度的要求

横向刚度问题同竖向刚度一样，对车辆来说主要是影响车辆运行安全性和平稳性。对于桥梁而言，较大的横向振动主要影响桥梁的安全性和桥上线路的状态。城市轨道交通列车的转向架性能较好，速度也不快(一般不超过80～100km/h)，且无货车运行，但是城市轨道交通高架桥一般是多跨梁构成的长大桥梁，而且行车的密度特别大，从提高防脱轨安全度考虑，有必要对梁横向刚度提出一个参考值。为了使设计容易操作，这个限值参照我国铁路桥梁检定规范规定，采用横向自振频率控制。梁式桥跨结构的横向自振频率应不小于 $90/L$，L 为桥梁的跨度。

4. 高架桥墩的纵向刚度规定

城市轨道交通高架桥一般均铺设无缝线路，而且大多数采用无碴(刚性)轨道结构。这样，轨、梁成为统一的整体，梁体结构在温度变化、竖向活荷载及制动力作用下出现的位移和变形会使钢轨产生附加应力，这就是梁轨相互作用的特殊问题，其相互作用产生的附加应力大小，在很大程度上取决于桥墩的纵向水平刚度，过大的附加应力甚至会使钢轨断裂从而影响行车的安全。采用无缝线路的区间简支梁高架结构桥墩墩顶纵向水平线刚度应满足表4-5的要求。单线桥梁桥墩纵向水平刚度取上表值的1/2。

桥墩墩顶纵向水平线刚度(双线)　　表4-5

跨 度 L(m)	最小水平刚度(kN/m)	附 注
$L\leqslant20$	240	不设钢轨伸缩调节器
$20<L\leqslant30$m	320	不设钢轨伸缩调节器
$30<L\leqslant40$m	400	不设钢轨伸缩调节器

因为高架桥轨道交通的轨道结构扣件可调控量小，为了防止过大的不可恢复的弹性变形影响线路的平顺性，对于高架桥墩顶弹性水平位移要符合相应的规定。高架结构墩台基础的沉降应按恒载作用计算。对外静定结构，其总沉降量与施工期间沉降量的差，不应超过下列允许值：(1)墩台均匀沉降量：50mm；(2)相邻墩台沉降量的差：20mm；(3)对于外静不定结构，其相邻墩台不均匀沉降量之差的容许值还应根据沉降对结构产生的附加影响来确定。

第二节　地铁车站的结构设计

一、地铁车站结构选型的原则与特点

地铁车站应根据车站规模、运行要求、地面环境、地质、技术经济指标等条件选用合理的结

构形式和施工方法。结构净空尺寸应满足建筑、设备、使用以及施工工艺等要求,还要考虑施工误差、结构变形和后期沉降的影响。

地铁车站按照施工方法可分为明挖法施工的车站结构、暗挖法(盖挖法)施工的车站结构、矿山法施工的车站结构和盾构法施工的车站结构。

(一)明挖法施工的车站结构

明挖法在史前就已被采用,迄今仍是软土地下工程最基本、最常用的施工方法。明挖车站的适应性强,可以根据场地条件和使用要求灵活布置车站的平面及纵断面。明挖车站可较好地利用地下空间,能紧凑、合理地把设备用房集中设置在车站内,管理方便。尤其适用于客流量大的车站、换乘站以及需要考虑城市地下、地上空间综合开发利用的车站,例如与地下车库、地下街、地下管廊、城市立交工程和高层建筑等合建。

鉴于功能要求、造价和工期等对能否发挥修建地铁的社会效益和经济效益起决定作用,而施工期间对环境的影响只是一种短期效应,所以浅埋地铁仍以明挖车站为主,与不同类型的围护结构结合能适用于各种地层。在交通繁忙的地段修建地铁车站,尤其是修建有综合功能要求的车站,或需要严格控制基坑开挖引起的地面沉降时,则可采用盖挖法施工。当不允许施工干扰地面交通,或由于地面拆迁量过大等原因明挖施工很不经济时,可采用暗挖法(矿山法或盾构法)施工,且一般用于规模较小的中间站。

(二)盖挖法施工的车站结构

盖挖车站视基坑开挖与结构浇注顺序的不同,可分为盖挖顺作法、半逆作法和逆作法3种。盖挖顺作法与明挖法并无不同,而半逆作法则与逆作法相近。逆作法的结构特点为:

(1)结构形式与施工期间对地面交通的处置要求关系密切。

(2)对地下室结构的设计有一定的要求,结构的主要受力构件常兼有临时结构和永久结构的双重功能。

(3)多跨结构需设置中间竖向临时支撑系统,与侧墙共同承受结构封底前的竖向荷载。中间竖向临时支撑系统的承载能力、刚度和稳定性是关系工程成败的关键。由于中间支承柱的存在,可使底板设计趋向合理。

(4)大多数交汇于同一节点的各构件不同步施工,必须考虑它们之间的连接问题。

(5)必须根据上部框架结构抵抗不均匀沉降的能力及节点连接的精度要求,严格控制边墙、中(柱)桩的绝对沉降量及差异沉降量。

(6)用逆作法施工的侧墙和立柱的混凝土施工缝,由于混凝土硬化过程中的收缩和自身下沉的影响,不可避免地要出现裂缝、刚度、防水性和耐久性问题,必须采用特殊施工方法和处理技术。

(三)暗挖法施工的车站隧道和折返线等大断面隧道

暗挖法的起源也可追溯到史前,后来发展却因技术难度较大而比明挖法相对较慢。迄今已广为采用的暗挖法有矿山法、盾构法、顶管法等。其中矿山法历史最悠久,但对饱和软土地层不适用,其余两种方法都可用于饱和软粘土地层,适用场合则仍有差异。矿山法施工的地铁车站的适用情形主要有以下几方面:

(1)在第四系的疏散地层中用新奥法修建地铁车站或折返线等大断面隧道时,必须与明、盖挖方案进行全面比较,经过充分论证。

(2)矿山法车站不仅施工难度大、安全性差、造价高和工期长,而且从使用效果和运营质量分析,也远不如明、盖挖车站。

(3)矿山法可用于施工不允许干扰地面交通或因埋深过大,或拆迁过多,采用明、盖挖施工非常不经济时的地铁中间站。

(四)盾构法施工的车站结构

盾构法是在盾构的保护下修筑隧道的一类施工方法。其特点是地层掘进、出土运输、衬砌拼装、接缝防水和注浆充填盾尾间隙等主要作业都在盾构保护下进行,并需随时排除地下水和控制地面沉降,因而是工艺技术要求较高、综合性较强的一类施工方法。

盾构法施工有以下优点:

(1)除竖井外,地面作业很少,隐蔽性好,因噪声、振动引起的环境影响小;

(2)隧道施工的费用和技术难度基本不受覆土深度的影响,适宜于建造深埋隧道;

(3)穿越河底或海底时,不影响通航,也不受气候的影响;

(4)穿越地面建筑群和地下管线密集的区域时,对周围环境影响较小;

(5)自动化程度高、劳动强度低、施工速度较快。

盾构法施工存在的缺点则有施工设备费用较高、覆土较浅时地表沉降较难控制、施作小曲率半径($R<20D$)隧道时掘进较困难等。

盾构法施工可用于在各类软土地层和软岩地层中掘进隧道,尤其适用于市区地铁和水底隧道的掘进。

盾构车站的结构形式与所采用的盾构类型、施工方法和站台形式等关系密切。

二、地铁车站的结构形式

(一)明挖法施工的车站结构形式

明挖车站可采用矩形框架结构或拱形结构。车站结构形式的选择应在满足功能要求的前提下,兼顾经济和美观,力图创造出与交通建筑相协调的气氛。现已有整体现浇、全装配、与围护墙组合现浇以及部分装配等成型方法。

1.矩形框架结构

矩形框架结构是明挖车站中采用最多的一种形式,根据功能要求,可以设计成单层、双层、单跨、双跨或多层多跨(图4-1)等形式。侧式车站一般采用双跨结构;岛式车站多采用三跨结构,站台宽度≤10m时站台区宜采用双跨结构,有时也采用单跨结构;在道路狭窄的地段修建地铁车站,也可采用上、下行线重叠的结构。

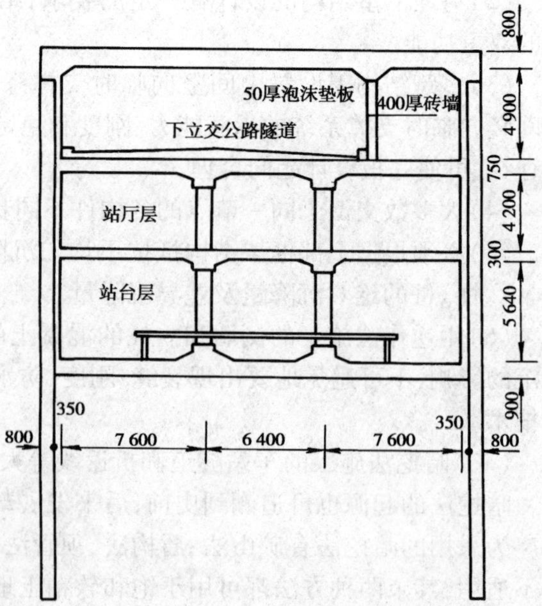

图4-1　上海地铁徐家汇站(与下立交隧道合建,尺寸单位:mm)

现代城市的发展对地铁提出了新的要求,在很多情况下地铁车站不再是一个单纯的交通性建筑物,与城市其他构筑物或建筑物合建的例子越来越多。此时车站结构又是这些结构物的基础或基础的一部分,或者成为集交通、餐饮娱乐、购物于一体的地下综合体。由于做到了统一规划、统一设计、统一施工,不仅可节约建设资金,而且也减少了施工对城市产生的负效应。

2. 拱形结构

一般用于站台宽度较窄的单跨单层或单跨双层车站，可以获得较好的建筑艺术效果。

3. 整体式结构与装配式结构

现浇钢筋混凝土结构具有防水性和抗震性能好，能适应结构体系的变化，不需大型起吊和运输设备等优点，在我国地铁工程中获得了广泛应用。装配式结构在前苏联采用较多。由于构件批量生产，质量较易控制，而且可提高施工进度，尤其适用于定型车站的修建，但接头是防水的薄弱部位，所以后来又发展了一种底板和边墙采用现浇构件，顶板和内部梁、板、柱等采用装配式构件的部分装配式结构。

(二)盖挖法施工的车站结构形式

盖挖车站也多采用矩形框架结构(图4-2)，与明挖车站矩形框架相同，其与明挖车站的主要区别在于施工方法和顺序不同。

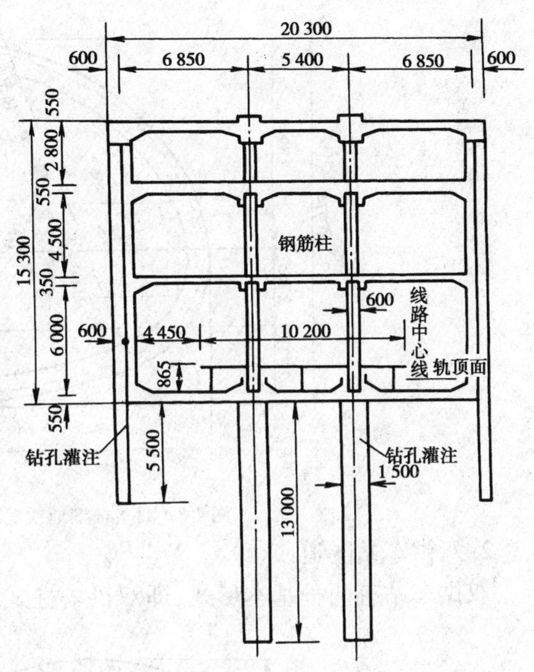

图4-2 北京地铁永安里站(尺寸单位:mm)

盖挖车站一般均采用与围护墙结合现浇的成型方法，又分为盖挖顺作法、半逆作法和逆作法。

软土地区地铁车站一般采用地下墙或钻孔灌注桩作为施工阶段的围护结构。地下墙可作为主体侧墙结构的一部分，内部现浇钢筋混凝土组成双层衬砌结构；也可将单层地下墙作为主体侧墙结构。单、双层墙应经工程造价、进度、结构整体性、防水堵漏、施工处理等综合比较后，根据不同地质、周围环境等选用。

单层侧墙即地下墙在施工阶段作为基坑围护结构，建成后使用阶段又是主体结构的侧墙，内部结构的板直接与单层墙相接。在地下墙中可采用预埋"锥螺纹钢筋连接器"将板的钢筋与地下墙的钢筋相接，确保单层侧墙与板的连接强度及刚度。砂性地层中不宜采用单层侧墙。

双层侧墙即地下墙在施工阶段作为围护结构，回筑时在地上墙内侧现浇钢筋混凝土内衬侧墙，与先施工的地下墙组成叠合结构，共同承受使用阶段的水土侧压力，板与双层墙组成现浇钢筋混凝土框架结构。

(三)矿山法施工的车站结构形式

地铁矿山法隧道的结构断面形式，应根据围岩条件、使用要求、施工工艺及开挖断面的尺度等从结构受力、围岩稳定及环境保护等方面综合考虑、合理确定。宜采用连接圆顺的马蹄形断面。围岩条件较好时，采用拱形与直墙或曲墙相组合的形状，软岩及砂土地层中应设仰拱或受力平底板。硬岩中设200mm厚的铺底，作为整体道床的基础。特殊困难条件下也可采用平顶式结构。

矿山法施工的地铁车站可采用单拱式车站、双拱式车站或三拱式车站，根据需要可做成单层或双层。

1. 单拱车站隧道

这种结构形式由于可获得宽敞的空间和宏伟的建筑效果，在岩石地层中采用较多；近年来国外在第四纪地层中也有采用的实例，但施工难度大、技术措施复杂，造价也高（图 4-3）。

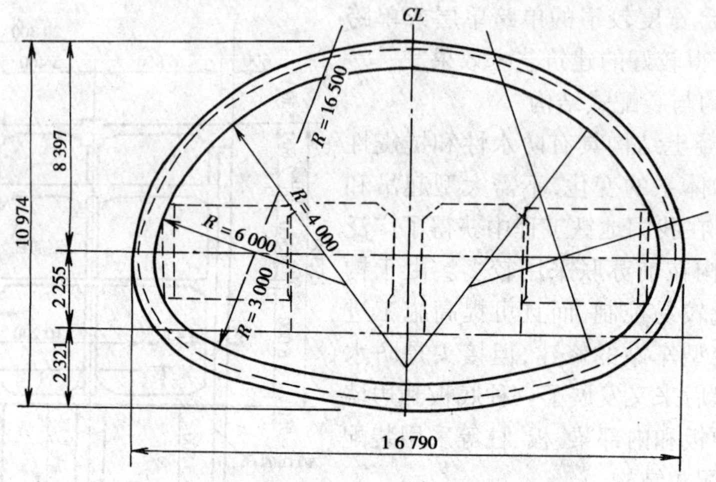

图 4-3　日本横滨地铁三泽下街车站（尺寸单位：mm）

2. 双拱车站隧道

双拱车站有两种基本形式，即双拱塔柱式和双拱立柱式（图 4-4）。

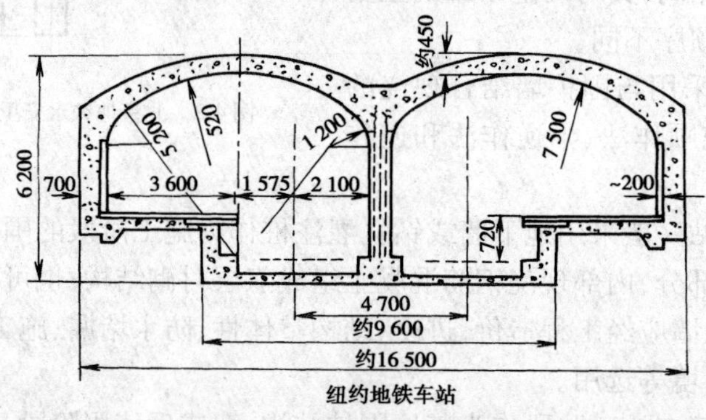

图 4-4　双拱立柱式车站实例（尺寸单位：mm）

在两个主隧道之间间隔一定距离开有横向联络通道，双层车站还可在其中布置楼梯间。两个主隧道的净距一般不小于一倍主隧道的开挖宽度。

双拱立柱式车站早期多在石质较好的地层中采用，随着新奥法的出现，这种形式近年来在岩石地层中已逐渐被单拱车站取代。

3. 三拱车站隧道

三拱车站亦有塔柱式和立柱式两种基本形式，但三拱塔柱式车站现已很少采用，土层中大多采用三拱立柱式车站（图 4-5）。

（四）盾构法施工的车站结构形式

盾构车站的结构形式与所采用的盾构类型、施工方法和站台形式等关系密切。传统的盾构车站是采用单圆盾构或单圆盾构与半盾构结合或单圆盾构与矿山法结合修建的，近年来开发的“多圆盾构”等新型盾构，进一步丰富了盾构车站的形式。盾构车站的站台有侧式、岛式及侧式与岛式混用（称为复合型）的三种基本类型。盾构车站的结构形式可大致分类如下：

1. 由两个并列的圆形隧道组成的侧式站台车站

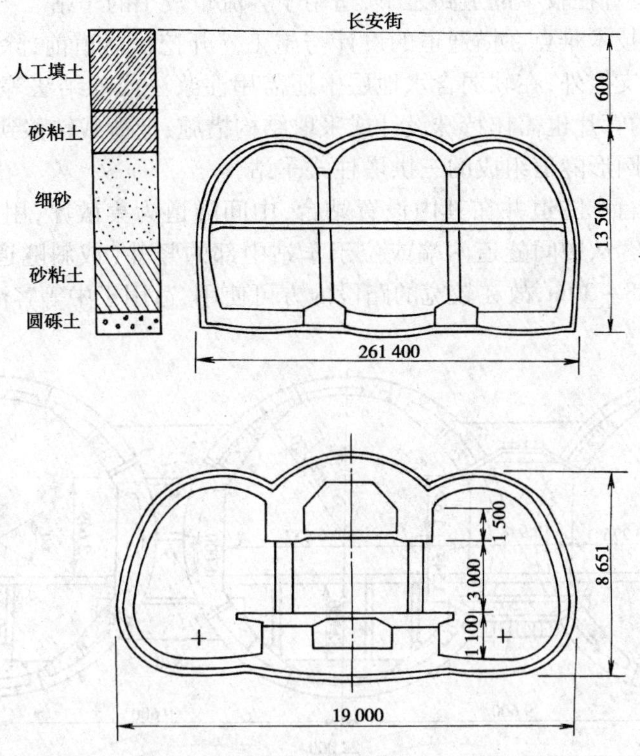

图 4-5　三拱立柱式车站实例(尺寸单位:mm)

见图 4-6,每个隧道内都设有一组轨道和一个站台。两隧道的相对位置主要取决于场地条件和车站的使用要求,一般多设于同一水平,乘客从车站两端或车站中部夹在两圆形隧道之间的竖井(或自动扶梯隧道)进入站台;在两个并列隧道之间可以用横向通道连通,两隧道之间的净距应保证并列隧道施工的安全并满足中间竖井(或斜隧道)的净空要求。

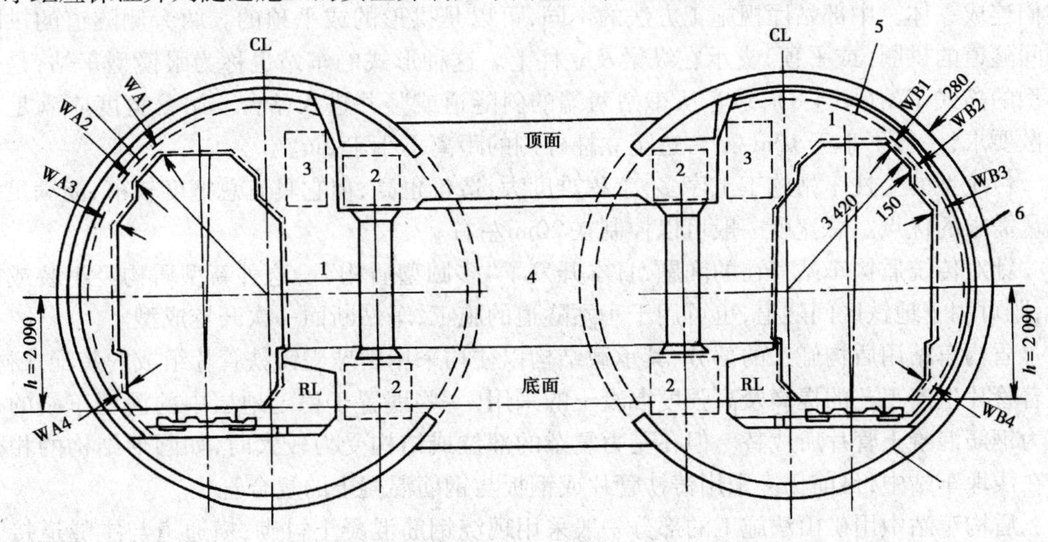

图 4-6　东京营团地铁 7 号线永田町车站(尺寸单位:mm)

车站隧道的内径主要取决于侧站台宽度、车辆限界及列车牵引受电方式。

总宽度较窄，可设置在较窄的道路之下，适用于客流量较小的车站。

侧式站台车站的技术难点在横通道的设计与施工。开挖横通道前，除在盾构隧道内架设防止衬砌变形的临时支撑外，在软弱含水地层中还需用注浆法或冻结法等加固土体并进行止水处理；对开洞部位的管片也需作特殊设计或采取结构措施，把荷载转移到未开洞的衬砌上。

2. 由三个并列的圆形隧道组成的三拱塔柱式车站

见图4-7，两侧为行车隧道并在其内设置站台，中间隧道为集散厅，用横向通道将三个隧道连成一个整体。乘客从中间隧道两端或位于车站中部的竖井（或斜隧道）进入集散厅。其总宽度较大，一般为28～30m，故在较宽的路段内方可使用，适用于中等客流量的车站。

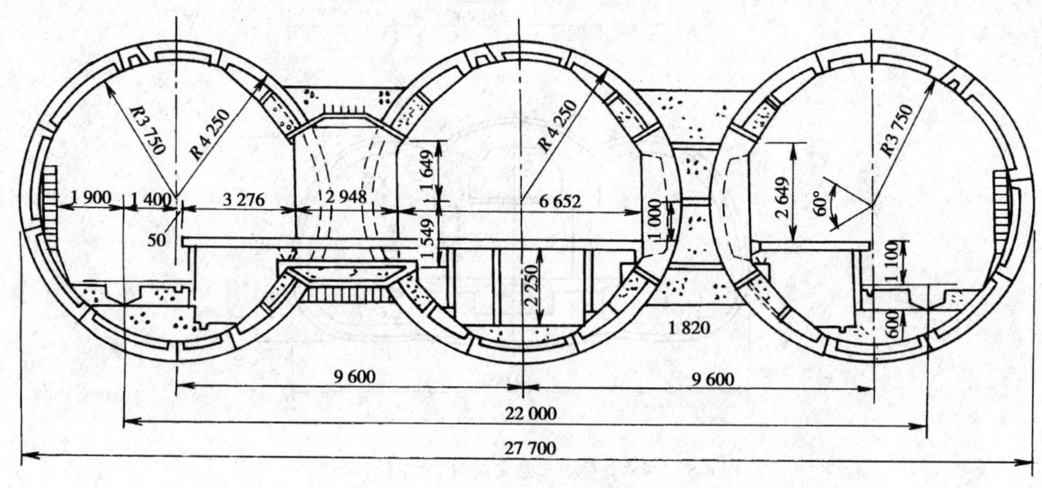

图4-7 基辅地铁三拱塔柱式车站（尺寸单位：mm）

3. 立柱式车站

传统立柱型车站为三跨结构，选用单圆盾构开挖两旁侧隧道，然后施工中间站厅部分，将它们连成一体。中部站厅视施工方法的不同，可以是拱形的或平顶的。两旁侧隧道的拱圈及中间隧道的拱圈（或平顶）支承在纵梁及立柱上。这种形式的车站也称为眼镜型车站，是一种典型的岛式车站（图4-8），乘客从车站两端的斜隧道或竖井进入站台。站台宽度应满足客流集散要求，一般不小于10m，站台边至立柱外侧的距离不小于2m。

传统型的立柱车站施工工序多，工程难度大，造价也高，但它具有总宽度较窄、能满足大客流量需求的优点。总宽度一般可以控制在20m左右。

针对传统盾构车站存在的问题，日本开发了“多圆型盾构”。这种新型盾构经组装或拆卸后，既可用于地铁区间隧道，也可用于车站隧道的施工，车站断面一次开挖成型。

盾构车站用盾构施工的部分，其承载结构以往均采用由球墨铸铁管片组成的装配式衬砌。随着管片生产工艺的提高及高强度混凝土的采用，一些埋置于稳定地层中的深埋车站的衬砌已为钢筋混凝土管片所代替。但在受力复杂的部位或结构受力较大时，如圆形结构的相交部或在浅埋车站中，目前仍多采用铸铁管片或钢板与钢筋混凝土的复合管片。

盾构车站中用矿山法施工的部分一般采用现浇钢筋混凝土衬砌；横通道与主隧道接合部也可采用铸铁管片或钢板衬砌。

（五）换乘站的隧道衬砌结构形式

地铁不同线路之间的换乘，按结构分类，有以下三种基本方式：

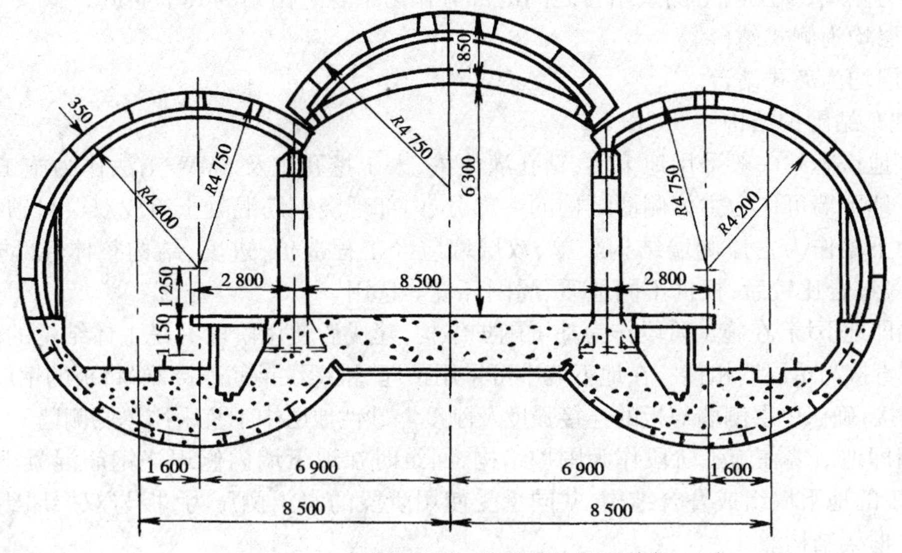

莫斯科地铁三拱立柱车站（尺寸单位：mm）

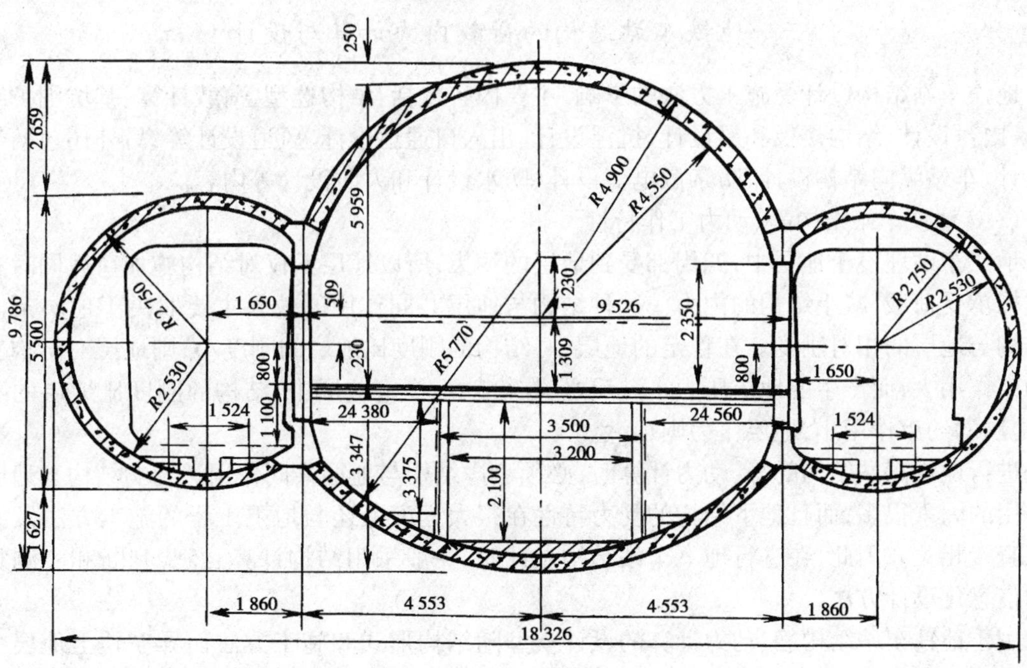

图 4-8　圣彼得堡地铁三拱立柱式车站（尺寸单位：mm）

（1）在两个或几个单独设置车站之间设置联络通道等换乘设施；

（2）修建供两条或多条线路使用的联合换乘站；

（3）在两座相交车站的局部，修建公用的换乘节点。

在后两种情况下，如果从线路在车站内的位置来区分，则有：

（1）两条线路设于同一水平上的车站；

（2）两条线路设于不同水平上的重叠式车站；

（3）两条线路设于同一水平上的交叉式车站；

重叠式车站的站台形式归纳为以下三种情况：

(1)上层为侧式,下层两个侧式站台之间的部分作为乘客进出站的共享通道。

(2)上下层均为侧式站台。

(3)上下层均为岛式站台。

(六)地铁车站围护结构

软土地区地铁车站一般采用地下墙、钻孔灌注桩、人工挖孔桩及 SMW 工法作为施工阶段的围护结构。地下墙可作为主体侧墙结构的一部分、内部现浇钢筋混凝土组成双层衬砌结构;也可将单层地下墙作为主体侧墙结构。单、双层墙应经工程造价、进度、结构整体性、防水堵漏、施工处理等综合比较后,根据不同地质、周围环境等选用。

单层侧墙即地下墙,在施工阶段作为基坑围护结构,建成后使用阶段又是主体结构的侧墙,内部结构的板直接与单层墙相接。在地下墙中可采用预埋"锥螺纹钢筋连接器"将板的钢筋与地下墙的钢筋相接,确保单层侧墙与板的连接强度及刚度。砂性地层中不宜采用单层侧墙。

双层侧墙即地下墙在施工阶段作为围护结构,回筑时在地下墙内侧现浇钢筋混凝土内衬侧墙,与先施工的地下墙组成叠合结构,共同承受使用阶段的水土侧压力,板与双层墙组成现浇钢筋混凝土框架结构。

三、地铁车站结构的荷载内力计算与设计

地铁车站结构设计受施工方法的影响,主要内容包括:结构选型、荷载计算、基坑围护结构设计、内衬设计、结构楼板和梁设计、抗浮设计、出入口通道设计、风道设计等,另外还包括端头井设计、车站纵向结构设计、防杂散电流设计、防水设计和人防设计等内容。

(一)地铁车站结构静、动力工作特性

地铁车站埋设于地层中,四周都受到地层的约束,所以地层不仅对结构施加荷载同时又帮助结构承受荷载,减小结构的内力。这种结构与地层共同作用的效果主要取决于地层条件以及结构与地层的相对刚度。在稳定的地层中,结构的刚度比地层的刚度小,则地层对结构变形的约束作用大,而产生的地层压力小。反之,在松软不稳定地层中,结构的刚度比地层的刚度大,地层的约束作用小,地层压力则很大。

进行地铁车站结构的静、动力计算时,必须考虑结构与地层共同作用。影响结构与地层共同作用的因素很多,而且地下结构的受力特性在很大程度上还与地下工程的施工方法及施工步骤直接相关。因此,在进行地下车站结构设计时,一般采用结构计算、经验判断和实测相结合的信息化设计方法。

用于地铁车站结构静、动力计算的设计模型随结构形式和施工方法而异。软土地层中的浅埋车站结构一般采用荷载—结构模型(作用—反作用模型)计算,例如弹性地基框架、弹性地基圆环(全部支承或部分支承)等;对于深埋或浅埋于岩层中的地铁车站结构(矿山法除外),一般可采用连续介质模型计算,该模型包括解析法和数值法两种。解析法又可分为封闭解和近似解,目前它已逐渐被数值法所取代。数值法中以有限元法为主。这种模型亦可称为地层—结构模型。

(二)作用在地铁车站结构上的荷载

作用在地铁车站结构上的荷载可分为永久荷载、可变荷载和偶然荷载,结构计算时应根据上述三类荷载进行最不利组合。对浅埋地铁结构以基本组合(仅考虑永久荷载和可变荷载)最有意义,只有在特殊情况下,才有必要按偶然荷载组合来验算。

永久荷载即长期作用的恒载,包括地层压力、结构自重、车站结构上部或破坏棱柱体内的

设施及建筑物基底附加应力、静水压力(含浮力)、混凝土收缩和徐变影响力、预加应力、设备自重和地基下沉影响等。

可变荷载又可分为基本可变荷载和其他可变荷载两类。基本可变荷载,即长期的经常作用的变化荷载,如地面车辆荷载(包括冲击力)和它所引起的侧向土压力、地铁车辆荷载(包括冲击力、摇摆力、离心力)以及人群荷载等。其他可变荷载,即非经常作用的变化荷载,如温度变化、施工荷载(施工机具、盾构千斤顶推力、注浆压力)等。

偶然荷载即偶然的、非经常作用的荷载,如地震力、爆炸力沉船、抛锚或河道疏浚产生的冲击力等灾害性荷载。

荷载计算时应按照施工阶段和使用阶段分开考虑。

1. 地层压力

地层压力是地铁车站结构承受的主要荷载。由于影响地层压力分布、大小和性质的因素很多,具体设计时应根据结构所处的环境,结合已有的试验、测试和研究资料来确定。

(1)深埋岩石车站结构

深埋岩石车站结构采用荷载—结构模型计算时,主要承担由于岩体松动、坍塌而产生的竖向和侧向主动压力,围岩的松动压力仅是车站隧道周围某一破坏范围(天然拱或称承载拱)内岩体的重量,而与车站隧道埋深无直接联系。计算时一般只考虑竖向和侧向匀布荷载的作用,特殊区段才考虑非匀布荷载的作用。

(2)土质车站结构

填土车站和浅埋暗挖车站,一般按计算截面以上全部土柱重量计算竖向压力,有时尚应考虑埋管现象。深埋暗挖隧道或覆盖厚度大于$2.0D \sim 2.5D$的砂性土层中的暗挖隧道,其中D为圆形隧道直径,非圆形隧道折算直径。其竖向均布土压力可按太沙基公式或普氏公式计算。

侧向压力根据结构受力过程中墙体位移与地层间的相互关系,按主动、被动或静止土压力计算。主动或被动土压力习惯上采用朗金土压力理论,对于粘性土尚需考虑粘结力的影响。

在计算总压力时可不计临界深度以上的负压力。

2. 静水压力

静水压力对不同类型的地下结构将产生不同的荷载效应。静水压力对圆形或接近圆形的结构的作用是有利的,因此宜按可能的最低水位考虑;而对矩形结构或验算结构的抗浮时,应按可能出现的最高水位考虑。

一般来说,粘土地层(含粉质粘土)中施工阶段水压力与土压力一道计算(水土合算),使用阶段水压力与土压力分开计算(水土分算);砂土地层(含粘质粉土)中施工阶段和使用阶段水压力与土压力均分开计算。水土合算时,地下水位以上的土采用天然重度γ,水位以下的土采用饱和重度γ_s计算土压力,不计静水压力;水土分算时,地下水位以上的土采用天然重度γ,水位以下采用有效重度γ'计算土压力,另外再计算静水压力。

3. 地面车辆荷载

一般计算中均将地面车辆荷载简化为均布荷载。当覆盖层厚度较小时,两个轮压的扩散线不相交时可按局部均布压力计算;在道路下方的浅埋暗挖隧道,地面车辆荷载可按10kPa的均布荷载取值,并不计冲击力的影响。当无覆盖层时,地面车辆荷载应按集中力考虑,并应考虑最不利荷载位置。

对于车站顶板,通过覆土层扩散由空间结构计算内力,或将地面轮压转换为与此效应相同的等效荷载;对于车站底板,地面轮压所引起的反向荷载,考虑框架的扩散作用,比顶板上的地面荷载小。

单个轮压传递的竖向压力：

$$p_{0z} = \frac{\mu_0 p_0}{(a + 1.4Z)(b + 1.4Z)} \tag{4-1}$$

两个以上轮压传递的竖向压力：

$$p_{0z} = \frac{n\mu_0 p_0}{(a + 1.4Z)(nb + \sum_{i=1}^{n-1} d_i + 1.4Z)} \tag{4-2}$$

式中：p_{0z}——地面车辆轮压传递到计算深度 Z 处的竖向压力；

p_0——车辆单个轮压；

a、b——地面单个轮压的分布长度和宽度；

d_i——地面相邻两个轮压的净距；

n——轮压的数量；

μ_0——车辆荷载的动力系数。

地面车辆荷载传递到地下结构上的侧压力，可按下式计算：

$$p_{ox} = \lambda_a p_{oz} \tag{4-3}$$

式中：p_{ox}——地面车辆轮压传递到计算深度 Z 处的侧压力；

p_{oz}——地面车辆轮压传递到计算深度 Z 处的竖向压力；

λ_a——水平向侧压力系数。

4. 地震荷载

地震对地铁车站结构的影响可以分为剪切错位和振动。靠车站结构来抵抗由于地震引起的剪切错位几乎是不可能的，因此车站结构的地震作用分析仅局限于在假定土体不会丧失完整性的前提下考虑其振动效应。

只有埋设于松软地层中的重要地铁结构物才有必要和可能进行地震响应分析和动力模型试验，对一般地铁结构都采用实用方法，即静力法或拟静力法。静力法或拟静力法就是将随时间变化的地震力或地层位移用等代的静地震荷载或静地层位移代替，然后用静力计算模型分析地震荷载或强迫地层位移作用下的结构内力。

在衬砌结构横截面的抗震设计和抗震稳定性验算中采用地震系数法（惯性力法），即静力法；验算衬砌结构沿纵向方向的应力和变形采用地层位移法，即拟静力法。

等代的静地震荷载包括：结构本身和洞顶上方土柱的水平、垂直惯性力以及主动土压力增量。

地层作用于结构上的强迫位移可分为横向和纵向两类，主要以纵向为主。

对震级较小和对垂直振动不敏感的结构，可不考虑垂直地震荷载的作用。只有在验算结构的抗浮能力时才计及垂直惯性力。

水平地震荷载可分为垂直和沿着隧道纵轴两个方向进行计算：

（1）隧道横截面上的地震荷载（垂直隧道纵轴），包括：

①结构的水平惯性力；

②洞顶上方土柱的水平惯性力；

③主动侧向土压力的增量；

④结构和隧道上方土柱的垂直惯性力。

(2)沿隧道纵轴方向的地震荷载。

5. 其他荷载

(1)车站上面的覆土荷载,当规划高于现有路面时,应按今后路面增高的要求考虑。

(2)地表施工阶段施工机具荷载,有特殊要求时可适当放大。

(3)车站上方和破坏棱体内的设施和建筑物压力。凡规划明确的,应以其设计的基底应力和基底距隧道结构的距离计算;凡不明确的,应在设计要求中作出规定,如上海市规定为 $20kN/m^2$。

(4)内部人群荷载。车站站台、楼板和楼梯等部位的人群均布荷载的标准值应采用 4.0kPa。

(5)内部设备荷载,重型设备荷载(例如变压器、氟化硫开关柜、冷水机组、风机、自动扶梯等)另计。计算中除按设备使用时的荷载计算外,还应验算设备运输安装过程中的不利工况(有多种吊运路线时要求同时考虑)。设备用房楼板的计算荷载应根据设备安装、检修和正常使用实际情况(包括动力效应)确定,其标准值不得小于 4.0kPa。

(6)地铁车辆荷载。现场实测表明,当轨道直接铺设在底板上时,车辆荷载对衬砌应力的影响较小,一般仅产生 <0.5MPa 的拉应力,可略去不计。但当轨道铺设在中层楼板时,必须计算车辆荷载及其冲击力。在设计换乘站中直接承受地铁车辆荷载的楼板等构件时,地铁车辆竖向荷载应按其实际轴重和排列计算,并考虑动力作用的影响,同时尚应按线路通过的重型设备运输车辆荷载进行验算。

(三)地铁车站围护结构设计

1. 入土深度计算(基坑稳定性验算)

入土深度可按基坑抗隆起的稳定条件和防止管涌的稳定条件来确定。

基坑抗隆起验算时一般采用以最下一道支撑与围护墙的交点为滑弧中心、围护墙底面为滑裂圆弧的分层计算方法。稳定安全系数一般取为 1.5~2.0,也可参考工程实践经验,按现场周围环境、地质、施工方法等因素综合考虑后确定。

防止管涌的验算一般采用动水坡度小于极限动水坡度的方法,即

$$i = \frac{h_w}{L} < i_c = \frac{G_s - I}{I + e} \tag{4-4}$$

式中:h_w——围护墙体内外面的水头差;

L——产生水头损失的最短流线长度;

i_c——极限动水坡度;

I——动水坡度;

G_s——土颗粒密度;

e——土的孔隙比。

2. 围护结构计算

对于明挖顺作法施工的围护结构,应根据基坑分层开挖、回筑内部结构的施工阶段和完成后的使用阶段等不同工况进行计算,最终配筋按各阶段的内力(包括弯矩、冲切)包络图计取。

(四)内衬侧墙计算

当采用单层墙结构时,各阶段的最不利荷载全部由地下墙承受。当采用双层墙结构时,基坑开挖阶段荷载全部由地下墙承受,内部结构回筑后与地下墙按叠合墙计算。

内衬侧墙配筋:一般外侧面仅在地下墙幅间接缝两侧各 1m 范围内(墙面凸出混凝土应先

行凿除干净)设置构造钢筋网;内侧面按设计要求配筋,截面计算中应将地下墙与内衬侧墙视为整体。

上海地铁中建议凿毛清洗后的地下墙内面与后浇内衬混凝土间的允许抗剪强度取0.7MPa。凡结合面上计算剪应力小于或等于0.7MPa时,不需配置抗剪钢筋;凡结合面上计算剪应力大于0.7MPa,宜配置抗剪钢筋。

(五)地铁车站结构设计计算

以下主要介绍明挖法车站结构的计算。

明挖顺作法修建的多层多跨矩形框架结构要按两种方法进行验算。一是按车站的结构形式、刚度、支承条件、荷载情况和施工方法,模拟分步开挖、回筑和使用阶段不同的受力状况,考虑结构体系受力的连续性,用叠加法或总和法计算。二是将其视为一次整体受力的弹性地基上的框架进行内力分析。

将车站按底板支承在弹性地基上的平面框架进行分析时,一般以水平弹簧模拟地层对侧墙的水平位移的约束作用,以竖向弹簧模拟地层对底板、侧墙底部的竖向位移的约束作用。

框架结构基底反力可以采用两种计算方法:假设结构是刚性体,则基底反力的大小和分布可根据静力平衡条件求得;假设结构为温克尔地基上的矩形框架,则根据地基变形计算基底每一点的反力。

在顶、楼板的横向框架内力计算中,要考虑因纵梁刚度不足(当跨度较大、截面高度较小时)、跨中挠度较大所产生的横向板带正负弯矩在纵向分布的不均匀性;与纵梁支座处的横向板带相比,在纵梁跨中处通常是板支座负弯矩减小,板跨中正弯矩增加。

各层板与地下墙的连接处,如不采用钢筋接驳器而采用预埋剪力筋,应将预埋在地下墙中的插筋调直,使它能承受负弯矩。在板的横向内力计算中把这部分插筋计入,以减小跨中正弯矩。

顶板一般按纯弯计算;中楼板、底板截面配筋计算时,可考虑对称的侧向土压力对板产生的轴向压力按偏心受压构件进行计算,要求考虑轴向力N的最大、最小可能值(施工阶段及使用阶段地下墙外侧压力变化所引起)及挠度对轴向力偏心距的影响(偏心距增大系数η),以确保结构安全。

对框架结构的隅角部分和梁柱交叉节点处,配筋时要考虑侧墙宽度的影响。

当沿车站纵向的覆土厚度、上部建筑物荷载、内部结构形式变化较大时,或基底地层有显著差异时,还应进行结构纵向受力分析。

四、地铁车站结构的构造设计

(一)明挖法施工的车站

明挖地铁车站结构由底板、侧墙及顶板等围护结构和楼板、梁、柱及内墙等内部构件组合而成。它们主要用来承受施工和运营期间的内、外部荷载,提供地铁必须的使用空间,同时也是车站建筑造型的有机组成部分。构件的形式和尺寸将直接影响车站内部的使用空间和管线布置等,所以必须综合受力、使用、建筑、经济和施工等因素合理选定。

1.顶板和楼板

可采用单向板(或梁式板)、井字梁式板、无梁板或密肋板等形式。井字梁式板和无梁板可以形成美观的顶棚或建筑造型,但造价较高,所以只有在板下不走管线时方可考虑采用。

2.底板

底板主要按受力和功能要求设置。几乎都采用以纵梁和侧墙为支承的梁式板结构。埋置于无地下水的岩石地层中的明挖车站,可不设受力底板,但铺底应满足整体道床的使用要求。

3. 侧墙

当采用放坡开挖或用工字钢桩、钢板桩等作基坑的临时护壁时,侧墙多采用以顶、底板及楼板为支承的单向板,装配式构件也可采用密肋板。

当采用地下连续墙或钻孔灌注桩护壁时,可利用它们作为主体结构侧墙的一部分或全部。

侧壁支护与内衬墙之间的构造视传力方式的不同,可有两种处理办法:

(1)单一墙式结构。施工阶段和使用阶段的荷载全部有单一的地连墙承担,墙体应力状态明确。

(2)复合墙式结构。当侧壁支护与内衬墙之间需敷设防水夹层时,为了保证防水效果,在支护与内衬墙之间、支护与板之间一般不用钢筋拉接,墙面一般不作专门处理。

(3)叠合墙式结构。地下连续墙厚度一般为0.6~0.8m,内衬墙厚0.35~0.40m,通过对连续墙的凿毛、清洗,当连续墙与内衬结合面的剪应力超过0.7MPa时,尚需在二者之间设置拉接钢筋以保证剪力传递。设置内衬墙前的荷载由围护地进墙承担,设置内衬后的荷载增量由叠合墙承担;墙体应力状态复杂。

当连续墙直接作为主体结构的侧墙或与内衬墙形成整体结构时,设计中需要考虑先期修建的连续墙与顶、楼、底板等水平构件的连接,一般有两种构造方案:

(1)在连续墙内预埋弯起钢筋,将其扳直后与水平构件的内外层主筋搭接(或焊接),浇注混凝土后水平构件与连续墙连成一体,并通过墙上预留的凹槽传递竖向剪力。

(2)通过事先埋在连续墙内的钢筋连接器(接驳器)与水平构件的主筋连接。

4. 立柱

明挖车站的立柱一般采用钢筋混凝土结构,可采用方形、矩形、圆形或椭圆形等截面。按常规荷载设计的地铁车站站台区的柱距一般取6~8m。当车站与地面建筑合建或为特殊荷载控制设计,柱的设计荷载很大时,可采用钢管混凝土柱或劲性钢筋高强度混凝土柱。

(二)盖挖法施工的车站

1. 基本要求

传力可靠、构造简单,在盖挖逆作的特定施工工艺条件下可以操作,不影响后续工序的作业。

2. 关键节点

(1)侧墙与顶板、楼板和底板等水平构件的连接;

(2)后浇梁与中间柱连接;

(3)中间柱与基础的连接。

3. 侧墙与顶板等水平构件的连接

逆作法施工的车站,为了保证作用在顶板上的覆土荷载和地面车辆荷载的顺利传递,顶板与侧墙之间最好采用搭接。当采用地下连续墙支护时,应通过钢筋连接器将顶板与侧墙连为整体;当为灌注桩支护时,在桩顶应设置刚度较大的钢筋混凝土圈梁,通过圈梁把与圈梁同时浇注的顶板和灌注桩连为一体。当在侧壁支护与内衬间敷设防水夹层时,楼板与侧壁之间一般不宜用钢筋拉接,为保证逆作过程中楼板的强度和稳定性,须利用与楼板同时浇注的上层内衬墙作为拉杆,将楼板荷载传到顶板后转至侧墙。地下连续墙的墙面倾斜度和平整度,应根据建筑物的使用要求,工程地质和水文地质条件及挖槽机械等因素确定。墙面的倾斜度不宜大于1/300,局部突出不宜大于100mm,且墙体不得侵入隧道的净空。

4. 后浇梁与中间柱的连接

一般可在中间柱的两侧布置连续双梁,由双梁承受节点弯矩,剪力则由焊接或铆接在中间立柱上的牛腿传给立柱。中间柱是竖向支撑系统中主要的承重构件,其形式和纵向间距应综合考虑建筑受力、地层条件和工期要求,通过技术经济比较确定。宜优先采用临时支撑柱与永久柱合一方案。支撑柱可采用钢管混凝土柱和H形钢柱,柱下基础采用桩基或条基。

(1)后浇梁与钢管柱的连接。目前,地面钢管混凝土框架结构中常用的梁柱节点构造形式,就剪力传递的方式而言有两大类。一类是在节点的钢管中设穿心钢板,将节点竖向剪力直接传给核心混凝土;另一类则无穿心钢板,节点竖向剪力仅通过钢管内壁与混凝土间的粘结力向核心混凝土传递。由于在逆作车站中,中间立柱与梁柱节点必须一次就位,然后再浇注混凝土,所以第一类节点无法在盖挖逆作地铁车站结构内应用;第二类节点构造简单,便于混凝土浇注,但当节点的剪力很大时,接口的粘结力有时尚不足以保证剪力的完全传递。为此,研制了两种能满足盖挖逆作施工工艺特点且能承受较大剪力的新型节点:一种为"带环形隔板的牛腿",由环形隔板的局部承压力向核心混凝土传递剪力;另一种节点设计思想与前者相同,但节点上、下柱采用不同的直径,小直径的上柱直接坐落在大直径的下柱上,藉以直接将剪力传给核心。在逆作车站中,应按节点承受剪力的大小选用节点的形式。当节点承受的剪力大于钢管与核心混凝土间的粘结摩阻力时,应选用后两种节点,并对节点的抗剪强度进行验算。

(2)梁与H形钢柱的连接。一般在柱顶焊有矩形盖板,在立柱与楼板的结合处,贴有传递剪力的牛腿及加劲肋,采用扭剪型高强度螺栓将牛腿与立柱连为一体。

5. 中间柱与其基础的连接

中间立柱应锚固在柱基混凝土内,连接方式有:

(1)H钢柱与钢管桩的连接

H钢柱锚固在钢管桩的C40级混凝土内。在距底板底面约4.5m的钢管柱内设有多功能钢托座,不但减少了充填混凝土的数量,而且可万无一失地把中柱荷载传给地基,同时兼作立柱就位时的人工操作平台。为使柱与混凝土的接触面有足够的局部承压强度,在柱底加焊钢板,钢板上留有供浇注混凝土用的导管通过的缺口;在底板以下的H钢柱上,焊有栓钉,用以增强柱的锚固并减小柱底接触压力。应严格控制中间支撑柱的就位精度,允许定位偏差不大于20mm,同时其垂直度偏差也不宜大于1/500。还要严格控制支护结构与中间立柱相对的升沉。施做结构底板前,相对升沉累计值不得大于$0.001L$(L为边墙和立柱间轴线距离),同时也不宜大于20mm,并且在结构分析中计入其影响。

(2)钢管柱与灌注桩的连接

连接方案需考虑以下问题:①桩、柱混凝土的浇注;②钢管柱的锚固。

第三节　地铁区间隧道的结构设计

一、地铁区间隧道结构选型的原则和特点

地铁的地下线路铺设在隧道中,连接两个地铁车站之间的隧道称为区间隧道。区间隧道的走向和埋深,受工程地质和水文地质条件、地面和地下环境影响、施工方法等因素制约,直接

关系到造价的高低和施工的难易。

地铁区间隧道结构包括行车隧道、渡线、折返线、地下存车线、联络线以及其他附属建筑物。

地铁区间隧道衬砌结构与构造主要取决于隧道的用途、沿线地形、地物、水文地质、工程地质条件、施工方法、环境方法、环境要求、维修管理、工期要求及投资高低等因素。

地铁矿山法(新奥法)隧道的特点:

(1)大多埋置于第四系的疏散或含水地层中,为了保证开挖面和洞周围岩的稳定,施工中通常需要采取一定的辅助措施,地下水是威胁隧道安全的主要因素;也有个别城市的地铁新奥法隧道埋置于较稳定或稳定的岩石地层中。

(2)除稳定岩石地层中的区间隧道外,大多属于浅埋隧道。

(3)环境保护要求高,必须严格控制隧道开挖引起的地面沉降和爆破振动对地面建筑物及城市居民生活的影响。

(4)考虑地铁结构的耐久性要求,锚喷支护不宜单独作为永久衬砌结构。

(5)监控量测是施工中不可缺少的环节。

随着新奥法应用范围的拓宽和辅助施工方法的发展,目前除冲积层中超软弱地层难以采用矿山法施工外,对以往一般只能采用盾构法施工的较软弱的冲积层和洪积层,都已有大量采用矿山法施工的实例。

新奥法施工的地铁区间隧道的选择:

(1)第四系的疏散地层中修建的地铁区间隧道,当不具备明挖条件或采用明挖法施工很不经济时,应进行新奥法和盾构法的比选。

(2)在无水的第四纪地层中,盾构法和新奥法各有所长。前者虽然造价一般较高,但施工安全、进度快,后者不需要大型施工机械,对隧道断面、地质条件、线形、施工长度等的适应性强,特别适合我国当前劳动力较低廉的状况。因此,凡是在不允许采用明挖法施工的地段,只要地层条件适宜,宜首先考虑采用新奥法施工的可能性,在含水地层中,新奥法与盾构法的比选,应结合辅助施工方法统一考虑。

二、地铁区间隧道的结构形式

区间隧道结构按施工方法可以归纳为明挖法、暗挖法(钻爆法、新奥法、浅埋暗挖法)、盾构法和特殊方法等类型。

(一)明挖法修建的地铁区间隧道结构形式

明挖法施工的地铁区间隧道结构通常采用矩形断面,一般为整体浇注或装配式结构,其优点是其内轮廓与地铁建筑限界接近,内部净空可得到充分利用,结构受力合理,顶板上部便于敷设城市地下管网和设施。

1. 整体式衬砌结构

结构断面分单跨、双跨等形式,由于整体性好,其防水性能容易得到保证,可适用于各种工程地质和水文地质条件,但其施工工序较多,速度较慢。

2. 预制装配式衬砌

预制装配式衬砌的结构形式应根据工业化生产水平、施工方法、起重运输条件、场地条件等因地制宜选择,目前以单跨和双跨较为通用。装配式衬砌各构件之间的接头构造,除了要考虑强度、刚度、防水性等方面的要求外,还要求构造简单、施工方便。

装配式衬砌整体性较差,对有特殊要求(如防护、抗震等)的地段要慎重选用。

3. 区间喇叭口隧道

在岛式车站两侧行车道与正线双线区间隧道之间需设置过渡段，区间隧道结构随线间距的加大逐渐变化，形成喇叭口状衬砌。

喇叭口衬砌根据线路走向可分为对称型和非对称型两种。车站中线与区间隧道中线在一条直线上的采用对称型；不在一条直线上的采用非对称型。喇叭口衬砌通常都采用整体式钢筋混凝土结构。

4. 渡线隧道、折返线隧道

为满足运营需要，进行列车折返调度、换线、停车等作业，区间隧道内需设置单渡线、交叉渡线，隧道断面需适应岔线线间距的渐变，并对结构物进行特殊设计。

5. 联络通道及其他区间附属结构物

为保证乘客安全疏散，两单线区间隧道间应设置联络通道。该通道也可供消防和维修养护人员使用，或用于敷设管线等。

为排除区间隧道的渗漏水、维修养护用水等，在线路最低点需设置排水站。根据通风、环控系统的设计，有时还需设置区间风道等附属结构物。

（二）矿山法修建的地铁区间隧道结构形式

1. 隧道衬砌结构要求

在交通繁忙的市区修建地铁区间隧道通常采用暗挖法，在工程地质和水文地质条件适宜时，暗挖法中的矿山法（又称松散地层的新奥法或浅埋暗挖法）不失为一种最佳的施工方法。

采用矿山法修建的区间隧道，隧道衬砌应满足以下基本要求：

（1）须能与围岩大面积牢固接触，保证衬砌与围岩作为一个整体进行工作。

（2）允许围岩能产生有限制的变形（在浅埋隧道中限制较严格），能在围岩中形成卸载拱，不使上覆地层的重力全部作用到衬砌上。故现代隧道衬砌刚度相对偏小，如因强度需要，则可通过配筋解决。

（3）隧道衬砌以封闭式为佳，并尽可能接近圆形，一般都应设置仰拱，以增加结构抵抗变形的能力和整体稳定性。围岩十分稳定时，亦可不设仰供，但需铺底，其厚度不得小于 10cm。最常用的断面形式为直墙拱形、马蹄形、口形等。

（4）隧道衬砌应能分期施工，又能随时加强，因而可根据施工量测信息，调整衬砌强度、刚度和施作时机，以及仰拱闭合和后期支护的施工时间，以主动“控制”围岩变形。

2. 隧道衬砌结构类型与选择

地铁区间隧道采用矿山法施工时，一般采用拱形结构，其基本断面形式为单拱、双拱和多跨连拱，见图 4-9。前者多用于单线或双线的区间隧道或联络通道，后两者多用在停车线、折返线或喇叭口岔线上。视地层及地下水条件、环境条件、施工方法及隧道开挖断面尺寸的不同，矿山法隧道可选用单层衬砌或双层衬砌。

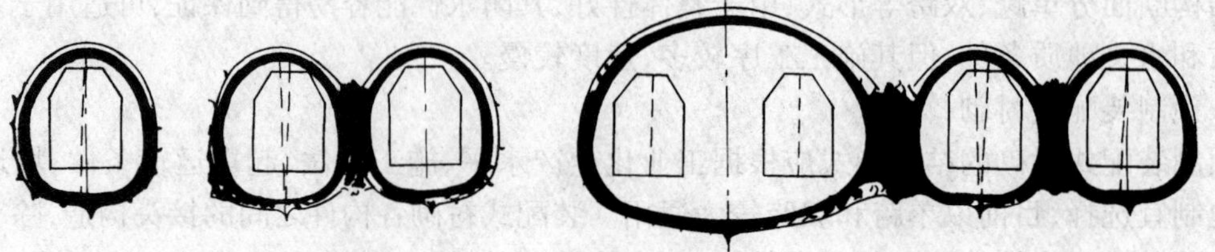

图 4-9　矿山法修建的衬砌结构形式

(1)衬砌的基本结构类型——复合式衬砌

这种衬砌结构由初期支护、防水隔离层和二次衬砌组成(图 4-10)。外层为初期支护,由注浆加固的地层、锚喷支护及钢筋格栅等组合而成,为衬砌结构中的主要承载单元,一般应在开挖后立即施作,并应与围岩密贴,故以喷锚支护为佳,根据具体情况,可选用锚杆、喷混凝土、钢筋网和钢支撑等单一或并用而成。内层衬砌为二次支护,大多采用模注混凝土或钢筋混凝土。双层(复合)衬砌一般用于土质隧道或车站、折返线等大跨度隧道中。

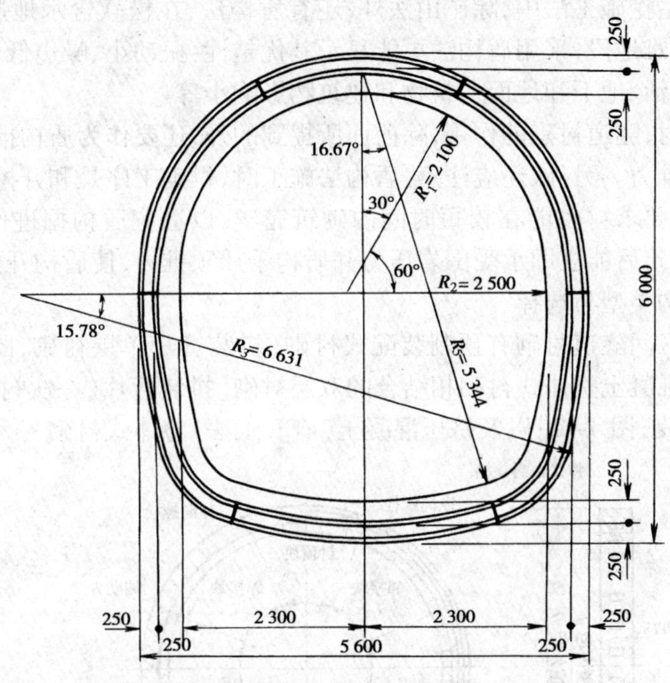

图 4-10　复合式衬砌构造(尺寸单位:mm)

目前常用的锚杆型式有:全长粘结型、端头锚固型和摩擦型等几种。

喷混凝土则有素喷混凝土和钢纤维喷射混凝土两种。素喷混凝土常配合钢筋网一起使用,钢纤维喷射混凝土一般不再加钢筋网。

钢支撑通常用型钢或旧钢轨弯成,但目前多用 ϕ(22 ~ 28)螺纹钢筋焊接而成。一般都将钢支撑埋入喷射混凝土内。用钢筋焊成的钢支撑又称格栅拱,通常用 3 根或 4 根钢筋焊成三角形断面或矩形断面。

复合式衬砌的内层为二次衬砌,常在初期支护变形稳定后施作。其作用主要为安全储备,并承受外静水压力,以及围岩蠕变或因围岩性质恶化和初期支护腐蚀后所引起的后续荷载,并提供光滑的通风表面。

在初期支护和二次衬砌之间一般需敷设不同类型的防水隔离层。

(2)衬砌结构的其他方案

在干燥无水的坚硬围岩中,区间隧道衬砌亦可采用单层的喷锚支护,不做防水隔离层和二次衬砌,但此时对喷射混凝土的施工工艺和抗风化性能都应有较高的要求。

当岩层的整体性好、基本无地下水,防水要求不高,从开挖到衬砌这段时间围岩能够自稳,或通过锚喷临时支护围岩能够自稳时,可采用单层整体现浇混凝土衬砌或装配式衬砌,不做初期支护和防水隔离层。为适应不同的围岩条件,整体式衬砌可做成等截面直墙式和等截面或变截面曲墙式，前者适用于坚硬围岩（III 级及以上），后者适用于软弱围岩。

一般要求在衬砌做好后向衬砌背后注浆，充填空隙，改善衬砌受力状态，减少围岩变形。同时衬砌混凝土本身需要有较高的自防水性能。

矿山法亦可用来修建折返段等特殊地段的隧道。

（三）盾构法修建的地铁区间隧道结构形式

1. 隧道衬砌结构要求

地铁区间隧道暗挖施工法中，除矿山法外，还有盾构法，在松软含水地层中及城市地下管线密布，施工条件困难地段，采用盾构法更能显示其优越性：振动小、噪声低、施工速度快、安全可靠，对沿线居民生活、地下和地面构筑物和建筑物影响小等。

用盾构法施工时，隧道衬砌的作用，除前面所提到的外，还要作为盾构推进时的支座，承受盾构千斤顶的纵向推力。另外，还应注意，盾构法施工时，衬砌工序是和开挖、出碴等工序循环连续作业的。因此，要求衬砌能在较短时间内砌筑完毕，以适应盾构掘进作业循环要求。同时，还要求衬砌在砌筑后能立即承受围岩压力和盾构千斤顶推力，使盾构开始重新掘进。

2. 隧道衬砌结构类型与选择

盾构法修建的区间隧道衬砌有预制装配式衬砌（拼装管片单层衬砌，图 4-11）、预制装配式衬砌和模注钢筋混凝土整体式衬砌相结合的双层衬砌[拼装管片（一次衬砌）+ 模注混凝土（二次衬砌）双层衬砌，图 4-12]以及挤压混凝土（ECL 工法）整体式衬砌三大类。

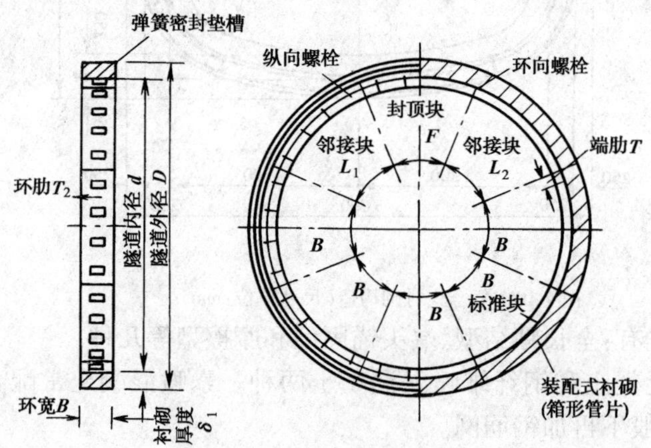

图 4-11　单层装配式衬砌圆环的构造图

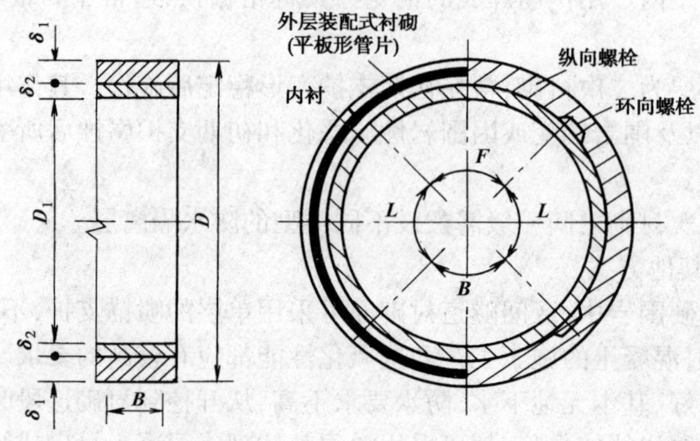

图 4-12　双层衬砌圆环构造图

(1)预制装配式衬砌

预制装配式衬砌是用工厂预制的构件(称为管片),在盾构尾部拼装而成。管片种类按材料可分为钢筋混凝土、钢、铸铁以及由几种材料组合而成的复合管片。

钢和铸铁管片价格较贵,现在除了在需要开口的衬砌环或预计将承受特殊荷载的地段采用外,一般都采用钢筋混凝土管片。

按管片螺栓手孔成型大小,可将管片分为箱形和平板形两类。箱形管片(图4-13)是指因手孔较大而呈肋板形结构。手孔较大不仅方便接头螺栓的穿入和拧紧,而且也节省材料,便于运输和拼装。但因截面削弱较多,易开裂,故只有金属管片才采用箱形结构。当然,直径和厚度较大的钢筋混凝土管片也有采用箱形结构的。

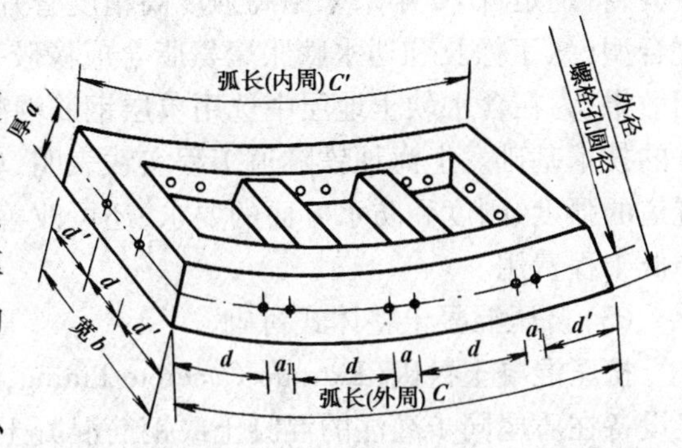

图4-13　箱形管片

平板形管片(图4-14)是指因螺栓手孔较小或无手孔而呈曲板形结构的管片。由于管片截面削弱少或无削弱,故对盾构千斤顶推力具有较大的抗力,对通风的阻力也较小。无手孔的管片也称为砌块。现代的钢筋混凝土管片多采用平板形结构。

箱形管片的纵向接缝(径向接缝)和横向接缝(环向接缝)一般都是平面状的。为了减少管片在盾构千斤顶推力和横向荷载作用下的损伤,钢筋混凝土管片间的接触面通常比相应的接缝轮廓要小些。

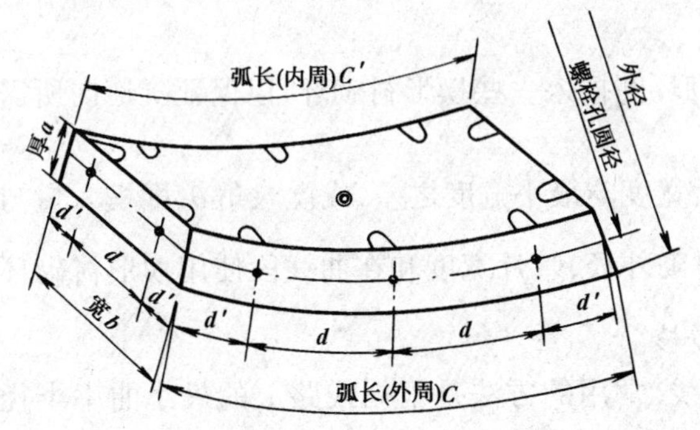

图4-14　平板形管片

平板形管片的接缝除可采用平面状外,为提高装配式衬砌纵向刚度和拼装精度,也有采用榫槽式接缝的。当管片间的凸出和凹下部分相互吻合衔接时,靠榫槽即可将管片相互卡住。当衬砌中内力较大时,管片的径向接缝还可以做成圆柱状的,使接缝处不产生或少产生弯矩。

衬砌环内管片间以及各衬砌环间的连接方式,可分为柔性连接和刚性连接。实践证明,刚性连接不仅拼装麻烦、造价高,而且会在衬砌环中产生较大的次应力,带来不良后果。因此,目前较为通用的是柔性连接,常用的有以下几种形式:

①单排螺栓连接。按螺栓形状又可分为弯螺栓连接、直螺栓连接和斜螺栓连接三种。

②销钉连接。销钉连接可用于纵向接缝,亦可用于横向接缝。

③无连接件。在稳定的不透水地层中,圆形衬砌的径向接缝也可不用任何连接件连接。

(2)双层衬砌

为防止隧道渗水和衬砌腐蚀,修正隧道施工误差,减少噪声和振动以及作为内部装饰,可以在装配式衬砌内部再做一层整体式混凝土或钢筋混凝土内衬。根据需要还可在装配式衬砌与内层间敷设防水隔离层。国内外在含地下水丰富和含有腐蚀性地下水的软土地层内的隧道,大都选用双层衬砌,即在隧道衬砌的内侧再附加厚250~300mm的现浇钢筋混凝土内衬,主要解决隧道防水和金属连接件防蚀问题,也可使隧道内壁光洁,减少空气流动阻力。

近年来由于混凝土耐腐蚀性和管片防水性能的提高,采用双层衬砌的必要性已大为减少,但仍有一些国家如日本等坚持使用双层衬砌。日本为多地震国家,采用复合衬砌增加纵向稳定性和抗震能力。为了节省隧道内净空,德国汉堡易北河盾构隧道采取向管片衬砌外压注化学浆液,增加纵向稳定性和防水抗震性。上海地铁隧道工程积累了近30年盾构法隧道建设的经验,特别是近10年来采用高强度高精度管片(制作平面尺寸误差在1mm以下),开发、选用复合型(氯丁橡胶和遇水膨胀聚氨脂合成橡胶)隧道接缝防水材料,大大提高了隧道的防水使用效果,为在含水软土地层中选用单层钢筋混凝土衬砌作为地铁区间隧道衬砌结构提供了可靠的技术基础。上海地铁隧道工程实践表明,单层钢筋混凝土管片衬砌结构不但能满足地铁隧道的强度、刚度和防水方面的要求,还可改善简化隧道防渗堵漏的工作条件,加快工程进度,降低工程费用。

(3)挤压混凝土整体式衬砌

挤压混凝土衬砌(Extrude Concrete Lining,简称ECL)是随着盾构向前掘进,用一套衬砌施工设备在盾尾同步灌注的混凝土或钢筋混凝土整体式衬砌,因其灌注后即承受盾构千斤顶推力的挤压作用,故有此名称。

挤压混凝土衬砌可以是素混凝土的或钢筋混凝土的,但应用最多的是钢纤维混凝土的。

新浇注的混凝土在活动的端模板和可伸缩的弧形模板作用下,同时承受盾构千斤顶和四周围岩的作用,处于三向受力状态。

3. 盾构法施工时特殊地段的衬砌

(1)曲线段的衬砌

在竖曲线和水平曲线地段上,需在标准衬砌环间插入一些楔形衬砌环,以保证隧道向所需的方向逐渐转折。

楔形衬砌环的楔入量Δ,即楔形衬砌环最大宽度与最小宽度之差,或楔入角θ,即楔入量与衬砌外径D之比,$\theta = \frac{\Delta}{D}$,除应根据曲线半径、衬砌外径、管片宽度和在曲线段使用楔形衬砌环所占的百分比确定外,还要按盾尾间隙量进行校核。

通常一条线路上有很多不同曲率半径的曲线,常用的方法是根据线路上的最小曲率半径设计一种楔形环,然后用优选方法将标准环和楔形环进行排列组合,以拟合不同半径的曲线段,并使线路拟合误差,即隧道推进轴线与设计轴线的偏差,达到最小($\leqslant$10mm)。

拟合曲线用的楔形衬砌环或楔形垫板也可用来修正蛇行。

(2)区间联络通道和中间泵站衬砌

盾构法修建区间隧道时,地铁线路纵断面常采用高站位、低区间的布置形式,因此,两条区间隧道间的联络通道可设在线路最低点,接近区间的中点,并和排水泵站合并建造。

在设置联络通道的地段,两个区间隧道的内侧均要留出一个洞门,宽约250~400cm。为承受洞门顶部和底部拱圈传来的荷载,旁洞上下均需设置过梁以及支承过梁的壁柱,以在旁洞四周形成一个坚固的封闭框架。

一般情况下,联络通道和中间泵站都采用矿山法施工。联络通道衬砌的各项设计参数可按计算确定,亦可按工程模拟法采用。

中间泵站一般设在联络通道中部底板下,其集水池有效容积宜按不小于10min的渗水量与消防废水量之和确定,且不得小于30m^3。

矿山法修建区间隧道时，其联络通道和中间泵站也可采用类似的衬砌结构，不过两侧区间隧道的洞门框架为钢筋混凝土结构，相对较为简单。

(3)渡线和折返线衬砌结构

盾构法修建区间隧道时，渡线和折返线隧道一般与车站一起采用明挖法施工，其衬砌结构与明挖法施工的相同。也有在盾构通过后再采用矿山法修建的。

(四)特殊地段隧道衬砌结构

1. 沉管法隧道

地铁穿越江、河、湖、海时，可采用预制节段沉管法施工，该方法的要点是先在干船坞或船台上分段制作隧道结构，然后放入水中，浮运至设计位置，逐段沉入到水底预先开挖好的沟槽内，处理好各节段的接缝，使其连成整体贯通隧道。沉管隧道的顶部应设防锚层，并用粗颗粒的不易液化和透水性好的材料进行回填。

沉管结构横断面有圆形和矩形两大类。当隧道位于深水中（>45m），管段承受较大水压时，其相应内力较大，采用圆形或接近圆形的断面较矩形断面有利；当水深在35m之内时，可用矩形断面；水深介于35～45m之间时，可经详细对比后予以选择。

每节沉管的长度依据所在水域的地形、地质、航运、航道、施工方法等方面的要求确定，一般为60～140m，多数在100m左右，最长的已达到268m。

断面尺寸根据使用要求、与其它交通结构合建要求、埋深、地质条件、施工方法等确定。

管段结构构造除受力要求外，还应考虑管段浮运、沉没、波浪力、基础形式及地基性质的影响。水压力应分别考虑正常水位和低水位两种工况，并用历史最高水位进行重力计算，在沉砂含量较高的河道中，要考虑水重度的增高。

沉管段结构的外轮廓尺寸还要考虑浮力设计中既要保证一定的干舷，又要保证一定的安全系数。沉管结构混凝土等级一般为C30～C50，采用较高的等级主要是抗剪的需要。沉管结构中不容许出现通透性裂缝，非通透裂缝的开展宽度应控制在0.15～0.2mm，因此不宜采用III级或III级以上的钢筋。管节完成舾装后的干弦高度控制在100～250mm。在沉放、对接、基础处理等施工阶段的抗浮安全数不小于1.05，运营阶段的安全系数不小于1.10。

隧道顶、底板受很大的弯矩和剪力时，也可采用预应力结构。一般为简化施工，尽量采用普通钢筋混凝土结构。

沉管段连接均在水下进行，一般有水中混凝土连接和水压压接两种方式。按变形状况可分为刚性接头和柔性接头。接头应具备抵抗地基沉降及地震等作用产生的应力和变形能力，刚性接头尚需考虑混凝土干燥收缩及温度变化的影响，满足水密性、可施工性和经济性要求。一般地基处理可采用先铺法或后填法保证基底的平整；可能产生震陷的特别弱软的地基上的沉管隧道宜采用桩基础。

管段沉放和连接后，应对管底基础进行灌砂或以其他方法予以处理。

2. 顶进法施工的区间隧道结构

浅埋地铁线路在穿越地面铁路、地下管网群、交通繁忙的城市交通干线、交叉路口及其他不允许挖开地面的区段或施作旁通道时，常采用顶进法施工。

顶进法施工一般分为顶入法、中继间法和顶拉法三种，各种方法对其相应结构及构造有不同要求。

顶进法施工的区间隧道结构形式应根据工程规模、使用要求、工程地质情况、施工方法合理选用，一般多选用箱形框架结构。其正常使用阶段的结构强度可参照明挖框架结构设计，垂直荷载应注意地面动载的影响，对施工阶段的结构强度，要验算千斤顶推力的影响及顶进过程中框架可能受扭的应力变化，在刃角、工作坑、滑板、后背等设计中除强度、刚度、稳定性满足要求外，还应考虑施工各阶段受力特性及构造措施。

三、地铁区间隧道的截面设计与构造

（一）明挖法修建的地铁区间隧道

区间隧道截面几何尺寸包括内部净空尺寸和结构断面厚度两部分，它是根据结构使用要求、限界尺寸、施工方法及工程地质水文地质条件而确定的。

1. 内部净空尺寸的确定

区间隧道内部净空尺寸根据建筑接近限界、曲线半径、超高、道床、线间安全距离、施工误差、结构变形等影响因素确定，隧道内任何设施及附属建筑都必须设置在建筑接近限界以外。

建筑接近限界按《地下铁道设计规范》(GB 50157—2003)要求确定。

2. 隧道结构断面厚度尺寸的拟定

计算箱形框架内力时，一般根据设计经验或模拟法，先假定框架截面尺寸，然后进行计算。如果强度不足或配筋过大，应重新进行断面尺寸拟定和计算。影响断面厚度的主要因素有混凝土和钢筋的设计强度、荷载状况、建筑物的高、宽尺寸以及钢筋的配置方式等。

（二）矿山法修建的地铁区间隧道

1. 区间隧道衬砌横截面形状

用矿山法修建的区间隧道衬砌内轮廓线尺寸应符合地下铁道建筑限界要求，还要考虑施工和测量误差，以及结构固有的变形量。结构变形量可根据围岩类别和隧道宽度按工程模拟法确定，当无模拟资料时可按表4-6选用。II、III级围岩变形量很小，设计时可不予考虑。当隧道位于曲线上时，内轮廓还要予以加宽。

预留变形量(cm) 表4-6

围岩级别	单线隧道	双线隧道
IV	3~5	5~7
V	5~7	7~10
VI	特殊设计	特殊设计

注：表列数值中硬岩隧道取小值，软岩（或土质）隧道取大值。本表取自《铁路隧道新奥法指南》。

理论分析和实践经验得出：当区间隧道衬砌主要承受竖向荷载和不大的水平荷载时，衬砌拱部轴线宜采用单心圆弧线或三心圆弧线，墙部可采用直线。当衬砌在承受竖向荷载的同时，还承受较大的水平荷载，结构轴线宜用多段圆弧连接而成，近拟圆形，但又比圆形接近建筑限界，以减少土石开挖量，上述各内轮廓线的圆心位置和半径值可通过几何分析求得。

2. 衬砌截面尺寸拟定

区间隧道衬砌截面尺寸拟定包括确定初期支护的各设计参数：锚杆类型、直径、长度、间距；喷射混凝土强度、厚度；格栅拱钢筋直径、间距；钢筋网直径和网格尺寸等以及二次衬砌的各项设计参数：混凝土强度、厚度以及是否需要配筋。

初期支护设计参数的确定可按下列顺序进行：

(1)采用工程模拟法初步选定尺寸，如无模拟资料可参照表4-7选用。

复合式衬砌初期支护的设计参数 表4-7

围岩级别	单线	双线
II	喷射混凝土厚度5~10cm;设置锚杆,长度2.0m,间距1~1.2m;必要时局部设置钢筋网	喷射混凝土厚度10~15cm;锚杆长度2.5m,间距1~1.2m;必要时配置钢筋网
III	喷射混凝土厚度10~15cm;锚杆长度2~2.5m,间距1m;必要时配置钢筋网	喷射混凝土厚度15cm;锚杆长度2.5~3.0m,间距1m;设置钢筋网
IV	喷射混凝土厚度15cm;锚杆长度2.5m,间距0.8~1.0m;设置钢筋网,应施作仰拱	喷射混凝土厚度20cm;锚杆长度3.0~3.5m,间距0.8~1.0m;设置钢筋网,必要时设置钢支撑,应施作仰拱
V	喷射混凝土厚度20cm;锚杆长度3.0m,间距0.6~0.8m;设置钢筋网,必要时设置钢支撑,应施作仰拱	通过试验或计算确定

注:本表取自《铁路隧道设计规范》(TBJ3—85),采用钢筋支撑时,钢支撑的喷射混凝土保护层应不小于4cm,并将老规范中围岩类别换算为新的围岩级别。

(2)表4-7是为铁路隧道制订,其断面尺寸较地铁区间隧道大,因此要根据地铁区间隧道具体情况,综合研究,对初步选定的设计参数进行修正。

(3)对有异常围岩压力和会产生超常位移的围岩,或断面形状特殊的衬砌结构,用工程模拟法有困难时,可采用解析法或数值方法进行内力分析和截面设计。

(4)由于围岩特性复杂而多变,故需在施工中根据围岩变化情况和监测信息,对初步选定的设计参数进行修改。

二次衬砌的强度及厚度应根据其在隧道结构体系中的作用而定,若二次衬砌在初期支护变形稳定后施作,对地铁单线区间隧道,采用C20素混凝土,20~30cm厚即可。若需提早施作,或围岩有明显的流变特性,则应通过力学分析确定二次衬砌的强度和厚度。

确定衬砌截面尺寸时,一般应将围岩较差地段的衬砌向围岩较好地段延伸5~10m。

此外,在明显的软硬地层分界处和区间隧道与车站结构接头处,都应设置变形或沉降缝,初期支护和二次衬砌的结构缝应设在一处。沉降缝的构造应能保证沉降缝两侧结构自由变形,但又不能因变形过大而造成钢轨断裂。

(三)盾构法修建的地铁区间隧道

1. 横截面内轮廓尺寸

采用盾构法修建地铁区间隧道时,其横截面的内轮廓尺寸全线是统一的,故除要根据建筑限界(图4-15)、施工误差、道床类型、预留变形等条件决定外,还要按线路的最小曲线半径进行验算,保证列车在最困难条件下也能安全通过。

2. 管片厚度

衬砌管片厚度应根据地层条件、隧道外径D的大小、埋置深度、管片材料、隧道用途、施工工艺、受荷载情况以及衬砌所受的施工荷载(主要为盾构千斤顶顶力)等因素计算确定,一般取$(0.05\sim0.06)D$。为了充分发挥围岩自身的承载能力,现代的隧道工程中都采用柔性衬砌,其厚度相对较薄。根据日本经验,单层的钢筋混凝土管片衬砌,管片厚度一般为衬砌环外径的5.5%左右。上海地铁区间隧道钢筋混凝土管片厚度为350mm,广州地铁管片厚度为300mm。

3. 管片宽度

管片宽度的选择对施工、造价的影响较大,应与衬砌拼装方式,盾构千斤顶行程相适应。当宽度较小时,虽然搬运、组装,在曲线施工方便,但接缝增多,加大了隧道防水难度,增加管片制作成本,而且不利于控制隧道纵向的不均匀沉降。管片宽度太大则施工不便,也会使盾尾加

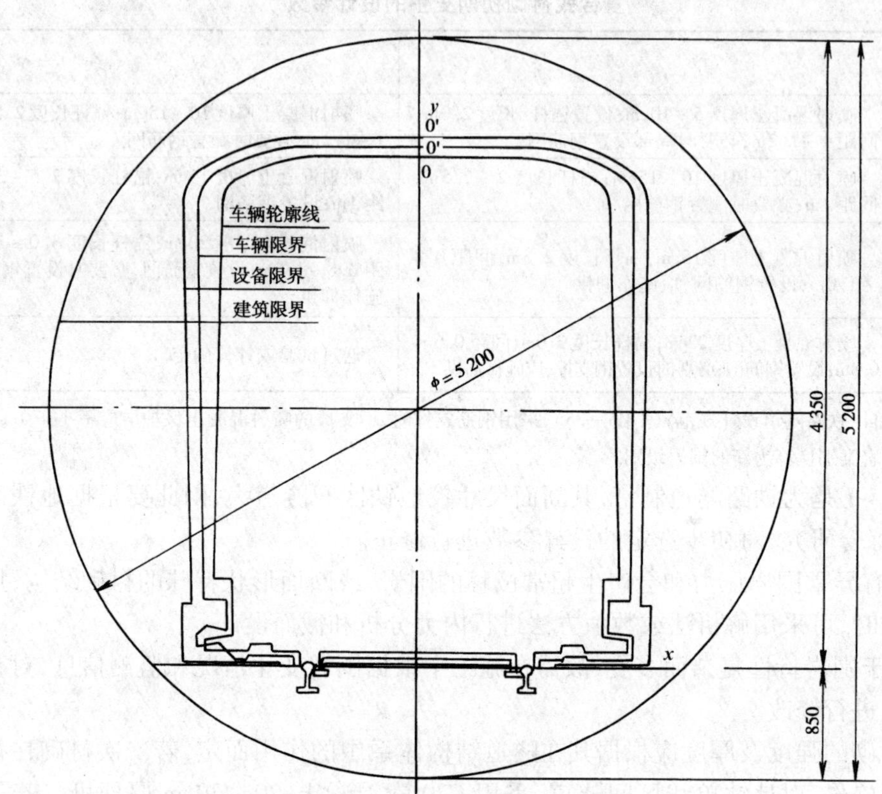

图 4-15　区间直线地段圆形隧道限界(尺寸单位:mm)

长而影响盾构的灵活性。因此,过去单线区间隧道管片的宽度控制在 700 ~ 1 000mm 之间,但随着铰接盾构的出现,管片宽度有进一步提高的趋势,目前,衬砌环宽可采用 1 000 ~ 1 500mm,可能情况下宜选用较大的宽度。在曲线段应考虑不等宽的楔形环,其环面锥度可按隧道曲线曲率半径算出,但不宜太大。环直径大于 6m 者,楔形量为 30 ~ 50mm;6m 以下的约 15 ~ 40mm。单线每环由 6 ~ 8 块管片组成,双线区间隧道为 8 ~ 12 块。其中一块为封底块(代号为 D),1 或 2 块标准管片(代号为 B),2 块邻接管片(代号为 L),1 块封顶管片(代号为 F)。除封顶管片外,其他管片由下向上,对称安装就位。封顶管片由拼装机先向径向楔入(约 300mm),再纵向插入成环。单块管片间由 2 个 M27 环向螺栓连接,环间由 17 个 M27 螺栓纵向连接。

4. 管片类型与结构

1)按材料分类:钢管片、铸铁管片、复合管片、RC 管片、钢纤维管片等;

2)按形状分类:平板形管片、箱形管片、六角形管片、台形管片等;

3)其他分类:平行管片、楔形通用管片等。

5. 管片接缝类型与结构

1)有螺栓连接:直螺栓(长、短螺栓)、斜螺栓、曲线螺栓;

2)无螺栓连接:榫接头、销钉接头。

6. 衬砌环的分块

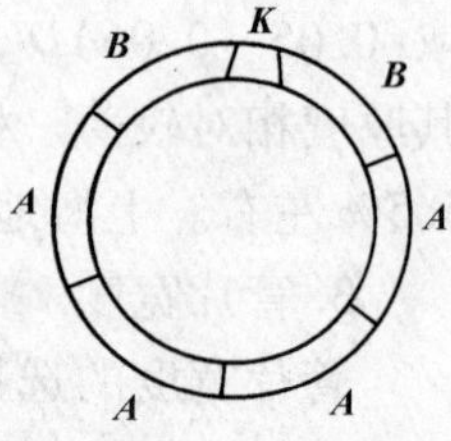

图 4-16　管片分块方法

衬砌环的组成,一般有两种方式。一种是由若干标准管片(A)、二块相邻管片(B)和一块封顶管片(K)构成,见图 4-16;另一种是若干块 A 型管片、一块B型管片和一块K型构成,相邻管片一端带坡面,封顶管片则两端或一端带坡面。从方便施工、提高衬砌环防水效果角度看,第一种方式较好。

封顶块的拼装形式有径向楔入和纵向插入两种。

通常直径 $D \leqslant 6\text{m}$ 的地铁区间隧道,衬砌环以分4~6块为宜,$D > 6\text{m}$ 时,可分为6~8块。上海、广州、南京地铁都是分6块。

衬砌环的拼装方式有通缝和错缝两种。错缝拼装隧道对受力条件有利,变形均匀。若受衬砌成形精度、施工工艺等限制,亦可采用通缝拼装。目前上海地区盾构法施工隧道,大多采用纵向通缝拼装的形式。管片的四个环面,纵环缝的侧面上均设置有凹凸榫槽。这些榫槽既能保证在管片拼装中起到正确的定位作用,提高管片的拼装精度,又能提高隧道抗不均匀沉降的抵抗能力。环向凸榫迎向千斤顶,有助于防止环面混凝土被顶碎,进而提高接缝的防水性能。上海地铁1号线先后设计使用了三种不同接缝螺栓连接形式的管片:甲型衬砌管片,环向使用短直螺栓,纵向为头尾相接的长直螺栓;乙型管片,环向用单头螺栓,纵向使用弯螺栓;丙型管片,环向和纵向均用短直螺栓。工程实践表明,丙型管片具有制作简单、拼装方便、经济合理等优点。广州、南京盾构法施工隧道为错缝拼装,错缝拼装施工技术难度比通缝拼装大。

7. 螺栓和注浆孔的配置

组装管片用的螺栓分为纵向连接螺栓和环向连接螺栓两种。在柔性连接中,纵、环向的连接螺栓通常都布置一排,螺栓孔的设置不得降低管片强度,并方便螺栓坚固作业。螺栓直径一般为16~36mm,螺栓孔直径必须大于螺栓直径4~8mm。

采用错缝拼装形式时,为了曲线地段施工方便,一般将纵向连接螺栓沿圆周等距离布置。

为了均匀地向衬砌背后进行回填注浆,管片上还应设置一个以上的注浆孔,注浆孔直径一般由所用的注浆材料决定,通常其内径为50~100mm左右,如将注浆孔兼作起吊孔使用,则应根据作业安全性和是否便于施工确定其位置及孔径的大小。

8. 隧道防水

地铁隧道的防水比一般市政工程隧道防水要求更高、更严格。地铁区间隧道防水的基本原则是以防治为主,堵漏为辅,多道防线,因地制宜,综合治理。管片自身防水是基础,接缝防水是关键,在特定的技术条件下,为了改善和增强隧道的防水能力辅以外贴防水涂层。

地铁区间隧道允许渗漏量每昼夜不得大于 0.1L/m^2。同时对于任何 100m^2 的隧道内表面面积的渗漏量每昼夜不得超过 20L/m^2。隧道接缝不允许漏泥沙和呈现线流和滴漏,拱底块在嵌缝作用后,不允许有渗漏水。

钢筋混凝土管片采用高精度钢模(宽度允许误差±0.5mm)制作,混凝土多为C50级(配合比中需掺入适量的磨细粉煤灰),水泥用量不得大于 450kg/m^3,抗渗等级不能低于S6。盾构穿越黄浦江、苏州河底及粉砂层时,管片外弧面加涂防水涂层。复合衬砌管片接缝设两道防线,即防水密封垫和内沿嵌缝槽,螺栓孔周边设密封垫圈防水。衬砌背面注入不透水浆液,也是重要的防水辅助措施。接缝的密封垫由氯丁橡胶和遇水膨胀聚氨脂合成橡胶复合而成。遇水膨胀橡胶技术性能指标为:硬度40°±5°;扯断强度≥35MPa;吸水膨胀率≥150%;膨胀扯断强度变化率≤60%;膨胀伸长率≤60%;老化系数(70℃,72h)0.85;防腐等级≤1级。盾构起止工作井前后20环,联络通道前后20环,要求整环嵌缝,其余各环均嵌填拱顶中线两侧45°范围,拱底中线两侧60°范围内接缝进行嵌缝处理。先嵌入工字型膨胀控制材料,再充填水膨胀腻子,最后外表面用氯丁乳胶水泥砂浆抹成Ω型。

9. 其他构造

隧道与沉井等其他结构连接处需设置永久性可承受相对位移、相对转动又能防水的柔性接头。隧道的变形缝的间距以及各变形缝所需的变形能力，应根据隧道纵向变形量和地震影响确定。

在设计电气化地铁区间隧道时，应制定出预防衬砌、轨道、连接件以及隧道内外管线免受杂散电流危害的防弥流措施。

四、地铁区间隧道结构的荷载内力计算方法

见 P160 地铁车站结构的荷载内力计算方法部分。

五、地铁区间隧道的结构设计

（一）地铁区间隧道结构设计方法

由于施工方法不同，地铁区间隧道的断面形式、结构支护衬砌类型、结构计算方法和适用范围各异。表 4-8 列出了国内外隧道结构设计模型，表 4-9 列出了隧道施工和设计方法分类。

国内外隧道结构设计模型　　表 4-8

国　家	盾构开挖的软土隧道	锚喷、钢拱支护的软土隧道	中硬石质深埋隧道	明挖施工的框架结构
澳大利亚	弹性介质中全支承圆环（全周弹簧模型）；Muir Wood 法、Curtis 法或假定隧道变形法	初期支护：Proctor – white 法；二次支护：弹性介质中全支承圆环；Muir Wood 法、Curtis 法或假定隧道变形法	初期支护：Proctor – white 法；二次支护：弹性介质中全支承圆环；Muir Wood 法、Curtis 法或假定隧道变形法	箱形框架弯矩分配
奥地利	弹性地基圆环	弹性地基圆环；FEM；收敛约束法	经验方法	弹性地基框架
德　国	覆盖 <2D，顶部无支承的弹性地基圆环（部分弹簧模型）； 覆盖 <3D，全支承的弹性地基圆环（全周弹簧模型）；FEM	覆盖 <2D，顶部无支承的弹性地基圆环； 覆盖 <3D，全支承的弹性地基圆环；FEM	全支承的弹性地基圆环；FEM；连续介质或收敛—约束法	弹性地基框架（底压力分布简化）
法　国	弹性地基圆环；FEM	FEM；作用—反作用模型；经验法	连续介质模型； 收敛—约束法； 经验法	
日　本	局部支承圆环；梁—弹簧模型	局部支承的弹性地基圆环；经验法加量测；FEM	弹性地基框架；FEM；特征曲线法	弹性地基框架；FEM
中　国	弹性地基圆环；经验法	初期支护：FEM；收敛约束法； 二次支护：弹性地基圆环	初期支护：经验法 永久支护：作用—反作用模型； 大型洞室：FEM	箱形框架弯矩分配

续上表

国家	盾构开挖的软土隧道	锚喷、钢拱支护的软土隧道	中硬石质深埋隧道	明挖施工的框架结构
瑞士		作用—反作用模型	FEM;经验法;收敛—约束法	矩形框架弯矩分配
英国	弹性地基圆环;Muir Wood 法	收敛—约束法;经验法	FEM;经验法;收敛—约束法	弹性地基连续框架
美国	弹性地基圆环		弹性地基圆环;Proctor - white 法;FEM;锚杆法;经验法	
瑞典			通常为经验法,有时用作用—反作用模型、连续介质模型、收敛—约束法	
比利时	Schulze - Duddek 法			刚架

隧道施工、设计方法分类　表 4-9

序号	施工方法	断面形式	衬砌支护形式	结构设计计算方法
1	明挖法	矩形和直墙拱形	现浇钢筋混凝土,预制钢筋混凝土砌块	软弱土层中弹性连续矩形、拱形框架,结构力学方法或假定抗力结构力学方法
2	矿山法(钻爆法、凿岩机掘进法)	拱形、直墙拱形和圆形	钢拱架、喷射混凝土锚杆支护、现浇钢筋混凝土复合衬砌、预制钢筋混凝土砌块	局部变形理论的弹性地基梁方法、反分析法、新奥法、数值分析方法
3	盾构法	圆形	钢、铸铁、钢筋混凝土(或钢纤维)管片	地层衬砌位移协调弹塑性解析解,数值分析法、弹性无铰自由变形圆环、弹性多铰局部抗力约束圆环
4	顶管法	圆形或矩形	钢筋混凝土预制管段	同 3
5	沉管法	矩形	预制钢筋混凝土箱段	同 1
6	配合上述施工方法的辅助工法: ① 注浆加固; ② 降低水位; ③ 冻结法; ④ 管棚法	圆形、直墙拱形、矩形	钢拱架临时支护,现浇钢筋混凝土的衬砌支护	同 2

(二)区间隧道衬砌结构设计计算

1. 结构与地层共同作用的处理方法

目前较实用的处理方法有以下三种:

(1)主动荷载模型。除了在结构底部受地层约束外,其他部分在主动荷载作用下可自由变形。适用于结构与地层"刚度化"较大的情形。

(2)主动荷载加地层弹性约束的模型。该模型认为地层不仅对衬砌结构施加主动荷载,还对衬砌结构施加被动弹性抗力,适用于各类地层。

(3)地层实测荷载模型。实测荷载是结构与地层共同作用的综合反应,它既包含地层的主动压力,也含有被动弹性抗力。

基底反力及弹性抗力可按 Winkler 假定为基础的局部变形理论来确定。

2. 明挖箱形衬砌结构计算

明挖箱形结构施工一般分顺作法和逆作法两种,采用顺作法施工时,侧向不能提供必要的弹性抗力,采用(1)类模型进行结构计算。

箱形结构基底反力,可采用两种计算方法:假设结构是刚性体,则基底反力的大小和分布可根据静力平衡条件求得;假设结构为 Winkler 地基上的箱形结构,则根据地基变形计算基底每一点的反力。若采用矩阵位移法分析箱形结构内力,这两种计算基底反力的方法可用统一的程序解决。

弹性地基上的箱形结构一般按平面变形问题考虑。但在长跨比接近 1 时,应按空间结构考虑。

3. 矿山法(新奥法)隧道衬砌结构设计计算

(1)地铁新奥法隧道的结构设计原则

①采用先进的锚喷支护技术,选择适宜的施工方法和支护形式,达到防止围岩松弛、合理利用围岩自承能力的目的;通过施工中对围岩和支护的动态监测,优化设计和施工参数,进行施工管理,以期安全、经济地段建隧道和保护环境。

②地铁新奥法隧道的埋置深度,应根据运营和环境保护要求,结合地层条件,通过技术经济比较确定。

③隧道设计要考虑其上方既有和规划建筑物的影响,同时要保证施工影响范围内建筑物、构筑物的安全,保障城市居民的正常生活条件。

④复合衬砌中的初期支护按主要承载结构设计,二次衬砌应根据施作时间、施作后外部荷载的变化情况、地层条件及耐久性要求等因素确定,水压力全部由二次衬砌承受。

⑤地铁新奥法隧道的净空,在满足建筑限界、使用要求和施工工艺要求的基础上,考虑施工误差、测量误差和结构变形等影响,一般在隧道周边控制点沿径向外放 100mm 作为富裕量;在确定隧道开挖轮廓线时,应根据围岩类别和开挖断面尺寸预留围岩变形量。

(2)设计方法

①基于经验的设计方法:工程模拟法。

②基于力学分析的设计方法:荷载—结构法、地层结构法。

③视地层、埋深、隧道开挖尺度的不同,地铁新奥法隧道的设计可分别选用不同的方法。

(3)隧道衬砌结构计算

采用矿山法施工的浅埋或深埋隧道衬砌通常为马蹄形复合式结构,按新奥法原理,在复合式衬砌中，衬期支护是主要承载结构，内层衬砌则为安全储备。

初期支护所承受的主动荷载可认为除脱离区外，支护的其他部位均受到地层的弹性抗力作用，弹性抗力的大小及分布，可根据衬砌在荷载作用下的变形、回填情况和围岩的变形性质等因素，采用局部变形理论确定。对这种结构应采用(2)类模型进行内力分析，为此，可选用弹性地基梁图式和弹性支承连杆图式。

内层衬砌在初期支护变形稳定前施作，进行内力分析时，建议按如下的方法：

首先，根据内层衬砌的施作时间，利用初期支护的位移—时间曲线估算出初期支护独立作用时所承受的荷载比例，例如70%；然后，根据70%的计算荷载值，按前述方法对初期支护进行内力分析，求出初期支护中的内力值。

第二步，根据剩余的计算荷载值，采用矩阵位移法对复合式衬砌进行内力分析，求出初期支护中的内力值和内层衬砌中的内力值。则初期支护中的最终内力值为：$\{\sigma_1\} = \{\sigma_1^1\} + \{\sigma_1^2\}$。

计算锚喷衬砌和复合式衬砌，也可采用弹塑性数值解法(地层—结构共同作用模型)或近似解析法进行计算，并结合工程模拟法和监控量测进行修正。

(4)明洞计算

明洞衬砌破坏阶段计算构件载面强度，根据不同荷载组合，可采用相应的安全系数值。当墙背围岩对墙变形有约束作用时，还应考虑弹性抗力的影响。

(5)洞门计算

洞门(包括隧道门和明洞门)可视作挡土墙，按极限状态计算其强度，并应验算绕墙趾倾覆及沿基坑底滑动的稳定。对于高洞门墙，为避免拉应力过大，设计时尚应适当控制截面拉应力。

洞门设计计算参数应按现场试验资料采用，当缺乏试验资料时，可采用规范推荐计算参数。

结构设计计算满足要求后，还应符合一定的构造要求。

4. 盾构法隧道结构设计计算

(1)设计原则

①依据国家技术经济政策和技术标准要求，做到结构设计安全可靠、经济合理、施工方便；

②结构设计以地质勘察资料为依据，并按工程不同地段的不同结构形式、施工方法、使用条件及荷载特性等，选用与其特点相近的结构设计规范和设计方法；

③结构净空尺寸满足隧道建筑限界和其他使用、施工工艺的要求，并考虑施工误差、结构变形和后期沉降的影响；

④隧道结构设计应减少施工中和建成后对环境造成的不利影响；

⑤结构设计采用以概率理论为基础的极限状态设计法，按分项系数设计表达式进行计算；

⑥所有结构、构件均应按施工和正常使用阶段可能出现的最不利荷载组合，进行结构强度、刚度和稳定性计算，并按一定的抗震要求对结构进行承载能力和变形的验算；

⑦结构设计在满足强度和刚度的前提下，还应同时满足防水、防腐蚀等的要求。

(2)盾构隧道设计方法

表4-10列出了国外盾构法隧道的各种设计方法。

国外盾构法隧道设计比较表 表 4-10

国家	计算模型	计算土压力、水压力	地基反力系数
澳大利亚	全周弹簧模型（Muir wood 法）	σ_V = 全覆土荷载 $\sigma_H = \lambda\sigma_V$ + 静水压力	由平板荷载试验或量测结果的逆分析得到，切线方向或与地层完全结合或把摩擦力作为上限结合
日本	梁—弹簧模型	σ_V = 全覆土荷载 $\sigma_H = \lambda\sigma_V$ （砂质土按水土分算，粘性土按水土合算考虑）	根据土的工程性质确定 k 值大小
比利时	Schulze—Duddeck 模型，由 FEM 校核	Schulze—Duddeck 法确定	无
德国	覆土深≤$2D$，部分地层弹簧模型；覆土深≥$2D$，全周地层弹簧模型	σ_V = 全覆土荷载 $\sigma_H = \lambda\sigma_V$（$\lambda = 0.5$）	$k = E_s/R$，E_s 为地层模量，R 为隧道半径
	部分地层弹簧模型：Schulze - Duddeck 法，不考虑切线方向的荷载	σ_V = 全覆土荷载 $\sigma_H = \lambda\sigma_V$（$\lambda = 0.5$）	无
法国	全周地层弹簧模型或 FEM	σ_V = 全覆土荷载（覆土深≤D） Terzaghi 公式（覆土深≥D） $\sigma_H = \lambda\sigma_V$	$k = \dfrac{E_s}{(1+\mu)R}$，$\mu$ 为地层泊松比
西班牙	考虑地层与结构相互作用的 Buqera 法	忽视粘结力的 Terzaghi 公式 $\lambda = 1.0$	只考虑半径方向
英国	全周地层弹簧模型；Muir Wood 法	σ_V = 全覆土荷载 +（水压） $\sigma_H = \left(\dfrac{1+\lambda}{2}\right)\sigma_V$ +（水压） $\lambda = k_0$（静止侧压力系数）	根据类似条件下的量测结果
		初期垂直荷载及初期水平荷载，初期荷载是全土荷载	由三轴试验或应力计测得的应力应变关系得出，不考虑摩擦力
美国	弹性地基圆环	σ_V = 全覆土荷载 $\sigma_H = \lambda\sigma_V$ + 水压 $\lambda = 0.4 \sim 0.5$	无
		σ_V = 全覆土荷载 $\sigma_H = \lambda\sigma_V$ + 水压	由室内实验求出，不考虑摩擦力

（3）荷载

作用在盾构隧道上的设计荷载如图 4-17。地面超载 p_0 一般取 10kN/m^2；结构自重作用在隧道横断面形心上的竖向荷载为

$$g = W/(2\pi R_c) \tag{4-5}$$

$$g = \gamma_c t \text{（对矩形断面）} \tag{4-6}$$

式中：W——衬砌纵向每延米重力；

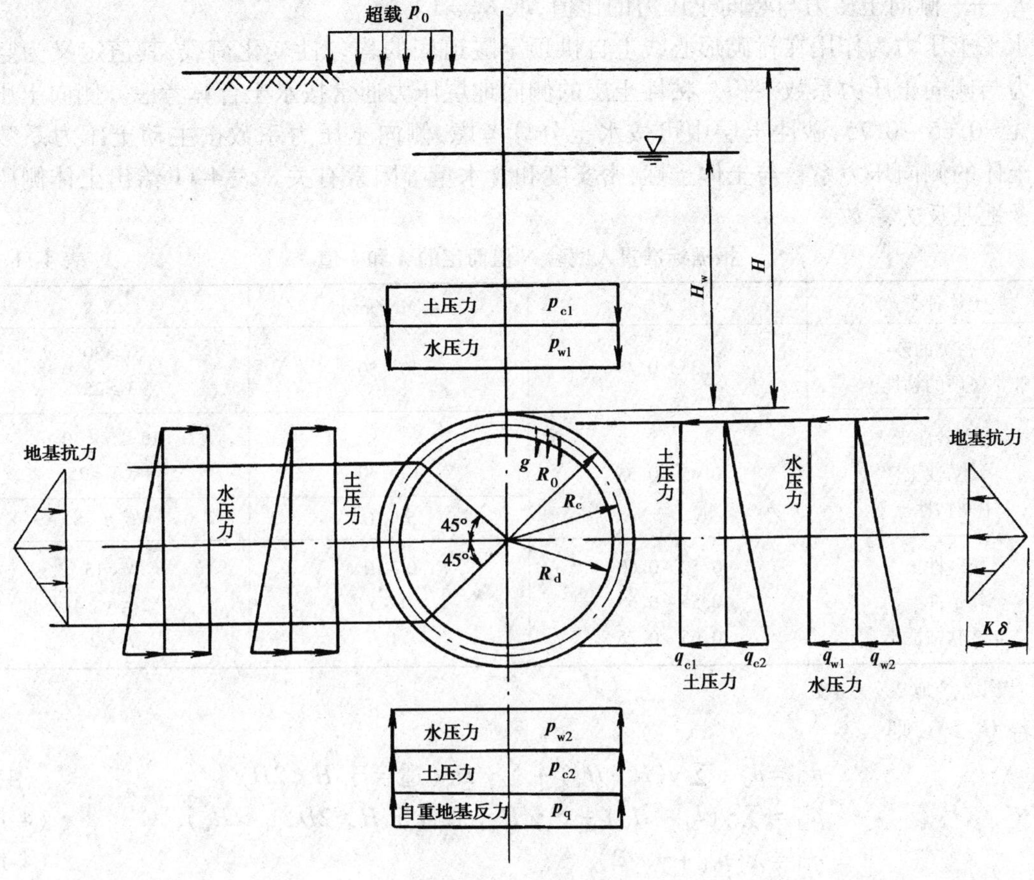

图 4-17 作用在盾构隧道上的设计荷载

p_{c1}——垂直作用的地层压力；

q_{c1}、q_{c2}——水平地层压力

p_{w1}——垂直作用的水压力；

q_{w1}、q_{w2}——水平作用水压力；

t——衬砌厚度；

R_c——隧道横断面中心线半径。

计算土压力时的土体容重：地下水位以上的取土体天然容重，地下水位以下的取水下湿容重。隧道拱顶上的竖向土压按均布荷载考虑，且等于覆盖层的压力。若隧道覆盖层厚度不小于 $2D$(D 为衬砌外径)时，则按太沙基公式计算折减后的竖向土压力。折减后的覆盖层厚度 h_0 按下式计算：

$$h_0 = B_1[1 - c/(B_1\gamma)][1 - \exp(-K_0H\tan\varphi/B_1)]/K_0\tan\varphi + p_0\exp(-K_0H\tan\varphi/B_1)/\gamma \tag{4-7}$$

$$B_1 = R_0\cos(\pi/8 + \varphi/4) \tag{4-8}$$

式中：c——土体粘聚力；

φ——土体内摩擦角；

γ——土体重度；

R_0——衬砌圆环外半径；

K_0——侧向土压力与竖向土压力的比值，取 $K_0=1$。

水平土压力为作用在衬砌形心线上自拱顶至隧道底的均匀性变化荷载，其值定义为竖向土压力与侧向土压力系数乘积。粘性土层的侧向地层压力通常按水土合算考虑。侧向土压力系数 $\lambda \approx 0.65 \sim 0.75$；砂性土层中可按水土分算考虑，侧向土压力系数按主动土压力系数计算。土体的侧向压力系数与土体土性，密实度和含水量等因素有关。表 4-11 给出土体侧压力系数及地基反力系数。

根据标准贯入试验 N 值而定的 λ 和 k 值 表 4-11

土体种类	λ	k(MN/m^3)	N
极密类的砂 非常坚硬的粘性土	0.35 ~ 0.45	30 ~ 50	$N \geqslant 30$ $N \geqslant 25$
密实砂性土 硬粘性土 中硬粘性土	0.45 ~ 0.55	10 ~ 30	$15 \leqslant N < 30$ $8 \leqslant N < 25$
		5 ~ 10	$4 \leqslant N < 8$
松砂性土 软粘性土 非常软粘性土	0.50 ~ 0.60 0.55 ~ 0.65 0.65 ~ 0.75	0 ~ 10 0 ~ 5 0	$N < 15$ $2 \leqslant N < 4$ $N < 2$

注：表中 k 为地基反力系数。

若 $H_w \geqslant 0$，则

$$p_{c1} = p_0 + \sum\gamma(H - H_w) + \sum\gamma' H_w \text{（适合于 } H < 2D\text{）} \tag{4-9}$$

$$p_{c1} = \sum\gamma(h_0 - H_w) + \sum\gamma' H_w \text{（适合于 } H \geqslant 2D, h_0 > H_w\text{）} \tag{4-10}$$

$$q_{c1} = \lambda(p_{c1} + \gamma' t/2) \tag{4-11}$$

$$q_{c2} = \lambda[p_{c1} + \gamma'(t/2 + 2R_c)] \tag{4-12}$$

若 $0 > H_w \geqslant -2R_c$

$$p_{c1} = p_0 + \sum\gamma H \text{（适合于 } H < 2D\text{）} \tag{4-13}$$

$$p_{c1} = \sum\gamma h_0 \text{（适合于 } H \geqslant 2D\text{）} \tag{4-14}$$

$$q_{c1} = \lambda(p_{c1} + \gamma t/2) \tag{4-15}$$

$$q_{c2} = \lambda[p_{c1} + \gamma(-H_w) + \gamma'(t/2 + 2R_c + H_w)] \tag{4-16}$$

若 $-2R_c > H_w$

$$p_{c1} = p_0 + \sum\gamma H \text{（适合于 } H < 2D\text{）} \tag{4-17}$$

$$p_{c1} = \sum\gamma h_0 \text{（适合于 } H \geqslant 2D\text{）} \tag{4-18}$$

$$q_{c1} = \lambda(p_{c1} + \gamma t/2) \tag{4-19}$$

$$q_{c2} = \lambda[p_{c1} + \gamma(t/2 + 2R_c)] \tag{4-20}$$

土体的侧向压力系数 λ 也可根据土体的物理力学指标计算得到。

$$\lambda = \begin{cases} \mu/(1-\mu) & (\mu \text{ 为泊松比}) \\ 1 - \sin\phi' & (\text{对砂性土}) \\ 0.80 \sim 0.85 & (\text{对粘性土}) \end{cases} \tag{4-21}$$

水压力一般情况下简化为静水压力作用在衬砌上。为了简化计算，拱顶和拱底处近似按均布竖向水压力处理，其值取为该处的静水压力。侧向水压力为由拱顶至拱底线性变化的水

平荷载,如图4-17。

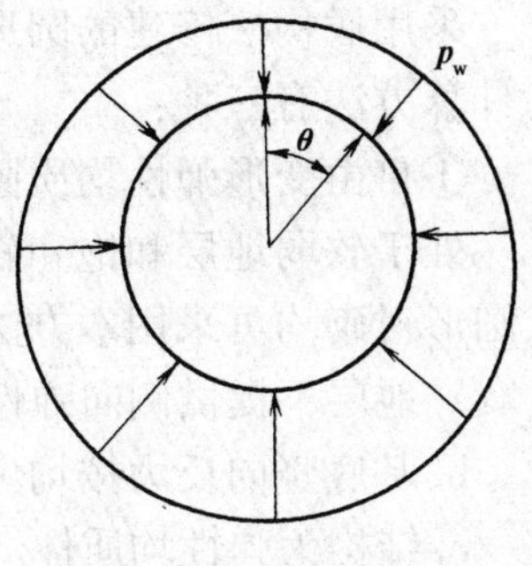

图4-18　静水压力

作用在衬砌上的水压力的合力是一种向上的浮力,若拱顶处的竖向土压力和自重(静荷载)的合力大于浮力,其差值将是作用在隧道底的竖向土压力(地基抗力)。若浮力大于拱顶竖向土压力和自重的合力,隧道将有可能浮起。为此,就必须采取诸如施作二次衬砌以增加隧道重量或在地面堆载的措施。

按图4-18的静水压力分布曲线,作用在圆环周边任一点静水压力为:

$$p_w = \gamma_w[(H_w + t/2) + R_c(1 - \cos\theta)] \tag{4-22}$$

单位长度上隧道管片受到向上浮力:

$$F_w = \gamma_w \pi R_c^2 \tag{4-23}$$

若采用竖向均布荷载和水平均布线性变化荷载组合,则

$$\left.\begin{aligned} p_{w1} &= \gamma_w H_w \\ p_{w2} &= \gamma_w[H_w + (t + 2R_c)] = \gamma_w(H_w + 2R_0) \\ q_{w1} &= \gamma_w(H_w + t/2) \\ q_{w2} &= \gamma_w[H_w + (t/2 + 2R_c)] \end{aligned}\right\} \tag{4-24}$$

作用在单位长度隧道管片上的竖向浮力,按竖向均布和侧边线性变化组合为:

$$\left.\begin{aligned} F_w &= 2R_c R_w(p_{w2} - p_{w1}) = 4\gamma_w R_0 R_c \\ p_{c2} &= p_{c1} + g - F_w/2R_c \end{aligned}\right\} \tag{4-25}$$

地基的抗力分为与地层位移无关和与地层位移有关的两种情况。为了计算竖向水土压力和自重位移引起的抗力,必须采用诸如管片矫正器之类的设备,以保证在土压力和水压力作用之前衬砌不致因为自重变形,并且保持准确的衬砌形状。拱顶竖向土压力和自重与隧道底竖向土压力平衡,由此确定隧道底的地基反力。这是一类抗力与地层无关的情况。

衬砌较柔、土层刚度较大($N_{63.5} > 2 \sim 4$)情况下,对于盾构法施工的圆形隧道可适当考虑一些由地层位移引起的地基抗力。管片从盾尾脱出后,立即在衬砌与土层之间的空隙注浆和回填,浆液凝固之后地基的抗力在计算衬砌构件内力时才起作用。抗力图形假设呈一等腰三角形,其作用范围为隧道水平直径上下45°范围之内。抗力大小按弹性地基梁基床反力系数法计算:

$$q_k = k\delta \tag{4-26}$$

式中:k——地基基床反力系数(MN/m^3);

δ——衬砌圆环在水平直径处变形量(m);

q_k——地基的抗力(MN/m^2)。

悬挂于隧道顶板上的电缆、照明和信号设备所产生的荷载及内部水压力也应予以考虑。施工期间盾构千斤顶施加纵向推力。回填注浆压力可取0.5MN/m^2,管片举重力臂操作荷载,管片矫正器千斤顶推力、切削头的扭矩、后援设备的重量、相邻隧道推进的影响均应在进行设计时校核。按使用阶段的荷载进行强度和变形计算设计,施工荷载、附加荷载的影响仅仅进行复核,通过构造处理加强。

1995年阪神地震引起城市各类基础设施的破坏,据统计在不计一些小的开裂,共有5个地铁车站和约3km的地铁隧道遭到破坏。处于地震区的地铁车站和区间隧道应该考虑地震引起的动力效应。用于抗震设计的方法有诸如地震变位法和地震系数法之类的静力分析法及动力分析法。

(4)构件内力计算

采用盾构法修建的圆形隧道衬砌视其所处的地层条件和结构构造特点,目前较通用的内力计算方法有三种:

①自由变形弹性均质圆环法

处于软弱地层和饱和软粘土中的整体式圆形衬砌,或接头刚度接近结构本身刚度的装配式圆形衬砌均可采用本方法进行结构内力分析。此方法假定:

a.地层不提供侧向弹性抗力;

b.基底竖向反力按均匀分布考虑,并根据静力平衡条件计算其量值;

c.结构为弹性均质体。

自由变形圆环内力分析的力法分为计入和不计入两类弹性抗力自由变形圆环。通过切口相对变位为零的条件,建立和求解力法典型方程,得到多余未知力,再由静力平衡条件求出圆形衬砌任一截面的内力。

如果将计算简图中荷载结构作对称性分解,可由积分推演直接得出各组荷载引起的内力计算公式。

弹性均质自由变形圆环更适合错缝拼装纵向抗弯刚度变化均匀的隧道。这种简单的直接积分计算不需计算机也可进行。但是该方法不适合于土体条件变化产生的不均匀荷载、偏压荷载、静水压力和用弹簧模拟地基抗力的情况。目前上海软土盾构法隧道内力分析仍沿用弹性自由变形圆环计算方法。

②弹性地基刚架模型法

这种方法把组成隧道衬砌圆环的每块管片作为一个刚体,相互之间以铰连接,并组成一个多边形刚架。它必须借助计算机求解结构内力,适合各种不同的荷载变化情况。若不能预先估算抵抗因自重引起位移而产生的地基抗力,则构件中由自重产生的内力应单独计算并与其他荷载产生的内力叠加。这种方法不仅可以采用法向地基抗力,亦可采用切向抗力。地基抗力施加范围可以是全部弹簧支承刚架模型、拱部无抗力刚架模型、全部无弹簧支承刚架模型。

③有限单元法

以连续介质力学理论为基础的有限单元法,适用于构筑在软岩或较稳定的地层内的衬砌设计。使用有限元法,不仅可得到衬砌结构的应力变形,而且了解四周围岩介质的应力和应变状态,对于认识圆形隧道和周围介质共同作用规律十分有用。在有限元法中,必须提供围岩介质和衬砌结构的弹性模量和泊松比。由于输入的结构衬砌和介质的力学参数与实际有差异,直接影响了计算结果的准确性。有限元法目前多用于科学研究,国内未能将其计算结果直接用于设计。

隧道沿线覆土厚度、地下水位、地质地貌不相同,横断面设计计算控制断面应选择在覆盖层厚度最大或最小横断面的位置、地下水位最高最低的断面、超载最大和有偏压的横截面。

管片衬砌是用钢螺栓连接起来的,一般接头的实际刚度小于管片本身的刚度。装配式衬砌圆环虽不同于具有强大截面刚度的整体圆环衬砌,但是一定刚度的接头也能不同程度地承受弯矩和剪力。以往计算经验表明,接头刚度 K_0 对结构的最终设计有较大影响。用盾构法施工的装配式圆形管片结构,应该考虑接头刚度影响,这已得到广大工程技术人员的公认。弹性自由变形无铰圆环假定接头刚度 K_0 足够大,对截面的受力不利。相反,随着接头刚度减少,由自由弹性变形圆环向弹性多铰刚架构成圆环过渡,接头弯矩可以大幅度地降低,法向力将稍有增加,而偏心距进一步减少,对截面受力变得极为有利。

(5)截面设计

装配式衬砌的材质宜选用钢筋混凝土,混凝土标号不宜低于 C40 号。有特殊需要的地段,可用铸铁、钢、钢壳钢筋混凝土复合衬砌等形式。衬砌厚度 δ 应根据隧道外径 D 的大小、埋深、受荷情况以及衬砌所受的施工荷载(主要是盾构千斤顶顶力)等确定,一般认为厚度约为(0.05~0.06)D。单线地铁隧道直径一般 5.5~6.5m,通常衬砌环分为 4~6 块,大直径以 6~8 块为宜。其中封顶块形式有大、小两种,拼装方式有纵向插入和径向楔入部分宽度后再进行纵向插入两种,一般按设计要求,考虑施工机具、实践经验等选择拼装施工方式。端肋和环肋的宽度应满足螺栓在极限应力条件下的强度和抗裂要求。

同时承受轴向荷载和弯曲力矩的衬砌管片通常属于偏心受压的钢筋混凝土构件。先依照圆形衬砌各节点内力,按偏压构件计算环向受力主钢筋,按轴心受拉构件选择受拉螺栓。所计算管片的环向受力钢筋,必须结合工程经验,考虑施工阶段特殊要求进行调整。最后还必须进行使用阶段衬砌变形及裂缝宽度验算。管片之间接头应控制在接缝防水弹性胶垫变形能力范围内。

地铁主体结构工程,设计使用年限为 100 年。

第四节 轻轨交通的高架结构设计

一、选型的原则

1. 轻轨车站结构

轻轨车站的结构形式,首先应满足车站的功能布置要求,并结合当地的城市规划、地面道路及工程地质条件进行综合考虑后而定。

2. 轻轨高架桥结构

高架结构设计必须符合适用、经济、安全和美观的基本原则。即力求选用较为先进的结构形式和施工方法;构件力求标准化、工厂化并采用机械化施工;对上下部结构进行多方案比选,筛选优化出最佳结构方案;在适用、经济和安全的前提下,尽可能使桥梁具有优美的造型并与周围环境相协调。

桥梁总体设计中,下部结构除应有足够的强度和稳定性,避免在荷载作用下的过大位移和移动外,对其造型亦有严格的要求,合理的选型能使上下部结构协调一致,轻巧美观,特别是高架桥多为跨线桥,常受地形、地貌、交通等限制,又与城市建筑及环境密切相关,其造型就格外重要,必须使高架桥与城市环境和谐、匀称,使行人有一种愉快感觉。确定桥梁下部结构应遵循安全耐久,满足交通要求,造价低,维修养护少,预制施工方便,工期短,与城市环境和谐,桥墩位置和形状要尽量多透空、少占地等原则。对于全线高架桥,宜减少桥墩类型。

二、轻轨车站结构形式

1. 轻轨车站结构形式

轻轨车站可采用钢筋混凝土框架结构、桥梁式结构、框架 + 桥梁式结构。

钢筋混凝土框架结构适用于用地范围大,车站体量大的地段,可做成双层甚至三层,以利于开发利用。

桥梁式结构适用于用地范围小、客流量小、车站体量小的地段。框段 + 桥梁式结构行车部分的梁和区间梁相同，并与站台部分的梁板脱开，以防止列车行驶时的振动对车站主体结构产生影响，适用于用地范围大的地段。

2. 轻轨高架桥的结构形式

桥梁体系按照受力特点可分成简支、连续和悬臂三种基本类型。根据轨道交通的特点以及整体道床和无缝线路的要求，多采用简支或连续体系，在特殊地段（跨河、谷地段）也可采用悬臂体系。

简支梁的特点是结构简单，受力明确，容易做到设计标准化、制造工厂化，安装架设方便，施工速度快，适用于中小跨度。当跨度较大时，多采用连续梁桥，它能降低材料用量，减少伸缩缝数量，改善行车条件，提高桥梁的可靠性和耐久性，但它的设计和施工比较复杂，对支座的不均匀沉降较敏感。

三、轻轨交通的截面设计与构造

（一）高架桥立面布置

桥梁立面布置的内容包括体系的选择、桥长及分跨布置、桥下净空及梁高的选择等。

对地铁与轻轨高架桥，应尽量采用等跨等高度梁。桥梁跨径的选择，应结合周围环境和工程地质条件，从景观、经济和施工等方面综合考虑确定，标准区间梁的合理跨度为 20 ~ 30m。桥下净空应符合《城市道路设计规范》以及城市景观对桥梁净空的要求。

（二）横断面设计

1. 横断面布置及桥面宽度

区间标准横断面，根据高架桥的限界及设备安装位置而定。桥两侧设挡板，挡板内侧设电缆支架，挡板上设人行步道，作为检修及紧急疏散用，步道边设栏杆。曲线地段及道岔区的桥面宽度，根据曲线半径和渡线形式分别进行加宽。车站宽度根据站台形式及宽度和限界及设备位置而定，并考虑施工误差。

2. 桥梁横断面形式

桥梁横断面设计即梁结构设计，对高架桥的标准区间梁，应从受力、经济和施工等因素综合考虑，并注意梁与墩身的线形，以满足美观的要求，较适合的结构有预应力混凝土箱梁（单室双箱梁、单室单箱梁、双室单箱梁）、预应力混凝土板梁（空心板梁、低高度板梁）、后张法预应力混凝土 T 形梁、下承式槽形梁等形式。

（1）预应力混凝土箱梁

箱形截面是目前比较先进且已被广泛采用的梁截面形式。闭合薄壁截面抗扭刚度大，整体受力性能好，对于斜弯桥尤为有利。同时因其顶板和底板都具有较大的面积，所以能有效抵抗正负弯矩，并满足配筋要求。箱形截面具有良好的动力特性，它的收缩变形数值小，材料用量最小，截面外形简洁，箱底面平整，线条流畅，配以造型简洁的圆柱墩或 Y 形墩，非常适宜于现代化的城市桥梁。

箱形截面有各种形式：单室双箱梁宜作为标准区间梁使用，适用于景观要求高、施工能力强的城市；单室单箱及双室单箱梁材料用量少，外形可做成流线形，造型美观，景观效果好，但预制施工困难，此两种方案适于采用现浇法施工。建议在大跨度桥梁和曲线桥上使用。

（2）预应力混凝土板梁

板梁结构建筑高度小，外形简洁，便于吊装施工。预应力板梁的经济跨度为 16 ~ 20m。板梁截面主要有空心板、低高度板和异形板。空心板梁每跨可根据桥宽采用 4 ~ 8 片拼装而成，每片吊装重量约 40 ~ 50t，而低高度板梁采用 2 片拼装，相对吊装重量大。异形板梁在美观上占有优势，它采用单片梁形式，一般采用现浇施工，工期长。从受力上讲，板梁的抗扭刚度小，对抵抗列车偏载不利。多片空心板梁也可用在道岔区及有配线的地段。

(3)预应力混凝土 T 形梁

T 梁与箱梁同属肋梁式结构，它兼具箱梁刚度大、材料用量省的特点，同时，主梁采用工厂或现场预制，可提高质量，减薄主梁尺寸，从而减轻整个桥梁自重。每跨梁由多片预制主梁相互联结组成，吊装重量小，构件容易修复或更换，避免了箱梁内模的拆除困难。简支 T 梁经济跨度为 20 ~ 25m。

(4)组合箱梁

预应力混凝土组合箱梁，即在预制厂内用先张法制造槽形梁，架立后再在它上面现浇钢筋混凝土连续桥面板，将槽形梁连成整体，形成组合式箱梁。区间由四片简支梁组成，经济跨度 23m，吊装重量约 25t。该方案兼具箱梁整体性好，抗扭刚度大的优点，同时现浇连续桥面结构克服了简支梁接缝多的缺点，使行车条件得到改善；从施工上讲，组合梁预制、运输、吊装方便，架桥速度快，对城市干扰少，缺点是桥面板需就地浇注，增加现场混凝土施工量，且先张法只能直线预制，不适于弯梁桥，美观上也逊色于其他方案。

综合分析，从构件标准化，便于工厂制造和机械化施工的原则考虑，同一条高架线路的结构类型不宜过多，在预制和现浇施工方案的选择上，因现浇施工模板工作量大，施工速度慢等缺点，因而优先推荐预制施工方案。

另外，钢梁方案造价高，车辆过桥时噪声大，维修工作量大，一般也不采用。

(三)墩台与基础

适用于城市高架桥的桥墩形式有 T 形墩、双柱墩、V 形墩和 Y 形墩等。

1. T 形墩

T 形墩既能减轻墩身重量，节约工程材料，减少占地面积，又较美观，墩身截面一般为圆柱形、矩形、六角形等。T 形墩与区间 T 形梁、箱梁、槽形梁等上部结构相结合，则上下部结构的轮廓线过渡平顺，受力合理。

2. 双柱墩

双柱墩桥墩重量轻，节省工程材料，承载能力和稳定性均较强，但美观较差，透空性不好，占地范围大。

3. V 形墩和 Y 形墩

V、Y 形墩重量轻，占地面积小，外表美观简洁，桥下透空大，适用面广，具有良好的视野和轻巧造型，但其结构构造复杂，施工较麻烦。

4. 基础

基础形式有扩大基础(适用岩石及持力层较浅的地基)、桩基础(适用于砂质及软土地基)，桩基础内又分为钻孔灌注桩、打入桩和挖孔桩。应根据各地的地质情况，确定合理的基础形式。

(四)其他构造

高架结构的设计应采取降低噪声、减少城市污染、消除楼房遮光和防止电磁波干扰等措施。同时应采取防止杂散电流腐蚀的措施，钢结构及连接件应进行防锈处理。

高架桥所用的工程材料，应根据结构类型、受力条件等要求选用，并应考虑经济性、可靠性和耐久性，受力结构材料一般应采用钢筋混凝土和预应力混凝土，必要时也可采用金属材料。

高架桥两侧挡板应与主体结构有牢固的连接,并考虑预留声屏障的位置及安装的可能,人行道板的边缘设置栏杆。同时应考虑运营过程中对其进行检查、维修所需的空间及设施。

结构设计应预留安装设备所需的管道及孔洞位置。

四、高架桥结构设计

(一)作用在高架上的荷载

(1)恒载。结构自重、上部建筑重量、预加应力、设备重量、混凝土收缩徐变的影响和基础沉降影响力。

(2)活载。车辆荷载(竖向静活载、竖向动力作用,列车活载产生的土压力)、无缝线路纵向水平力。曲线地段考虑离心力,离心力作用点在列车的重心位置,距轨顶的高度为1.8m。区间桥梁应考虑双侧人行道荷载。

(3)附加力。列车制动力或牵引力、风力、列车的横向摇摆力以及超静定结构考虑湿度变化的影响力。

(4)若桥上轨道采用无缝线路,还要考虑因无缝线路产生的对桥墩的水平附加力。

(5)特殊荷载。地震力(设计时根据工程所处场地条件,按《铁路工程抗震设计规范》计算)、施工荷载以及汽车对道路范围内和接近路边的桥墩的撞击力。

(6)高架桥结构边缘应考虑30kN/m的脱轨力。

(7)区间高架结构的挡板设计,除考虑其自重及风载外,尚应考虑0.75kN/m的水平推力。

(8)车站站台、楼板和楼梯部位的人群均布荷载值应采用4.0kPa。

(二)设计荷载组合

桥梁设计时,应就上面所列荷载的最不利组合情况进行计算。

(1)恒载加活载。

(2)恒载加活载另加一个方向(纵向和横向)可能同时出现的附加力。但横向摇摆力不与离心力、风力同时计入。

(3)地震荷载加恒载。

(三)结构计算

高架结构现无设计规范,暂时应遵照《铁路桥涵设计规范》(10002.1—2005)、《地下铁道设计规范》(GB 50157—2003)、《建筑结构设计规范》并参考其他有关规范,建议按以下原则进行:

(1)结构构件的内力按弹性受力阶段计算。

(2)预应力混凝土桥梁结构应按《铁路桥涵设计规范》规定验算其强度、抗裂性、稳定性、应力及变形。

(3)计算预应力混凝土连续梁内力时,应考虑温差、基础不均匀沉降以及由于混凝土收缩、徐变和预应力所引起的二次力。计算二次力时,尚应考虑体系转换的影响。

(4)结构应满足铁路桥涵设计规范要求的最小配筋率和最大裂缝宽度的要求。

(5)箱梁应考虑抗扭计算。

(6)墩顶允许位移除满足行车安全及桥梁自身的受力外,还应结合轨道结构形式作具体分析,保证轨道结构的正常使用。

(7)计算桥墩内力时,应特别注意考虑无缝线路引起的墩顶水平力。

(8)墩台身应验算强度、纵向弯曲稳定、墩顶弹性水平位移。

(9)墩顶弹性水平位移、顶帽尺寸及构造要求,暂执行铁路桥规的规定。

(10)桩基设计考虑土的弹性抗力,可按 K 法或 m 法计算。

(11)摩擦桩设计,按土的阻力验算桩的承载力,按材料强度验算混凝土及钢筋应力,验算桩身开裂宽度。

(12)基础的允许沉降量应满足列车安全运营和乘客舒适度的要求,并控制在轨道结构允许变形的范围之内。

第五节　地铁设计实例

本实例以上海市区某浅埋典型车站为背景,其中一些技术参数略加调整。

一、工程概况

地铁车站位于市中心,周围建筑物较多,施工期间交通组织复杂。考虑到最大限度地吸引客流、方便乘客的原则并代替人行天桥,共设置4个出入口。

车站周围有大量的地下管线,分别为电话、电缆、煤气、上水、下水及光缆等,且埋深较大(最大达4m),跨越车站处采用管沟,车站的设计与施工难度较大。

车站为地下标准乙级站,且为换乘车站。站台长度120m,车站设计内净总长176m,内净宽度19.6m。车站建筑要求站台层净高4.15m,站厅层净高4m,站台至轨道底板面1.59m。车站结构要求顶板厚0.8m,中楼板厚0.4m,底板厚0.9m,端头井处底板厚1m。车站标准段基坑开挖深度15.32m,端头井基坑开挖深度17.02m,换乘段处基坑开挖深度21.99m。车站建成后上面为道路。

车站地下连续墙平面布置图如图4-19,车站基坑纵剖面图如图4-20。

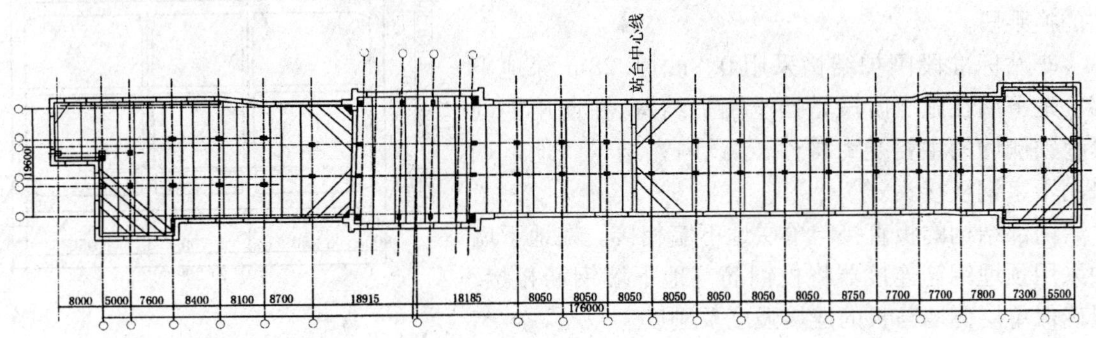

图4-19　车站地下连续墙和支撑平面(尺寸单位:mm)

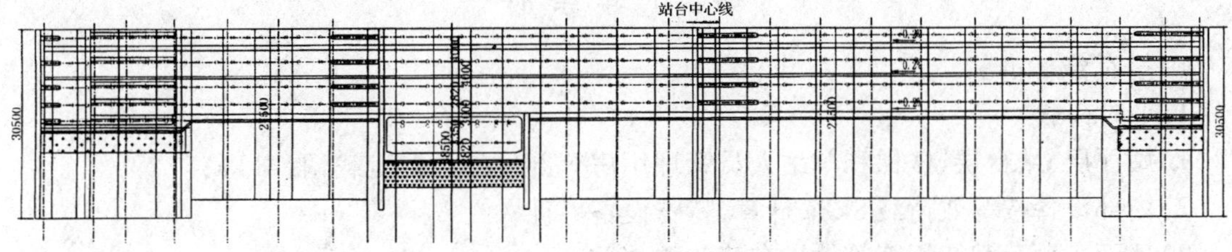

图4-20　车站基坑纵剖面图(尺寸单位:mm)

二、设计要求

结构形式和施工方法的选择,应考虑工程水文地质、总体规划要求、环境条件和道路交通状况,并对技术、经济、工期、环保和使用效果作综合比较。按有关设计规范对其在施工阶段和使用阶段,根据承载能力极限状态及正常使用极限状态的要求,进行强度、刚度、稳定性和抗浮计算,并进行抗裂和裂缝开展宽度验算。

按荷载的短期效应组合,并考虑长期效应组合的影响所求得的最大裂缝宽度,除中板、柱和其他内部结构不大于0.3mm外,其余均不大于0.2mm。考虑温度作用和混凝土收缩对结构开裂的影响,结构不允许产生贯通裂缝。考虑地震或其他偶然荷载作用时,不验算结构的裂缝宽度。

车站结构设计根据结构类型、使用条件、荷载特性、环境条件、施工工艺、盾构施工筹划等条件进行,满足施工、运营、城市规划、防火、防水、抗震、人防、防杂散电流的要求。

车站结构设计时,使结构具有足够的纵向刚度;满足地铁长期运营条件下对结构纵向抗裂及抗差异沉降的要求。同时考虑由于城市规划引起的周围环境改变而对车站结构产生的不利影响。结构计算中应验算季节性温差和差异沉降引起的纵向内力和变形,并采取相应的抗裂和防渗措施。

车站结构的净空尺寸除满足建筑、限界、设备、人防等专业的要求外,尚应考虑施工误差、测量误差、结构变形及后期沉降的影响。

三、结构形式

本车站根据地面环境和工程地质、水位地质条件,经过方案比选,结构形式确定为双层双柱三跨框架结构,覆土3m,其中有三跨为与其他线车站的换乘段。

车站标准段围护结构采用0.8m厚、28m深地下墙。地下墙在施工阶段是挡土围护结构,在使用期间是地铁侧墙的主要受力构件,不设内衬结构。地下墙采用十字钢板接头。

内部结构的板直接与单层地下墙相接。在地下墙中采用预埋钢筋连接器将板钢筋与地下墙钢筋相接,以确保单层侧墙与板的连接强度及刚度。

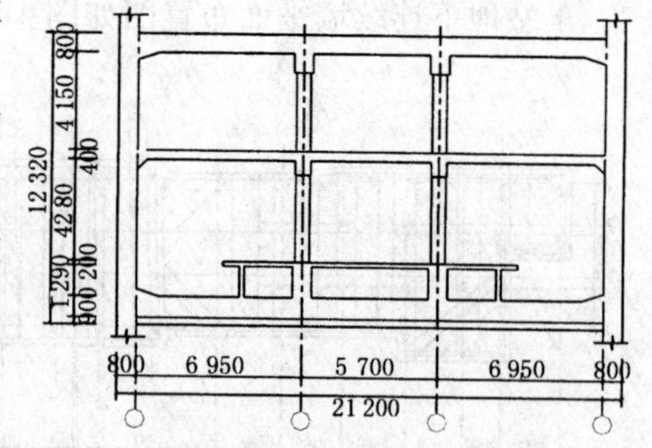

图4-21　车站标准段剖面图(尺寸单位:mm)

车站标准段剖面图如图4-21。

四、计算条件

(一)荷载标准

1.平时荷载

1)站厅层、站台层、楼梯和车站人员管理用房等部位的人群荷载,取4kPa;

2)内部设备按等效荷载8kPa计算,特殊设备另计;

3)地面车辆荷载按折算等效均布荷载取20kPa;

4)覆土荷载取$\gamma = 19kN/m^3$,覆土厚度取3m;

5)列车车辆荷载按6节编组考虑,轴重14t,折算等效静载20kPa;

6)水土侧压力原则上按朗金土压力理论,根据土性的不同分别采用水土分算或水土合算计算取值时考虑时空效应开挖小变形状态下实测数据反分析得出的土压力的变化调整;

7)施工堆载取20kPa。

2. 地震荷载

1)地震荷载参数

水平地震系数 K_h 取0.1,垂直地震系数 K_v 取(1/2 ~ 2/3)K_h(验算结构抗浮能力时考虑)。

2)支承设置

被动侧设置水平弹簧支承,在框架底设置竖向弹簧支承。

3)竖向荷载

顶板上覆土重、结构自重、0.5活载;底板反力取自重反力或水反力两种工况。

3. 人防荷载仅用作结构验算

(二)荷载组合

平时荷载计算时分两种情况,一是地下墙作为围护结构的施工阶段时,结构上仅存在侧向水土压力的作用;二是整个车站施工完成后的使用阶段,结构上不仅作用着侧向水土压力还作用着竖向荷载。本车站主要荷载组合有以下几种:

1. 施工开挖阶段围护结构承受荷载

(1)侧向水土压力;

(2)支撑预加轴力;

(3)地面施工荷载引起的侧向压力。

2. 使用阶段框架结构承受荷载

(1)荷载基本组合:结构自重、地面超载或地面车辆荷载、竖向土层重、水土压力、人群荷载或设备荷载、列车荷载等。

(2)荷载偶然组合:

结构自重、竖向土层重、水土压力及地震等效静载等;

结构自重、竖向土层重、水土压力及人防等效静载等。

结构设计时按结构整体或单个构件可能出现的最不利组合,依相关规范要求进行计算,并考虑施工过程中荷载变化情况分阶段计算。

(三)工程材料

车站受力结构一般采用钢筋混凝土或混凝土,必要时可采用金属等材料。

钢筋混凝土及混凝土除满足强度需要外,还要考虑抗渗、抗侵蚀的要求;混凝土强度等级:车站内部结构柱采用C40,内衬、梁和墙采用C30,地下连续墙采用C30;地下墙、内衬、顶板和底板抗渗标号均采用S8。

车站大体积浇注的混凝土采用低水化热的水泥,以降低混凝土的水化热,防止发生有害裂缝和减小裂缝宽度。在车站顶板及侧墙等必要部位采用补偿收缩混凝土;车站底板等部位采用普通防水混凝土;特殊区段考虑设置后浇带以及其他防裂抗裂措施。

混凝土掺入减水增塑剂(缓凝型),减少混凝土的用水量,其水灰比≤0.55,泵送混凝土的坍落度保持8 ~ 12cm。地下墙混凝土初凝时间为8 ~ 12h,车站结构混凝土初凝时间为4 ~ 6h。

钢筋采用Ⅰ、Ⅱ级钢筋,钢结构构件一般采用A3钢。

(四)工程地质概况

根据地质勘察资料提供的车站所处位置各土层的分布、埋藏情况见车站地质、结构剖面示

意图(见图4-22),各土层的详细描述如下:

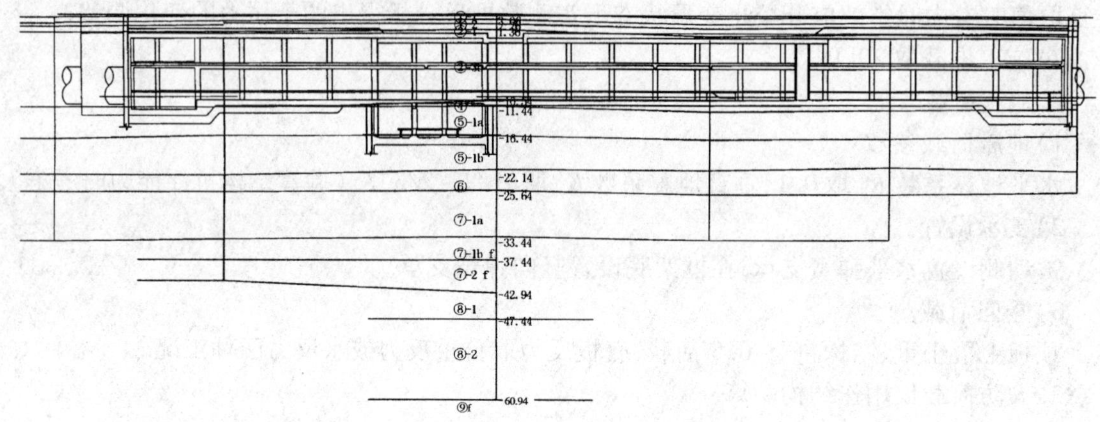

图4-22 车站纵剖面与地质剖面

①-1杂填土:颜色杂,表层为水泥地坪,其下由碎砖石、煤屑等组成,成分较复杂。

①-2素填土:颜色灰黄,湿,松散,以粘性土为主,夹少量杂物,结构较松散。

②-1褐黄色粉质粘土:褐黄色,湿~很湿,可塑~软塑,中等压缩性,含氧化铁条纹、铁锰质结核及云母屑,层下部土质较软,局部区域为粘质粉土,土质较均匀。

②-3b灰色砂质粉土:灰色,饱和,稍密~中密,中等压缩性,含云母屑,局部夹薄层粘质粉土,土质不均匀。该层在水头差作用下,易产生流砂现象。

④灰色淤泥质粘土:灰色,饱和,流塑,高等压缩性,含贝壳屑及有机质,夹薄层砂质粉土,土质较均匀。

⑤-1a灰色粘土:灰色,饱和,软塑,高等压缩性,含贝壳屑、少量钙质结核、半腐烂植物和有机质,夹团块状粉砂,土质较均匀。

⑤-1b灰色粉质粘土:灰色,饱和,软塑~可塑,中等压缩性,含少量钙质结核、半腐烂植物和有机质,土质较均匀。

⑥暗绿~草黄色粉质粘土:暗绿~草黄色,稍湿,可塑~硬塑,中等压缩性,含氧化铁条纹、铁锰质结核,土质较均匀。

⑦-1a草黄色粘质粉土:草黄色,稍湿,稍塑,中密,中等压缩性,含云母屑,氧化铁条纹、铁锰质结核,层中夹薄层砂质粉土,土质较均匀。

⑦-1b草黄色粉砂:草黄色,饱和,密实,中等压缩性,含云母屑,氧化铁条纹、铁锰质结核,土质较均匀。

⑦-2灰色粉砂:灰色,饱和,密实,中等压缩性,含云母屑,夹薄层砂质粉砂,土质较均匀。

⑧-1灰色粘土:灰色,湿~稍湿,软塑~可塑,中等压缩性,含云母屑及有机质,夹薄层粉砂,土质较均匀。

⑧-2灰色粉质粘土夹砂质粉土:灰色,湿,可塑,中等压缩性,含云母屑及有机质,夹薄层砂质粉砂,层下部呈粉质粘土、砂质粉土互层,土质不均匀。

⑨灰色粉细砂:灰色,饱和,密实,中等压缩性,含云母屑,夹薄层砂质粉土,土质较均匀。

拟建物场地中有第⑦层砂性土,其埋深在地面下约29.5m处。系晚更新世河口—滨海相沉积层,是上海地区第一承压含水层。本工程对临近车站相近的地质条件进行了第⑦层承压水水头观察，其承压水水头埋深为5.0m，由于本车站挖深为15.32～21.99m，基坑开挖后承压水上覆不透水层厚度较薄，上覆不透水层厚度部分不能满足避免承压水对基坑产生突涌的安全需要。

地面标高为3.71m，地下水位埋深约0.5m。

土层物理力学性质参数见表4-12。

土层的物理力学性能指标 表4-12

土层名称	天然含水量 w(%)	渗透系数 K_h (10^{-7}cm/s)	渗透系数 K_v (10^{-7}cm/s)	固结快剪 C (Pa)	固结快剪 φ (°)	天然密度 (kN/m^3)	静止侧压力系数 K_0
①－1 杂填土							
①－2 素填土							
②－1 褐黄色粉质粘土	30.9	14.9	2.08	21	21.5	18.6	0.51
②－3b 灰色砂质粉土	28.3	341	627	5	38.5	18.9	0.36
④灰色淤泥质粘土	49.5	2.33	4.27	11	11.0	16.8	0.58
⑤－1b 灰色粘土	42.8	2.05	3.16	14	13.5	17.3	0.52
⑤－1b 灰色粉质粘土	34.5	2.14	3.05	15	18.5	18.0	0.45
⑥暗绿～草黄色粉质粘土	23.9			40	20.0	19.8	
⑦－1a 草黄色粘质粉土	25.5			3	31.5	19.4	
⑦－1b 草黄色粉砂	27.2			3	36.5	18.9	
⑦－2 灰色粉砂	27.6			0	39.5	19.0	
⑧－1 灰色粘土	37.4			25	16.5	17.8	
⑧－2 灰色粉质粘土夹砂质粉土	29.5			17	24.5	18.9	
⑨灰色粉细砂	26.9			5	35.5	19.0	

五、围护结构计算

围护结构入土深度应满足抗滑动、抗倾覆和整体稳定性及基底土体抗隆起、抗管涌稳定性要求，还必须满足基坑控制变形的要求。

车站结构设计包括对环境保护的设计，充分考虑施工过程中尽可能减小对车站周围环境（重要的建筑物、城市交通干道及地下管线）的负面影响。根据本车站所处的具体工程位置、周围环境和开挖深度，确定本车站基坑开挖变形控制，保护周围环境的等级为一级，地下墙最大侧向位移控制值为22mm，地面最大沉降控制值为16mm。

（一）围护结构

车站标准段围护结构采用0.8m厚、28m深地下墙，入土深度比$\lambda=0.83$。

（二）支撑系统

支撑均采用ϕ609钢管支撑，支撑水平布置以每幅地下墙（宽6m）设置两根为基本原则，对撑水平间距4m/2m间隔布置，对撑部分不设围檩，直接以地下墙内预埋件为支撑着力点进行施工。

为减少地下墙墙体在基坑开挖时的位移，对钢支撑施加预应力，其值按设计轴力的70%

左右控制。

(三)基坑稳定性验算

经计算,抗隆起安全系数 $K_s=2.29$(按圆弧滑动公式,取坑底处为圆弧滑动圆心)。

抗滑动安全系数、抗倾覆安全系数、整体稳定性、抗管涌稳定性均满足规范要求。

入土深度按坑底稳定进行验算,以最下一道支撑与地下墙的交点为滑弧中心、地下墙底面为滑裂圆弧的分层法计算。稳定安全系数大于2.2。

(四)基坑强度变形计算

地下墙施工阶段沿车站纵向取单位长度采用杆系有限元法计算。地下墙划分为梁单元,支撑为仅承受轴力的杆单元,考虑各施工阶段施工参数变化、墙体位移的影响,并施加预应力,满足强度及变形控制的安全稳定性要求。

地层的被动抗力采用弹性链杆代替,地层对墙体的作用采用等效弹簧进行模拟。K_h 值采用时空效应理论的综合等效抗力系数。

围护结构开挖阶段计算时计入结构的先期位移值以及支撑的变形,按"先变形、后支撑"的原则进行结构分析,并计算内部结构回筑阶段各工况的内力组合,最终的位移及内力值是各阶段之累计值。采用竖向弹性地基梁法进行模拟施工工况的围护结构内力、位移计算。计算时,考虑基坑开挖的施工特点,计入墙体的先期位移及支撑的变形,按"先变形、后支撑"并预加应力的原则进行结构计算。

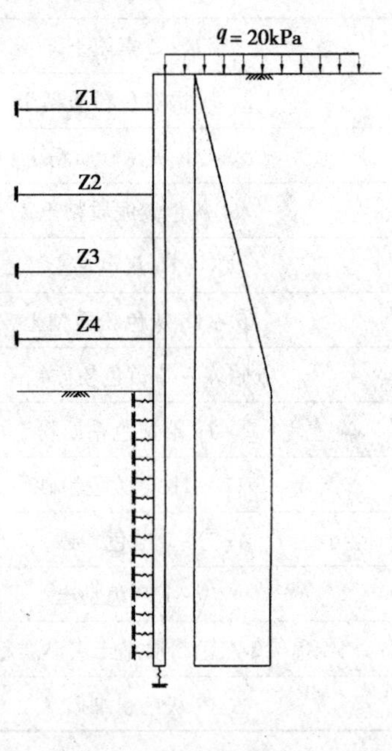

图4-23　计算简图

围护结构计算模型见图4-23,计算模型的基本假定如下:

1. 坑底面下的地基对墙体的作用,采用一系列弹簧进行模拟。土层反力系数 K_H 值及其分布形状按地质、地基加固条件和施工中墙体无支撑暴露的范围和时间确定。非加固区 K_H 最大值采用10 000kN/m^3,加固区 K_H 最大值采用20 000kN/m^3,分布形状为基底以下5m内按直线变化,5m以下按矩形分布。

2. 墙背侧土压力荷载假定为直线分布,施工阶段地下墙的墙背侧压力,采用朗金主动土压力理论,按水土分算计算。

深度 h 处土压力强度,$E_a=(\sum\gamma h_i+q)\tan^2(45°-\varphi/2)+\gamma_w h$　　(4-27)

式中:h_i——各层土的厚度;

γ——在地下水位以上取为各层土的天然容重,水位以下取为各层土的浮容重;

γ_w——水的容重;

φ——土的内摩擦角;

q——地面超载。

3. 采用顺筑法施工,支撑的垂直位置需经过对比设计加以优化,既要满足施工要求,又要起到减少地下墙内力和配筋量的目的。最下一道支撑至基坑底面的距离控制在2.5m左右。

围护结构计算工况如图4-24,计算简图见图4-23,计算结果见图4-25。

(五)地下墙配筋计算

在基坑开挖中,支撑预加应力值为计算支撑力的70%左右,因此地下墙配筋计算中,应考虑支撑预应力的作用。对地下墙内开挖面的配筋,计算所用的预应力值取计算支撑力的50%。对地下

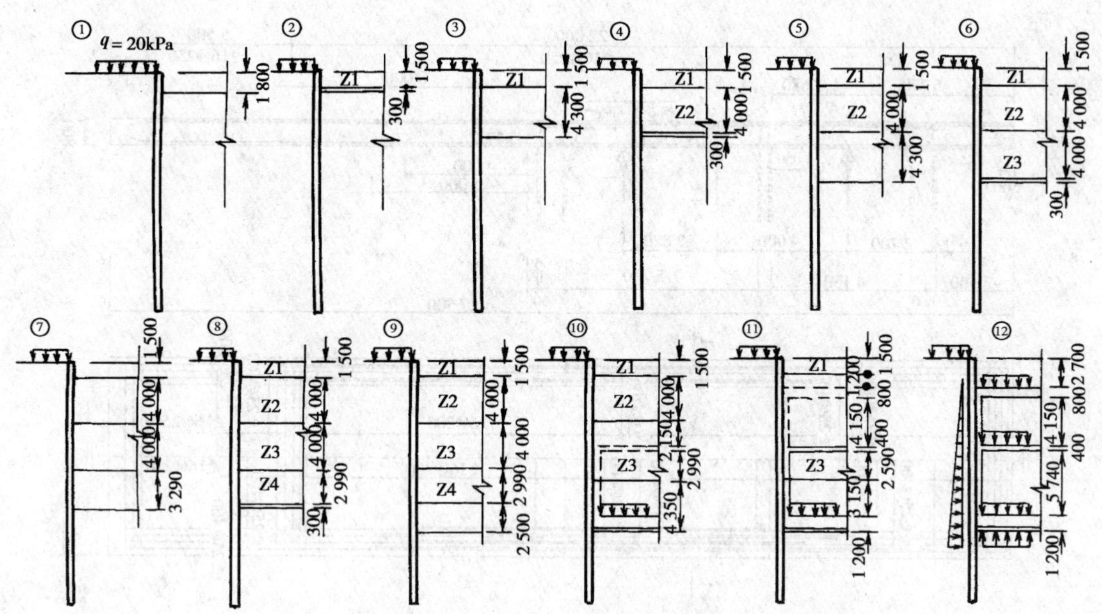

图 4-24　标准段工况图(12 种不同开挖、支撑、内框架浇筑工况)(尺寸单位:mm)

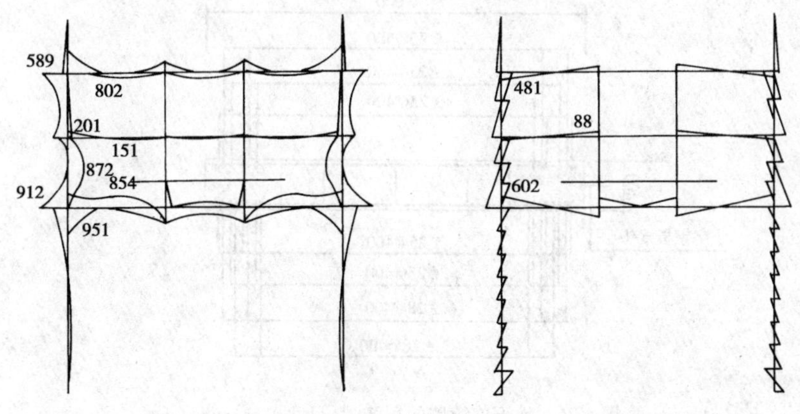

图 4-25　弯矩和剪力图(单位分别为:kN · m,kN)

墙内迎土面的配筋,计算所用的预应力值取计算支撑力的 70%,这样偏于安全。

地下连续墙的配筋图见图 4-26。

(六)基坑设计中应注意的问题

根据《工程地质详勘报告》,本车站基坑范围的地层中,表层有地下水(潜水),一般埋藏于地下 0.5m;⑦-1 层为承压含水层。当换乘段开挖至基坑底 21.99m 时,其下卧土层厚约 7.5m 左右,而承压水压力为 245kPa,下卧土层不能抵抗承压水压力,因此本车站换乘段基坑开挖时不仅要降地下水(潜水),还要对承压水采取减压措施,即降低承压水压力。

为此,除了在基坑开挖期间采用真空深井泵降水措施降浅层潜水外,同时还要在换乘段基坑外侧布置承压水降水孔,在基坑开挖中按照压力平衡的原则,根据水位监测数据,采用按需、分级降水,以降低承压水的压力,确保深基坑开挖安全稳定。

在施工前进行一个降水孔的抽水试验,以作为降水施工设计的依据,即掌握选定泵的流量、压力及降水孔的平面布置等。

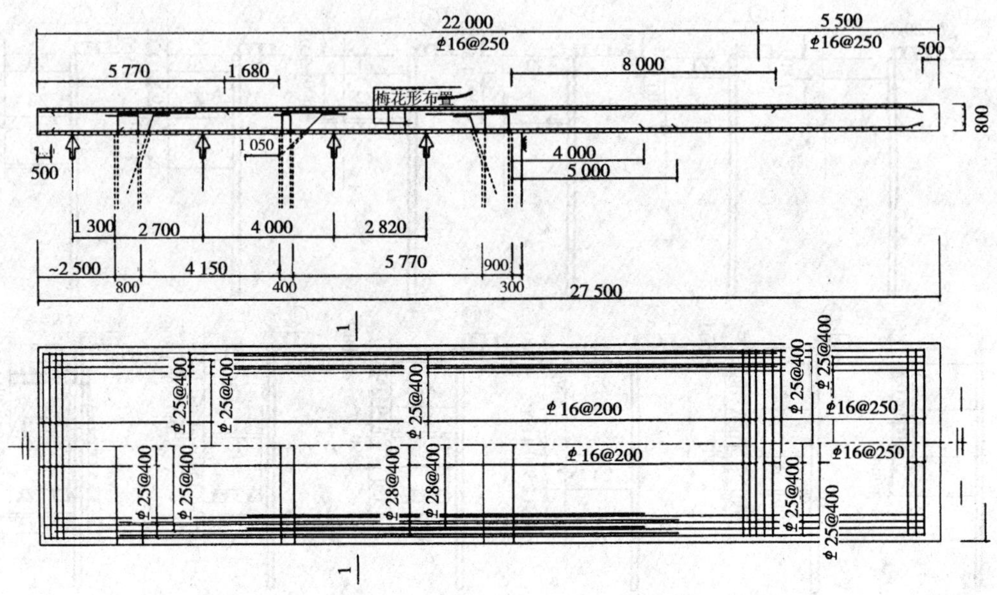

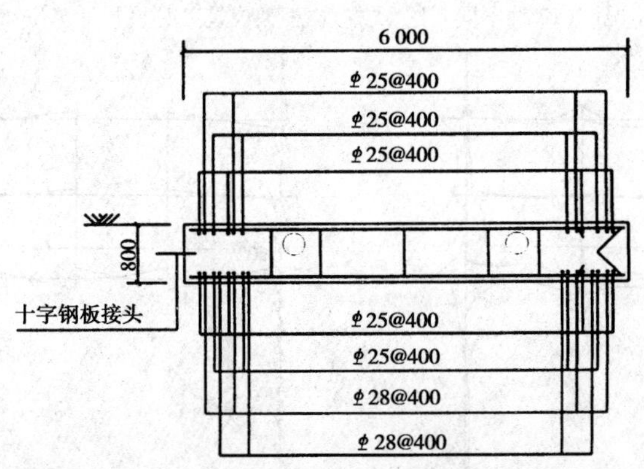

图4-26　地下连续墙的配筋图(尺寸单位:mm)

严格控制开挖时的降水质量,对于砂性土达到降水要求,其开挖面下土体的侧向抗力综合等效系数可达到15 000kN/m^4,对减少和控制基坑变形极其有利,且可节省坑内地基加固措施费用。

六、车站使用阶段横向框架结构计算

使用阶段车站结构分析模型按底板支承在弹性地基上的平面框架进行内力分析,以水平弹簧模拟地层对侧墙的水平位移的约束作用。竖向弹簧模拟地层对底板、侧墙底部的竖向位移的约束作用。

顶、底板与墙连接节点采用钢筋连接器,内力计算中按刚节点考虑,但考虑到钢筋连接器难以做到绝对刚接,支座及跨中处设计弯矩要适当进行调幅,跨中截面设计弯矩增加10%左右。

计算时要考虑立柱和楼板压缩的影响。车站使用阶段一般由自重(包括覆土重量)控制结构计算,故横向框架结构分析模型按底板支承在弹性地基上的平面框架进行分析,以水平弹簧模拟地层对侧墙的水平位移的约束作用,竖向弹簧模拟地层对底板、侧墙的竖向位移的约束作用。竖向弹簧系数可取100 000kN/m^3,按此算出的弹性支承反力应小于相当的钻孔灌注桩平均极限承载力的一半,必要时可调整竖向弹簧系数值重新计算。

为增加地下墙与内部结构各层板间的接头刚度、强度,减少接头开裂、漏水,对单层地下连续墙,车站地下墙与内部结构各层板之间的钢筋连接均须使用钢筋连接器,内力计算时节点按刚节点处理。考虑到钢筋连接器难于做到绝对刚接,跨中截面计算时应把弯矩 M 值增加 10% 以考虑内力的实际分布,支座处弯矩亦适当进行调幅。必要时也可适当考虑接头弯矩与跨中弯矩间的内力重分布。

按横向框架计算得到的使用阶段弯矩图、剪力图分别见图 4-27 和图 4-28,框架配筋见图 4-29。车站主体结构和地面结构主要截面尺寸见表 4-13。

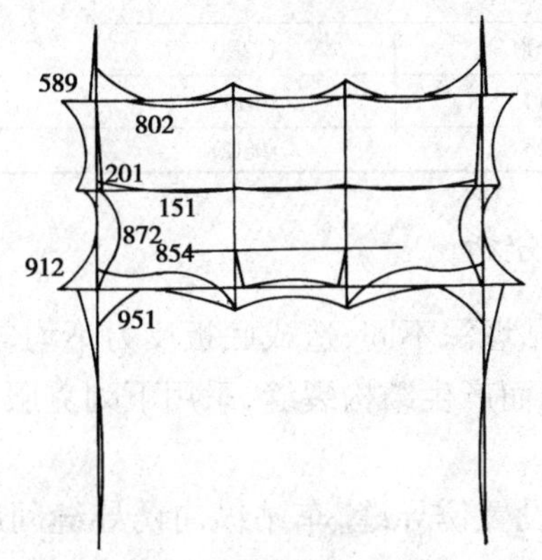

图 4-27 使用阶段弯矩图(单位:kN·m)

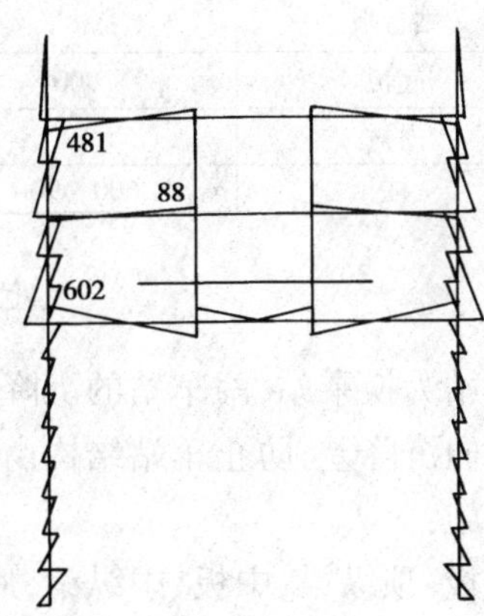

图 4-28 使用阶段剪力图(单位:kN)

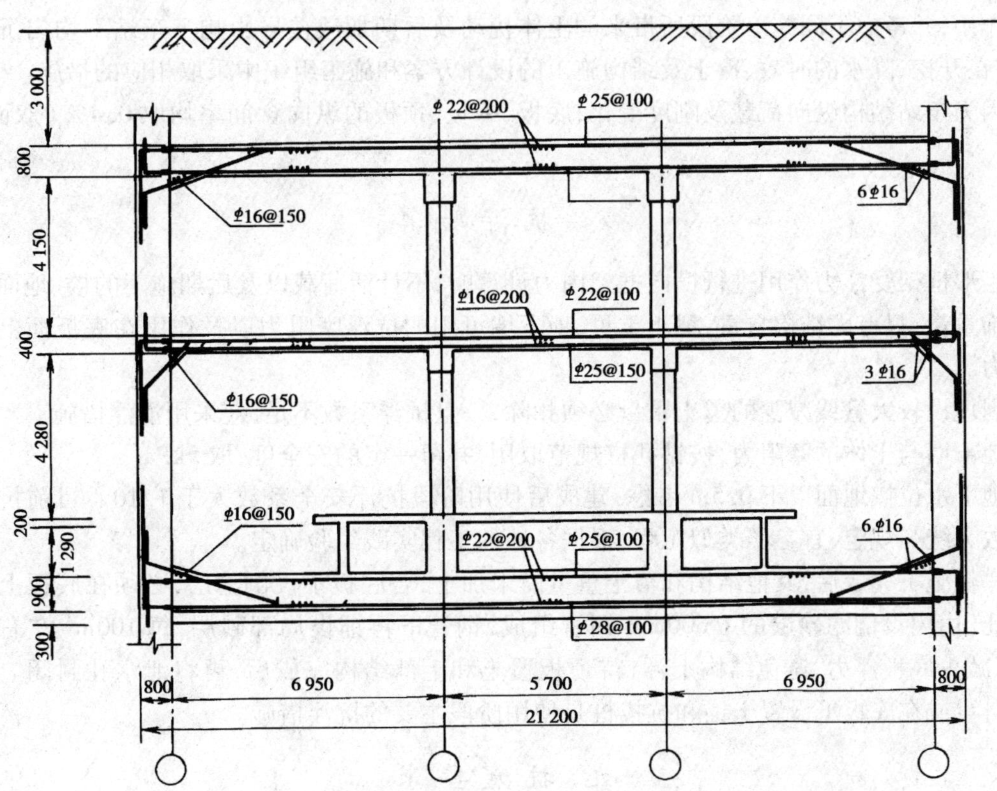

图 4-29 框架配筋图(尺寸单位:mm)

车站主体结构和地面结构主要截面尺寸　　表 4-13

<table>
<tr><th rowspan="2">序号</th><th rowspan="2">名　　称</th><th colspan="3">截面尺寸或厚度(mm)</th><th rowspan="2">混凝土标号</th></tr>
<tr><th>主体段</th><th>端头井</th><th>换乘段</th></tr>
<tr><td>1</td><td>顶纵梁</td><td>800 × 1 600</td><td>800 × 1 800</td><td>800 × 1 600</td><td rowspan="8">C30</td></tr>
<tr><td>2</td><td>站厅层纵梁</td><td>650 × 1 000</td><td>700 × 1 100</td><td>650 × 1 000</td></tr>
<tr><td>3</td><td>底纵梁</td><td>800 × 2 190</td><td>800 × 2 400</td><td>800 × 1 890</td></tr>
<tr><td>4</td><td>顶板</td><td colspan="3">800</td></tr>
<tr><td>5</td><td>站厅层顶板</td><td colspan="3">400</td></tr>
<tr><td>6</td><td>站台板</td><td colspan="3">200</td></tr>
<tr><td>7</td><td>底板</td><td>900</td><td>1 000</td><td>1 200</td></tr>
<tr><td>8</td><td>内衬</td><td colspan="2">600</td><td>400</td></tr>
<tr><td>9</td><td>柱</td><td>600 ×900</td><td>800 ×800</td><td>Φ800</td><td>C40</td></tr>
</table>

七、车站纵向分析

由于车站为换乘站,两车站的沉降有差异,且车站埋深不同,造成底板反力不均匀,为控制地铁车站纵向沉降差,防止车站结构由于不均匀沉降而产生结构裂缝,采用下列克服不均匀沉降的构造措施:

车站顶板、顶纵梁,中板、中纵梁,底板和底纵梁设置诱导缝,车站纵向诱导缝间距原则上为 24m,设置在 1/3 跨度处。

加大车站纵向刚度,采用 800mm 厚刚性接头衔接地下墙。设计计算时充分考虑墙、土的共同作用,并考虑不同施工阶段所带来的土体扰动及后期加载差异影响下车站不均匀沉降的变化,在开挖、降水的时效、覆土及结构施工的设计方案和施工组织中采取相应的措施。

因为车站结构纵向荷载及刚度变化,底板、中板、顶板的纵向含筋率均取 0.4%(双面)左右。

八、抗 浮 验 算

矩形框架受浮力作用进行横向框架内力计算时,不计活荷载以及后期施工的楼、地面面层与装饰重量,只考虑结构自重、覆土重量、地下墙可用的抗浮摩阻力以及作用在底板面上的全部浮力。

因埋设较大管线减少的覆土重量必须扣除,一旦抗浮系数不足,应采用消浮措施。

地下墙与土体的摩阻力,按钻孔桩规范取用,并留一定的安全度,取 5kPa。

地下水位按地面以下 0.5m 考虑,建成后使用阶段抗浮安全系数大于 1.10。目前抗浮安全系数无统一规定,宜参照类似工程,根据各地的工程实践经验确定。

底板施工完成后,其他结构和覆土重量尚未加上,若底板不设倒滤层,必须在底板上设置泄水孔(由内设倒滤砂层的 Φ600mm 钢管组成,钢管下再铺设局部砂层,每 100m^2 左右设一个)以减少底板浮力,避免结构上浮,待顶板覆土和上部结构完成后,再将泄水孔封闭。增加结构自重或在底板下设置土锚和抗拔桩是使用阶段主要的抗浮措施。

九、抗 震 要 求

车站结构抗震烈度为 7 度,设防分类为乙级,按 8 度采取相应抗震构造措施,抗震等级定为二级,以提高结构和接头处的整体抗震能力。

十、人防验算

车站除在平时荷载作用下按国家现行有关规范及地铁的技术要求进行设计外,战时按核武器一次作用进行设计。在战时荷载作用下,只验算结构承载力,不验算结构变形、裂缝开展以及地基承载力与地基变形,并取二者的控制条件作为设计依据。

车站结构按平战转换进行设计,要具有战时防护功能,在设防部位按六级人防的抗力标准进行验算,并设置相应的防护设施。

人防抗力等级按6级进行结构强度验算,并做到各部位抗力协调。在6级人防动荷载作用下,保证结构各部位(如出入口、主体结构、临空墙等)都能正常地工作。

在核爆炸动荷载作用下,动力分析采用等效静载法。主体结构及出入口按等效静载同时均匀作用在结构各部位进行设计。

在战时荷载作用下,材料的动力力强度设计值按平时荷载作用下的材料强度乘以综合调整系数 r_d,其中混凝土、普通粘土砖及I级钢筋 $r_d=1.50$;II级钢筋 $r_d=1.35$;钢材的综合调整系数按同钢种热轧钢筋选用。

除对主体结构验算之外,特别要注意验算孔口部位门框墙、临空墙临战封堵的墙体及相关的构件,并加强构造措施。

战时车站主体结构计算是在原静荷载及叠加人防等效静载作用下的(弯矩、轴力、剪力),并验算其承载能力。

人防计算简图见图4-30,平时配筋率均能满足战时荷载下的配筋要求。

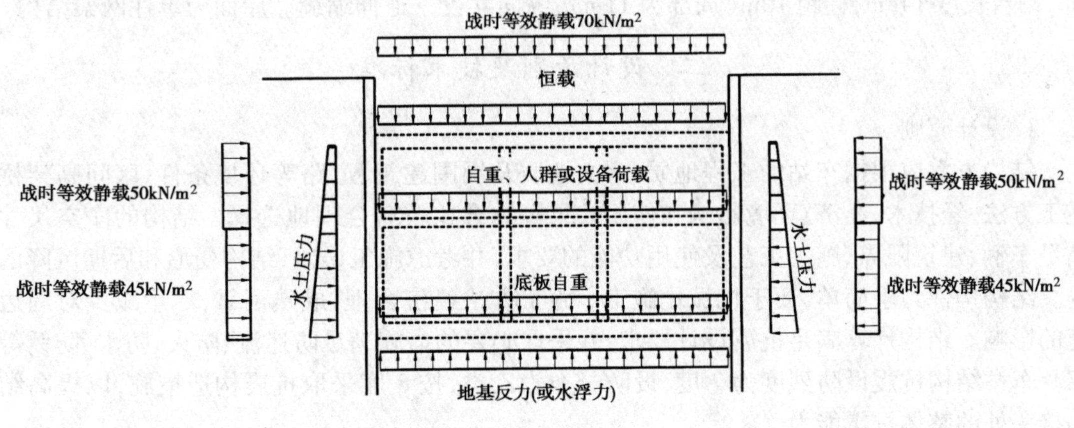

图4-30 人防计算简图

十一、结构防水

地下车站结构的防水设计一般遵循“以防为主,刚柔结合,因地制宜,综合治理”的原则。

地下车站按防水等级一级的要求设计,车站结构顶板不允许渗漏水,地下墙表面只允许有少量偶见湿渍,而且这类湿渍在机械通风状况下应会消失。

确立钢筋混凝土结构自防水体系,即以结构自防水为根本,诱导缝、施工缝、变形缝等接缝防水为重点,辅以附加防水层加强防水。

车站主体结构,以混凝土自防水(抗渗标号采用S8以上)为主,包括混凝土结构本身的防渗、防裂、防腐蚀,同时加强结构施工缝、诱导缝的防水以及做好顶板附加防水层。围护结构作为主体结构的一部分,其抗渗标号采用S8。墙体不采用防水层,但应加强围护结构的堵水,减少渗水。

车站防水混凝土标号按照结构安全、耐久、抗裂、防渗的要求确定。应降低水泥用量和减少水化热,避免混凝土裂缝宽度大于0.2mm,不允许出现贯穿裂缝。

本车站顶板面采用聚氨脂防水涂料并覆盖细石混凝土,顶板混凝土面采用多次收水、压平、抹光以满足平整度要求,一般不另做砂浆找平层。

车站诱导缝设置间距24m左右。诱导缝在板与连续墙分幅接缝对齐,诱导缝作多道防线处理,包括缝内沿设疏排水槽。

顶板和底板诱导缝处均设置埋入式止水带。顶板、底板和地下墙接头处的止水带必须密封。底板下设置外贴式止水带。

围护结构的墙缝用水泥基结晶渗透防水涂料加强防水措施,改善其开裂与渗漏。

第六节　轻轨高架桥车站设计实例

本实例以江南某城市郊区、高架轻轨车站为背景,对其中一些技术参数略加调整。

一、工 程 概 况

该车站形式为岛式高架三级站。车站主体为地上二层框架结构,一层为车站办公、设备用房及站厅层,二层为站台层,局部设地下电缆夹层。车站总长149.9m,宽18.2m,车站站台宽9m,站台长度142m,柱距10m(局部为11m),纵向共设三道伸缩缝。屋面为单柱网架结构。

二、设计原则及技术标准

1.设计原则

结构方案应根据车站的工程地质、水文地质及周围建筑、道路等环境条件、区间高架桥的施工方法,经技术、经济、环境影响和使用效果等综合比较后合理地选择。结构的净空尺寸应满足车辆、建筑限界、施工工艺及使用功能的要求,并考虑施工误差、结构变形和后期沉降的影响。结构构件力求简单,便于机械化施工。施工方法经济合理,成熟可靠,尽量减少对周边环境的影响。结构计算满足抗震设计要求,并采取必要的措施满足防迷流、防火、防水、防锈等要求。车站结构抗震设防烈度为7度,设防分类为乙类,按8度采取抗震构造措施,以提高结构和接头处的整体抗震能力。

2.技术标准

(1)主体框架结构设计应分别按施工阶段和正常使用阶段,按照承载能力极限状态及正常使用极限状态的要求,进行强度、刚度和裂缝宽度等方面的计算。主要受力构件(框架横梁)的最大裂缝宽度不应大于0.2mm,竖向挠度不超过跨度的1/800;其余结构构件的最大裂缝宽度不应大于0.3mm,竖向挠度不超过跨度的1/500。

(2)纵向轨道梁的结构设计应按容许应力法计算,并应满足《铁路桥涵钢筋混凝土和预应力混凝土结构设计规范》的安全要求。轨道梁由静活载(即不计冲击力)所引起的竖向挠度不超过跨度的1/3000。裂缝宽度容许值、混凝土、钢筋的容许应力值等均应满足《铁路桥涵钢筋混凝土和预应力混凝土结构设计规范》的相关技术要求。

(3)采用的地铁车辆荷载标准:

车辆采用两动一拖单元车,按六节车辆编组,列车荷载布置图式见图4-31。车辆轴重按160kN设计。

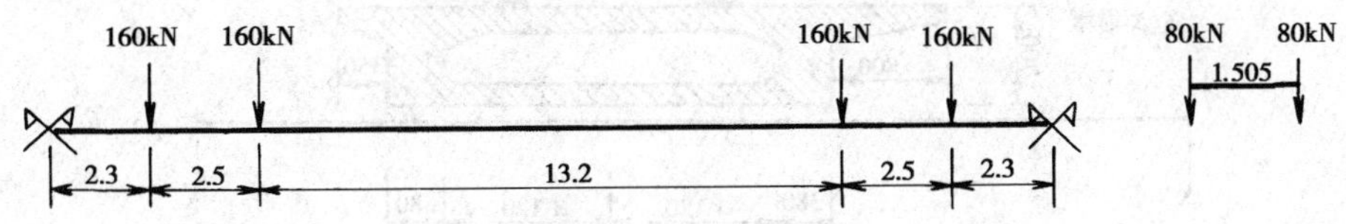

图4-31　列车荷载布置图式(尺寸单位:m)

三、结构形式

1.本站为一较典型的站——桥合建式高架车站。根据本车站的工程地质、水文地质及周边环境等条件,结合区间高架桥的施工方法,经技术、经济等因素综合比较后,车站主体结构形式确定为二层三跨框架结构。直接承受列车荷载的纵向轨道梁采用橡胶支座简支于主框架横梁之上,其荷载通过支座传递给主框架横梁。车站结构横剖面见图4-32。

2.纵向轨道梁结构形式经多种方案比选,并结合专家组审核意见,最终确定为单线单跨钢筋混凝土简支箱梁,跨度10m(局部11m),左右线梁部分建。

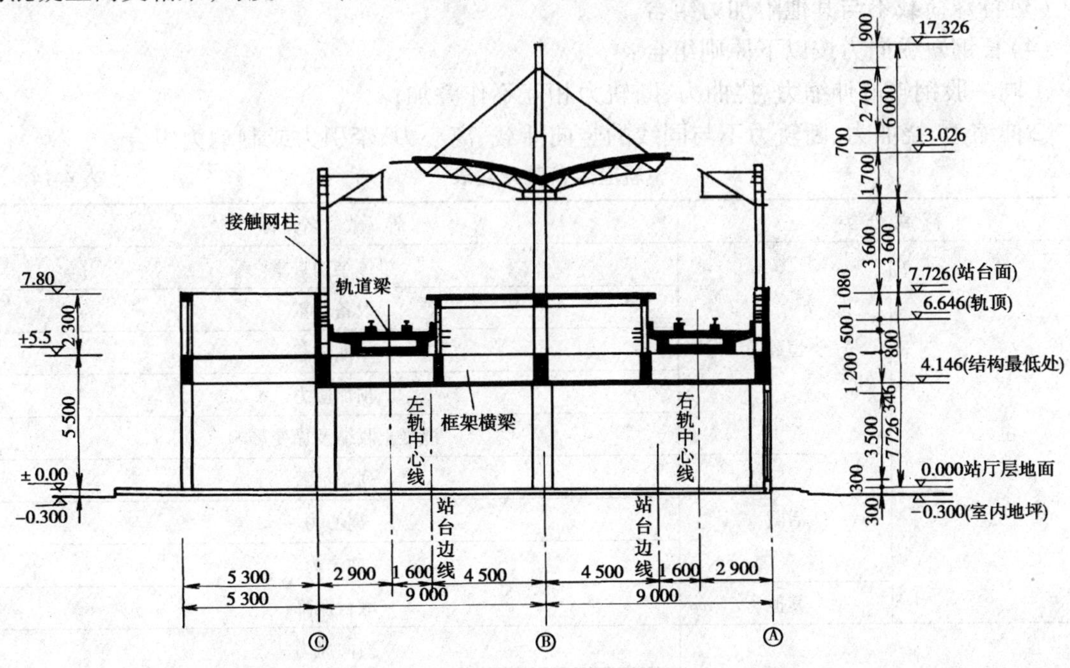

图4-32　车站结构横剖面(平面尺寸单位:mm,标高单位:m)

3.轨道梁构造:轨道梁截面为单箱单室,高0.7m,顶板宽4.15m,底板宽3.0m。轨道梁截面简图见图4-33。

4.轨道梁与主框架的连接构造:轨道梁梁端采用板式橡胶支座简支于主框架横梁之上,纵向各梁间均设置橡胶型钢伸缩缝,缝宽40mm,以保证简支箱梁自由伸缩;横向两侧于框架横梁上均设置钢筋混凝土挡块,作为简支箱梁抗震措施。

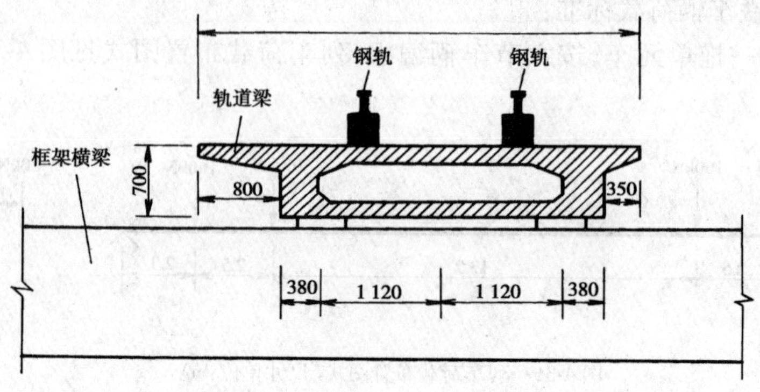

图 4-33　轨道梁截面简图(尺寸单位:mm)

四、荷载类型及组合

1. 轨道梁的荷载类型及组合

(1)轨道梁的结构设计,应根据结构的特性和检算内容,按表 4-14 所列荷载,以其最不利组合情况进行设计。

(2)桥梁设计,仅考虑主拉力与一个方向(顺桥向或横桥向)的附加力组合。

(3)特殊荷载不与其他附加力组合。

(4)长钢轨纵向力按以下原则组合:

①同一股钢轨的伸缩力、挠曲力、断轨力相互不作叠加;

②伸缩力、挠曲力、断轨力不与同线的竖向活载、离心力、牵引力或制动力组合。

轨道梁荷载分类表　　表 4-14

荷载分类		荷载名称
主力	恒载	梁体结构自重
		设备自重
		二期恒载
		预加应力
		混凝土收缩及徐变影响
	活载	列车活载
		离心力
		冲击力
	其他	墩台沉降
附加力		横向风力
		列车横向摇摆力
		温度变化影响
特殊荷载		地震力
		施工荷载

轨道梁结构内力分析计算采用轻轨荷载梁桥力学分析程序。

2. 主体框架荷载类型

主体框架除需考虑各结构层自重及其活载外,尚需考虑风荷载、地震荷载,以及接触网恒、活荷载,列车运行时产生的各类荷载也通过轨道梁支座传递给主框架横梁。

(1)恒载:含各类结构构件自重、接触网及轨道梁自重等。

(2)各结构层活荷载:车站站厅层、站台层、生产办公及设备用房等活荷载取值详见表4-15。

活荷载取值简表 表4-15

项次	荷载类别	荷载标准值(kN/m^2)	备注
1	车站站厅、站台、楼梯活载	4.0	
2	高低压配电室活载	5.0	
3	生产办公用房活载	2.0	
4	其他设备用房	≥3.0	按实际重量确定
6	屋面均布活载	0.7	

(3)风荷载:当地基本风压为$0.35kN/m^2$,体型系数及高度变化系数按实际情况取值。

(4)地震荷载:本工程属乙类建筑,结构抗震设防烈度为7度,结构抗震等级为三级,采用振型分解掺应谱法计算地震力。

(5)轨道梁支座荷载:列车运行时产生的各类荷载通过轨道梁支座传递给主框架横梁,经荷载组合后的轨道梁支座荷载详见表4-16。

轨道支座荷载 表4-16

<table>
<tr><th colspan="2">荷载分类</th><th>荷载名称</th><th colspan="2">荷载分类</th><th>荷载名称</th></tr>
<tr><td rowspan="2">竖向力</td><td>恒载</td><td>轨道梁结构自重及道床自重</td><td rowspan="2">横向力</td><td>恒载</td><td></td></tr>
<tr><td>活载</td><td>列车活载</td><td>活载</td><td>列车横向摇摆附加力</td></tr>
<tr><td rowspan="2">纵向力</td><td>恒载</td><td>长钢轨力</td><td rowspan="2">横向弯矩</td><td>恒载</td><td>轨道梁结构自重及道床引起的弯矩</td></tr>
<tr><td>活载</td><td>制动(或牵引力)附加力或断轨力等</td><td>活载</td><td>列车横向摇摆力引起的弯矩</td></tr>
</table>

(6)接触网支座荷载:

接触网柱底与框架柱刚接,其支座荷载可分解为竖向力、横向水平力、纵向水平力、横向弯矩、纵向弯矩。

3.主体框架荷载组合及计算

由于本工程为岛式车站,左、右线轨道梁支座分别作用在主框架的左、右跨,因列车在左右线不同的平面位置及不同的运行状况而引起的荷载组合—工况有很多种,为能较真实地反映主框架在轨道梁支座活载不同组合下的工作状况,以求得主框架的各类控制内力,本工程在结构设计时共选择了下列工况进行计算:

工况1:左、右线无车;

工况2:单线重载,单线无车;

工况3:左、右线重载;

工况4:左、右线重载,摇摆力同向;

工况5:左、右线重载,摇摆力反向;

工况 6:左、右线重载,制动力同向;

工况 7:左、右线重载,制动力反向;

工况 8:左线重载 + 摇摆力,右线重载 + 制动力;

本工程采用 PMCAD 系列软件进行结构的内力分析及计算,荷载的输入均在 PMCAD 中"输入荷载信息"项内按对应的荷载形式及类别输入完成。对于轨道梁支座处的各类活荷载及附加荷载,荷载分项系数均按 1.4 取值。上述 8 种工况下的结构分析计算均分别进行,并按最不利情况配筋。

五、工程地质概况及基础选型

本工程场地属丘岗和岗间冲沟地段,场地岩土体分布变化较大。丘岗近东西走向,基岩岩性单一,埋藏不深或直接裸露;冲沟位于丘岗的南部,近东北到西南展布,分布较厚软弱土体,厚度 1.40 ~ 16.20m,下伏基岩埋藏总体自北向南渐深,岩性复杂多变。由象山群砂岩、蚀变岩及粗安质角砾岩组成。

按国家标准《建筑地基基础设计规范》和《建筑抗震设计规范》,根据土层剪切波速和场地覆盖土层厚度,本工程属中软场地土,建筑场地类别为 II 类。

针对地质状况的特殊性,本工程冲沟部位采用桩基础,以中风化岩为桩端持力层;丘岗部位因基岩裸露,直接采用柱下独基或墙下条基,以中风化岩为桩端持力层;冲沟—丘岗过渡段则视基岩埋深情况确定采用桩基或独基。

思考题

1. 地铁和高架车站结构如何选型? 相应计算简图如何?
2. 区间隧道和高架桥线结构计算简图如何?
3. 试分析车站、隧道施工和运营阶段荷载变化情况。
4. 简述地铁车站和隧道的计算方法、计算模型及相应的使用范围和优缺点。
5. 地铁车站、隧道断面配筋设计特点是什么?
6. 轻轨高架预应力钢筋混凝土高架箱梁与普通混凝土梁板结构相比有什么优缺点?

第五章　地铁与轻轨交通的施工

第一节　施工组织与管理

一、施工组织设计

施工组织是一门带有综合性的应用科学，不能看成无关大局的企业管理工作。科学的管理也确实是发展社会生产力的重要因素。施工组织设计就是为完成具体的施工任务创造必要的施工条件，为进行合理的施工组织和选择先进的施工工艺所做的设计。实践证明一个高水平的施工组织设计，可以提纲挈领，统筹全局，增强预见性，把握主动权，调动各方面的积极性，使工程建设取得高工效、低能耗、优质，并在预定工期内达到投产使用。

施工组织设计是建筑工程项目管理组织和技术指导的综合性文件，也是工程施工和实施过程中的依据性文件。国内外施工组织工作文件均具有三个特点：一是密切结合实际；二是权威性，在工程备料、配备设备及实施的施工方法中，务必遵照执行经审批的施工准备工作文件；三是编入文件的施工方案、设备选用等，均需进行技术经济分析，从中选出最优的方案。地铁和轻轨交通工程项目较大，总投资一般几十个亿甚至上百个亿人民币，施工风险大，难度高，工期长，涉及的方面多，在完成施工图设计之后，进行施工组织设计是十分必要的。要完成一个建设项目，需要安排好劳动力、材料、设备、资金及施工方法这五个主要的施工因素。在特定的建筑工地上和规定工期的时间内，如何用最小的消耗，取得最大的效益，也就是使工程质量高、功能好、工期短、造价低并且是安全、文明施工，这就要在总结经验的基础上，采用先进的、科学的施工方法与组织手段，合理安排劳动力和施工机械，通过精心规划、设计、计算、分析和研究，最后得出一个书面的文件，这就是建设项目的施工组织设计。由此可见，施工组织设计的任务就是根据工程建设的要求，工程实际施工条件和现有资源的情况，拟定出最优的施工方案，在技术和组织上做好全面而合理的安排，以保证建设项目优质、高产、经济和安全。

1. 施工组织设计分类和主要内容

施工组织设计分为总体和单体两种组织设计。总体的施工组织设计是实施建设项目总的战略部署，对项目建设起控制作用。如一条地铁线路或一条线路的某一期工程，可做一个总体的施工组织设计，便于甲方（工程指挥部）控制各个车站、隧道土建工程、机电设备的采购配套、通讯、信号、线路、环卫、防灾各个系统的施工衔接。单体的施工组织设计，是指单个工程项目的施工技术安排，对工程施工起指导作用。单体施工组织设计如地铁某一个车站、某一段区间的土建施工、轨道线路施工等，一般在某一个施工单位中标后编制。

施工组织设计编制内容有：工程的概况、施工准备、场地施工总平面布置、确定分部分项工程施工方法、施工流程和工艺标准、工程施工质量管理体系和质量保证措施、工程安全文明施工的条例和技术措施、劳动力和技术装备的配置、施工进度管理计划、施工预算和投资分配等。在整个施工阶段中，业主、监理、设计、施工甚至监测等企事业单位，在开工前应组织有关专业人员认真对施工组织设计进行讨论、补充并加以审批,施工开始后经常对照施工组织设计文件对工程项目质量、进度、投资进行检查、纠偏。

2. 编制程序步骤

(1)初步施工组织设计

地铁和轻轨交通工程在设计阶段编制的施工组织设计，也称为初步施工组织设计，内容主要是制定一个地铁工程项目轮廓计划，初步拟定施工方法、施工程序及施工时间。因为工程结构计算和设计与施工方法密切相关，只有拟定了施工方法，结构设计工作才能进行。工程概算也要依据一定的施工方法 、施工程序、施工时间进行编制。虽然这个阶段的施工组织设计不可能编制得很详细具体，但它是把整个地铁设计付诸实施的战略性决策，应当力求切合实际。

(2)指导性施工组织设计

施工单位在参加施工投标时,应根据工程招标文件的要求,结合本单位的具体条件,实事求是地编写施工组织设计。中标之后,在施工开始之前,施工单位还必须进一步重新审查、修订或重新编制施工组织设计,这个阶段的施工组织设计称为指导性施工组织设计,是组织地铁工程施工的总计划。施工中所有的工作都要依据这个计划进行,施工单位的领导应按这个计划指挥生产系统和职能部门围绕工程进展开展工作,就像乐队指挥按照乐谱指挥各个演奏者进行演奏一样。这个阶段施工组织设计的主要任务是:①规定最合适的施工方法和施工程序,以保证在承包合同设定的工期内完成或提前完成施工任务;②及时周密地做好施工准备工作、供应工作和服务工作;③合理地组织劳动力和生产机具,使其需要量没有骤增骤减的现象,同时尽量发挥其工作效率;④在施工场地内合理地布置生产、生活、交通等一切设施,最大限度地节约临时用地,节省生产时间,同时方便生活;⑤施工进度计划及劳动力、机具、材料供应计划,详细到按月安排,以便于具体进行组织供应工作。编制的施工组织设计,应尽可能符合客观实际,但人们认识客观情况的规律,总是随着实践过程的进展而逐步深化,逐步符合实际的。地铁和轻轨工程施工受到地质条件、自然条件、环境因素的影响和制约,很难做到百分之百地完全按施工前制定的计划执行。任何一个对计划起控制作用的因素的改变,如人力、机具、材料供应的脱节、气候、气象、工程地质和水文地质条件的意外变化,都将使施工工作难于按原计划执行。经常调整和修改计划,以适应变化了的客观情况,这是必然的,也是正常的。决不可因为计划经常被打乱,就嫌其麻烦而不去调整或修改,从而变成无计划施工,这样必然引起管理紊乱,工期拖长,成本增加。

(3)实施性施工组织设计

施工过程中基层施工单位根据各分部工程(以车站施工为例:连续墙施工、顶盖施工、挖土和支撑、顶板和楼板浇筑、站台施工、通道出入口、轨道结构、内部装修、设备安装等)的具体情况,及分工负责施工的队或班组的人力、机具等配备情况,编制分部工程施工组织设计,也称为实施性施工组织设计。实施性施工组织设计的任务,是把施工前编制的指导性施工组织设计分期、分部付诸实施。具体任务为:①具体制定各工作日程的施工进度计划;②依具体的施工计划,具体计算劳动力、机具、材料等的日程需要量,并规定工作班组及机械在作业过程中的移动路线和过程;③按各施工工序具体考虑施工方法、机具、人员等施工细节;④各工序划分合理。劳动力组织、机具配备,既要适应施工方法的需要,还要考虑适应工作班组组织机构和设备情况,要最有效地发挥班组工作效率,又便于实行分项承包和结算,还要切实保证工程质量和施工安全;⑤要考虑到当发生意外情况时,留有调节计划的余地。

(4)编制程序框图

对于以地铁全线工程为对象的施工组织总体设计,其程序框图如图5-1。对于以单位工程或分部工程为对象的单体施工组织设计,其编写程序如框图5-2。对于施工难度较大或技术复杂的分项工程,还应进行分项工程施工方案制定设计。

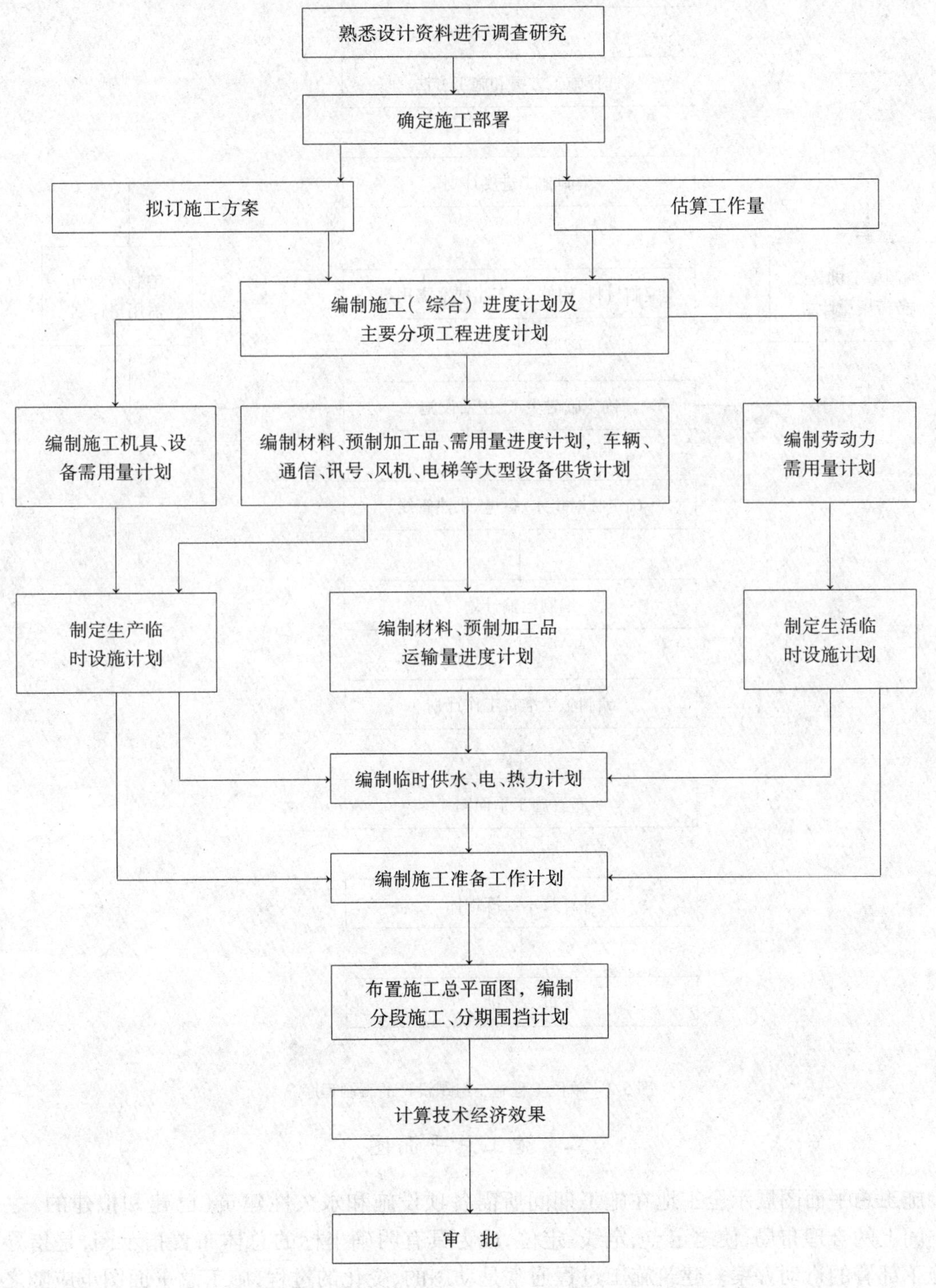

图5-1 施工组织总设计的编制程序

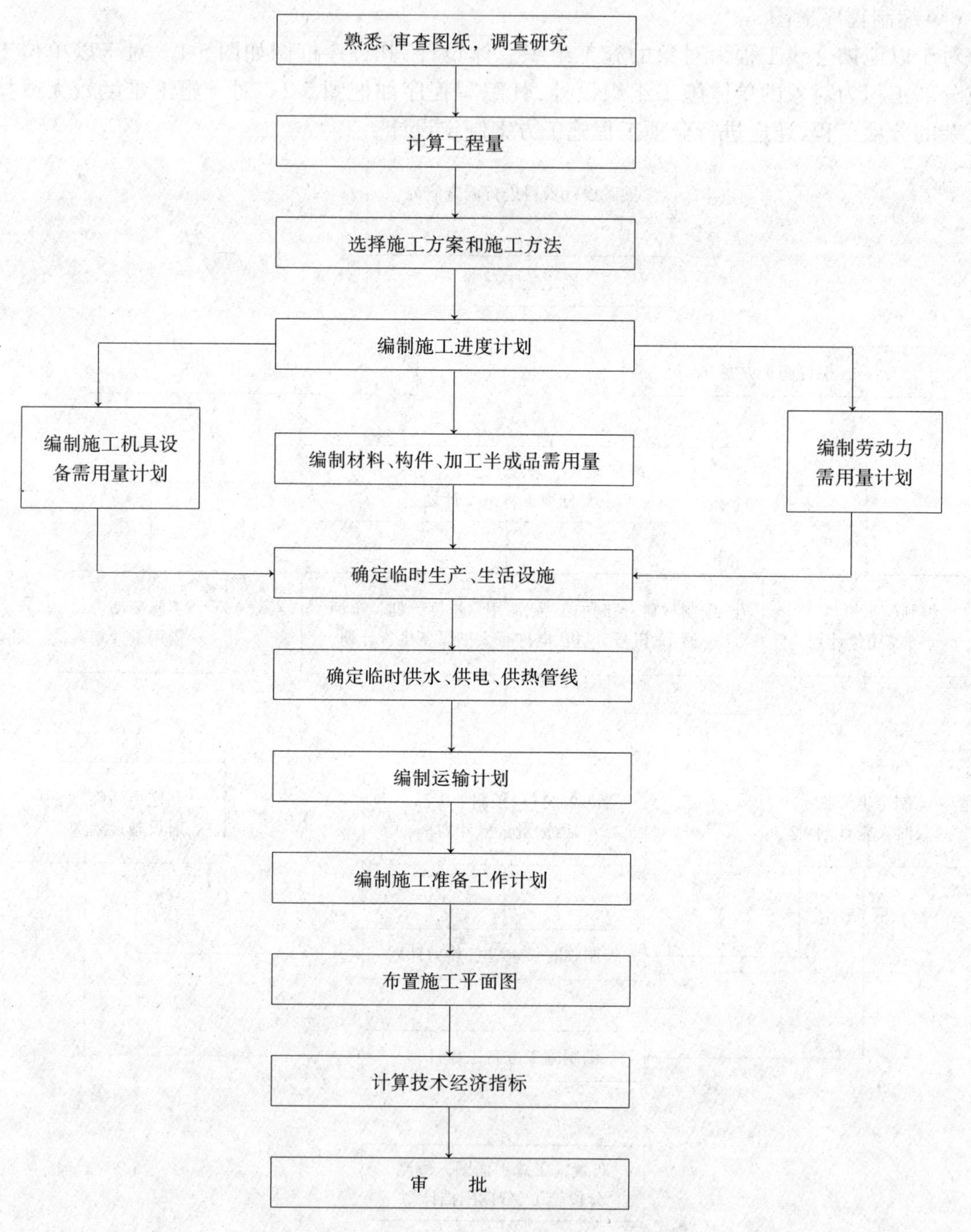

图5-2　单位工程施工组织设计的编制程序

二、施工总平面图

施工总平面图展示全工地在施工期间所需各项设施和永久性建筑(已建和拟建的)之间在空间上的合理布局,使之定点、定线、定位,成为具有明确坐标的总体布置指示图,是指导现场施工部署的行动方案。建筑施工过程通常是动态的、变化的过程,施工总平面图也应随之作必要的修改。施工总平面图的比例尺一般为1∶1 000～1∶2 000。

施工总平面图的内容包括临时工程设施，工地的临时用水、电、气、热动力供应，施工材料、结构、设备放置场地等的布置。在城市修建地铁车站、隧道、高架桥线路，一般车站或线路沿街道布置，可利用面积往往不足。地铁车站与区间隧道从时间上错开施工，先施工车站及车站端头盾构工作井，然后再在工作井附近布置各种临时设施和材料渣土的堆放。地铁车站施工对场地需求，受到施工方法的限制，明挖正作法要比盖挖逆作法占用施工场地大。地铁车站上面往往是城市十字交叉路口或街道和广场，这些地方施工对于路面破坏的时间是有限制的，必须尽快完成地面作业转入地下，减少对城市交通和居民生活的干扰。

1. 工地临时房屋布置

工地临时房屋主要包括施工人员居住用房、办公用房、食堂及其他生活福利设施用房，以及实验室、动力站、工作棚及仓库等。施工管理用房中，还要考虑按合同要求为现场业主代表、监理工程师、监测和设计单位代表的办公及生活用房。施工管理办公室及职工生活区和生产区尽可能分开，以免受施工噪声粉尘干扰，符合城市安全、卫生管理的条例。直接指挥生产的指挥所和调度室应该在工地的中心区，尽可能利用当地可以租用的房屋，即使需要加以修理，一般也比新建为省。广泛采用能多次利用的装配式临时房屋，有条件的情况下可采用集装箱式便于搬运的生活办公用房，一般情况下，它所摊销给工程的折旧费及运输、装拆费，要比修建临时房屋节省。

2. 工地仓库、材料堆场、渣土弃场

易受大气侵蚀的材料，如水泥、铁件、工具、机械配件、橡胶止水带及其粘贴材料、易散失的材料等，一般都储存在临时仓库中。钢筋、木材等一般放置料棚中，砂、石、石灰等一般堆放在露天料场中。地铁区间隧道施工根据施工进度，留有预制钢筋混凝土管片堆放的场地，钢筋混凝土管片凹面向上，最多只能叠放三块，每块之间要加枕木垫块，保证运输、起吊、堆放过程中不出现碰损边角现象。粘贴防水橡胶垫必须在工棚内进行，保证一定的粘贴时的温湿度。粘贴好的橡胶止水带的管片进入工作井以前应用防雨布遮挡，避免先期遇水膨胀失去防水性能。一条线路的预制管片制造养护工厂应设在线路中央，防止预制管片运输距离过长增加施工费用。

各种主要材料的储备量，可以根据该种材料用量中最大重度的日平均需要量，乘以相应的储备定额日数确定，可按下式计算：

$$P = T \times \frac{KQ}{D} \tag{5-1}$$

式中：P——材料或构件储备量；

Q——材料或构件最大季度需要量；

T——材料储备定额日数（可根据以往施工统计资料，结合本工程所在地材料供应、采购、运输、气候情况确定，不同材料储备定额日数应有区别，上海地铁区间隧道管片供应定额日数应为每周 7 天；

D——季度计划施工日数；

K——视施工进度变化确定的系数。

仓库、料场的需要面积，应分别按储存材料的种类及其需要的储备量，按下式计算：

$$F = \frac{1}{\alpha} \times \frac{P}{q} \tag{5-2}$$

式中：F——某一种材料仓库、料场所需要面积；

α——考虑材料种类、仓库类型及装卸工作所必需的通道等因素后的仓库面积利用系数，如表5-1；

P——材料或构件储备量（t或m^3）；

q——每单位面积上能储存某种材料的数量，参考表5-2选用。

仓库面积利用系数 表5-1

项 次	仓 库 类 型	系数α值
1	储存工具、机械配件、电工器材的通用仓库（内装货架、每两排货架间留成1m宽过道，贯通仓库内的主要通道宽2.5～3.5m）	0.35～0.40
2	散装水泥仓库	0.60～0.90
3	堆放桶装及袋装材料的仓库	0.45～0.60
4	堆放木料或钢材的料棚	0.40～0.50
5	成堆放置材料的露天料场	0.50～0.60
6	堆放砂石类材料的露天料场	0.60～0.70

每单位面积所能储存材料数量和堆存方法 表5-2

项次	材料名称	单位	每m^2所能堆放的数量	堆放高度（m）	包装类别	堆置方式	储存方法	备注
1	砾石、砂	$\frac{m^3}{t}$	$\frac{1.50 \sim 2.00}{2.60 \sim 3.40}$	1.5～2.0	散	堆	露天	人工堆放
2	砾石、砂	$\frac{m^3}{t}$	$\frac{3.00 \sim 4.00}{5.00 \sim 7.00}$	5.0～6.0	散	堆	露天	机械堆放
3	片石、块石	$\frac{m^3}{t}$	$\frac{1.00}{1.60}$	1.50	散	堆	露天	
4	普通砖	$\frac{块}{t}$	$\frac{700}{2.40 \sim 2.60}$	1.50		码堆	露天	
5	水泥	t	2.00～2.80	1.50～2.00	散装	积堆		
6	水泥	t	1.50	1.80	袋装	码堆		
7	块石灰	t	2.25	2.50	散装	堆放	露天	
8	油毡	$\frac{卷}{t}$	$\frac{15 \sim 22}{1.50 \sim 2.00}$	1.00～1.50	卷	码堆		
9	工字钢、槽钢	t	0.7～1.0	0.60		码堆	露天	
10	角钢	t	2.00～3.00	1.00		码堆	露天	
11	铁皮、钢板	t	4.00～4.50	1.00		码堆		
12	钢筋	t	3.70～4.20	1.20		码堆		
13	盘条	t	1.50～1.90	1.00	捆	堆放		
14	块状沥青	t	2.20	2.20	桶装	码堆	露天	
15	石油沥青	t	0.90	1.75	桶	码堆	料棚	两层皆立放
16	润滑材料	t	0.65～0.80	1.40	桶	码堆		两层皆立放
17	汽油	t	0.45～0.70	1.20～1.80	桶	码堆		平放
18	圆木	$\frac{m^3}{t}$	$\frac{1.30 \sim 2.00}{0.85 \sim 1.30}$	2.00～3.00		码堆	露天	
19	方木、板材	$\frac{m^3}{t}$	$\frac{1.20 \sim 1.80}{0.75 \sim 1.20}$	2.00～3.00		码堆	料棚	

地铁车站和隧道施工中要挖掘大量土石方,城市市区土方的堆集、外运都有很多困难。车站土方开挖一般夜间施工,挖土机挖出土方直接装车运到郊外。隧道施工必须全天候作业,通常在洞口设置一定体积的泥浆槽,将白天挖掘土方存放泥浆槽内,晚上用载重卡车外运。泥浆处置不好,可能污染环境,甚至受到城市环保部门的处罚。

地下铁道施工一般需要有压注浆材料搅拌、注浆材料、设备堆放场地。特别在隧道施工中,防止地面沉降和维持开挖面稳定,施工中经常性地大量压注惰性或活性的浆液。这些材料有的属水硬性的,必堆放置施工棚内,浆液搅拌一般在洞口车站主体结构一侧。

3. 施工现场运输

地铁车站和隧道场内运输,一般分为水平运输及垂直运输。水平运输是将材料或构件从仓库、料场或预制加工厂地运到使用地点,在城市里一般以载重汽车、驳船为主;垂直运输主要是修建地铁车站时,将材料设备吊放到已开挖基坑内;预制管片则必须从工作井吊入隧道口,再由电瓶车运至工作面,由盾构机旋转臂将管片就位。对于修建桥梁墩台及上部构造时,要将材料及构件提升到使用部位。场内运输的方式应根据工地的地形、地物、材料在场内的运距、运量以及周围道路和环境等因素选择。材料供应运输与施工进度要密切配合,做到场外运输与场内运输一气完成,即由场外运来的材料直接运至施工使用地点;或在场内外运输紧密衔接,材料运到场内后不存入仓库、料场,而由场内运输工具转运至使用地点。这样可以节省工地仓库、料场面积,减少工地装卸费用。

施工运输道路应按材料和构件运输的需要,沿其仓库和堆场进行布置。运输道路的布置原则和要求如下:

(1)现场主要道路应尽可能利用已有道路或规划的永久性道路的路基,根据建筑总平面图上的永久性道路位置,先修筑路基,作为临时道路,工程结束后再修筑路面。

(2)现场道路最好是环形布置,并与场外道路相接,保证车辆行使畅通;如不能设置环形道路,应在路端设置倒车场地。

(3)应满足材料、构件等运输要求,使道路通到各个堆场和仓库所在位置,且距离其装卸区越近越好。

(4)应满足消防的要求,使道路靠近建筑物、木料场等易燃地方,以便车辆直接开到消火栓处,消防车道宽度不小于3.5m。

(5)施工道路应避开拟建工程和地下管道等地方。否则,这些工程若与在建工程同时开工时,将切断临时道路,给施工带来困难。

(6)道路布置应满足施工机械的要求。搅拌站的出料口处、固定式垂直运输机械旁、塔吊的服务范围内均应考虑运输道路的布置,以便于施工运输。

(7)道路路面应高于施工现场地面标高0.1~0.2m,两旁应有排水沟,一般沟深与底宽均不小于0.4m,以便排除路面积水,保证运输。

(8)道路的最小宽度和转弯半径见表5-3、表5-4所示。架空线及架空管道下面的道路,其通行空间宽度应比道路宽度大0.5m,空间高度应大于4.5m。

施工现场道路最小宽度 表5-3

序号	车辆类别及要求	道路宽度(m)	序号	车辆类别及要求	道路宽度(m)
1	汽车单行道	不小于3.0 m	3	平板拖车单行道	不小于4.0 m
2	汽车双行道	不小于6.0 m	4	平板拖车双行道	不小于8.0 m

施工现场道路最小转弯半径　　表5-4

车辆类型	路面内侧的最小曲线半径(m)		
	无拖车	有一辆拖车	有两辆拖车
小客车、三轮车	6		
一般二轴载重汽车	单车道9 双车道7	12	15
三轴载重汽车	12	15	18
重型载重汽车	12	15	18
超重型载重汽车	15	18	21

4.工地供电、供水和排水

(1)供电

工地用电应尽可能利用当地电力供应,从当地电站、变电站或高压电网取得电能。当地没有电,或电力供应不能满足施工需要时,则要在工地设置临时发电站。对于不能停顿的工作,如高架桥基础工程、盾构法隧道的施工,应保持来自两个不同电站的两路电源。当一路停电时,马上切换另一路供电。

工地用电包括各种电动施工机械和设备用电量,地铁车站、隧道内和地面办公室内生活照明用电量。按各种电机、设备、照明及线路负荷计算出电力总负荷,按此负荷选择供电设备。

工地内的输电线路分为枝状和网状两种系统。枝状系统配置比较简单,可随需要分别架设与发展。但一点发生故障,则电源供应较远的各用电地点即无电供应,这对于需要连续供电工地不适宜。网状供电系统可以避免一点发生故障就会引起其他地点停电的弊端,但要求供电管理熟练,且输电网所用电线较多。工地内部用电电压通常为380V,有时220V。对于动力负荷,如电压为380V或220V时,须用三线三相电流线路。如为动力照明的混合负荷,则系统内为380V时,须用四线三相电流,其中第四线接地并与变压器或三相电动机的零点相接;电压为220V时,则可用三线三相电流。双线线路仅可供应不大的照明负荷及生活用电器设备。

1)用电量计算

施工现场用电包括动力用电和照明用电,可由下式计算:

$$P = (1.05 \sim 1.10)(K_1 \sum P_1/\cos\varphi + K_2 \sum P_2 + K_3 \sum P_3 + K_4 \sum P_4) \tag{5-3}$$

式中:　P——供电设备总需要容量(kW);

P_1——电动机额定功率(kW);

P_2——电焊机额定功率(kW);

P_3——室内照明容量(kW);

P_4——室外照明容量(kW);

$\cos\varphi$——电动机的平均功率因数(在施工现场最高为0.75~0.78,一般为0.65~0.75);

K_1、K_2、K_3、K_4——分别为电动机、电焊机、室内照明、室外照明等设备的同期使用系数,K_1、K_2值见表5-5,K_3一般取0.8,K_4一般取1。

需要系数　　表5-5

用电器名称	数量	需要系数	
		K	数值
电动机	3~10台 11~30台 30台以上	K_1	0.7 0.6 0.5
电焊机	3~10台 10台以上	K_2	0.6 0.5

2)选择电源和变压器

选择电源最经济的方案是利用施工现场附近已有的高压线或发电站及变电所，但事先必须将施工中需要的用电量向供电部门申请；如在新辟的地区施工，不可能利用已有的供电系统，则需自行解决发电设施。变压器的容量可按下式计算：

$$P = K(\sum P_{max}/\cos\varphi) \tag{5-4}$$

式中：P——变压器的容量(kW)；

K——功率损失系数，取1.05；

$\sum P_{max}$——各施工区的最大计算荷载(kW)；

$\cos\varphi$——功率因数，取0.75。

根据计算所得的容量值，可从常用变压器产品目录表中选用合适的变压器，且使选定的额定电容量稍大于(或等于)计算的变压需要的容量值。

3)配电导线截面的选择

在确定配电导线截面大小时，应满足以下三方面的要求。第一，导线应有足够的力学强度，不发生断线现象；第二，导线在正常温度下，能持续通过最大的负荷电流而本身温度不超过规定值；第三，电压的损失应在轨道的范围内，能保证机械设备的正常工作。

导线截面的大小一般按允许电流要求计算选择，以电压损失和力学强度要求加以复核，取三者中的大值作为导线截面面积。

①按允许电流选择，可按下式计算：

$$I = 1000P_{总}/(\sqrt{3}U\cos\varphi) = 2P_{总} \tag{5-5}$$

式中：I——某配电线路上负荷工作电流(A)；

U——某配电线路上的工作电压(V)，在三相四线制低压时取380V；

$P_{总}$——配电线路上总用电量(kW)。

根据以上计算出的某配电线路上的电流后，即可选择导线的截面积。

②按允许电压损失选择导线截面大小，可按下式计算：

$$S = \sum(P_{总}L)/C[\varepsilon] = \sum M/(C[\varepsilon]) \tag{5-6}$$

式中：S——配电导线截面面积(mm^2)；

L——用电负荷至电源的配电线路长度(m)；

C——系数，三相四线制中，铜线取77，铝线取46.3；

$\sum M$——配电线路上负荷矩总和(kW·m)，即等于配电线路上每个用电负荷的计算用电量与该负荷至电源的线路长度的乘积之总和；

$[\varepsilon]$——配电线路上允许的电压损失值，动力负荷线路取10%，照明负荷线路取6%，混合线路取8%。

当已知导线截面大小时，可按下式复核其允许电压损失值：

$$\varepsilon = \sum M/(CS) \leqslant [\varepsilon] \tag{5-7}$$

式中：ε——配电线路上计算的电压损失(%)。

③按力学强度复核截面所选导线截面面积应大于或等于力学强度允许的最小导线截面。当室外配电线架空敷设在电杆上，电杆间距为20～40m时，导线要求的最小截面面积见表5-6。

导线按力学强度要求最小截面面积(mm^2)　表 5-6

电压	裸导线		绝缘导线	
	铜	铝	铜	铝
低压	6	16	4	10
高压	10	25	–	–

4)变压器及配电线路的布置

单位工程的临时供电线路,一般采用枝状布置,其要求如下:

①尽量利用已有的配电线路和已有变压器。

②若只设一台变压器,线路枝状布置,变压器一般设置在引入电源的安全区;若设多台变压器,各变压器作环状连接布置,每个变压器与用电点作枝状布置。

③变压器设在用电集中的地方,或者布置在现场边缘高压接入处,离地面应大于3m,四周应设有高度大于1.7m的护拦,并有明显的标志,不要把变压器布置在交通道口处。

④线路宜在路边布置,距建筑物应大于1.5m,电杆间距25~40m,高度4~6m,跨铁道时高度为7.5m。

⑤线路不应妨碍交通和机械施工、进场、装拆、吊装等。

⑥线路应避开堆场、临时设施、基槽及后期工程的地方。

⑦注意接线和使用上的安全性。

(2)供水和排水

工地临时用水通常包括施工用水、生活用水和消防用水。施工用水主要供应施工机械、运输工具、混凝土工程、砌筑工程、装饰工程及其他安装工程的施工用水。隧道施工中的泥水平衡盾构,开挖基槽的循环多头钻机等施工中用水量大,特别是泥浆制备、泥碴分离施工工艺也需要大量水。生活用水主要供工地施工人员洗衣物、洗浴、饮用及食堂炊事用水等。工地灭火主要用常备灭火器,消防用水供全工地消防栓灭火。

工地用水的水质应符合用途需要,用于拌制及养护混凝土和灰浆的水,应不是酸性的,水中含盐量应不超过500mg/L,且不得含有油脂、糖分及其他杂质。冲洗砂、石用水应不含淤泥杂质。饮用水应不含病菌及对健康有害的物质,须经卫生部门检查化验;混浊的水应经过沉淀、过滤或其他净化处理后用作饮用水时,还应经过消毒处理,一般用氮化钙作消毒剂。

城市地铁轻轨施工用水应利用城市供水系统,优先选用自来水。市区以外工地,一般要设置临时供水设施。根据生产和生活用水水量计算,选择供水设施。

地铁车站和隧道施工期间,如果遇到暴雨、潮汛,许多地面积水将流入施工场地。地下工程施工场地防汛和排洪设施非常重要,否则大量积水浸泡车站隧道,会使施工机械和装修完好工程蒙受损失。夏季汛期要有足够排洪涝泵配套设施,并保持正常运转状态。

1)施工用水量计算

施工用水量是指施工最高峰时期的某一天或高峰时期内平均每天需要的最大用水量,其计算公式如下:

$$q_1 = K_1 \sum Q_1 N_1 K_2 / 8 \times 3\ 600 \tag{5-8}$$

式中:q_1——施工用水量;

K_1——未预见的施工用水系数,取1.05~1.15;

K_2——施工用水不均衡系数(现场用水取1.50;附属加工厂取1.25;施工机械及运输机具取2.00;动力设备取1.1);

N_1——用水定额；

Q_1——最大用水日完成的工程量、附属加工厂产量及机械台数。

2)生活用水量

生活用水量是指施工现场人数最多时期职工的生活用水，可按下式进行计算：

$$q_2 = Q_2N_2K_3/(8 \times 3\,600) + Q_3N_3K_4/(24 \times 3\,600) \tag{5-9}$$

式中：q_2——生活用水量；

Q_2——现场最高峰施工人数；

N_2——现场生活用水定额，每人每班用水量主要视当地气候而定，一般取20～60L/人·班；

K_3——现场生活用水不均衡系数，取1.30～1.50；

Q_3——居住区最高峰职工及家属居民人数；

N_3——居住区昼夜生活用水定额，每人每昼夜平均用水量随地区和有无室内卫生设备而变化，一般取100～120L/人·昼夜；

K_4——居住区生活用水不均衡系数，取2.00～2.50。

总用水量：
$$Q = q_3 = q_1 + q_2$$

上述确定的总用水量，还需增加10%的管网可能产生的漏水损失，即：

$$Q_{总} = 1.1Q \tag{5-10}$$

3)临时供水管径的计算

当总用水量确定后，即可按下式计算供水管径：

$$D_i = \sqrt{4\,000Q_i/(\pi v)} \tag{5-11}$$

式中：D_i——某管段的供水管直径(mm)；

Q_i——某管段用水量(L/s)，供水总管段按总用水量$Q_{总}$计算，环状管网布置的各管段采用环管内同一用水量计算，支状管段按各支管内的最大用水量计算；

v——管网中水流速度(m/s)，一般取1.5～2.0。

当确定供水管网中各段供水管内的最大用水量及水流速度后，可选择适当的管径。

4)供水管网的布置

①布置方式

临时给水管网一般有三种布置方式，即：环状管网、枝状管网和混合管网。

环状管网能够保证供水的可靠性，但管线长、造价高，它适用于要求供水可靠的建筑项目或建筑群；枝状管网由干管与支管组成，管线短、造价低，但供水可靠性差，故适用于一般中小型工程；混合管网是主要用水区及干管采用环状、其他用水区及支管采用枝状的混合形式，兼有两种管网的优点，一般适用于大型工程。

②布置要求

供水管网的布置应在保证供水的前提下，使管道铺设越短越好，同时还应考虑在供水期间支管具有移动的可能性；布置管网时应尽量利用原有的供水管网和提前铺设永久性管网；管网的位置应避开拟建工程的地方，管网铺设要与土方平整进度计划协调。

三、施工进度计划

施工进度计划(planned speed)包括施工准备开始直到交付使用为止的所有土建工程、专业工程和设备安装工程。其基本任务和主要作用是:在已确定施工方案的基础上,确定施工进度,包括施工过程的施工顺序,施工程序时间及其相互衔接穿插配合的关系。在保证能按规定的工期完成质量合格的工程任务的基础上,力争减少劳动力、机械和其他物资资源的消耗。施工进度计划是实现施工组织设计、控制施工进度的主要依据,也是编月、旬施工计划的基础,同时也是确定劳动力和物资资源需要量的依据。

1. 编制依据和编制程序

单位工程施工进度计划编制依据包括:施工总进度计划、施工预算、预算定额、施工定额、资源供应状况、领导对工期的要求、建设单位对工期的要求(合同要求)等。这些依据中,有的是通过调查研究得到的。施工进度计划编制顺序见图 5-3 所示。

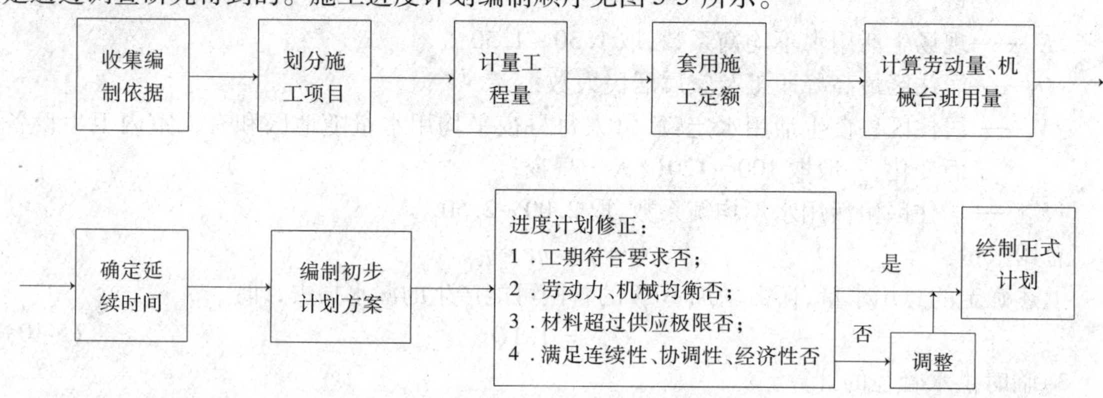

图 5-3　施工进度计划编制顺序

2. 施工项目划分

一条地铁或轻轨线一般看成一个工程项目(单项工程),其中某一个车站、某一段区间隧道或高架桥划分为单位工程。以某一个地下车站为例,又可分为基础工程(围护结构)、主体结构、通道出入口、防水工程、建筑装饰工程,电气设备安装,通讯信号设备安装,轨道工程、给排水工程、防灾工程等若干个分部工程。每一个分部工程又可分为若干分项工程,如车站主体结构分为:模板工程、钢筋工程、楼板、站台板工程等。项目内容多少、划分粗细程度,应根据计划的需要决定。一般单位工程进度计划的项目应明确到分项工程或更具体,以满足指导施工作业的要求。通常划分项目应按顺序列成表格,编排序号以便于查对是否遗漏或重复。

3. 施工进度计划的表示方式

(1)横道图进度表

横道图是以时间为横坐标,以各分项工程施工工序为纵坐标,按一定先后施工顺序和工艺流程,用带时间比例的水平横道线表示对应项目工序持续时间,以此作为控制进度计划图示。横道图施工进度表是建筑施工应用最广的表达方式,其优点是直观、简单、方便、易懂。图 5-4 为某地铁车站钢筋混凝土模板施工进度计划。

(2)工程进度曲线

进度曲线是以工期为横轴,以完成的累计工程量或工程费用的百分比为纵轴的图表化曲线。图 5-5 就是利用图 5-4 中横道图施工进度计划的资料而绘制的进度曲线。通过工程进度曲线,能够进行工程计划进度和实际进度的对比,有效地实行工程项目全局性的进度管理。当实际进度曲线与计划进度曲线出现偏离时,就说明工程的进度有了延误或者进度有所超前,可通过调整资源,进行技术革新,及时使延误进度得到纠正。

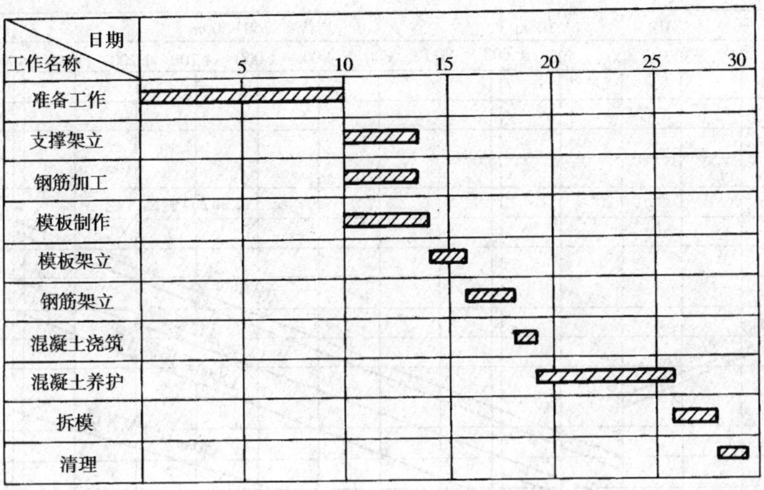

日期
工作名称
5
10
15
20
25
30
准备工作
支撑架立
钢筋加工
模板制作
模板架立
钢筋架立
混凝土浇筑
混凝土养护
拆模
清理

图 5-4　横道式施工进度计划

日期
工作名称
5
10
15
20
25
30
(%)
100
90
80
70
60
50
40
30
20
10
准备工作
支撑架立
钢筋加工
模板制作
模板架立
钢筋架立
混凝土浇筑
混凝土养护
拆模
清理

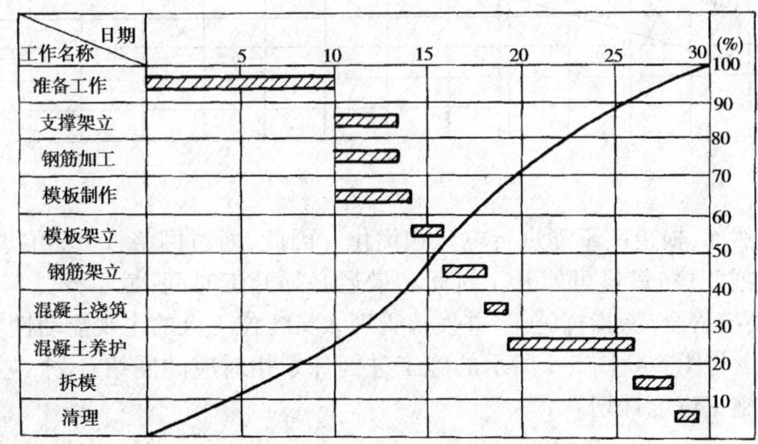

图 5-5　工程进度曲线

(3)斜条图方法

斜条式施工进度图是以纵坐标表示施工时间,横坐标表示里程(道路或隧道施工的里程),而各分项工程或施工工序的施工进度则相应地以不同形式的斜线表示,见图 5-6 所示。斜条图与横道图相似,它不仅表示了各分项工程或施工工序的时间分配,同时表现了施工场所的要素,因而适用于像隧道工程、公路这种线型工程等工种比较少的工程项目。在斜条式进度中,工程项目的相互关系、施工的紧凑程度和施工速度都比较清楚,工程的分布情况和施工日期一目了然,从图中可以直接找出任何一天各施工作业组的施工地点和应完成的工程数量。

(4)网络计划技术(network chart)

网络计划是 50 年代末国外陆续出现的一种计划管理的新方法。由于这些方法建立在工作关系网络模型的基础上,把计划的编制、协调、优化和控制有机地结合起来,所以被称之为网络计划技术。它是用统筹方法(overall planning)统一规划,把施工过程中各有关工作组成一个有机整体,全面明确地反映出各工序的相互制约和依赖关系,能找出影响工程进度的关键工序,能对计划进行工期、材料、成本等优化。

与横道图相比,从网络图上很难清楚地看出流水作业的情况,也难以计算出人力资源需求

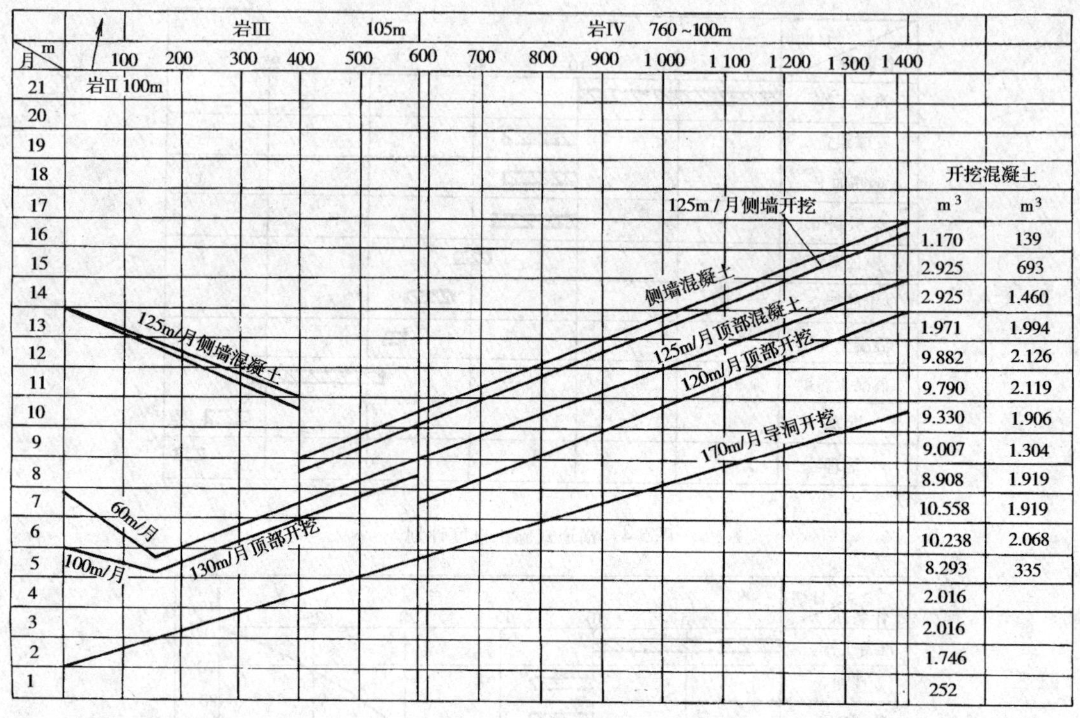

图 5-6 斜条图进度计划

量的变化情况。然而,横道图不能进行电算和优化。因此,通过网络计算,可得出总工期和关键路线,各项目(或工序)最早可能开工时间和最迟必须开工时间,最早开工与最迟开工之间的时间差等,以便统筹全局,指挥施工,并发挥管理人员各位工人的主观能动性。

图 5-7 是一个与图 5-4、图 5-5 所示的施工进度计划相对应的网络计划,它们表示的是同一个分项工程的施工进度计划。

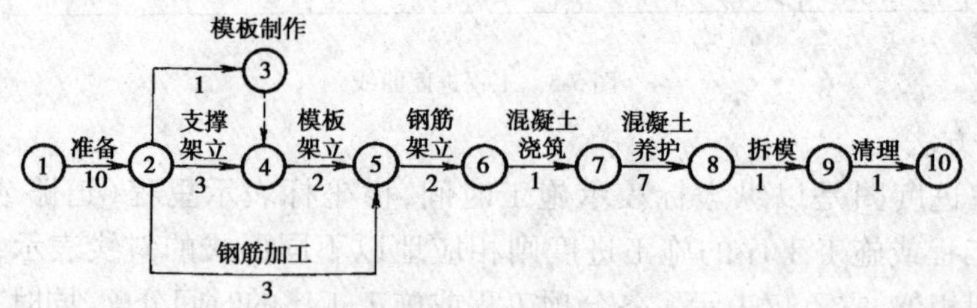

图 5-7 施工进度网络计划图

四、质 量 管 理

地铁和轻轨高架项目一般均为城市最大的市政工程项目之一,投资大,工期长,施工复杂,一旦建成后便作为城市客运交通的大动脉,是城市的生命线工程,任何质量的事故都会造成极大的经济和生命财产损失,并造成极坏的社会影响。且地下工程质量事故修复困难,影响运营。因此,地铁和轻轨工程建设必须树立"百年大计,质量第一"的意识,严格按照《建设工程质量管理条例》(国务院第 279 号令)规定,建设单位、勘察单位、设计单位、施工单位、工程监理单位要依法对建设工程质量负责。

我国已经建成投入运营的北京、天津、上海、广州地铁工程质量总体是好的,但也不同程度

上存在这样那样的质量问题。仅就土建工程看较普遍的问题有:

①明挖法施工地铁车站,因为施工缝、沉降缝、收缩缝留取不当,施工不精心,建成后的车站,顶板、边墙出现开裂和许多温度应力裂缝;②盾构法施工圆形隧道,管片拼装挤压,缺角、掉边,防水橡胶垫片跑位,失效,个别地段隧道渗漏水相当严重,甚至影响使用;③地基处理和注浆加固不完善,造成隧道、车站、隧道和车站间相对不均匀沉降较大;④车站和隧道装修材料变形、坍落、霉变。为了提高地铁和轻轨工程质量,必须严格执行GB/T19000—ISO9000质量管理模式,建立健全工程承包单位的质量保证体系,建立完善业主、政府和社会监理和政府质量监督的制度。工程质量检查验收制度覆盖到每一个分项工程,环环相扣,不出现质量管理漏洞。

1. 产品质量和工程项目质量

根据我国国家标准(GB/T6583—92),质量的定义是"反映产品或服务满足明确或隐含需要能力的特征和特性的总和。"定义中,"产品或服务"是质量主体。产品包括服务、硬件、流程性材料、软件或它们的组合。产品分为有形产品和无形产品。有形产品是经过加工的成品、半成品、零部件,如设备、预制构件、建筑工程、市政设施等;无形产品包括各种形式的服务,如邮政、运输、商贸、维修、技术咨询等。产品质量是指产品满足人们在生产及生活中所需的使用价值及其属性。第一,产品质量的好坏和高低是根据产品所具备的质量特性能否满足人们需要及满足程度衡量的。一般有形产品的质量特征主要包括:性能、寿命、可靠性、安全性、经济性等。无形产品的特性强调及时、准确、圆满与友好等。第二,产品的质量有相对性。即一方面有关产品质量标准,会随时间和条件发生变化;另一方面,满足期望的程度由于用户需求程度不同,因人而异。

工程项目质量包括建筑工程产品实体和服务这两类特殊产品的质量。建筑工程实体是作为一种综合加工的产品,它的质量是指建筑工程产品适合于某种规定的用途,满足人们要求其所具备质量特性(设计使用寿命内、使用功能、强度、硬度、冲击韧性、抗渗、耐热、耐磨、耐酸、耐腐蚀、安全、方便)程度。建筑工程项目投资额大、生产周期较长,工程产品有"单件、定做"、工程承包施工等特点,因此服务质量同样是工程项目质量中的主要因素之一。

2. 全面质量管理

全面质量管理(Total Quality Control),就是指对生产的全企业、全体人员及生产的全过程进行质量管理,形成一个较完整的质量保证体系。

施工企业全面质量管理的基本任务,是组织全体职工认真执行国家的有关规定,组织协调企业各部门贯彻"预防为主"的方针;加强调查研究、及时总结经验,使工程质量不断提高,达到多、快、好、省地完成施工任务。

(1)对企业全体职工进行"百年大计,质量第一"的思想教育,开展技术培训,以提高全体职工质量意识,不断提高操作技术和业务管理水平。

(2)组织企业各部门,对影响工程质量的各种因素、各个环节,事先进行分析研究、采取措施、检查和评定,并严格处理事故。

(3)贯彻执行国家颁发的技术规范、质量检验评定标准及其他有关规定,对各项工程质量进行监督、检查和评定,并严格处理质量事故。

(4)系统积累有关质量方面的各项原始记录资料,并及时研究、分析和处理施工过程中所产生的质量不正常因素。

(5)对已交工使用的工程,定期组织回访,了解工程质量是否满足使用要求,作为以后改进施工质量的参考。

(6)经常开展调查研究,收集和积累质量管理方面的情报资料,不断改进企业质量管理的工作。

(7)全面质量管理过程有四个阶段,即计划(Plan)、执行(Do)、检查(Check)、处理(Action)。按四个阶段循环的方法,称为 PDCA 循环。

随着工程进展,重复进行 P、D、C、A 循环,反复进行下去。每次循环将检查出质量问题并加以解决,就如爬上一个台阶,使质量不时有所提高,并且把成功的经验订入规范标准,防止以后再发生同样质量问题;对不能解决的问题,转入下一个循环去解决,如图 5-8 所示。各级和各部门的质量管理,都有 P、D、C、A 四个管理阶段,要形成大环套小环,环环相扣,没有缺口、没有空白点,才能真正实现全面质量管理,如图 5-9 所示。

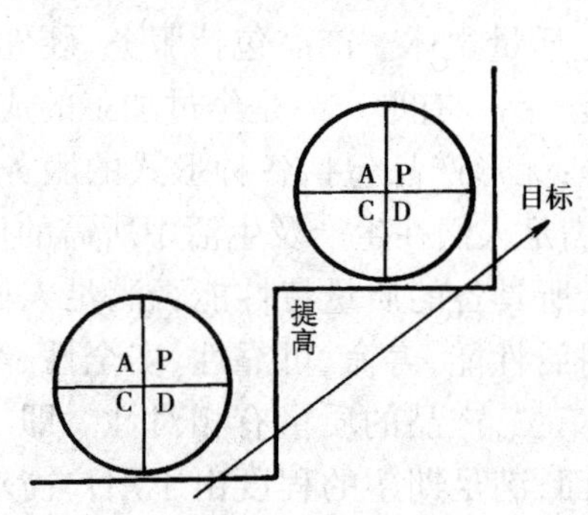

图 5-8　PDCA 质量管理循环图

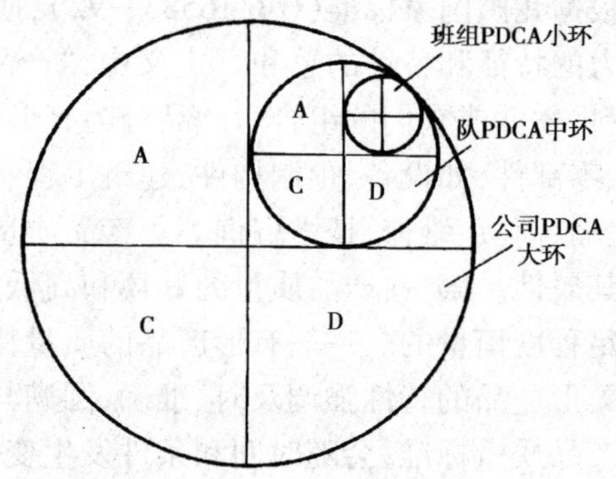

图 5-9　PDCA 循环层次示意图

3. 质量管理体系

一个工程施工公司设有质量科,每一个工程项目经理部设有质量小组,分工种设有质量员。对施工的分项、分部、单位工程实行层层把关,互相联系,互相影响、互相制约。每一个分项工程完工后,例如连续墙钢筋笼制作,一幅钢筋笼焊接完工后,钢筋工质量员要进行检查,认为合格后,请项目部负责人检查认可,并填写隐蔽工程验收单,然后呈报现场监理工程师检查确认、签字,才能进行下一道工序。对分部工程验收、单位工程验收,要报请施工公司一级质量科负责人检查,由总工程师签认后,才能上报区、市质量监督站验收。

有的施工单位的各业务部门、队、组设质量管理小组,简称 QC 小组,也有以某一工程项目质量管理为目标成立跨班、组的 QC 小组。QC 小组任务主要是组织广大职工参加质量管理活动,组织职工学习工程质量标准及有关质量要求,学习科学管理方法;开展日常质量管理、质量检查及质量改进工作;组织质量攻关和技术革新,严格把好质量关。

对建筑施工企业质量体系可以从以下几点加以理解:

(1)企业为了实施质量管理,实现企业质量目标,必须建立健全质量体系。

(2)质量保证体系包含一套专门的组织机构,具有保证质量、工期、服务的人力与物力,明确有关部门的职责和权力,以及完成任务的程序活动。质量体系是一个组织落实、职责明确、有物资保障,有具体工作内容的有机整体。

(3)一个企业在一般的情况下,质量体系只有一个。但大型建筑施工企业,由于建设工程施工的需要,下设多个独立的施工单位(形成了多个小组施工企业),除了大型企业实施总的质量控制和管理,建立和形成质量体系外,其下属的多个专业施工单位,也可建立各自的质量体系,实施有效的质量管理,实现各自的质量目标。

建筑企业建立质量体系目的是为向社会提供符合要求的工程产品和服务,满足人们日常生活和生产活动中对建筑安装工程的各种需求,增加社会效益,提高企业的经济效益。对于地铁和轻轨工程而言,则要求适用性、可靠性、耐久性、美观性、经济性,与环境的协调性。企业质量管理要突出预防性,开展各项质量活动之前,都要订好计划,规定好程序,使质量活动处于受控状态,以要求把质量缺陷降低到最少程度,消灭在形成过程之中,不能完全靠事后的检查验证。

五、经 济 管 理

地铁工程资金数额庞大,通常由国家、省、市政府投资,经国家批准也可以向国外贷款。近年也有国家的企业、财团参于地铁轨道交通的投资及管理,地铁工程贷款利息和本金在地铁营运后,由贷款方从地铁营运利润或其他方法筹集资金归还。为了加快我国城市轨道交通建设,需要开辟各种投资的渠道,加强经济核算,降低工程造价,走出适合我国国情的国产化道路。

1. 工程费用分析

工程项目的总投资一般包括固定资金和流动资金两部分,其组成如图5-10。项目的流动资金构成如图5-11。

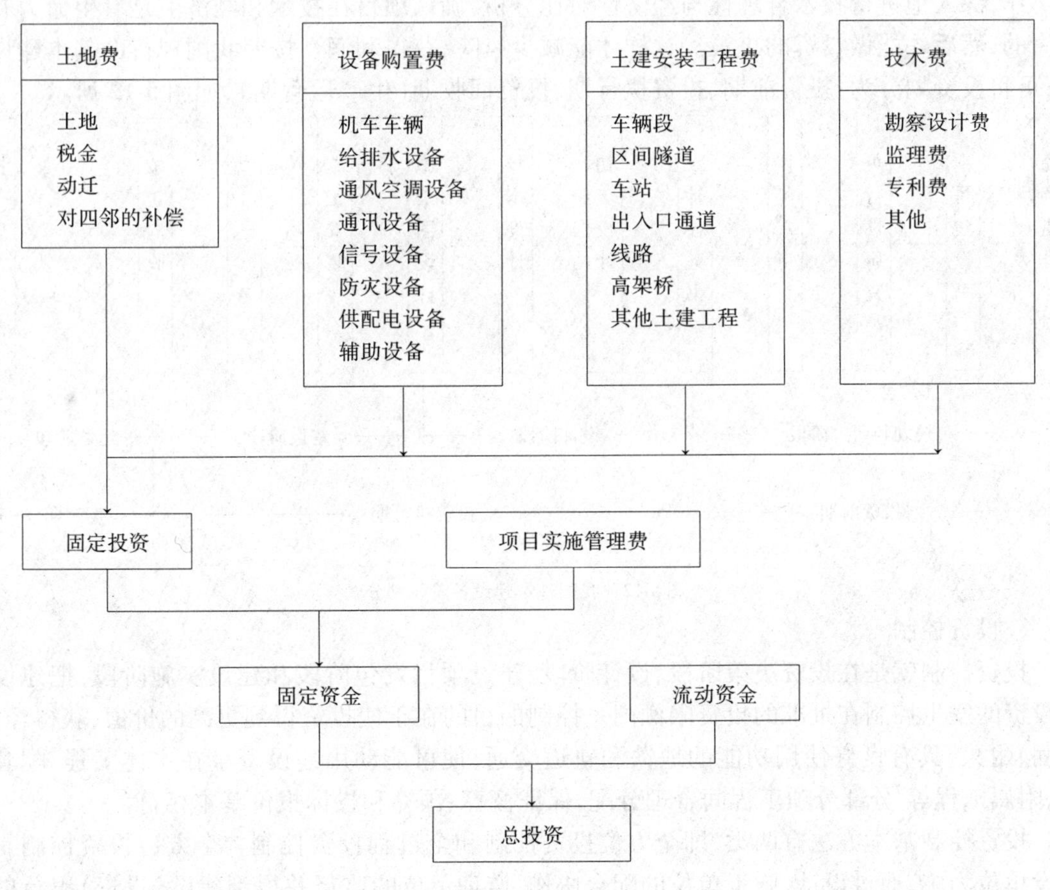

图5-10 项目总投资组成示意图

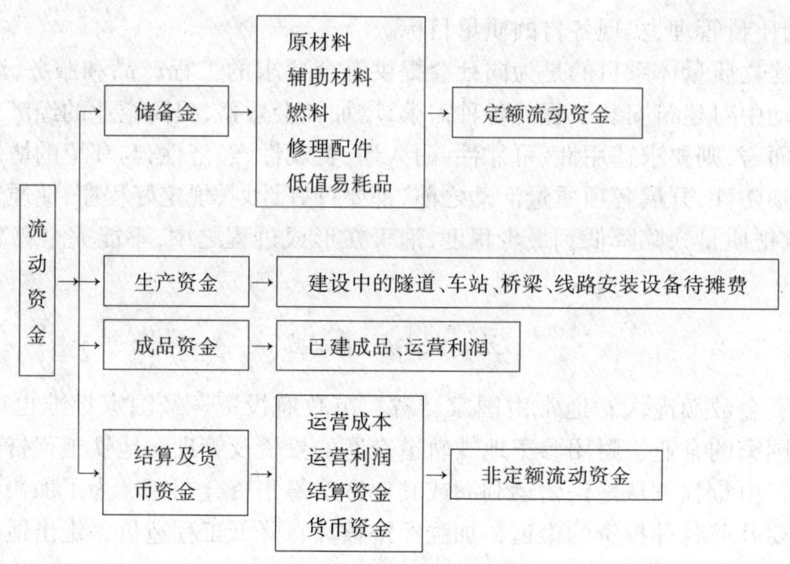

图 5-11　项目流动资金构成图

2. 投资阶段划分

投资阶段划分与基本建设程序的阶段划分是一致的。地铁工程建设不仅要注意工程的社会效益、环境效益，更要注重经济效益。根据工业发达国家经验，加强对工程建设项目投资前期工作，深入地进行技术合理性与经济性对比分析，确认项目在技术和经济上是有生命力和竞争力的，然后才能做投资的决策。这样才能减少风险，获得利润。按照我国现行的基本建设程序，可将投资划分为：投资前期、投资执行期、投资回收期（生产运营期），如图 5-12 所示。

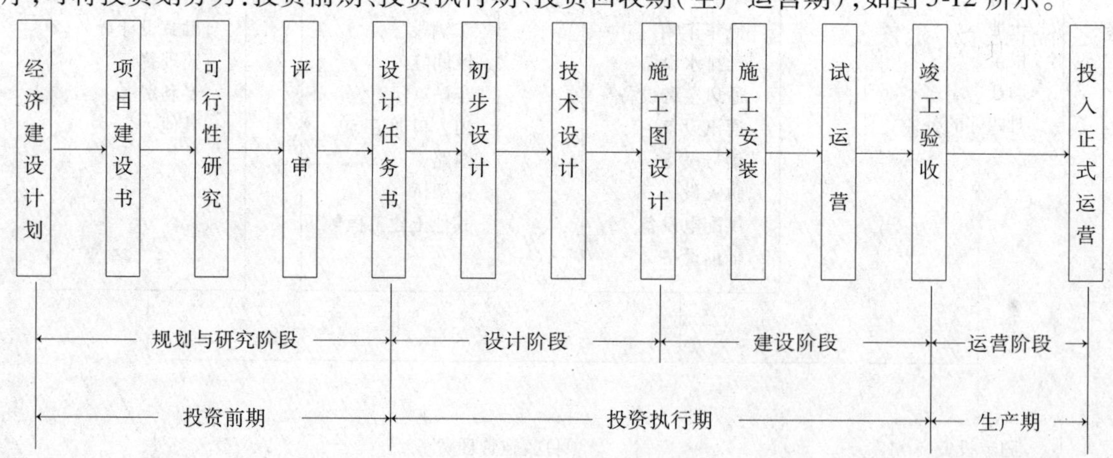

图 5-12　我国基本建设各阶段划分

3. 投资控制

投资控制就是在投资决策阶段、设计阶段、建设项目发包阶段和建设实施阶段，把建设项目投资的发生控制在批准的投资限额内。控制的目的在于使投资得到更高的价值，获得经济、坚固、耐久、具有良好使用功能的地铁和轨道交通，使可能动用建设资金在主体工程、配套工程、附属工程等 分部分项工程间合理分配，保证概算、预算和投标报价基本相符。

投资控制基本方法有两类，即全方位投资控制和全过程投资控制。全方位投资控制是以建设单位为主，通过设计、施工单位的配合协作，监理单位的监督并得到建设（投资）银行的监督，自始至终层层把关，从而全方位有效地控制工程投资。全过程投资控制是将投资控制贯穿于实施的全过程,一般分为三个阶段:一是立项阶段;二是设计和施工招标阶段;三是施工及竣工阶段。前两个阶段,特别投资前期是关键,它要确定合理的投资,是搞好投资控制的基础阶段。

(1)投资前期

投资前期委托规划、设计和咨询单位进行可行性研究。对地铁工程项目建设必要性、技术可行性、经济合理性和实施条件的可能性进行综合和全面的分析研究,为业主决策提供可靠依据和相应经济与决策依据指标。设计单位对于地铁线走向、客流预测、行车组织和运营输送能力,必须在调查研究基础上提出可靠的数据分析。此外对车站规模、型式、区间隧道管径、轨道结构形式、施工方法,也必须进行论证和分析。对机车车辆、供配电方式、自动控制、通信、讯号、防灾报警、环境控制、给排水等设备应立足于国内产品,国内一时技术不过关的,可以选择性地进口国外设备。对设备型号、功率、容量、功能也要加以比较,可行性研究报告有明确的工程项目投资估算总额、正线每公里造价指标。因为城市地铁工程项目投资额巨大,事关城市和国家的经济安排,一般先有国家计委组织专家对可行性研究报告进行论证,再由国家计委批准之后才能列项实施。

工程项目的经济评价以国民经济评价为主,财务评价为辅。财务评价是根据国家现行财务税收制度和现行价格,分析计算拟建项目的效益和费用,从财务角度考察项目获利能力,借款偿还能力及外汇效果等财务状况,以判定拟建项目本身的财务可行性。国民经济评价则是从国家的整体角度考察因拟建项目给国家带来的经济代价(支出)和贡献(收入),即计算分析项目给国民经济带来的净效益,评价项目经济上的合理性。地铁工程项目单靠票价收入进行成本核算,无法达到赢利目的。大多数国家地铁都靠政府补贴,只有香港地铁运营收入扣除成本之外有赢余。地铁使沿线房地价增值,改善环境、提高工作效率,所获得的间接效益和社会效益是无法估量和难以计算的。

(2)投资执行期

投资执行期包括设计、施工招标、施工、试运营和竣工验收等阶段。

1)设计阶段

建设单位通过最优设计来控制投资。设计单位除完成设计方案及相应的设计图纸之外,还需编制设备清单及价目表。按国家和地方现行概预算定额编制与设计阶段对应的概预算文件。初步设计阶段必须编制总概算。施工图阶段必须编制预算，采用三个阶段设计的技术设计阶段，必须编制修正的总概算。总概算是初步设计文件的重要组成部分，各主管部门在审批初步设计的同时，必须认真审批总概算。总概算经审批后，各有关部门和有关单位，都应认真执行，维护概算的严肃性，不得任意突破。施工图预算经审定后，在执行中，由于变更设计所引起的造价增减，应经设计单位同意。其中的初步设计的总概算还是国家对地铁建设项目进行投资控制的基本指标和手段，经过地方市政府或国家计委批准的总概算，是地铁项目基本建设投资最高限额，也是银行拨款的依据。其后的施工图预算、标底、合同价和竣工决算都不允许突破总概算。为此要求设计单位，一方面优化设计方案降低工程造价，另一方面要求设计单位积累工程建设技术经济定额，使得所编制的概预算文件更加符合实际情况。

2)施工招投标阶段

建筑工程发包与承包的招投标活动,应该遵循公开、公正、平等竞争的原则,择优选择承包单位,业主自行或委托招投标公司,在工程概预算的基础上编制标底,对承包单位报价进行预算控制，最后同中标单位签定合同，通过合同价对工程费用进行预先控制。投标单位则在施工预算（或成本估算）基础上提出报价。

3）施工阶段

施工阶段又包括施工准备、施工、完工验收和保修期四个环节。在一系列的环节中，业主一方面通过合同价对工程费用进行预算控制，另一方面通过监理工程师依承包合同对工程费用进行结算控制。监理工程师对承包单位按月送交的工程费用清单，进行工程量复核，确认无误时，签字认可。业主的财务部门依据合同，对监理工程师签认的合格工程的工程费用按时支付承包单位的工程款项。对于工程事故，缺陷修复、工程量的变更、延期索赔等，业主依靠监理工程师按照合同条款，合理公正地解决。

4）竣工验收

工程初验完成后，地铁工程有半年至一年的运营保修期。保修期内，确因施工单位工程质量引起的事故，其修复费用应由承包施工单位负责。经过省、市质量监督站负责的，由业主、施工单位、监理单位参加竣工验收，确认地铁工程单项工程等级。业主进行整个工程的竣工决算，确定工程的实际造价。

（3）生产期（运营期）

试运营开始之后，地铁建设公司应该积极扩大客运量，增开列车次数，提高行车速度，逐步达到设计的运营能力。同时降低电、水、油等物资消耗，减少设备的损伤，降低维修费用，努力减少不必要的开支，提高运营的经济效益。地铁公司还可结合地铁工程建设进行有计划的地下空间开发，如在地铁车站站厅层设置商场、停车场、快餐厅，增加商业利润。也有的地铁工程公司进行沿线房地产开发，由此可以积累更多资金，促进地铁工程滚动发展。

六、现 场 管 理

1. 现场管理的任务及要求

施工现场管理的基本任务和要求就是遵循建筑生产的特点和规律，把施工过程有机结合起来，充分发挥现有人力、材料、机械设备的作用，实现“三高一低”和文明施工，即高速度、高质量、高工效、低成本和文明施工。

（1）技术管理的任务和要求

1）按照科学技术的规律，科学地组织各项技术工作。认真执行贯彻国家各项政策、法令、技术规范和规定；

2）制定和完善本单位有关技术规定和管理制度，建立技术责任制，严格遵守基本建设的程序和正常的生产技术秩序，组织现场文明施工，确保工程质量，安全施工，降低消耗，提高建设投资和生产施工设备投资效益。

3）促进企业的科学研究、技术开发、技术教育、技术改造、技术更新和技术进步，不断提高技术水平。

4）组织对新技术、新结构、新材料、新工艺的试验推广，提高技术成本的商品化程度，做到技术与经济的统一。

（2）现场材料管理的要求

1）组织货源，保证供应。通过计划工作掌握施工对材料的数量、品种、规格、质量、使用时间的要求和货源的情况。在此基础上，通过申请、订货、采购、运输、储备等一系列工作，保证将材料按质、按量、按时、配套地供应到使用地点。

2)加强核算降低成本。坚持现场验发料制度,加强材料耗用核算工作,监督使用,降低消耗。

3)合理选用和确定施工材料,并对进场的材料进行严格的检查和验收,精打细算,降低价格。

4)要经常清理现场,回收整理余料,做到工完场清。

(3)现场设备管理的任务

1)正确地选购机械设备,保证为企业提供最适宜的技术装备,把企业的生产活动建立在最佳的物质基础上。例如依据地质条件对地铁区间隧道施工盾构机的选型,上海软地层地铁车站基坑支护连续墙的开槽机的选择,这些关键设备若选择得好,往往能达到事半功倍的效果。

2)及时维护和修理机械设备,保证设备经常处于良好的技术状态,为企业建立正常的生产秩序和进行均衡生产创造有利条件。

3)合理使用机械设备,以提高机械设备的使用效率、生产水平和经济效益。

4)适时地改造和更新机械设备,以提高机械设备的现代化水平,增强企业的技术能力,适应技术开发的需要。

5)首先要解决占用劳动力多,体力劳动繁重,不用机械难以完成或难以保证和安全生产的工种,如土石方、打桩、混凝土搅拌和浇筑振捣,地基碾压夯实等工程的机械设备。以专业施工队伍和结构为对象,按体系成套装备,注意发展综合机械化。

2. 管理主要内容

(1)现场技术管理内容

1)贯彻执行施工组织设计

施工组织设计(或施工方案)是指导现场施工的全面性技术经济文件,经过审批后的施工组织设计是指导施工的法规。做好施工组织设计的技术交底,使全体施工人员全面了解工程的施工布置、施工方法、进度计划、物资供应、质量要求以及安全生产规定,认真按照施工组织设计要求安排生产。

2)熟悉图纸和技术交底

通过会审、设计交底,要求项目部各工种工程师、技术员熟悉图纸,领会设计意图。认真核对建筑、结构设备图之间的关系;下水及排水方向;防水工程与管线变形缝及地铁出入口的做法,地铁高架,地面、地下区间轨道结构的接口、车站与区间、出入口与车站主体的接口做法。公司的总工程师、分公司主任工程师、项目经理部工程师领导组织全面的技术交底,提出班、组责任制要求,班组工人定员定岗,任务明确,相对稳定。

3)督促班组按施工验收规范和工艺标准施工。

4)组织好隐蔽工程检查和验收。每一分项分部工程,特别是隐蔽工程,必须执行三级质量自检验收制度,即生产班组完工后自检,下一道工序对上一道工序的检查,项目部质量科的全面检查;并填报分项分部隐蔽工程验收单,呈报业主代表和监理工程师检查确认合格后,才能将隐蔽工程覆盖或者进入下一道工序。

5)严格控制进场材料的质量、型号、规格。对于不符合设计图纸要求,达不到施工验收规范等级的劣质产品,认真清点及时退场。

6)做好施工记录,整理上报,归档施工中各种技术档案资料。

(2)现场材料管理的内容

1)了解地形、气候、运输和资源情况,了解施工方案、施工进度,查清货源,了解供应方式,付款方式等。在此基础上正确地编制材料供应计划。

2)合理规划施工平面,使材料堆场靠近使用场地,尽可能一次到位,避免二次或多次搬运。料场、仓库不能占用道路各施工用地,场地平整不积水,构件存放场地要夯实。仓库要符合防潮、防渗、防火、防盗的要求。

3)施工阶段进场材料必须经过严格的验收,对材料的品格、规格、型号、质量、数量进行严格核对登记。

4)现场材料的保管。对于易混淆材料要分别堆放、严格管理,对于受自然界影响易变质的材料,应特别注意保管,防止变质损伤。露天堆放材料,要防止散失,并采取相应地防范措施。

5)现场材料发放应做到:按质、按量、齐备、准时、有计划地发放材料,保证生产第一线的需要,严格出库手续,防止不合理的捡用,促进材料的节约和合理使用。

(3)现场机械设备管理内容

1)按照经济、合理、符合工程实际和配套供应的原则,选用机械设备。

2)正确使用机械设备,杜绝野蛮施工。机械操作工人必须持证上岗,实行定机、定人、定岗责任的三定制度。建立上岗机械设备人员交接班、定期维修保养、奖惩制度。

3)建立健全专项机械设备的操作规程,不能违反规程操作。执行新购设备技术试验规定、机械设备磨合期规定、季节性使用机械设备规定。

4)建立机械设备技术档案。

3. 安全生产管理

(1)落实安全责任,实施责任管理

建立健全各级人员安全生产责任制度,明确各级人员的安全责任。项目经理为施工项目安全管理第一负责人。施工项目通过安全监督部门的安全资质审查,并得到认可。一切管理、操作人员均应与施工项目部签定安全协议,向施工项目经理做出安全保证。

(2)安全教育

对新工人入场进行岗位安全教育。特殊工种如起重、高空作业、电气、焊接、潜水、气压、驾驶员等工人应进行相应的安全教育和技术培训,经考核合格,方准上岗操作。采用新技术,使用新设备、新材料,推行新的工艺之前,必须对有关人员进行安全生产教育。生产环境变化,作业条件变化,大风、高温、酷暑、雨雷、夜间施工,要特别提醒工人增强安全施工意识。

(3)安全检查

安全检查是发现不安全行为和不安全状态的重要途径,是消除事故隐患,落实整改措施,防止事故伤害,改善劳动条件的重要方法。安全检查形式有:定期安全检查、突击性安全检查、特殊检查。安全检查主要查思想、查管理、查制度、查现场、查隐患、查事故处理等。针对电气线路、机械动力等关键性作业进行检查,以防止机器伤人、触电伤人等事故。针对隧道施工,要检查防塌方、防落石、防哑炮起爆、防瓦斯、沼气燃爆,防水淹、防止流砂、管涌等。季节性检查,如防寒、防冻、防暑、防洪、防风、防雷击等检查。经常进行防火及用电安全检查,检查消防工具设施是否完备,水源道路是否畅通,施工人员进入施工现场是否佩戴安全帽、安全带,安全网及其他防护用品和设施性能是否可靠。

(4)现场安全用电

现场用电必须执行《施工现场临时安全技术规范》(JGJ46—88)。现场架空线与建筑物水平距离不小于10m,线离地面高度不小于6m,跨越建筑物或临时设施的垂直距离不小于2.5m。

每台电气设备机械应分设开关和熔断保险,严禁一闸多机,各种电器设备均采取接零或接地保护。照明线路按标准架设,不准采用一根火线与一根地线的做法,不准借用保护接地做照明零线。凡是接动式设备和手持电动工具均要在配电箱内装漏电保护装置。

(5)电焊作业预防触电和安全保护

各类电焊机的机壳要有良好的接地保护。电焊钳要有可靠的绝缘,不准使用无绝缘的简易焊钳和绝缘把损坏的焊钳。在隧道内电焊,先要测定洞内瓦斯、沼气浓度,确认低于引燃浓度时才能焊接。电焊时要远离可燃、易燃的建筑装修材料。

(6)施工现场的防火

施工单位必须严格执行《消防法》和公安部关于建筑工地防火的基本措施。现场应划分防火作业区、易燃、易爆材料区、生活区,按规定保持防火间距。现场应有可供消防车辆通过的,宽度不小于3.5m的消防通道。现场应设专门消防用水管网,配备消火栓,较大的工程要分区设消防栓。消防器材要有专人管理定期检查。

第二节　施工方法选择和新工艺、新材料、新设备

一、施工方法选择

1.地铁区间隧道的施工方法

地铁区间隧道施工方法选择主要受工程地质、水文地质、地形地貌、沿线环境的要求,施工单位的技术水平、施工进度、经济条件等因素限制。地下工程和地面工程不同,在初步设计、施工图设计之前,设计院要对基本的施工方法确认,在此方法基础上所做的设计才是切实可行的。施工工艺方案选择得当,施工机械配套合适,工程往往成功一半。反之施工机械不当,施工方法不合理,就会导致施工中遇到许多困难,甚至失败,不得不改用其他施工方法。在沿海城市,饱和软地层中修建隧道,最好的选择应是盾构法、顶管法,而明挖法则对环境造成太大的影响,干扰城市政治、经济文化生活常被否定。山区城市则应以新奥法,信息反馈施工,有更高的经济效益,在条件允许的情况下,则应推广TBM(Tunnd Boring Method)施工方法。目前国内外常用的区间隧道施工方法如表5-7所示。施工单位应对所列方法进行综合经济、技术、环境因素比较,优化选择,以取得最大经济和社会效益。

地铁区间隧道施工方法一览表　　表5-7

序号	施工方法	环境场地要求	优点	缺点	发展方向
1	明挖法	市郊施工场地开阔,软岩和土体,如北京和天津地铁	进度快,工作面大,便于机械和大量劳动力投入	破坏环境生态,影响交通,带来尘土和噪声污染	(1)有效井点降水系统;(2)可靠的支撑系统;(3)大型土方机械,混凝土搅拌及运输机械
2	矿山法(钻爆法)	岩石和坚硬土体,如青岛和重庆地铁	地面干扰小,造价低	进度慢(约1~1.5m/d),劳动强度高,风险大	(1)多臂钻孔台车,自动装药引爆装置;(2)光面爆破,喷锚支护,监控数据反馈指导设计和施工方法

续上表

序号	施工方法	环境场地要求	优 点	缺 点	发展方向
3	暗挖法（软土）	埋深较浅对土体进行冻结、注浆、深层搅拌桩加固地基，管棚法加固，浅埋车站，如北京、哈尔滨等城市地铁	地面干扰小，造价低，便于土法上马	机械化程度低，劳动强度高，环境恶劣，风险大	(1)发展可靠的浅层地基处理技术；(2)小型灵活的地下开挖机械；(3)可靠的临时支护措施和机具
4	盾构和顶管法	城市软地层、深埋隧道，如上海、广州、北京等城市地铁	地面影响小，机械化程度高，安全，工人劳动强度低，进度快（日均 8 ~ 10m）。	机械设备复杂，价格昂贵，施工工艺繁琐，专业施工队伍	(1)开发适用不同地质条件、自动更换刀盘的气压、土压泥水平衡盾构和顶管，超前探测排障技术；(2)钢纤维挤压混凝土衬砌；(3)三维仿真计算机管理系统，管理信息化，自动化；(4)自动导向，中途对接异型盾构
5	沉管法	跨越江河湖海，软地基，如广州、宁波、上海过江隧道	造价省，速度快，隧道断面大	封锁江河水面，专门的驳运、下沉、对接机具，水下作业，风险大	(1)大型涵管制作及驳运技术；(2)地下定位对接、防水技术
6	凿岩机法（TBM）	坚硬岩石地质，如广州地铁	速度快，机械化程度高，安全，地面无干扰	造价高，使用掌握复杂，刀具易磨损	(1)开发国产高性能凿岩机；(2)改进高强合金刀具；(3)完善后配套系统；(4)超前不良地质探测系统
7	沉井（连续沉井）	软弱地层，地域空广	造价省、速度快、工艺成熟	对环境影响，泥浆污染，地面下沉	(1)不均匀沉降的监测设备仪器；(2)泥浆或水力减摩措施；(3)控制突沉或倾斜方法；(4)排除孤石障碍物设备。

2. 地铁车站施工方法

城市地铁车站大多定位在城市政治、经济、文化、交通中心区域附近，因此，地铁施工方法的选择，很大程度上要考虑环境的要求。例如，在施工中长时间中断交通；泥浆、粉尘、噪声、振动污染给居民生活带来的影响；地面沉降变形引起建筑物、构筑物开裂导致工程事故，造成经济损失和不良的社会影响。故在大城市闹市区修建地铁车站，一般先构筑连续墙（或桩排墙）和中柱，然后修建顶盖并恢复交通，以后在顶盖保护下完成地铁站厅和站台的工程施工，这也就是通常所谓的盖挖法。此法在上海地铁 1 号线陕西南路站、黄陂路站，北京地铁天安门东站、西站施工中均成功采用。地铁车站施工方法如表 5-8 所示。选择正确的施工方法也应依据不同的地质情况、工作环境，综合考虑施工进度及安全经济方面的矛盾因素。在城市建筑物密集地区修建地铁车站，盖挖法和逆作法应是首选的方法。多条地铁线路交叉的深埋换乘站，根据国外的经验，应该采用两圆、三圆异形盾构掘进机施工。

地铁车站施工方法一览 表 5-8

序号	施工方法	环境场地要求	优点	缺点	发展方向
1	明挖法	浅埋车站,有宽阔的施工场地,如京、津、沪、穗地铁车站	进度快,造价低,便于大型机械化施工	破坏、污染环境,影响市区居民生活,风险大	(1)开发大型导板式开凿机,深层地下连续墙,桩排墙施工技术;(2)预应力钢支撑技术;(3)地面变形监控技术;(4)SMW工法土丁墙支护
2	矿山法(新奥法)	坚硬岩土介质、地下水位低	地面影响小,造价低	进度慢,劳动强度高,风险大	(1)多臂钻孔台车、自动装药引爆装置;(2)光面爆破,喷锚支护,监控数据反馈指导设计和施工方法;(3)分断面开挖,眼镜工法;(4)大型土方机械
3	浅埋暗挖法	土体进行冻结、注浆、深层搅拌、管棚法加固,浅埋车站,如北京地铁	地面干扰小,造价低	地下作业风险大,机械化程度低	(1)发展可靠的浅地层地基处理技术;(2)小型灵活的地下开挖机械;(3)可靠的临时支护措施和机具
4	盖挖法	市区浅埋地铁车站,如上海地铁1、2号线淮海路和南京路上的站、北京一些地铁车站	占用场地时间短,对地面干扰较小,安全	施工工序复杂,交叉作业,施工条件差	(1)建立合理的施工管理网络,交叉施工,流水作业;(2)地下小型施工机具;(3)作为永久衬砌支护的地下连续墙,钻孔桩柱施工质量控制和托换技术
5	逆作法(半逆作法)	车站上面有高层建筑,埋深较深,如上海地铁新闸路站	占用场地时间短,对地面干扰较小,安全	施工工序复杂,交叉作业,施工条件差	(1)建立合理的施工管理网络,交叉施工,流水作业;(2)地下小型施工机具;(3)作为永久衬砌支护的地下连续墙,钻孔桩柱施工质量控制和托换技术
6	异型盾构(或凿岩机法)	市区深埋车站,线路交汇换乘下层车站	不影响地面地下生活运营,安全,机械化程度高	机械复杂,造价高,安装操作难度大	(1)开发研制国产大型三心圆、割圆异型盾构;(2)开发新型衬砌支护材料和施工技术
7	沉井法	软土地层或水域,较开阔的施工场地,深浅埋小型车站,如上海60年代地铁试验段车站	分节制作下沉,进度快,机械化施工,安全	周围地面沉降,地下水位变化,对居民生活有影响,下沉纠偏有一定困难。	(1)大型沉井制作下沉施工技术;(2)相配套的小型挖土机,坑内外降水技术;(3)大型沉井纠偏,防止突沉、超沉、管涌流砂技术

3.轻轨高架桥工程施工方法

轻轨高架桥类似于城市高架桥和公路高架桥的形式。高架桥跨越一般河流时,桥梁孔径应保证设计频率洪水、流冰及其他漂浮物或船只通过的安全要求。当高架桥跨越铁路、公路或城市道路时,桥梁孔径及桥下净空应满足有关规范规定限界。一般情况下,城市地势平坦,全线采用高架结构,为了节省轨道交通系统的造价,高架桥结构要求有较小的建筑高度。

轻轨高架桥结构主要有:基础、墩台、纵梁和桥面。轻轨高架桥系永久性城市建筑,设计应考虑在制造、运输、安装以及运营过程中应具有规定的强度、刚度及稳定性,且要求施工简便快速,对现有城市交通干扰少,并考虑城市景观,结构寿命应按50年以上考虑。

高架桥的基础工程施工常在地面以下或水中,涉及水及岩土的问题,从而增加了它的复杂程度,使高架桥基础无法采用统一模式。根据桥梁基础工程的形式大致可以归纳为扩大基础、桩(钻孔灌注桩、挖孔桩或预制打入桩、钢管桩)基础、沉井基础和组合基础几大类。上海明珠轻轨线高架桥的基础多为打入预制钢筋混凝土方桩，浇筑桩平台，其上浇筑桥墩。采用何种基础形式，主要受到工程地质、水文地质、环境要求、施工进度等因素控制。表5-9列出常用的高架桥基础施工方法及其优缺点。

高架桥基础施工方法一览表　　表5-9

序号	施工方法		环境、场地、技术要求	优点	缺点	发展方向
1	明挖扩大基础		市郊施工场地开阔，软岩和土体，持力坚固地层相对浅，中小型桥涵基础，地层软弱时，辅以降水、围堰、支撑，开挖水下浇筑混凝土	进度快，大面积施工，便于机械化施工，造价低	污染环境，阻断交通航运	(1)有效井点或深层深井泵降水系统；(2)钢板桩、预制混凝土桩、SMW工法支护；(3)高效挖土机
2	沉桩施工	打入桩	市郊远离居民、软粘土、粉砂、砂砾，承载基岩较深	施工速度快、质量有保证、承载力较高	振动、挤土影响大、噪声大、桩截面有限	(1)发展轻型，易于拆卸安装，效率高的沉桩机；(2)发展振动、射水等对土体、环境干扰小的机械；(3)大口径各类正反循环周转钻机，适应各类土层施工
		挤压桩	市区，房屋建筑相对远离，软粘土，粉质粘土，承载基岩较深	施工速度较快，可以直接得到桩的承载力，单桩的承载力较高	挤土明显，单桩承载力有限制	
		钻孔灌注桩（挖孔桩）	市区粘土、软岩、砂土、砾石各类地层，挖孔桩相对较浅，如广州、南京，钻孔灌注桩可以较深如上海	振动、挤土干扰小，各种土层中施工，桩径可大可小，单桩的承载力可很大，挖孔桩施工灵活	泥浆污染，施工质量有时难以保证	
3	管桩基础		地质条件复杂，深水岩面不平管桩体，连接法兰盘和管靴，普通混凝土管桩适于入土深25m，预制混凝土管桩入土深可超过25m	适于复杂地质条件，预制分节下沉接高，便于机械化施工，效率高	机械化程度高，工艺较复杂，需要有船队配合，施工质量较难控制	预制大型混凝土管桩、钢管桩施工工艺研究
4	沉井基础		地面以下深处有较好的持力层，浅层或河中有较大卵石不方便桩基施工，河水深、冲刷大。占用场地不大，所需净空高度较低	埋深大，整体性强、稳定性好、承载力大	施工周期长，粉砂土易出现流砂，造成沉井倾斜，遇到孤石、沉船、树根井底岩面倾斜，自重下沉困难时，采用泥浆润滑套、浮式沉井、空气幕沉井等辅助工法	困难地质条件下沉井下沉施工机具及工艺

轻轨高架桥的桥墩主要有倒梯形、T 形、双柱式和 Y 形桥墩,如图 5-13 所示。桥梁下部结构选型对整个桥梁结构设计方案有较大影响,不仅满足强度稳定性的要求,而且适应桥梁美学方面的要求。合理的选型能使上下结构一致,轻巧美观,能使轻轨高架桥与城市环境和谐匀称,使人有一种愉快感觉和美的享受。桥墩通常采用模注钢筋混凝土,连续浇注,大型复合胶木模板,钢管支撑,内模衬塑料薄膜,注意拆模前后的养护,使轻轨高架桥墩外表光洁、棱角分明。

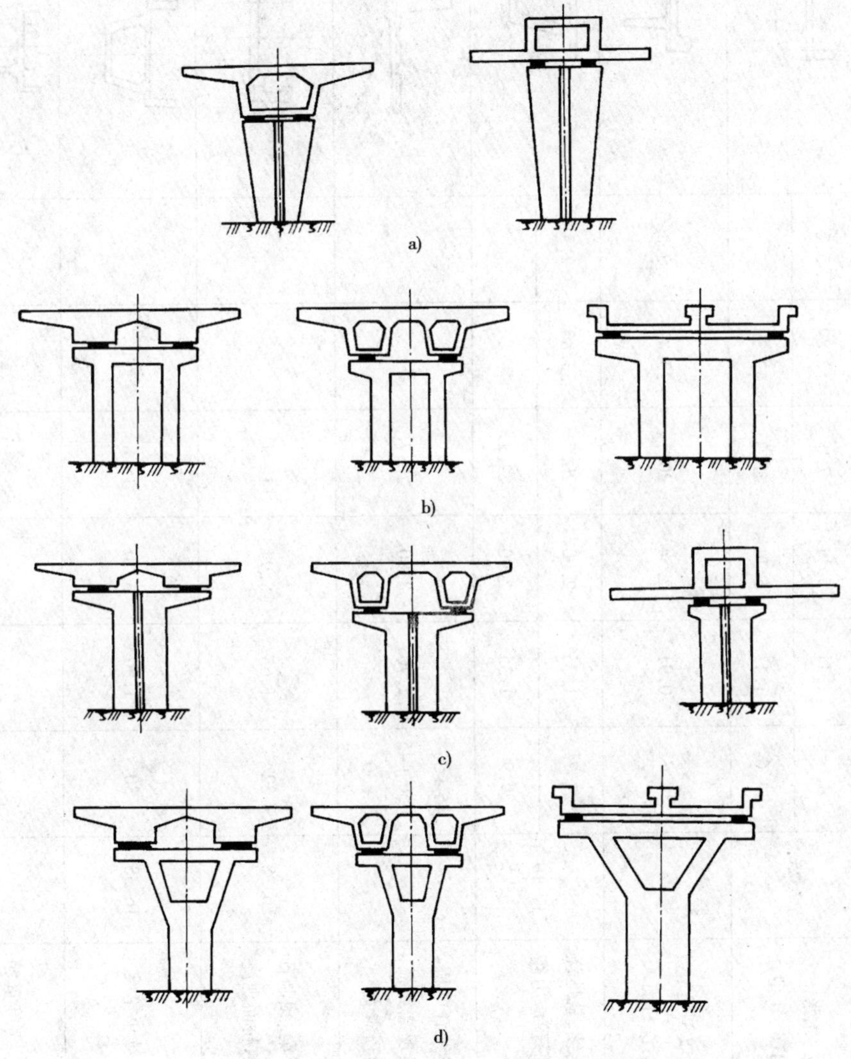

图 5-13　桥墩与上部结构布置图

a)倒梯形桥墩;b)双柱式桥墩;c)T 形桥墩;d)Y 形桥墩

轻轨高架桥上部结构的施工方法受到桥梁类型、跨径、城市环境要求、施工机械化水平等因素影响,主要有就地浇注法、预制安装法、悬臂施工法、转体施工法、顶推施工法、移动模架逐孔施工法、模移法施工、提升及浮运法施工。上述这些施工方法各有其优缺点和适用条件。在选择施工方法时,桥梁的类型、跨径、施工技术水平、机具设备的条件、桥址的地形环境、安装方法的安全性、经济性和施工速度等都是必须考虑的因素。虽然桥梁施工方法很多,但对于不同桥梁类型,有的适合,有的不适合,有的则在特定条件下可以使用。表 5-10 列出国外部分国家轻轨交通系统采用的高架结构截面类型和施工特点。上海明珠轻轨高架桥标准区间结构采用

国外部分轻轨高架结构资料表

表 5-10

地点系统名	修建年份	结构特点	活载 (kN/m)	跨长 (m)	梁高 (m)	梁宽 (m)	跨长/梁高	每米重 (kN/m)	计算自振频率	截面型式
加拿大多伦多 TTC	1962	简支、先张 AASHTO Ⅱ型	27.25	8.5	1.11	5.11	7.0	52.89	5.2	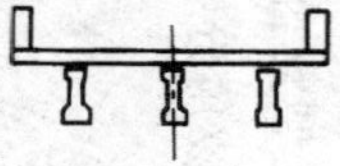
				14.6	1.11	5.11	13.3	52.39		
加拿大多伦多	1974（胶伦）	预制双T梁 连续后浇桥面		18.3	0.91	2.54	20.1	33.86	2.8	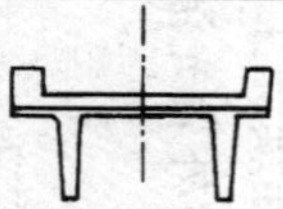
加拿大金斯敦 UTDC	1979	两跨连续，就地浇注，倒梯形预应力箱梁	17.19	27.7	1.35	2.90	20.7	33.86	2.5	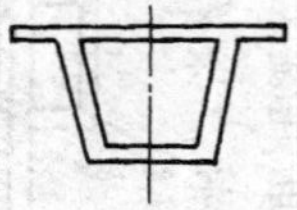
				29.9	1.35	2.90	22.2			
加拿大加尔各利	1986	五孔连续脊梁桥、预制脊梁现浇翼板，设有横向预应力		45 +56 +56 +45 +30	2.70	8.80	20.7			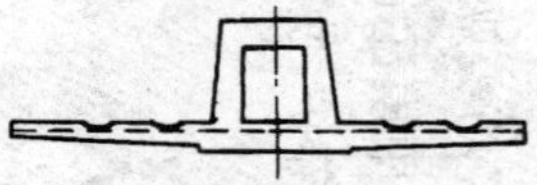
加拿大斯卡勃罗		双槽形梁、预制预应力边梁，桥面现浇	16.38	32	1.65	8.94	19.4			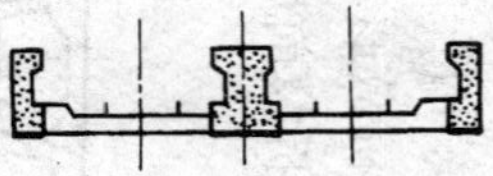
加拿大温哥华		两孔连续单箱梁	16.38	30	1.90	6.50	15.8			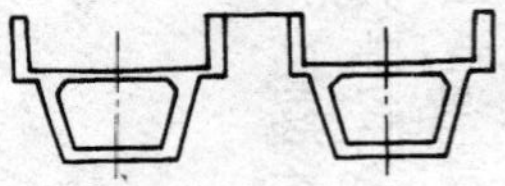
泰国曼谷	设计方案	两孔连续单室箱梁		30	1.563	6.92	19.2			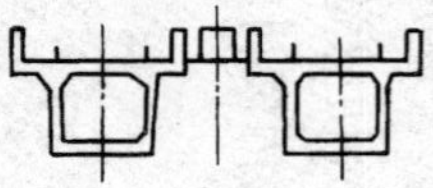

续上表

地点系统名	修建年份	结构特点	活　载（kN/m）	跨　长（m）	梁　高（m）	梁　宽（m）	跨　长/梁高	每米重（kN/m）	计算自振频率	截面型式
美国华盛顿 WMATA	1972	连续梁带挂孔、后张	23.35	24.4	1.83	4.54	13.3	70.78	3.80	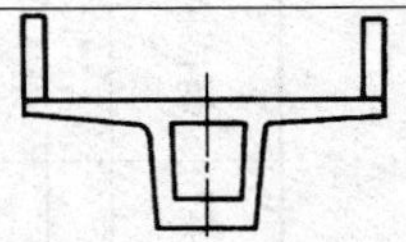
				27.4	1.83	4.54	15.0	70.78	4.80	
美国达拉斯 AIRTRANS	1973（胶轮）	预制预应力箱梁、现浇连续栏板		21.3	0.91	2.80	23.4			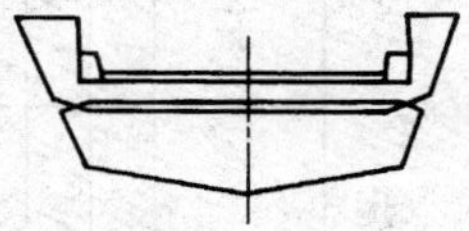
				27.4	0.91	2.80	30.1			
美国第朋	1974（胶轮）	预制预应力槽形连续板		18.3	0.66	3.70	27.7			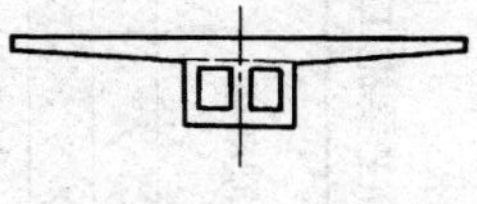
				24.4	0.66	3.70	37			
美国亚特兰大 MARTR	1978 双线	简支、预制或现浇箱梁、后张	23.74	12.3~30.5	1.52	9.22	8~20	116.74	16~4.3	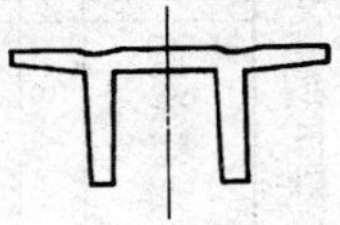
美国迈阿密 DCRT	1980	简支、预制先张双T梁	22.47	12.2	1.52	3.66	8	53.26	14.8	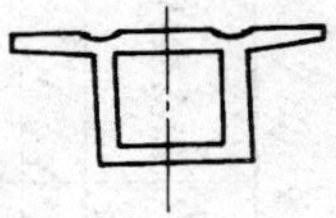
				18.3	1.52	3.66	12	53.26	6.0	
				24.4	1.52	3.66	16	53.26	3.5	
		简支、现浇后张箱梁	22.47	24.4~39.6	1.52	3.66	16~26	58.37	4.5~2.5	

单室箱形简支梁温度连续桥跨结构。表 5-11 对表 5-10 所列各种桥梁上部结构形式列出主要可供选择的施工方法。表 5-12 为桥梁施工方法所常用的桥梁跨径范围。桥梁施工方法选定，可依据下列条件综合考虑。

各种类型桥梁可选择的主要施工方法　　表 5-11

施工方法 \ 桥型	简支梁桥	悬臂梁桥 T 形刚构	连续梁桥	刚架桥	拱　桥	组合体系桥	斜拉桥	吊　桥
现场浇注法	√	√	√	√	√	√	√	
预制安装法	√	√		√	√	√	√	√
悬臂施工法		√	√	√	√		√	√
转体施工法		√		√	√		√	√
顶推施工法			√		√		√	
逐孔施法		√	√	√	√			
横移施工法	√	√	√			√	√	
提升与浮运施工法	√	√	√			√		

各种施工方法的适用跨径　　表 5-12

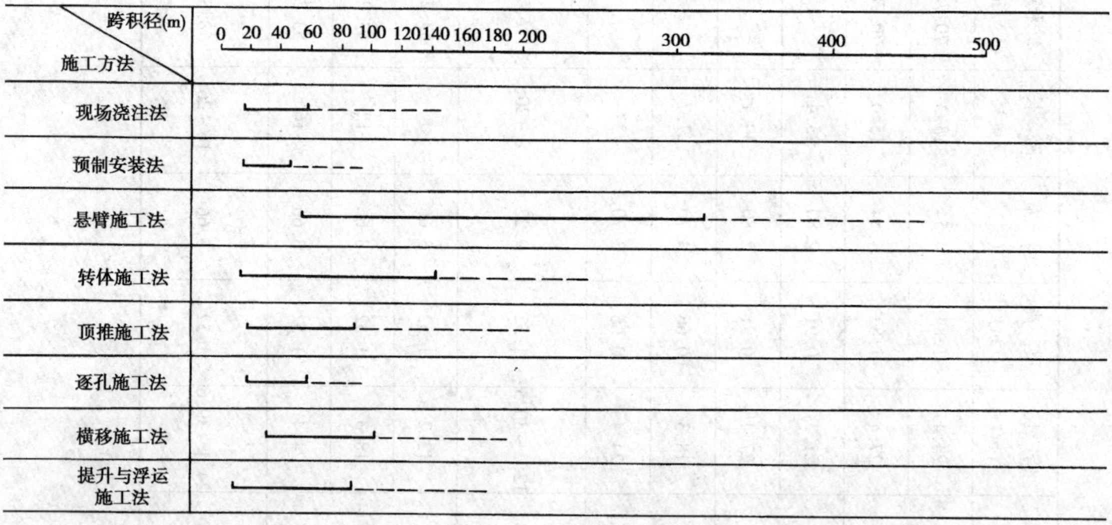

施工方法 \ 跨积径(m)	0　20　40　60　80　100　120　140　160　180　200　300　400　500
现场浇注法	
预制安装法	
悬臂施工法	
转体施工法	
顶推施工法	
逐孔施工法	
横移施工法	
提升与浮运施工法	

注：桥梁跨径主要指混凝土桥，—— 常用跨径；———— 施工达到跨径。

(1)使用条件。桥梁跨径、类型、墩高、梁下空间限制、平面场地限制、桥墩形状等。

(2)施工条件。工期要求、起重能力和机具设备要求、架设时是否封闭交通、架设时所需的临时设施、材料供应情况、架设施工经济核算等。

(3)自然条件。山区或平原、地质条件及软弱地层情况、对河道影响、运输线路的限制等。

(4)社会影响。对施工现场环境的影响，如公害、景观、污染、架设孔下的障碍、道路交通阻碍、公共道路的使用及建筑限界等。

4. 设备安装施工

城市地铁交通技术设备是技术密集型产品，涉及到机械、电气(强电、弱电)、计算机、声学及光学等技术领域，与工业基础有密切联系。它主要包括机车车辆、空调系统、电气传动系统、计算机监控系统和诊断系统以及通讯系统、消防报警系统和自动检票系统。所有这些设备应是可以用国产设备代替的，经过联合科技公关可以开发的产品。因此，地铁设备应立足于国产化，这样可以节约造价，缩短工期，解决运营所需设备无后顾之忧。对于那些直接影响行车和设备系统安全的装备,如果国内暂时还不能满足要求,应该选择引进设备。设备安装工程的绝大部分都可以由国内建筑设备安装公司承担,特殊国外供应高新产品,需请外国公司安装调试。设备安装工程应和土建工程交叉施工,例如隧道推进到一定距离,可以开始轨道铺设设备、供配电设备安装等工作,这样可以缩短建设工期。机电、通信、信号控制等设备制造安装投资占地铁总投资的2/3以上,只有立足技术设备国产化,安装工程队伍国内化,才能大大降低地铁工程的造价,加速地铁工程发展。

二、新工艺、新材料、新设备

学习国外新技术,总结我国地铁建设的经验,引进研制现代化的新型施工机具设备,逐步形成适合我国国情的地下铁道施工工法,对于加快我国城市地铁和轨道交通建设有重要意义。地铁工程是涉及土木工程、机械工程、电气工程、自动控制、通信讯号、环境卫生等学科的系统工程,新技术、新工艺、新设备不断出现,特别是计算机科学地迅猛发展,促使地铁工程设计、施工和运营摆脱传统的"劳动力密集型"模式,向技术密集型过渡。

1.施工新技术

(1)车站基坑支护开挖新方法

依据不同车站规模、地质和水文条件形成系列的成熟的基坑支护开挖的新方法。上海地铁1号、2号线车站建设已经逐步形成连续墙和多道钢支撑支护,分块分层挖土较成熟的施工工艺。连续墙加钢支撑支护造价高,泥浆污染,开挖时周边沉降位移较大,多道内支撑影响坑内挖土和钢筋混凝土工程施工,还存在其他不少问题。日本、德国广泛采用的SMW(Soil Mixing Wall)工法具有造价低(内部H形钢可以回收),泥浆渣土污染小。如果将SMW工法与锚杆技术相结合,取消坑内支撑,将给基坑施工带来方便。因此,应注意推广SMW工法、其他桩排墙的支护形式。全国各地区城市不同的土质,不同环境要求,逐步形成适合当地情况的车站基坑支护开挖方法。广州地铁挖孔桩桩排墙,北京地铁和地下工程使用的土丁墙,南京地铁SMW工法等都有技术上的特点。经过经济技术比较和工程实践检验,逐步形成钢板桩、钻孔灌注桩(挖孔桩、深层搅拌桩、粉喷桩等)、土丁墙、SMW工法、地下连续墙围壁和相应内支撑或拉锚组合基坑支护形式系列,对某地区某个车站支护可在此系列中加以比较选取。基坑支护开挖离不开现场监测,在监测指导下的信息化施工,是基坑工程成功的关键。基坑开挖的介质是岩土,岩土流变性时间效应是基坑开挖稳定的重要因素。基坑工程变形问题不仅是三维空间问题,还必须计入时间的变化,考虑各类参数变化速率。

连续墙施工成槽的挖掘机、大深度的水泥土深层搅拌机、土丁墙施工预应力锚杆钻孔灌浆机、小型的灵活的挖土机等设备是基坑工程关键设备,应该进一步吸收国外设备的经验和技术,制造适合我国深基坑工程的系列设备。此外还有用于施工监测的自动测斜仪、分层沉降仪、孔隙水压力计,各类位移、应变传感器及其自动处理记录设备。国内厂家提供的产品往往精度不够,故障也多,易失效。配合地铁车站基坑施工,开发研制新的施工机具和仪表也是非常重要的。

(2)盖挖法和逆作法

在大城市繁华商业区、政治文化中心修建地铁车站,不能采用明挖法。明挖法需要较长时间地中断交通,干扰城市居民生活、正常的商业、政治文化和社会活动,往往是不允许的。随着城市居民生活质量的提高,对于环境保护方面也有了更加严格的要求,依照国外经验,盖挖法和逆作法将是城市地下铁道车站主要的施工方法。盖挖法和逆作法存在的问题是:中柱定位不准,渣土外运、内部钢筋混凝土作业、安装拆除支撑、地基加固等施工操作困难,质量难以控制。因此,针对盖挖法作业空间小、工序交叉多的特点,研制专门的拆卸支撑、挖土、浇筑混凝土的专门小型施工机具,安排严密合理的交叉施工工艺流程,是克服盖挖法现有缺点,形成新的高效快速盖挖法或逆作法的主要途径。

(3)新一代异型盾构隧道施工法

为适应城市地铁车站和区间隧道的施工,需开发研究各种断面形式的适应不同地层条件的全自动化智能化盾构。为了减少因盾构开挖引起的沿线道路、建筑物、管线下沉开裂,盾构机必须保持开挖过程中的正面土压力平衡,有效减少地层扰动和地面沉降。平衡压力方式有零压力、气压、泥水压和平衡土压,由此盾构机分为开敞式、气压式、泥水式和土压平衡式多种类型。当今地铁隧道使用最多的是圆形的土压平衡和泥水平衡两大类。土压平衡盾构机遇到流砂层,螺旋出土机空转,开挖面土体平衡不易控制。泥水平衡盾构机需要在地面布置庞大的、价格昂贵的泥水分离设备,这一点也是城市地铁建设不允许的。日本盾构工法技术协会开发气泡盾构施工法,向开挖面或腔室内注入以特殊发泡剂制作的气泡,边注入边开挖。注入的类似剃须用脂膏状气泡使开挖土塑性流动性和止水性提高,同时防止开挖砂性土体沉附在腔室内,使开挖面保持稳定,螺旋出土器排土正常。由于排除的土渣在消泡后恢复原有土砂,所以搬运、处理容易,且经济。盾构制造商努力实现既能用于软弱地层盾构(SM)又能在硬岩中切削掘进的隧道凿岩机(TBM)相互转换。在城市软土地层中有气压、土压、泥水压力平衡支撑系统,在硬岩中则有可切削硬岩的各类盘形滚刀及刀头自动检修更换技术。盾尾装有适合不同围岩衬砌支护及注浆加固的后配套系统。

1)MF 盾构施工方法

即将多个圆形盾构机切土刀盘前后错位,利用其重合部分的盾构,构筑多种多样的隧道断面。由于能够开挖横向和纵向长的断面隧道,所以能在用地有限和地下构筑物较多的场合,开挖切合需要的断面;能够高效地提供符合施工条件和使用目的的断面。现有特别适合于施工地铁车站的三圆盾构,适合于深埋上下行线并列的双圆眼镜形盾构。例如日本东京地铁 12 号环线的駅田桥饭车站长 376.5m,其中 275.0m 使用三心圆盾构。位于中间的大盾构机切土刀盘直径 8.846m,两侧的小盾构机切土刀盘直径 8.140m, 刀盘前后错位,相互重叠,各个刀盘可以独立转动。为了保证整台发动机沿着半径 $R=125$m 曲线行进,机器有很高的连接精度。这台机器有四台电动机带动。隧道衬砌由特殊的柔韧性的钢管片和钢管柱构成。盾构机头高 8.846m,宽 17.440m,长 11.020m,机头重 2 600t。三心圆盾构机的组成如图 5-14 。利用二、三

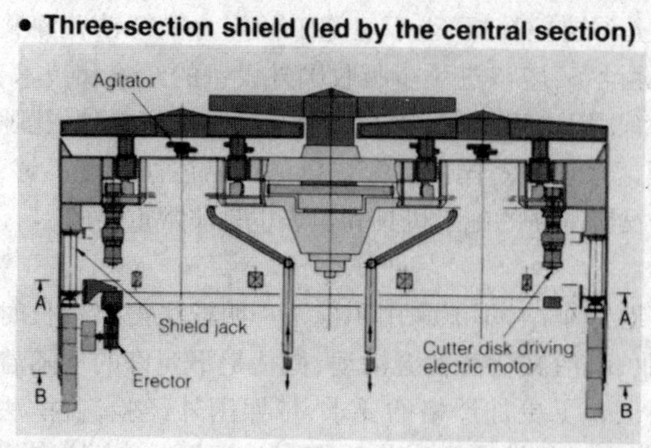

图 5-14 三心圆盾构机三圆相交断面图

心圆盾构机施工的隧道车站断面如图 5-15 所示。

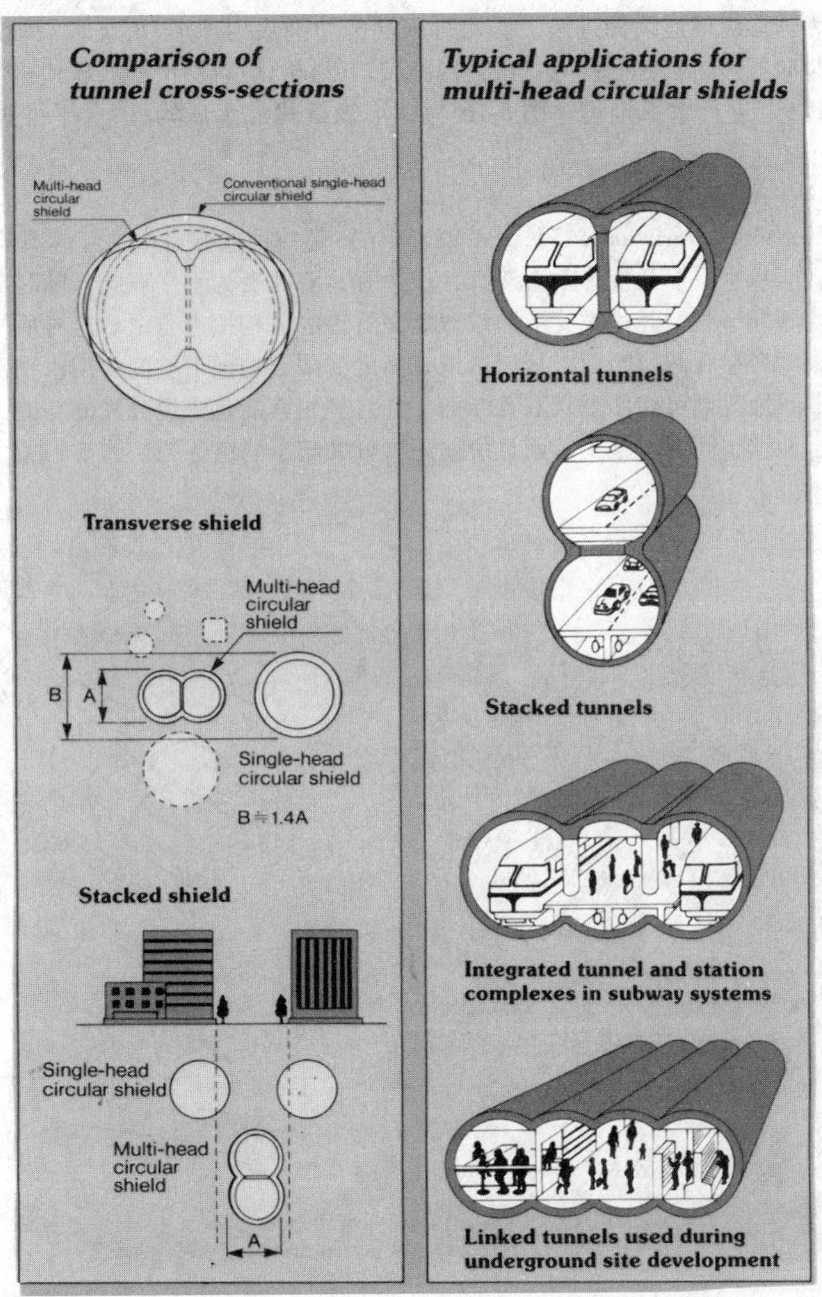

图 5-15　二、三心圆盾构施工完成区间隧道及车站

2）扩大断面形盾构机施工法

该法是在盾构法隧道施工到任意一个位置，根据需要沿隧道前进方向任何侧面扩大开挖，增加隧道内部部分空间。该施工方法特点是能够按照空间利用的目的，扩大任意长度；扩大后的顶部断面仍为近似圆形，结构上的稳定性不变；在上下左右的任何方向都能偏心扩大。埋深越深，使用断面有变化的隧道，其技术经济上的优越性越明显。

3）自由转向球形盾构机施工

盾构机自地面垂直向下施工,到达一定深度后,开始分叉向不同方向施工水平横隧道。也可以自工作井出发水平掘进一定距离,然后旋转一定角度向上、向下、向左或向右掘进。这种盾构机又称为球形纵横连续掘进机。盾构机顶端的切削头为球形,可绕水平轴旋转 90°。施工时先进行竖向掘进,一边掘进一边进行管片安装。盾构到达设计深度,盾构机顶端的切削头绕水平轴旋转 90°进行水平推进。图 5-16 为球形纵横式泥水盾构机,水平推进盾构机外径 4.45m。

4)H&V 盾构机施工方法

H&V (Horizontal Variation & Vertical Variation) 是一种能够自由地穿越具有稠密建筑物的城市地下，能从水平双孔变为垂直双孔，或由垂直双孔变为水平双孔，随时随地依设计条件，不断改变圆形形状，开挖螺旋形曲线双断面隧道的盾构掘进方法。这种盾构机还能由双孔断面分开成两个单孔圆形断面，从而可以在高度受限制的地下空间采用水平双孔断面，而在狭窄的陡曲线地段则可使用垂直双孔断面。并且利用其能在中途分叉的功能，减少竖井数量，非常适合地铁区间隧道施工，而且中途还可分叉施工联络通道。图 5-17 为 H&V 盾构推进分叉示意图。

图 5-16　纵横式泥水盾构机

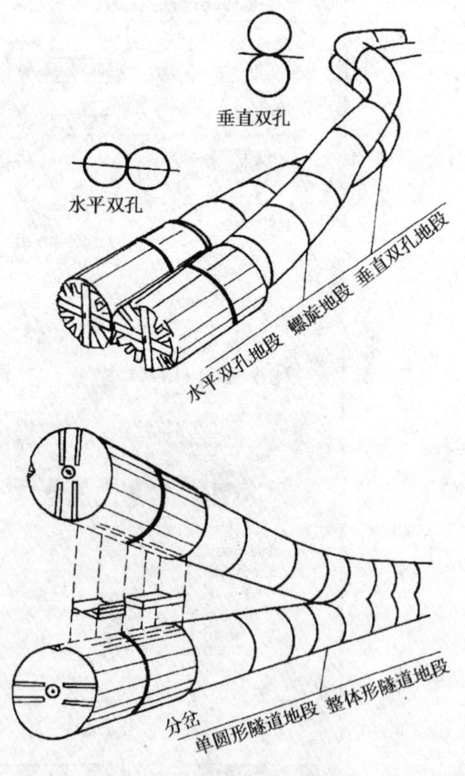

图 5-17　H&V 盾构法概念图

5)新一代超级盾构及其操作系统

新一代盾构机集中了在软土中掘进的土压平衡盾构(shield)和在岩石中掘进的隧道凿岩机(TBM)的优点,前方大刀盘既装有可以开挖软粘土、粉砂的切刀和刮刀,又装有可开挖坚硬岩体的高强度合金的滚刀。在遇到软土介质时,是一台土压平衡盾构机,遇到无地下水岩石地层,则转变成敞胸开挖的凿岩机。盾构机刀盘的轮幅上装有声发射的地质雷达,可以随时探测盾构前方一定距离的土层变化和施工障碍物。一旦发现地层变化,可以随时更换刀具和开挖面支撑措施。当发现断桩、顽石或障碍物时,可以及时超前排障。

这种新一代超级盾构机,由计算机操作和导向,自动采集施工参数,每分钟多次数据处理,反馈指导施工。盾构的开挖注浆控制系统由人工智能专家系统对开挖速度、注浆压力、注浆量进行频繁调整来实现。对于泥水盾构要求控制开挖面的孔隙水压力,以天然地基孔隙水压力为基准,上下略有浮动。对于土压平衡盾构,为了维持天然地基不受扰动,可设定一个优化选择的密封仓的压力。盾构推进的速度越快,施工越是顺利,对防止地面沉降越有利。

超级盾构位置和姿态控制依据先进的测量系统,如高精度激光定向仪、卫星地面定位系统(GPS)、陀螺仪和各类传感器,可以将盾构机位置姿态,刚拼装完成的隧道环与隧道设计轴线的偏差及时显示出来。其中旋转角度传感器、水平高程传感器、倾斜和俯仰传感器,可随时定出盾构机的姿态。通过现场的微机系统,对测量数据分析处理,可判定出盾构机瞬时姿态与设计要求偏差。盾构机操作系统的计算机通过专家系统诊断,下达调整盾构机姿态启动千斤顶的模式。从最佳角度位置移动盾构,使盾构蛇形前进与隧道的轴线尽可能接近。土压平衡超级盾构系统示意图如图 5-18。

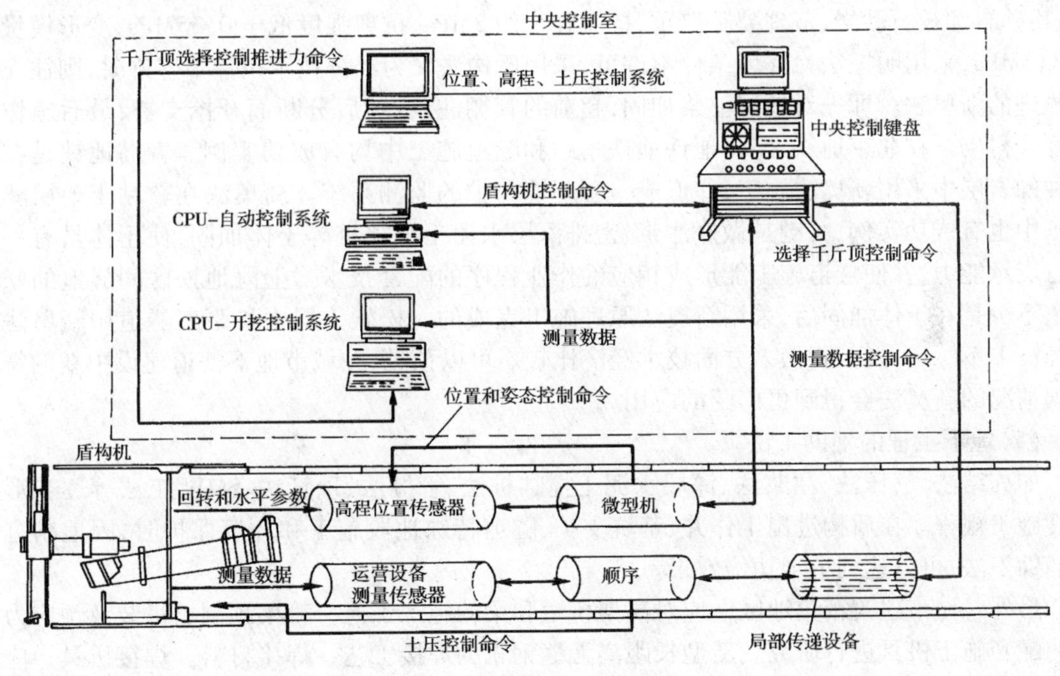

图 5-18 土压平衡超级盾构系统示意图

6)钢纤维挤压混凝土衬砌

盾构法施作软土隧道时,一般采用预制管片(钢筋混凝土、钢材、铸铁)拼装制作内衬。采用这类工艺时不仅需要在管片制作、运输及拼装等工序上花费大量劳动力及时间,而且常因盾尾脱开后在衬砌与地层间存在空隙,引起地层移动而必须辅以注浆填充工艺,以减少地面沉降。挤压混凝土衬砌不留缝隙,整体性好,内壁光滑,止水性好,施工速度快。它最初由苏联学者于1957年提出,并首先在布拉格地铁建设中得到应用,取得了明显的经济效益。上世纪 80 年代后,该项施工技术在欧洲和日本都有不少应用成功的实例。其中德国(HochliefAG)豪森蒂夫公司先后在罗马、汉堡、里昂和法兰克福(直径为 6.9m)的地铁工程中采用这类工法,使用钢纤维挤压混凝土衬砌,并取得显著成绩。在里昂穿越罗纳河和索恩河的区间隧道中,出现了地面沉降接近零的记录。这种衬砌把模板台车和盾构尾部连接在一起用混凝土泵加压连续浇筑混凝土衬砌的一种新型隧道衬砌形式。盾构机的前方开挖面由膨润土悬浮液支撑，盾尾后方则由挤压钢纤维混凝土流体支撑。作为(HochliefAG)豪森蒂夫公司专利的盾尾液压弹性伸缩端模板能够自动、有效而快速地随混凝土流体的密度和压力伸缩。盾尾后方混凝土的流体在可伸缩内模板，端模板、四周土体压力三向作用下凝结并达到一定的强度。由液压传递系统支撑的钢模板给挤压混凝土超过周围土体垂直自重应力的压力，与土体紧密的贴合，四周土体松动位移接近于零。

(4)新奥法新进展

新奥法(New Austrian Tunnelling Method，简称 NATM)是当代岩石洞室和隧道施工设计应用最广泛的方法。其精神实质是在监控指导下，及时施加喷射混凝土薄层衬砌，根据洞室周边围岩的变形，增加锚杆、钢丝网、V 形可伸缩支架、格栅拱、二次浇筑混凝土等支护衬砌措施，使衬砌和四周地层共同作用，形成围岩支承环，使洞室保持稳定。国外有向钻孔中注入类似果浆的泡沫膨胀剂，代替传统的炸药。由于泡沫膨胀剂突然膨胀，将岩体破碎。人员设备无需拆离工作面，无烟、粉尘和飞石公害，可加快新奥法施工进度。

在修建城市地下铁道时，如遇到较松散破碎危岩，及至松散的砂质粉土、砾石、风化的千枚岩、粉砂岩和长石砂岩，节理裂隙严重，抗压强度约 2MPa，抗剪强度低于 0.25MPa，变形模量低于 115MPa，采用明挖法为环境条件不许可，采用盾构法又为经济技术条件不容许时，则往往采用改进的新奥法。即先对地层注浆加固，超前的管棚注浆，然后分断面开挖支护，最后施作二次复合衬砌。在北京地铁、广州地铁地铁车站和隧道施工中均有成功实例。青岛地铁是在较坚硬的岩层中采用新奥法施工，并形成一套环境保护的监测系统。新奥法在软粘土地层隧道施工中也有成功实例，关键是做好注浆、密排深层水泥土搅拌桩等土体加固，使土体具有一定的自支承能力，并使隧道施工能形成相应的作业程序的配套技术。上海地铁区间隧道的联络通道不少是在土体加固后，采用新奥法原理施工完成的。松软土层中长距离隧道用新奥法施工经济上不一定可行，要做多方面技术经济比较。可以预见，在城市地下铁道建设中新的符合我国情况的新奥法会得到更广泛的应用。

(5)地下工程的辅助工法

如冻结法、气压法、注浆法、深层水泥土搅拌桩法、管棚法、顶管法、SMW 工法等逐步形成设计施工规程。在盾构进出工作井、基坑支护、隧道特殊地段施工和环境保护时，因地制宜选择辅助工法，可以达到事半功倍效果。

另外，城市建筑密集地区，应对高架桥墩和梁的施工工艺，箱梁预制、吊装及预应力张拉的配套施工机具进行研究。新型长距离无缝钢轨的焊接工艺，焊接材料。焊接机具，应适应高架桥和隧道的铺轨工程，适合地铁与轻轨的减震道床的铺设。跨越江、河、湖泊沉管隧道的施工工艺，特别是长大箱涵预制、浮运、就位、对接、防水材料、防水工程做法必须进行超前研究。

2. 新材料、新设备

(1)新材料

1)特殊性能的混凝土

美国 20 世纪 70 年代使用预拌混凝土强度平均约 60MPa，预应力混凝土达 70MPa。进入本世纪，美国常用混凝土强度可达 135MPa，特殊工程可用 400MPa，而且需要时混凝土的抗拉强度可达抗压强度的一半，同时也可为低收缩和低徐变的。目前我国采用的混凝土平均强度约为 25 ~ 35MPa，高强混凝土可达 80MPa。

提高混凝土的强度有各种途径，例如提高水泥的活性和其他材料的质量，掺入高效能的减水剂，采用真空吸水作用，蒸压养护和加压成型等。目前研究高强混凝土是采取掺入粉煤灰(fly－ash)和硅粉(silica fume)，掺入粉煤灰可改善混凝土的和易性(workability)，但掺量超过30%时对强度不利。国外掺硅粉较多，而我国硅粉价格高。采用高强度低收缩的混凝土制作钢筋混凝土的管片，用作盾构法隧道的衬砌，可以有效减低管片的厚度，减轻管片重量。轻质高强混凝土用于高架桥墩台、箱梁重量轻，可使跨距加大。

除了轻质高强混凝土外，还要积极研究其他特殊性能的混凝土。如在收缩、徐变、耐磨(abration)、抗疲劳、耐久性(主要是霜冻 frost、碳化 carbonation、碱骨料、酸腐蚀)等方面具有优越工程性质的混凝土。

掺入钢纤维混凝土(fibre reinforced concrete)可以提高混凝土延性，减少裂缝的开展。在地铁车站边墙、顶板采用钢纤维混凝土，可以减少温度收缩应力引起的顶板和边墙的开裂。

浸渍混凝土(macerated concrete)是用聚合物(用甲基烯酸甲脂、苯乙烯苯烯脂等)浸渍混凝土全部或表面一层，以提高其耐久性、耐腐蚀性、耐磨性，减少透水性。全部浸渍可提高强度2～4倍，弹性模量提高50%～80%。浸渍混凝土用于跨海、地下水丰富的隧道，用以制作轨枕，并可增加使用寿命，降低工程造价。

劲性混凝土是用型钢代替钢筋制作地铁轻轨承重构件，可以提高钢筋混凝土强度，加快施工进度。矩形框架车站结构中柱采用钢管混凝土柱，可节约外模板，增加柱的强度及稳定性。

混凝土还有多种外加剂，如减水剂、引气剂、早强剂、缓凝剂、防水剂、膨胀剂、除锈剂、防冻剂等。外加剂的合理使用，能改善混凝土的使用性能。如早强剂对于新奥法施工的喷射混凝土就非常重要。膨胀剂、防水剂对地铁车站、隧道施工和使用都有意义，长距离隧道的施工，泵送现浇混凝土衬砌，常常需要加入适当的缓凝剂。

2)新型高性能结构体系

钢—钢筋混凝土组合结构具有良好的变形性能、抗震性能和经济效益。它具有构件断面小、自重轻、抗震性能好、施工速度快、现场湿作业量少等特点，近年来在建筑和桥梁结构等领域得到越来越广泛的应用，预计在地铁车站、轻轨高架桥工程中，有良好的应用前景。组合结构主要由钢—混凝土组合柱、组合梁组成。组合柱包括钢管混凝土柱、钢骨架 混凝土柱，组合梁主要由钢梁和混凝土板(楼面板和桥面板)所组成，通过剪力连接件把它连成整体共同工作，钢梁可以采取多种形式。

同钢筋混凝土梁相比，钢—钢筋混凝土组合梁可以减少结构高度的（1/3～1/4），减轻自重的50%，变形延性提高2～4倍，施工周期缩短1/2以上，利用叠合板、组合梁不需要模板和脚手架。同钢梁相比，组合梁同样可以减少结构高度（1/3～1/4），节约钢材20%～40%，且刚度增大，稳定性提高，耐久性增强。在承载力相同时，钢管混凝土柱比混凝土柱减少截面50%。

高性能混凝土具有高强、抗渗、耐磨、耐久、徐变小的特点，将成为本世纪主要建筑材料。将钢与高性能混凝土有机结合，将更好地发挥结构的性能与材料的性能。可以预见钢—高性能混凝土组合结构将成为本世纪地铁和轻轨高架桥结构体系的重要发展方向。

3)防水材料

地下工程渗水除了带来地下工程渗漏的一般危害，如损坏结构、腐蚀设备、装修材料霉变、影响外观和危害运营安全外，还容易引起隧道和车站的不均匀沉降和破坏。国内外均有地下铁道因工程渗漏水严重，不得不停运翻修，甚至报废的报道。我国隧道地下工程，特别是早期的人防工程，许多因防水要求达不到标准，被迫停止使用。要满足车站和隧道的防水要求，除了设计合理、施工工艺和技术设备先进外,更重要的是开发研制新型的防水材料。

为了加强地下结构本身的自防水,需研究新的混凝土掺加剂,如加气剂、密实剂、膨胀剂、早强剂,其他的无机和有机的外加剂,以改善混凝土密实性、抗裂抗收缩性、抗渗性。同济大学地下工程系和上海市水泥制品公司共同研制的微晶水泥,在水泥中加入磨细的矿碴二氧化硅,增加激发水泥有效成分的化学反应,增加混凝土致密性。

对于地铁车站、隧道衬砌外刷防水涂料,既可以封闭钢筋混凝土的收缩裂纹、毛细孔,提高混凝土结构的自防水能力,又有利于防腐蚀、防迷流。涂料施工工艺简单,操作方便。因此,要研究粘着力高,耐磨,渗透性强、弹性的无机和有机涂料。国际上流行高分子聚氨脂,环氧—聚氨脂、聚硫弹性涂料是发展的方向。

对于接缝(车站施工缝、沉降缝、伸缩缝、盾构法隧道衬砌的接缝)防水,特别要注意开发聚氨甲酸酯遇水膨胀倍率高,耐老化霉变、强度高,断裂伸长率大等有优良性能的复合型橡胶密封垫。

地铁和区间隧道下穿河流、湖、海,特别是含水量丰富的土层地段时,防水材料的选择,防水工程设计和施工,更加重要。

4)基础隔震材料

为了保证地铁车站、隧道、中心控制室、高架桥等主体结构和关键设备在地震时不倒塌损伤,同时减少轨道交通冲击振动噪声,提高环境质量,需开发研制基础减震隔震材料。高架桥箱梁搁置在墩台上的橡胶垫块,道床下衬垫材料,应有可靠稳定的性能指标,满足使用要求的耐久性,能有效支承建筑结构,即使在隔震装置出现大变形时,也能正常工作而不发生失稳破坏。近几年发展起来的隔震装置主要有六种类型:①橡胶隔震支座(包括普通叠层和铅芯叠层橡胶支座);②滑移隔震支座;③具有软着陆保护的隔震支座;④磨擦摆式隔震支座;⑤混合型隔震支座;⑥结构基岩隔震装置。

1995年日本神户地震震害表明,大多数基础隔震的建筑经受了地震的考验,表现出很好的抗震性能。

(2)新设备

城市轨道交通技术装备是技术密集型的产品,涉及到机械、电气(强电、弱电)、计算机、声学及光学等技术领域,发展很快,与工业基础有密切的关系。降低地铁和轻轨工程造价,很重要的一方面是技术装备的国产化。鉴于我国的工业基础及技术水平,轨道交通技术装备的国产化是一项长期的工作,意义重大,影响深远,国产化工作又是一项难度大、涉及到多个专业、行业极其复杂的系统工程。由国家统一组织国内高等院校和科研单位在这一技术领域中的专家、教授和学者,协同攻关,通过产、学、研结合,为技术装备国产化提供了可靠的技术保证。世界上没有哪一条城市轨道交通线路全部采用本国货,也没有哪一条地铁线的车辆或设备系统全由一家公司或一个国家生产。因此,对于那些直接影响行车和设备系统运行安全的装备,如车辆传动系统中的VVVF技术ATC信号系统,国内暂时尚处于研究阶段,无法满足要求,目前直接引进国外先进技术是可取的,既可提高我国技术装备的水准,又可为国内设计生产单位提供借鉴国外先进技术的机会,有利于快速提高我国在这一领域的技术水平。吸收国际先进技术,尽快实现我国城市轨道交通技术装备的国产化、现代化,是今后很长一段时间的发展方向。

1)机车车辆

车体的轻量化可以从结构与选材两方面考虑。结构上采用整体承载结构,可以提高材料利用率,减轻重量;选材上用高强度薄型不锈钢、大型中空铝合金型材代替过去碳钢车体,其重量可降低约30% ~35%。

转向架是影响车辆通过曲线线路的重大部件,我国已引进国际上先进的无摇枕转向架技术。

车辆的自动车门有气动和电动两种驱动形式。用于行车间隔短、速度快的城市轨道交通车辆自动车门,要求自动化程度高、开启灵便、故障和事故少。

上海哈格诺克冷气机电有限公司是国内铁路机车车辆空调的主要供货商。车辆空调机组的国产化是可能的,但要对空调机组容量、耗电量、自动控制进一步完善,尽可能降低运营的噪声。

车体装修材料既要满足内部装饰要求,又要满足防火安全,如复合铝板、玻璃纤维增强塑料、铝合金表面喷塑及阳极氧化工艺等。

我国现有国产地铁车辆主要采用调阻变速系统,上海和广州地铁则引进德国车辆,采用斩波调压和变压变频调速(VVVF)系统。VVVF技术在国际上已趋向成熟,并走向专业化,向更高的技术开发。国内对VVVF系统尚处于研制开发阶段,逐步实现城市轨道车辆VVVF系统的变流机组和交流异步牵引电机配套生产将是今后一段时期的工作重点。

主传动功能、牵引和制动的优异性能是通过控制系统作用得以实现的。国际上采用32位微型计算机作核心实现控制功能。车辆的控制系统也是必须通过技术努力,才能逐步赶上世界先进水平。

对现代化的城市轨道交通车辆而言,自诊断、自修复系统是不可少的,它对于安全行车和指导维修起着重要作用。这一类元部件要求程度高,有新的光纤、超导、碳纤维、压电材料、电阻应变丝,疲劳寿命丝(箔)等一类高性能感知材料制作的智能传感元件,与控制系统有密切关系。一旦发现损伤,除报警外,还可以在不影响运营情况下以一种特殊材料修复创伤,保证车辆的运行安全。

2)电气设备

高低压变配电设备,牵引整流器,整流变压器,组合开关柜、高压阻燃型、无卤、低卤、低烟、低毒电缆是地铁和轻轨常用设备。

为了保证触电网系统整体水平,对于机电性能,安全性、可靠性方面有待进一步研究。上海电缆和引进德国技术的常州电缆,研制生产120mm^{2}银铜接触导线,用于承担牵引,馈电线的120mm^2、150mm^{2}硬铜铰线也在试生产。接触网供电系统仍有一些关键部件与国外先进产品有差距,如分段绝缘器、电动隔离开关等。

电力监控系统的结构和运行方式越来越复杂,计算机监控系统的作用越来越强。运营调度中心应用软件和硬件设备还有待引进国外先进产品,逐步达到国产化。

自动通信系统、信号系统、自动售检票系统是城市轨道交通运营管理、指挥必要的设备,要求自动化程度高,精度高,可靠性好,大部分要靠引进国内产品,吸收消化,并实现国产化。

3)其他机电设备

城市轨道交通技术装备中,除上述运营管理系统外,尚有环控系统、给排水系统、自动消防报警灭火系统,地震、暴风、洪涝灾害报警控制系统,自动扶梯和电梯设备等。这些系统要求可靠性好自动化程度高,常年保持正常的运行状态。对于地铁和轻轨的灾害防护的研究,国内尚需投入一定的人力、物力,确保在灾害发生时及时报警、预测、监控和防治,使生命财产损失降低到最小程度。

第三节　车 站 施 工

一、常用施工方法

1. 明挖法

各国地下铁道施工都把明挖法做为首选技术,因为明挖法施工技术简单、快速、经济。

根据土质情况,明挖法大体施工程序可分为四大部分:围护结构施工→内部土方开挖→工程结构→管线恢复及覆土。按地质条件的差异,围护结构可分为地下连续墙、钻孔桩(挖孔桩)加旋喷桩止水、SMW 水泥土加型钢等等。围护结构形式的选用主要是根据土质的好坏、围护的刚度以及对基坑防水的要求等来确定。如条件允许甚至可以采用放坡开挖而无需围护结构。当侧压力比较小、基坑较浅时可以不设支撑,设置支撑还是采用锚杆等措施,可根据当地已有的施工经验以及具体情况来定。内部土方开挖主要是根据土质情况采取分层、分块,同时考虑一定的空间及时间因素来进行。对地下水位较高的地区,土方开挖应注意因水土流失引起的支撑不平衡导致的基坑坍塌,或水土流失引起对周围环境的不利影响。内部结构的施工由下至上分步实施,最后施工防水层和上部覆土。

上海地铁 1 号线车站的深基坑开挖和车站结构施工一般采用明挖顺筑法施工,其施工顺序(如图 5-19 所示)简述如下:

地下连续墙围护结构施工→内井点降水(或基坑底土体加固)→第一层开挖→设置第一层钢支撑→第 n 层开挖→设置第 n 层钢支撑→最后开挖→底板混凝土浇筑→最下层支撑拆除→混凝土内衬浇筑→拆钢支撑→顶板混凝土浇筑。

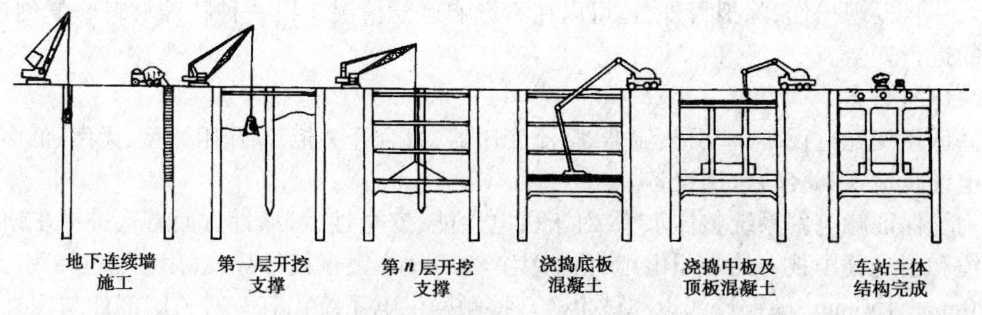

图 5-19　顺筑法车站施工顺序示意图

2. 浅埋暗挖法

根据岩土的自立性能在不破坏地表的情况下,利用竖井采用机械或人工掘进的施工方法。近年来超大型多眼盾构技术应用,为暗挖法在饱和含水地层中的应用提供了宽广的应用前景。

超前加固有水平旋喷、管棚注浆、水平冻结等等。开挖就是利用"新奥法"的原理进行设计和施工。国外在超前加固工法及机械设备方面作了很多研究,我国由于施工机械方面的落后,制约了它的发展和应用。

近年来我国在土质尚可、地下水位不高的地区,浅埋暗挖工法有突破性的进展。1986 ~ 1987 年北京复兴门地铁折返线工程中首先采用浅埋暗挖法,并获得成功。北京地铁采用的浅埋暗挖法是按照"新奥法"原理进行设计和施工,以加固、处理软弱地层为前提,采用足够刚性的复合衬砌(由初期支护和二次衬砌及中间防水层所组成)为基本支护结构的一种用于软土地层近地表隧道的暗挖施工方法。它以施工监测为手段，指导设计与施工，保证施工安全，控制地表沉降。

与明挖法相比，浅埋暗挖法的最大优点是避免了大量拆迁、改建工作，减少了对周围环境的粉尘污染和噪声影响，对城市交通的干扰小。盾构法虽然也具有上述同样优点，但盾构法不能适应隧道断面变化，而且当盾构开挖的隧道不是足够长时，盾构法的经济性不明显。

浅埋暗挖法的施工原则是：管超前、严注浆、短开挖、强支护、快封闭、勤量测。该原则基本上概括了浅埋暗挖法的施工工艺要求和施工经验。

(1)地层的预加固和预处理

开挖面土体稳定是采用浅埋暗挖法的基本条件。当土体难以达到所需的稳定条件时，必须通过地层预加固和预处理，来提高开挖面土体的自立性和稳定性。降低地下水位一方面可达到无水施工，另一方面可以改善土体的物理力学特性。经常采用的预加固和预处理的措施有超前小导管注浆、工作面前方深孔注浆和大管棚超前支护。以上方法视具体情况可以单独使用，也可以配合使用。

(2)隧道开挖和初期支护

根据土体的稳定条件和隧道断面大小可以选用短台阶法开挖，或带临时仰拱的长台阶法开挖。对于断面较大的隧道，考虑分部开挖、分部支护和封闭成环的需要，选择中隔壁法(CD法)、交叉隔壁法(CRD法)和侧壁导坑法(眼镜法)等。浅埋暗挖法常用的初期支护形式是钢筋格栅、钢筋网和喷混凝土。浅埋暗挖法要求初期支护具有足够的强度和刚度，在技术、经济和合理范围内，尽可能减小初期支护的变形量，其目的是控制土体位移，减少地表沉陷。

(3)二次衬砌

浅埋暗挖法通常采用模筑混凝土作为二次衬砌材料。通过监控量测，表明围岩与初期支护基本稳定、防水层铺设完毕经隐蔽工程检查合格后，是灌注二次衬砌的适当时机。如果隧道断面较大，等待初期支护变形达到稳定需要很长时间，也可早一些施作二次衬砌，此时的二次衬砌将要承受初期支护变形传来的压力，应对二次衬砌做适当加强。

(4)监控量测

利用监控量测获得的信息指导施工，是浅埋暗挖法施工中必不可少的一个组成部分。地表位移、拱顶下沉、隧道周边收敛等量测项目常被选为监控量测的必测项目，而土压力、土体位移、支护应力等可作为选测项目。量测数据对隧道支护的受力变形状态起着重要的监控作用，量测数据的及时性与准确性应予足够重视。

(5)浅埋暗挖法的适用条件

尽管浅埋暗挖法对地层的适应性较广，但也并非适用于任何地层。在选用浅埋暗挖法时，对工程地质和水文地质条件、环境和经济方面进行充分论证和评估是十分必要的。选用浅埋暗挖法应考虑的基本适用条件有：首先，浅埋暗挖法不允许带水作业。如果含水地层达不到疏干，带水作业是非常危险的，开挖面的稳定性时刻受到威胁，甚至发生塌方。将地下水，尤其是上层滞水处理好是非常关键的环节，因为它直接影响浅埋暗挖法的成败。大范围的淤泥质软土、粉细砂地层，降水有困难或经济上选择此工法不合算的地层，不宜采用此法。第二，采用浅埋暗挖法要求开挖面具有一定的自立性和稳定性。1977 年日本土木学会曾提出开挖工作面土体稳定的定量判别标准：土壤中的细颗粒(小于 74μm)含量小或等于 10%，且均匀系数 U_c 小于或等于 5 的土壤，不具备自立性。我国对于土壤的自立性还未作出定量规定，但从定性上提出了要求：工作面土体的自立时间，应足以进行必要的初期支护作业。对开挖面前方地层的预加固和预处理，视为浅埋暗挖法的必要前提，目的就在于加强开挖面的稳定性,增加施工的安全性。

由此可见,无法疏干的含水地层,或者即便进行预加固和预处理,其自立性和稳定性仍很差的地层,可视为不适合采用浅埋暗挖法开挖隧道的地层。

3. 盖挖逆筑法

即利用围护结构和支撑体系,在一些繁忙交通路段利用结构顶板或临时结构设施维持路面通行,在其下进行车站施工工法。按结构施工的顺序分盖挖逆筑工法和盖挖顺筑工法两种。

盖挖逆筑工法一般都是对交通作短暂封锁,一年左右,将结构顶板施工结束,恢复道路交通,利用竖井作出入口进行内部暗挖逆筑。配合科学的交通组织和阶段性施工作业,也可只封锁半边街道,另半边维持车辆通行。2008 年上海地铁 7 号线常熟路站就是用此方法施工完成的。

盖挖顺筑工法一般是利用临时性设施(钢结构)作辅助措施维持道路通行,在夜间将道路封锁,掀开盖板进行基坑土方开挖或结构施工。上海地铁 1 号线淮海路上的常熟路站、陕西南路站和黄陂路站,南京地铁 1 号线一期新街口站等均成功使用盖挖逆或顺筑法建成。

在上海地铁车站中采用的盖挖逆筑法的基本施工顺序(图 5-20)为:车站内临时支承桩→

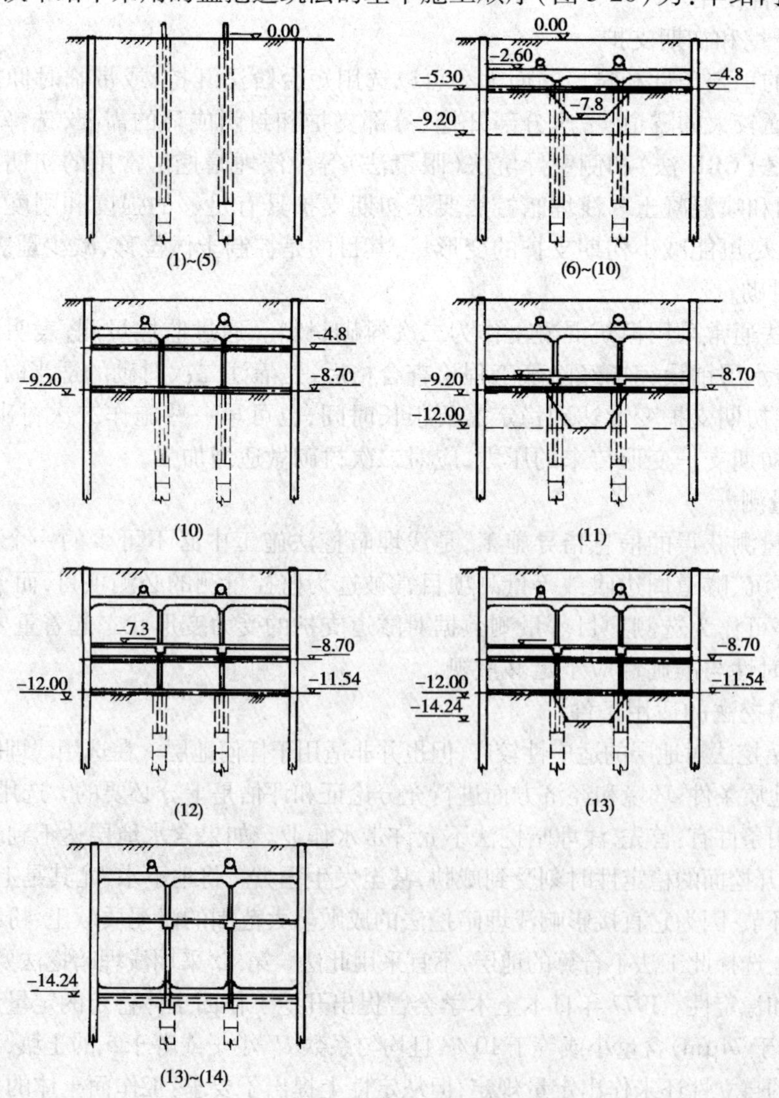

图 5-20 盖挖逆筑法车站施工顺序示意图

地下连续墙围护结构施工→地下连续墙墙趾注浆加固、地基与基坑底土体加固→第一层钢支撑抽槽设置→第一层开挖→第二层钢支撑安装→车站顶板立模、扎钢筋、浇筑混凝土→顶板覆土、埋管、路面浇筑→第二层开挖(暗挖)→第二层钢支撑下移至第三层安装、第四层钢支撑安装→中楼板立模、扎钢筋和混凝土浇筑→第三层分小段开挖(暗挖)→第四层钢支撑逐根移至第五层安装→底板混凝土浇筑。

二、工程实例

1. 天安门西站的施工

北京地铁"复—八"线天安门西站,是目前国内采用浅埋暗挖法施工规模较大的地铁车站。该车站的主要特点是:结合了浅埋暗挖法与盖挖法的优点,采取暗挖桩柱法施工,并已获得成功。

(1)总体施工顺序(见图5-21)

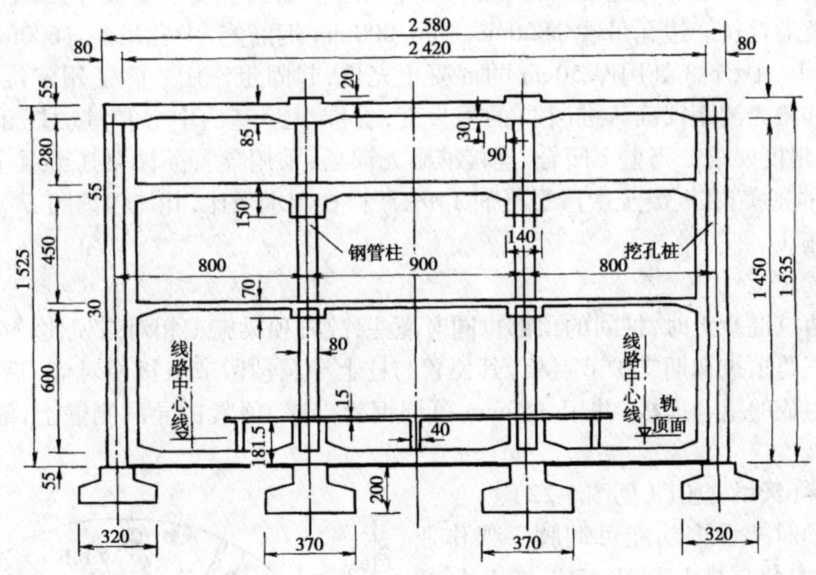

图5-21 三跨两柱三层框架结构(尺寸单位:cm)

为确保车站结构施工安全,必须尽快形成框架。首先施工8个导洞(上下各4个);接着在导洞内施作承载结构和传力结构,包括条形基础、边桩、钢管柱、顶梁等;然后由上至下逆筑车站结构,包括三跨顶拱的初期支护和二次衬砌、站厅层和站台层等;最后进行修筑装修、设备安装等。具体施工流程如下:导洞开挖、支护→桩孔、柱孔开挖及护壁→条形基础施作→桩、柱吊装及灌注混凝土→桩、柱顶梁施作→三跨顶拱初期支护施作→花边墙施作→三跨顶拱二次衬砌施作→站厅层施作→站台层施作→站台板施作→建筑装修及设备安装。

(2)导洞施工

首先开挖8个导洞(上下各4个)。先施工下导洞,后施工上导洞,上导洞落后下导洞15~20m。导洞施工采取正台阶法,上洞留核心土,台阶长度控制在2~3m,开挖前在起拱线以上轮廓线以外排设ϕ32mm小导管,管长1.8~2.5m,管的环向间距0.3m,压注改性水玻璃浆液超前加固地层。

(3)桩孔、柱孔的开挖和支护及条形基础施作

1）桩孔、柱孔的开挖和支护

8个导洞形成后，分别从上导洞往下开挖桩孔、柱孔。采用铁锹或风镐挖土，用轱辘配钢丝绳提升出渣，采用自制圆形钢模板灌注C15混凝土作支护。每开挖0.5m或1.0m（砂层0.5m，粘土层1.0m）施作支护一次。为防止塌孔，在下导洞需要开挖桩孔、柱孔部位的四周，打设ϕ42mm小导管4根，进行预注浆加固地层。

2）条形基础施作

4个下导洞形成后，在洞内施作条形基础。预埋中柱定位杆，安装调平基板，绑扎钢筋，通过竖井送料灌注混凝土。预埋定位杆、安装调平基板时，采用精度为1/200 000的自动安平投点仪、激光测距仪及前方交会法，确定桩、柱基础的中心位置。

（4）桩、柱和顶梁的施工

1）桩、柱的施工

条形基础形成并达到设计强度后，开始桩、柱的施工。桩的钢筋笼、柱的钢管分4节吊装，钢管各节之间采用高强螺栓连接。桩、柱下端与条形基础预留调平基板连接，上端用设在桩、柱孔上的定位器定位。边孔吊装ϕ800mm～ϕ1 000mm钢筋笼，中孔吊装ϕ600mm钢管，在钢管周边填砂，上、中、下3处用厚50cm的混凝土充填，起固定作用。除了用定位器定位外，还通过投点仪和激光测距仪确认桩（柱）的垂直度，看桩（柱）基的中心和桩（柱）的中心是否重合，能否达到精度要求。当上下闭合、连接准确无误后，采用导管灌注泵送混凝土。为确保桩（柱）混凝土的密实，在混凝土中掺缓凝剂TMS，严格控制水灰比，并加强捣固。

2）顶梁施工

①桩顶梁施工

在灌注边桩混凝土时，桩间的顶部也同时灌注，故桩顶梁施工相对来说比较简单。对钢筋绑扎并预留三跨顶拱初期支护节点板（其位置与柱上导洞预留节点板相对应）后，架立由钢模板和木模板组成的组合模板，并用ϕ50mm可调钢管支撑，顶紧在导洞侧壁上，灌注泵送混凝土，人工振捣。

②柱顶梁（天梁）施工（见图5-22）

施工天梁时架设多功能可调脚手架作业平台，在梁下安装3排U形托支柱，在U形托内放一根15cm×15cm方木，在纵向方木上铺设钢模板（钢管柱托盘处使用5cm厚木模）作为底摸，然后绑扎天梁钢筋，经验收合格后封闭侧模，并预留与三跨顶拱二次衬砌相连的钢筋、排气孔和注浆管。侧模采用工字钢（I16）作为骨架，加工成天梁形状，每隔1.5m设置1对，用ϕ22mm钢筋拉杆拉紧，两侧用方木顶紧在导洞壁上。经检查合格后进行混凝土灌注。当混凝土达到一定强度后通过预留注浆管压注水泥砂浆（添加适量微膨胀剂），使天梁顶部充填密实。柱顶梁全长226.1m，采用分段灌注（分段长度除第一段外，其余均为9.9m），分段位置确定在钢管柱纵向柱间距的1/4处，其

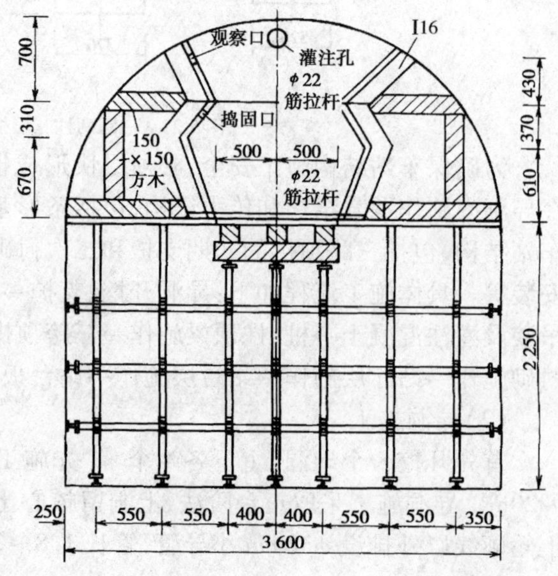

图5-22 "葫芦形"柱顶梁（天梁）的模板和支撑（单位：mm）

截面与梁中心垂直。

(5)三跨顶拱初期支护施工及花边墙施工

1)三跨顶拱初期支护施工(见图5-23)

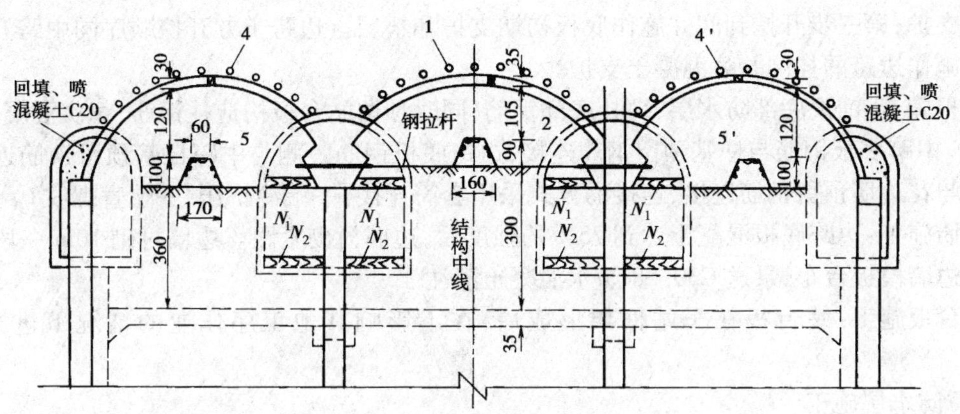

图5-23　三跨顶拱初期支护的施工(尺寸单位:cm)

车站承载结构和传力结构形成后,先后从车站两端、中央开辟4个掌子面施作三跨顶拱初期支护。中拱超前,两边拱紧跟(约落后中拱2~3m),中拱拉杆施工作落后掌子面核心土开挖约1.0m。三跨顶拱采用弧形导坑开挖法,留核心土。

2)花边墙施工

为使三跨顶拱的二次衬砌紧跟其初期支护,保证车站施工安全,采用将边墙分块落底(花边墙施作)的方法,使车站尽快形成框架结构。施作花边墙的小竖井布设在两侧桩导洞内,挖井方法与桩(柱)孔开挖方法相同。车站边墙厚0.5m,花边墙预留0.1m结构厚度,准备与车站结构大面积边墙同时灌注,以确保混凝土整体外观质量。花边墙立柱完成后即可施作车站通梁,施工方法同桩顶梁类同。花边墙的施工顺序为:花边墙竖井的开挖超前于边拱初期支护的施工,花边墙立柱的施作紧跟边拱初期支护的施作,通梁施作落后于边拱初期支护的施作约10m。

(6)三跨顶拱二次衬砌的施工

根据“初期支护先行、二次衬砌紧跟”的施工原则,在花边墙的通梁完成后,一般当初期支护完成30m,即可紧跟施作二次衬砌。施工作业中,拱二次衬砌之前,先拆除中柱上导洞内与其相邻两侧的格栅,中拱二次衬砌的钢筋分别与柱顶梁预留筋焊接,边拱二次衬砌的钢筋,其一侧与柱顶梁预留筋焊接,另一侧同花边墙预留筋焊接。中拱二次衬砌混凝土的灌注超前边拱7.5m。采用I500mm×200mm×55mm钢模,用自制钢拱架作为钢模的支撑骨架。

(7)站厅层施作

由2号施工竖井通道向车站东、西两端开挖土方,并破除上导洞初期支护。先开挖站厅层中跨土方至站厅板位置,然后由车站东西两端向中间推进,开挖边跨土方至站厅板位置。每开挖33.5m(分段灌注混凝土的长度),用人工清理余土至站厅板底部标高,进行夯实,用红砖和3~5cm厚的水泥砂浆做成地模,并涂脱膜剂,待脱膜剂成膜后绑扎钢筋,同时预留、预埋各种孔洞、钢管等,经检查合格后灌注站厅板混凝土。站厅板混凝土达到设计强度后进行站厅板以上边墙二次衬砌混凝土灌注,花边墙预留10cm厚度与大面积边墙一起灌注。

(8)站台层施作

土方开挖:站台层土方开挖先从中跨开始,分别从车站东、西、中部由1号风道、2号风道及1号出入口进入施工。中跨开挖沿高度分三步进行,第一步站厅板以下1.7m范围内人工开挖,同时凿除站厅板地模;第二步开挖至柱下条形基础顶面,采用机械开挖,配以人工拆除导洞初期支护;第三步开挖到底并施作底板初期支护和垫层。边跨土方开挖顺序同中跨开挖,随开挖随施作边跨的挂网并喷混凝土支护。

底板施工:铺设底部防水层,绑扎底部钢筋,同时预留站台板构造柱钢筋,每次混凝土灌注13.2m。中跨底板钢筋与柱基预留钢筋连接,边跨底板钢筋一侧与中跨柱基预留钢筋连接,另一侧则与花边墙预留钢筋连接,连接的方式采用套筒连接(一端冷挤压、一端直螺纹)。

边墙施工:边跨底板混凝土达到75%的强度后,边墙衬砌紧跟。边墙衬砌10m一段,采用移动式边墙模板台车,泵送C30、S8防水混凝土灌注。

站台板施工:站台板在车站框架形成后,在不影响其他工序作业的情况下进行平行作业。

(9)防水层施工

天安门西车站采用全封闭柔性防水层。采用无钉铺设双焊缝焊接,局部采用手工焊。针对各节点防水要求的特点,均采用多道防水措施。天安门西站柱顶梁与三跨拱脚衔接处呈"V"形节点,除铺设封闭式柔性防水层ECB外,在其下面增设一条600mm宽同质材料的盲沟。边墙及底板连接处防水层的最后一道焊缝采用手工焊,然后外贴一条10cm宽的同质防水材料,做充气试验。变形缝增设"Ω"形止水带,外填双组份聚硫橡胶,施工缝设两条复合式膨胀橡胶止水条。对各部位防水层预留部分,根据不同情况采取不同的保护措施:天梁处采用背贴1mm钢板和石棉布,花边墙立柱采用三合板,柱下条形基础两侧采用双层木板加塑料泡沫垫层。目前天安门西站拱部防水已经过多个雨季的考验未出现渗漏情况。

2. 黄陂南路站逆筑法施工

黄陂南路站位于淮海中路、黄陂南路与淡水路之间。车站长223.6m,宽21m,深14~18m,总平面见图5-24。

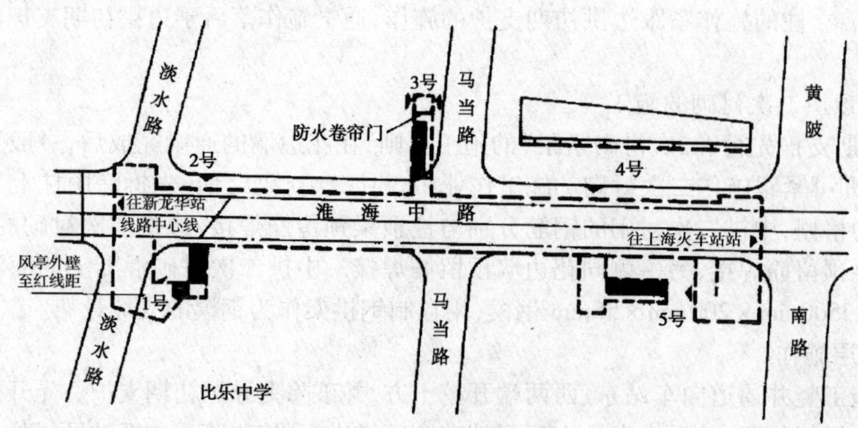

图5-24 黄陂南路站总平面图

车站两侧建筑物密集,商店林立,房屋建造年代久远,有的基础下建有简易结构的地下人防通道,基坑离五层民房的最近距离仅1.8m。车站两侧有许多地下管线需保护,商业网点还要继续营业。因此,黄陂南路站深基坑施工对环境保护的要求很高。为适应环境保护和道路封锁时间的要求,车站采用地下连续墙围护的逆筑施工法,其平、横、纵剖面见图5-25。

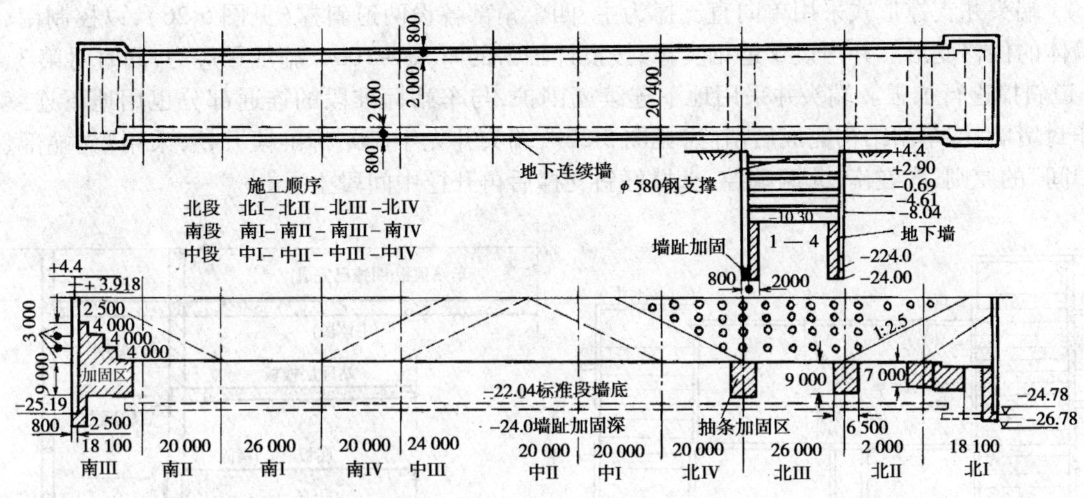

图5-25 逆筑法施工的黄陂南路站横剖面图(尺寸单位:mm,标高单位:m)

其主要施工程序及流程分述如下:

(1)钢管桩打入

逆筑法施工期间车站结构重量及其封顶后的附加荷载需由钢管桩承担,因此,钢管桩打入是一道关键性的工序。

沿车站中心线两侧打设两排46根钢管桩。钢管桩外径90mm,壁厚20mm,每根长60m,分四节,每节15m。钢管桩接头采用半自动焊机焊接。在距钢管桩顶部18.5m处焊接支承中腿和环形支承板以供H形钢柱安装时固定位置之用。桩基持力层为灰色粉细砂层。

(2)H形钢柱安装

采用一桩一柱在钢管桩内安装H形钢桩,在施工阶段为临时结构支柱。H形钢柱规格形式为404mm×407mm,每根柱长约21.0m。

(3)地下连续墙施工

1)施工程序

先施工东、西端头井及东、西通风亭地下连续墙,再施工标准段及出入口地下连续墙。

2)成槽施工

采用MHL80120型液压挖槽机施工地下连续墙,同时配备KH—180型50t大吊车。为提高地下墙的承载力和减小地下墙沉降,采用了墙趾注浆的技术措施,以提高墙底土体的强度和承载力。墙趾注浆的有效范围宽、深方向各2m,经分层注浆加固后的土体强度明显提高,地下墙的沉降小于1cm。

3)钢筋笼制作及吊放

设计的钢筋笼标准段长27.5m(端头井长305m),最重达20t左右。采用一辆100t大吊和一辆50t大吊实施起吊方案,吊点用三点式(实际是九点受力),为防止起吊中变形,在笼内布置了足够强度的水平框架和竖向框架,并对起吊点进行加强。

(4)扩大的端头井施工

逆筑法施工的车站,在浇筑完顶板、恢复路面交通以后,盾构的安装、拆卸,管片和渣土的运输,以及机电设备的下井安装等均需在路边进行,因此,端头井的长度比一般车站要长。准海路的三座车站扩大后端头井的平面最大尺寸为15m×42m。黄陂南路站的东、西两端头井的平面见图5-26，东端头井南侧为风井。

端头井支撑形式采用单向直支撑为主，四个角部各设两道斜撑（见图5-26），以控制南、北墙体的位移变形。井内设5道钢支撑，按设计轴力的80%～100%施加预应力，同时对第3、4、5道斜撑进行加强。端头井采用地下连续墙围护，与车站标准段的连通部分也用地下连续墙作封堵墙，待车站结构完成后凿除，见图5-27。端头井先于车站标准段开挖，采用“先端部、后中间”的原则，先在南、北两端控土，撑好斜支撑后再开挖中间段土方。

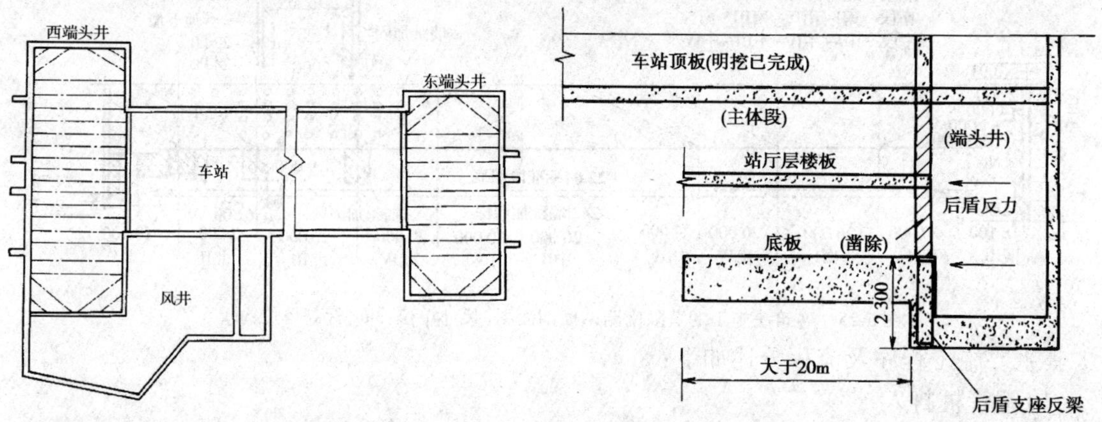

图5-26　黄陂南路站东、西端头井平面支撑方案图　　图5-27　车站端头井与标准段施工示意图

（5）车站标准段深基坑施工

1）标准段结构施工顺序及流程

①标准段结构一期工程施工

标准段一期基坑开挖分东西两段分别同时施工。施工流程为：地下连续墙的导墙凿除→基坑开挖→支撑安装、钢平台安装→顶板及部分站厅板结构施工→支撑拆除→防水层施工。

②标准段结构二期工程施工准备和施工流程

二期施工为“暗挖”施工，施工流程见图5-28。

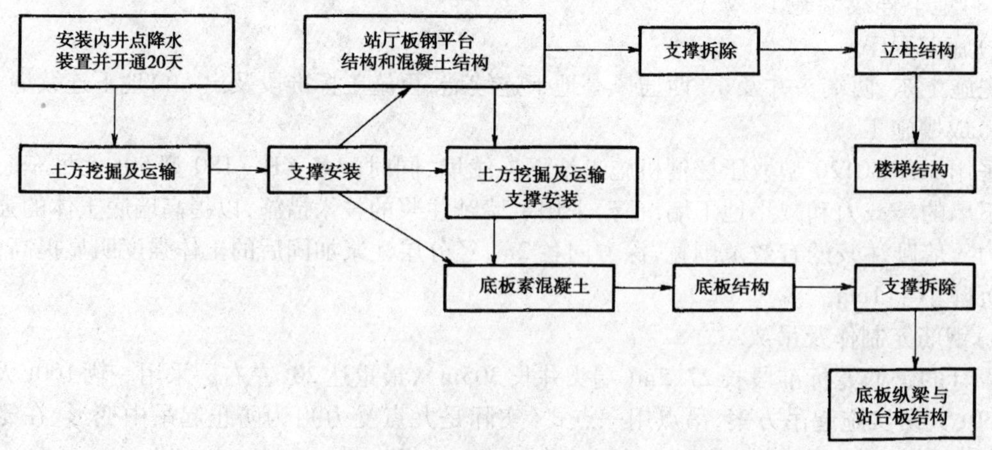

图5-28　二期标准段施工流程图

2）基坑开挖施工

车站的下卧层为灰色淤泥质粉质粘土，含水饱和、孔隙比大，属高压缩性土。为稳定基坑

和控制邻近建筑物沉降,采取坑底土体加固措施和施工监测相结合。

①基坑土体明挖施工

车站基坑明挖施工分东西两段同时施工。西段在西端头井施工完后,由端头井开始由西向东开挖施工,履带吊和履带挖机在车站平面内挖土作业,边挖边退。基坑纵向放坡为1∶2,开挖深度为-5.6m和-10.5m。东段在离东端头井约50m处由西向东开挖施工,履带吊停放在基坑南侧挖土作业,开挖深度为-5.6m和-10.5m。开挖-10.5m共有三段每段20m,明挖至中板以下,属"二明一暗"施工。

②基坑土体暗挖施工

全部车站顶板混凝土和部分中板混凝土浇筑完毕后,车站基坑转入暗挖逆筑施工。挖土顺序先从出入口和东、西端头井入口开始,土方采用分层开挖,随挖随支撑,挖土和水平运输土方采用小型机械设备每层挖土放坡不超过1∶1,如有几层土同时施工,总坡度控制在1∶2。

3)钢支撑安装施工

部分地段挖至10.4m处的,同时也完成了四道支撑,这样给逆筑支撑施工带来了许多方便,在顶板以下逆筑区段第四道支撑需从外面运进去,第三道支撑由第二道支撑下移,见图5-29。

明挖施工中板的区段,在合理安排和调度下,第三道支撑由第二道下移,第四道由做好的中板以上的支撑下移。其中支撑运输采用5t电动葫芦水平运输和垂直运输,挖出一根位置就安装一根,并施加预应力,见图5-30。中板和底板混凝土强度达到70%以上,方可拆除支撑。

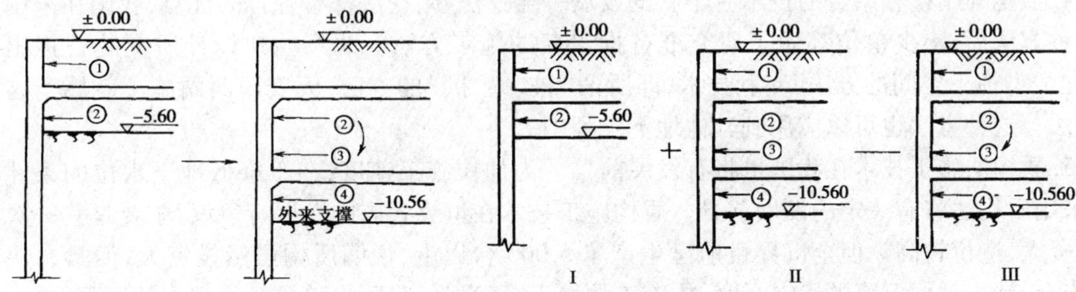

图5-29　钢支撑下移示意图　　　图5-30　钢支撑施加预应力图

4)内部结构板施工

根据逆筑法施工特点,顶板及中板底模支托采用钢平台吊模。东端头井采用混凝土泵车软管布料,西端头井采用混凝土泵车硬管布料。顶板防水层采用"必坚定"防水卷材。将车站顶板和上翻梁包住,在两侧地下连续墙上翻50cm,再加5cm厚砂浆和15cm厚素混凝土保护层。中板亦采用钢平台支托底模。中板厚45cm及40cm,在明挖阶段,采用混凝土泵车软管布料;逆筑阶段采用混凝土泵车硬管布料,并养护。标准底板共分8节,厚0.8m,采用商品混凝土,混凝土泵车硬管布料,混凝土浇筑后需要养护。

三、发展与展望

世界发达国家已有的施工技术大部分在我国已开发应用,地铁车站施工技术的发展离不开我国的国情。我国人口多,劳动力便宜,资金较为紧缺,因此我国地铁车站施工技术的发展将具有中国特色。

1. 明挖法仍然是首选的施工方法。该法施工简单、安全、快速、造价较低,但因对城市生活干扰大,应用受到各种因素的限制。

2. 盖挖法应是修建车站的主要方法。在世界上盖挖法修建车站占有很大比例,通过合理组织施工及疏导交通可以做到基本上不影响交通。采用这种方法,在北京、上海、南京、广州等近10座车站施工中取得了很多经验,在总结这引进经验的基础上,一定会使这种施工方法有新的发展。

3. 暗挖法将有很大发展。暗挖法在技术上我们已经走在世界的前列。在繁华市区,不中断交通,减少对城市人民生活的干扰,采用暗挖法是可行的,特别是在地下水位较深、不需要降水的条件下,它具有灵活、安全的特点,有广泛的应用前景。

国外暗挖法技术也有新的进展,其中有大跨度的预制块法、预切槽法、气压法。预制块法是把盾构管片的安装技术和暗挖技术融合在一起的一项新技术,先做两侧导洞及侧墙,然后注浆开挖并放置钢拱架、喷射混凝土、安装预制块、在背后注浆,跨度已达18m以上,该技术在法国已大量应用。预切槽法是按照结构尺寸制造一个台架,装有特制链条锯沿拱圈方向把地层切成一个高10~35cm、深4~5m的槽缝,然后放置钢筋网并喷射混凝土,形成钢筋混凝土拱,在其保护下开挖施工,效果很好,在法国、意大利等国家已开始应用。气压暗挖法是采用气压条件下的新奥法施工,因采用气压较低,一般对人体健康没有影响。压缩空气不仅可排除隧道中的地下水,还可减少地面沉降,防止地面结构损坏,减少加压隧道一次衬砌的荷载,对开挖面有支护作用,降低成本,对降低施工中的粉尘有显著作用,这种办法已在奥地利、德国、英国、日本等国家应用。

4. 盖挖与暗挖相结合的技术有了新的发展。盖挖法、暗挖法都有各自的优点,我国在采用这两种方法后,不少单位都做了研究准备推出新的施工方法。北京城建设计研究院曾提出"修建大型地下空间的方法"专利技术,即所谓"桩、梁、拱"的方法,天安门西站施工就属于这种方法。这种方法也可以应用到其他地下工程中去。

5. 盾构法施工技术在我国也将有发展前景。为加快施工速度,在不降低地下水位的条件下,采用盾构法将有一定的发展前景。盾构施工技术在世界各国的发展有争议,主要是它一次性投资大,造价较高。但全世界目前已生产了5 000台以上,说明盾构虽然投资大,但具有快速、安全、减少地面沉降的优点,使盾构施工技术不断发展。我国将随着经济实力的增强,逐步发展盾构施工技术,不仅在区间隧道中应用,也应创造条件在车站施工中应用。

6. 只有不断提高机械化水平,才能提高施工速度。目前除明挖法采用机械化施工外,盖挖、暗挖施工中大部分采用人工施工,虽然成本轻低,但施工速度慢。我国应创造条件发展适用的施工机械,不断提高施工机械化水平,才能不断加快施工进度。北京地铁一期工程23.4km,由于采用机械化施工仅用3年多时间;上海地铁1号线14.8km采用盾构等机械施工也只用了3年多时间。

第四节　区间隧道的施工

一、山岭地区区间隧道的施工

1. 矿山法

深埋于坚硬岩体中的区间隧道,采用传统钻爆法或悬臂式和门架式多臂凿岩台车钻眼施爆，使用人工或装渣机出渣，大型自卸柴油机车运输的开挖方法称为矿山法。矿山法也称为钻爆法。钻爆法的基本工序为：钻孔、装药、放炮散烟、出渣、支护、衬砌。它的辅助工作还有测量放线、通风、排水以及必要的监测记录工作、后勤支持工作等。以上各个工序中，钻孔、出渣是开挖过程中需时最多的主要工序，支护是保证施工能安全、顺利、快速进行的重要手段。开挖工作的机械化和先进与否，主要也体现在这三个主要工序之中。衬砌是与开挖工作相对应的另一施工程序，一般是指混凝土衬砌、钢板衬砌回填混凝土，也包括采用其他材料的承重性衬砌、装饰性或防水性衬砌等。衬砌所需费用及工期往往和开挖差不多。在硬岩中建造地下洞室，如果围岩自稳没有问题，最好省去这些衬砌，这是节约造价、加快施工的最有效措施。

(1)钻眼、爆破和开挖

危岩稳定或基本稳定时，开挖断面不大，可采用全断面一次钻爆。如断面较大，可采用预留光爆层爆破法，分次爆破，以减小爆震波对围岩的影响。在岩层稳定或较稳定条件下，断面高度较大时，可采用分层施工法，又称台阶施工法。当地质条件复杂，工程断面较大时，可采用导洞施工法，即先掘一定深度(1.5～2.5m)的小断面巷道，然后再开帮挑顶或卧底，将洞室扩大到设计断面。图5-31是某隧道采用的导洞法施工程序示意图。中间留有一定宽度的隔墙，对称两侧向导坑掘进并支护，最后扩大到工程设计断面的施工方法称为眼镜工法。采用光面爆破技术，可以减少超挖和欠挖，断面较圆滑规则，易于安装锚杆和钢丝网，减少喷射混凝土数量。光面爆破还可以减少围岩的松动、掉落。光面爆破对钻眼质量、装药的结构及爆破方式要求严格。周边眼的最小抵抗线，炮眼间距和装药结构是影响光爆效果的三要素，必须合理地选择。一般要严格控制周边的装药量，宜采用小直径、低爆速药卷，并尽可能使药量沿炮眼全长均匀分布。区间隧道的光面爆破，通常采用微差爆破法，起爆顺序分正序起爆和反序起爆两种。正序起爆是先爆掏槽孔，再爆辅助孔(又称崩落孔)，最后起爆周边孔，反序起爆则首先起爆周边孔，后起爆掏槽孔和辅助孔，又称预裂光面爆破。

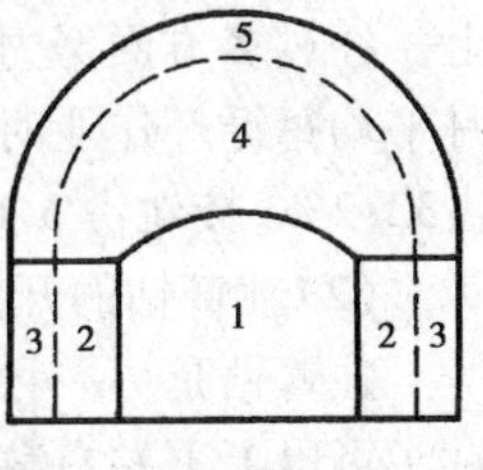

图5-31　某隧道开挖顺序图

1-下导洞；2-开帮；3-墙部光面层；4-挑顶；5-顶部光面层

目前多采用正序起爆法。实际施工中光面爆破参数的设计，应采用工程类比或根据爆破漏斗及成缝的试验方法确定，如无条件试验时，可参照表5-13选用光爆参数。对中硬岩石隧道工程，可采用全断面一次爆破，炮眼深度为3～5m，对于软岩工程，可采用半断面或台阶开挖，一般为1.0～3.0m的浅孔爆破。通常光面爆破效果应达到表5-14的指标。

光面爆破参数　　表5-13

参数 / 岩石	单轴抗压强度 k_b(MPa)	装药不耦合系数 K	周边眼间距 E(cm)	周边最小抵抗线 W(cm)	周边孔密集系数 $m=E/W$	周边眼装药集中度 q(kg/m)
硬岩	>60	1.25～1.5	55～70	70～85	0.8～1.0	0.30～0.35
中硬岩	30～60	1.5～2.0	45～60	60～75	0.8～1.0	0.20～0.30
软岩	≤30	2.0～2.5	30～50	40～60	0.5～0.8	0.07～0.20

光面爆破效果 表5-14

序号	项目	硬岩	中硬岩	软岩	序号	项目	硬岩	中硬岩	软岩
1	平均超挖量(cm)	10	15	10	4	局部欠挖量(cm)	5	5	5
2	最大超挖量(cm)	20	25	15					
3	周边孔痕率(cm)	≥80	≥60		5	炮眼利用率	90	90	95

西康铁路的秦岭隧道、II线隧道为马蹄形断面,采用钻爆法施工。II线隧道先期在中线位置开挖导坑(断面尺寸 4.8m × 6.2m),以探明全断面地质情况,为I线大断面隧道凿岩机(TBM)施工做准备,采用 H178 三臂钻孔台车和 TH568—10 轨行门架三臂钻孔台车钻眼,以 LZ120 装渣机装渣,运输用 $14m^3$ 梭矿联挂配 18t 电瓶车或 JMD24 内燃机车。多次优化钻爆设计,改进掏槽方式,优化炮孔深度、装药结构,使爆破效果诸如块度、抛掷距离、炮孔利用率等参数达到最佳。适合于秦岭隧道 IV 类以上围岩的掏槽形式采用 5 大孔深孔眼掏槽,炮孔深 4.5m,每断面 101 个炮孔。实际单位面积钻孔 3 个/m^2,炸药单耗 3.69kg/m^3,炮孔利用率 92% ~94%,爆后渣堆高度 3m,抛掷距离 50 ~60m,块度满足装渣机要求,先爆残眼率 85% 以上。经过多方面努力,不断缩短循环作业时间,1997 年 4 月创月进度 456m 的国内最高记录。月平均每循环作业时间 411min 即 6.85h,其中钻孔占 39%,装药占 18%,通风占 6.6%,出渣占32.2%,接轨占 3.6%。钻孔速度为 3.1m/min。

(2)独臂钻的开挖施工

独臂钻是另一种形式的掘进机,它在一个悬臂上装设一个可以切削岩土的大钻头,这个大钻头可以上下左右移动。这种设备适宜于开挖软岩,开挖速度甚快,大钻头切削开挖的同时,皮带扒料机就将石渣装入后面的斗车。这种设备不适用于开挖地下水较多、围岩不太稳定的地层,因为要做大量的支护防水工作,而掘进机占据工作面的位置,使其他工作反而不便,而且此时控制进度的已非单纯的掘进,而是支护防水等工作。

(3)天井钻的开挖施工

天井钻是专门用来开挖竖井或斜井的大型钻具。钻机是液压电动操作的,钻杆直径 20 ~30cm,中空,每一节长 1 ~1.5m。先在钻杆上装较小的钻头,从上向下钻一直径为 20 ~30cm 的导向孔,达到竖井或斜井的底部。此时底部巷道应已打通,即在钻杆上换直径较大的钻头,由下向上反钻斜井或竖井。由上向下掘进时,用泥浆循环,带出石碴碎屑。由下向上掘进时,石碴碎屑即自由下落,在下部巷道中出渣。

天井钻很适宜钻通风竖井,也可以钻大型竖井斜井的导洞,先由下而上达通导洞,再由上而下扩大成为竖井或斜井。

(4)喷锚支护及现浇混凝土衬砌

矿山法开挖的隧道,其支护和衬砌的形式以围岩的特征、工程地质条件、埋深和工程用途等多种因素设计计算来确定。一般采用喷锚支护或喷锚与现浇衬砌的复合支护形式。

1)喷锚支护

喷锚支护多作为初期支护。依据围岩的稳定程度,可与开挖平行或交叉作业。喷锚支护为柔性支护,其机制是在光面爆破后,尽早将岩壁封闭起米,使其保持完整性,不再松动,充分发挥围岩自承载作用。实践证明,正确使用锚喷支护,对于保证工程的施工进度和安全具有极大的好处。喷锚支护主要包括锚杆的安装、悬挂钢丝网、喷混凝土三道工序。

目前锚杆种类很多,常用有三种:①全长粘结型锚杆,杆体主要是螺纹钢筋,也可以用钢索或钢丝绳。用普通水泥砂浆、早强水泥砂浆或树脂作填充粘结料;②端头锚固型锚杆,采用合成高分子树脂或快硬水泥为粘结剂,把锚杆与岩石孔壁粘在一起,起锚固作用;③楔缝式或胀壳式摩擦型锚杆,在一个纵向开缝的钢管末端嵌入楔形垫块,打入或拧紧锚杆垫板时,锚杆底端在楔块作用下胀开,与孔壁卡紧,安装后可立即提供抗力。

所有锚杆均要先钻孔,达到设计深度后,用清水冲洗,安装杆体,灌浆,拧紧螺帽。对于围岩较破碎、临时支护承受较大荷载且为了减少混凝土喷射回落量,常挂钢丝网。钢丝网网眼50mm × 50mm,用小型铆钉固定在岩壁上。

喷射混凝土可分为干喷、潮喷和湿喷三种方式。实际工程中为了减少粉尘和回弹,多采用湿喷或潮喷,湿喷工艺流程如图5-32,喷射混凝土的施工要点包括:

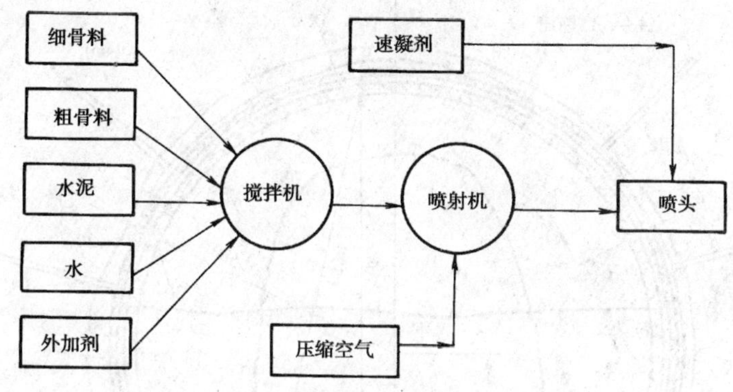

图5-32　湿喷工艺流程

①喷射混凝土之前,用水或压缩空气将待喷部位的粉尘和杂物清理干净。

②严格掌握速凝剂掺加量和水灰比,使喷层表面光滑,厚度均匀,无滑移流淌现象。

③喷头与受喷面尽量垂直,并保持0.6 ~ 1.0m,喷射机的工作风压应根据具体情况控制在适宜的压力状态,一般为0.1 ~0.15MPa。

④应分次喷射,一般150mm厚的喷层要分2 ~3次才能完成。

2)混凝土衬砌

在围岩和初期支护变形基本稳定后,根据地下工程的用途、长期作用荷载的性质,一般要施筑现浇钢筋混凝土的永久衬砌支护。

地下水比较丰富时,在临时喷锚支护内侧,还要先铺设一道柔性卷材防水层,其中有PVC、氯丁橡胶、三元乙丙卷材类常用材料。绑扎钢筋、架设模板、浇筑混凝土为基本的操作工序。如果采用定型钢模板、滑动模板台车、高压泵送混凝土作业,可以大大减轻劳动强度,加快工程进度。

(5)新奥法

新奥法(NATM)是新奥地利隧洞施工法的简称。它是1964年,由拉布谢维茨教授总结一批奥地利工程师在软岩中进行隧洞施工的经验之后命名的,用以区别于旧有的比利时隧道施工法。

以往软岩隧道施工的做法是:不注意立即封闭岩面,不注意封底,盲目加厚拱墙,加大含钢率。

新奥法的主要原则是:

1)充分利用岩体强度,发挥岩体的自承能力。

2)正确运用围岩、支护共同作用原理,恰当利用岩体蠕变发展规律。

3)把监测作为必要手段,始终监测支护的位移和压力变化。

4)强调封底重要性,务必封底。

5)施工、设计、监测三结合。

新奥法的典型施工顺序如图5-33所示。新奥法是强调利用岩体自身强度、符合围岩支护共同作用原理、重视试验、理论和实践相结合的一套科学施工设计方法。

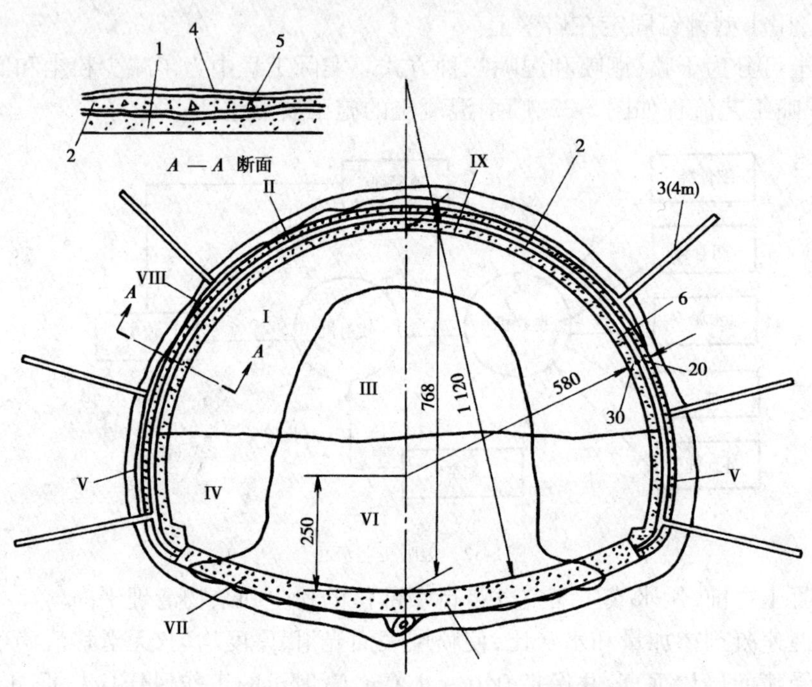

图5-33 新奥法典型施工顺序(尺寸单位:cm)

1-混凝土;2-喷射混凝土;3-锚杆(4m);4-金属网;5-U型钢可缩钢架;6-聚脂止水膜

2.隧道掘进机施工法(TBM法)

隧道掘进机(Tunnel Boring Machine)适用于中等坚硬岩石中隧道的施工,体现高度的施工机械化、自动化,因为其造价高,在我国隧道工程施工中使用不多。全断面隧道掘进机适宜打长隧洞,它对通风要求较低,开挖洞壁比较光滑,若能不做衬砌,则其开挖面积与钻爆法开挖面积相比,可以小很多。全断面掘进机对围岩破坏小,对围岩稳定有利,超挖也少,若用混凝土衬砌,可以大大减少混凝土回填量。西安至安康的铁路秦岭隧道设计为两座平行单线隧道,其中2号线隧道总长为18.456km,使用钻爆法施工;1号线隧道总长为18.460km,使用隧道掘进机施工。该掘进机由德国Wirth公司设计制造,由主机、辅助设备、后配套辅助设备等部分组成。在直径为8.8m的刀盘上装有71把盘形滚动刀具,机身全长235m,重量达3 000t,总装机容量5 400kVA,总掘进力21 000kN,掘进速度1~3.5m/h。全套设备采用计算机控制、闭路电视监控,集液压、电气、机械等多项技术、多工种和多行业于一体,是高科技水平的综合显示。为了配合大型隧道掘进机组装和掘进施工,需要建设大量的临时设施,包括公路便桥、运渣机轨道便桥、仰拱块成品预制厂、混凝土搅拌工厂、翻车机和石渣装运场、洞口TBM组装及卸车存放场、施工用电用水、TBM预备洞和出发洞等。TBM开挖速度对围岩的特性很敏感,除围岩抗压强度外,对围岩的矿物成分,岩石构造均匀程度,特别对围岩的节理裂隙程度关联性很强,适用于钻爆法的围岩分类,用于预测TBM的开挖速度已不适应。自1998年1月至1998年10月

10 日，累计开挖 2 390m，月平均 276m，最高月进度达 402m。从秦岭隧道围岩特性和使用机械性能来看，基本上 II 类围岩 200 ~ 250m/月，III 类围岩 350 ~ 400m/月，IV 类围岩 400 ~ 420 m/月，V、VI 类围岩 250m/月。TBM 施工速度快，相关环节多，对于施工组织和施工技术管理要求严格，稍有疏漏，损失很大。2001 年黄河万家塞分流工程施工中，一台罗宾斯（Robbins）双护盾 TBM 创造月进尺为 1821.51m 的最高记录（包括预制管片安装），意味着每天成洞 60m。

(1) TBM 的组成

国际上流行的隧道掘进机分为敞开式、顶部保护式、护盾式（单护盾和双护盾）。各种形式的 TBM 各有优缺点，应注意从岩石的强度、岩石的种类、涌水和承压水、围岩的膨胀性及破碎带进行比较研究。TBM 主要有电动机带动的盘式切刀、推进液压油缸、液压撑脚、支撑顶板围岩的护盾、掘进机操纵室、出渣的螺旋出土器和皮带传送机、钢筋网片的布设和混凝土喷射设备、打锚杆设备、灌浆设备、压缩空气系统、供水系统、不断接长斗车轨道的吊装系统。两列斗车可以进入 TBM 后部，连续不断装车外运，整个掘进机是一个庞大的成套设备。图 5-34 是英法海峡隧道法国端使用的护盾式掘进机（T2），是将硬岩掘进机和软土盾构技术相结合设计制造的。

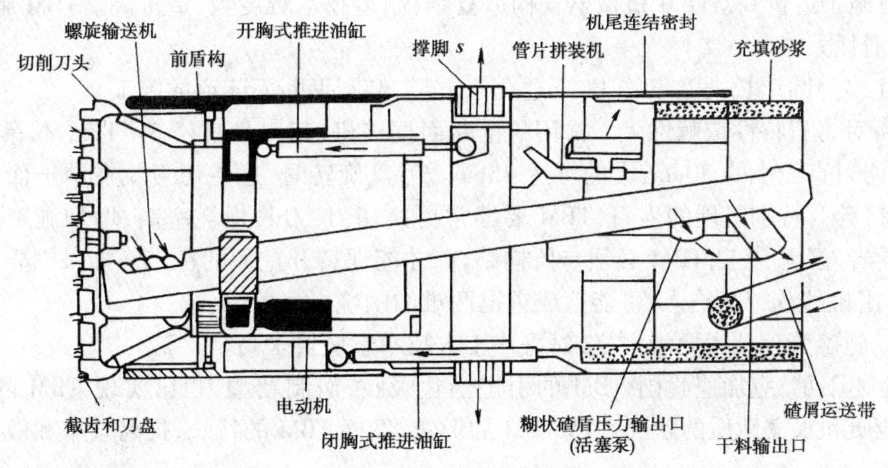

图 5-34　护盾式掘进机改造（T2）

(2) 掘进机施工作业程序

遇到坚硬岩体时，T2 号开胸掘进，功能如同一台全断面岩石掘进机，其切削头由若干盘式刀具和装在盘式刀具后面的耙齿组成。刀头推进时，盾构保持不动，切削下来的碴屑，经过螺旋输送器送到链板输送机。衬砌管片在盾构尾部保护下，由吸盘式拼装机进行管片拼装，掘进机切削和拼装机衬砌装配互不影响。

遇到松散或软粘土地层时，T2 号掘进机切削头缩回，螺旋输送器的自由端门关闭，使开挖机械与其他部分分开，实现闭胸式作业。盾尾壳与衬砌之间安装有 5 环浸满油脂的钢丝密封刷，起密封作用，防止地下水从掘进机的尾部浸入。为保证衬砌与盾壳间环行空隙注浆有足够注浆压力，注浆时要经常向钢丝密封刷压入黄油。掘进机向前切削时，盾构由 20 个油压千斤顶撑住衬砌跟随前进。

掘进机正式试掘进之前，应做好平行导洞地质的详勘、机械的组装调试、进出洞施工、碴土运送堆放场地规划等一系列工作后，正常条件下 TBM 作业程序如图 5-35 示意。

(3) TBM 隧道施工存在的问题及对策

TBM 隧道施工的进度快、机械化程度高及其安全性是世界公认的。TBM 在中等坚硬的岩

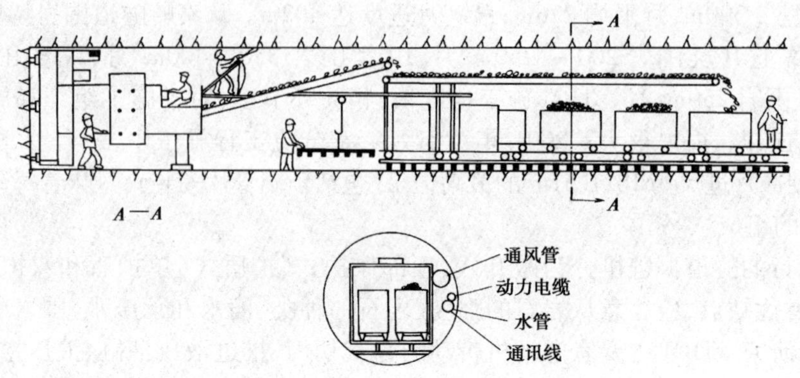

图 5-35　TBM 作业程序示意图

体中施工,比起钻爆法隧道施工对环境的扰动小。在市区对环境保护严格的岩体中修建圆形长大隧道,TBM 应是首选的方法。

TBM 施工目前仍存在有以下问题,有待进一步研究解决。

①隧道施工造价高。TBM 机械电气构造复杂,制造技术难度大,造价高。TBM 施工耗电、耗水,能源消耗大。

②TBM 多为圆形长大隧道施工,不适合于方形、椭圆形断面隧道的施工。

③TBM 对岩石特性依赖性大。常用的全断面掘进机,其刀盘直径 3~12m 不等。刀盘上装有切刀,切刀直径小的 30cm,大的可达 45cm。刀盘旋转时,这些切刀就在掌子面上挤压旋转,把岩石挤碎。特别坚硬的岩石,TBM 要经常更换切刀,刀具损耗率高,增加施工成本。特别破碎的软岩、淤泥粘土,TBM 必须与盾构结合,才能保持开挖面的稳定。如果围岩中有较大断层,TBM 主机部分一旦陷入,可能造成进退两难的困境。

④TBM 施工管理技术要求严格,对操作工人技术素质要求高。

针对上述不足,应加速我国 TBM 的引进消化吸收,研制新型刀具,实现 TBM 的国产化。结合工程地质和水文地质的状况选择 TBM 的形式,发挥 TBM 的特长,提高效率和效益。

二、软土地区深埋隧道的施工

(一)盾构法

盾构机(Shield Machine)作为软土地层隧道施工的工具得到日益广泛地应用。50 年代以前,世界上主要使用手工掘进的闭胸、敞胸或者网格式盾构。60 年代末,土压平衡盾构、泥水盾构问世,在城市地铁、市政公用隧道施工中取得成功。80 年代开始,日本、德国着手研制高精度全自动的现代化盾构。现代化盾构从传统的注重保持工作面稳定的问题中解放出来,适合城市隧道需要的多样化。现已开发出适合于深层地下空间、特殊地质条件的双心圆、三心圆、复圆盾构、异形断面盾构、超大型断面盾构、球体盾构和微型盾构等丰富多彩的应用技术。

1. 盾构的分类和组成

(1)盾构分类

按照盾构机挖土的方式,依次划分为:手工挖土、分断面机械开挖、全断面机械开挖三类。每一种类型的盾构,其挖土和支撑开挖面的方式不同,如图 5-36。

按照开挖面土体支撑保持稳定方法,有敞口盾构、机械支撑盾构、气压、液压和土压平衡盾构，如图5-37。不同支撑类型的盾构对土体介质适应情况不同，盾构机选型正确是隧道施工成败的先决条件。泥水盾构靠密封舱内的泥浆平衡开挖面的土体。遇到粉土、砂质粉土、砂土、粉砂、砂砾等粗颗粒土体，必须向开挖面注入添加膨润土、粘土的新鲜泥浆，在开挖面形成一个薄膜（对粉粒地层）或一个饱和区（粗粒地层），从而可以传递压力，保持开挖面平衡。开挖下的碴土，混合泥浆和水自密封舱泵入地面碴土分离设备。碴土分离设备提取新鲜的膨润土泥浆，调制后循环进入开挖工作面。大部分泥碴沉淀后弃置到固定堆场。气压盾构（HS）是在泥水盾构密封航内设置一个气压舱，空气机房向气压舱中供应符合卫生条件的压缩空气。由一个金属缓冲器形压缩空气气垫支撑开挖面压力。空气压力可以单独调节。操作人员在气压舱外，不带气压工作，又称局部气压循构。土压平衡盾构（EPBS）靠开挖后进入密封舱土体支撑开挖面。调节螺旋出土器的出土量，控制推进速度，可以达到开挖面土体侧压力和密封舱内土体压力动态平衡。混合型支撑盾构通过改变开挖面支撑系统，实现不同施工条件不同地质情况的开挖面平衡。可以从气压到无压，在气压、泥水、土压和无压之间互相切换。

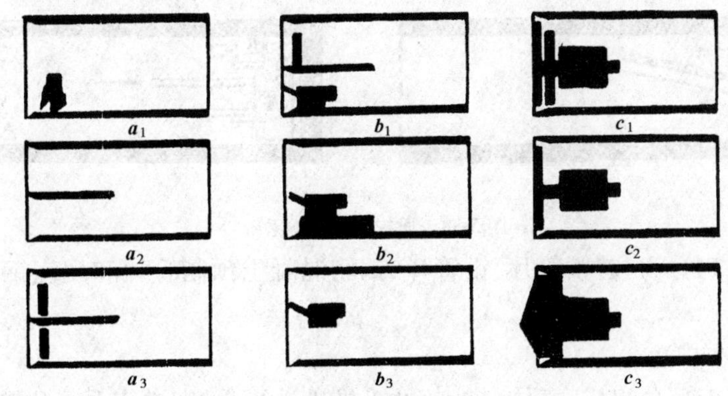

图5-36　盾构机不同的挖土方式

a_1-敞口；a_2-工作平台；a_3-带支撑的平台；b_1-分断面机械开挖和支撑；b_2-可移动的分断面开挖机；b_3-累计分断面开挖；c_1-带刮刀全断面开挖轮盘支撑开挖面；c_2-带刀盘全断面开挖；c_3-带滚刀掘进头全断面开挖

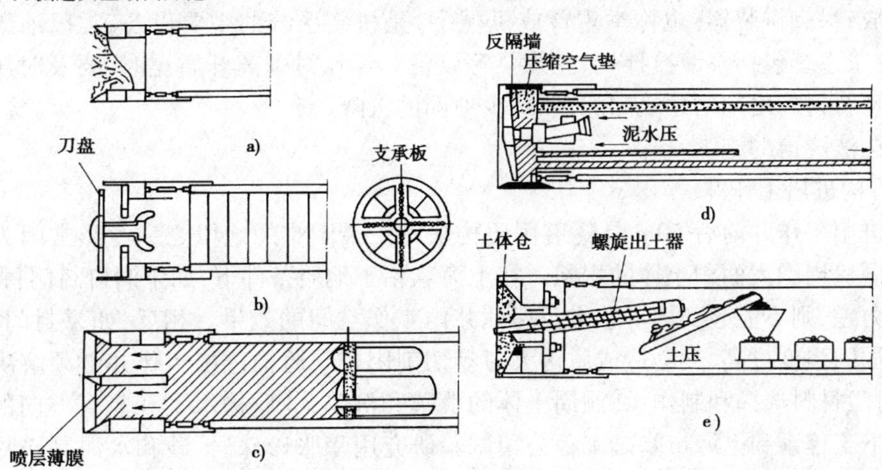

图5-37　盾构开挖工作面平衡系统

a）边坡；b）机械支承；c）压缩空气支承；d）泥水压力支承；e）土压平衡

按照开挖土体废料装卸传送的方式不同，盾构机分为如图5-38的不同类型。

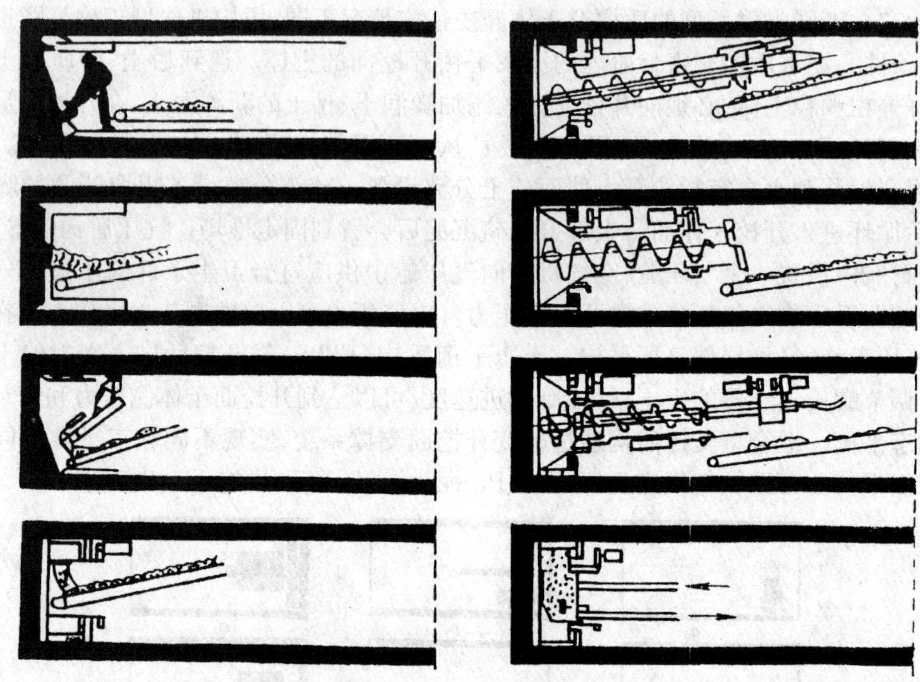

图 5-38　盾构碴土传输系统

盾构法隧道衬砌分为:铸铁管片、钢管片、钢筋混凝土预制管片和现浇钢纤维混凝土组成的现浇衬砌。

(2)盾构机基本构造

盾构机主要由五部分组成:壳体、排土系统、推进系统、衬砌拼装系统和辅助注浆系统。盾构的壳体由切口环、支承环和盾尾三部分组成,并与外壳钢板连成一体;排土系统主要由切削土体的刀盘、泥土仓、螺旋出土器组成、皮带传送机、泥浆运输电瓶车等部分组成;控制螺旋出土器排土的速度和盾构推进的速度,可以保持开挖面土体的平衡;推进系统由液压设备和盾构千斤顶组成;衬砌拼装器(也称举重臂或机械手)是拼装系统的主要设备,常以油压系统为动力;辅助注浆系统包括浆液搅拌机、注浆泵等设备。管片衬砌离开盾尾时,要及时压注浆液充填盾壳和环行衬砌之间的建筑间隙,以减少地面的沉降。

2. 盾构法隧道的施工

(1)盾构进出工作井

盾构进出工作井前后 50m 是隧道用盾构法施工最困难的地段之一。经常因为地基处理不当引起洞口周围大面积土体的塌陷。在上海软粘土地质条件下,如果洞口封门材料强度低,抗渗透能力差,则不能起到挡土止水及保证井内工作空间的效果。相反,如果封门材料太硬,洞周土体加固强度过高,又会造成盾构大刀盘切削困难。盾构进出工作井必须解决以下几个问题:①封门材料选择和制作;②洞周土体的滑移和沉陷;③盾构水平和竖直方向的偏移。同济大学地下工程系和上海市基础工程公司试验研究用膨胀珍珠岩、砂和水泥制作封门填充材料,成功用于上海闸北电厂引水隧道东取水井盾构封门,该封门既能抵抗较大的侧向水土压力,又便于刀盘切削。上海延安东路南线 2 号井采用 C10 级素混凝土作为封门材料。泥水盾构大刀盘可以直接切削素混凝土进入检修井,代替了传统方法(人工凿除地下连续墙或低药量密孔松动爆破),不但节约了拆除封门钢筋混凝土结构的劳动力,而且盾构机直接进入土体,从而加快了施工进度。图 5-39 为盾构机进出工作井的示意图。

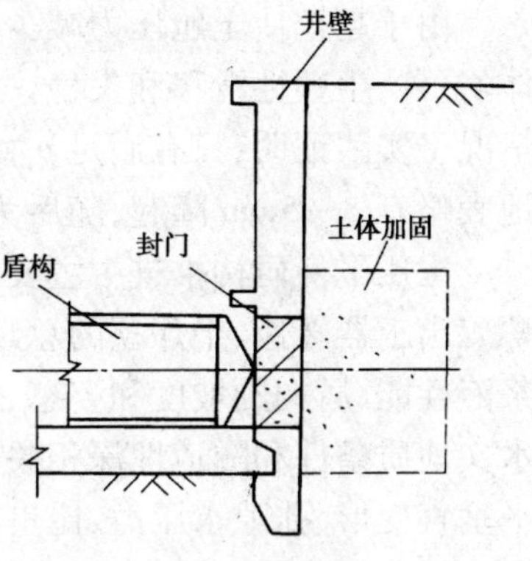

图 5-39　盾构机进出工作井示意图

洞周土体的加固方法主要有:注浆加固、深层搅拌桩、旋喷桩等化学加固方法,还有井点降水疏干土体、冻结等物理加固方法。

对于砂性土体,土体加固的厚度 t,可以使用弹性力学的厚板理论计算得出,公式如下:

$$t = k\sqrt{\frac{1.2Er^2}{\sigma_t}} \tag{5-12}$$

式中:σ_t——深层搅拌加固后土体的弯曲拉伸强度(kPa);

k——安全系数,取 1.5 ;

E——郎金土压力公式计算的水土侧压力和,$E = E_k + E_w$,如图 5-40 所示;

r——$r = D/2$,D 为盾构开挖土体的直径。

进一步采用摩尔包络线破坏条件及塑性松动圈的平衡微分方程,可求出改良土体的宽和高,如图 5-41 所示,对砂性土改良尺寸如表 5-15 所示。与砂性土体破坏形式不同,利用粘性土体在洞口整体滑移失稳的计算理论,可推导出相应加固土体的厚、宽和高。

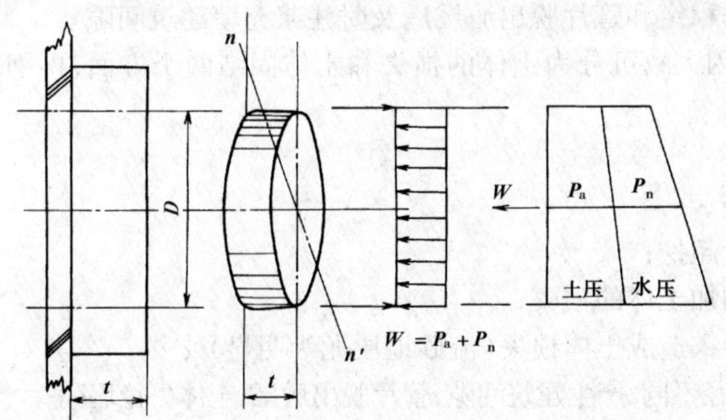

图 5-40　水土侧压力计算简图

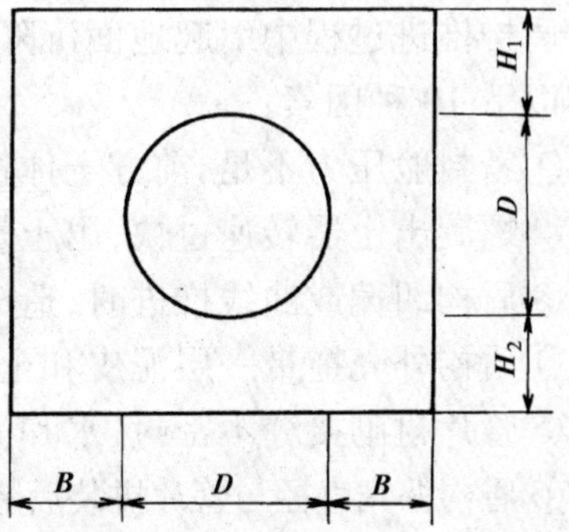

图 5-41　改良土体宽高示意图

砂性土体改良尺寸(m)　　表 5-15

D	$D<1.0$	$1.0<D<3.0$	$3.0<D<5.0$	$5.0<D<8.0$
B	1.0	1.0	1.5	2.0
H_1	1.0	1.5	2.0	2.5
H_2	1.0	1.0	1.0	1.0

(2)开挖工作面稳定分析

对于土压平衡盾构,要实现开挖面的稳定,可以通过两条途径;①控制土舱压力与开挖面地层压力的差值;②控制排土量。土压平衡盾构是借助土舱压力来平衡来自工作面的水土压力,以减少推进对地层的扰动。工程实践表明,这是一个动态平衡状态,由于推进速度和排土量的变化,土舱压力也会在地层侧压力值附近波动。因此,应特别注意调整推进速度和排土量,使压力波动控制在最小幅度,始终保持

$$p = p_z + p_w \leqslant p_i \tag{5-13}$$

式中:p_i——密封舱压力;

p_z——侧向土压力;

p_w——侧向水压力。

由于超挖使土舱压力减少到地层主动土压力，欠挖使土舱压力增大到地层被动土压力，土体均可产生塑性滑移和失稳。对气压盾构、泥水盾构和早期开敞胸板的网格盾构也有类似的情况。实践证明，只有满足 $p_i \geq (1.15 \sim 1.20)(p_z + p_w)$ 时，地表变形比较小。盾构未到达时，地表略有 3 ~5mm 隆起，随后为沉降所抵消。

土压平衡盾构推进中主要控制参数有十多个：刀盘和密封舱的压力、排土量和推进速度、螺旋出土器转速、千斤顶的总顶力和分区千斤顶的顶力、注浆压力和时间、注浆量和注浆方式、浆液性能、盾构的坡度和姿态、管片拼装偏差等。当然这些施工参数与隧道所处区域的工程、水文地质条件和隧道埋深相关。在盾构进出洞前 50 ~ 100m 范围内，结合地表沉降、土体的水平垂直变形、孔隙水压力、比贯入阻力、标贯指数等参数的量测，对盾构推进的施工参数进行优化选择和实验。其目的在于使盾构达到最佳的推进状态，即周围地层及地表面扰动小，地层强度、超孔隙水压力变化小，盾构推进速度快，轴线控制和管片拼装质量好。

(3)地面沉降的预测和控制

即使采用世界上最先进的盾构机，用盾构法修建隧道也要产生一定的沉降。盾构选型合理，施工工艺先进，不断地优化施工技术参数，可以将地面沉降控制在较小的范围（+1 ~ -3cm）。要减少盾构法施工对周围环境的影响，必须在施工中尽可能减少对隧道周围土体的扰动，其主要的技术关键是保持开挖面的稳定和管片脱出盾尾后及时注浆充填建筑间隙。

盾构推进过程中引起地面沉降的原因大致可分为土体的损失和土体固结两个方面，再细分有以下 10 种因素：

①密封舱压力不足，前方土体松弛；

②螺旋出土器转速过快，出土量过多；

③盾构纠偏或曲线推进时，造成过量超挖；

④盾构外壳拖带一层泥皮和土体，增加土体的损失；

⑤管片衬砌接缝不密封，水和泥浆渗入造成土体损失（流砂地层尤为明显）；

⑥盾构外壳直径与管片拼装后隧道外径不同，产生建筑间隙，管片脱出盾尾，土体失稳塌陷；

⑦隧道衬砌变形；

⑧推进过程中土体孔隙水压力变化和土体的固结沉降；

⑨土体由于施工扰动引起次固结沉降；

⑩注浆填充材料凝固收缩产生的沉降。

对上述前 5 条，必须保证开挖面稳定，控制挖土速度，不断优化掘进施工参数，用信息反馈指导施工来控制；对后面 5 条，必须依靠同步注浆、二次压浆和后续补浆，选择合理的浆液材料和注浆方法，有效地控制土体沉降和变形。

依据理论分析和大量的实测资料，可将盾构法施工引起的地面沉降分为五个阶段：盾构到达前、盾构到达时、盾构通过时、管片脱出盾尾时以及长期变形阶段。各阶段地层移动预测可以有塑性理论和固结理论公式分别求解，上海地区盾构推进引起的地面沉降情况如表 5-16。应用数值分析方法，求解盾构法隧道引起的地面沉降为科学研究开辟了新途径，因为客观环境因素复杂，介质材料参数取值不准，计算结果仅能作为工程技术参考。

(4)盾构"蛇行"及轴线控制

由于盾构在地下行进走"蛇行"曲线，为了保证推进曲线与设计曲线的一致性，主要依靠地下导线测量的精确性，其次为了保证盾构前行有良好的姿态，"蛇行"曲线需要不断修正和接近设计曲线。上海某电厂引水隧洞，从浦东引水井出发，穿越黄浦江底进入浦西出口沉井，因贯通测量的误差,与设计进入沉井的轴线偏离 12cm。盾构无法进入工作井,不得不凿除沉井侧壁,延误工期,增加了造价。

上海地区盾构推进引起地面沉降情况表　　表 5-16

发展阶段	影响范围		隆起或下沉量(mm)	隆起或下沉速率(mm/d)	点总沉降量百分比(%)	产生沉降原因
	纵向(m)	横向(m)				
盾构到达前	≈H+D≈12–15	8~10	±5 5<L<15 ±10 3<L<5	+10	5	挤土降水
盾构到达	15	10~14	±15 L<3 L′<2	–15	10	欠挖挤压土体,超挖土体松弛
盾构通过	15	15	L>3 –15 L′>2 +10	–20	15~20	有超挖刀时,沉陷10~15cm,盾构带厚泥皮,先隆后沉(盾壳间隙)
盾尾脱出	18	16	+10–20 L″>4	–0.2mm/min	20~30	注浆不及时,浆液不足,管片变形
后期沉降	20	20~22	30	T>10d 0.1~0.5 T>30d 0.05~0.1 T>100d 0.001~0.1	50	100d 后沉降基本稳定,固结沉降

注:H——隧道中心埋深(m);D——盾构直径(m);T——时间(d 或 min);L——为切口前的影响范围(m);L'——切口后的影响范围(m);L''——盾尾后的影响范围(m)。

引起盾构推进轴线偏差的原因有:①盾构前进遇到的阻力不均衡;②盾构制作安装误差;③已拼装的管片圆环质量差;④测量精度不高。在推进施工中必须精心作业,对每一环都必须提交切口、盾尾高程及平面偏差实测结果,由此计算出盾构姿态及成环隧道中心与设计轴线的偏差。将测量的成果绘制成隧道施工轴线与设计轴线偏差图,一旦发现有偏离轴线的趋势,必须及时告知施工工程师采取及时、连续、缓慢的纠偏方法。每推进 100 环,请专业测量队伍用高精度经纬仪和水准仪进行三角网贯通测量校核。将激光测量、陀螺仪及模糊控制论用于盾构自动方向控制,是今后发展的方向。

(5)隧道防水施工

确保预制钢筋混凝土管片制作精度和抗渗指标、橡胶止水胶条的弹性和膨胀倍率是防水工程的基础。要求管片堆放、运输、拼装不能碰损边角。接缝高差、宽度要达到设计规范。膨胀橡胶止水胶条在完全拼装完成之前不能浸水。对拼装完成的隧道,如果发现有渗漏水量超过标准,则应采取防水堵漏,主要包括压注聚氨甲酸脂等防水材料封堵渗漏水点,再用膨胀水泥砂浆嵌缝。若缝槽过宽,应补充水膨胀腻子,表面加封氯丁胶乳水泥砂浆压缝,并做成“Ω”

形。上部 18°范围内毛孔刷防锈漆，用快凝水泥密封，并套上塑料保护罩，隧道下半断面的毛孔用掺有微膨胀剂的细石混凝土充填。

(二)顶管法

盾构法隧道前进依靠设在盾尾的分组千斤顶克服盾构机重和周围土体产生的正面和侧壁阻力，千斤顶支撑在已拼装好的环行隧道衬砌上，每拼装一环管片，千斤顶向前顶进一个衬砌环间宽度。理论上，盾构法施工隧道，前进的阻力不受隧道长度增加而增加。顶管法动力来自始发工作井内作用在后背井壁上的分组千斤顶，顶管千斤顶将带有切口和支护开挖装置的工具管顶出工作井井壁。以工具管为先导，逐步将预制管节按设计轴线顶入土层中，直至工具管后的第一个管节进入目标工作井。顶管法推进的阻力随管道长度增加而增加。为了克服长距离顶管顶进力不足，管道中间设置一个至几个中继接力环，并在管道外周压注触变泥浆减少顶进摩擦，如图 5-42。通常隧道内径大于 4m，使用顶管法没有用盾构法施工经济合理，对内径小于 4m 或更小的管道，特别是用于城市市政工程的管道，使用顶管法有其独特的优越性。

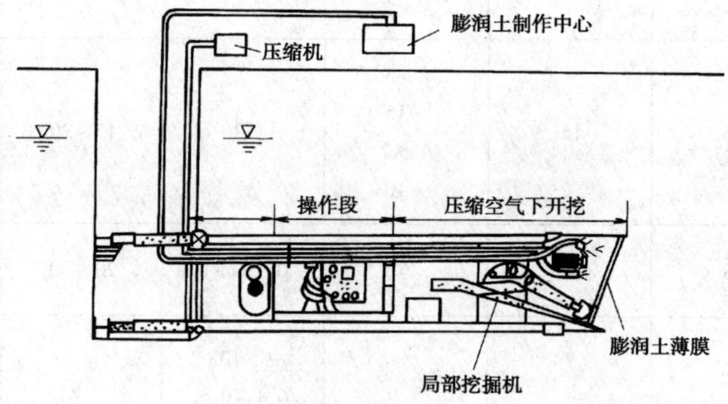

图 5-42　薄膜顶管施工方法原理

国内已使用的顶管工具管的形式有手掘式、挤压式、局部气压水力挖土式、泥水平衡式、土压平衡式。手掘式工具管是正面敞胸，人工开挖，它适用于有一定自立性的硬质粘土。挤压式工具管，正面有网格切土装置，它适用于沿海淤泥质粘土。对于地质条件复杂，周围环境要求严格，长距离大口径顶管，必须采用气压、泥水或土压平衡式工具管。气压平衡工具管，正面网格后设密封舱，在其中加适当气压支承正面土体。密封舱内设高压水枪和水力扬升器，用以冲挖正面土体，并将泥浆送入通过密封舱隔墙的水力运泥管，泵入贮池。泥水平衡工具管正面设有刮土刀盘，其后设密封舱，通过密封舱向工作面上注入用于稳定正面土体的护壁泥浆，使开挖土体的表面形成不透水的泥皮或薄膜层。一旦挖土机反铲抓土破坏了薄膜层，从喷嘴中新喷射出的膨润土泥浆不断地补修泥皮层，沉在密封舱下面的泥水，由压力管道泵送至地面泥水处理装置。普通土压平衡工具顶管，头部设密封舱，密封隔板上装有数个刀盘切土器，在顶进中螺旋出土速度与工具管推进速度相协调，使工具管正面土体的顶进压力和初始的侧向土体压力基本相等。随着顶管技术发展，顶管法和盾构法隧道的施工技术相互渗透，基本的原理和施工工艺越来越趋向一致。

1. 顶管法施工工艺

顶管法施工分为两个阶段，第一阶段为工作井(始发井、目标井)的建造、预制管节、顶进设备的安装；第二阶段为排土、顶进、安装传力设备、压注润滑剂、测量定位、管道整修。

2. 顶管施工的技术难题

(1)地面沉降。

(2)轴线和高程控制。

(3)液压千斤顶顶力和密封性能。

(4)转弯、纠偏定向装置和管节接头技术。工具管必须设有专门顶头,其根部连接有一组一定顶力的液压千斤顶,通过一个整体压力环将一组千斤顶与工具管的第一管节连接。依靠每个千斤顶不同的顶力和行程,控制顶进的方向和行程路径。顶头带动工具管可沿直线也可沿设计的弧线顶进开道。在相邻管节的环缝中充填三夹板楔块,适应弧线顶进。为了保证整个管线沿准确曲线顶进,除了用顶头开道之外,还必须通过后续混凝土管道的特殊接口来达到。如图 5-43 为 *F* 形的适应曲线顶进的管道的特殊接口,它既可以在混凝土管间随推进保持一定的张口以造成曲线,又可保证管节处不发生渗漏。

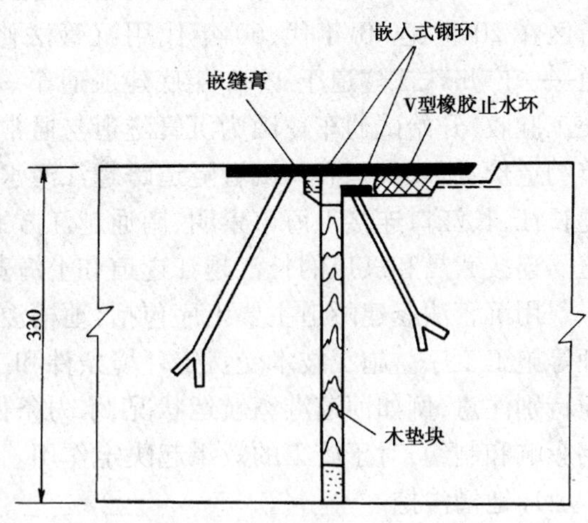

图 5-43 *F* 形管(壁厚 330mm)接头改造示意图

(5)注浆。为了减少顶进过程中管壁与土体间的摩阻力,应在顶进时不断地向管外壁压注膨润土泥浆,泥浆的组成类似于连续墙工法的护壁泥浆。

(6)其他。管道顶进中,由于巨大的顶进力,使管节接头挤压破碎,因此管道之间安放软木、橡胶垫层,既可分散受力,又能使接头防水性能提高。有的钢筋混凝土管节接头加上了钢板护套,效果更好。顶进中有时出现管道在土中旋转,主要由于工具管姿态不正确,千斤顶施力不均衡引起。顶进过程中经常检查工作井千斤顶支撑壁,如果发现较大变形应及时加固,否则可能酿成大的工程事故。

地铁区间隧道穿越铁路线、地面建筑物或构筑物短距离隧道施工,用顶管法比盾构法更经济。

三、水下沉管隧道施工

沉管法是跨越江、河、湖、海水域修建隧道的重要方法之一。沉管隧道是由若干预制的管段,分别浮运到现场,一个接一个地沉放安装,并在水下相互连接而成,如图 5-44 所示。早在

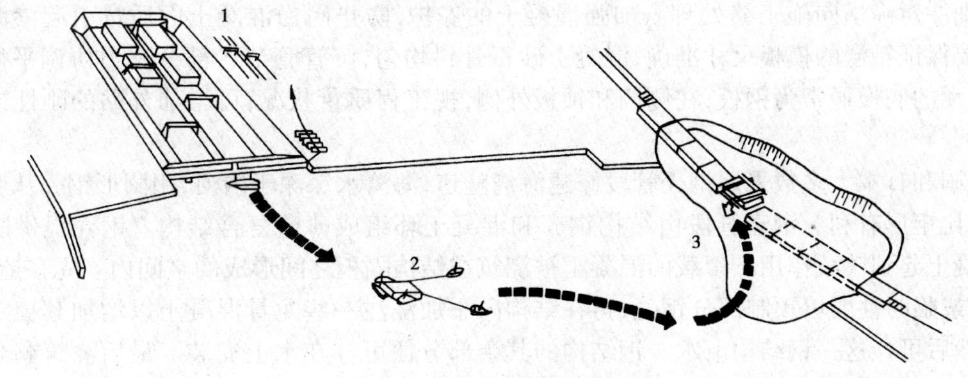

图 5-44 沉管隧道

1-管段制作;2-浮运;3-沉设

1910 年美国人就用沉管法修建了跨越美国与加拿大之间的底特律河双线铁路隧道,至 1994 年

底美国已建成25条沉管隧道。在美国沉管隧道大部分由钢壳管节组成。从1940年开始,欧洲荷兰、德国、瑞典、法国和比利时开始用钢筋混凝土管节修建沉管隧道。到1994年底,荷兰已建成19条沉管隧道。日本也是使用沉管法修建隧道最多的国家之一。我国的台湾省、香港特区在20世纪40年代、60年代用沉管法修建了4条海湾隧道。中国大陆第一条沉管隧道——广州珠江隧道于1992年底建成通车。第二条甬江水底隧道于1995年9月2日经过交工验收,开始试通车。因为沉管隧道与通常的掘进式隧道相比有很多优点,如可缩短工期、节约造价,所以我国有关沉管隧道跨越江河水域的方案不断提出。如京沪高速铁路在南京跨越长江,长江口连接上海市崇明、南通越江方案,都曾一度考虑到用沉管方法修建这些越江隧道。连接武昌和汉口的长江越江遂道和上海黄浦江下的沉管隧道即将动工兴建。

用沉管法修建隧道主要工序包括:地槽浚挖、管节制作、管节防水、管节驳运沉放、地基处理等施工工序。施工技术受特定环境条件和工程要求影响大,故在进行环境调查与研究时必须特别注意,例如河道港湾航运状况、水力条件、气候条件和土工技术条件。这些条件通常互相影响和制约,对于施工的效果起决定作用。

1. 地槽浚挖

地槽浚挖之前,要先对现场土壤土工技术和土壤质量、河流海洋的水力条件、生态资料进行广泛调查。经过边坡稳定和土壤矿物成分试验,再对各种浚挖技术方案进行比较,确定基槽的断面和浚挖机械。

挖浚基槽最常用的挖泥船有:①吸扬式挖泥船;②抓扬式挖泥船;③链斗式挖泥船;④铲扬式挖泥船。吸扬式挖泥船靠铰刀和泥耙把基槽的土体搅拌成泥浆,然后再由泥浆泵排泥管卸泥于水下或输送到陆地上。另外三种方法则靠铲斗、抓斗、链头把泥块挖起,装入驳船运走。

香港地铁隧道基槽浚挖作业分两个阶段进行。第一阶段粗挖到离最终设计标高约1m处。这一阶段使用生产率较高的链斗式挖泥机挖出大量土石,留下凹凸不平的表面待第二阶段整平。第二阶段采用整平度较好的2.5~14m^3大小不同的抓斗式挖泥机挖到基底。

2. 管段的制作

混凝土管段是在干船坞内或专门建造的内水湾中预先制作。有时利用隧道岸边引道段围堰先作为管段制作场。钢筋混凝土管段通常为矩形,每节长60~140m,多数为100m左右,最长为268m。箱型管节除保证通行车辆的净空,还必须容纳通风和水电等服务性空间。管段最宽的隧道是比利时的亚玻尔隧道,宽达53.1m。预制大体积的混凝土箱涵,必须合理地组织施工,特别注意纵横向施工缝处理。加强混凝土的养护,防止因为混凝土的质量引起渗漏。此外,还要保证箱涵的模板尺寸准确,混凝土砂石骨料均匀,沉管管节各部分重力协调平衡。混凝土箱涵的底模通常为钢板,在侧墙和顶板外侧,视工程质量状况,可增加外贴的刚性或柔性防水层。

美国和日本大多数采用钢壳管段修建海湾隧道,海湾水深深于内河,用圆形钢壳从受力角度考虑比矩形有利。钢壳管段由结构钢壳和混凝土环组成薄壁复合结构。钢壳提供防水屏障,混凝土起到镇载作用。镇载的混凝土被浇筑在结构隔板之间形成的空间内。先在造船台、干船坞或临时性船坞预制部分钢壳,再在结构内添加浇注一些龙骨混凝土以增加其稳定性和刚度,然后可让这一钢结构下水。钢结构的其余部分便可浮在水上安装。最后浇筑剩余的混凝土。沉放前先安装临时性挡头板、接缝的结构和其他水上作业特殊需要的装置,最后铺设附加镇载——混凝土和砾石。

3. 管节的驳运和沉放

(1)驳运

在管段拖运之前,为了确定浮运过程中管段的特性和沉放的设施,首先进行实验室的模拟试验和理论计算。所需拖船的能力和数量取决于隧道管段在河流、运河和海洋中的阻力以及驾驭航行时可供利用的空间。另一个决定因素是在一个特定的位置处有无船队通行。当整个系统通过空间有限的船闸或桥涵时,建议用绞盘或拖拉。在海上运输与在河流中运输完全不同,海上运输要求管段的结构能对付大海浪引起的各种冲击力。

整个拖运过程都与潮汐有关,通常根据潮汐的周期性变化确定最佳拖运时间,特别是驳运中的困难地段,保证在潮汐有利时刻通过。每次拖运之前,都应根据天文、气象及江河流量等预报资料对作业时间安排进行调整。根据国外建造沉管隧道的经验,在管段拖运阶段对自然条件的限制为:风速小于 10m/s;波浪高小于0.5m;流速小于0.6 ~ 0.8m/s;能见度大于1 000m。

通常可用回声声波探测法对浮运航道水深进行检查,必要时进行疏浚作业。河道的障碍物可能会损害管段的胶垫,一旦戳穿临时封堵隔墙,则可能造成灾难性的后果。在不能用浮标而以肉眼观测的方法表示航道的地方,需要导航船或自动导航系统。在拖运过程中通常有船只护航,以确保管段的安全。

(2)沉放

管段的沉放在整个沉管隧道施工过程中是最危险最困难的工序,沉放过程的成功与否直接影响到整个沉管隧道的质量。成功的沉放作业需要有各种环境条件的信息,还需要一定的技能和经验,以及准备足够的后援设施。

到目前为止,常用的管段沉放方法有两类。一类为吊沉法,另一类为拉沉法。吊沉法又分为:以起重船或浮箱为主要机具的分吊法;以方驳船为主的扛吊法和以水上作业平台为主的骑吊法。拉沉法利用预先设置在沟槽中的地垄,通过架设在管段上面的钢骨架顶上的卷扬机牵拉扣在地垄上的钢索,将具有 2 000 ~ 3 000kN 浮力的管段缓缓地拉下水。

沉放作业除了应有四只 1 000 ~ 1 500kN 的方形浮箱和四艘小型方驳船外,还必须配有发电机组、6 ~ 14 台定位卷扬机(牵引力 80 ~ 100kN,绳速 0 ~ 3m/min)、34 台起吊卷扬机(牵引力 100 ~ 220kN,绳速 5m/min)、定位塔、超声波测距仪、倾斜仪、缆索测力计、压载水容量指示器、指挥通讯工具等。

采取水上交通管制措施。航道封锁的范围,在上下游方向一般为隧道轴线两边各 150 ~ 200m。在隧道轴线方向,若采用前后锚时,管段两端各 150 ~ 200m;若采用"双三角"形锚索布置,则可缩小几十米。管段下沉的全过程一般需 2 ~ 4h,宜在水流递减至 0m/s 之前 1 ~ 2h 开始下沉,开始时水的流速小于 0.15m/s。

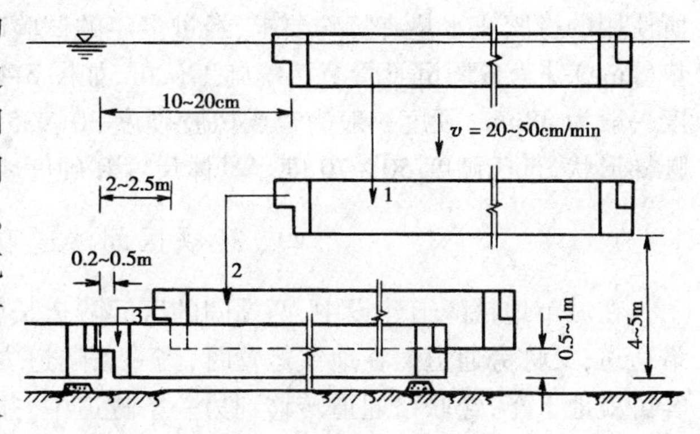

图 5-45　下沉作业步骤

1-初步下沉;2-靠拢下沉;3-着地下沉

下沉作业步骤如图 5-45 所示。压载水舱灌至设计值后,开始以 40 ~ 50cm/min 的速度沉放管段,直到管底离设计标高 4 ~ 5m。下沉时要随时校正管段的位置。随后将管段向已沉放管段靠至 2m 左右,继续下沉管段至离设计标高 0.5 ~ 1m 处。接着将管段移至距前节既设管段约50cm处，校正管段位置后，即开始着地下沉。着地下沉要慢，并不断地校正位置。着地时先将前端搁置在"鼻式"管托或套上卡式定位的位置，然后将后端轻轻搁置在临时支座上。各个吊点同时卸载，在卸去1/3和1/2吊力时，各校正一次位置，最后卸去全部吊力。管段下沉后，立即用水灌满压载水舱以防止管段由于水密度的变化或船只的来往而升浮。

用水力压接法进行连接的主要施工顺序为：对位、拉合、压接、拆除封堵。管段沉放到临时支承上后，操作钢缆绳进行初步定位，然后用临时支承上的垂直和水平千斤顶精确定位。达到定位精度之后，已设管段和新设管段仍有空隙，通常用带有锤状螺杆的专用千斤顶拉合，使胶垫的尖肋部分产生变形，具有初步止水作用。拉合千斤顶所提供的总拉力应为2 000～3 000kN，行程一般为100cm。接着用水泵抽掉封在隔墙间的水，使新管段自由端受到30 000～45 000kN侧向静水压力，胶垫的硬橡胶被压缩1/3高度后，接头完全封住，此时可以拆除隔墙。

要在最后一节管段两头端面都采用水力压接法是不可能的，最后一个端面的连接必须采用其他方法，如水中模板混凝土式、靠临时性封闭的干燥钢制镶板式。

4. 基础处理技术

沉管隧道的基础所承受的荷载通常较低，只作一般的处理，用砂和碎石作为垫层就能满足要求。只是土壤承载能力极差时，要避免可能引起危险的沉陷，有一些隧道或部分管节可放置在桩基础上。地震时管段下砂垫层一旦出现液化，将产生向上浮力。因此要求铺设的砂砾垫层尽可能密实。

沉管隧道的基础处理，早期采用先铺法，在管节沉放之前用刮砂(石)法将基槽底整平。此法费时，整平度、密实度也不高，难以适应隧道宽度的不断增加。后来出现了后填法，管段沉放后，再在管段与基槽之间的空隙灌砂、喷砂或者压砂和压浆。

5. 防水

早期采用外包钢板的方法防水，但耗钢量大、焊接质量难以保证、锈蚀严重等，后来发展成沥青卷材或涂料防水。20世纪70年代以来，欧洲的沉管隧道完全取消了外包防水层。为了保证管段不漏水，要严格控制混凝土的级配，振捣密实，加强养护，防止混凝土的干缩和温度应力裂缝。有的还采用水冷散热系统，进一步控制温度应力，防止混凝土开裂。

管段伸缩缝、施工缝用橡胶止水带和钢边橡胶止水带组成，外缝加盖聚氨基甲酸脂油灰。构造措施参见图5-46；管节间的防水主要靠橡胶止水垫环和Ω形止水胶带。水压力接管方法所使用的橡胶止水垫有特殊要求，经过多年的试验改进，荷兰于20世纪60年代研制出尖肋胶垫(gina)并为各国沉管管节接缝施工认可，如图5-47。它的三角形尖肋作第一次止水作用，高度一般为38mm，硬度一般为肖氏橡胶硬度30～35度。胶垫的主体承受主要的水压力，为等腰梯形状，肖氏硬度50～70度。具体尺度和硬度要根据设计而定。

四、地铁区间隧道联络通道施工

在城市地铁隧道建设中，两站间的区间隧道长度约为一公里，上下行隧道间通常要设置联络通道，又称旁通道。在地铁运营时，当一条隧道内发生火灾、涌水、倒塌等突发性事件时，乘客可就地下车，经联络通道转移到另一条隧道中，并迅速向地面疏散。

联络通道作为主体隧道之间的联系，在设计上，常将其与地下泵站结合起来建设。其基本构造形式有全贯通式、上行侧式、下行侧式、上下行侧式和深井侧式泵站等，如图5-48。它与主体隧道施工最大的不同在于它的断面和开挖长度一般较小，施工环境条件更为复杂，施工过程的安全防护系统不如主隧道完备。

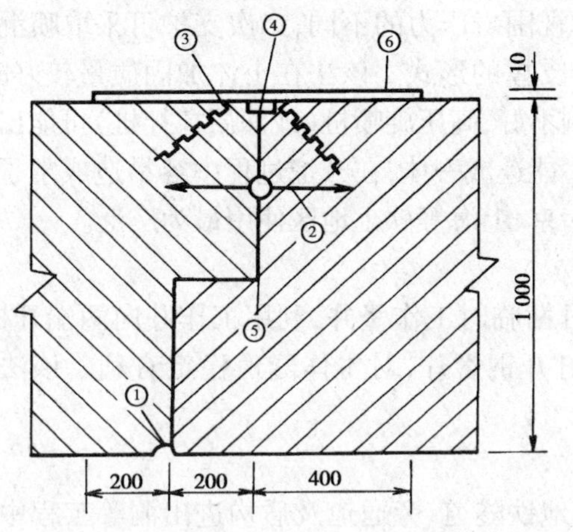

图5-46　采用橡胶—金属止水带及聚氨基甲酸油灰的伸缩缝(尺寸单位:mm)

①-堵排空隙;②-橡胶—金属止水带;③-角钢;④-聚氨酯泡沫;⑤-聚氨基甲酸酯油灰;⑥-异丁橡胶粘结带

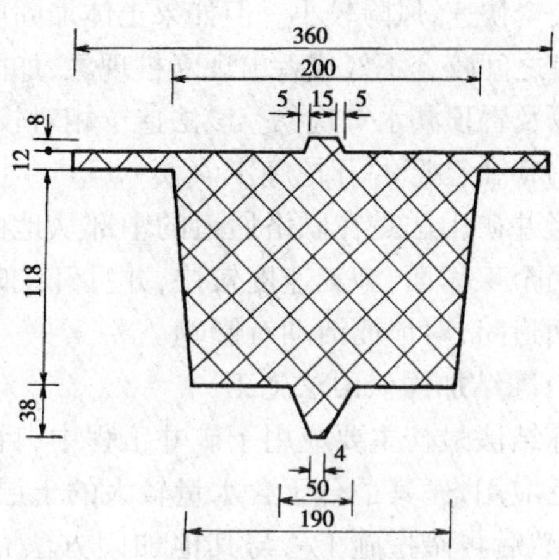

图5-47　尖肋胶垫圈几何形状(尺寸单位:mm)

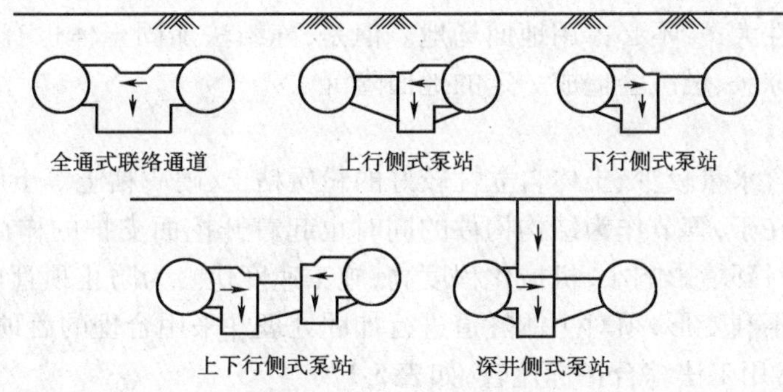

图5-48　联络通道泵站形式图

联络通道断面跨度为2.0~3.0m,墙高2.5~3.5m,断面为矩形、圆形或者直墙拱形。隧道长度通常只有6~15m,土体开挖量较小,一般小于$200m^3$。旁通道工程量虽小,但风险极大,如施工方法选择不当,不但会引发联络通道本身的工程事故,还会影响主隧道的稳定。2003年7月1日凌晨,上海轨道交通4号线越江隧道联络通道因大量流砂涌入,引起隧道受损及周边地区地面沉降,造成3幢建筑物严重倾斜,以及防汛墙出现裂缝、沉陷等险情。南京地铁区间隧道联络通道施工中,最初因工法选择不当,出现土体塌方、主隧道渗漏水、变形、工期延误等困难,有时不得不改变施工方案。由此可见,联络通道施工工法的比选及优化必须引起充分的重视。

1.联络通道常用的施工工法及对比

旁通道施工方法主要有:明挖法、管棚法、土体加固暗挖法(矿山法)、顶管法、小型盾构(顶管)法等。

(1)土体加固矿山法

当旁通道周围地层为透水性强、自稳能力差的松散砂土或饱和软粘土时,必须对施工区域土体进行加固,才能保证施工安全及减小对周围环境的影响。土体加固多使用冻结加固和灌注加固技术。灌注加固包括三重管高压旋喷注浆技术、深层搅拌桩加固技术、钻孔灌注桩技术和分层劈裂注浆技术等。

1)矿山法侧向暗挖施工

该法联络通道开挖构筑施工以"新奥法"施工的基本原理为指导,在打开钢管片之后,在隧道内采用矿山暗挖法施工,边开挖边施加临时支护,视围岩压力的不同,二次支护可采取喷混凝土、钢筋锚杆、钢筋网和钢拱架单独使用或相互组合支撑的形式。该法在土体加固质量较好时,施工安全快速,风险较小。但如果土体加固质量控制不好,高压旋喷桩(或深层搅拌桩)可能出现桩与桩之间咬合不好或者出现断桩现象,加固土体不能连成一体,在开挖过程中容易造成掌子面坍塌以及冒顶漏水等现象。该法造价相对较低,在南京、上海等软土地区使用最为广泛。

2)矿山法竖井开挖施工

竖井矿山法是在联络通道的中部从地面向下开凿临时工作竖井,利用工作井向两端开挖,具有两个工作面,施工速度较快,并且开挖时不需打开钢管片,对主体隧道稳定有利。该法占用地面道路,对地面活动有影响。

3)冻结加固矿山法施工

冻结法最初主要应用于矿井工程中,目前已在地铁隧道、旁通道及盾构进出洞等工程中得到广泛应用,尤其适合于含水量较大的土层。该法先从主隧道内用水平冻结技术加固其周围土体,然后再暗挖施工。与其他加固方法相比,冻结法具有以下优点:①冻结帷幕强度较高:-10℃时冻结粘土的抗压强度一般可达5MPa,冻结砂土的抗压强度一般可达8MPa以上;②冻土帷幕的止水性好,并且容易通过在冻土帷幕内设水文孔来检验;③对所处地层扰动较小,地面沉降控制把握性大;④不必占用地面场地。但是,冻结法加固土体也有其缺点:①施工周期长;②造价高;③冻胀、融沉会造成一定的地面隆沉。

(2)顶管法

顶管法适合于含水量较少、土体自立性较好的粉质粘土、硬质粘土等土层。它与加固土体暗挖法最大的不同在于,管节作为结构构件的同时也起着开挖面支护的作用,既不影响交通,也不破坏原有管线对环境影响小,机械化程度高,施工速度快。为防止顶管顶进的顶力作用在主体隧道上产生的不利变形,须对主体隧道进行加固处理并采用合理的后顶装置。

(3)联络通道常用工法综合指标比较,如表5-17。

联络通道常用工法综合指标比较 表5-17

施工方法	适用范围、施工难度及风险	进度	造价	环境影响
矿山法侧向暗挖施工	①适用于冲积软粘土地区、工艺成熟,南京地铁旁通道60%~70%由此法施工;②土体加固质量好时,施工安全快速风险小;③土体加固质量不好时,开挖时易引起掌子面坍塌以及冒顶漏水现象	较快(约75天)	较高(约100万,其中土体加固费用占到一半以上)	土体搅拌加固时要封锁交通,有泥浆、噪声污染及地面沉降
矿山法竖井开挖施工	①施工中不占用隧道,且具有两个工作面,施工速度快;②施工到最后才打开钢管片,对主隧道影响小;③土体如加固不好,易造成工作井坍塌或发生涌砂涌水现象	快(约60天)	较高(约120万)	土体搅拌加固时以及开挖过程中要封锁交通,有泥浆、噪声污染及地面沉降
冻结加固矿山法施工	①主要用在含水量较高的土层中;②土体加固强度高、止水性能好,且不占用地面场地;③但施工周期长、造价高,对地面的隆沉有一定影响	较慢(约100天)	最高(约300万,电费占大部分,且夏季施工费用高于冬季施工)	地面无污染无噪声,冻融控制不好会引起地面的隆起或下沉
顶管法	①适用于含水量小、自立性好的土层;②千斤顶的顶力作用在管片上,对管片以及主体隧道的稳定性有影响;③须对主体隧道进行加固处理并设置合理的后顶装置	最快(约45天)	总造价较高(约180万),但顶进设备可重复使用,综合造价低	地面地下无污染,地表可能稍有沉降,顶力控制不好会引起主体隧道的位移

2. 工程实例

(1)新街口—珠江路区间联络通道

该区间段位于闹市区,是南京市经济和交通的中心。旁通道的位置处于中山路长江路路口,采用地面加固对交通的影响很大,原设计方案采取了冻结法施工,预计工期要3个半月。

因新街口北端头井推迟2个半月交付,为了满足指挥部2003年底新珠区间具备铺轨条件的总体要求,必须加快施工进度。考虑到旁通道附近的土层为含水量较少的硬质粘土,且顶管法施工工期与冻结法比较可以缩短2个月,故对新珠段联络通道进行了设计变更,改为顶管法施工,如图5-49所示。

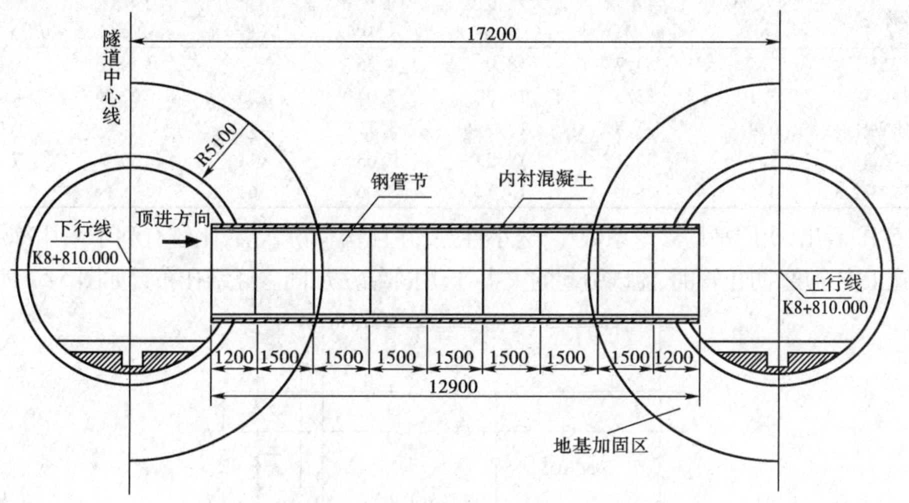

图5-49 联络通道顶管法施工横剖面(尺寸单位:mm)

为了确保顶进顺利,施工中采取了顶进测量、土体加固、隧道局部加固、全面的施工监测等措施,使这项工程经历了土体加固、设备安装、洞口预测、联络通道顶进、混凝土内衬浇筑等工序后,按计划于45天之内完成了施工任务,确保了总工期目标的顺利完成。

(2)张府园—新街口区间联络通道

该区间土层中有含水量较大的砂性土层,并且为了满足指挥部的要求,确保2003年12月1日提供铺轨条件,常规的矿山法开挖和冻结法施工不能如期完成,且用顶管法施工在含水量大的砂性土层中存在很大风险,经论证后确定采用垂直加固土体竖井矿山法施工,利用该工法具有两个工作面,以达到缩短工期的目的。

联络通道位于中山南路加油站北10m左右,根据土层及现场实际情况采用三重管旋喷桩加固,如图5-50所示,加固范围为沿隧道掘进方向11.4m,沿旁通道延伸方向到两条隧道中心

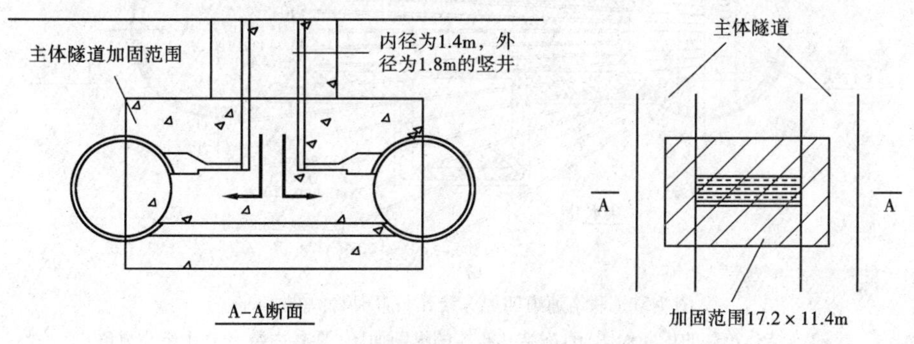

图5-50 联络通道土体加固及竖井开挖

线 17.2m，共施工高压旋喷桩 263 根，桩径为 1200mm，采用梅花型布置。加固后土体的无侧限抗压强度为 3 ~5MPa，渗透系数小于 10^{-9}cm/s。因此，竖井施工采用类似人工挖孔桩的施工方法。

经过精心施工，该联络通道最终顺利如期的完成。

(3)外秦淮河—三山街站区间联络通道

该区间旁通道工程地质资料如表 5-18 所示。地下水主要为孔隙潜水或弱承压水，埋藏浅，水位一般于地面下 1 ~2m。

土 层 物 理 参 数　　表 5-18

土层名称	土层厚 (m)	含水量 ω(%)	天然重度 γ(kN/m^3)	压缩模量 E_s(MPa)	粘聚力 C(kPa)	内摩擦角 φ(°)	渗透系数 k($\times10^{-6}$cm/s)
杂填土①-2b3-1	3.5	34.7	18.0	4.36			12.7
粉土②-1-1c3	2.1	33.5	18.3	7.04	23	22.8	4.23 ~7.02
淤泥质粉质粘土	6.4	37.8	17.7	3.71	11	9.6	1.03 ~6.67
粉砂②-2-2d3	3.8	32.1	18.5	9.63	11	30.7	7.31 ~256
粉质粘土③-2-3c2-3	4.5	28.0	19.1	7.06	61	9.1	2.6

从表 5-18 看出，土层平均渗透系数小，透小性差，并且含有粉砂层，比较有利于采用冻结法施工。为了提高施工安全度，防止管涌、流砂引起的灾害，选用冻结法加固。冻结孔布置如图 5-51 所示：

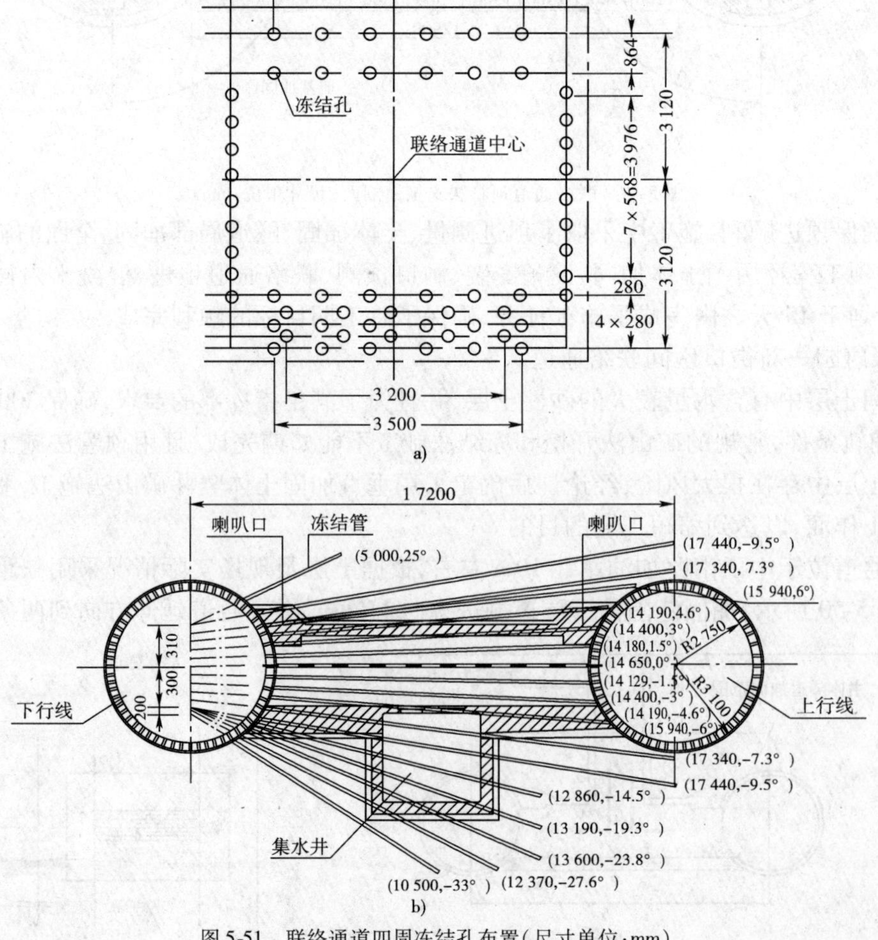

图 5-51　联络通道四周冻结孔布置(尺寸单位：mm)

a)冻结孔布置的横断面图；b)冻结孔布置的纵断面图(括号内数字为孔长及倾角)

其主要施工顺序为:施工准备→旁通道连通地面的垂直排水管施工→冻结孔钻孔施工(同时安装冻结制冷系统)→安装冻结盐水系统和检测系统→积极冻结→探孔试挖→拆钢管片→旁通道掘进与临时支护→旁通道永久支护→泵站开挖与临时支护→泵站永久支护→必要时进行土层注浆充填。整个工程实际施工工期主要为:58 个钻孔施工历时 12 天,冻结开挖支护混凝土内衬浇筑时间总共为 75 天,跟踪注浆时间为 2 天,设备拆除用时 2 天,总 2 期约为 3 个月。

在施工过程中,受冻土膨胀力的影响,隧道发生了上浮现象,同样在解冻过程中发生了复位现象。整个施工安全顺利,对周围环境影响不大。

第五节　轻轨高架桥车站及线路的施工

轻轨交通和高架道路是两种最重要和最常见的城市桥梁形式,它们均具有线路较长、跨径较小、结构形式较为标准的共同特点。轻轨交通由于只有双向两股交通,更具有结构较窄的特点。对于轻轨高架桥梁,我国现阶段一般采用两种结构形式和相应的施工方法:一是预应力混凝土空心板,跨径一般在 20m 左右,在预制厂预制后运至现场吊装就位;二是预应力混凝土箱梁,跨径一般为 30 ~ 40m,一般搭设满膛脚手架后现浇施工。前者虽然结构形式简单,但跨径小,外观差,技术含量较低,已不能形成竞争优势和满足高新技术产业化的要求;后者虽然跨径增大,桥梁完成后也较美观,但由于采用落后的施工方法,施工时严重妨碍周围环境和现有交通,增加了施工组织的难度,难以把握施工质量,无法形成产业化。由于以上原因,这两种施工方法在国外的城市桥梁中已很少采用,取而代之的是预制节段与体外预应力技术结合的施工方法,这种新颖的施工方法在近十年来为国外的桥梁建设广泛采用。预制节段与体外预应力相结合的施工方法融合了预制、节段施工、体外预应力三者的优势。工厂化预制可以缩短施工周期,容易控制施工质量,最大限度地减少现场施工;节段施工不但可以满足运输和吊装要求,而且使不同的跨径均可由标准化的节段组拼而成;而在预应力工艺中先进的体外预应力技术是发挥前两者优势的保障。

一、基 础 施 工

轻轨高架桥桥墩及车站框架柱对沉降要求严格,因此均采用独立承台下桩基础,对于车站框架结构则另加连系梁。

1. 桩基施工

桩基主要有:(1)预应力钢筋混凝土 PHC 桩,桩径 ϕ600mm;(2)预制钢筋混凝土方桩,一般 450mm × 450mm 断面;(3)钻孔灌注桩和挖孔桩,桩径有 ϕ800mm、ϕ1 200mm 和 ϕ1 500mm 三种。桩长视地质情况和承载力要求,由设计单位确定。桩基础一般座落于粉细砂层和基岩上。桩头需伸入承台底面 100mm,桩头钢筋留长 $45d$。

预制桩特别是 PHC 桩一般由工厂预制,场地许可情况下也可在现场制作钢筋混凝土方桩。预制桩分上、下两节,上节桩为 C40 混凝土,下桩为 C35 混凝土。吊运时混凝土强度达到 85%,打桩时混凝土强度达到 100%,且龄期不小于 28 天。对打桩要求满足贯入度控制为 30 ~ 70mm/10 击。应考虑以下两种情况:一是贯入度满足要求,但桩顶标高大于设计标高,其值小于 50cm 时,继续锤击 30 ~ 50 次,如异常可停锤;如其值大于 50cm 时,与设计单位联系研究决定;二是沉桩达到设计标高,但最后十击贯入度超过要求时,应超打 60 次,使贯入度满足要求。如贯入度仍不满足时,停锤 10 天后再复打,复打后仍不满足,同样需与设计单位联系研究决定。值得注意的是，与灌注桩距离小于 50m 范围内的沉入桩，均应在灌注桩龄期 28 天后进行，或者先施工沉入桩，后施工灌注桩。

钻孔灌注桩采用水下 C25 级混凝土。根据上海地区地质情况和施工经验，使用 GPS—10 型和 GPS—15 型钻机，成孔时采用原土造浆正循环方法，对于 ϕ1 500mm 桩，钻到孔深后使用反循环泵进行清洗。由于桩尖持力层为粉细砂层，且孔径较大，为保持孔壁稳定，防止孔底坍塌，钻进时采用较浓的泥浆，特别是在孔深 30m 以后进入粉细砂层，泥浆比重在 1.25～1.35 之间，待灌注混凝土前的二次清孔时再将比重调整至规范允许值。当钻进到设计高程后，利用钻机反循环系统的泥浆泵持续吸渣，使孔底沉渣基本清除，并同步灌入相对比重较小的泥浆。

2. 承台施工

承台的测量放样采用极坐标方法，在临近的高层顶上设置控制点，然后由上至下投点。这样既可以控制较大的区域，又可以避免线路较长而视线受阻的影响。承台轴线的临时控制点，校正后再使用。

承台土方开挖到桩顶标高时，要改为人工挖土，避免抓斗碰坏桩头。为防止土方塌陷，应采取放坡，打钢板桩、加木支撑等支护方式。承台位于沟浜范围内，承台底标高高于沟浜底标高时，挖去剩余淤泥，填充碎石，排清积水后再浇混凝土。

承台模板采用大型木模，尺寸为 1.83m×0.914m，表面为七夹板，模板拼装采用 12mm 拉条螺栓，拆模后凿除外露螺栓，并用砂浆修补。

二、立柱施工

为保证立柱外观的光滑、平整及内在质量，又能加快施工进度，采用拆装方便的大型整体式钢模。施工时在现场预拼装，符合要求后，再由吊车整体吊装就位。在吊装前，对拼缝进行嵌密处理，钢模内表面涂两次脱模剂。立柱混凝土浇筑派专人负责，保证适当速度供料，防止间隔时间过长而产生冷缝。对于双柱有联系梁的立柱，由于立柱模板的模数不可能相当精确，为了保证立柱混凝土外观质量，采用立柱一次成型再做联系梁的施工方法。横梁内预留 16mm 钢筋，采用预埋钢筋接驳器施工。

三、桥梁施工

1. 盖梁施工

盖梁分为预应力钢筋混凝土盖梁和普通钢筋混凝土盖梁两种，盖梁自重荷载较大，其支架下的地基进行预先处理。先对原状土进行压实，铺设 30mm 砾石砂压实，再在支架投影范围内铺设 15cm 厚 C25 素混凝土。

盖梁脚手架采用 ϕ48mm 钢管脚手，脚手管层高不大于 1.7m，剪力管布置密度一般不小于立杆总数四分之一。脚手架的顶部水平管控制标高层，须严格按换算标高布置，并且该管的连接扣件需加强。

盖梁模板采用大模板形式，九夹板直接铺设于下层的 50×150 木板之上，50×150 木板平铺于下层 75×150 木格栅和牵杆之上。铺设前预先计算好夹板尺寸，使拼缝对称合理，并牢固密封。盖梁侧模也为木模，木模外侧设围檩，采用对拉方式固定。

预应力盖梁钢绞线一般采用 $7\phi_j15$ 高强度低松弛钢铰管，抗拉标准强度为 1 860MPa。采用超张拉工艺，预备千斤顶为 YCQ150 型及配套的油泵，张拉形式为双向张拉，盖梁的张拉控制应力为 $\sigma_k = 0.75R_y^b = 1\ 395\text{MPa}$，锚下控制应力为 $N_y = 13\ 358\text{kN}$，采用超张拉工艺：$\sigma_{初} \rightarrow 1.03$

σ_k 持荷 5min→σ_k→锚固。张拉分两阶段进行,第一阶段混凝土强度达 90% 后进行张拉,第二阶段待板梁吊装完毕后再进行张拉。

2. 板梁施工

板梁分为先张法预应力空心板梁和后张法预应力空心板梁。板梁长度大,重量重,吊装高度高,一般采用双机台吊的方法。使用两部 50t 履带吊,把杆长 22m,把杆仰角 75° ~80°,起重量 19 ~31t,幅度 7 ~15m,吊钩高度 19m。实施双机抬吊作业的关键是因地制宜地选择吊车的最佳作业位置和动作协调,大都采用隔跨同向位或同跨同向位作业,板梁运输进入的位置基本和架设方向平行。

3. 箱梁的施工

正在施工的上海轨道明珠线的设计采用单箱双室截面,桥跨结构主要采用简支梁,标准跨径为 30m,主梁高 1.90m,梁宽 9.05m,腹板厚 20 ~30cm。标准截面如图 5-52。设计中预应力钢筋采用美国 ASTM 标准的 270 级 ϕ 15.24mm 高强度低松弛钢绞线,标准强度1 860MPa,预应力系统采用 7 股钢绞线,在标准跨径截面上配置了 21 根,锚固系统采用 OVM 集团 OVM15—7。预应力钢束在截面上的配置如图 5-53。

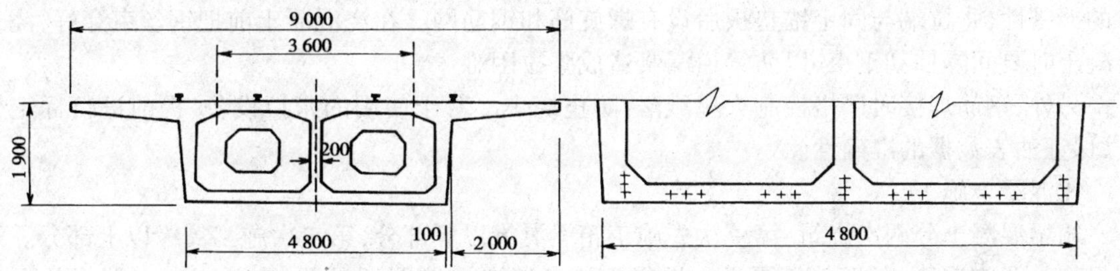

图 5-52 轨道明珠线 30m 跨标准截面(尺寸单位:mm) 图 5-53 轨道明珠线 30m 跨预应力布置(尺寸单位:mm)

(1)满膛脚手支架现场浇筑施工技术

箱梁施工流程:地基处理→测量放样→脚手架→底模→第一次钢筋绑扎→钢绞线及波纹管安装→第一次混凝土浇筑→第一次拆模→第二次钢筋绑扎→钢绞线及波纹管安装→第二次混凝土浇筑→拆模→张拉→落架。

①基础处理

施工过程中分批施加预应力,箱梁自重逐步从临时支架移到永久桥墩上,在此施工过程中临时支撑出现较大反力,因此搭设支架前必须对地基进行处理。处理方式同盖梁脚手搭设对地基处理要求。

②支模体系

支模采用两种形式:一是 ϕ45mm 钢管满膛脚手排架,用于不影响交通的部位,在 ϕ48mm 脚手管上端放置 75 ×150 板组成牵杆格栅,满铺九夹板。二是 580 钢支撑平台排架用于交通要道处,保证交通的正常通行。图 5-54 为跨越快速车道和人车混行道模板搭设的方式。以 30 号工字钢作横梁搭设在 ϕ580 钢管支撑上,横梁上搁置 28 号工字钢纵梁,上面用 2 英寸厚木板满铺作为操作平台,再在平台上搭设满膛支架,ϕ48mm 钢管下用 75 ×150 板横桥向布置作为垫木。

箱梁箱孔内的摸板采用大模板形式,并用木架支撑、固定。为保证在使用阶段不出现底部受集中力作用,箱梁内不允许留有支撑,在每仓两头各开一个洞,作为人孔,底模可不拆,但竖向支撑必须拆除。

③扎筋及预应力波纹管

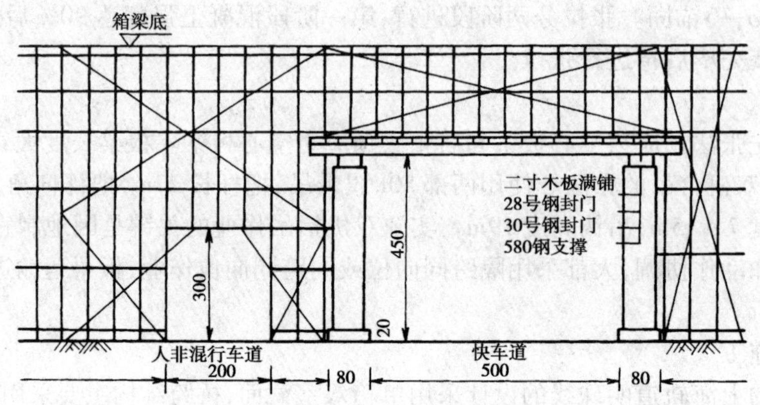

图 5-54　箱梁跨越公路脚手搭设(尺寸单位:cm)

由于是采用预应力后张法,钢筋用量不多,但在梁端头钢筋较密,因此在钢筋绑扎同时,要考虑到波纹管安放的位置,部分钢筋要等到波纹管穿好后再进行绑扎。波纹管在安装中一是要注意位置的正确性,二是要注意线形的和顺性。管道与管道的接口用密封胶带缠紧,保证接口的严密性,张拉端与固定锚垫板后设有螺旋筋和钢筋网。在浇混凝土前把钢丝束穿好,浇筑混凝土时要间隔抽动钢束,以防管道漏浆造成张拉困难。

另外,钢筋焊接时严格控制火星溅落,防止烧焦。对于使用的张拉设备,提前进行标定检查,保证油表数据的准确性。

④混凝土施工

箱梁混凝土分两次浇筑:第一次先施工箱梁翼缘以下部分,第二次施工翼缘以上部分。采用 C50 商品混凝土,长壁软管泵送。混凝土施工缝严格按图纸设置,水平方向在翼缘的下口设置。第二次浇筑混凝土前,按要求对施工缝进行凿毛处理。由于一次浇筑混凝土土方量较大,因此在每一次浇筑前需协调混凝土供应,充分做好混凝土浇筑准备工作,每次混凝土浇筑在初凝前完成。要求混凝土供应有连续性和控制混凝土初凝时间。混凝土浇筑由一端向另一端进行(由低向高处),泵车放料控制好速度,浇筑高度要均匀。在混凝土浇筑过程中,避免震捣器碰撞波纹管和预埋件等,同时对支架体系及模板体系进行观测,防止发生过大变形。

箱梁混凝土标号高,在养护过程中必须严防发生裂缝等现象,采用湿润养护。当混凝土收水结束后,用土工布覆盖并浇水保持浸湿状态。对于处在冬季施工,要采用必要的防冻措施。一般在收水后先盖一层塑料薄膜,再覆盖土工布进行保温养护。

⑤预应力张拉和压浆

箱梁采用的锚具是 OVM 系列群锚体系,固定采用的是 P 锚,张拉控制应力为 $0.73R_y^b$ 张拉为 1 330.6kN。张拉时采取双控,即以应力控制为主,伸长量为校核,实际伸长与理论伸长值相比较,误差应保持在 6% 以内,一旦发现伸长值为异值时,要停止张拉,进行分析,找出原因后,经监理同意再继续施工。张拉时为对称张拉,先中心轴附近各束,后上下各束。张拉采用超张拉工艺,张拉程序为:0→初应力→105% σ_k(持荷 5min)→σ_k(锚固)。张拉结束后,应随即压浆,一般不超过 24h,最迟不超过 3d,以免预应力筋松弛。在压浆前要先用压力水冲洗孔道,并用压缩空气排除孔内积水。浆液由波纹管一端向另一端压入,管端部设置排气孔,当出现原浆后即可堵住气孔,并再增压两次,保持 3min 左右再关闭阀门。在压浆施工前,应提前 2h 用快速水泥封堵夹具与钢束间的缝隙,防止漏浆。另外需对排气孔、压浆孔等全面检查,并对压浆设备系统安装检查。压浆顺序:应先压下面孔道,后压上面孔道,并应将集中一处的孔道一次压完，以免孔道漏浆堵塞临近孔道，如集中孔道无法一次压完时，应将相邻未压浆的孔道用压力水冲洗，使得再压浆时通畅无阻，曲线孔道由侧向压浆时，应由最低点的压浆孔压入水泥浆，并由最高点的排气孔溢出浓浆。

压浆浆液采用水泥浆，膨胀剂U形，减水剂为SI—II，水泥采用525号普通硅酸盐水泥，配置完成的水泥浆水灰比为0.4，流动速度按ASTM标准为14～20s。

(2)桩基支墩和贝雷架平台支模方案

对于特别软弱的地基，又要跨越一定跨度的障碍时，可以选用桩基支墩和贝雷架平台支模方案。跨中布置两排桩基支墩，两侧用原结构系梁作支墩，实际形成8m+9m+8m=25m的跨度布置。跨中每排桩基支墩设3个支承台，每个支承台下布置2根ϕ400mm长20m的水泥粉煤灰碎石桩，见图5-55。

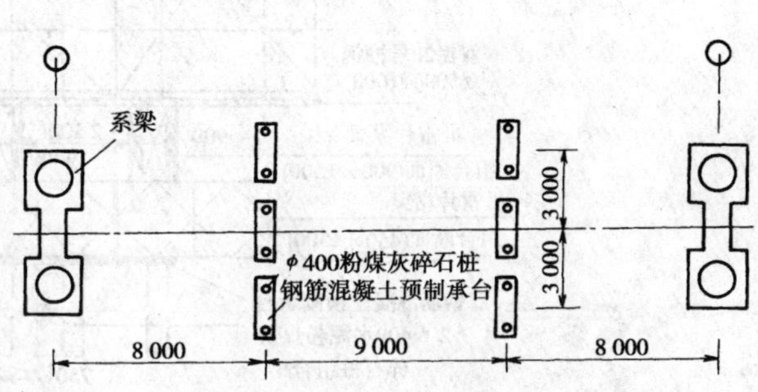

图5-55　标准跨箱梁下支墩基础平面布置图(尺寸单位：mm)

贝雷架平台以纵横梁形式布置，横梁为主梁，双榀贝雷片组合，横桥向搁置于支承台上。纵梁为次梁，双榀贝雷片组合，纵桥向搁置于贝雷片横梁上。在贝雷桁架平台上布置双榀20号槽钢枕梁，间距为1m。槽钢枕梁之上为常规的ϕ48mm钢管支架及竹夹板底模，见图5-56、图5-57。

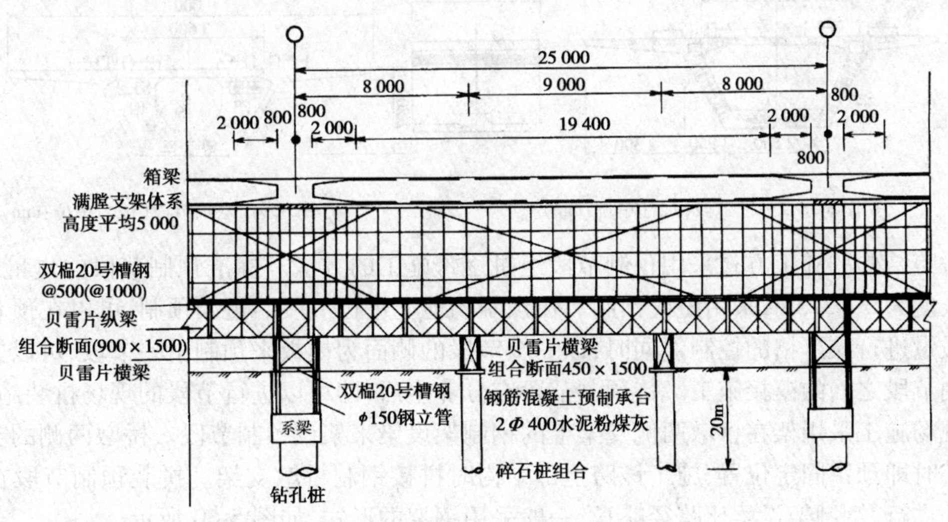

图5-56　标准跨箱梁支架体系纵断面图(尺寸单位：mm)

(3)预制节段拼装施工技术

为了充分发挥标准化施工的优势，使结构在较宽的跨径范围内具有通用性，所以在设计中采用模块设计，整个线路可以只有两种预制节段，即3m的标准节段和1.5m的墩顶锚固节段。

由于轨道荷载较重，考虑最大跨径为36m，这样结构适合的跨径分别为：36m、33m、30m、27m、24m、21m等，全跨结构即由上述两种节段组拼而成，跨径布置可根据现场具体情况决定。结构形式主要采用简支结构，主梁采用等截面斜腹板单箱单室箱梁，高度均为2.2m，腹板厚度为35cm，在腹板中设置了复试剪力键(multi－shear Key)提供抗剪，上下翼缘板中设置了结构齿块以满足节段镶合需要，节段间采用干接缝。在标准节段中间设置混凝土偏转块供预应力钢

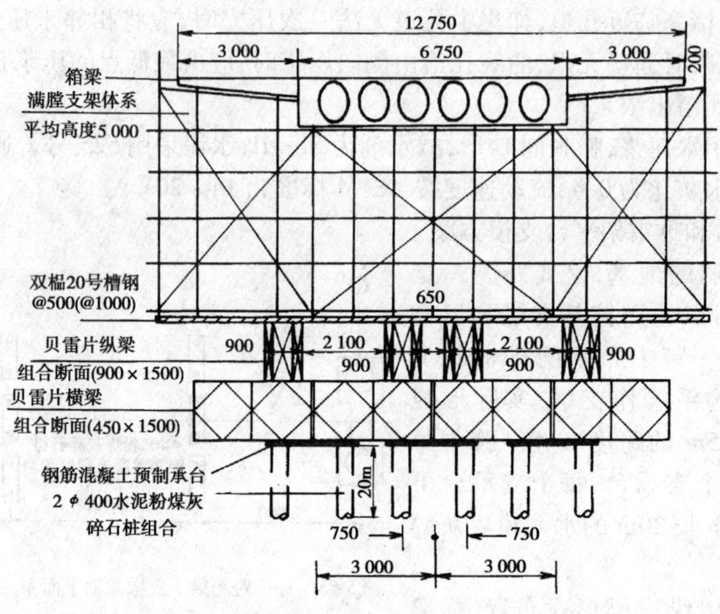

图 5-57　标准跨箱梁支架体系跨中处断面图(尺寸单位:mm)

束的偏转。标准节段和墩顶节段分别如图 5-58 和图 5-59 所示。

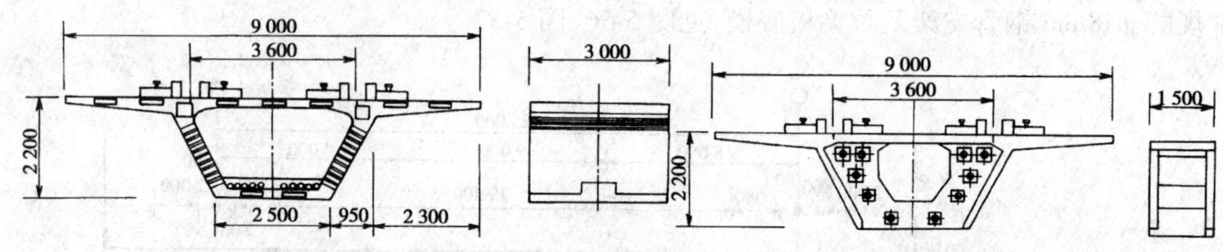

图 5-58　标准节段(尺寸单位:mm)　　图 5-59　墩顶节段(尺寸单位:mm)

桥跨结构的施工方式采用预制节段组拼逐跨施工的方法。标准预制节段的重量约30.5t,节段长度为 3 ~ 3.5m,采用短线预制。在预制场地上进行节段的短线预制,可以在预制阶段对施工质量进行较严格的控制。同时,以一个节段的侧面为模板来预制下一节段,可以方便地进行预制节段之间的镶接施工。待预制节段充分养生后,即可以进行节段的现场拼装施工。

现场施工采用架在桥墩两侧支架上的钢制架设梁来架设预制节段。桥墩两侧的支架在桥墩施工时即预留固定位置,施工该跨上部结构时拼接钢制桥墩支架。拼装预制节段在钢制架设梁上进行,钢制架设梁比跨径略长,一般采用钢架的形式,如图 5-60 所示。

同时,为适合各种不同的跨径,架设梁的设计也必须可以增减构件以调整长度。钢制架设梁在施工完成后,在其上组拼一跨的所有预制节段,为保证节段之间的密贴,在预制节段上均预留有安装齿块,将一跨的所有预制节段逐块镶接拼装,并全部在钢制架设梁上就位后,布置并张拉体外预应力的钢索。张拉结束后,将钢制架设支架前移并安装到下一跨,随后进行下一跨的预制节段组拼施工。

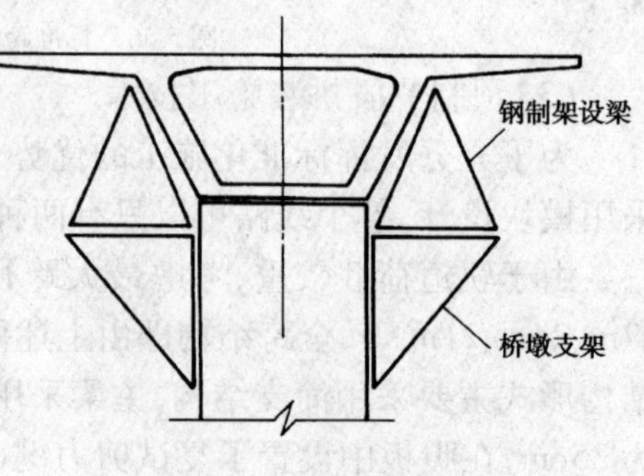

图 5-60　施工架设梁

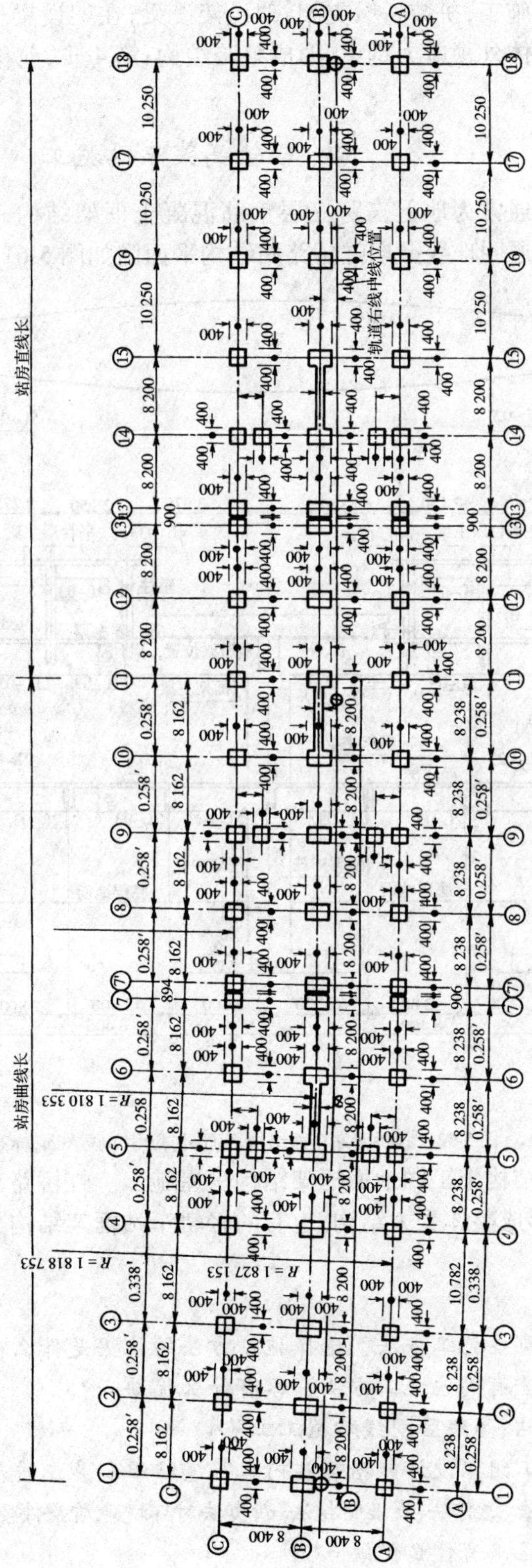

图 5-61 虹桥路站车站结构平面图(尺寸单位:mm,角度单位:分)

全桥施工的主要步骤为:第1步,施工下部结构,同时预制上部结构的箱梁节段;第2步,上部结构开始逐跨施工,拼装桥墩支架,架设架设梁,在架设梁上拼装一跨的所有预制的箱梁节段;第3步,张拉体外预应力钢束,形成整跨结构;第4步,前移桥墩支架和架设梁,进行下一跨施工。

四、轻轨高架车站施工

轻轨高架车站通常为地上三跨三层钢筋混凝土框架结构,顶盖为轻型钢网架,上覆彩钢板。上海市轻轨交通明珠线一期虹桥路站结构平面图如图5-61,结构剖面图如图5-62。

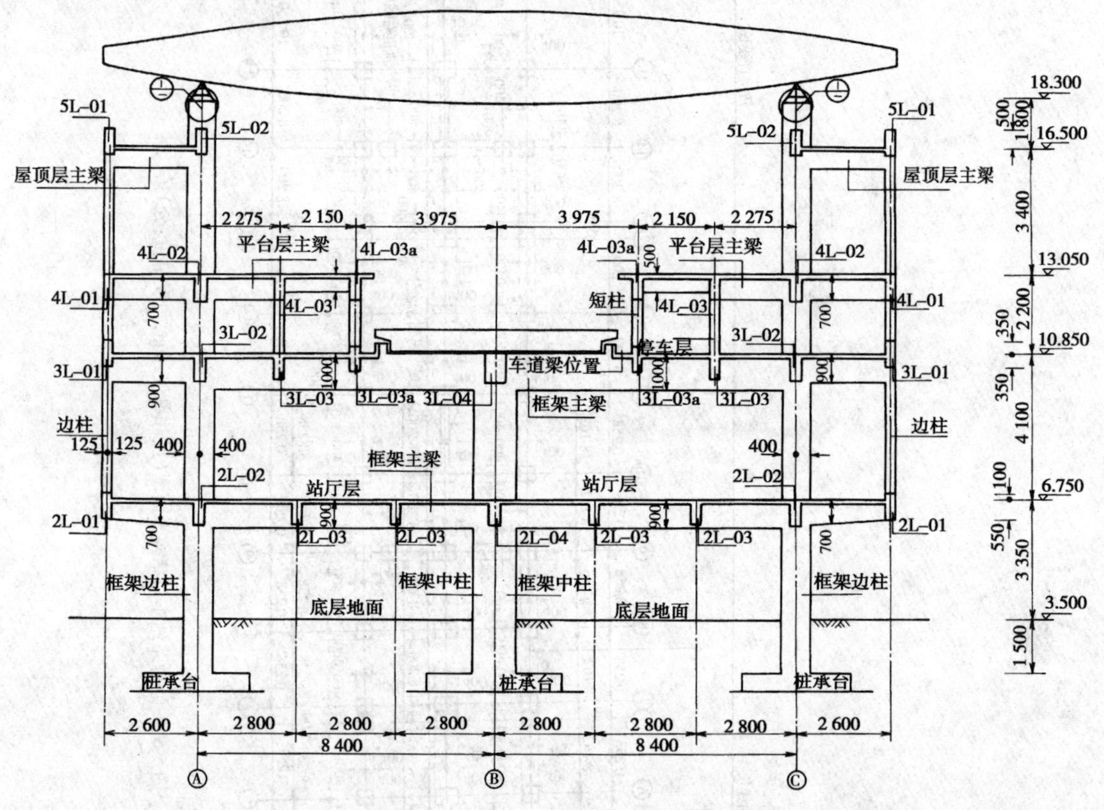

图5-62　虹桥路站车站结构剖面图(尺寸单位:mm,标高单位:m)

轻轨车站框架结构施工同地面框架结构房屋施工。虹桥路车站轨道线路结构与车站主体结构连接在一起,形成整体受力结构,也有的轻轨车站框架结构与线路轨道结构脱离。

思考题

1. 地铁车站有哪些施工方法?选择施工方法的依据是什么?
2. 地铁区间隧道有哪些施工方法?各有什么优缺点?
3. 简述高架车站、高架区间线路施工工艺。
4. 地铁车站施工组织设计包括哪些内容?怎样编制施工进度、质量、安全、投资控制计划?
5. 盖挖法、明挖法、逆作法、浅埋暗挖法、新奥法对环境地质条件要求有何不同?各有什么特点?
6. 盾构法隧道施工有什么优缺点?

第六章　地铁与轻轨设备系统

第一节　供配电系统

一、供电方式

地下铁道的供电应根据路网规划和城市供电网络进行设计，可采用集中式供电、分散式供电或混合式供电。

集中式供电有利于地下铁道供电的管理，并提高了检修作业的独立性，一般来说投资比分散式供电要大，但可提高地下铁道自身供电的可靠性和灵活性，故在客流量大的情况下采用集中式供电较为合适。而沿地下铁道线路由城市电网分散式供电，则要求供电部门的变电所留有足够的备用容量才能保证电源的可靠备用。再者，地下铁道供电与企业供电不同，它是对沿线所有负荷通过沿线各变电所供电的一个完整供电网络，沿线变电所数量较多，尤其在中压分散供电的情况下，供电部门要满足每个变电所两路专用电源比较困难，而地下铁道自身可以通过一个较完整的系统来提高整个系统供电的可靠程度。

城市地下铁道供电规划应为整个城市地下铁道网服务，因此必须根据城市电网规划情况作统一的技术经济比较后作出决策。

供配电系统应满足安全、可靠、接线简单经济、运行灵活的要求。

二、负荷等级

地下铁道是城市的主要交通干线，供电的可靠性直接影响线路的畅通和人员的安全。一旦地下段停电将不仅导致运输混乱，且易造成人身伤亡。故地下铁道重要的电力用户如车站站厅和站台层的事故照明，车辆的牵引用电、通信、信号、防灾装置等为一级负荷；车站站厅和站台层的一般照明、设备及管理用房照明、出入口照明、一般风机、直升电梯、自动扶梯为二级负荷；车站内广告照明、冷水机组及配套设备、电热设备、清洁机械设备等为三级负荷。

三、供配电系统内容

地铁供电系统应包括外部电源，主变电所（或电源开闭所），牵引供电系统，动力照明供电系统，电力监控系统。牵引供电系统应包括牵引变电所与牵引网；动力照明供电系统应包括降压变电所与动力照明配电系统。

1. 供配电系统设计应根据建设要求，会同电力部门协商确定下列内容：

（1）外部供电方案；

（2）系统一次接线方案；

（3）近、远期用电量及需要电源容量；

（4）电力系统近、远期有关的规划及系统参数；

(5)地区变电所出线保护与地下铁道供电系统进线保护的配合。

2. 地下铁道变电所根据供电内容应设计成为主变电所、牵引降压混合变电所、牵引变电所和降压变电所。整个地下铁道线路的供配电系统可用图 6-1、图 6-2、图 6-3 来说明。

3. 变电所选址应符合下列原则：

(1)靠近负荷中心；

(2)电缆线路引入方便；

(3)设备运输方便；

(4)独立设置的地面变电所宜靠近地下铁道线路，并应和城市规划相协调。

变电所的数量、容量及其在线路上的分布应由计算确定。

4. 主变电所

主变电所为地下铁道线路上的总变电所，承担整个地下铁道线路上的电力负荷的用电。根据计算确定在地下铁道线路上设置的主变电所的数量，每座主变电所设置两台主变压器，由地区枢纽变电站提供两回专用线路供电，两回路同时运行，保证供电可靠性和供电质量。主变压器容量应能满足正常运行时，每台变压器容量承担其所供区域内的全部动力、照明及牵引负荷的供电。当发生故障时，应满足如下条件：(1)当一台主变压器发生故障时，另一台主变压器应能满足该所供电区域高峰小时牵引负荷和动力及照明一、二级负荷供电；(2)当一座变电所因故解列时，剩余主变电所应能承担全线的动力和照明一、二级负荷及牵引负荷。

5. 牵引供电系统

地下铁道中采用直流牵引系统，其供电范围为电动车辆。

牵引电网由接触网和回流网组成。接触网为正极，回流网为负极，并分别通过上网电缆和回流电缆与牵引变电所连接。接触网按安装位置和接触导线的不同分为：

(1)接触轨。按授流接触位置不同，可分为上部授流接触轨、下部授流接触轨和侧部授流接触轨。接触轨可采用低碳钢或钢铝复合材料。

(2)架空接触网。架空接触网可分为刚性架空接触网、柔性架空接触网。

牵引变电所由主变电所供电组成独立的供电网络，牵引变电所根据牵引供电计算，沿地下铁道线路设置。

牵引负荷的大小主要决定于电动车辆的型式、线路条件、车辆编组数、列车对数和线路的通行能力，即主要由牵引计算结果和列车对数等条件决定。城市交通有其特殊性，每天有上、下班高峰，因而计算应以此为依据。牵引整流变压器容量应满足牵引网远期高峰小时负荷的要求。牵引变电所一般设两套整流机组，且两套机组的规格应尽量一致，这样既经济又利于运营管理。

两套整流机组接于同一段母线，并联运行。正常运行时，与相邻牵引变电所共同向所间的接触网分区双边供电。当一台整流机组出现故障或检修时，另一台机组在其允许过负荷的情况下，保持列车正常运行。当一牵引变电所出现故障或检修退出运行时，由两相邻牵引变电所越区双边供电。

接触网在正常工作状态下，从牵引变电所直接得到馈电，并构成双边供电。接触网的电分段应设在下列各处：

1)车辆出行处(进站端)；

2)辅助线与正线的衔接处；

3)车辆段与正线的衔接处；

主变电所
110kV
35kV
35kV
10kV
至下一牵引变电所
35kV
35kV
35kV
35kV
至下一车站降压变电所
主变电所
110kV
35kV
35kV
10kV
牵引变电所
35kV
车站降压变电所
至下一牵引变电所
至下一车站降压变电所

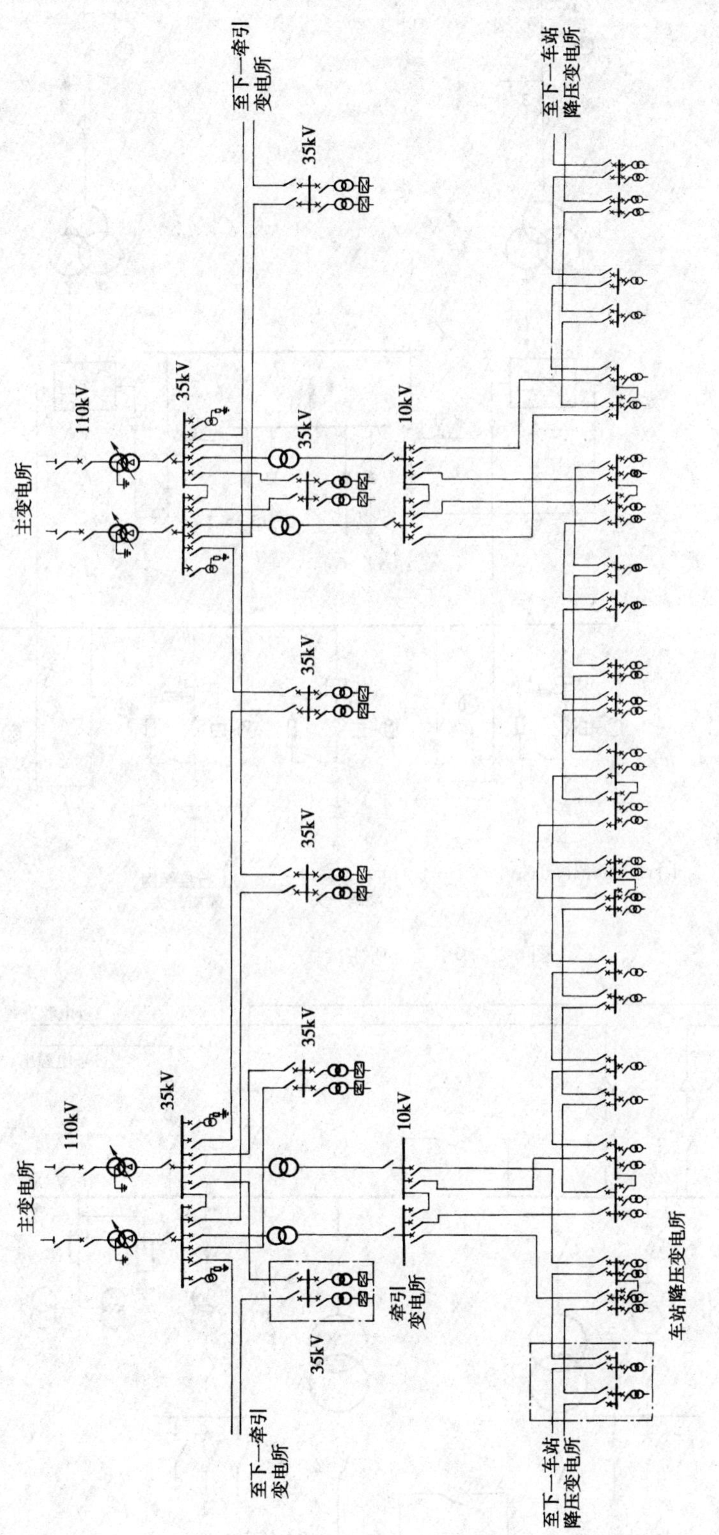

图 6-1 供电系统方案

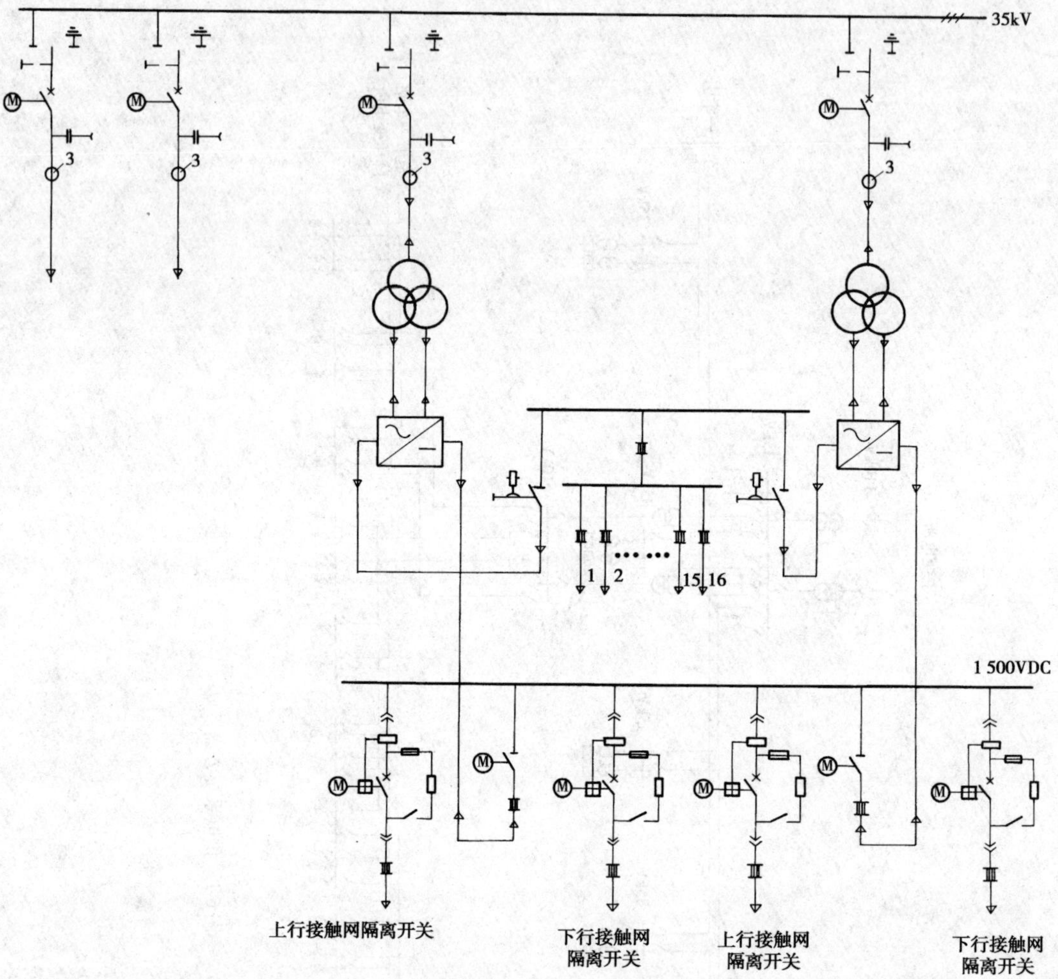

35kV
3
3
3
3
1
2
15
16
1 500VDC
上行接触网隔离开关
下行接触网
隔离开关
上行接触网
隔离开关
下行接触网
隔离开关

图 6-2　牵引变电所主接线

2号电源出
2号电源进
1号电源进
1号电源出
10kV一段
10kV二段
0.4kV一段
0.4kV二段

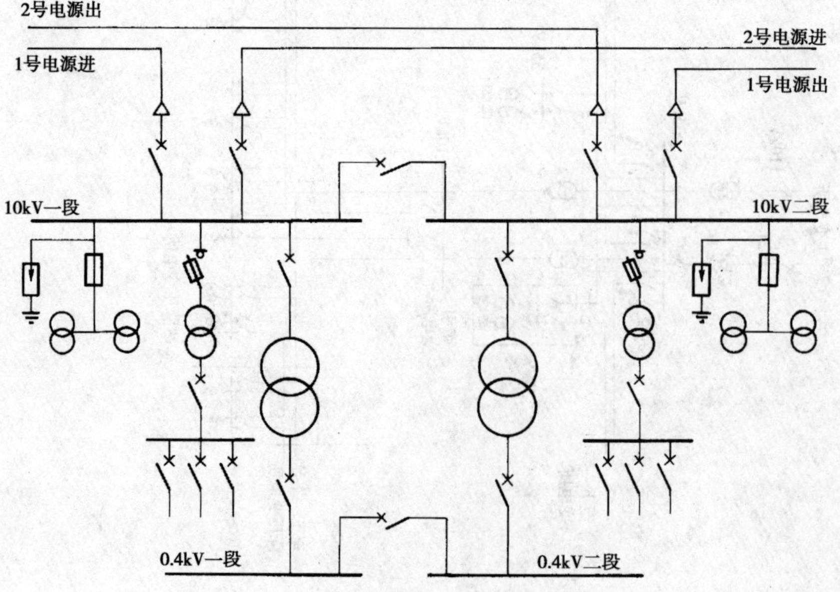

图 6-3　车站降压变电所主接线图

4)车辆段库线入口处。

6. 降压变电所

其供电范围为车站内的动力、照明、通信、信号、防灾装置等用电负荷及区间内的用电负荷。

各车站均设1～2座降压变电所，每座降压变电所设置两台配电变压器，配电变压器接线型式为D/Yn11，高压侧电压为10kV，低压侧为0.4kV。

降压变电所内两台配电变压器容量应满足：正常情况下，两台变压器分列运行，负荷率≤70%；故障情况下，一台变压器退出运行，另一台变压器保证向全所供电范围内一、二级负荷供电。

7. 变电所的一次接线

变电所一次接线确定的原则：应在可靠的基础上力求简单。

主变电所高压侧采用单母线分段，中间不联络，低压侧采用单母线分段中间加联络开关接线方式。正常情况下，低压侧联络开关打开；故障情况下，联络开关闭合。

牵引变电所，牵引负荷考虑到谐波治理的需要和电源电压的不平衡，其高压母线设计成备用电源自投的单母线接线方式。

降压变电所，高压侧设计成单母线分段系统，低压侧为单母线分段中间加联络开关接线方式。

8. 变电所内设备选型及安装

设备选型在满足技术要求和功能要求的前提下，还应做到：占地面积小，一次接线简单，有利于运营管理，在较高的互换性条件下可不停电维修设备。故应采用成套开关柜。

进入地下的电气设备及材料，应采用防潮、无自爆、耐火或阻燃型产品。从地下铁道的客观条件考虑，本应选用无卤难燃低烟型电缆，但目前国内生产水平不具备条件，且成本高，故暂不强调，因而火灾时，需要通风系统（防烟系统）加以配合，以确保人身安全。

室内配电装置各种通道的最小净距，不应小于表6-1中规定的数值。为节省投资，表中净距采用国内较小的限值，仅以满足运营和维护的需要为前提条件。

室内配电装置通道最小净距　　表6-1

设备名称	操作通道（mm）	离墙距离（mm）
变压器	—	800
手车开关柜单列布置	手车长+900	—
手车开关柜双列布置	两个手车长+600	—
开关柜（柜后设维护通道）	—	800

四、供电监控系统（SCADA）管理自动化

对供电系统设置一个能够指挥和监控系统正常运行及事故处理的电力控制中心，将主变电所、牵引变电所、降压变电所的监视、控制和测量纳入一个供电系统管理自动化系统，该系统的设计应包括下列子系统。

1. 控制站系统

在控制中心设置工作主机（包括CRT显示设备）、通信设备、模拟屏、交直流电源装置、网络打印机、远动装置及其辅助设备。

2. 被控站系统

各被控站内设置RTU，组成变电所全所自动化系统的子系统，通过与主站的在线通信实现全线供电设备的集中监控。

3. 通讯系统

利用通信通道，实现各变电所与控制中心的通信。

系统应具备以下功能：

1. 遥控功能

应具有单控和程控功能，实现对各变电所主要开关设备的控制，并在CRT及模拟显示屏上显示，并打印输出操作内容。

2. 遥信功能

对被控对象的状态信号，供电设备保护信号和信号回路发出的供电系统或设备异常信号进行实时采集，并对采集到的信息和数据进行处理。

3. 遥测功能

具有随时召测、定时循环遥测和统计遥测功能，可以对电度量、功率、电流、电压等物理量进行遥测，在CRT及模拟显示屏上及时反映，并可制表打印输出。

4. 不下位操作功能

对非遥控开关及被控站执行端撤出运行时，调度员可在屏幕上进行开关状态人工对位操作。

5. 用户画面显示功能

地理图、系统构成图、被控站主接线和接触网线路图、程控显示操作画面、遥测曲线画面、电度量直方图、日/月/年报表、极值统计日/月/年报表、越/复限统计报表、事件记录报表、事件细目画面、电量超势曲线等。

6. 打印功能

有实时打印和制表打印两种。

1）实时打印：通过实时打印机，按发生的时间随机顺序打印调度员的操作命令，事件发生的信息、测量值的越/复限信息。

2）制表打印：通过制表打印机可随机定时打印事件记录、操作记录、日报报表、月报报表、年报报表、越限记录等报表。

7. 系统时钟同步功能

系统应能接受同步时钟信号、保证网络上计算机、RTU等能同步工作。

8. 在线自检、自恢复功能

系统对软件/硬件设备的状态实时进行检测，在故障情况下，实现互备设备的自动切换。当软件因某些原因处于死机状态下，应能自动恢复系统运行。

五、车站动力、照明

1. 负荷等级及供电要求

一级负荷：消防用电、防灾报警、设备监控、通信、信号、售检票、事故风机、排风/排烟机及相关风阀、事故照明（含疏散指示照明）、废水泵和降压变电所自用电、屏蔽门系统、交直流屏。

二级负荷：一般照明、节电照明、设备及管理用房照明、出入口照明、标志灯箱、污水泵、一般风机、直升电梯、自动扶梯等。

由降压变电所任一段低压母线供电，必要时可切除。

三级负荷：广告照明、冷水机组及配套设备、电热设备、清洁机械等。

由降压变电所的任一段低压母线供电、当变电所只有一路电源时应自动切除。

一级负荷中的事故照明由交、直流屏供电；消防泵、喷淋泵、废水泵、防灾报警、设备监控、通信、信号、售检票采用双电源末端自切，该双电源引自降压变电所的两段低压母线；其他一级负荷（如事故风机、各种排烟风机、阀等）均接在环控室低压母线上，该母线由降压变电所双回路供电，在环控电控柜自切。

2. 车站动力设计

动力设备配电主要采用放射式配电。环控设备由环控电控室集中配电，特大负荷直接由降压变电所配电。

动力设备的起动要求要满足规范规定，否则采用软起动方式。

区间每隔 100 ~ 200m 和道岔附近设维修用移动电器的电源插座箱，车站站厅和站台层每隔 50 ~ 100m 设清扫用移动电器的电源插座箱。

（1）动力设备的选择和控制方式如下：

1）动力设备选择

动力电气设备选用能满足地下铁道环境要求，同时具备技术先进、工艺成熟可靠、结构紧凑、便于安装和维护的产品。在满足技术要求的前提下，优先选用国产设备。

所选用设备应具备防火、防潮、防霉、低损耗的性能，并由国家认可单位生产，经有关部门检验合格。

2）控制方式

动力设备的控制根据需要可采用：就地控制、距离控制、远程控制、自动控制。

环控设备设就地手动控制和集中控制，集中控制由环控电控柜或通过 BAS 实现，就地控制优先。一般动力设备采用直接启动，大型事故风机等采用软起动。废水泵、污水泵采用就地手动及液位控制器自动控制，并可通过 BAS 集中监控。自动扶梯采用就地控制，并可在车站控制室统一监控。消防泵等防灾设备除可就地控制外，在防灾控制屏上应能远程手动或自动控制。所有风阀均可在继电器屏上控制，也可在现场操作箱就地手动控制。

（2）电缆选择及敷设方式

消防用的动力设备采用铜芯耐火电力电缆，其他动力设备采用铜芯阻燃电力电缆。必要时可采用低烟、低毒型电力电缆。

从车站降压变电所及环控电控室配出的电力电缆均沿电缆桥架敷设。

电缆在隧道及车站内敷设时，各相关尺寸及距离应符合表 6-2 的规定。

电缆敷设相关尺寸及距离 表 6-2

名　称	电缆通道（mm）		电缆沟（mm）	
	水平	垂直	水平	垂直
两侧设支架的通道净宽	≥1 000	—	≥300	—
一侧设支架的通道净宽	≥900	—	≥300	—

续上表

名称		电缆通道(mm)		电缆沟(mm)	
		水平	垂直	水平	垂直
电缆支架层间距离	电力电缆	—	≥150 (200)	—	≥200 (250)
	控制电缆	—	100	—	—
电缆支架之间的距离	电力电缆	1 000	1 500	1 000	—
	控制电路	800	1 000	800	—
车站站台下电缆通道净高	人通行部分	—	≥1 900	—	—
	电缆敷设部分	—	≥1 300	—	—
变电所内电缆通道净高		—	≥1 900	—	—
电力电缆之间的净距		≥35	—	≥35	—

注:①表中括号内数字为35kV电缆标准;

②电力电缆与控制电缆混敷时,电缆架之间的距离宜采用控制电力电缆标准;

③车站站台下电缆通道人通行部分的净高,当有困难时,可适当减低,但不得低于1 300mm;

④变电所内电缆通道净高,当电缆敷设长度不大于25m时可减至1 200mm。

单线隧道内的动力电缆和控制电缆宜敷设在沿行车方向的左侧,电缆从隧道一侧过渡到另一侧时,应采用刚性固定卡固定,沿隧道顶部通过,直埋电缆进入铁道隧道时,应在隧道外适当位置设置电缆检查井。

3. 车站照明设计

车站照明由一般照明、节电照明(包括光带照明)、设备房、管理用房照明、标示照明、事故照明(包括诱导照明)、出入口照明、广告照明、站台下安全照明等组成。

(1)照明电源、电压及配电形式

照明电源引自降压变电所0.4kV两段母线,照明配电箱分别设于站台层、设备层及站厅层的配电室内,按不同照明种类分别设置照明配电箱。

事故照明(包括诱导照明)由降压变电所交直流屏供电。

站台下安全照明,折返线检查坑和车辆段检查坑内的安全照明或携带式照明用插座采用交流36V安全电压,其余均采用交流220V电压。

从降压变电所至各照明配电箱采用放射式配电。

(2)照明的供电原则及控制方式

站厅、站台公共区照明分别由引自降压变电所内两段母线的线路交叉供电,每路各带50%的灯具。节电照明与一般照明的容量比为1: 2。采用分组控制方式,在照明配电箱及车站控制室内集中控制。

标示照明为持续工作制(常亮),接入节电照明回路。

设备房、管理用房内设一般照明,在各房内分散就地控制。在各房间内设有一定的单相安全插座,个别房间设三相插座。

事故照明,即应急照明,是在正常照明(包括一般照明、节电照明)供电电源中断或发生火灾时使用的照明,包括备用照明(供继续和暂时继续工作的照明)、疏散照明和安全照明,在站厅及站台屋的公共区,车站出入口应设备用照明和疏散照明(诱导照明),在值班室、变电所、信号机械室、车站控制室等处应设备用照明，地下铁道的事故照明也作为夜间列车停运后晚间值班照明用。事故照明由降压变电所内交直流屏供电，直流蓄电池的容量应满足 30min 供电的需要。事故照明在交直流屏处集中控制及由防灾系统控制。

广告照明在广告照明配电箱处集中手动控制或由定时控制器自动控制。

(3)照度标准

地下铁道内照度宜附合表 6-3 的要求

地下铁道内照度标准　　表 6-3

名　称	平 均 照 度(lx)		平均照度的平面位置
	白炽灯	荧光灯	
车站站厅、自动扶梯	—	150～250	地板
车站站台厅	—	150～200	地板
出入口通道、楼梯	—	150～200	地板
出入口地面建筑	—	100～250	地板
区间隧道	≥10	—	轨顶面
车站事故照明	0.5～1	—	地板
区间隧道事故照明	≥0.5	—	轨顶面
渡线、岔线、折返线	20～25	—	轨顶面
车站控制室、控制中心、站长室	—	150～250	工作面
配电室	—	≥100	工作面
车辆段车场线	15～20	—	轨顶面

(4)光源选择

为了节能，地下铁道的车站照明以荧光灯为主，选用带电子镇流器的荧光灯或荧光灯内自带补偿装置，补偿后的功率因数不小于 0.85，事故照明采用白炽灯，区间照明及站台下、折返线检查坑、车辆段检查坑内的安全照明采用白炽灯。

(5)电线电缆的选择及敷设方式

从降压变电所至各照明配电箱的供电电源采用电缆，对于事故照明采用耐火型铜芯电缆，对其他照明采用阻燃型铜芯电缆，供电电源电缆沿电缆桥架或支架敷设至各照明配电箱，各照明配电箱的配出线采用阻燃型铜芯绝缘导线，穿管于吊顶内明敷或在墙内暗敷或在电缆桥架内敷设，其中事故照明采用耐火型铜芯绝缘导线。

六、车站人防电气设计

地下铁道车站内的所有用电设备，平时均使用城市电网电源，由车站降压变电所供电。但地下铁道车站使用的城市电网电源在战时有遭受到袭击而被破坏的可能，各车站战时用电，应以人防防护单元为单位，各自就近引接人防区域内电源供电，路径应尽量从人防连通口中引接。

人防区域内电源的容量应能保证满足车站内的各类战时设备的用电。应包括通信、信号、广播、监控、计算机、化学灭火、节电照明、事故照明、部分区间照明、部分一般照明、排水泵、废水泵、污水泵、区间排水泵、设有防淹门车站的防淹排水泵、进风机、排风机以及与此相关的阀门和二次元件设备等。

根据各车站的战时设备用电量来决定引接人防区域内电源的回路数，但不应超过二路。

引接人防区域内电源的供电系统应与车站降压变电所的供电系统有机结合。人防区域内电源直接接入车站降压变电所的两段低压母线上，它与变压器低压侧主开关和母联开关设有机械联锁和电气联锁。当人防区域内电源开关投入时，可通过二次回路联锁和 BA 自控系统切除平时负荷，卸载部分战时不常用的大容量负荷。配电系统尽量利用平时配电系统，做到平战结合。引接人防区域内电源的供电系统原理图如图 6-4 所示。

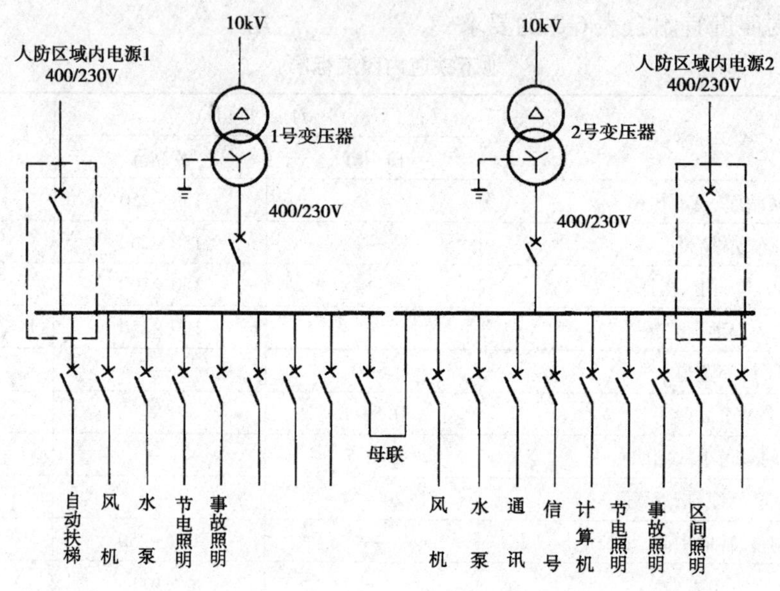

图 6-4　人防区域内电源的供电系统原理图

人防区域内电源即地下柴油发电站的设置位置应由市、区民防办公室规划实施，但是应将地下柴油发电站设置在靠近车站降压变电所的这一端。发电机低压母线输出开关回路至车站降压变电所内电源进线开关的馈电长度尽可能短。

各人员出入口、风道井口安装防护密闭门处，由防护密闭门内引至防护密闭门外的照明线路应在防护密闭门内装设熔断器保护。

防护密闭隔墙、密闭隔墙、临空墙上安装配电箱时，均选用明挂式配电箱。

清洁区内照明灯具宜尽量选用悬吊灯具，采用吸顶灯具时应标注战时要采取防掉落措施。

电缆桥架不得直接穿过防护密闭隔墙、密闭隔墙、临空墙。此处应将电缆桥架断开，在防护密闭隔墙、密闭隔墙、临空墙上改为采用密闭穿墙管方式，一根电缆穿一管。

所有进出人防的各种电气管线，穿过防护密闭隔墙、密闭隔墙、临空墙时，均应采取防护密闭措施。

各人员出入口，风道井口的防毒通道，连通口等处的防护密闭隔墙、密闭隔墙上，均应预留 4 ~ 8 根管径为 50 ~ 100mm 的镀锌钢管，作为备用防护密闭穿墙管。

外部电缆采用直埋穿入车站清洁区内时，需经电缆防爆波井引入，并应预留备用穿线管和采取防护密闭措施。

七、防雷与接地

供电系统中电气装置与设施的外露可导电部分，除有特殊规定外，均应接地。低压配电系统接地与建筑物防雷击接地宜采用共用接地系统，接地电阻应符合其中最小值要求。

地面与地下交界处（隧道口）的接触网设置线路避雷器，防止雷击。

各变电所在高压母线处设置避雷器。

各车站设置综合接地网。电力装置的金属外壳除有特殊规定外均应接地或接零。

八、杂散电流防护

地下铁道采用直流牵引电网，利用走行轨作为正常回流电路组成回流网，那么走行轨必然会有泄漏电流，该泄漏电流即为杂散电流。杂散电流的存在会对结构内钢筋造成腐蚀，以及对通信信号系统产生干扰等危害。

直流牵引系统中只要用走行轨兼作回流导体，杂散电流的产生是避免不了的，为了减少杂散电流的危害，故应尽量设法减小杂散电流量，这就需要采取有效的防杂散电流的措施使杂散电流量控制在允许范围内。直流牵引供电为不接地系统，牵引变电所中的直流设备应绝缘安装。

杂散电流的防护应按照“以防为主、以排为辅、防排结合，加强监测”的原则。

1.“防”：隔离、控制所有可能的杂散电流泄漏途径，减少杂散电流进入轨道交通系统的主体结构、设备及沿线附近的相关设施。

2.“排”：设置杂散电流的收集系统，此收集系统为杂散电流从回流轨上泄漏后遇到的第一道电阻较小的回流通路，可将杂散电流尽量限制在本系统内部、防止杂散电流继续向本系统以外泄漏。

3.“测”：设计完备的杂散电流监测系统，监测杂散电流的大小，为运营维护提供依据。

杂散电流防护是综合性工程，涉及专业较多，各专业、工种必须紧密配合协调。各专业在设计过程中应根据杂散电流防护的要求进行设计，可采取措施有：

1. 轨道和直流设备采用绝缘法安装；

2. 利用整体道床内结构钢筋的电气连接，建立主要的杂散电流收集网；

3. 利用地下隧道、车站结构钢筋的电气连接，建立辅助杂散电流收集网；

4. 建立杂散电流监测系统，由参考电极、轨道电位测试端子、排流网电位测试端子、主体结构钢筋电位测试端子及杂散电流综合测试装置构成，详见第七章第四节；

5. 由外界引入地铁内部及由地铁内引出的金属管线均应进行绝缘处理后方可引入或引出。

第二节　通风和环境控制系统

一、概　　述

地铁环境与设备监控系统（BAS）的设计应针对地铁的特点和各城市的气候环境、经济情况，设置不同水平的BAS，以达到营造良好的舒适环境、降低能源消耗、节省人力、提高管理水平的目的。地铁的通风与空调系统应保证内部空气环境的空气质量，温度、湿度、气流组织、气流速度和噪声等均能满足人员的生理及心理条件要求和设备正常运转需要。

地下铁道地下线路是一座狭长的地下建筑，除各车站出入口和通风道口与大气沟通外，可以认为地下铁道基本上是与大气隔绝的。由于列车运行、乘客交换等会散发大量热量，空气湿度大，且有有害气体产生，若不及时排除，隧道和车站之内的温度就会升高，乘客无法忍受，因此必须建立通风系统才能给乘客创造一个舒适的环境。

当列车因非火灾事故阻塞在区间隧道时，因为没有活塞效应，停留在车厢内的乘客及向安全地点疏散的乘客,会因为没有足够的新鲜空气而难以忍受。因此要维持车厢内空调正常运行,同时需要通风系统为出事地点送、排风。

据资料统计,地铁内发生火灾人员伤亡绝大部分系烟熏所致。例如1979年旧金山有一列经过海湾隧道的地下铁道列车着火,1人死亡,56人受烟熏致伤。这起事故的教训告诉我们,当代地下铁道必须把防排烟系统的设计放在重要地位。

二、舒适图和 PMV—PPD 指标

图6-5是美国ASHRAE舒适图。因为车站内不同的空气温度、湿度等的组合不同,人的舒适感是不同的。该图中画出了两块舒适区,一块是菱形面积,它是美国堪萨斯州立大学通过试验所得到的,另一块平行四边形面积是ASHRAE推荐的舒适标准55—74所绘出的舒适区。两者试验条件不同,前者适用于身着0.6~0.8CLO服装坐着的人,后者适用于身着0.8~1.0CLO服装坐着但活动量稍大的人。两块舒适区重叠处则是推荐的室内空气设计条件。25℃等效温度线正好穿过重叠区的中心。

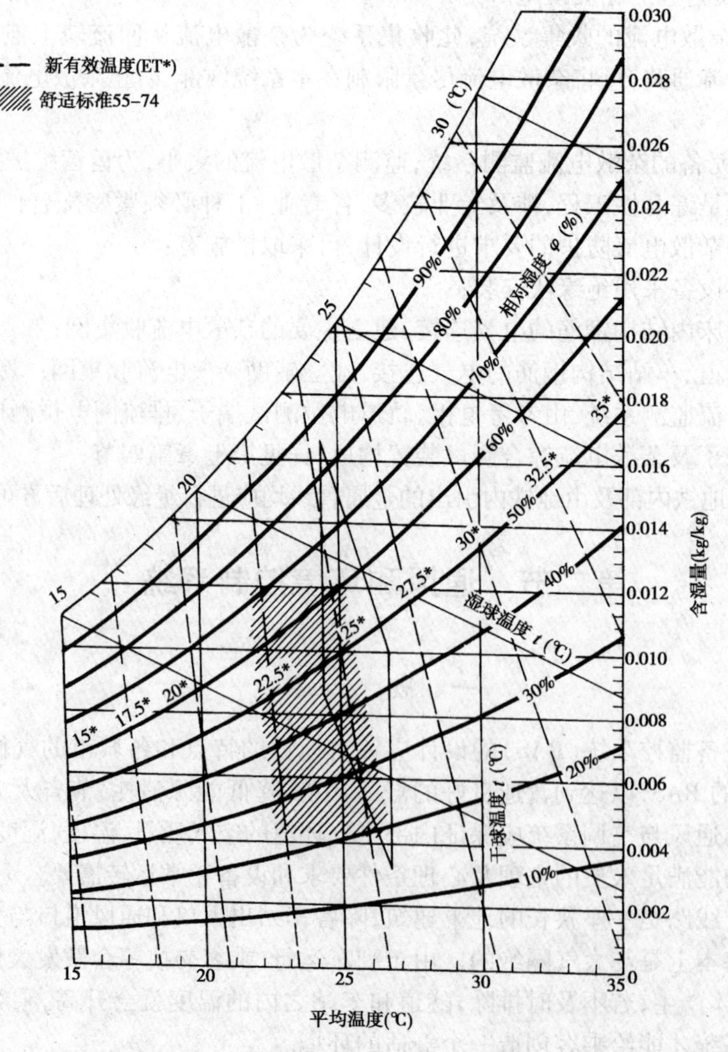

图6-5 ASHRAE舒适图(ASHRAE手册,1977)

1984 年国际标准化组织提出了室内热环境的评价与测量的新标准化方法，即 PMV—PPD 指标。PMV 是预期平均评价(Predicted Mean Vote)，PPD 是预期不满意百分率(Predicted Percentage of Dissatisfied)。PMV 的分度见表 6-4。

PMV 热感觉标尺 表 6-4

PMV	-3	-2	-1	0	+1	+2	+3
感觉	过冷	冷	稍冷	正好	稍热	热	过热

PMV 指标代表了对同一环境绝大多数人的冷热感觉。但由于人与人之间生理的差异，故用预期不满意率(PPD)指标来表示对热环境不满意的百分数。

PPD 和 PMV 之间的关系可用图 6-6 来表示。在 PMV = 0 处 PPD = 5%，这意味着，即使室内环境为最佳状态，由于人们的生理差异，还有 5% 的人感到不满意。ISO7730 对 PMV—PPD 指标的推荐值为：PPD < 10%，即 PMV 值在 -0.5 ~ +0.5 之间，相当于在人群中允许有 10% 的人感到不满意。

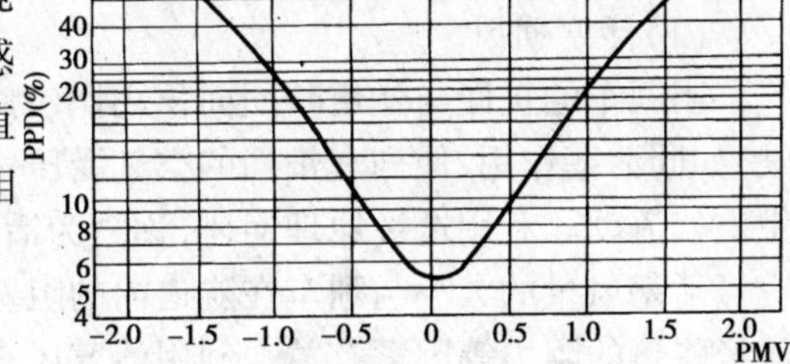

图 6-6 PPD 与 PMV 的关系

三、地铁环境控制特点

地铁工程内部有四个要求不同的环境：

(1)地铁车站的站厅和站台；

(2)地铁车站内的管理用房和设备用房；

(3)区间隧道；

(4)车厢内。

四个不同的环境所要控制的温度、湿度也不一样。通常站厅、站台可作为过度区，而车厢和管理用房作为舒适区来考虑。区间隧道可由事故风机在夜间抽压风来解决排热问题。

地铁环境控制主要特点如下：

(1)地下铁道的车站和区间隧道除出入口(地面线和高架线除外)等极少部位与外界相连通外，基本上与外界隔绝，只有营造人工气候环境才能满足乘客的要求。

(2)由于地铁需要不分昼夜地照明，因此车站和车厢的照度、色调、装饰和布置都成为影响乘客心理的重要因素。

(3)列车各种设备的运行和乘客都将释放出大量的热，若不及时排除，将使车站和区间的温度上升，使乘客在此环境中难以忍受。

(4)地下铁道是狭长的地下建筑物，列车及各种设备的运行产生的噪声不宜消除，对乘客的影响较大。

(5)地铁列车运行时产生"活塞效应"，若不能合理应用，会干扰车站的气流组织，使乘客感到不舒适，并影响车站的负荷。

(6)当事故发生，尤其是发生火灾事故时，将导致环境恶化，不易救援，要采取有效措施。

由此可见，要建立一个能满足乘客、工作人员生理和心理要求的人工环境，是一项复杂的系统工程，它包括环境中空气的温度、湿度、空气流动速度、空气质量和环境照度、色调、装饰、布置以及噪声控制、安全措施等诸因素。

通风、空调的任务是采用人工的方法，创造和维持满足一定要求的空气环境。它包括空气的温度、湿度、空气流动速度和空气品质。当列车阻塞在区间隧道内时，应保证阻塞处的有效通风功能，能维持车厢内乘客短时间能接受的环境条件；当地铁发生火灾事故时，能提供有效的排烟手段和通风功能，给乘客和消防人员输送足够的新鲜空气，形成一定的风速，引导乘客迅速撤离现场。

四、地铁环控系统分类

地铁环控系统一般分为开式系统、闭式系统和屏蔽门式系统。根据使用场所不同、标准不同又分为车站环控系统、区间隧道环控系统和车站设备管理用房环控系统。

1. 开式系统

开式系统是应用机械或“活塞效应”的方法使地铁内部与外界交换空气，利用外界空气冷却车站和隧道。这种系统多用于当地最热月平均温度低于25℃且运量较小的地铁系统。

(1)活塞通风

当列车的正面与隧道断面面积之比（称为阻塞比）大于0.4时，由于列车在隧道中高速行驶，如同活塞作用，使列车正面的空气受压，形成正压，列车后面的空气稀薄，形成负压，由此产生空气流动。利用这种原理通风，称之为活塞效应通风。

活塞风量的大小与列车在隧道内的阻塞比、列车行驶速度、列车行驶空气阻力系数、空气流经隧道的阻力等因素有关。利用活塞风来冷却隧道，需要与外界有效交换空气，因此对于全部应用活塞风来冷却隧道的系统来说，应计算活塞风井的间距及风井断面的尺寸，使有效换气量达到设计要求。全“活塞通风系统”只有早期地铁应用，现今建设的地铁设置活塞通风与机械通风的联合系统。

(2)机械通风

当活塞式通风不能满足地铁排除余热与余湿的要求时，要设置机械通风系统。根据地铁运营系统的实际情况，可在车站与区间隧道分别设置独立的通风系统。车站通风一般为横向的送排风系统；区间隧道一般为纵向的送排风系统。这些系统应同时具备排烟功能。区间隧道较长时，宜在区间隧道中部设中间风井。对于当地气温不高，运量不大的地铁系统，可设置车站与区间连成一起的纵向通风系统，一般在区间隧道中部设中间风井，这一般由计算确定。

2. 闭式系统

闭式系统使地铁内部基本上与外界大气隔断，仅供给满足乘客所需的新鲜空气量。车站一般采用空调系统，而区间隧道的冷却是借助于列车运行的“活塞效应”携带一部分车站空调冷风来实现。上海地铁1号线和2号线都属于这种环控系统。闭式空调系统多用于当地最热月平均温度高于25℃、运量较大、高峰时间每小时的列车运行对数和每列车车辆数的乘积大于180的地铁系统。在夏季当地最热月的平均温度超过25℃，全年平均温度超过15℃，且地铁高峰时间内每小时的行车对数和列车车辆数乘积大于120时，也可采用空调系统。

3. 屏蔽门系统

在车站的站台与行车隧道间安装屏蔽门，将其分隔开，车站安装空调系统，隧道用通风系统（机械通风或活塞通风，或两者兼用）。若通风系统不能将区间隧道的温度控制在允许值以内时，应采用空调或其他有效的降温方法。

安装屏蔽门后，车站成为单一的建筑物，它不受区间隧道行车时活塞风的影响。车站的空调冷负荷只需计算车站本身设备、乘客、广告、照明等发热体的散热。此时屏蔽门系统的车站空调冷负荷仅为闭式系统的22% ~28%，且由于车站与行车隧道隔开，减少了运行噪声对车站的干扰，不仅使车站环境较安静、舒适，也使旅客更为安全。

当前，由于屏蔽门投资昂贵，屏蔽门系统未被广泛应用。

地铁通风空调系统的设计，可按上述系统之一设置，但由于气候是周期变化的，也可根据不同季节采用开式或闭式等不同的运行方式。地铁的通风与空调系统宜优先采用通风系统（含活塞通风）。

4. 地铁环控系统示例

（1）图 6-7 为车站环控系统图。

1）空调箱（KT—1 ~ KT—4）一共 4 个，每个长 11 200mm，宽 4 160mm，高 3 900mm，RH 15 160。东、西端各 2 个，把混合后的新回风处理到设计值。

2）新风机（型号 DTFN014A）6 台，每台 $Q=112\ 160\mathrm{m^3/h}$，$N=37\mathrm{kW}$，$H=823\mathrm{Pa}$，$\phi=1\ 588$，$L=1\ 450$。提供新风，满足乘客所需的最小新鲜空气量。

3）排风机（型号 DTFN016A）4 台，每台 $Q=178\ 220\mathrm{m^3/h}$，$N=75\mathrm{kW}$，$H=719\mathrm{Pa}$，$\phi=1\ 772$。兼做站台、站厅层的排烟风机用。

4）站厅层东西两端各两根送风管，一根回风管。回风管兼做排烟用。站台层东西两端各 2 根送风管，4 根回风管，回风管兼做排烟用。2 根上部回风，2 根下部回风。

（2）图 6-8 所示为车站东端环控机房通风空调平面图（1∶100）。

1）活塞风道（32 ~ 34 轴线左、34 ~ 35 轴线右）共 2 个。减小列车进出站时的“活塞效应”，减少对空调环境中气流组织的破坏。列车进站时气流从 $D_5 \to D_7$ 再从活塞风道排出（D_4、D_6 关闭），也可从 $D_5 \to D_4 \to D_1$ 排出（D_2、D_3、D_6、D_7 关闭）。列车出站时就是上述逆过程。

2）事故风机（SG—3、SG—4）2 个，可逆转。型号 HP3LN，$Q=66\mathrm{m^3/h}$，$N=110\mathrm{kW}$，$H=1\ 000\mathrm{Pa}$，$\phi=1\ 800$。当发生事故时，事故风机可以排烟也可送风。假定排烟，从 $D_5 \to D_6$ 排出（D_4、D_7 关闭），如果 SG—3 坏了，可从 $D_5 \to D_4 \to D_2$ 排出（D_1、D_3、D_6、D_7 关闭）。执行机构是联动的。详述见下文。

3）多叶风门（D_1 ~ D_{13}）可分为：事故风机联动风门，事故风机旁的联动风门，活塞风门，排风道联动风门，排烟风机联动风门，新风机联动风门。

4）排烟道（31 ~ 32 轴线）由排烟风管→排烟风机→多叶风门→消声器→排出。

5）新风道（30 ~ 31 轴线）由新风道→消声器→新风机→吸入到混合箱。

6）小空调箱（KT—7）型号 KAND—116R8F，卧式，长 2 420，宽 2 020，高1 945。担负车站设备管理用房的负荷。构成一个独立的系统。

7）阻尼风管（1 500 × 1 400）在近列车进站处的隧道顶板上开一个 1 000 × 3 500 的风口，冷风从风口送入隧道内，送风温度为 21℃，低于站台层公共区的环境温度。这样做的目的是减缓隧道风的流动速度。同时与之混合，使隧道风的温度降低。这与空气幕的作用相似，用平面射流来减缓非空调环境对空调环境的影响。

五、得热量计算

地铁整个系统得热主要包括列车运行产热、围护结构传热、乘客散热、照明设备散热、接触网散热等。

1. 列车运行产热

列车运行产热的计算方法较多，下面只介绍过程法。

列车在地铁系统内运行大致分为起动加速、稳定匀速、制动减速三个阶段，分别计算三个阶段的产热量。

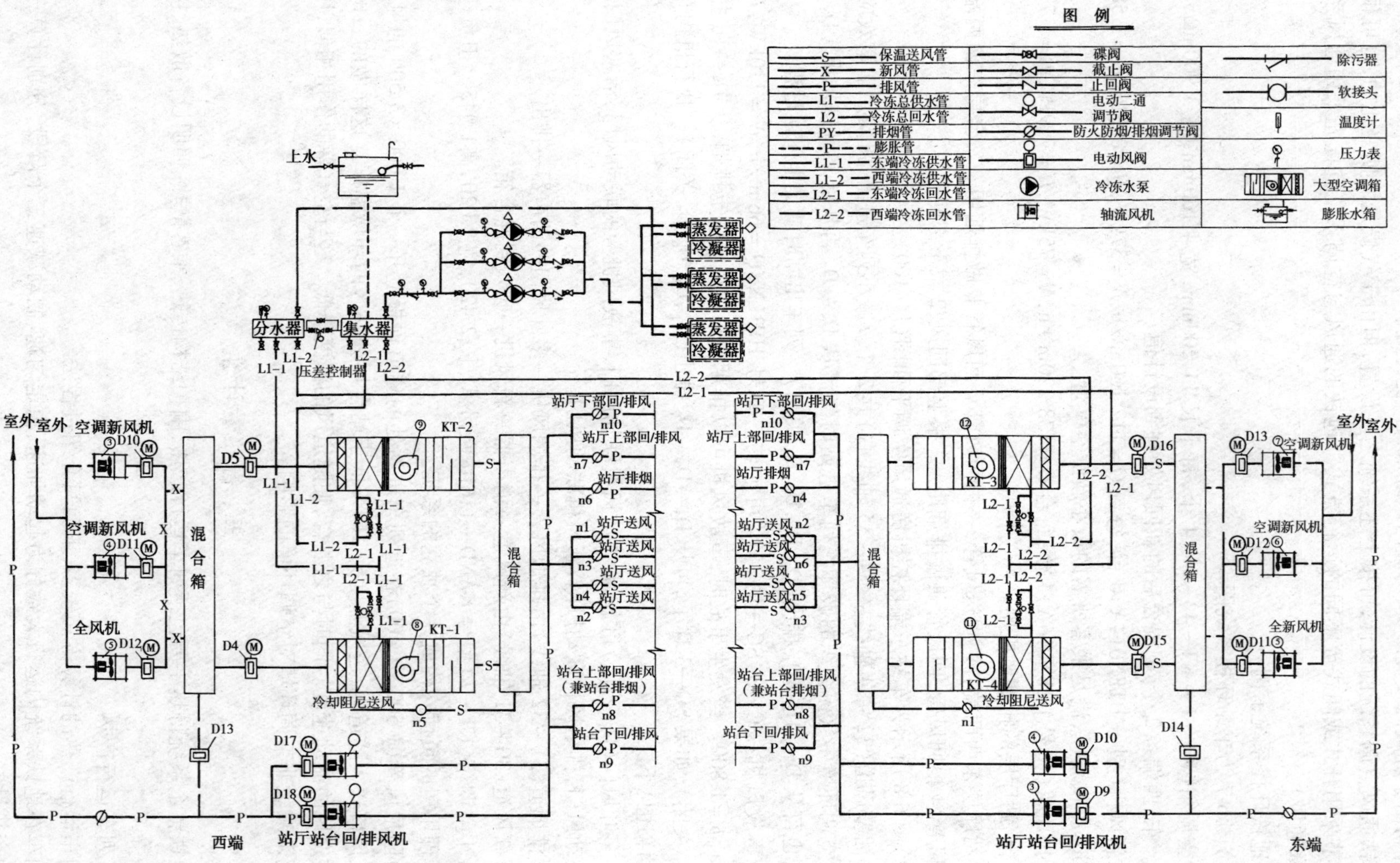
图　例
S 保温送风管
X 新风管
P 排风管
L1 冷冻总供水管
L2 冷冻总回水管
PY 排烟管
P 膨胀管
L1-1 东端冷冻供水管
L1-2 西端冷冻供水管
L2-1 东端冷冻回水管
L2-2 西端冷冻回水管
碟阀
截止阀
止回阀
电动二通
调节阀
防火防烟/排烟调节阀
电动风阀
冷冻水泵
轴流风机
除污器
软接头
温度计
压力表
大型空调箱
膨胀水箱
上水
分水器
集水器
压差控制器
蒸发器
冷凝器
室外
空调新风机
全风机
全新风机
混合箱
KT-1
KT-2
KT-3
KT-4
冷却阻尼送风
站厅下部回/排风
站厅上部回/排风
站厅排烟
站厅送风
站台上部回/排风
（兼站台排烟）
站台下回/排风
站厅站台回/排风机
西端
东端

图 6-7　车站环控系统图

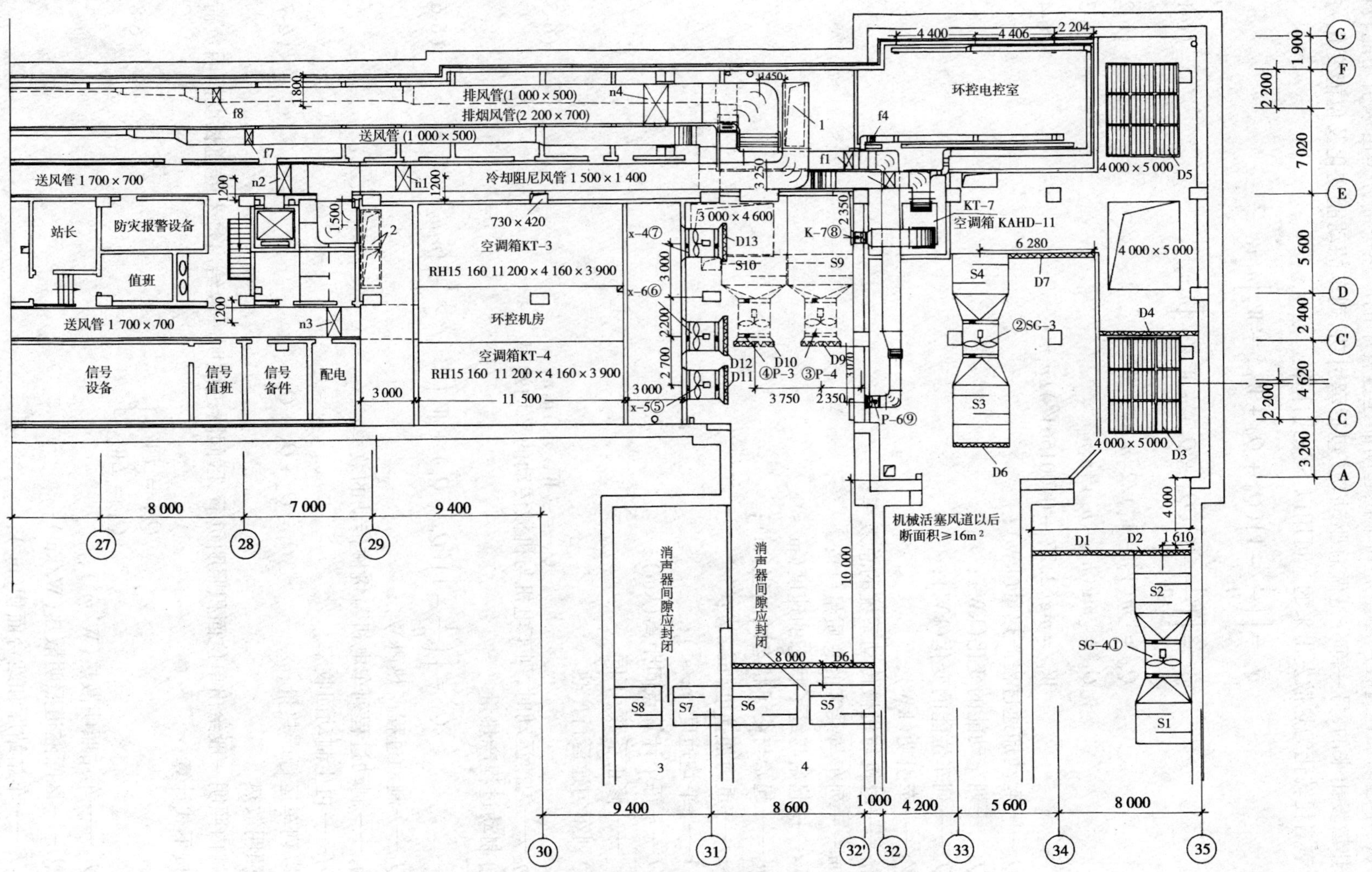

图 6-8　车站东端环控机房通风空调平面图(1∶100)(尺寸单位:mm)

1-阻尼风孔(1 000 ×3 500);2-至站台层送风管(1 400 ×2 000 ×2);3-消声器间隙应封闭新风道〔见 03-109-HR(E)/01-20〕;4-消声器间隙排风道〔见 03-109-HK(E)/01-21〕

(1)列车起动加速过程产热量。列车在起动加速过程中的产热一部分是由牵引功能转化为摩擦热散发出来的，另一部分是做总驱动功（包括牵引功、列车的动能变化及位能变化）的机电效率消耗转化为热散发出来的。可用以下公式计算：

$$Q_a = \left[\left(\frac{1}{\eta_1} - 1\right)(Q_d + Q_h + W_F) + W_F\right] n_1 n_2$$

$$= \left[\left(\frac{1}{\eta_1} - 1\right)(Q_d + Q_h) + W_F / \eta_1\right] n_1 n_2 \tag{6-1}$$

$$Q_d = [m(V_2^2 - V_1^2)/2] n_1 n_2 \tag{6-2}$$

$$Q_h = [mg(h_2 - h_1)] n_1 n_2 \tag{6-3}$$

$$W_F = mg(2.27 + 0.00156\bar{V}^2) L n_1 n_2 \tag{6-4}$$

式中：Q_a——起动加速过程产热量（kW）；

Q_d——列车动能的变化（kW）；

Q_h——列车位能的变化（kW）；

W_F——牵引功（kW）；

η_1——电机与机械传动系统的总效率；

m——列车与乘客的总质量（t）；

V_1、V_2——起始与终了状态的速度（m/s）；

h_1、h_2——起始与终了状态的高程（m）；

g——重力加速度（m/s^2）；

$\bar{V}$——平均速度（m/s^2）；

L——每个计算点间距离（km）；

n_1、n_2——修正系数，下同。

(2)列车匀速运行产热

$$Q_Y = (W_F / \eta_2) n_1 n_2 \tag{6-5}$$

式中：η_2——匀速运动时，列车电机与机械传动的平均效率。

(3)制动过程产热量

$$Q_J = \left[\left(\frac{1}{\eta_3} - 1\right)(Q_d - Q_h) + W_F\left(1 + f - \frac{1}{\eta_3}\right)\right] n_1 n_2 \tag{6-6}$$

式中：Q_J——制动过程产热（kW）；

η_3——制动过程列车电机与机械传动的效率；

f——再生制动回收率。

所以列车运行产热量：
$$Q_1 = Q_a + Q_Y + Q_J \tag{6-7}$$

2. 照明散热

车站内照明一般给出单位面积照明负荷、区间隧道照明一般给出每米隧道长度照明负荷，因此可按下式计算：

$$\left.\begin{aligned} Q'_3 &= FW_{g1} \\ Q_3 &= LW_{g2} \end{aligned}\right\} \tag{6-8}$$

式中：Q'_3——车站照明散热（W/m^2）；

Q_3——区间隧道照明散热（W/km）；

F——车站站厅和站台面积（m^2）；

L——计算区段隧道长度（km）；

W_{g1}——车站单位面积照明指标；

W_{g2}——区间隧道照明指标。

根据国内地铁设计一般 W_{g1} 可取 22W/m^2、W_{g2} 可取 6 000W/km。

3. 接触网散热

接触网散热可用下式计算：

$$Q_5 = I^2 R \frac{\tau}{3\ 600} 2n_1 \tag{6-9}$$

式中：Q_5——列车授流时三轨发热量(W)；

I——计算区段流经三轨的平均电流量(A)；

R——三机的电阻 R_1 及走行轨电阻 R_2 之和，一般 $R_1 = 7.5\Omega/\text{km}$，$R_2 = 9.4\Omega/\text{km}$。

4. 人体散热

可根据乘客所处的位置，分为车站上人体散热和车厢内人体散热。具体计算方法如下。

(1)人体在车站上散热：

$$Q_1 = n\tau q/60 \tag{6-10}$$

式中：Q_1——人体在车站上散热(W)；

n——车站每小时客流(人/h)；

τ——乘客在车站停留时间(min)；

q——乘客散发的热量(W/h·人)。

(2)人体在车内散热，最终传至隧道内：

1)列车装有空调时：

$$Q_2 = n_1 n_2 (\tau_1 + \tau_2) Q_L / 3\ 600 \tag{6-11}$$

式中：Q_2——人体在车内散热量(W)；

τ_1——列车在计算区段内运行时间(s)；

τ_2——列车在计算区段内停站时间(s)；

Q_L——列车空调冷凝器散热量(W)。

2)列车不设空调时：

$$Q_3 = n_1 n_2 (\tau_1 + \tau_2)\ q \times \bar{n} / 3\ 600 \tag{6-12}$$

式中：$\bar{n}$——车厢平均乘客数量(人/节车厢)。

5. 设备散热

设备散热一般包括机房设备、广告栏、售检票设备、自动扶梯等。一般可根据设备负荷和各设备效率进行计算。

6. 围护结构土壤传热

围护结构土壤传热过程是不稳定的传热过程，计算较复杂。工程应用中是以求设备容量为目的，往往简化为稳定的传热过程来计算。按下面公式计算：

$$q = (t_{a2} - t_s) \Big/ \left[\frac{1}{\alpha} + \frac{d}{2\lambda} \ln\left(1 + \frac{2e_p}{d}\right) \times 1\ 000 \right]$$

$$e_p(d + e_p) \ln\left(1 + \frac{2e_p}{d}\right) = 14\ 400 az\varepsilon \left(1 + \frac{t_{s1} - t_3}{t_{a2} - t_{a1}}\right) \tag{6-13}$$

$$\varepsilon = \sqrt[4]{\frac{a}{a_1}\left(1 - \frac{z_1}{z}\right)} \tag{6-14}$$

式中：q——通过 1m^2 隧道面积的传热量(kW/m^2)；

t_{a2}——加热终了时隧道空气温度(℃)；

t_s——隧道周围土壤自然温度(℃);

t_{s1}——热流出现前隧道壁面初始温度(℃);

t_{a1}——热流出现前隧道内空气初始温度(℃);

α——对流换热系数(W/ m^2 · ℃);

λ——隧道周围土壤的导热系数(W/ m · K);

a——隧道周围土壤的导温系数(m^2/s);

a_1——隧道围护结构的导温系数(m^2/s);

d——隧道的当量直径(m);

z——当假定的热透厚度完全形成的计算传热时间(h);

z_1——热流穿透围护结构所需时间(h);

e_p——热透厚度(m)。

总传热量为:

$$Q_C = F \times q \tag{6-15}$$

式中:F——所考虑的隧道区段的 Q 传热面积(m^2)。

六、通风量的计算

通风量应满足以下 4 种要求,而且最终取其大者。

1. 排除余热量所需通风量

$$L_1 = (Q - Q_C) \times 3\,600/[C \times \rho \times (t_p - t_j)] \tag{6-16}$$

式中:L_1——排除余热所需风量(m^3/ h);

Q——计算区段的总得热量(km);

Q_C——计算区段的总传热量(km);

ρ——空气密度(kg/m^3);

C——空气比热容(kJ/ kg · K);

t_p——排出空气的温度(℃);

t_j——进入空气的温度(℃)。

若车站自成送排风系统时,车站的热量以该计算区段总得热量的 67% 计算;传热量只计算车站传热面积中的传热部分。

2. 消除余湿所需风量:

$$L_2 = G_{Sh}/[(d_P - d_J) \times \rho] \tag{6-17}$$

式中:L_2——消除余湿所需风量(m^3/ h);

G_{Sh}——余湿量(g/h);

d_p——排出空气含湿量(g/kg);

d_J——进入空气含湿量(g/kg)。

地下铁道的散湿来自围护结构表面散湿、水沟表面自然蒸发散湿以及乘客散湿等。

由于地下铁道的壁面传热量较大,当传热量接近或大于得热量时,消除余热所需的计算风量就较少,此时可借助下式核算隧道内的相对湿度是否满足设计要求:

$$L_1 = G_{Sh}/[\varphi_p d_P - \varphi_j d_J]$$

$$\therefore \quad \varphi_p = (G_{Sh} + \varphi_j d_J L_1)/d_P \times L_1 \tag{6-18}$$

式中符号意义同前。

3. 排除二氧化碳所需风量

地铁内的二氧化碳主要来源于乘客散发。隧道衬砌产生的二氧化碳,因其数量很少,工程上可忽略不计。

$$L_3 = C/(C_Y - C_J) \tag{6-19}$$

式中:C——计算区段内二氧化碳散发量(m^3/h);

C_Y——地铁内空气中二氧化碳的最高容许浓度(L/m^3);

C_J——进入空气中二氧化碳的浓度(L/m^3)。

4. 按乘客所需新鲜空气量计算风量:

$$L_4 = E\ n \tag{6-20}$$

式中:n——计算人数;

E——最少新风量,取 30m^3/人·h。

七、防排烟系统

地下铁道发生火灾时,人员的伤亡绝大多数是被烟气熏倒、中毒、窒息所致,因此,通风排烟系统是地下铁道防灾系统的重要组成部分。

地下铁道对外连通的口部相对来说是比较少的,而且地铁隧道狭长封闭,一旦发生火灾,浓烟很难自然排除,必须设置机械排烟系统。

1. 地铁排烟标准

地铁内主要分为三大防火区域,即车站的站厅和站台区间隧道、车站设备用房和管理用房。

(1)车站站厅和站台的标准。站厅和站台是乘客出入地铁并作短暂停留候车的场所,排烟量按每分钟、每平方米建筑面积 1m^3 计算。防烟分区的建筑面积不大于 750m^2,排烟设备耐温 150℃,持续工作 1h。

(2)区间隧道标准。区间隧道的排烟量是按其流经隧道断面的流速不小于 2m/s 计算。但其流速也不应大于 11m/s,以免影响乘客疏散。排烟设备耐温 150℃,持续工作 1h。

(3)车站管理用房和设备用房标准。除了因设备特殊要求而按其要求设计外,其余的地方排烟量按每分钟、每平方米建筑面积 1m^3 计算。设备耐温 280℃,持续工作 30min。

2. 防排烟系统与运行

(1)系统设置

防排烟系统应按上述三大区域分别设置。

1)站厅和站台的排烟系统。一般是与正常通风的排风系统兼用的。该系统应满足正常排风及火灾时排烟的要求。

2)区间隧道的排烟系统宜用纵向一送一排的推拉式系统。排烟设施最好与平时的隧道通风兼顾。一般在车站的两个端部各设机房,一台风机对一孔隧道,二台风机互为备用,亦可并联运行。风机为可逆式轴流风机,正转可送风、反转可排烟。反转时的风量与风压应满足排烟要求。

3)设备管理用房的排烟设计是根据管理用房的要求设置的,应根据相同的使用要求划分在一个系统中。一般与平时排风系统兼用。

(2)排烟系统的运行

排烟系统的运行应根据地下铁道防灾系统的指令进行,由防灾中心统一安排。一般是根据不同的火灾地点决定不同的运行方式,分为:

1)车站站台着火时,应在站台排烟,由站厅送风,使站台的楼梯口处形成一股由站厅流向站台的气流,其速度应大于 3m/s,乘客由站台向站厅方向撤离。

2)站厅着火时，由站厅排烟，站台送风，使站台保持一定的正压。新鲜空气由站厅的出入口进入站厅，乘客迎着新鲜空气流进方向，由出入口向地面撤离。

3)列车在区间隧道内着火时，应尽可能将列车驶至车站，让乘客撤离。此时由该车站站端的风机排烟，并根据站台着火方式选择工作状态。一旦列车不能驶至车站，出现下列三种情况时，采取不同的运行方式。

①列车头部着火时:列车因故停留在单线区间隧道内时，乘客不可能从列车的侧向撤出，只能从尾部安全门进入隧道向出站方向的车站撤离。此时由列车进站方向的事故风机排烟，由出站方向的事故风机送风引导乘客迎着新风撤离。

②列车尾部着火时:此时乘客的撤离方向与排烟的运行模式恰好与列车头部着火时相反。

③列车中部的车厢着火:此时乘客由车头和车尾的安全门同时进入隧道。排烟方式为进站方向的事故风机送风、出站方向的事故风机排烟。从车头安全门下车的乘客迎着气流方向风迅速向车站撤离。从车尾安全门下车的乘客要顺着烟气流动的方向迅速撤到连通两孔隧道的联络通道处，由联络通道进入另一孔隧道，迎着送风方向撤离。虽然有一小段路程乘客的撤离方向与烟气流动的方向相同，有被烟气熏倒的可能，但由于着火的初期，隧道中心区域尚未被烟气侵入，只要有组织的、争分夺秒的、争取在烟气充满隧道前撤离，就不会被烟气熏倒，否则就相当危险。

图6-9 和图6-10 是上海地铁2 号线某车站设备管理用房空调通风及防排烟系统原理图和相应阀门开关原理图。

八、阻塞通风和通风空调设备

1. 阻塞通风

列车因非失火的其他故障不能正常行驶而停在区间隧道，称列车阻塞区间隧道，此时的通风为阻塞通风。列车阻塞区间隧道，乘客被困在车厢里，等候修理或有组织地向安全地点疏散，均需要一定时间才能完成。在这段时间内，列车和乘客仍在散发大量的热。由于列车停止行驶，失去了活塞效应的通风，区间隧道的空气温度因而上升，有时高达 41℃，致使车厢的空调机也难以运行，车厢内的温度迅速升高，乘客在车厢内感到闷热难受。为此应设置阻塞通风系统，给阻塞地点送排风，及时降低区间隧道的温度。阻塞通风的风量按其流经隧道断面的流速不小于 2m/s 计算。在开式运行的条件下，一般应用区间隧道的防排烟系统兼作阻塞通风系统;在闭式运行的条件下，经计算若防排烟系统的风压不足以克服阻塞断面处的阻力，或因气流组织不合适，就应增加设施。当前香港地铁和广州地铁是根据不同情况采用增设推力风机或在隧道风机前设喷嘴的办法解决的。此时车站空调系统正常运行，推力风机吸入车站的空调冷风，通过喷嘴高速喷出，诱导周围的冷空气，利用贴附射流将冷空气送至阻塞地点，或隧道风机吸入车站空调风，通过喷嘴高速喷出，诱导周围的冷空气送至阻塞地点。

2. 消声器

一般在地铁活塞风道、排风道和新风道均要设置消声器，在新风机、排风机、事故风机的出风口也要设置消声器，以减少对地下建筑和地面环境的噪声污染。通风及空调机房内噪声不得超过 90dB(A)。通风、空调设备传至各房间内噪声不得超过 60dB(A)。具体消声量应根据设备本身噪声情况，以及环境要求，选择消声器来决定。

3. 风亭

一般每个车站都要设置数量不等的风亭。它是地下铁道与外界交换空气的主要渠道，进排风质量的好坏又直接影响地铁环境。因此风亭的设计就显得十分重要。

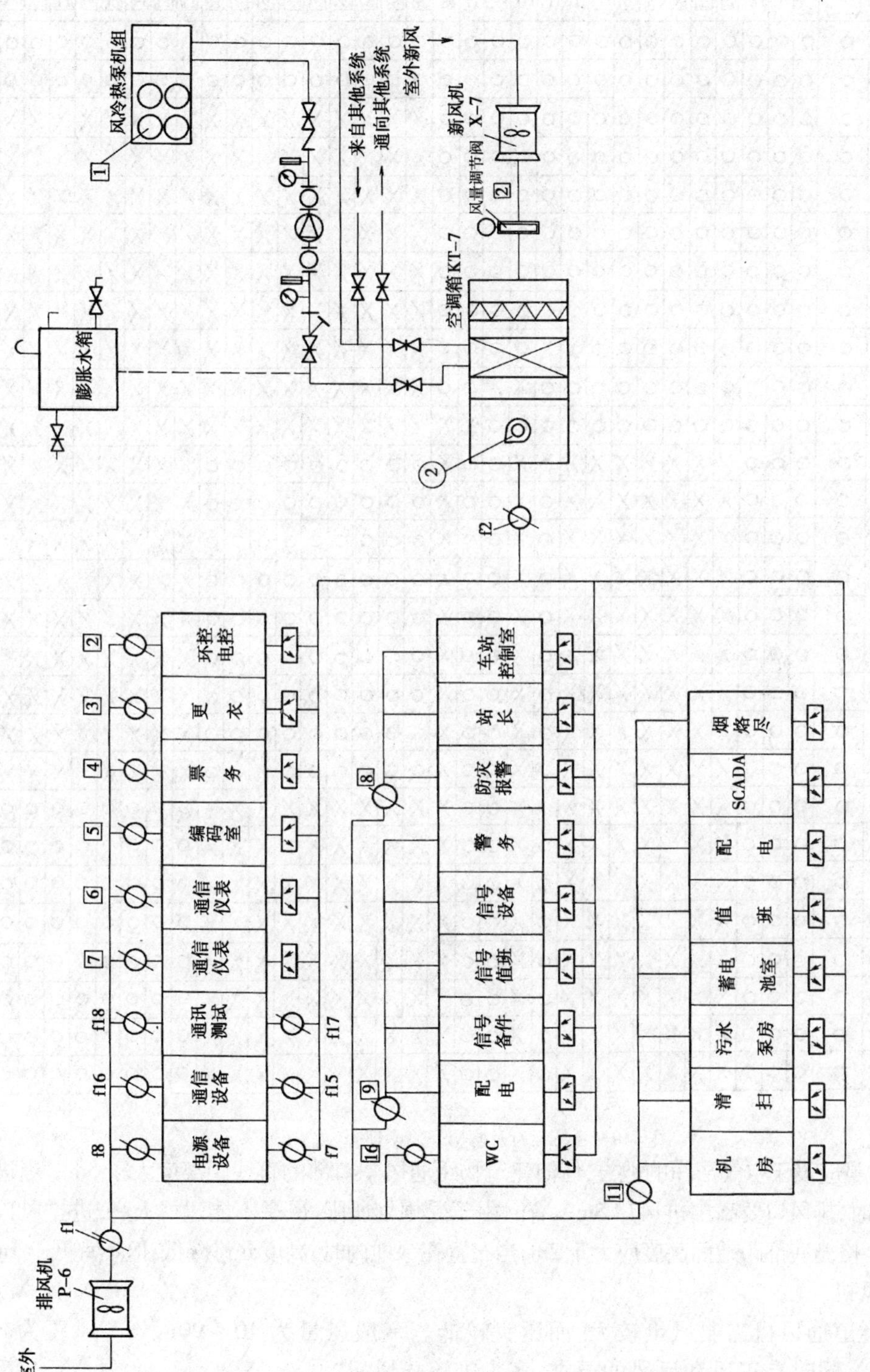

图 6-9 设备管理用房空调通风及防排烟系统原理图

工况		热泵机组	水泵	风机			风阀																														
				D-6	⑩ KT-7	X-7		f2	2	3	4	5	6	7	f18	f17	f16	f15	f7	f8	8	8	8	9	9	9	9	9	16	11	11	11	11	11	11	11	11
正常通风		X	X	o	o	o	o	o	o	o	o	o	o	o	o	o	o	o	o	o	o	o	o	o	o	o	o	o	o	o	o	o	o	o	o	o	o
正常空调		o	o	o	o	o	o	o	o	o	o	o	o	o	o	o	o	o	o	o	o	o	o	o	o	o	o	o	o	o	o	o	o	o	o	o	o
火灾运行	环控电控室	o	o	o	o	o	o	o	o	o	o	o	o	o	o	o	o	o	o	o	X	X	X	X	X	X	X	X	X	X	X	X	X	X	X	X	X
	更衣	o	o	o	o	o	o	o	o	o	o	o	o	o	o	o	o	o	o	o	X	X	X	X	X	X	X	X	X	X	X	X	X	X	X	X	X
	票务	o	o	o	o	o	o	o	o	o	o	o	o	o	o	o	o	o	o	o	X	X	X	X	X	X	X	X	X	X	X	X	X	X	X	X	X
	编码室	o	o	o	o	o	o	o	o	o	o	o	o	o	o	o	o	o	o	o	X	X	X	X	X	X	X	X	X	X	X	X	X	X	X	X	X
	通信仪表	o	o	o	o	o	o	o	o	o	o	o	o	o	o	o	o	o	o	o	X	X	X	X	X	X	X	X	X	X	X	X	X	X	X	X	X
	通信仪表	o	o	o	o	o	o	o	o	o	o	o	o	o	o	o	o	o	o	o	X	X	X	X	X	X	X	X	X	X	X	X	X	X	X	X	X
	通信测试	o	o	o	o	o	o	o	o	o	o	o	o	o	X	X	o	o	o	o	X	X	X	X	X	X	X	X	X	X	X	X	X	X	X	X	X
	通信设备	o	o	o	o	o	o	o	o	o	o	o	o	o	o	o	X	X	o	o	X	X	X	X	X	X	X	X	X	X	X	X	X	X	X	X	X
	电源设备	o	o	o	o	o	o	o	o	o	o	o	o	o	o	o	o	o	X	X	X	X	X	X	X	X	X	X	X	X	X	X	X	X	X	X	X
	车站控制室	o	o	o	o	o	o	o	X	X	X	X	X	X	X	o	X	o	o	X	o	o	o	o	o	o	o	o	o	X	X	X	X	X	X	X	X
	站长值班	o	o	o	o	o	o	o	X	X	X	X	X	X	X	o	X	o	o	X	o	o	o	o	o	o	o	o	o	X	X	X	X	X	X	X	X
	设备防灾报警	o	o	o	o	o	o	o	X	X	X	X	X	X	X	o	X	o	o	X	o	o	o	o	o	o	o	o	o	X	X	X	X	X	X	X	X
	警务	o	o	o	o	o	o	o	X	X	X	X	X	X	X	o	X	o	o	X	o	o	o	o	o	o	o	o	o	X	X	X	X	X	X	X	X
	信号设备	o	o	o	o	o	o	o	X	X	X	X	X	X	X	o	X	o	o	X	o	o	o	o	o	o	o	o	o	X	X	X	X	X	X	X	X
	信号值班	o	o	o	o	o	o	o	X	X	X	X	X	X	X	o	X	o	o	X	o	o	o	o	o	o	o	o	o	X	X	X	X	X	X	X	X
	信号备件	o	o	o	o	o	o	o	X	X	X	X	X	X	X	o	X	o	o	X	o	o	o	o	o	o	o	o	o	X	X	X	X	X	X	X	X
	配电	o	o	o	o	o	o	o	X	X	X	X	X	X	X	o	X	o	o	X	o	o	o	o	o	o	o	o	o	X	X	X	X	X	X	X	X
	WC	o	o	o	o	o	o	o	X	X	X	X	X	X	X	o	X	o	o	X	o	o	o	o	o	o	o	o	o	X	X	X	X	X	X	X	X
	烟熔尽	o	o	o	o	o	o	o	X	X	X	X	X	X	X	o	X	o	o	X	X	X	X	X	X	X	X	X	X	o	o	o	o	o	o	o	o
	SCADA	o	o	o	o	o	o	o	X	X	X	X	X	X	X	o	X	o	o	X	X	X	X	X	X	X	X	X	X	o	o	o	o	o	o	o	o
	配电	o	o	o	o	o	o	o	X	X	X	X	X	X	X	o	X	o	o	X	X	X	X	X	X	X	X	X	X	o	o	o	o	o	o	o	o
	值班	o	o	o	o	o	o	o	X	X	X	X	X	X	X	o	X	o	o	X	X	X	X	X	X	X	X	X	X	o	o	o	o	o	o	o	o
	蓄电池室	o	o	o	o	o	o	o	X	X	X	X	X	X	X	o	X	o	o	X	X	X	X	X	X	X	X	X	X	o	o	o	o	o	o	o	o
	污水泵房	o	o	o	o	o	o	o	X	X	X	X	X	X	X	o	X	o	o	X	X	X	X	X	X	X	X	X	X	o	o	o	o	o	o	o	o
	清扫	o	o	o	o	o	o	o	X	X	X	X	X	X	X	o	X	o	o	X	X	X	X	X	X	X	X	X	X	o	o	o	o	o	o	o	o
	机房	o	o	o	o	o	o	o	X	X	X	X	X	X	X	o	X	o	o	X	X	X	X	X	X	X	X	X	X	o	o	o	o	o	o	o	o

图 6-10 系统运行及阀门开关原理图

地铁的进风亭应设于空气洁净的地方，任何建筑物距通风亭口部的直线距离应大于 5m。当进风亭与排风亭合建时，排风口要高出进风口 5m。有时由于受规划所限，风亭不能建得太高，进排风口应离开 5m。进风亭格栅底部距地面高度应大于 2m，当布置在绿地内时，高度允许降低，但不宜低于 1m。

4. 隧道通风机

地下铁道隧道通风机需要风量较大，而压头较低。一般风量为 40 ~ 90m^3/s 、风压为 800 ~ 1 200Pa 左右。同时有正风和反风的要求，多为轴流式风机。

5. 组合风门

由于地铁通风系统的风量较大、运行模式较复杂，需设置大型组合风阀来满足系统运行各种工况的要求。一般都是由多个单元阀门组合而成。图 6-11 为组合风门安装图。

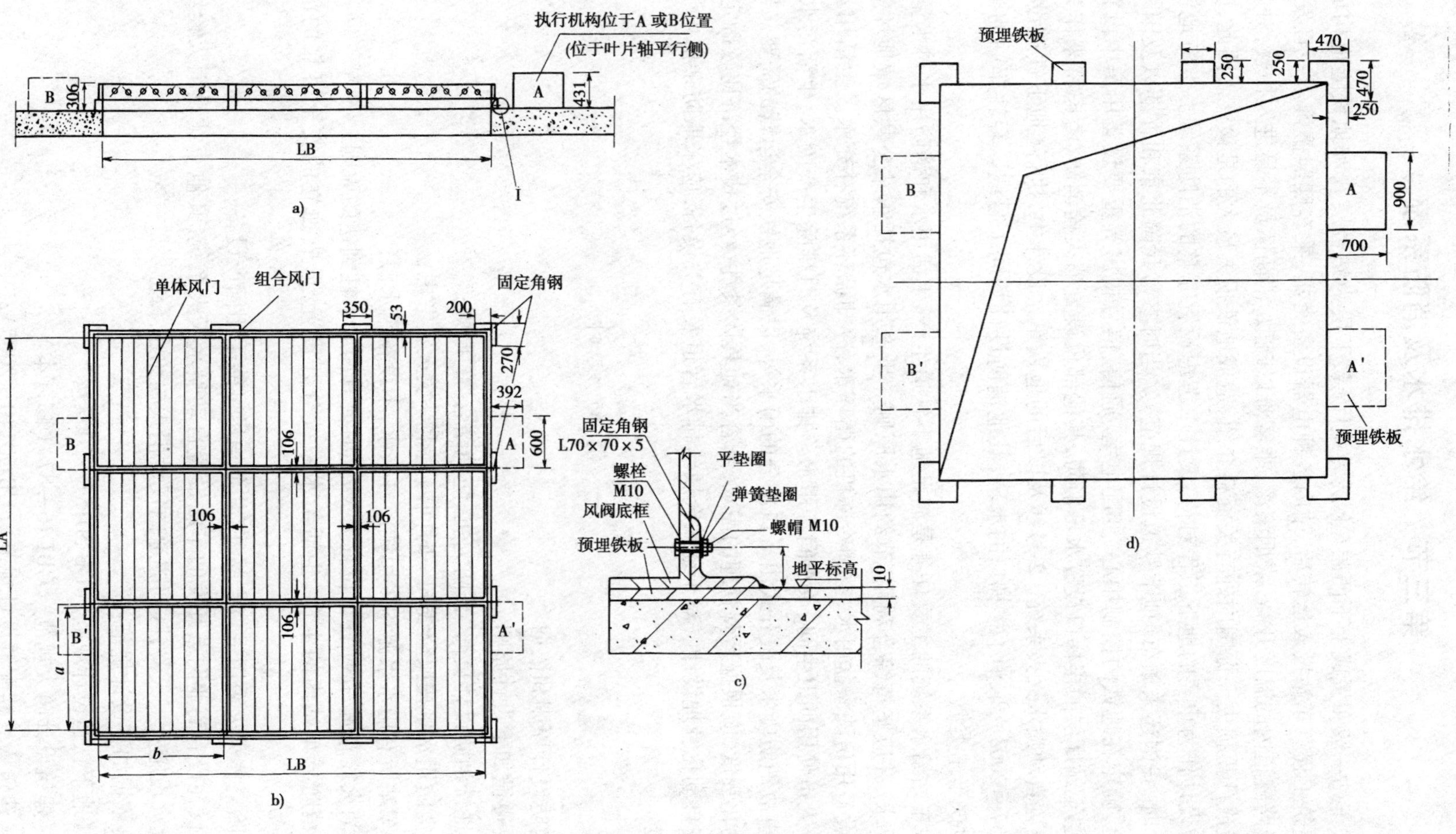

图6-11 风门安装、风门孔预埋件图(尺寸单位:mm)

a)剖面图;b)平面图;c)I大样图;d)风门孔顶埋件图

第三节 给水排水及消防系统

地铁车站一般布置成上下两层(上层为站厅层,下层为站台层),和地铁隧道构成地下的半封闭建筑工程。车站投入运转后,站内各种电器设备密集,乘客熙熙攘攘。一旦发生火灾,长长的线路隧道内的温度升高,浓烟滚滚,乘客难以疏散,消防队员不易进入扑救,对人民生命财产会造成严重损失。据国内外有关资料介绍,造成地铁损失最大的是火灾。因此,应将地铁车站消防设计作为重要的地下工程对待,设计中考虑设置完整的消防系统。上海地铁1号线开始设计时,我国还未颁布《地下铁道设计规范》。当时参考我国北京和香港以及国外地铁的设计经验,确定在地铁的控制中心、变配电室、通信、信号机房等重要设备用房中设置气体消防,站台层至站厅层的楼梯口设置水幕消防,其他部位设置消火栓消防,考虑将来作为商场的站厅层设置自动喷水灭火系统。2号线及以后的地铁车站设计中,执行《地下铁道设计规范》(GB 50157—2003),取消了楼梯口的水幕,其他消防设计均同1号线。轻轨车站的消防设计基本与地铁车站类似。

地铁车站给水系统的主要任务是满足地下铁道生产、生活用水和消防用水对水量、水压和水质的要求,并应坚持综合利用,节约用水原则。生产用水包括车站公共区域地坪等冲洗用水,车站设备用房洗涤盆用水,空调冷冻机的循环水,冷却循环系统补充水。生活用水主要指车站工作人员使用的卫生间、茶水间等用水。排水系统及时排除生产废水、生活污水、隧道结构渗水、事故消防废水及敞开式出入口部分的雨水等,以满足地铁安全运营的需要。给排水设备的自动化程度,应根据运营管理的需求,结合当地具体条件,经过技术经济比较确定,但排水设备应按自动化管理设计。对于地铁金属给排水管道及有关设备,应采取防杂散电流腐蚀的保护措施。

一、消防设计

1.消防设计原则和依据

主要遵循如下设计原则:

(1)地铁消防设计贯彻“预防为主,防消结合”的原则;

(2)消防用水量按照全线同一时间内发生一次火灾考虑;

(3)车站所有用水水源均采用城市自来水,不设备用水源;

(4)消火栓布置,按照任何位置失火,同时要有两股水柱到达的原则;

(5)消防与车站内的生产、生活给水系统分开设置,形成独立的安全可靠的消防供水系统;

(6)除气体灭火采用进口产品外,其余均尽可能采用国产设备;

(7)仅在设有商业网点开发的车站设置自动喷水灭火系统,其他车站设消火栓给水系统与化学灭火设施及灭火器;区间隧道内仅设消火栓给水系统。

主要依据如下设计规范:

(1)《地下铁道设计规范》(GB 50157—2003);

(2)《建筑设计防火规范》(GBJ 16—87)(修订本);

(3)《建筑灭火器配置设计规范》(GB 50140—2005);

(4)《自动喷水灭火系统设计规范》(GB 50084—2001);

(5)《人民防空工程设计防火规范》(GB 50098—98);

(6)《洁净灭火剂灭火系统标准》(NFPA 2001)。

2. 消防水源

地铁消防设计中一般不设消防水池,直接从城市自来水干管引入两路进水。为了达到消防水压要求,各车站分别设置消防增压泵站。原则上地铁消防设计应该有两路进水水源,即接自两路不同的自来水管道。但实际上有的车站附近只有一路可供消防水泵抽水的管道,且此管道实际上往往是构成城市环状网的管道,则在这一管道上安装一个阀门,从阀门两旁各接出一路进水管,作为车站的两路进水。万一火灾时水源发生问题,将闸门关掉,总能保证一路水源。这种接法也能起到两路进水的作用。

3. 消火栓消防系统

消火栓消防系统 1 号线和 2 号线设计基本相同。消火栓给水贯穿整个线路,每个车站的服务范围为车站本身及其两端 1/2 的区间,并考虑到前后两站增压泵事故情况下向邻站增压送水。因此,消防泵的服务范围为本站至两相邻区间。并校核区间最低点消火栓压力不大于 0.5MPa。

长度大于 25m 的通道内均设置消防箱。

消火栓消防流量为 20L/s,轻轨车站内消防流量也为 20L/s。火灾延续时间为 2h。每股水枪流量为 5L/s,最不利点充实水柱大于等于 10m。站厅层两侧每隔 45m 左右设置消火栓箱,两侧呈交错布置,在其两端设竖向连同管到站台层并延伸到区间。在岛式站台层,消火栓箱设在楼梯间和设备区,布置成单排双栓。其间距不大于 30m,见图 6-12。

上海地铁 2 号线的车站采用的消火栓箱种类见表 6-5。每个地铁车站至少有两个出入口采用 III 型消火栓箱。此箱中的消火栓仅起水泵接合器的作用。

上海地铁 2 号线采用的消火栓箱 表 6-5

型号	尺寸(mm)	箱内组件	设置位置
I	1 600 × 750 × 350 (分二层)	上层:一只 DN65 的消火栓;一套 25m 长水龙带和 19mm 口径水枪;一套 DN25 的自救式消防软管卷盘;启动消火栓泵的按钮 下层:放置灭火器	车站站厅层、通道长度 >25m 处
II	1 750 × 750 × 350 (分二层)	上层:两只 DN65 单头单阀消火栓(双栓);两套 25m 长水龙带和 19mm 口径水枪以及一套 DN25 的自救式消防软管卷盘;启动消火栓泵的按钮 下层:放置灭火器	车站站台层
III	700 × 700 × 300	两只 DN65 的消火栓,不配备水龙带和水枪等	车站出入口

同时,消火栓干管布置成环状,站厅层水平成环;站台层纵向成环。站厅层管道基本上都布置在站厅两侧的离壁式隔水墙上方。1 号线站台层消火栓管道纵向布置在站台板下,2 号线和明珠二期工程则沿站台层顶板布置在风管旁。干管管径为 DN150,每隔 5 个消火栓箱设置

一只阀门。地下车站及区间隧道的给水干管变坡点的最高点设排气阀，最低点设泄水阀。在车站两端与区间的连通管上必须设阀门。

地铁2号线某车站消火栓和喷淋系统及排水设施布置示意图见图6-12。

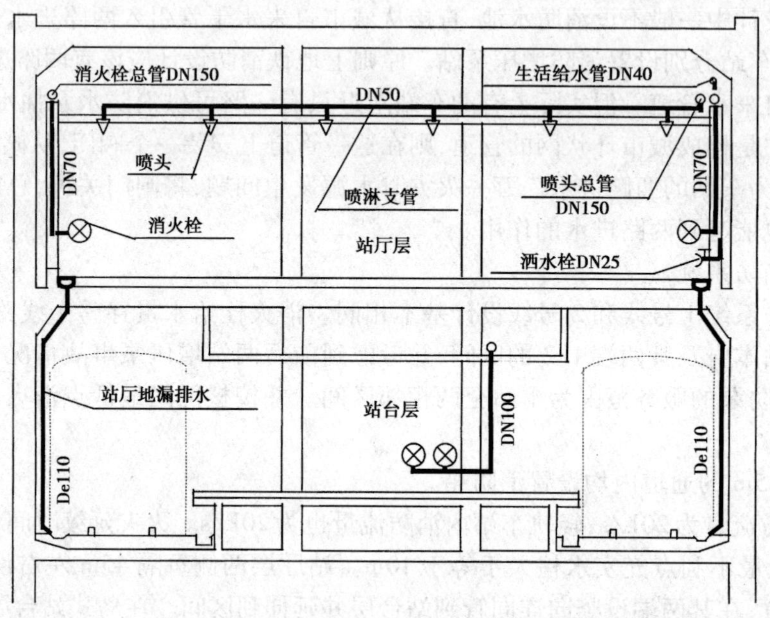

图6-12　地铁2号线某车站消火栓和喷淋系统及排水设施布置示意图

消防水泵控制设计为泵房内手动启闭；消防箱内按钮启动（只能开，不能关）；车站控制室遥控；防火中心监测遥信显示。

每条行车隧道设置一根消防干管，平行的两条区间隧道的消防干管均与车站的消防管连接并在车站设连通管，使地铁车站和区间形成环状管网。

在车站地面设置2只DN100地上式（有的采用墙壁式）水泵接合器。在距水泵接合器15～40m范围内设置与水泵接合器配套供水的地上式市政消火栓。

所有进出车站主体的消防管道都同时考虑人防要求。

4. 水幕消防系统

水幕消防系统主要设在站台层与站厅层的自动扶梯及楼梯口，设置水幕系统作为分区保护，万一失火，对站台层和站厅层起隔断作用，防止站台层火灾时，烟火向站厅层蔓延。

水幕总用水量为60L/s，最不利点喷嘴水量不小于0.5 L/s·m。

水幕系统采用干式雨淋系统，在每一楼梯间设置雨淋阀室，采用国产ZSY型雨淋阀。雨淋阀的控制设计为既可报警系统驱动又可机械手动。

水幕增压泵设置两台，互为备用。水幕泵直接从城市管网抽水。启动方式可由雨淋阀手动控制、泵房内手动控制、车站控制室或中央控制室遥控。

水幕系统管道沿各楼梯口贴站台层顶板成环状布置，三边每隔1.0m设置一个国产开式水幕喷头（另一边由于结构构造封闭）。

在车站地面设置四只DN100地上式（有的采用墙壁式）水泵接合器，并具有配套市政消防栓。

5. 自动喷水灭火系统

与地铁同时修建的地下商场，一般在站厅层，设置湿式自动喷水灭火系统（水喷淋系统）。按照中危险级设计。喷淋水量根据规范提供的公式，经计算流量采用30L/s。最不利点水压大于等于50 kPa；系统作用时间为1h。设置喷淋消防泵两台，一备一用。直接从城市管网抽水。喷淋系统中设有控制阀、ZSS型湿式报警阀、延时器、压力开关、水力警铃、系统试验装置和压力表、系统放水阀门和管道。控制阀设有启闭指示装置。还设有水流指示器，在喷淋干管顶部设自动放气阀，喷头布置间距为3.6m（见图6-12），楼梯口喷头加密布置；采用闭式喷头，耐受温度为68℃（显红色）。喷头安装在风管的下部，具体位置与车站装修工种配合。

以上海地铁为例，1号线设计中，少数几个站设置自动喷水灭火系统，而在2号线设计中，各车站普遍采用自动喷水灭火系统；但在明珠二期工程的车站设计中，大部分车站仅预留喷淋泵位置和进出水管，普遍不是同时设计自动喷水灭火系统。水喷淋泵的启动控制可由报警系统驱动或机械手动控制、泵房内手动控制或中央控制室遥控。

在车站地面上设置2只DN100地上式水泵接合器，并且在15～40m范围内设有配套市政消火栓（含本来就有的市政消火栓）。

6. 气体灭火系统

1号线设计采用1301卤代烷，2号线设计前，经过实地考察和详细地调查研究确定采用烟烙尽气体灭火剂，设烟烙尽全淹没气体灭火系统，采用组合分配式布置。明珠二期工程亦采用烟烙尽气体灭火剂。

在地下变电所、中央控制室、通信机械室、信号机械室、电容器室、高低压配电间、电子计算机房等重要电器设备用房内，设置由自动化学灭火喷射设备（即喷洒系统）和控制监控设备（即控制系统）两部分组成的自动化学全淹没灭火系统。

1号线设计中，由于我国大陆没有全淹没全自动1301灭火系统设计标准，因此参照美国NFPA12A—1980年的设计标准。但从美国全套引进1301卤代烷全淹没化学灭火系统设备，价格昂贵。

全淹没自动灭火系统的喷洒系统由储气钢瓶、瓶头阀、喷放管和喷头组成。控制方式设计为全自动控制启动、手动控制启动和机械应急启动（半自动控制）三种。

灭火器的设置按《建筑灭火器配置设计规范》的规定执行。灭火器按中危险级A类火灾设计。

7. 消防排水

每个车站站台层设置废水池和废水泵房，水池的容积和泵房机组的排水能力除了考虑车站本身的结构渗漏水之外，主要考虑火灾时消防水的排出。因此，水池容积和水泵排水能力均大于总的消防水量。

8. 管材

（1）小于等于DN100的消防给水管采用镀锌钢管，丝扣连接。

（2）大于DN100的消防给水管采用无缝钢管镀锌，二次安装，法兰连接。

二、给水排水设计

1. 给水排水设计原则和依据

遵照下列设计原则：

（1）遵循节约用水和综合利用的原则。

（2）给水系统设计须满足车站生活与生产对水量、水质和水压的要求。

(3)车站所有用水水源均采用城市自来水,不设备用水源。

(4)水泵等给水排水设备的选型,本着尽可能采用国产设备,采用技术先进、安全可靠、经济合理和高质量的产品的精神。

(5)生活饮用水水质须符合国家现行生活饮用水卫生标准;排入市政下水道的污、废水,其主要水质指标必须符合有关市政接管水质标准。

(6)水泵按照常规设计,设置可曲挠橡胶接头、阀门、止回阀等。水泵基础设置减振装置。

(7)管道从出入口、风道或专用通道进出车站,不能随意穿侧墙(连续墙)。

依据下列设计规范:

(1)《地下铁道设计规范》(GB 50157—2003);

(2)《建筑给水排水设计规范》(GB 50015—2003);

(3)《室外给水设计规范》(GB 50013—2006);

(4)《室外排水设计规范》(GB 50101—2005);

(5)《生活饮用水卫生标准》(GB 5749—2006);

(6)《污水排入合流管道的水质标准》(GBJ 08—904—98);

(7)《给水排水管道工程施工验收规范》(GBJ 50268—97);

(8)《给水排水设计基本术语标准》(GBJ 125—89)。

2. 给水系统

地铁车站的生产、生活给水管网是独立的内部供水系统,从两根接自市政管网的消防进水管中的任一根接出生产、生活给水管,单独设置水表后,进入车站,成枝状布置。保证车站生产、生活用水的水质、水量和水压。车站还设开水间,内设电加热开水器,以满足车站职工的饮水需要。

(1) 设计参数

1)工作人员生活用水量30~60L/人·班,时间变化系数采用2.5~2.0;

2)冷却水系统补充水按循环水量(环控专业提供)的2%~3%计,一般取2%;

3)车站公共区域冲洗水量以2~4 L/m^2·次,一般采用3 L/m^2·次,每天冲洗一次,按冲洗1h计。

(2)用水量

车站生产和生活用水量按照用水量标准计算,表6-6所示为上海轨道交通明珠二期工程某地铁车站的用水量计算。

用水量计算表 表6-6

序号	用水项目	估计人数	用水量标准	时变化系数	最高日用水量(m^3/d)	最大时用水量(m^3/h)
1	生活用水	75人	30~60 L/人·班	2.5	4	1
2	冲洗水	1次/日	3L/m^2·次		10	10
3	冷却塔补充水		2%		90	5
4	未预见水量		10%		11	2
5	合 计				115	18

(3)水压力

地铁车站绝大多数是地下建筑,上海城市管网地面自由水压力为0.1~0.2 MPa,可以满足地铁生活和生产用水要求。因此,凡地下车站,一般均无需设置生活和生产用水加压泵。

3. 排水系统

排水系统采用分流制。分为污水、废水、雨水系统。原则上采用分类集中，经泵提升经压力窨井后，除污水经化粪池处理外，均就近排入市政下水道。其水质必须符合有关排放标准。

(1)排水量

工作人员生活排水量 50 L/人·班，时间变化系数采用2.5～3.0，生活排水量按生活用水量的95%计算。冲洗水排水量以 3 L/m^2·次计，结构渗水量按 1L/m^2·d 计。消防废水量与消防用水量相同。

生产和生活的排水量分别按照上述标准和基本原则进行计算。生产用水排水量按工艺要求确定。

(2)污水系统

污水仅为车站工作人员厕所所有卫生器具排水。站内厕所污水通过管道排入污水泵房内的污水集水池，其有效容积不大于6h 污水量，集水池底面设0.1 的坡度坡向集水坑，集水池顶板上设有透气管并要求环控专业在泵房内设置排风口。污水集水池设在厕所附近且在污水泵房内，污水泵出水管上安装回流冲洗管，以便冲洗污水集水池。污水经潜水排污泵抽至室外压力窨井后，进入化粪池处理后排入城市下水道。例如，地铁明珠二期工程某车站污水泵采用潜水排污泵 AV5.5 型，$Q=30m^3/h$，$H=20m$，$N=5.5kW$，一备一用。

(3)废水系统

车站废水种类：隧道结构渗水，站厅、站台地面冲洗水，环控机房和各类排水泵房洗涤盆排水以及消防废水。我国地下铁道设计规范规定，泵站集水池有效容积不小于10min 的隧道结构渗水量和消防废水量之和，且不小于 $30m^3$。

上海地铁1号线设计中，在站厅和站台层，每隔一定距离就设置一个 DN32 的冲洗给水栓。但1号线投入运转后发现，不需要设置很多冲洗给水栓，仅在站厅和站台层公共区的两端各设一个 DN25 的冲洗给水栓。长度大于 20m 的出入口通道内设置一个冲洗栓。污、废水泵房内分别设置冲洗龙头。

站厅和站台的地面冲洗废水、消防废水由设在站厅和站台的地漏汇集，引入线路道床排水沟，但在2号线和明珠二期设计中站台层取消地漏，直接从站台溢入两边线路道床明沟。茶水间废水通过排水管道排入线路道床明沟。出入口通道和站厅连接处设置横截沟，沟内设置 DN100 地漏，其排水立管接至道床排水明沟。隧道结构渗水经侧墙泄水孔排入线路道床明沟，汇集至有效容积不小于 $30m^3$ 的废水集水池(池内设吸水坑，池底以不小于1%的坡度坡向吸水坑)，由废水泵房的潜水废水泵提升至室外压力窨井，然后排入城市下水道。

废水泵房一般设置两台泵，一备一用。例如，地铁2号线采用 CP3152 型潜水废水泵，$Q=100m^3/h$，$H=22m$，$N=15kW$。但当地铁车站靠近河浜时，废水泵房中设置3台泵，以防水灾事故。如地铁1号线的新闸路站和黄河路站，分别位于苏州河的两旁，两站废水泵房内均设3台泵，按两用一备设计。潜水废水泵出水管上均安装了回流冲洗废水集水池的管道。

(4)雨水系统

车站敞开式出入口的设计雨水量按照50年一遇的暴雨重现期计算，高架区间雨水设计重现期采用4年。露天敞开式出入口的自动扶梯下面设集水坑和雨水排出潜水泵，一备一用。集水坑的有效容积不小于最大一台泵 5min 流量。泵提升雨水经压力窨井后，再排入市政雨水管道系统。露天敞开通风口排水泵房的雨水排放设计按当地50年一遇暴雨强度计算，集流时间为5～10min。

(5)排水泵房

1)主排水泵房

在车站及线路变坡的最低点设排水泵房,主要排除结构渗漏水、事故消防水及冲洗废水等。排水泵的排水能力除位于黄浦江和苏州河下的区间另增设一台泵,在非正常工况下,三台泵同时工作外,其余排水泵房内均按消防时两台泵同时使用设计。

2)局部排水泵房

设在局部低洼不能自流排水的地方。例如,设在地铁折返线车辆检修槽的端部,自动扶梯机房等处。集水池有效容积按不小于10min渗水量与平时冲洗废水量之和确定。

4.冷却循环水系统

冷却循环水系统主要由冷却塔、循环水泵、补充水和管道及配件组成。根据环控专业提供的冷冻机组所需循环水量和表6-7所示的冷却塔规格数据要求选择节能、低噪声(≤68dB)、高效率冷却塔,大部分均选用逆流开式玻璃钢冷却塔。以冷却塔为主的冷却循环水系统,冷却塔台数与冷却循环泵台数对应,一般至少两台,不考虑备用。从生产、生活给水管上引出一根支管作为冷却循环补充用水,接至冷却塔。循环泵采用IS型。

冷却塔选择规格数据表 表6-7

大气压力(Pa)	进塔水温(℃)	出塔水温(℃)	干球温度(℃)	湿球温度(℃)
1.004×10^5	37	32	31.5	28

5.控制方式与要求

(1)废水和污水水位控制

控制原则:现场水位自动控制、手动控制;车站控制室集中控制,并在控制室内设显示排水泵工作状态和水位信号装置。

车站集水池水位控制:停泵水位、第一台泵启动水位、第二台泵启动水位及最高警戒水位。

车站污水池水位控制:停泵水位、开泵水位、最高警戒水位。

(2)区间内排水泵房几洞口雨水泵房控制

除控制系统外,一般设置最高警戒水位的自动报警装置,以便在自动启动失灵时及时报警到附近车站的防灾控制室。

(3)冷却循环系统控制:其控制方式与环控冷冻机同步,由环控电控室就地控制和车站控制室集中控制,并能在控制室显示设备的工作状态。

6.管材与连接方式

(1)生产、生活给水管道:管径小于等于DN100,采用给水塑料管,承插接头;大于DN100,采用镀锌复合钢管沟槽式连接。由于1号线于1987年开始设计,管径小于等于DN100,采用镀锌钢管,螺纹连接;大于DN100,采用无缝钢管,法兰连接或焊接。

(2)排水管道:站内地漏、卫生间等重力排水管采用排水塑料管;废水泵、污水泵和出入口排水泵压力排出管采用无缝钢管,焊接连接,并做防腐处理;室外埋地排水管1号线和2号线均采用混凝土管,明珠二期采用加筋UPVC管。

(3)管道保温

室外明露的给水管道包括冷却塔循环水、补充水管道,须保温。室内公共区吊顶层和管理用房吊顶层内的给水管,为了防止管道结露导致滴水,须保温。

7.人防给水排水

上海地铁1号线设计未考虑人防要求,但从2号线开始,地铁车站均进行人防设计。

战时水箱容量每人每天 4 升,保障给水天数 15 天,一般车站设 24t 水箱两只。水箱采用食品级玻璃钢水箱,每个水箱设 5 只给水龙头。水箱水源从车站内的给水管上接入,水箱排水管排至水箱附近的地漏,地漏排向废水泵房,由废水泵房内的泵提升至室外排水管网排出。

所有进出地铁的给水管、消防水管、循环冷却水管、压力排水管等进出车站时,均在车站内侧设 I 称压力不小于 1 MPa 的阀门(防爆波),阀门设在便于操作处,并用色漆涂明显标志。平时,可不安装防爆波闸阀,在相应位置设置同直径同长度短管。临战前换装防爆波闸阀。在穿越出入口墙壁时将预埋防水套管。

出入口处利用自动扶梯排水集水井作为洗消集水井。每个出入口设一个清扫口作为洗消排水口,收集洗消污水排向洗消污水集水井,洗消污水排放系统由人防工程专业队伍设计施工。

地铁每个出入口通道一侧设一供墙面和地面冲洗用的水龙头,冲洗水管从消防水管或给水管上接出。

人防给水管、洗消排水管采用镀锌钢管丝扣连接。

第四节　通信和信号系统

一、通　　信

地下铁道必需设置独立的内部通信网。在工程中应优先考虑数字通信,为逐步建成能传输语言、文字、数据、图像等信息的地下铁道综合数字通信网创造条件。通信系统要做到系统可靠、功能合理、设备成熟、技术先进、经济实用。

1. 地下铁道通信系统组成

地下铁道通信系统由下列子系统组成:

(1)综合有线传输系统;

(2)专用通信系统;

(3)公务通信系统;

(4)无线通信系统;

(5)广播系统;

(6)时钟系统;

(7)闭路电视监视系统;

(8)电源及接地系统。

2. 综合有线传输系统

为满足轨道交通各部门传递语言、数据、文字、图像等业务信息的需要,需建立一个多功能、多用途、大容量、高可靠性、并能进行集中维护、统一管理的综合数字传输网。

本系统主要用于控制中心与各车站、车辆段之间传递各种信息。系统传输的信息内容有:

(1)控制中心与各车站、车辆段间的调度电话、公务电话、无线通信的语音信息;电视监视图像及控制信息、广播语音及控制信息。

(2)控制中心至各车站、车辆段的时钟系统信息。

(3)各种低速数据通道和以太网接入,包括列车信号系统 ATS、电力监控系统 SCADA、设备监控系统 BAS,防灾报警系统 FAS,自动售检票系统 AFC 和办公自动化系统 OA 等系统所需的数据信息。

(4)网络管理、网络控制信息。

3. 专用通信系统

包括列车调度电话、电力调度电话、环控调度电话、站间行车电话、局部电话、区间电话、站内电话,列车无线调度电话,有线广播、时钟和电视监视。

(1)列车调度电话

列车调度电话是为列车调度员指挥列车运行与其管辖线内车辆段及各车站直接办理行车业务,以及保证列车正常运行的单位联系的专用通信设备。

列车调度电话区段的划分,应与行车指挥的调度区一致。

列车调度电话总机应设在行车控制中心所在地,其所属分机应设在行车值班室或车站控制室、车辆段信号楼值班室、电力控制中心、环控中心及相邻调度区的列车调度所等处,以及折返线列检所、行车派班室、救护救援车库内。

(2)电力调度电话

电力调度电话是为电力调度员指挥电力牵引的基层单位送、停电和通知及时检修供电设备的专用通信设备。

电力调度电话区段应按其控制管界划分。

电力调度电话总机设在电力控制中心所在地,其所属电话分机应设在各变电所的主控制室和低压配电室及其他特殊需要的地点。

(3)环控调度电话

环控调度电话是为环控调度员指挥环控设备的运行和通报环控设备运行状态的专用通信设备。

环控调度电话区段应按其控制管界划分。环控调度电话总机应设在环控中心所在地,其所属电话分机应设在各车站控制室。

(4)站间行车电话

站间行车电话又称闭塞电话,是相邻两车站值班员联系有关行车事宜,用以直接指挥列车运行的专用通信设备。

站间行车电话应设在各车站行车值班室或车站控制室。为提高通话效率,防止差错,因此在其回线上禁止接入其他业务性质的电话。

(5)局部电话

局部电话是为车辆段段内调度、车辆检修、行车派班、车站自动扶梯、自动人行道、电梯、信号设备维修值班和防灾控制系统等处构成直通电话而使用的专用通信设备。

(6)区间电话

区间电话是供司机和区间维修人员与邻站值班员及相关部门联系通话使用的专用通信设备。在信号机、道岔、接触轨(网)开关柜、通风机房、隔断门等处附近应设置电话机箱。一般区段每隔 150 ~200m 设一台电话机,1 ~3 台电话机并联使用一个用户号码。

(7)站内电话

站内电话供车站值班员(车辆段信号楼值班员和停车库等其他值班员)与本站(段)其他有关工作人员进行通话联络,直接为运营服务的专用通信设备。它只在本站内通信。

4. 无线通信系统

供列车调度员、列车司机、车站、车辆段或停车场值班员以及车站值班员与站台值班员之间通信联络，满足列车运行需要。

列车无线调度电话系统应采用有线、无线相结合方式构成。由控制中心到地下铁道各车站传输媒介为有线，由各站到列车的传输媒介为空间无线电波。采用有线、无线相结合的列车无线调度电话方式，是根据目前生产的铁道电台制式考虑的，也是比较经济合理的组网方式。

列车无线调度电话系统为将市网消防、公安无线通信系统引入各地下车站及区间并为市网公众移动通信系统、无线寻呼引入地下预留了基本条件。

5. 有线广播系统

有线广播系统由车站广播和停车场广播两个独立系统组成。它主要用于控制中心及各车站值班员和副值班员对工作人员和乘客进行运营广播和提供车站背景音乐，以及在发生重大故障或灾害等紧急情况下，发出警报、指挥救援和疏导乘客。

(1)服务功能

①向乘客通告列车进出站信息；

②对进站乘客进行安全提示和向导；

③对室内外工作人员播发通知和召开广播会议；

④在紧急情况下，对站内乘客进行疏导。

(2)系统功能

车站广播系统

①控制中心调度员可对全线车站进行遥控开关机、选站、选路广播或全线统一广播，且有各站状态回示信息；

②车站值班室可同时对本车站进行广播或进行分区、分路多声道广播。当控制中心和车站同时使用时，控制中心有优先权；

③车站值班室播音信源设有话音直播、语音合成、磁带播放，控制中心只设话音直播；

④车站值班室播音优先级高于车站副值班室；

⑤车站值班室应具有人工和自动播音功能，自动广播列车进出站信息；

⑥本系统应具有监听、监测、负载反馈显示、手/自动倒机切换及故障告警功能。

停车场广播系统

停车场信号楼值班员对道岔咽喉(或出入口)区域工作人员的广播。

①车场运转值班员对车场、停车区域现场工作人员的广播。

②广播在各控制台处能自动录音。

③本系统有故障自动监控功能。

④功放单元应有备份，并有手/自动切换功能。

6. 时钟系统

本系统为全线如运营组织、通信信号、电力监控、防灾报警以及计算机网络等提供统一的时间标准，为此在控制中心设置一套高精度石英晶体母钟，各车站(包括车场)设子钟驱动器，站厅、站台设大型子钟，有关各室设小型子钟。

系统功能：

(1)母钟应具有万年历功能，并具有年、月、日、时、分、秒输出与显示，主备母钟自动和手动倒换；当设有数字同步网设备时，一级母钟应能接受外部全球卫星定位(GPS)基准信号的校准，也可播发中央广播电台的时钟信号。

(2)能统一调整起始时间、变更时钟快慢的功能；

(3)通过卫星时间信号接收器能自动跟踪标准时间；

(4)从母钟应能分路输出，连接各车站子钟驱动器和各种设备的外时标输入接口；

(5)子钟驱动器应具有计时功能，平时跟踪母钟工作，由于各种原因不能跟踪时，能独立工作；一级母钟自走时精度应在 10^{-7} 以上，二级母钟自走时精度应在 10^{-6} 以上。

(6)子钟驱动器应具有分路输出，连接车站(车场)内各子钟；

(7)在控制中心和车站、车场内的各设备之间采用导线连接，控制中心至车站、车场之间采用传输系统信道共线传输。

7. 电视监视系统

闭路电视系统作为地铁的监控手段，主要用于车站值班员及控制中心调度员监视站厅，站台情况、辅助列车调度员指挥行车以及协助列车司机安全发车，在发生灾害时，可随时监视灾害和乘客疏散情况。监视区域包括上、下行站台，售检票厅和主要出入口，另外，公安系统需对车站进行选择性监控，每个车站的视频信号均需传至控制中心。

(1)系统构成

整个闭路电视系统由控制中心监视、车站值班员监视、列车司机监视、公安控制中心监视四个子系统构成。

①控制中心监视子系统

控制中心监视子系统主要由光接收端机、主控机、监视器、操作键盘、长时间录像机等组成。

②车站监视子系统

车站监视子系统是为了使各站值班员能监视本车站情况而配置的，主要由传输系统光发送端机、视频切换器、优先级控制器、摄像机、解码器、汉字发生器、图像分割器、监视器、操作键盘等组成。

③列车司机监视子系统

本子系统采用将监视器安装在列车驾驶室的方式，站台摄像机视频经放大、处理，由车站天线输出，机车天线接收后处理，将信号送入车载监视器上，以便于列车司机更清晰地观察站台情况。

在每列列车的前后驾驶室各装一台液晶监视器。

④公安控制中心监视子系统

在车站的通道及其他非车站监视子系统监视区域，根据公安需要，增加独立的监视摄像机，并利用传输系统送到控制中心，再传送到地铁公安局，供公安人员监视使用。主要由车站摄像机、解码器、汉字发生器、光端机、控制机等组成。

(2)系统功能

①控制中心调度员可对全线各车站进行时序循环切换监视，也可选站、选区进行固定监视，并对监视的画面进行录像。

②车站值班员可对本站有关部位进行时序循环(手动或自动)切换监视，也可选择固定监视，并对监视的画面进行录像。

③停站列车司机对本站台上、下乘客进行监视。

④图像的选择可自动轮换，也可手动切换。

⑤控制中心调度员、车站值班员可对车站站厅摄像机的云台进行控制，并且他们之间具有优先级。

8. 公务通信系统

包括自动电话和会议电话两部分

(1)自动电话

地下铁道自动电话交换网可由单电话所或多电话所组成。多电话所交换网应含有中心(或汇接)电话所和分电话所,地下铁道电话所应与市内电话局间设置中继线,条件允许时应采用呼出、呼入全自动中继方式。中继线的数量,应根据话务量大小和国家的有关规定确定。

地下铁道应采用符合国家规定的制式系列的数字程控式自动电站交换机。交换机的容量按下列原则确定:

1)近期容量为开通时装机数的 170% ~190%。

2)远期容量为近期容量的 180% ~200%。

为便于地铁各车站与外界的联络,在各车站值班室、站长室、警务室等处应设置市内直通电话。

(2)会议电话

地下铁道会议电话网,宜按两级辐射方式汇接。即设汇接中心和分汇接点。

地下铁道会议电话网的汇接中心应设在地下铁道总管理机构所在地。每条地下铁道营业线上及业务段集中地,根据接入分机的数量和距离应适当分区设置分汇接点。因地下铁道总管理机构和各营业线的业务段均要求能分别召开不同级的会议,所以汇接中心和分汇接点均须设置会议电话总机。汇接中心的总机汇接各分汇接点总机和总管理机构内各业务处的分机,可召开总管理机构对各线段、站全网范围的会议电话;各分汇接点总机汇接本区范围内各单位的分机,可召开各专业段级范围内的会议电话。

地下铁道会议电话网的传输通路一般为与公务通信共同占用同一电缆线路或复用传输设备内的话路,为了保证会议电话的通话质量,其使用的通路应采用四线制构成。

9. 通信线路

(1)地下铁道通信线路应建成多功能、多用途和集中维护、统一管理的综合传输网。

(2)通信传输网宜由各种类型金属芯电缆、光缆和多路复用传输设备构成。

(3)通信电缆应与强电电缆分开敷设。通信电缆在区间隧道内可采用沿墙架设方式,进入车站宜采用隐蔽敷设;高架区段通信管道应敷设在高架区间人行道下的空间内;地面电缆采用直埋式。

地下直埋电缆与其他建筑物、管线的间距应符合表 6-8 的规定。

地下直埋电缆与其他建筑物的最小间距 表 6-8

设施名称		最小间距(m)	
		平行时	交叉时
电力电缆	电压 <35kV	0.5	0.5
	电压≥35kV	2.0	0.5
市话管道边线		0.75	0.35
给水管	管径 <0.3m	0.5	0.5
	管径≥0.3m	1.0	0.5

续上表

设施名称		最小间距(m)	
		平行时	交叉时
煤气管	高压 < 300kPa	1.0	0.5
	管压 300 ~ 600kPa	2.0	0.5
高压石油、天然气管		10	0.5
热力管、排水管		1.0	0.5
污水沟		1.5	0.5
房屋建筑红线(或基础)		1.0	—
厕所		3.0	—
大树树干边(市内)		0.75	—

注:①靠近高压石油、天然气管的电缆应采取防蚀措施。

②靠近热力管的电缆,应采取隔热措施。

③当电缆有保护管时,与电压小于35kV电力电缆的最小交叉间距可降为0.1m。

④当电缆有保护管时,与给水管、煤气管的最小交叉间距可降为0.15m。

⑤当电缆采取防蚀损伤措施后与厕所的间距可降为1.0~1.5m。

(4)隧道内和高架线路上的通信主干电缆、光缆应采用防电蚀、阻燃、低毒的防护层,可充气电缆应进行充气维护。站内配线电缆应采用带有屏蔽层的塑料护套电缆。

10.通信电源及接地系统

(1)通信电源

1)通信电源的设计应保证对通信设备不间断地供电,同时必须考虑使用中的设备及人身安全。

2)地下铁道通信设备应按一级负荷供电。由变电所引接两路独立的交流电源至通信机房的交流配电屏,当使用中的一路故障时,应能自动切换至另一路。

3)当交流电源电压的波动范围超过交流用电设备正常工作范围时,应采用交流稳压器。

4)通信设备的直流电源可采用交流直接供电和连续浮充供电两种方式,交流直接供电方式宜用于车站、车辆段;连续浮充供电方式宜用于行车控制中心和自动电话所。

5)采用浮充供电方式时,每种电源宜设形式和容量相同的两组蓄电池和两台具有自动稳压、稳流性能的整流器互为备用。蓄电池的容量应保证连续供电不少于4h。

6)调度电话、站间行车电话等不允许中断的通信系统,采用交流直供方式时,应设一组蓄电池或干电池作备用。

7)通信直流供电的电压变动范围、杂音电压及直流馈电线的全程最大压降值,应符合用电设备的技术要求。

8)蓄电池应无腐蚀性气体发出,适合设在通信机房内。

(2)接地

1)车站、车辆段、行车控制中心和电话所应设联合接地装置,引接至下列各点:

①直流电源需要接地的一极。

②通信设备的保安避雷器。

③通信设备的机架、机壳。

④引入电缆、室内电缆和配线的金属护套或屏蔽层。

2)通信机房的交流配电屏、整流器等供电设备的正常不带电金属部分，当不与通信设备在同一机架、机柜内时，应采用接零保护。

交直流两用通信设备的机架、机柜内的供电整流器的正常不带电金属部分，当与机架、机柜不绝缘时，应采用接地保护，接至通信联合接地装置。

3)通信接地不应与工频交流接地或建筑物避雷接地互通，不同地线的接地体相互距离不应小于20m。

4)地下车站的通信地线应在隧道外埋设接地体，联合地线接地电阻不应大于4Ω。

11. 通信用房技术要求

(1)地下铁道通信设备用房，应根据设备类型设置各类机房及生产辅助用房。

(2)地下铁道内通信机房的位置安排，除应做到经济合理，运转安全外，在技术上尚应考虑引入方便，配线最短，荷重与楼层协调，以及便于维修等方面的因素。

(3)各种机房的面积，均应按远期容量确定。

(4)通信机房与电力变电所，应分设于车站的两端。

(5)地下铁道电话所的机房及辅助用房，应构成一个独立的整体。

(6)通信机房的设备排列尺寸可按照表6-9中的数值采用。

通信机房设备排列标准 表6-9

间距类别		净距离(m)	间距类别		净距离(m)
自动电话交换机室	单列式主走道	1.4~1.6	蓄电池室	蓄电池组平行距墙	0.8~1.2
	双列式主走道	1.4~1.8		蓄电池组平行距门	≥1.4
	次走道	1.0~1.2	电源设备室	机背对墙	1.0~1.2
	面对背	≥1.2		机面对墙	≥2.2
	首列面距墙	≥1.5		交流盘侧面距整流器	≥0.6
	末列背距墙	≥1.0		机架侧面距墙	>0.8
总配线室	主要工作面距墙	≥1.5		机架侧面间距	≥0.6
	次要工作面距墙	≥1.3	通信设备室	主走道	1.2~1.5
	面对测量台(平行)	≥2.0		次走道	1.0~1.2
	面对测量台(垂直)	≥0.8		机背对墙	1.0~1.5
	主走道	≥1.5		机柜间	0.8~1.0
	次走道	≥1.0	人工台室	面距墙	≥1.5
蓄电池室	蓄电池组间	0.9~1.0		背距墙	0.8~1.2
	蓄电池组引线端距墙	0.3~0.5		侧面距墙	≥1.2
	蓄电池组另一端距墙	1.2~1.5			

(7)地下铁道通信机房的工艺要求应符合表6-10的规定。安装程控设备的机房应有防静电措施。

二、信 号

地铁的信号系统应由行车指挥和列车运行控制设备组成，并应设必要的故障监测及报警设备。信号系统应满足地铁行车组织和运营管理的需要，保证列车运行安全，提高行车效率，改善运营人员工作条件。同时地铁信号工程设计应满足大运量，高密度行车和不同列车编组的运营要求。

通信机房工艺要求　　表6-10

<table>
<tr><th>机房种类
技术
要求内容</th><th>自动电话交换机室总配线室</th><th>电　源
设备室</th><th>通　通
设备室</th><th>人工台室、广播室、会议室</th><th>蓄电池室</th></tr>
<tr><td>室内最小净高(m)</td><td>3.0</td><td>2.8</td><td>2.8</td><td>2.8</td><td>2.8</td></tr>
<tr><td>地面均布荷载(kg/m²)</td><td colspan="2">通信提供机架荷载和平面布置由房建计算</td><td>350</td><td>350</td><td>同自动电话交换机室，由房建计算</td></tr>
<tr><td>门</td><td colspan="4">防尘主门宽不应小于1.2m，次门宽不应小于0.9m，并向外开启</td><td>防尘，耐酸，外开净宽不应小于1.2m</td></tr>
<tr><td>地面</td><td colspan="4">防尘，防潮，坚固耐磨</td><td>防尘，防酸，一侧应设排水沟，地面坡度5‰，并有上水管</td></tr>
<tr><td>墙面、顶棚</td><td colspan="3">防尘，易擦拭，设墙裙和踢脚板</td><td>做吸音处理</td><td>防尘、防酸，浅色设墙裙</td></tr>
<tr><td>照明(lx)</td><td>150</td><td>100</td><td>150</td><td>150</td><td>架间设防爆灯50lx，开关设于门外</td></tr>
<tr><td>交流插销</td><td colspan="4">次走道侧宜3m设一个，距地面0.3m</td><td>—</td></tr>
<tr><td>温、湿度</td><td colspan="3">温度15～30℃，
湿度40%～70%</td><td>—</td><td>温度16～30℃</td></tr>
</table>

1. 信号系统设置的主要原则

(1)信号系统应具有较高的安全性和可靠性，符合数字化、网络化、智能化发展方向，充分体现信号、通信、计算机技术一体化。凡涉及行车安全的系统、设备必须满足故障—安全原则。

(2)设备配置应合理，具有较高的性能价格比，易于扩展、安全可靠、操作简便、维修方便、自动化程度高，有利于行车组织和运营管理，实现行车指挥自动化和科学化。

(3)选用的系统和设备应具有在地铁运用的成熟经验，具有较高的完整性，适应地下铁道的使用环境。

(4)正线正常运行时线路按双线单方向右侧行车模式，特殊情况下根据需要，应能组织反向行车，可采用双向运行模式，单线区段应满足双方向运行需要。

2. 信号系统的分类

地下铁道信号系统由信号、联锁、闭塞和列车自动控制系统组成。

(1)固定信号

1)信号机应采用色灯信号机。信号显示方式如下：

红灯——禁止通行；

绿灯——允许出段；

双黄灯——允许进段；

红灯+月白灯——引导进段；

月白灯——允许调车。

2)信号机应设在列车运行方向的右侧,安装困难时可设在左侧。

3)车站宜设进站和出站信号机;区间道岔应设防护信号机;车辆段及停车场应设进段(场)和出段(场)信号机;有调车作业的区域应设调车信号机;在自动闭塞区段的闭塞分区分界处,应设通过信号机,但实行列车自动防护的线路可不设通过信号机。

4)信号机的定位显示应符合下列规定:

①不防护道岔的进站和出站信号机可显示进行信号,必要时应能人工关闭;

②防护道岔的各种信号机均应显示停车信号;

③通过信号机应显示进行信号。

(2)闭塞

为保证地下铁道行车安全和满足高密度行车的需要,可在运营线路的区间采用自动闭塞,实现列车运行间隔控制。在双线区段,宜采用单向自动闭塞;单线双向运行的区段应采用双向自动闭塞。

1)自动闭塞设置应符合下列规定:

①自动闭塞分区的划分,应根据牵引计算、行车间隔和有关要求确定;

②自动闭塞分区的最小长度应满足列车最高速度时的安全制动距离,实行列车自动防护的线路应按限速要求检查;

③通过信号机应不间断地检查所防护闭塞分区的空闲和占用情况;

④轨道电路应不间断地检测列车运行位置或传递运行信号;

⑤双向运行的自动闭塞设备,必须保证在任何情况下不得同时开通两个相对的运行方向;当闭塞分区被占用或轨道电路失效时,不得改变运行方向。

2)自动闭塞分类

①固定自动闭塞方式(ATC 系统)

是指基于轨道电路的自动闭塞方式,闭塞分区一旦划定将固定不变。

②移动闭塞方式(ATC 系统)

不依靠轨道电路向列控车载设备传递信息,而采用移动通信、地面交叉感应电缆、应答器等媒体向列控车载设备传递信息,实现自动闭塞。

③准移动闭塞方式(ATC 系统)

是介于上述两类方式之间的、基于报文式轨道电路的自动闭塞方式。音频数字轨道电路具有较大的信息传输量,列控车载设备根据由钢轨传输而接收到的报文信息,实现自动闭塞。

(3)联锁

是对车站的道岔、信号进行集中控制,提高行车和调车作业能力,确保行车安全的车站信号控制设备。在地下铁道有道岔车站和车辆段应装设联锁设备。

联锁有电气集中联锁和计算机联锁两种方式。

联锁设备应符合下列规定:

①确保进路上道岔、信号机和区段的联锁,联锁条件不符时,信号机不得开放。敌对的进路必须相互照查,不得同时开通。

②能受列车自动监控系统或行车指挥控制系统控制或车站控制。

③装设引导信号的信号机因故不能开放时,可使用引导信号。开放引导信号应检查进路中道岔位置正确及其锁闭状态。

④进路解锁宜采用分段解锁方式。锁闭的进路应能随列车正常运行自动解锁和人工办理取消进路和限时解锁。限时解锁时间应确保行车安全。

⑤锁闭的进路应能防止轨道电路分路不良造成的错误解锁。

⑥联锁道岔应能单独操纵和进路选动。影响行车效率的联动道岔宜采用同时启动方式。

⑦控制台应监督线路及道岔区段占用、进路开通及锁闭、信号开放和挤岔等。

(4)列车自动控制系统

列车自动控制系统(ATC),用于实现行车指挥和列车运行的全盘自动化。包括列车自动监控(ATS)、列车自动防护(ATP)和列车自动运行(ATO)三个子系统。ATC系统按所处地域划分为:控制中心系统、车站及轨旁系统、车载设备系统,车辆及停车场系统四个部分。通行最大能力小于30对的运营线路,可采用CTC和ATP系统,也可采用ATS和ATP系统。当最大通行能力超过30对时,宜采用完整的ATC系统。ATC控制等级分为:控制中心自动控制,控制中心自动控制时的人工介入,车站的自动和人工控制。划分控制等级遵循的原则是:车站人工控制优先于控制中心人工控制,控制中心的人工控制优先于控制中心自动控制或车站自动控制。

1)ATS系统

主要作用是编制、管理行车计划,实现对全线列车的监控。其主要功能有:

①列车自动识别、追踪车次号显示;

②自动监视列车运行和设备状态;

③自动/手动办理进路;

④运行图或时刻表生成及管理;

⑤自动调整运行计划;

⑥自动描绘或复制列车运行实绩;

⑦车辆段运行监视及车辆维修周期、调车和乘务员管理;

⑧系统故障时可降级使用及系统复原处理;

⑨乘客向导信息处理;

⑩列车运行模拟及培训;

⑪运行统计及报表处理;

⑫与ATP/ATO系统交换信息。

2)ATP系统

ATP系统是保证行车安全的基本系统,ATP系统必须满足故障—安全原则。其主要设备包括车载设备、轨道电路等地面设备,车站联锁设备也纳入该系统中。主要功能有:

①自动检测列车位置,实现列车间隔控制和进路的正确排列;

②确定列车运行的最大安全速度;

③连续速度监督,实现超速防护控制;

④控制列车运行间隔,满足规定的通过能力;

⑤向ATO传输控制数据;

⑥与ATS交换信息;

⑦ATP显示及报警;

⑧车门开、关的安全监控,为列车车门、站台屏蔽门等的开闭提供监控信息;

⑨防止列车误退行等非预期移动的监控;

⑩ATP 系统车上设备应具有日检测试能力；

⑪记录、统计、打印功能；

⑫执行控制中心或车站设备的进路控制命令，实现车站信号、道岔与轨道电路之间的联锁。

3）ATO 系统

ATO 系统是列车运行自动化系统中的高层次环节，在 ATP 系统的安全防护下实现列车自动驾驶，ATO 对提高列车运行效率，完成运行自动调整、实现列车经济运行等具有重要作用。

ATO 系统主要由车载设备和地面设备组成，其主要功能如下：

①车站出发一般采用司机按压启动按钮人工启动方式，区间和站外停车后的再次启动为自动方式；

②区间运行自动调速（牵引、滑行、制动）；

③进站定点停车；

④可自动或监视列车车门的开闭，并满足对设置的屏蔽门的监控；

⑤列车运行状态自诊断；

⑥与 ATS 交换信息，实现列车运行自动调整；

⑦列车节能控制。

第五节　自动售检票系统（AFC）

地铁宜设自动售检票系统（AFC）。自动售检票系统的设计能力应满足地铁超高峰客流量的需要。其设备数量按近期超高峰客流量计算确定，按远期超高峰客流量预留位置及安装条件。自动售检票系统应满足地铁各种运营模式的要求，操作方便、快速、安全可靠。自动售检票设备应具有 24 小时不间断工作的能力。

一、票制及票务管理

1. 票制

可采用单程票和储值票两种票制，单程票可采用塑制磁卡或一次性纸质磁票，储值票可反复使用，采用非接触式 IC 卡。

2. 票务管理

采用控制中心和车站两级管理模式。控制中心负责全线的票务管理，各车站负责本站的票务管理。

二、系统组成及功能

AFC 系统由中央计算机系统、车站计算机系统及 AFC 终端设备三个层次组成，见图6-13 AFC 系统方框图。

1. 中央计算机系统

（1）组成

中央计算机系统由服务器、操作站、报表工作站、不间断电源（UPS）、中央及远程维修工作站、磁卡初始化工作站、制卡中心、分类/编码机、高速打印机等组成。

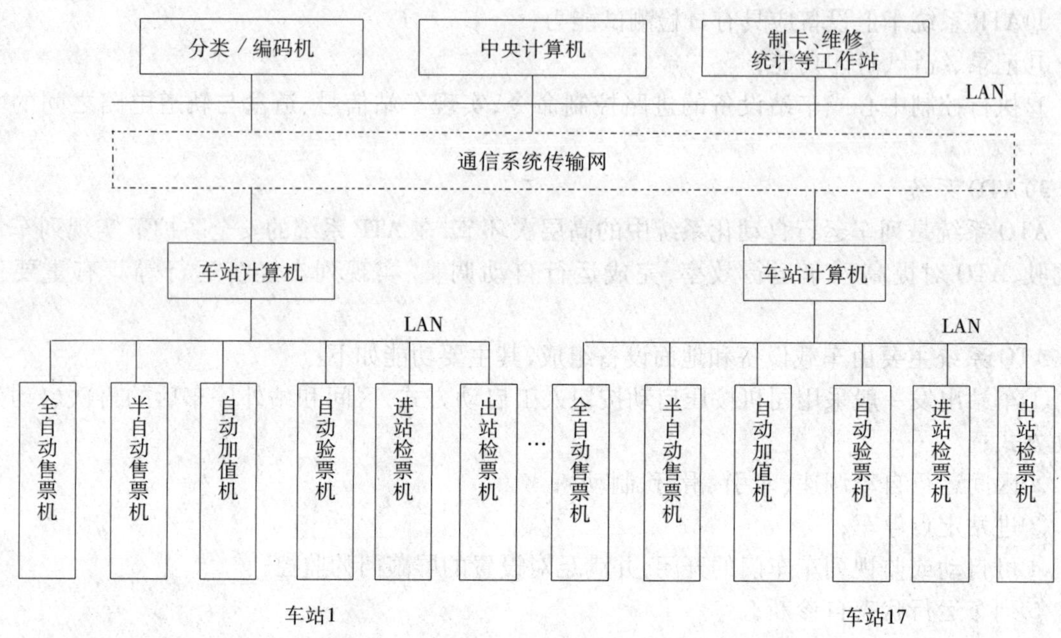

图 6-13　AFC 系统框图

（2）功能

中央计算机系统通过通信系统提供的传输通道，对车站计算机系统和 AFC 终端设备进行实时监控，对采集到的车站计算机系统数据进行分析处理、票务收入审计、客流量统计、数据分件存档、打印有关报表。分类/编码机负责对新发行卡及回收卡进行编码、分拣、供售票机发售。

2. 车站计算机系统

（1）组成

车站计算机系统由车站计算机、通讯控制器、显示器、紧急报警系统等组成。

（2）功能

车站计算机系统监控车站 AFC 设备，采集和贮存 AFC 终端设备数据，经格式化后送经中央计算机系统，进行数据分析和报表生成，同时也将中央计算机系统发来的指令、参数传给相应的 AFC 终端设备。在紧急情况下，车站计算机系统控制所有进、出站检票机呈自由通行状态，便于乘客紧急疏散。

3. AFC 终端设备

（1）组成

AFC 终端设备由全自动售票机、半自动售票机、进出站检票机、自动加值机、自动验票机、便携式查票机等组成。

（2）功能

①全自动售票机：接受硬币、纸币、出售单程票。

②半自动售票机：人工收款，机器出票，发售单程票和储值票，兼作补票功能。

③进、出站检票机：采用三杆或门扉式检票机，自动检票，出站时回收单程票。

④自动加值机：接收纸币，对储值票进行加值。

⑤自动验票机：供乘客对所持非接触式智能卡及单程票进行查询。

⑥便携式查票机:对乘客持有的单程票和储值票进行查票。

思考题

1. 简述地铁和轻轨线路供配电特点、规格及型式。
2. 地铁车站、隧道正常照明和事故照明有什么要求?
3. 地铁车站、隧道对环控要求如何? 对通风排烟要求如何?
4. 地铁车站生产生活用水和消防用水分开设管和共用一管有什么不同特点?
5. 地铁车站、隧道污水怎样排出?
6. 常用地铁和轻轨车辆的型式、规格及性能如何?
7. 地铁和轻轨对通信、讯号有什么不同要求?

第七章 灾害与防护

第一节 灾害分类

城市轨道交通项目通常都是城市最大的基础设施之一，其投资额巨大（几十亿至数百亿元），施工周期长，环境因素复杂，风险大。建成后的城市轨道交通是城市客运交通的大动脉，称为城市生命线。生命线工程是维系城市与区域经济功能的基础工程设施系统（如城市供水、供气系统、道路和轨道交通系统、区域电力系统等），其灾害破坏可以导致城市和区域经济与社会功能的瘫痪。

地下铁道在施工和运营期间可能发生的灾害大致分为两大类：自然灾害和人为灾害。自然灾害主要有洪涝、水淹、地震、雪灾、台风、泥石流、滑坡等；人为灾害主要有战争（炮弹、炸弹、核弹、生化武器）、交通事故、火灾、泄毒、化学爆炸、环境污染、工程事故（靠近地铁车站或隧道打（压）桩、开挖深大基坑、抽取地下水）和运营事故等。大的灾变往往同时伴随一种或几种次生灾害，如大的地震往往伴随着大范围火灾、暴雨；核武器爆炸将引起火灾、放射性灾害。对资源的过度的开采，违反客观规律的大型的工程活动，也会导致自然灾害频率增加，例如泥石流、滑坡、局部地表沉陷等一类地质灾害大都与不合理采石开矿有关联。地铁大部分处在由地下车站和隧道构成的半封闭区域内，四周为围岩介质包裹，地铁对来自外部的灾害防御能力好，对来自内部的灾害抵御能力差。在地下狭小空间里，人员和设备高度密集，一旦发生灾害，疏散和抢救十分困难。从世界地铁100多年的历史教训看，地铁灾害中发生频率最高，造成损失最大的是火灾。地铁与轻轨常遇灾害及防治对策如表7-1。

地铁与轻轨常遇灾害及防治对策 表7-1

灾害分类		破坏特点	灾害成因	防护对策
自然灾害	气象灾害	暴雨，涝灾，海啸潮水倒灌淹没车站、隧道设施，冲垮高架桥墩，台风卷走高架桥、接触网、供电设备，雷电击穿通讯、信号、供电系统，雪掩埋地面高架轨道设施……	大气内部的动力和热力过程演变，湿带和热带气旋，海洋低气压热带风暴，对流强烈积雨云系	1. 有效排洪涝泵站设备；2. 出入口、风口汛期封堵措施；3. 增加高架桥系统抗风安全度
	地震灾害	强烈的垂直、水平震动，地面突沉开裂，使高架桥墩台剪坏，梁板塌垮，隧道车站开裂，渗漏水，甚至倒塌，引起次生火灾……	地球板块挤压运动	1. 按抗震规范设计、施工；2. 特殊重点部位做好基础隔震减震；3. 增加结构抗震安全度
	地质灾害	泥石流、滑坡毁坏掩埋地铁车站、隧道、桥梁……	干旱、风化、不合理采伐	合理采伐，绿化护坡，对危险地段长期监控

续上表

灾害分类		破坏特点	灾害成因	防护对策
人为灾害	战争灾害	炮、炸弹、核弹冲击,侵彻、爆炸、震坍地铁车站和隧道桥梁,地下设施中放毒气或其他生化武器,电子干扰通讯、指挥、管理硬软件系统……	政治、经济、民族矛盾冲突激化	按人防工程要求等级设计,做好平战功能转换,预留技术储备
	运营事故	调度指挥失误,碰撞、追尾等交通事故,设备老化引起火灾,停电,地面地下水渗漏,设备故障泄漏电……	管理、维修不合理,监控系统不完善	严格规章制度,加强管理,建立自动监测、报警系统,设置处理预案
	工程事故	打(压)桩,深大基坑开挖,大面积抽取地下水,采石、采矿,隧道平行交叉施工,已有地铁隧道车站,高架桥开裂,坍塌,轨道倾斜弯曲……	野蛮施工,缺少监督机制	制定地铁工程施工保护技术规程,加强施工监控

虽然各类灾害表现形式不同,其共同的特点是空间分布有限性、潜在性、突发性、发生灾害的时间、空间及强度随机性。自然界有些灾害是难以抵御的,例如龙卷风,冰雪酷寒和地震等突发力强,破坏力大。目前的科学技术水平无能力与它抗衡。灾害防御方面归结为:躲、让、抗、减;进一步发展为疏、补、控和用。对其发展发生的规律、机理人们还缺少充分认识,因此造成灾害无法避免。随着人们认识的提高,许多自然灾害在未来将逐步得到抑制,相反人为造成的灾害往往因失控而增长。各种自然灾害之间、人类活动与灾害之间、原生灾害、次生灾害、衍生灾害之间有关联性,有着必然的联系。灾害作用和破坏极其复杂,我国抗灾减灾经验不足,特别是地铁工程防灾方面技术相对落后,相关的研究远不适应迅速发展的我国城市轨道交通工程,地铁工程的灾害防护在今后相当长时间内予以足够重视。

各种灾害对人员、设备、设施破坏状况见表 7-2。

灾害对地铁和轻轨破坏程度 表 7-2

分类	灾害名称	土建工程				设备安装工程					人员
		地下车站	隧道	高架桥	轨道结构	车辆	电气	环卫	通讯	信号	
自然灾害	地震	○	○	◇	□	□	○	○	○	○	◇
	洪涝	○	○	○	○	○	◇	◇	◇	◇	○
	暴风	Δ	Δ	◇	Δ	Δ	Δ	Δ	Δ	Δ	□
	雷击	○	○	○	□	□	◇	□	◇	◇	◇
	泥石流滑坡	○	◇	◇	○	Δ	Δ	Δ	Δ	Δ	○
	沼气瓦斯	○	◇	Δ	Δ	◇	◇	◇	◇	◇	◇
战争灾害	核武器	○	○	◇	○	□	○	○	◇	◇	○
	常规武器	○	○	◇	□	○	○	○	○	○	○
	生化武器	◇	◇	Δ	Δ	Δ	Δ	Δ	Δ	Δ	◇
工程事故	火灾	Δ	Δ	Δ	□	◇	◇	◇	◇	◇	◇
	交通事故(碰撞追尾)	Δ	Δ	Δ	○	◇	□	□	□	□	◇
	环境扰动(打桩、基坑 降水)	○	○	○	○	Δ	Δ	Δ	Δ	Δ	Δ
	渗漏水	○	○	Δ	□	□	○	□	○	○	□
备注	◇—产生严重破坏 ○——般性损坏 □—轻微损坏 Δ—基本无损坏										

第二节　防灾设计的原则及技术要求

一、防灾设计原则

防灾系统是地铁和轻轨运营管理的重要设施之一，经常地维修、检查、调试，使其处于良好的状态，不能有丝毫麻痹、松懈及侥幸心理。严格执行国家、地方、行业颁布的抗震、防火、防洪排涝、抗风、民防和环境保护的设计施工规范和规程，吸收国外先进经验，因地制宜做好地铁与轻轨工程的防灾设计。防灾设计应贯彻国家"以预防为主，防消结合"的工作方针。地铁工程应建立良好的灾害预测、预报、评估及预警系统，定期对投入运营的工程进行诊断和抗灾可靠性评定，建立智能性修复系统。经常结合国内外地铁灾害进行案例分析，建立仿真模型和智能仿真，开发数字减灾防灾综合信息系统。

防灾设计所采用的各种防灾措施，应确保运营期间的安全，一旦发生火灾或其他事故，应尽早发现，迅速扑灭或排除，使灾害事故造成的人员伤亡及经济损失减少到最低限度。地下铁道防灾设计能力，宜按同一时间内发生一次火灾或其他灾害考虑。

当列车在区间隧道内发生火灾事故时，应尽早将列车牵引到车站使乘客安全疏散。也可以利用区间隧道的联络通道。将乘客转移到另一条未出现灾情的隧道，并快速安全疏散。车站人行道的宽度、数量及出入口的通过能力，应保证远期高峰小时客流量，在发生火灾及其他事故时，能在6min内将一列车乘客、候车人员和车站工作人员疏散到地面或安全地点。

地下铁道的车辆选型必须符合地下铁道防灾要求。

地下铁道建筑结构的防灾设计，必须采取安全可靠的防灾措施，并应设有完善可靠的消防和事故防排烟系统，还应设置先进可靠的火灾自动报警、防灾设备的监控及防灾通信系统。

地下铁道的防灾系统与城市总体防灾系统联网，成为其中的一个组成部分。随时从城市总体防灾系统获取各类灾变信息，一旦灾害发生时，迅速向总体防灾系统报告，并得到城市防灾系统领导的指示和帮助。

二、技术要求

1.防火技术要求

(1)地下铁道及地下工程的出入口、通风亭的耐火等级应为一级。地下铁道的控制中心，车站的行车值班室或车站的控制室、变电所、配电室、通信及信号机房、通风和空调机房、消防泵房、防火剂钢瓶室等重要设备用房，应采用耐火极限不低于3h的隔墙和耐火极限不低于2h的楼板与其他部位隔开。地下铁道车站应采用防火分隔物划分防火分区，除站台和站厅外每个防火分区最大允许使用面积不应超过1 500m^2。

(2)车站的站台、站厅、出入口楼梯、疏散通道、封闭楼梯间等乘客集散部位，车站控制室、变电所、配电室、通信及信号机房等重要设备用房，其墙、地面及顶面的装修应采用非燃材料；其他部位装修也不可使用可燃材料。石棉及玻璃纤维制品含有害物质，塑料类制品燃烧后能产生有毒和刺激性气体及大量烟雾，因此这些材料不得在车站建筑中使用。

(3)防火墙是阻止火灾蔓延的重要分隔物。管道穿越防火墙时其缝隙是防火的薄弱环节，因为管道保温材料着火蔓延造成重大火灾的例子时有发生，因此应用非燃材料，将穿越防火墙管道周围的空隙填塞密实。楼板是划分竖向防火分区的分隔物，如有管道穿越，其缝隙处也应用非燃材料填塞密实。

(4)防火门宜采用平开门,在关闭后能从任何一侧手动开启。疏散楼梯间或主要通道上的防火门,应采用向疏散方向开启的甲级单向弹簧门。用于人防工程的各类钢筋混凝土防护密闭门代替防火门。车站设置防火墙或防火门困难时,可采用水幕保护的防火卷帘或复合式防火卷帘。防火卷帘上应当留有小门并采用两级下落式,先降至离地面2m处,在确认无人员遗漏时,最后降落第二级。地下铁道与地下商场等地下建筑物相连接时,必须采取防火分隔措施。站厅与站台间的楼梯处,宜设挡烟垂幕,挡烟垂幕下缘至楼梯踏步面的垂直距离不应小于2m。车站间两条单线隧道之间应设联络通道,通道内宜设防火卷帘或防火门。地下铁道采用钢结构时进行防火处理。

(5)每一个防火分区安全出入口数量不应少于2个,并应有一个出口直通安全区域,与相邻防火分区连通的防火门可作为第二个安全出口。竖井爬梯出口不得作为安全出口。供人员疏散的出入口楼梯和通道宽度应满足地下铁道设计规范车站建筑设计的要求。附设于地下铁道的地下商场等公共场所的安全出口门、楼梯和疏散通道的宽度应按其通过100人不小于1m的净宽计算。地铁车站的设备、管理区及附设于地下铁道的地下商场等公共场所的安全出口门、楼梯、疏散通道的最小净宽应符合表7-3的规定,疏散通道应减少曲折并能向两个方向疏散,疏散通道内不能设置阶梯、门等有碍疏散的物体等。应保证在远期高峰小时客流量时发生火灾的情况下,6min内将一列车乘客及站台上候车的乘客和工作人员全部撤离站台。

安全出入口、楼梯、疏散通道最小净宽 表7-3

名称	安全出入口、楼梯(m)	疏散通道(m)	
		单面布置房间	双面布置房间
地下铁道车站、设备、管理区	1.06	1.20	1.50
地下商场等公共场所	1.50	1.50	1.80

(6)隧道内消火栓最大间距、最小用水量及水枪最小充实水柱应符合表7-4的规定。车站及折返线消防栓箱内宜设火灾报警按钮,当车站设有消防泵房时,应设水泵启动按钮。地下铁道的车站出入口或通风亭的口部等处,应设水泵接合器,并在40m范围内设置室外消防栓和消防水池。当城市管网和水压不能满足地下铁道隧道内消防要求时,必须设消防泵和消防水池。消防水池容积要满足自动灭火器装置按火灾延续1h计算,消防栓按2h计算,但应减去火灾延续时间内连续补充的水量。

消防栓最大间距、最小用水量及水枪最小充实水柱 表7-4

地点	最大间距(m)	最小用水量(L/s)	水枪最小充实水柱(m)
车站	25	20	10
折返线	50	10	10
区间(单洞)	50	10	10

(7)对于与地下铁道同时修建的地下商场,地下可燃物品仓库I、II、III类地下汽车车库,应设置自动喷水灭火装置。地下变电所的重要设备间、车站通信及信号机房、车站控制室、控制中心的重要设备间和发电机房,宜设气体灭火装置。

(8)地下铁道车站及区间隧道内必须具备事故机械通风系统。排烟系统宜与正常排风系统合用,当火灾发生时应确保正常排风系统转换为排烟系统。事故通风系统应具有下列功能:

①当列车阻塞在区间隧道时,应能向事故地点迎着乘客疏散方向送新风,背着乘客方向排风;

②区间隧道发生火灾时,应能背着乘客疏散方向排烟,迎着乘客疏散方向送新风;

③当车站站台发生火灾时,应能及时排烟,并防止烟气向站厅和区间隧道蔓延。

④当车站站厅出现火灾时,应能及时排烟,并防止烟气向出入口和站台蔓延。

每一个防烟分区建筑面积不宜超过 $750m^2$,防烟分区不得跨越防火分区。车站的排烟量,应按每分钟每平方米(建筑面积)为 $1m^3$ 计算。排烟设备容量应满足同时排除两个防烟分区的烟量。区间隧道内火灾的排烟量,按单洞区间隧道断面的排烟流速不小于 2m/s 考虑,但排烟流速不得大于 11m/s。列车阻塞在区间隧道时送风断面风速按同排烟流速指标计算。排风机及烟气流经的辅助设备如风阀及消声器等,应保证在 150℃时能连续工作 1h。

(9)地下铁道应设火灾疏散指示和防灾救护设施。疏散指示灯采用玻璃和其他非燃材料制作的保护套,要设置在有指示标志的地方,如站厅、站台、自动扶梯,自动人行道及楼梯口,人行疏散通道的拐弯处,交叉口及安全出口处。单洞区间隧道及疏散通道每隔 100m 处。疏散指示标志应标明走行方向及距安全出入口距离,其高度距地面 1~1.2m。事故照明灯应设在站厅、站台、自动扶梯、自动人行道、电梯及楼梯口,区间隧道和疏散通道内每隔 20m 左右设一处。事故照明灯及指示照明灯要有单独的耐火的供电系统,应符合地下铁道设计规范电气工程设计规定。

(10)地下铁道应设置防灾自动报警与监控系统,并分为防灾控制中心和车站防灾控制室两级控制。两级防灾控制分别具有相应监控、报警和灾害控制的功能。在车站控制室、计算机房、通信机房、信号机房、变电所、配电室、广播室、电缆间、控制中心机房、站厅、站台、售票室、储藏室、管理用房、地下折返线、停车线和车辆段的检修库、列检库、停车库和可燃物品仓库等设火灾自动报警装置。火灾自动报警系统中的信号装置和联动控制装置,应采用自动和手动两种方式。

2. 抗震设防技术要求

(1)地震作用是一种随机的、反复的、短时间的动力作用。目前,人们尚不能准确预测地震时间、地震强度、涉及范围等,也不能预先防止地震或是改变其破坏性质,因而人类尚不能避免地震灾祸。地震灾难的主要后果就是造成工程结构和各类建筑物的破坏和倒毁,以及继之而来的水灾、火灾、瘟疫等次生灾害。地震灾害直接或间接的对社会财产和人员生命构成危害。建筑物抗震设防的目的在于减轻建筑物的地震破坏,避免人员的伤亡,减少经济损失。地震是几十年乃至上百年一遇的自然灾害。如果设计过分安全,则增加工程造价和施工难度;相反建筑物抗震安全度太低,则不能保证在地震时,避免由于建筑物倒塌而造成人民生命财产的损失。建筑抗震设计规范规定,当遭受低于本地区设防烈度的多遇地震影响时,一般不受损坏或不需修理仍能继续使用,当遭受高于本地区设防烈度影响时,可能损坏,经一般修理或不需修理仍可继续使用,当遭受高于本地区设防烈度的预估的罕遇地震影响时,不致倒塌或发生危及生命的严重破坏。换句话来说,"大震不倒,中震可修,小震可用"。地铁与轻轨作为城市交通工程应该执行《建筑抗震设计规范》(GB 50011—2001)中铁路工程和铁路隧道工程抗震设计和施工规程的相关条款。

(2)地铁与轻轨设防的烈度应按照《中国地震烈度区划图(1999)》,结合所在城市位置采用。例如北京市基本烈度 8 度,天津市和上海市烈度为 7 度,因而北京地铁应按 8 度设防,天津和上海则应按 7 度设防。

(3)地铁与轻轨是城市生命线工程的一个组成部分,按照其重要性,一般定为乙类建筑。特殊重要的地铁与轻轨线路,经过政府批准可确认为甲级建筑,对于甲级建筑要采取特殊的抗震措施。

(4)地铁与轻轨选线时,注意选择在坚硬或中等坚硬的开阔平坦、密实均匀的地段,尽量避开软弱土、液化土以及平面分布上成因、岩性、状态明显不均匀土层(如古河道、断层破碎带、暗埋的塘浜沟谷及半填半挖地基)等。严格要求避开地震时可能发生滑坡、坍塌、地陷、地裂、泥石流等及地震断裂带上可能发生地表错位的部位。

(5)轻轨高架桥线路的抗震设计常借助于桥梁抗震规范,由于各国桥梁抗震规程的应用范围都在桥梁主跨120~200m以内,轻轨高架桥的跨径在20~50m之间。1971年美国圣费南多地震,1994年美国的诺斯雷奇地震,1995年日本阪神地震,多座城市立交桥、城市高架桥、城市高速铁路桥梁遭受严重破坏,交通中断,损失极大。因此城市高架桥跨径虽小,但不能按规范简化的方法设计。除了桥梁强度满足要求外,其变形(延性)也要达到抗震要求。各种橡胶支座及伸缩缝广泛应用于轻轨高架桥上,因此在桥梁抗震设计中必须考虑橡胶支座所引发桥梁的耦连作用,相应的单墩单质点(多质点)的梁桥动力计算模型是否可应用有待研究。针对地震中城市高架桥钢筋混凝土墩柱的屈曲、开裂、混凝土剥落、压溃、剪断、钢筋裸露断裂的震害,支座锚固螺栓拔出剪断、活动支座脱落以及支座本身构造上的破坏等常见的损坏现象,城市高架桥抗震设计逐步从静力法向动力法即反应谱法和动态时程分析法过渡,同时特别注意高架桥墩台、立柱、梁和支座连接处的抗震构造措施。

(6)地铁的车站和隧道被围岩介质包裹,在地震波作用下,地下结构与围岩介质的共同作用机理非常复杂。目前,隧道和车站抗震设计一般采用静力法,应该与建筑物抗震设计规范要求一致,从静力法向反应谱和动态时程分析方法过渡,使地下工程结构抗震设计的模型及理论更趋于完善。另一方面,总结唐山地震,特别是1995年阪神地震对地铁车站和区间隧道破坏形式,做好局部构造处理,可达到事半功倍的效果。

3. 防空袭技术要求

地铁的车站和隧道均深埋于地下,本身亦为钢筋混凝土主体结构,对于防护战时敌人航空炸弹、炮弹、导弹,防护核武器及生化武器均有得天独厚的有利条件。利用地铁作为战时民防工程部分,或用于人员隐蔽、疏散,或用于战时兵员、军事设备、物资调动,都可以增加整个城市的总体防御能力。

(1)结合城市战时的地位、作用和总体防御规划,确定地铁规划网络中的那一条线,哪几个车站和区间隧道用作等级人防工事,哪一些战时仍然是客运交通工具,不作为人防工事使用。地铁工程一旦确认兼顾人防功能,势必要增加投资,改变结构承受荷载标准,增加防护设施。

(2)对于明确兼顾人防功能的地下铁道工程,按战术技术要求确定适当的设防等级。经济技术条件许可的情况下,同时严格按照人民防空工程设计和施工规范,地下铁道设计施工规范规定设计施工,满足城市客运交通的设施与满足等级人防的设施同时到位,同步完成。如20世纪60年代开始建设的北京地铁1号线一期工程。在经济条件不允许情况下,同时考虑战争长时间不发生,闲置防护设施是一种浪费,为此就提出平战功能转换的技术原则。在设计阶段考虑防护的要求,对于防护设施如防护门、密闭门、防爆防火单元分隔、采光天窗和大型通道战时封堵、战时清洁通风滤毒通风设备等,施工时仅预留必要的埋件和接口,到临战前再加以改造安装,以达到人防工事要求的等级。上海、南京、新加坡等城市地铁都不同程度的考虑了战时人防功能。

(3)充分利用地下铁道车站和隧道防护能力,发挥其中通风、给排水、电气、通讯、信号、防灾系统的设备为战时防灾救灾服务。地下铁道的通讯系统应与城市人防指挥部,防灾救灾中心联网,随时接受他们的指导,使地铁工程战时发挥更大的战备效益。

4. 防水灾技术要求

防水灾对地下铁道工程来说,主要有两个方面:一是防止地面洪涝积水沿车站出入口、进排风口灌入地下,破坏地下设施,影响地铁运营;其二是防止地表水、地下承压水沿着结构损伤裂缝和其他薄弱环节向车站和隧道内渗漏,因渗漏水量超过一定程度就会破坏设备,锈蚀装修材料,影响地下铁道的使用寿命。

(1)地下铁道防水设计的原则是以防为主、防排结合、因地制宜、综合治理。首先做到结构本身的自防水,其次是外包防水卷材、弹性防水涂料、各种接缝的防水、盲沟引水等多种措施、多种方法综合施治。防水工程要求精心设计,精心施工,层层设防,处处把关,且不可掉以轻心,即使很小的缺陷,也会造成难以弥补的损失。

(2)地下铁道车站和隧道的防水工程,严格按照地下铁道工程设计施工验收规范设计施工。地下铁道车站及机电设备集中地段的防水等级定为三级,即围护结构不得有线漏,结构表面可有少量漏水点,实际渗漏量小于 $0.5L/m^2 \cdot d$。我国《地下工程防水技术规范》(GB 50108—2001)中地下工程防水等级标准规定见表 7-5。

地下工程防水等级标准 表 7-5

防水等级	渗 漏 标 准
一 级	不允许渗漏水,围护结构无湿渍。
二 级	不允许渗漏水,围护结构允许有少量或偶见湿渍。
三 级	有少量漏水点,不得有线流和漏泥砂,实际渗漏量 $<0.5L/m^2 \cdot d$
四 级	有漏水点,不得有线流和漏泥砂,实际渗漏量 $<2L/m^2 \cdot d$

(3)依照地下铁道车站和隧道不同的施工方法,选择不同的防水材料和防水方法。各种防水材料、防水方法、防水施工工艺,必须经过实践的检验,经过试验检查,才能大范围推广应用。

5. 对施工引发环境病害的防护要求

地铁沿线建筑施工(含后期在建地铁施工),对已建成地铁的环境保护而言,在于提供更完善地制定地铁隧道沿线范围的合理尺度及其有关技术标准和根据。以上海地铁工程为例,目前已制定对建成地铁保护的暂行技术标准。由于深基坑、高楼桩基、降水、堆载、盾构或顶管推进等各种卸载和加载的建筑施工活动,对已建成地铁工程设施综合影响的定量尺度必须符合以上标准。

(1) 在地铁工程(外边线)两侧临近的 3m 距离范围内不能进行建筑施工。自地铁车站中心线起算的 50m(区间隧道中心线起算为 30m)两侧施工,要严格符合以下(2)~(6)条款规定;

(2) 地铁结构的绝对沉降量及水平位移均应小于等于 20mm,地铁隧道产生纵向位移引起圆形管片衬砌结构的径向变形应小于等于 10mm(包括各种加、卸载的最终位移量);

(3) 隧道水平和竖向变形曲线的曲率半径应满足 $R \geqslant 15\,000m$;

(4) 隧道相对弯曲小于等于 1/2 500;

(5) 由于建筑物垂直荷载(包括基础地下室)以及降水、注浆等施工因素引起的地铁隧道外壁的附加荷载应小于等于 20kPa;

(6) 由于打桩振动,工程爆破等产生的震动,对地铁隧道引起的峰值振动速度应小于等于 2.5cm/s。结构的破坏不但于振动速度有关,而且与振动频率和持续时间有关。国外如美、法、德、瑞士等国家采用振动速度作为衡量建筑物、构筑物、岩体受到振动破坏的标准。

地铁的管理和监护单位应按照上述标准,结合各地已建地下工程质量及工程地质条件,对正在运营的地铁工程进行长期监测、变形控制和工程的保护,以免发生人为工程活动引发的灾变损害。

第三节　地下铁道地震灾害防护

一、地下铁道震害调查

地下铁道的车站和隧道包围在围岩介质中,地震发生时地下构筑物随围岩一起运动,与地面结构不同,围岩介质的嵌固改变了地下构筑物动力特征(如自振频率,附加质量)。人们一般认为地震对于地下结构(明、暗挖隧道,车站等)影响很小。直到 1995 年阪神地震后,人们才改变以往看法,地下结构存在地震破坏的可能性,设计和施工时应有必要的对策。

1976 唐山大地震(M_l7.8),刚建成的天津地铁经受住地震考验(天津地震烈度 7 ~ 8 度),仅在沉降缝部位发生外涂面层局部的脱落现象,而未发现其他形式的损害。

1985 年墨西哥地震(M_l8.1)中,建在软弱地基上的地铁结构仅车站侧墙与地表相交处发生结构分离现象。

1995 年 1 月 17 日凌晨在日本阪神地区兵库县南部发生 7.2 级(JMA 单位)地震。由于地震震中离人口密集的神户市很近,有 5 000 多人在地震及震后大火引起的结构破坏中身亡。强烈的地面运动使各种地面工程结构遭受大面积严重破坏。

神户市内主要铁道设施,有 JR、阪急、阪神、山阳、神户电气铁路、神户高速铁路、市营地下铁道和北急行铁道等。其中地下部分线路的总长度 21.4km,总站数为 21 站,如表 7-6 所示。

地下铁道部分的线路长度和站数　　表 7-6

名　称	建设时间	线路大概长度(km)	站　数
阪神电铁	1931 ~ 1936	3.4	3
神户电铁	1962 ~ 1967	0.4	10
神户高速	1967 ~ 1972	6.6	6
市营地下铁道	1972 ~ 1985	9.5	9
山阳电铁	1982 ~ 1997	1.5	2
合　计		21.4	21

在这次地震中,神户市一部分地铁隧道遭到不同程度的破坏,共有 5 个地铁车站和约 3km 的地铁隧道发生破坏,其中大开站最为严重,一半以上的中柱完全坍塌,导致顶板坍塌破坏和上覆土层的沉降,最大沉降量达 2.5m 之多。据神户高速铁路公司报道,不计高架桥结构破坏

造成的损失约为300亿日元,修复大开站需要100亿日元,修复隧道约180亿日元。破坏主要发生于地震烈度7度区域内。不过和地上构筑物相比,地铁隧道的破坏还是轻微的,特别是盾构隧道的破坏非常轻。阪神地震的教训说明:大规模地震发生时,明挖法隧道周围的地基变形很大,导致上下楼板间的相对位移,给构筑物带来很大的影响。今后明挖法隧道设计,应加强楼板与边墙、中柱与板底的连接构造,避免剪切、挤压破坏。

1. 车站的破坏形式

大开站始建于1962年,用明挖法构建。长120m,采用侧式站台。有两种断面类型;标准断面1-1和中央大厅断面2-2,如图7-1所示。断面1-1是宽17m,高7.2m的一层两跨结构;断面2-2为宽26m,高10m的二层4跨结构;地下一层是检票大厅,地下二层为站台。断面1-1和2-2在平面图中的位置见图7-2。底板、中柱和侧墙为现浇钢筋混凝土结构。中柱间距为3.5m。覆土厚度:标准段为4~5m,中央大厅为2m。地层主要组成为:表层为填土;下面为淤泥质粘土,N值小于10;其次为砂砾层及海相粘土。砂砾层的N值在30~35之间,海相粘土N值为10左右;15m以下为N值大于50的更新世砾层。

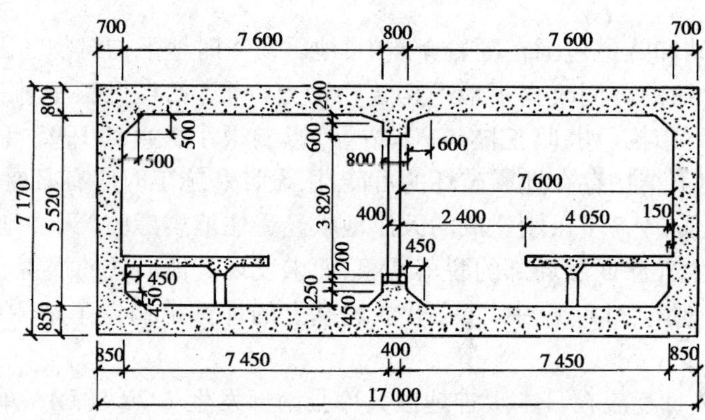

a) 断面 1－1

b) 断面 2－2

图7-1 大开车站的典型断面(尺寸单位:mm)

原有设计没有考虑地震的因素,但设计非常的保守,安全系数很高,中柱的安全系数达到3。图7-2为破坏情况纵向示意图。根据破坏情况可将车站分成三个区域:A、B、C。

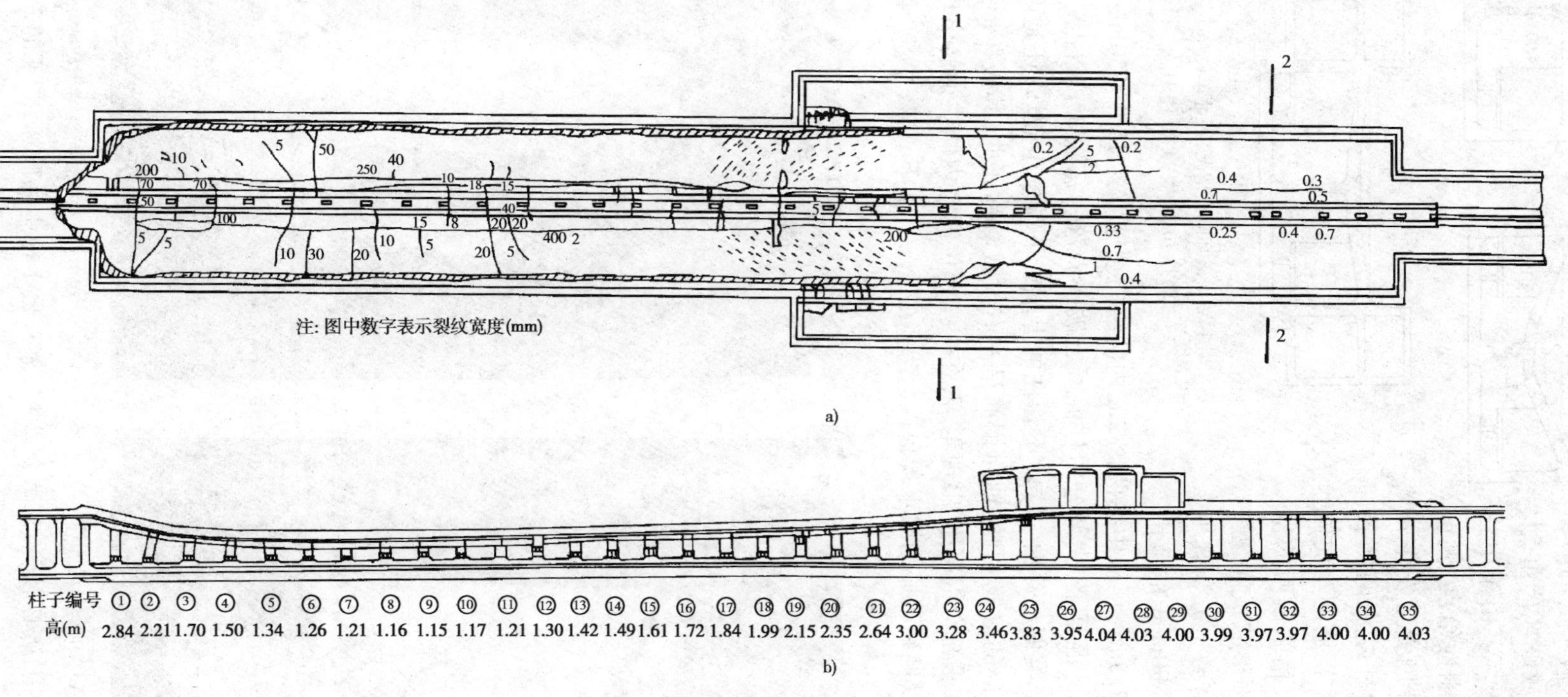

图 7-2　大开车站破坏的纵向示意图

a) 顶板(内侧);b) 中柱

A 区是靠近高速长田站一侧的一层标准结构部分,此区域破坏严重,大部分中柱几乎全部被压坏。由于中柱的倒塌,顶板两端采用刚性结点,侧壁上部起拱部位附近的外侧受弯发生张拉破坏,使上顶板从中柱左右两侧各 1.75 ~ 2.00m 的位置(主钢筋的弯曲位置)处折弯,在顶板中央稍微偏西的位置塌陷量最大,整体断面形状成 M 型,如图 7-3。顶板的塌陷导致上方与其平行的一条地表主干道在 90m 长的范围内发生塌陷,最大值达 2.5m。顶板中线两侧 2m 内的纵向裂缝宽达 150 ~ 250mm。只有一部分中柱破坏后保留着部分混凝土,大部分中柱混凝土破碎剥落。每隔 35cm 配置的箍筋一起脱落,箍筋轴向被压弯成类似麦芽糖一样。不管柱的上端或下端发生破坏,还是两端都破坏,其破坏后形状都像被压碎的灯笼一样,轴向钢筋呈左右大致对称压曲,其破坏形式如图 7-4、图7-5所示。侧壁上部加掖部分混凝土 出现剥落,在一些部位侧壁内侧主钢筋出现弯曲,从而侧壁稍稍向内鼓出,可以见到明显的漏水现象。

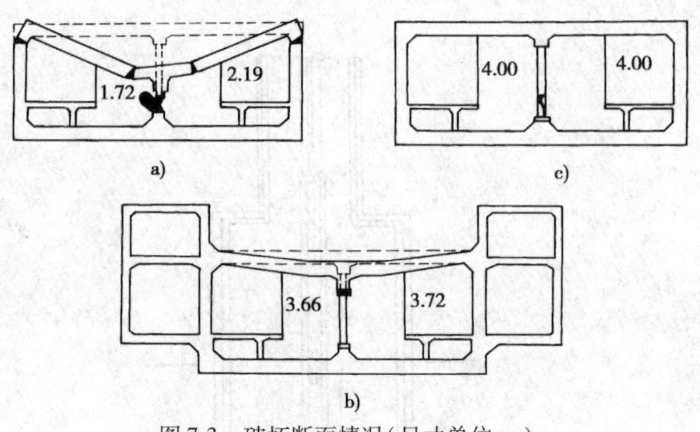

图 7-3　破坏断面情况(尺寸单位:m)

a)柱 10;b)柱 24;c)柱 31

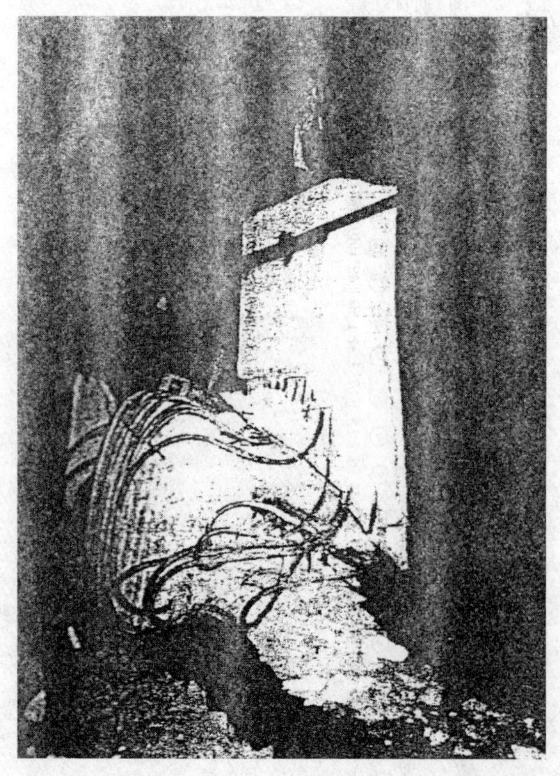

图 7-4　大开车站 20 号中柱破坏情况

图 7-5　大开车站 23 号中柱破坏情况

B 区为地下两层结构,破坏较轻,靠 A 区 2 根,靠 C 区 1 根中柱破坏,剩下的 3 根只受到轻微的损坏。

C 区的结构形式虽然与 A 区相似,但破坏的程度轻于 A 区。C 区域的中柱在下部发生剪切破坏和轴向钢筋压曲，使顶板下沉 5cm 左右。

受阪神大地震影响，其他车站如长田站，新长田站、上泽站、三宫站、西代站、板宿站破坏的主要形式也是中柱的两端弯曲，压剪，产生混凝土破碎剥离，钢筋暴露，扭曲，柱子整体下沉。对于多层的车站结构，上层受震害的程度严重，如上泽站，上层中柱 27 根中有 21 根受灾程度达到 I 级(完全破坏)和 II 级。下层有 2 根柱破坏达 II 级，其余均为 III 级破坏。细长的箱形结构在地震作用下，结构的剪切刚性相对较小，墙壁直角部位剪切破坏，变形较为重要。下层楼板相对上层楼板振动位移反复交替的剪切作用，使得侧墙与顶板、楼板相交直角部位易于损坏。上泽站、新长田站和三宫站的站台设中央大厅，由于采用劲性钢筋柱而未遭到破坏，相比之下其他形式的钢筋混凝土中柱则破坏严重。新长田站东北长 195m，外断面尺寸为 17m × 12m，两层两跨，采用岛式站台。中柱间隔 5.0m。覆土约 3 ~ 4m。离地表 5m 处，为 $N<5$ 的冲积粘土，再往下是 N 值为 30 的砂。车站东部受灾严重，大部分中柱由于剪切破坏出现裂缝；且有的中柱混凝土脱落露出钢筋，因上层为钢筋混凝土柱，下层为劲性格构柱，所以上层混凝土柱有 9 根发生中等程度破坏，有 6 根出现轻度剪切裂缝，下层大厅端部刚构柱向混凝土柱过渡部分中柱剪切破坏达 III 级。新长田站 9 根柱 II 级破坏，全为钢筋混凝土柱，有 39 根只有轻微破坏(IV 级)，受灾较轻。劲性格构柱基本上无损坏，即使损坏也程度较轻。

2. 地铁区间隧道的地震破坏

神户市盾构法地铁隧道位于神户市营地地铁妙法寺站和板宿站之间，仅仅有 0.4km，地基为洪积砂砾层，多处有厚 1 ~ 2m 的叶状粘土层，覆土厚 9 ~ 14m。盾构隧道为单线并列式，外径 $\phi = 6\,800$mm，内径 $\phi = 5\,700$mm。顶进的初始 50m 采用扇形铸铁管片，剩余部分为扇形钢筋混凝土管片，厚 300mm，宽 900mm，钢筋混凝土管片 6 块一环。二次衬砌只在管片内喷厚 250mm 的混凝土，地震后盾构隧道很快投入了营运，只能从行驶的电车内部用眼睛检查其破损状况，隧道基本上无大的损坏。

神户市地铁区间隧道大部分为浅埋单层双跨钢筋混凝土结构，隧道断面为 9 ~ 12m × 6.5m，覆土厚度 2 ~ 6m。底板、侧墙、中柱为现浇钢筋混凝土结构。中柱断面尺寸 500mm × 400mm，中柱间隔为 2 ~ 3m；中柱一般为劲性钢筋混凝土结构。破坏常见形式为：侧壁和上楼板交汇部位剥落，露出钢筋；中柱上、下部混凝土脱落，钢筋扭曲，甚至剪断，隧道侧壁纵向开裂渗漏水，向内侧鼓出。市营地铁区间隧道受震害的情况如表 7-7，地震引起浅埋矩形隧道中柱受损最常见。西代站至大开站之间多数中柱破坏，810 根中有 709 根破坏。损坏的主要形式：由于弯曲破坏，柱子的上、下两端的水泥保护层被破坏，从而脱落；轴向钢筋弯曲；柱上、下两端受弯剪出现混凝土剥落，斜向龟裂和破坏等。

市营地铁受灾情况　　表 7-7

场所	中柱受灾级别统计					受灾程度简述
	I	II	III	IV	合计	
板宿—新长田				4	4	中柱混凝土破坏，部分分离，钢筋露出
长田—上泽站		6	55	13	74	中柱混凝土破坏，部分分离，钢筋露出。另外，一部分沿轴线的钢筋脱离。车站的上部楼板、侧壁等处裂缝产生
上泽—凑川公园			1	58	59	中柱混凝土破坏
凑川公园—大仓山			1		1	

续上表

场　　所	中柱受灾级别统计					受灾程度简述
	I	II	III	IV	合计	
大仓山—县厅站				2	2	中柱混凝土破坏，部分分离，钢筋露出。部分沿轴线的钢筋弯曲与混凝土分离。车站的上部楼板、侧壁等处裂缝产生(310m)
三宫—新神户			24		24	
中柱损坏合计		7	120	77	175	共 1 961 根(无钢管柱)

注：受灾程度定义：I 级——完全破坏；II 级——严重破损至破坏；III 级——产生剪断裂缝；IV——有轻微裂缝。

总之在阪神地震中，地下铁道车站和区间隧道的破坏形式为：中柱开裂、坍塌、顶板开裂、坍塌，以及侧墙开裂等。

3. 轻轨高架线的地震破坏

应该注意到，1971 年圣费南多地震(M6.6)，1976 年唐山地震(M7.8)，1989 年美国的洛马·普里埃地震(M7.2)，均为中等强度的地震，桥梁破坏却十分严重。这已普遍引起世界地震工作者的关注，并纷纷对过去相关的抗震规范予以反省，对结构的抗震设防标准与抗震设计提出一系列新的观点。轻轨高架桥跨径较小，不能按大型桥梁规范简化的方法设计，我国桥梁抗震规范尚处于强度抗震设防阶段，尚未接受近 20 年来桥梁震害经验教训而提出的强度、变形(延性)双重抗震设防要求。近 30 年来，各种橡胶支座与伸缩缝已广泛用于城市高架桥梁和轻轨高架桥上，因而在桥梁抗震设计中必须考虑橡胶支座所引发桥梁的耦连作用，单墩单质点(或多质点)的桥梁动力计算简化模型是否可行，有待研究分析。

地铁轻轨线高架桥受地震破坏的特征与一般桥梁地震破坏相同。1995 年日本阪神地震对于高架新干线、高架桥的破坏比地下部分严重得多，阪神地震给现代化的神户市带来了毁灭性灾难。由于新干线、高速道路、高架铁路、地下铁道、高架桥的倒塌，倾斜及严重破坏，港口、码头下沉倾斜，导致交通除航空港外几乎全部被切断。在同一地区被破坏的铁路线有山阳干线、东海通本线(JR 神户线)，阪神电铁神户线和阪神电铁本线，破坏的主要部分是高架桥，破坏形式与高架道路相同。如桥墩破坏导致落梁和桥的倾斜、桥面坍垮、桥墩剪切和弯压破坏，桥梁横向错位和沉降不均匀以致桥面屈曲不平或倾侧等。地基液化，桥墩沉降不均，致使桥面屈曲不平，甚至倾倒。地震中桥梁支座的震害极为普遍，它历来被认为是桥梁整体抗震性能上的一个薄弱环节。其原因是支座设计没有充分考虑抗震的要求，构造连接与支档等结构措施不足，某些支座形式和材料缺陷等因素。破坏的形式主要表现为支座锚固螺栓拔出剪断、活动支座脱落或者支座本身构造上的破坏等。

二、抗震设计方法

20 世纪 70 年代以来，人们把结构的抗震设计分为两大部分：即抗震计算设计和抗震概念设计。抗震计算设计是对地震作用效应进行定量的设计；抗震概念设计则包括正确的场地选择，合理的结构造型和布置，正确的构造措施等。这种思想方法同样适合于地下结构设计。由于地震活动的复杂性和不确定性，隧道与地震波斜交轴向变形，材料特性的时变效应，结构阻尼随变形而变化，围岩介质与结构的共同作用等因素在结构动力分析中难以确切地考虑，使目前地下结构抗震计算仍处于低水平，远未达到科学的严密的程度。因此，目前要使地下结构物具有尽可能好的抗震性能，首先应从大的方面入手，做好抗震概念设计。

1. 拟静力设计方法

假定地下或地面结构为绝对刚体,地震时它与围岩介质一起运动,而无相对位移。结构物每一部分都有一个与围岩介质相同的加速度,取其最大值用于结构抗震设计。把时刻变化着的振动应力状态假定为静止的,将地震对结构作用假设为作用于构件重心处的等效静载。

$$\text{水平力}\quad F_i = k_h \times m_i$$
$$\text{垂直力}\quad F_{vi} = (1 + k_v) p_i = k_c \times p_i \tag{7-1}$$

式中:k_h、k_v——水平和垂直地震作用系数,$k_v \approx \frac{2}{3}k_h$;

m_i——第 i 个物体质量。

$$k_h = \alpha \times \eta \times \beta \times \delta \tag{7-2}$$

式中:α——地震烈度因素,依所处地层的地震动加速度 a 及地震危害系数 R 决定,$\alpha = \frac{a}{g}R$,$R = \left(1 - \frac{1}{T}\right)^n$;

η——依结构物力学性质和质量分布而定;

β——地震作用下结构物震动特征系数;

δ——与地层坚硬程度有关的参数。

$$\beta = \frac{B}{T^{\frac{1}{3}}} \tag{7-3}$$

式中:B——参数,按经验估计为0.6~0.8;

T——地震周期。

例如:设 $n = 50$ 年,$T = 0.55\text{s}$,$B = 0.6$,$\beta = \frac{0.6}{0.55^{\frac{1}{3}}} = 0.73$;假定 $\eta = 1$,$\delta = 0.3$,$R = 0.52$,纵波波速 $v_p > 4.0\text{km/s}$,可能的地震烈度10度,$\frac{a}{g} = 0.6$,$\alpha = \frac{a}{g}R = 0.6 \times 0.52 = 0.31$,水平地震系数,$k_h = \alpha \times \eta \times \beta \times \delta = 0.07$,垂直地震力系数为 $(1 + k_v) = 1.05$。

目前上海盾构隧道抗震设计按等效静荷载方法,其垂直等效静载系数

$$\left.\begin{aligned} k_c &= 1 + k_v \\ k_v &= \frac{2}{3}k_h = \frac{2}{3}\gamma_1\gamma_2\gamma_3 k_0 \end{aligned}\right\} \tag{7-4}$$

式中:k_0——标准地震系数,按地区基本烈度定,7度时取为0.1;

γ_1——重要度修正系数,取1.0;

γ_2——地层性质修正系数,软地层取1.2;

γ_3——埋置深度影响修正系数,小于50m,取1.0。

则 $k_v = \frac{2}{3} \times 0.1 \times 1.0 \times 1.2 \times 1.0 = 0.08 \qquad k_c = 1 + k_v = 1.08$

地震时横波与隧道纵向正交或斜交,纵波与隧道平行或斜交,均使隧道产生轴向的拉压变形,以横波产生的变形为主。在软地层时横波长可近似取160m,取半个波长的隧道质量参加作用,则隧道的轴向拉力 T(kN)为:

$$T = 80 k_c W \tag{7-5}$$

式中:W——隧道每延米重力(kN/m)。

平均拉应力

$$\sigma = \frac{T}{\pi\left[\left(\frac{D}{2}\right)^2 - \left(\frac{d}{2}\right)^2\right]} \tag{7-6}$$

式中：d——为圆形隧道内径；

D——圆形隧道的外径。

一般当横波与隧道成32°角入射时，隧道将产生最大的弯曲变形，其最大应变ξ为：

$$\xi = \frac{5.2A}{L} \tag{7-7}$$

式中：L——能产生最危险影响的波长(m)，可取结构物横向宽度的6倍；

A——上面相应波长L的振幅。

通过计算可知，7度地震作用对地下结构设计不起控制作用，故抗震计算的重点应是加强构造措施。对于隧道工程，当地震烈度小于7度时，横断面受载(地震荷载的等效静载)；地震波(主要是横波)与隧道轴线正交时，隧道纵轴向拉压变形。与隧道纵轴线成32°角入射时要进行隧道弯曲变形计算。计算表明当地震烈度大于或等于7度，地层破碎，或隧道穿越几个断层时，必须采取一定的抗震措施。必须对隧道强度、稳定性，接缝的张开度进行地震力的核算。隧道结构必须进行加固的地震烈度等级应依地质、埋深等因素加以调整。在烈度大于等于8度地区，不管隧道经过的地层情况如何，隧道衬砌必须进行构造加强和加固。为防止滑坡，进出口处的正面斜坡及边坡上弧面，必须加以清理。进出洞洞口必须用钢筋混凝土修建。

2. 反应谱理论

按照反应谱的理论，单自由度弹性体系结构的地震作用可以表示为：

$$F_{ji} = \alpha_j y_j x_{ji} G_i \quad (i = 1,2,3\cdots\cdots n; j = 1,2,\cdots\cdots m) \tag{7-8}$$

式中：F_{ji}——第j振型i质点水平地震作用标准值；

α_j——相应于第j振型的地震影响系数，按近震、远震、场地类型和结构自振周期，依图7-6采用，其下限不应小于最大值的20%；截面抗震验算时，水平地震影响系数按表7-8，表7-9采用；

x_{ji}——j振型i质点水平相对位移；

G_i——结构第i质体重力代表值；

y_j——第j振型的参与系数。

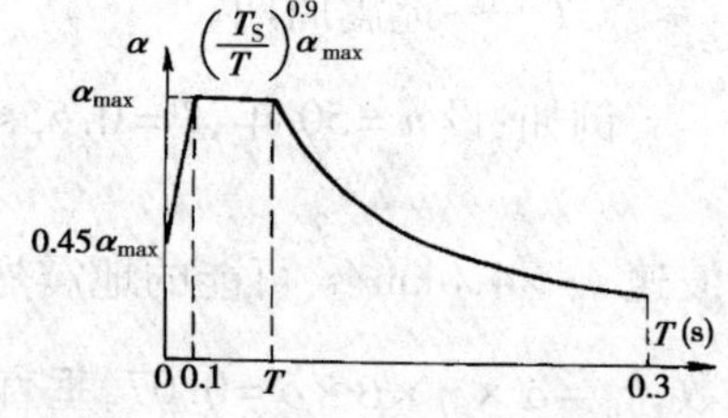

图7-6　地震影响系数曲线

α-地震影响系数；α_{max}-地震影响系数最大值；T-结构自振周期；T_s-特征周期，根据场地类别和近震、远震，按表7-9采用

截面抗震验算的水平地震影响系数最大值　　表7-8

烈　度	6	7	8	9
α_{max}	0.01	0.08	0.16	0.32

特征周期值(s)　　表7-9

近、远震	场地类别			
	I	II	III	IV
近震	0.20	0.30	0.40	0.65
远震	0.25	0.40	0.55	0.85

地震影响系数是随结构自振周期而变化的曲线，与加速度反应谱有相似的形状。它是结构周期T和临界阻尼ξ的函数。利用振型分解原理可以有效地将上述概念用于多质点体系的抗震计算。利用振型计算，这就是规范中给出的振型分解反应谱法。反应谱法广泛用于地面建筑结构、桥梁结构的抗震。由于地下结构各振型的自振频率及相应的阻尼系数不容易求得，

求解特征值和特征向量问题很费时间，且对计算误差敏感，围岩介质的嵌固为地下结构振动提供了较大阻尼，同时促使刚度增加。相反，地下结构的存在使地层刚度改变，各类场地特征周期变化。围岩介质是波传播的载体，土层条件影响地下结构震动的大小和特征，即通常所说的放大和滤波作用。因此地下结构抗震抗爆动力分析多采用下述的结构抗震动态时程分析方法。

3. 时程分析方法

最近一二十年来，由于强地震时地面和建筑物的振动记录不断积累。核电站、海洋平台、超高层建筑、深层导弹发射井大量兴建，需要计算这些重要结构在地震作用下的弹塑性变形破坏，防止结构倒塌。特别是电子计算机的广泛应用，抗震设计理论已经进入了一个崭新的动态分析阶段。

(1) 对于重要的地下结构，如地下铁道车站、控制中心、高架车站等采用地震记录时间历程输入，直接求解结构体系运动微分方程的时程分析法，又称逐步积分法。采用时程分析方法时，宜按设防烈度、近震、远震和场地类别选用适当数量实际强震记录或人工模拟的加速度曲线作为结构的输入地震，并对计算结构进行统计分析。

(2) 用结构的强度和变形验算来取代单一的强度验算，把"小震不坏，大震不倒"的设计原则具体化，规范化。

(3) 以结构在地震作用下的破坏机理的研究成果为基础，在结构抗震中充分考虑震动特性的三个要素（振动幅值、频谱和地震动持续时间）对结构的破坏作用，不再满足于目前仅考虑地震的加速度峰值和频谱特性两个要素，以单一的变形验算转变为同时考虑结构的最大弹塑变形和结构的弹塑耗能双重破坏准则，来判断结构的安全度。

三、抗震构造措施

地面及地下结构的震害主要分为两类，一类是由振动破坏造成的，地震作用使结构物产生惯性力，附加于静荷载之上，最终导致总应力超过材料强度而达到破坏状态。大多数结构的震害属于这一类。减轻这一类震害的措施是加强结构的抗震能力，在改善结构几何形状、强度、刚度、延性和整体性上想办法。另一类震害是由地基失效引起的。也就是说结构本身具有足够的抗震能力，振动作用下本来不致破坏，但是由于地基沉陷、失稳等原因导致结构开裂，倾斜（倾倒）、下沉，或者使结构损坏、结构不能正常使用。为了减轻这类震害，有效的措施是通过各种方法加固地基（或避免采用容易失效的地基），而不是盲目采用措施加强上部结构。

1. 在进行地铁轻轨选线时，尽可能避开软弱易液化的土层，避开不均匀土层（古河道、断层破碎带、暗浜沟谷及半填、半挖的地基），避开地震时可能发生滑坡、崩塌、地陷、地裂、泥石流等地震断裂带上可能发生地层错位部位。无法避开上述不良地质区段时，采用地基处理的措施，防止车站和隧道局部突沉及液化沉陷。

(1) 在车站、高架桥、隧道下将桩基深入液化层深度以下稳定土层一定深度。对碎石土，砾、粗、中砂，坚硬粘性土和密实粉土尚不应小于500mm，对其他非岩石土不宜小于1.5m。

(2) 增加或减少结构埋深，使结构底板埋入液化深度以下稳定土层深度不应小于500mm。

(3) 采用加密法（如振冲、振动加密、砂桩挤密、强夯等）和注浆法加固土层，应处理至液化深度的下界，且处理后土层标准贯入锤击数的实测值，应不大于相应的临界值。

(4) 适当设置伸缩缝、施工缝、沉降缝，加强区间隧道、桥与车站的连接部位的抗震性能；

(5) 对于地层性质发生变化的区段，隧道、车站地基强度和变形性能做好过渡，使上、下部变形协调。

2. 结构构造措施

(1)对于浅埋矩形框架结构的车站和隧道,宜采用现浇整体钢筋混凝土结构,避免采用装配式和部分装配式结构。特别强调侧墙板与顶板,梁板与柱节点刚度、强度及变形塑性。加强中柱与顶板、中板钢筋连接,出板 1 ~ 2m 高度范围内加密加粗受力筋,加密箍筋,防止柱受剪而发生剪弯破坏。连续墙与顶板的连接筋进一步加强,防止连接部位松脱,楼板崩塌。可能的情况下,中柱采用劲性钢管混凝土柱代替钢筋混凝土柱。适当提高混凝土强度等级,或者使用钢纤维混凝土代替普通混凝土防止混凝土挤压破碎。

(2)高架桥区间和车站,必须特别注意桥墩柱剪切挤压破损,桥梁在支座处松动滑落,加强桥墩台与梁板连接,放置减震橡胶垫板等措施。

(3)对于盾构法施工区间隧道,尽可能采用错缝拼装,加深接头榫槽深度,增强纵向整体性。接缝间用高强钢螺栓连接,保持结构的连续性。在环向和纵向接缝处设弹性密封胶垫,以适应地震中地层施加的一定的变形。车站与隧道连接段,隧道可能产生较大的不均匀沉降和剪切力,为此应有可靠的连接,最好设抗震缝。在地震产生液化,突沉地段,隧道可能产生较大纵向弯曲,受拉一侧接缝张开,超过密封垫膨胀率时,可能引起漏水或漏泥砂,并加速整体下沉。因此要按设计,配置较大膨胀率的橡胶垫。

(4)严格执行《建筑地基基础设计规范》(GB 50007—2002)和《建筑抗震设计规范》(GB 50011—2001)中有关结构构件抗震的规范和措施。

第四节　防杂散电流

对于牵引供电系统的列车走行轨为回流通路的直流供电系统,钢轨不可能长期绝缘于道床结构,因此不可避免的有直流电流从钢轨泄漏至道床结构、车站、隧道和其他管线,称为杂散电流。兼作回流的走行轨与隧洞主体结构(或大地)之间的过渡电阻值,在设计排流设施时,按不小于 15Ω · km 考虑。直流牵引供电为不接地系统,牵引变电所的直流设备应绝缘安装。

一、杂散电流产生

地铁杂散电流(俗称迷流)的防护历来是地铁建设工程中的一个重大课题。地铁杂散电流一旦大量泄露出来,不但会对地铁周围地下公共环境造成严重污染,而且还会对地铁基础围护结构产生腐蚀,并对工程结构造成严重威胁。因此,世界各国都把地铁杂散电流的防护作为保障地铁安全运营的百年大计。

地铁杂散电流主要来自电气机车接触网(第三轨)供电线路回流。防止地铁杂散电流主要是防止区间隧道、车站防迷流。盾构法区间隧道迷流设计是指将管片内钢筋全部电气连通,并通过铁垫圈将电气连接点良好引出。以后在隧道管片的拼装中通过铁螺栓和螺母将各隧道管片中钢筋全部电气连通,形成一个等电位的法拉第网,对地铁杂散电流进行电气屏蔽,以防止地铁杂散电流向外泄露和对地铁基础结构的腐蚀。设计与施工遵照《地铁杂散电流腐蚀防护技术规程》(CJJ 49—92)。

二、杂散电流测定

测量管片内部电气连通和引出点电气连通质量的最直接的方法是测定管片连接点的电阻值。

由于钢筋的电阻很小，当管片内部钢筋全部电气连通以及引出点良好电气连通时，管片的电阻值应在微欧姆级。在理论上，地铁杂散电流是直流，检验管片电气性能的直接指标应是管片的直流电阻。由于考虑到低电压、大电流的直流电源较复杂，维护使用方面较困难，因此采用交流电代替。要得到管片真正的直流电阻，还应在实测的交流电阻减去一个电阻抗常数。

三、防迷流专业要求

1. 按防迷流专业提出的要求，将管片钢筋焊接连通成等电位体。环、纵两向通过螺栓和垫圈将每块管片，每环管片连成一体，成法拉第笼，以达到防迷流要求。

2. 接触网、排水管、消防水管、轨旁电话、扬声器等固定设备，均采用打膨胀螺栓解决，螺栓的尺寸按各工种要求而定。但在施工时，必须避开管片结构的主筋。

3. 在预留螺栓孔中设置遇水膨胀密封垫圈，既有利于防水，又不至于影响金属垫片与预埋件的接触，保证防止杂散电流的传播。

4. 所有衬砌管片连接件、外露件，均需要镀锌处理，防止连接件、预埋件的锈蚀，并且所有连接件、预埋件及钢筋必须可靠电焊连接，以防止杂散电流侵蚀。

5. 若处于腐蚀介质中或地下水中含有侵蚀性 CO_2、H_2S、HCl、Cl^-、SO_4^{2-} 等，它们会对混凝土结构、钢结构产生腐蚀，这种腐蚀可能加速电腐蚀。为此结构表面应做防水防腐涂层。采用抗渗性、抗裂性、耐腐蚀性好及体积电阻率高的涂层。涂层易于施工，涂抹后管片渗透系数 K 应减少 5 倍以上。这类涂料应为水泥基结晶渗透防水涂料或环氧聚氨酯混合专用防水涂料。

6. 消防管道防迷流

地铁车站消防设计中还有一个防迷流的问题。那么什么叫迷流呢？因为地铁列车由直流电机牵引，牵引供电为直流 1 500V 架空单线供电，利用钢轨做牵引供电的回流线，由于回流线轨存在着电气阻抗，牵引电流在回流轨中产生压降并且回流轨对地存在着电位差。由于回流轨对地下构筑物、埋设管线存在着一定的漏泄电流，漏泄电流沿地下构筑物和埋设管线至负回馈点附近重新归入钢轨，此漏泄电流即称迷流，它会对钢轨及其附件和地下构筑物钢筋埋设物、金属管线产生电蚀。为了防止迷流对消防给水管道与水泵机组的腐蚀，消防给水管道在进入地铁车站前，即车站外侧，距离车站主体结构 1.5m 左右。要接一段 1～2m 长绝缘管，即安装一段硬塑料(PVC-U)法兰短管。绝缘管要求设在干燥和易于查看及检修的地点。进行绝缘后，方可进入地铁车站内。穿越道床的消防给水管道均采用塑料绝缘管。

消防水泵机组用橡胶隔振装置进行绝缘隔离。从水泵接出的水管在水泵处安装一段短绝缘管，使水管系统与水泵机组绝缘隔离。

7. 设畅通的轨回流线路，正线走行轨绝缘安装；道床设杂散电流收集网，利用隧道和车站钢筋连接成杂散电流收集网；分别在明挖、盾构隧道、矿山法隧道不同结构段端部设连接端子，以铜铰线连通。

四、工程实例

1. 盾构法隧道

中国南方某城市地铁隧道截面外径 6.2m，内径 5.6m，衬砌厚度为 300mm。每环衬砌宽 1.2m，由一块封顶块、两块邻接块和三块标准块组成，混凝土强度等级为 C50，钢筋骨架焊接成型。为防止产生迷散电流，各块衬砌中钢筋、钢构件均焊接连通。衬砌中预埋件 1(用于吊装)、预埋件 2(用于管片间纵向或径向连接)的锚筋均与主筋焊接连通，焊缝长度大于等于

30mm,焊缝高度 6mm,两者间直接焊接有困难时另加连接钢筋 $\phi 8$,将其两端分别与钢筋骨架、锚筋搭焊。衬砌钢筋骨架成型后,用电桥检验钢筋、垫圈是否接通,对不通者进行补焊。

2. 明挖隧道

每一个结构段(相邻两个伸缩缝之间为一个结构)内层纵间钢筋、横向钢筋应电气连续,若有搭接应进行搭接焊,搭接长度不应小于钢筋直径 10 倍,双面焊时,搭接长度不应小于钢筋直径 5 倍,焊缝高度不小于 6mm。每个结构段两端第一排(或第二排)横向钢筋与内层所有纵向钢筋焊接;每隔 5m 将内层横向钢筋与内层纵向钢筋全部焊接。在车站与隧道结构缝两侧的中墙和侧墙引出结构钢筋的连接端子(即杂散电流收集网连接端子),结构缝两侧的连接端子用铜绞线跨接。沿线路方向,在距车站两端 75 ~ 100m 的上、下行间隧道中墙(或内侧墙)分别引出测量端子,供检查用。连接端子和测量端子引出位置和要求如图 7-7,图 7-8 为伸缩缝处连接端子引出连接图,图 7-9 为连接端子引出连接及组装图,图 7-10 为测量端子引出图,图 7-11为测量端子安装图。表 7-10 列出伸缩缝处连接端子材料表,表 7-11 为测量端子材料表。

3. 矿山法隧道

矿山法施工隧道连接端子的制作安装连接和测量端子制作安装如图 7-12。连接端子和测量端子制造安装详图同明挖隧道图 7-7 ~ 图 7-11。连接端子和测量端子材料用表同表 7-9 及表 7-10。矿山法隧道杂散电流的防护只针对内衬墙远离防水层结构的钢筋提出焊接要求。连接端子和测量端子的间距、位置可参照明挖法隧道确定。

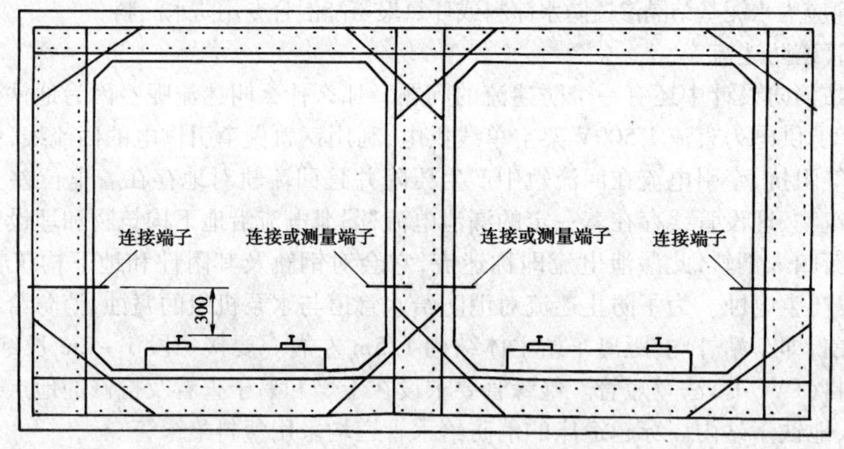

图 7-7 明挖法隧道连接端子和测量端子引出位置(尺寸单位:mm)

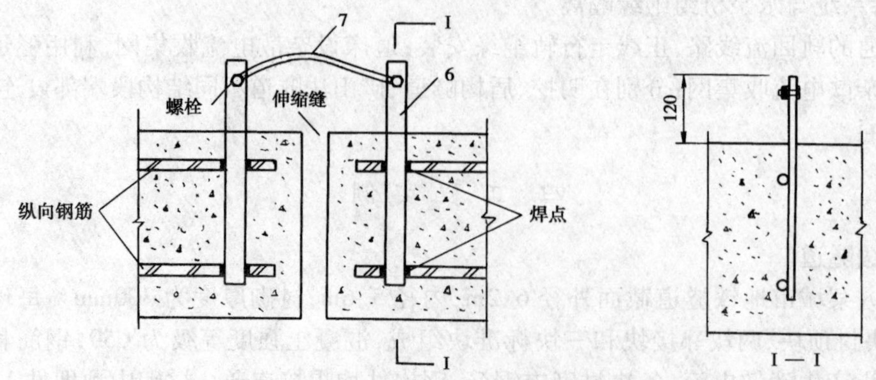

图 7-8 伸缩缝处连接端子引出及连接图(尺寸单位:mm)

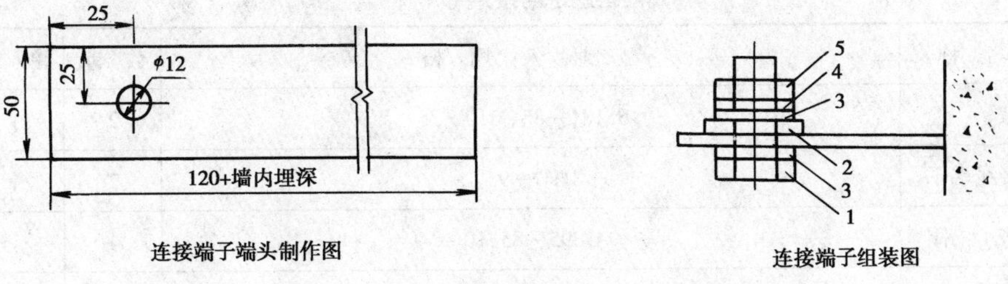

图 7-9　连接端子引出连接及组装图(尺寸单位:mm)

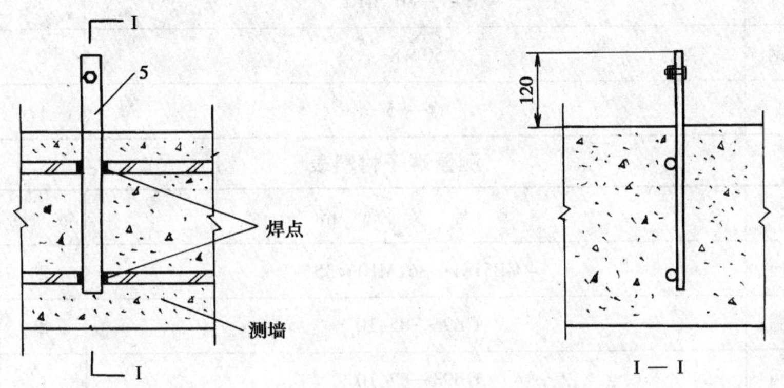

图 7-10　测量端子引出图

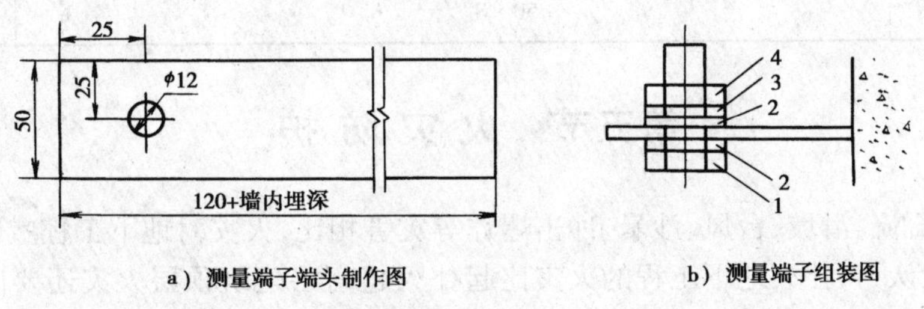

图 7-11　测量端子安装图(尺寸单位:mm)

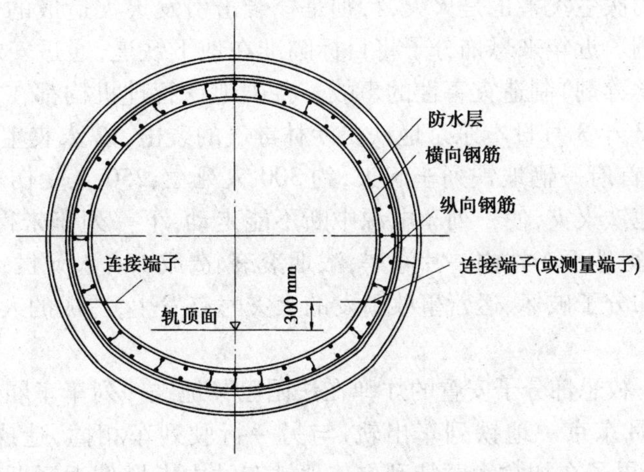

图 7-12　矿山法隧道连接端子和测量端子引出位置示意图

伸缩缝处连接端子材料表　　表 7-10

序　号	名　称	型　号　及　规　格	数　量	单　位	备　注
1	螺　　栓	GB5181—86，M10×35	2	个	
2	接线端子	DTG—95	2	个	
3	垫　　圈	GB95—85，10	4	个	
4	垫　　圈	GB93—87，10	2	个	
5	螺　　母	GB41—86，M10	2	个	
6	扁　　钢	50×8	2	块	
7	铜绞线	TJ—95	1	根	

测量端子材料表　　表 7-11

序　号	名　称	型　号　及　规　格	数　量	单　位	备　注
1	螺　　栓	GB5181—86，M10×35	2	个	
2	垫　　圈	GB95—85，10	2	个	
3	垫　　圈	GB93—87，10	1	个	
4	螺　　母	GB41—86，M10	1	个	
5	扁　　钢	50×8	1	根	

第五节　火 灾 防 护

与洪涝、泥石流、滑坡、台风、沙暴、冲击爆炸等灾害相比，火灾对地下工程威胁比地面建筑更大。因此有人认为，扑灭地下工程的火灾比起扑灭超高层建筑顶层火灾还要困难。除了地铁电气设备线路老化、短路引发火灾外，也还有机械碰撞、摩擦引起火花，引燃车站和车厢内易燃的装修材料或其他化学药品。吸烟、乘客携带易燃易爆的物品都可能引发火灾。地震和战争灾害的很重要的次生灾害也是火灾，特别是核袭击引发火灾造成的生命和财产损失占整个灾害损失很大比例。近年来恐怖分子将目标瞄准在地下铁道，通过安放炸弹、泄毒（借助通风系统传播生物化学毒剂）制造灾害性的事故。各国地铁管理机构都在加强对恐怖分子对地铁袭击的防范。1993 年 3 月日本东京地铁受沙林毒气的袭击，12 人丧生，3 000 多人受伤。1959 年 10 月阿塞拜疆首府一辆地铁列车起火，约 300 人死亡，250 人受伤。2003 年 2 月韩国大邱因人为纵火引起地铁火灾，使一列车电源中断不能走动，下一列车未得到停止进站的信号，两列车相撞，断电使得地下车站内一片漆黑，浓烟滚滚，造成 126 人死亡，146 人受伤，318 人下落不明。地铁因恐怖分子破坏、运营事故引发的火灾时有发生，造成的人员伤亡和经济损失都是惊人的。

1995 年 7 月一枚恐怖分子安置的炸弹在法国巴黎地铁一列车车厢爆炸，7 人死亡，20 几人受伤。2000 年 3 月东京一地铁列车出轨，与另一行驶列车相撞，造成 2 人死亡，30 人受伤。2001 年 9 月，一名男子在加拿大蒙特利尔一地铁车站内点燃催泪瓦斯，造成 40 人受伤。莫斯科地铁 2004 年 2 月 6 日上午 8 时 30 分遭遇到恐怖袭击。爆炸造成 40 人死亡，130 人受伤。一列地铁驶出站500m,第二节车厢突然爆炸,列车随后在惯性作用下持续向前冲行500m。爆炸引发的大火使地铁隧道内浓烟滚滚。爆炸发生后很长一段时间内,车内乘客无法打开车门。最终他们设法撬开车门,又步行2～3km,才离开隧道。

日本地下空间很发达,虽然制定了一系列的全国和地方的预防消防的规则措施,防火救灾设备先进,但是地下工程火灾仍然不断发生。1979年7月11日日本大坂隧道大火是迄今为止世界上最大的一次公路火灾。火灾由于4辆货车与2辆轿车连续撞击,肇事车油箱破裂起火。起火后1min,喷淋设备即投入工作,连续喷水20min,火势不减,反而继续扩大,水和汽油混合受热蒸发产生爆炸。这与瑞士安芬奈斯隧道以水喷淋汽油混合气体火灾试验情况类似。这次火灾造成7人死亡,2人受伤,174辆汽车烧毁,1.2km的隧道天花板坍落,58m^2的天花板和侧墙烧损,隧道结构遭严重破坏。1980年紧接着新宿地下街火灾发生,静岗"金色地下街"煤气大爆炸。8月9日9时30分爆炸发生时,地下商店刚开始营业,这次爆炸事故使15人死亡,222人受伤。为此,日本防灾设施研究会开始对地下工程火灾报警、自动喷淋、通风排烟等防火设施进行广泛的研究。日本青涵隧道配备有完整的防灾系统(定点通风设备、列车火灾监测装置、灭火设备等)。

美国和欧洲经济发达国家,地下工程火灾事故也时有发生。美国于1969年、1974年、1978年、1985年分别发生了哈德逊水底隧道、康贾斯隧道、旧金山及纽约地铁隧道火灾。一列从法国开往英格兰的装载货运卡车的驮背式梭形列车在1996年11月18日夜间起火。大火对海峡隧道的南向运营隧道造成大范围破坏,致使所有正常运营中断2天。火灾是由装载在带敞开式格架的梭形货车车厢上的货运卡车引起的。火势迅速蔓延,先烧毁列车后部的5节车厢,随后列车停车,火势又蔓延到列车的前端。尽管隧道控制中心在列车进入隧道6min后对确认的火警采取了措施。按照指令列车应驶出隧道,但列车却停了下来,可能是机车之间的一路电源(用来断开车辆)被大火烧断,也可能因为司机收到了列车调度中心发出的停车命令。一辆辆紧随其后的列车也停了下来。

隧道内火灾引起的高温,局部超过1 000℃,造成大范围破坏。如混凝土装配式衬砌出现裂纹,局部出现崩塌,列车供电线以及各种电缆和管道约500m被烧断。因为海峡隧道防火设施先进,应急预案明确,人员未造成伤亡。卡车司机、乘客以及梭形货车乘务员共34人都按已有备用救援措施穿过横向通道到达中间维修隧道,然后搭乘北向隧道的列车离去。列车停车后36min完成人员的撤离,浓烟造成了一些延缓。隧道内存在大量有毒的聚苯乙烯和烟雾的混合气体。由于卡车装有聚苯乙烯和塑料盒。为此通风系统维护维修隧道保持稍高气压,可以防止从起火隧道排入烟尘,也可作为紧急集中区,让乘客乘隧道的列车撤离现场。经过调查,海峡隧道公司确认在总长为5km的关闭区段内进行修复作业,如清洗浓烟熏迹,使用喷射混凝土加固或完全更换隧道拱顶及边墙的衬砌等。其中有500 m属于材料毁坏,有40m严重毁坏。在40m中,75%的衬砌的钢筋骨架已裸露出来,有一些400mm厚的拼装段已剥落到只剩300mm。至少有1～2km长的接触网供电线必须更换。

2000年11月11日奥地利滑雪胜地基茨施坦霍恩山上山缆车于隧道内600m突然停下来,车身后部开始起火,长长的隧道变成了下部鼓风,上部排烟的火炉,170余名游客葬身火海。整条上山的轨道交通线长3 800m,其中3 200m在隧道中。这条缆车线路2个月前刚检修一次,声称用防火材料制作的列车,然而在大火面前如此不堪一击。火灾过后,铁轨已扭曲得不成样子,部分隧道衬砌稍有触动即引起围岩松动塌方。

我国铁路隧道多次发生油槽列车颠覆起火爆炸的恶性事故。1976 年 10 月 18 日宝成线 140 号白水江隧道火灾造成直接经济损失 255.8 万元。1990 年 3 月 14 日时襄渝线梨子园隧道,55 节编组的 0201 次列车在长 1 776m 的梨子园隧道内突然起火爆炸。火车中断运行 551h,损失汽油 598t,大蒜数百吨,烧毁车辆 30 余节,直接经济损失达 500 万元以上。1990 年 8 月 18 日,因为乘客在尾部车厢吸烟失火,列车在大瑶山隧道内越烧越旺。部分乘客因为惊慌失措,跳车被迎面来的货车撞死 12 人,撞伤 20 人。单就我国铁路隧道而言,从 1976 年到 1991 年间共发生了 4 次严重铁路隧道火灾,造成的直接经济损失达到千万余元,交通中断引起的间接损失难以估量。灾后隧道维修加固费用也达数百万元以上。

目前,我国缺少专门的地下铁道防火设计及施工验收规范,缺少适合于地铁车站和隧道消防的专用设备,地铁车站及隧道电气设备复杂,通信和信号管线密集,电气设备及线路不能及时检修更新,均可能因短路引发火灾。有些地铁车站和综合开发的地下商场片面追求豪华的内装修,忽视装修材料的耐火等级,存在着不少火灾隐患。

一、地下工程火灾发生的特征和危害

地下建筑与地面建筑相比有许多不同之处,地下工程是在地下通过挖掘的方法获得的建筑空间,外部仍有厚实的岩土介质包围,它只有内部空间。地面建筑有门、窗、墙与大气相连,室内外光热交换容易。而地下空间与外部联系孔洞少,面积小,气热交换难,散热慢,能见度低。

1. 排烟困难,散热慢

地下建筑内失火,与地上建筑失火情况完全不同。地上建筑着火时,可以开启门窗,进行散热和排烟。地下建筑为厚的钢筋混凝土衬砌和岩土介质包围,出入口较少且面积有限,有时人员出入口可能就是喷烟口。由于烟的迅速聚集和在工事内的扩散,工事内很快充满烟,有限的人员出入口会变成“烟筒”,热烟运动方向与人员疏散方向一致。通常烟的扩散速度比人群疏散速度快得多,致使人员无法逃脱烟气流危害,多层地下空间 发生火灾时危害更大。国内外许多专家认为:烟的水平扩散速度一般为 0.5~1.5m/s;超过一般年轻力壮的小伙子的跑速。无阻挡情况下人水平步行速度为 60m/min;老人和小孩最快 40m/min;上楼梯速度为 10m/min,单股人流平地通过量 40 人/min,上楼梯 33 人/min。因此人的运动速度无论如何比不上烟速。地下建筑通风条件不如地面建筑,对流条件很差,因而排烟排热也不如地面建筑。随着空气温度的升高,体积增大,则压力也会相应增大,因此对人员安全疏散和消防扑救,都十分不利。根据试验,当空气温度达到 400℃时,则空气体积能增大 1 倍,当空气温度达到 800℃时,则空气体积能增大 2 倍。浓烟使地下建筑室内可见度下降,造成人们心理恐慌,更增加人员疏散难度。火灾造成地下建筑物内人员的最初伤亡,大部分是由于缺氧窒息,中毒昏倒死亡。浓烟,特别是含有有毒性粉尘的烟雾,也增加了消防人员接近火场灭火的困难。

火灾时的发烟量与可燃物的物理化学特性、燃烧状态、供气充足程度有关。地下建筑火灾时,一般供气不足(火灾开始时与地面建筑无多大差别),温度开始上升较慢(尤其是固体可燃物火灾)阻燃时间较长,发烟量大。部分材料在不同温度下产生烟量如表 7-12。地下民防旅馆中一间 15m^2 的房间,如其火灾荷载即每平方米可燃烧物质质量为 25kg/m^2(折合木柴),在 300℃时燃烧发烟量可达 150 000m^3。以建筑净高为 3.5m 计算,上述 15m^2 人防旅馆火灾产生的烟雾,可使 4.29 万 m^2 地下工程全部充满浓烟。

部分材料在不同温度下燃烧产生的烟量(m^3/g)(日本)　　表 7-12

材料名称	800℃	400℃	300℃
杉木	3.6	2.1	0.4
普通胶合板	4.0	1.6	0.4
难燃胶合板	3.4	2.0	0.6
硬质纤维板	1.4	2.1	0.6
锯木屑板	2.8	2.0	0.4
E. B. P(树脂)	—	6.2	4.1
聚氯乙烯	—	4.0	10.4
聚苯乙烯	—	12.6	10.0
尿基烷(人造橡胶一种)	—	14.6	4.0

2. 高温高热全面燃烧

就其可燃物来说,由于使用性质不同,可燃物量也不一样。地下百货商场,可燃物量为 25~100kg/m^2;纺织厂、服装厂,可燃物量 25~125kg/m^2;印刷厂,可燃物量 75~250 kg/m^2;地下旅馆,可燃物量 25~50 kg/m^2;仓库,可燃物量 150~400 kg/m^2。地下铁道车站及隧道内可燃物量一般低于 50 kg/m^2。在地下建筑封闭空间内,一旦发生火灾,大量可燃物燃烧,室内温度升高很快,较早地出现"全面燃烧"现象。根据地面建筑燃烧试验,当火灾房间的温度上升到 400℃以上时,起火房间会在瞬间由局部燃烧变为全面燃烧,房间一切可燃物会在瞬间统统烧着,并伴随着较大的响声。当听到类似爆炸的"轰"的一声响时,便会见到满屋大火,室内温度会从 400℃猛升到 800℃~900℃。伴随室内瞬时全面燃烧,巨大能量释放,温度随时间迅速上升,如表 7-13。

火灾标准时间温度曲线值　　表 7-13

时间(min)	5	10	15	30	60	90	120	180	240	360
温度(℃)	556	659	718	821	925	986	1029	1090	1133	1193

火灾房间空气体积急剧膨胀,烟气中的一氧化碳、二氧化碳等有害气体的浓度迅速提高。这种高温有毒的浓烟冲到那里,就会使那里的可燃物燃烧。这时地下建筑物内部象锅炉的炉膛,而楼梯通道口则如烟囱。我国地下建筑先后发生过几十次火灾,都出现过高温现象。如山西某地下仓库总面积 2 810m^2,着火后延续燃烧 41d,火灾温度长期维持在 1 000℃左右。除库内可燃性物质全部烧毁外,库内的搪瓷缸和水壶熔化,石灰石烧成石灰,混凝土被大面积破坏,局部结构塌方。江西南昌老福山地下商场,1987 年发生特大火灾,燃烧 17h,高温使工程内一切可燃物质烧成灰烬,铝合金柜台烧毁,钢筋混凝土结构大面积露筋,烧灼深度最深达到十多厘米,温度达 800℃~900℃。一切可燃物产生的热量,几乎全聚集在地下建筑物内。人体对高温的耐受时间如表 7-14。

掩蔽人员对高温的耐受时间　　表 7-14

时间	少于 5min	5min	30min	2h	4~8h	27~72h
温度℃	150	140	100	65~80	46~65	35~41

在地铁车站、地下商场、地下旅馆、饭店、地下影剧院、舞厅等人员相对集中的公共活动的地下空间，往往忽视防火规范要求，片面追求地下建筑装饰的多样化和高标准。例如地下舞厅、影剧院为追求音响效果和空间视觉效果，在墙面上安装木龙骨，再钉胶合板，胶合板表面铺设金丝绒布，木质龙骨内，又填充所需的化学纤维吸声燃料。这些地下建筑的不适当的装修，给地下建筑的安全带来了诸多火灾隐患。

3. 安全疏散困难

地下建筑内的安全疏散有以下三方面的不利因素。

(1)有些地下建筑内的各种可燃物质，燃烧时会产生大量烟气和有毒气体(如一氧化碳、二氧化碳及其他有毒气体)，不仅严重遮挡视线，使能见度大大降低，还会使人中毒窒息，危害极大。当空气中含氧量下降到15%时，人的肌肉活动能力下降；当空气中含氧量降到10% ~ 14%时，人就会四肢无力，产生判断失误；当空气中含氧量降到6% ~ 10%时，人就会昏倒。地下建筑火灾造成的室内缺氧比地面建筑火灾严重的多。据一次大的地下建筑火灾取样测定，空气中的含氧量降到5%以下，CO浓度高达人能承受浓度的2 000倍。常见的可燃物质燃烧时产生的有毒气体如表7-15。

可燃物燃烧时产生的有毒气体 表7-15

可燃物名称	有毒气体
木材	CO_2、CO
羊毛	CO_2、CO、H_2S、NH_3、氯化氢
棉花、人造纤维	CO_2、CO
聚四氟乙烯(特氟陶)	CO_2、CO
聚苯乙烯	苯、甲苯
聚氟乙烯	氢化氧、CO_2、CO
尼龙	乙醛氨、CO_2、CO
酚树脂	氨、氰化物、CO
三聚氰胺—醛树脂	氨、氰化物、CO
环氧树脂	丙酮、CO_2、CO

(2)地下建筑发生火灾时，室内由于正常的照明电源切断，变得一片漆黑。如地下工程内不装设事故照明和紧急疏散标志指示灯，人员根本无法逃离火场。地面建筑即使是月夜地面照度也有0.2lx，地下建筑内无任何自然光源，加上浓烟滚滚，使疏散极为困难。

火灾时的烟，是指物质热分解生成物，即游离碳素粒子，液体微粒(一般粒径在0.01 ~ 10μm)，它们和同时产生的气体共同在空气中浮游、扩散。烟气浓度的表示方法有三种：质量浓度法、粒子浓度法和透光率法。在进行人员快速疏散规划设计时，大多由烟的光透过量中求得光学浓度来表示烟的浓度，一般用减光系数 $C_s(m^{-1})$ 表示。若在烟气中的光强度为 I，可用下式表示减光系数、光的强度光源与受光点距离之间的关系。

$$I = I_0 e^{-C_S L} \tag{7-9}$$

$$C_s = \frac{1}{L}\ln\left(\frac{I_0}{I}\right) \tag{7-10}$$

式中：I_0——无烟时的光强度；

I——有烟时的光强度；

L——光源与受光点的距离(m)；

C_s——减光系数(1/m)。

烟的浓度升高，烟的粒子遮光作用强，能见度就会降低。烟的浓度即减光系数 C_s 与能见距离 D(m)之间成反比例关系。通常人员能否从地下建筑内疏散，决定于三个极限值：①疏散视距的极限值；②人能承受浓烟度的极限值；③在疏散视距内，人能承受烟浓度下，人员疏散视觉光强度最低限制。疏散视距的界限，随着对建筑物熟悉情况的不同而不同。当熟悉情况时，其疏散视距的界限为5m，疏散界限烟浓度 C_s 为0.2～0.4(平均0.3m^{-1})；对建筑物情况不熟悉时，其疏散视距的界限为30m，疏散界限烟气浓度 C_s 为0.07～0.13(平均0.1m^{-1})。据试验研究，当有黑烟冒出时，其室内烟气浓度 $C_s=30$。当采用的疏散视距界限浓度为0.1～0.3，则有30/0.3=100。这就意味着，为了确保疏散时的必要视距，应将烟气浓度稀释100～300倍，对地下工程这是难以达到的。

(3)温度升高快，对人体危害大。地下建筑发生火灾时，热量不易散失，爆燃(F.O)出现快，室内温度可达到800℃以上。由于火焰本身或火焰产生的高温，能把人烧死烧伤。这是因为人体在火焰的燎烤下，使心脏跳动加速，同时出汗增多，人就很快产生疲劳脱水现象，当热的强度超过人体能承受的界限时，就会很快死亡。另外，由于人吸入大量的热气到肺部，使血压急剧下降，毛细血管受破坏，从而导致血液循环系统破坏，人也会很快死亡。

(4)疏散距离长，路径复杂。有的地下街或地下铁道的车站长达数百米或数千米，日本青函隧道、英法海峡隧道长达50km以上。从进口到出口，对一般地下建筑可达几十米，大型的工程可达100余米，交通工程可达几百米或数千米。火灾时逃生的出口和路线比地面建筑少。地下建筑人员逃生的线路只有通向出口的楼梯、阶梯、坡道、爬梯和扶梯。最终的出口很少，一般只有一、二个。遇火灾逃生时，地面建筑中人向下走，只要越过火灾层，就比较安全了，与此同时火灾烟向上扩散。地下工程就不同了，人逃生往上走，火灾烟苗也是往上窜，人逃生方向与烟火的自然扩散方向一致，人要到达安全区，从某些意义上讲必须逃到地面上。一般烟扩散速度比人疏散行走快。烟的水平扩散速度为0.5～1.5m/s，烟的垂直上升速度比水平方向快3～4倍。

4.扑救困难、危害大

地下建筑的火灾比地面建筑火灾扑救要困难得多。国外一个消防专家把扑救地下工程的火灾难度，看作与扑救超高层建筑最顶层火灾的难度相当。我国地下建筑发生的数起大的火灾，最长的燃烧时间41d。与地面建筑相比，地下工程火灾扑救困难在于：

(1)探测火情困难。地下建筑火灾发生后，只见浓烟从出口冒出，无法确切知道火灾究竟发生在哪一个部位。目前，尚没有能在浓烟中探测火情的消防机器人。自动报警、自动喷淋设施，可以在火灾事故前期，自动灭火，因造价高昂，一般地下工程还未采用。消防人员必须冒生命危险，深入到地下建筑内探火。例如北京一存放彩色显像管的地下仓库发生了火灾，消防人员不得不绑上腰绳下去探火，因工程内漆黑，一切照明手段都无济于事，步履艰难，所以先后下去三次才找到火点。

(2)接近火场困难。对于一般没有完善的排烟设施的地下工程，消防人员进入口，同时也是烟、热排出口，高温、浓烟、毒气使消防人员无法接近火场。至于地下铁道、公路隧道一般都比较长，短则数百米，一般长为一、二千米，最长达万余米，甚至更长，一旦在隧道中间或距进口、出口较远的地点发生火灾事故，施救几乎无法进行。例如日本进静岗至烧津间 2 050m 长的日本阪隧道，在距烧津出口 400m 处，因卡车与轿车连续撞击，致使轿车油箱破裂起火，大火延烧几天几夜，共烧毁各种汽车 174 辆，1 122m 长的吊顶和龙骨全部烧塌，烧死烧伤 9 人，损失惨重。事故原因虽然很多，但起火点到出口距离长，扑救困难是造成巨大损大的重要原因。

（3）通讯指挥困难。地面建筑火灾，有线、无线通讯器材、高音扩音器、一切通讯手段都可使用。地下火场灾情只能靠人传递信息，速度慢、差错多。因为指挥员无法直观火场，需要详细询问，研究工程图，分析可能发生火灾的部位，可能出现的危险情况，方能作出灭火方案，致使灭火时间长，难度大。

（4）缺少地下工程报警消防专门器材。目前国内自动报警及联动控制系统大部分采用“报警”自动化，在火灾被确认后，操作人员手工操作使联动系统投入运营。采用这种运营方式的原因是火灾探测器的品质尚不能百分之百的准确预报火灾，误报率较高。国外虽然已生产智能化探测器，可以避免误报，但系统价格太高，国内一般工程很少采用。自动喷淋、自动消防的水源水库容量不足，水压力不适合超长距离供水。水闸阀未进入自备状态。无机械式自动通风排烟系统，排烟阀不能自动打开。自动喷淋灭火系统的保养管理不善，喷头因吊顶天花板安装或悬挂其他物品而损坏等。

二、地铁工程火灾的防护对策

严格执行地下工程防火规范，贯彻“预防为主，防消结合”的方针。组织国内建筑工程消防专家编写地下铁道、铁路公路隧道、地下商业街、地下库房专门的消防设计规范和施工技术规程。进一步完善人防工程防火设计及施工规范。地下工程防火设计和施工必须尽快做到有法可依。

（1）规划布局合理

城市的地下铁道、公路隧道、地下商业街、地下停车场等地下建筑，与城市地下总体布局规划相结合，增强城市总体防灾、抗灾功能。许多国家的城市地下铁道出口与地面建筑的地下室出口连接。上海市新闸路地铁车站实际上就是地面写字楼的箱型基础。这样的设计便于广大群众使用，又有利于火灾发生时的疏散。但是地面建筑地下室与地下铁道出入口连接处，墙壁及顶板的耐火极限必须达到 3h 以上，常开的门必须使用耐火极限 2 ~ 3h 的防火门。火灾发生时，地下铁道、地面建筑、其他地下通道之间要有可靠的防火分隔，有效地阻止火势蔓延扩大，减少火灾的损失。

（2）选择钢筋混凝土结构

地下建筑物结构材料应选择钢筋混凝土，而且钢筋的保护层应满足地下工程钢筋混凝土结构设计规范规定的厚度。地下建筑内长时间高温燃烧，会引起钢木结构大面积倒塌，基本上无法修复。大火连续延烧几十小时，隧道内部钢筋混凝土保护层只是局部脱落，部分烧灼，大部分经检查修复后可以继续使用。高温下混凝土的性能很大程度上受含水量、所用填料类型、配筋率以及其他配料设计等因素的影响，如混凝土中加入聚丙烯纤维可能在火中形成膨胀空隙。

（3）合理选择装修材料

地下工程的装饰材料应选择不燃、难燃材料和阻燃处理的材料，这样可以使装饰材料燃点增高，使其不易着火，或即使着火燃烧蔓延速度较小，以便为扑灭初期火灾及组织安全疏散赢得时间。作为吊顶的承重材料龙骨，应选用轻钢龙骨。吊顶天花板应选用模压轻质铝合金板。

木龙骨极易燃烧，五夹板、钙塑板、铝塑板、PVC 泡沫天花板易燃烧、散发大量烟雾和毒气，应限制使用。石棉和玻璃纤维制品，燃烧时散发大量有害气体，应禁止使用。

（4）合理选择出入口位置和数量

一个车站出入口通过能力总和，应大于该车站远期超高峰的客流量。鉴于目前我国地下铁道车站浅埋占多数，故要求浅埋车站出口数量不宜少于 4 个，小站出口可适当减少，但不能少于 2 个，并随客流量的增加，出口数量也要相应增加。出入口应选择在人员不太集中地区，切莫选择在影剧院、体育馆、多功能厅等人员集中场所，离开这些场所不小于 250m。出入口离开幼儿园、托儿所、小学校门口至少 200m。为了便于人员疏散，当出口提升高度超过 8m 时，宜设上行自动扶梯；超过 12m 时，除设上行自动扶梯外，还宜设下行自动扶梯。站厅和站台面的高差不超过 5m 时，宜设上行自动扶梯，高差超过 5 m 时，除设上行自动扶梯外，还应设下行自动扶梯。

（5）防火分区划分及要求

地下铁道车站面积多在 5 000～6 000m^2，一旦发生火灾，如无严格的防火分隔设施，势必蔓延成大面积火灾，造成不应有的损失，对此应采用防火墙、防火卷帘加水幕或复合防火卷帘等防火分割物划分防火分区。每一个防火分区（除站台厅和站厅外）最大允许使用面积不应超过 1 500m^2。站厅和站台是乘客进出站、上下车的场所，按远期规划的发车间隔时间，一般定为1.5～2.0min。由于客流量大且进出频繁，因此在站厅和站台上采用防火隔墙划分防火分区，是不恰当的。这时可采取较灵活的防火处理设施，即用水幕保护的防火卷帘代替防火墙或防火门。防火卷帘上留小门并采用两级向下滑落的金属门，目的是便于消防人员的扑救和乘客及工作人员的安全撤离。防火门必须向疏散方向开启，避免在紧急疏散时，造成人员堵塞门前，引起不应有的伤亡事故。防火门在关闭后能从任一侧手动开启，考虑到在防火门关闭后，使个别未及时逃脱的人员疏散出去，以及外部人员进入着火区进行扑救的需要。每一个防火分区安全出入口不少于两个。当其中一个出口被烟火堵住时，人员可由另一个出口疏散。竖井爬梯对妇孺老幼使用不便，且疏散人数有限，因此不能作为安全出口。

（6）联络通道的防火作用

根据国内外地下铁道运营中事故的灾害分析，列车在区间隧道发生火灾而又不能牵引到车站时，乘客必须在区间隧道下车。为了保证乘客安全疏散，两条隧道之间应设联络通道，这样可使乘客通过另一条隧道疏散到安全出口。通道也可供消防人员扑救时使用。联络通道两端应设防火卷帘门，人员撤出着火隧道后，应及时落下防火卷帘，以免火焰向另一条隧道燃烧。

（7）钢结构的防火保护处理

钢结构在高温和火焰作用下，如不作保护处理，一般在 15min 左右就会塌落，这是因为在火焰和高温作用下，在 15min 内，其强度降低一半以上，进行了防火保护处理，可以提高耐火能力，详见表 7-16。

LB 钢结构防火涂料耐火极限 表 7-16

防火涂料厚度（mm）	耐火极限（h）	燃烧性能
0.4	1.0	不燃烧体
2.0	2.0	不燃烧体
3.5	2.5	不燃烧体
4.0	3.0	不燃烧体

(8)地铁车站和隧道的机械通风及排烟

根据火灾资料统计,地下铁道发生火灾时,造成人员伤亡,绝大多数是被烟气熏倒,中毒、窒息所致。因此有效地排烟已成为地下铁道火灾时救援的重要组成部分。考虑到地下铁道的站厅和站台的使用面积一般约为3 500m^2,地下工程的防火、防烟分区比地面建筑要小。日本《地下铁道防灾设备设计标准》规定,车站防火区划分,除站台厅和站厅外,以不超过1 500m^2使用面积划分一个防火分区,并用耐火构造的地面、墙壁和甲级防火门与相邻分区隔离。防烟分区通常取防火分区一半,故每个防烟分区面积不宜超过750m^2。按我国国家标准《人民防空工程设计防火规范》(GB 50098—98)及日本消防法规要求,防烟分区按地面面积每平方米一分钟一立方米排烟量计算排除两个防烟分区(一个750m^2)烟量,要求设备的排烟能力为$2\times750\times1=1500\ m^3/min$。选用排风机每小时排风总量为$1\ 500\times60=90\ 000\ m^3/h$。区间隧道排烟量,按单洞区间隧道截面的排烟流速不小于2m/s,排烟速度不应大于11 m/s。这样要求基于两点考虑:一是发生火灾时,烟气水平方向流动速度为0.3~0.8m/s。因此,送排风的速度必须大于0.8m/s,才能使烟气按规定的方向流动;二是地下铁道发生火灾时,规定了乘客迎着新鲜空气方向迅速撤离。因此,必须造成一种气流使乘客感到有新鲜空气流动,从心理上就产生了安全感,会鼓足勇气,迅速地迎着新鲜空气流入的方向步行到安全地区。使人们能感受到有新鲜空气流动的最低速度为2m/s。

同时,要求排烟流速不应大于11 m/s,因为当排烟速度大于11 m/s时,则新鲜空气的流动速度也大于11 m/s。在此速度下,乘客能够行走,且尽快跑到安全地带。

至于地下铁道列车阻塞在区间隧道时的送风量,则可按区间隧道断面风速不小于2 m/s计算,但风速不应大于11 m/s。

运行列车发生火情,火势较小时司机可迅速开至下一站,通知车站工作人员准备消防器材协助灭火,还要及时通知防灾监控中心。遇到重大火灾,司机应立即降下接触网受电弓,切断外部高压电源。启动应急电源。乘客可从首节列车端头门下至区间隧道,也可打开列车侧门利用纵向疏散通道疏散乘客,还可以通过联络通道将乘客向另一条隧道疏散。

(9)地下铁道火灾自动报警系统设置

考虑原则应当是,凡是发生火灾后而影响全局的重要部位和火灾危险大的部位均应设置,以下场所宜设火灾自动报警装置。

①车站控制室、计算机房、通讯机房、信号机房、变电所、配电室、广播室、电缆间及控制中心等重要场所;

②站厅、站台厅、售票室、储藏室及管理用房;

③地下折返线和停车线;

④车辆段的检修库、列车库、停车库和可燃物品库房;

⑤设有火灾自动报警的场所,应在适当部位增设手动报警按钮。

此外,地下铁道主排水泵站和排雨水泵站,在危险水位应设自动报警装置。

三、地下铁道工程消防

当前地下铁道工程的消防主要有三部分组成:自动报警系统、水消防系统和化学灭火系统。本节从灾害防护角度,较详细介绍地下铁道消防系统组成、安装和控制,为第六章第三节的补充。

1.自动报警系统

(1)系统组成

一条地铁线路的火灾自动报警系统由设在控制中心的中央一级自动报警、各车站及车辆设的二级报警组成,中央火灾自动报警系统通过地铁通信系统提供的数据传输信道(PCM)实现和各车站(车辆段)火灾自动报警系统联网,以对全线进行消防监控。各车站(车辆段)火灾自动报警系统独立对本站(包括相邻区间隧道)范围内各保护区进行火灾监视,联动控制相关消防设备,适时地向中央火灾自动报警系统传送火灾报警信息和消防系统设备运行状态信息,并根据中央火灾自动报警系统的控制指令启动区间隧道事故通风系统。中央火灾自动报警系统亦可直接启动相关车站事故通风系统。上海地铁1号线火灾自动报警系统的组成如图7-13所示。

(2)系统功能

火灾报警系统的功能应有报警、监视、控制,通话及信息储存打印功能。探测器一旦探测到"火情",迅速向系统控制器发出信息,并由控制器指示出"火情"发生的地点和时间。系统控制器能自动发出巡检信号,对控制器内部及外部各回路上的末端设备进行故障检测,一旦发生设备损坏、失落、线路中断等现象时均能发出声光信号并指示故障位置、类型、发生时间等。对消防设备的运行状况监视,一旦某设备运行状态异常,控制盘立即发出信号并指示出该设备名称、目前状态。根据预定的火灾运行工况对被消防控制设备(如事故风机、防火阀、消防泵等)发出动作指令,进行消防联动控制,完成相应的灭火措施。

(3)系统设备

以上海地铁1号线为例,选用美国Simplex公司生产的火灾自动报警系统。中央火灾自动报警系统包括火灾报警控制器,状态命令中心管理计算机,区间事故通风系统控制盘、全线地图式火灾报警模拟器,联网用调制解调器。每一个车站均配置火灾控制器一套,车站地图式火灾报警模拟显示盘、联网调制解调器等。系统的末端设备主要有地址式烟感探测器、普通烟感探测器、地址式手动报警器、普通式手动报警器、对射式烟感探测器、电话插孔、带箱话机、插式话机、地址式探测模块、地址式通讯模块和消防泵启动开关。

(4)系统电源设备

交流电源——火灾自动报警系统设备用电负荷属弱电系统。由供电系统降压变电站内信号变压器供电,经过通信电源室配电柜独立配出一路到本系统的电源设备,容量为3kVA/220V。中央控制室另有一路来自不间断电源(UPS)供系统计算机用,保证外供交流电源失电情况下能继续供电不少于30min。

备用电源——火灾自动报警系统控制器配有直流备用电源,在外供交流电源失控的情况下能自动切换到备用电源(采用浮充蓄电池)供电,其容量能保证控制器维持监视状态24h加正常工作状态下30min的能力。

(5)车站自动报警系统组成如图7-14。

2. 水消防系统

(1)消防水源与进水方式

消防用水由城市自来水管道供给,随给水工程同时实施,各车站和车辆使用两路进水方式,由消防泵直接从城市自来水管道抽水,不设消防水池。有条件的车站和车辆段可以不同的两路自来水管道分别接水;若进水点只有一路自来水管道,则在这路管道引接加装一个阀门,然后再从阀门两旁各接出一路进水管(形成假两路)到车站内。

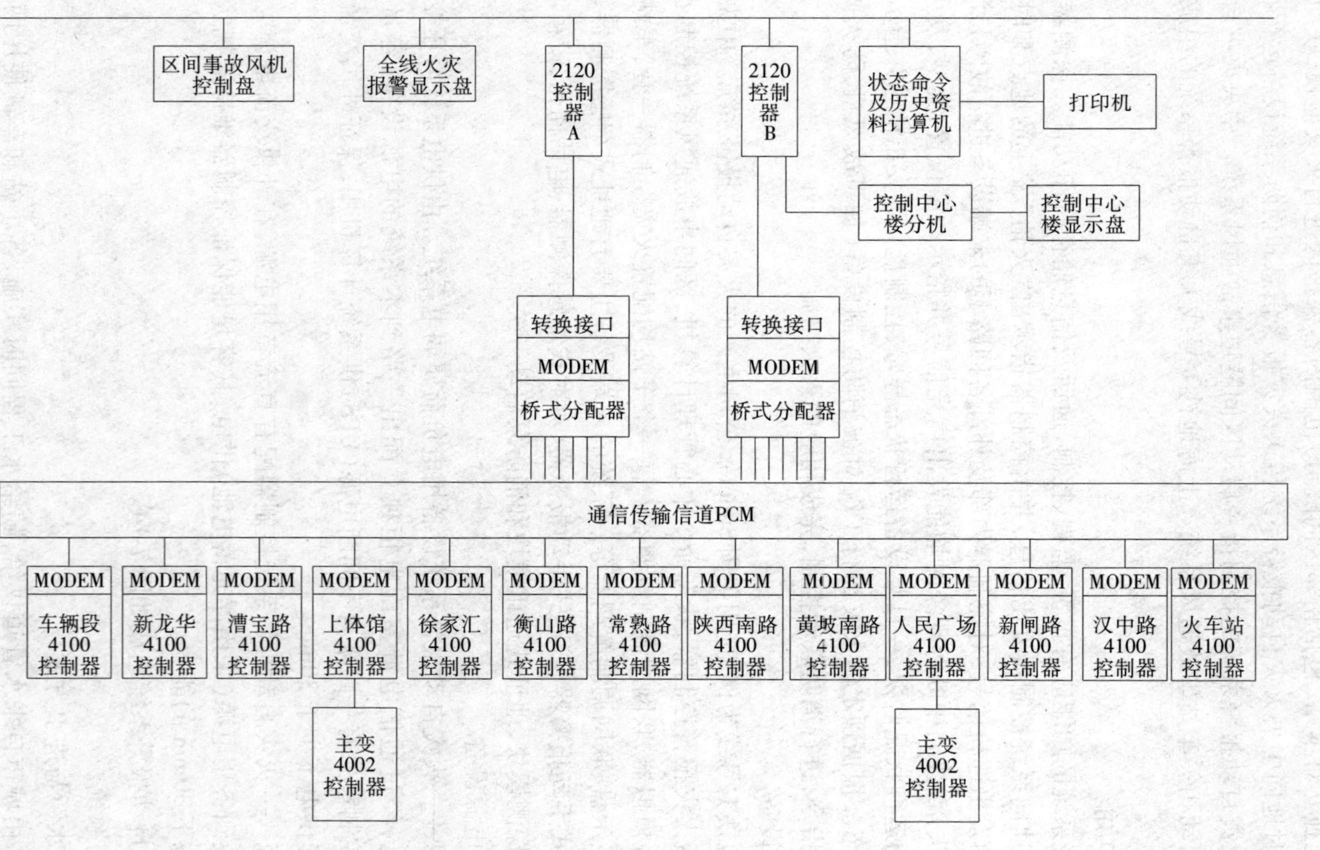

图 7-13　上海地铁 1 号线火灾自动报警系统组成

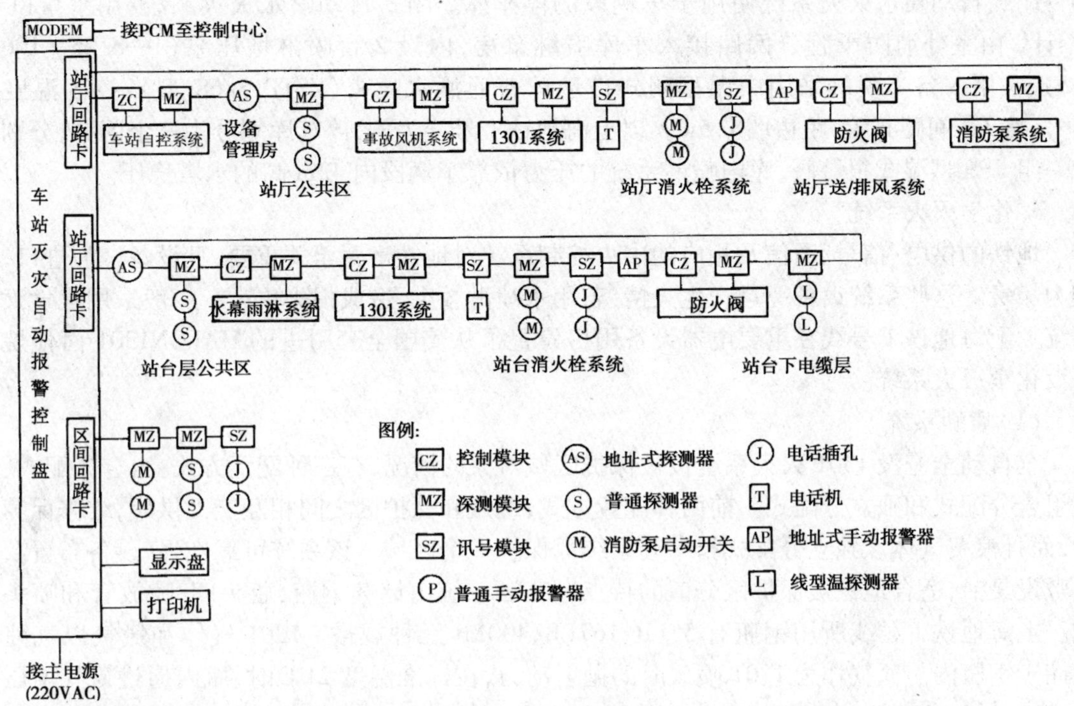

图 7-14　车站火灾自动报警系统组成

(2)消火栓系统

城市自来水管内供水压力为 1 ~ 2kPa,而地下车站和区间隧道位于 6 ~ 30m 深处,经计算自来水管内压力能满足消防栓出口压力,但考虑到有些车站是从一路城市自来水管放水(假两路)的可靠性,每座地下车站均应设一间消防增压泵房,内有两台消火栓泵,一用一备。

每座车站及相邻区间隧道的消火栓系统由消火栓泵、管道、若干消防栓箱组成。车站内每隔 45m 设置一只消火栓箱,箱高 1.8m、宽 1.2m。箱内配有双头双阀消火栓一只,水带两盘,多功能水栓两只,消防电话插孔和水泵启动按钮,箱门面板上还装有手拉报警装置。另外箱内还放置两只 1211 干粉灭火器。车站站厅公共区消火栓箱主要嵌设在两侧离壁式隔水墙预留孔内,个别嵌设在公共区两端分隔墙预留孔内。站台层主要交叉嵌设在楼梯间隔墙预留孔内。

区间隧道内消火栓水源来自相邻两座车站,其消防水管与相邻车站管道贯通,隧道内每隔 45m 设置一只消火栓箱,箱高 0.9m,宽 1.2m,箱内配有双头阀消火栓、水带、水枪、消防电话插孔和水泵启动按钮。车站与区间隧道防火区域内任何一点着火,要求消火栓交汇水柱不得少于 4 股,每股水柱量为 5L/s。

(3)水幕系统

由于地铁车站特殊的结构形式和使用功能,不可能设防火卷帘门,一般在站台与站厅之间楼梯之上设置水幕,使之分成两个防火区域。每座车站的消防泵房内设两台水幕增压泵一用一备,水幕隔断系统,以一个楼梯为一个单元,在楼梯间辟设雨淋阀室,可安装一套国产 ZSY 型雨淋阀。采用双路进水,管道环路布置,沿站台板下敷设,按不设防火卷帘门水幕强度为 2L/(m·s)。上海地铁 1 号线最大的徐家汇站的水幕水量需 200L/s, 加上消火栓水量共 220 L/s。水幕控制方式有全自动和半自动两种方式。

(4)闭式自动喷水灭火系统

闭式自动喷水灭火系统使用于车辆段的停车库。闭式自动喷水灭火系统:用水量以30 L/s计,由室外消防干管分两路接入车库喷淋泵房,内设2台喷淋增压泵(I—S125—100—315),一用一备。喷淋采用中温型闭式玻璃球普通洒水喷头(ZSTP15/68型),控制温度为68℃,按3m间距布置,距边墙1.5m。以上海地铁1号线为例,停车库划分为三个区域,分别设置一组ZSS型湿式报警阀,库内喷淋系统的压力依靠车辆段内42m高的水塔稳压。

3. 化学灭火系统

地铁的供电、信号、通信及相应的中央控制系统对地铁运营至关重要,且设备全为进口,又较为昂贵。这些系统设备一旦产生火情,若用水喷淋救火,造成损失更大。一般采用化学灭火系统。上海地铁1号线在重要电器设备用房设置了从美国全套引进的HALON1301卤代烷全淹没化学灭火系统。

(1)喷洒系统

全自动全淹没1301灭火系统按被保护区域对象的情况,有三种配置方式:组合分配式、独立组合分配式和独立分配式。前两种配置方式,钢瓶和保护区之间相互交叉供应,维修保养复杂,而且浪费气体。独立分配式指一套系统只保护一个区域。该系统可靠性强,设备布置及管道敷设灵活,适合地铁被保护区分散的特点。喷洒系统由储气钢瓶、瓶头阀、喷放管和喷头组成。上海地铁1号线所用钢瓶有55LB、167LB、400LB三种规格。1301气体和氮气以气液两相储于钢瓶内。氮气作为1301喷放时的抛射动力,在标准温度21℃时,瓶内通过氮气增压至2.48MPa,充填密度为1 121kg/m^3,钢瓶的瓶头有一吸取管直至瓶底部,以利液相1301喷放。钢瓶瓶头分成增压式瓶头阀、减压式瓶头阀。若电磁阀不能动作,也可人工直接启动手动喷放开关喷放气体。单瓶喷洒系统如图7-15;组合瓶喷洒系统如图7-16。

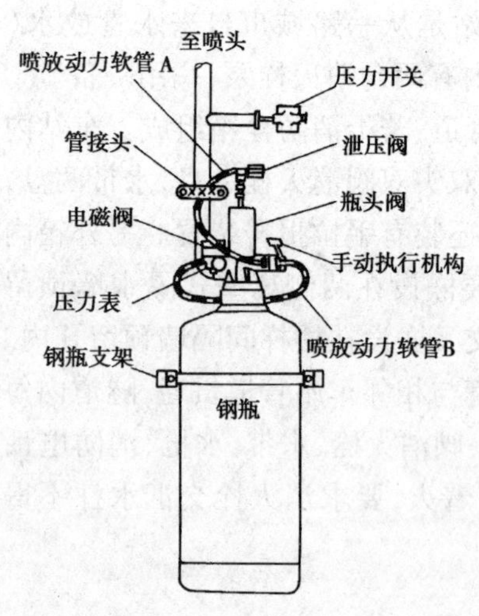

图7-15　单瓶喷洒系统

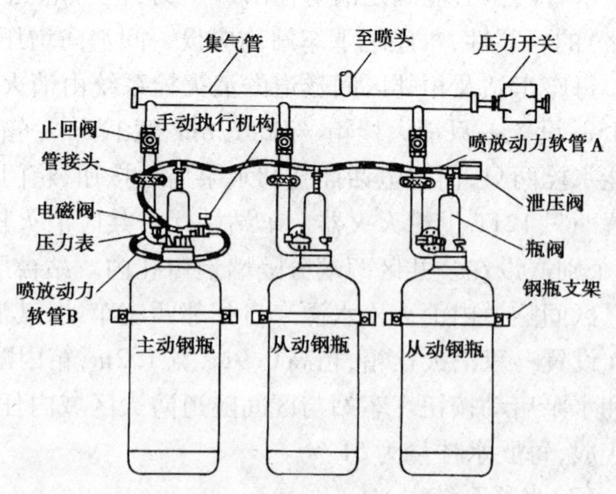

图7-16　组合瓶喷洒系统

(2)控制系统

美国的Simplex公司的Mievo1－EV控制盘具有监测和控制功能,控制盘上的显示器能显示系统的故障类型,控制盘上的键组可以用来编制程序。

上海地铁1号线1301灭火系统具备三种控制方式:即全自动控制、半自动控制和手动控制。系统控制框图见图7-17。

①全自动控制方式

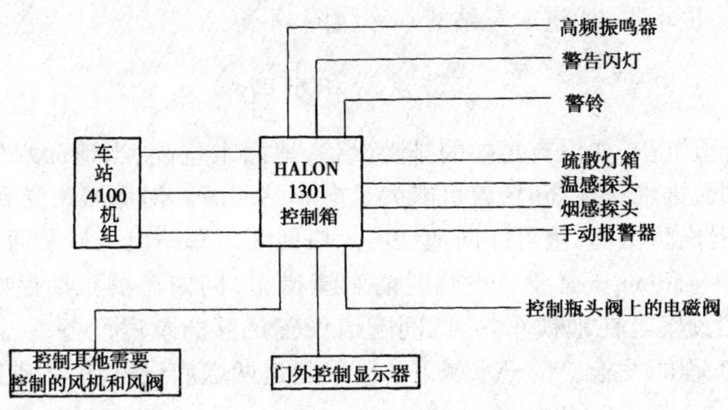

图 7-17　1301 灭火系统控制框图

在 1301 被保护区内,设有烟感和温感各一路火灾探测器,当一个回路报警时,系统进入报警状态,控制盘发报警信号,警铃鸣响。当两个回路都报警时,1301 控制盘启动并执行以下工作:启动被保护区内的高频振鸣器,通知保护区内人员疏散;启动保护区出入口的闪灯,房门内闪灯指示人员疏散,房门外闪灯警告人员不得进入;关闭保护区内有关的进排风机和进排风阀门,使保护区内处于密闭状态下,启动控制盘内 30s 延迟继电器,延迟时间结束后,打开瓶头上的电磁阀,1301 气体喷入保护区内,进行灭火。

延迟 30s,是让工作人员能根据火警具体情况,有时间考虑是否要喷洒药剂;若不需要喷洒药剂,则可手动停止自动喷放程序(按下被保护区门外止喷开关)。同时,延迟时间也有利于室内人员疏散。

②半自动控制方式

指通过安装在被保护区门外的放气按钮后,1301 室控制盘执行上述灭火程序。此时烟感和温感探测回路的报警,不影响手动操作。

③手动控制方式

火灾情况下,1301 室控制盘不能正常工作时,由人工直接启动瓶头阀上的手动控制器,施放灭火气体。

4. 其他要求

2003 年 6 月 19 日上海地铁举行防火灾抢险演习。这次演习搜集到抢险中各类数据,对地铁消防设施提出新的要求。地铁一旦发生火灾,浓烟可能在 2min 内密布车站空间,地下空间内温度急剧升高,给救援带来极大困难。从消防设施硬件要求上要开发新的高标准的设备并强化管理。①开发浓烟下火场疏散导向标志;②开辟地下火场暂避空间;③高性能照明设备,有效地防排烟系统;④为消防战士配备使用时间长重量轻的呼吸系统;⑤研制多功能无人驾驶适合于地铁工程的专用消防车;⑥尽快建立地铁灾害事故全市应急处置指挥机构,启动应急预案,快速反应,调集全市消防处置力量,做到统一指挥,各司其职、互相配合。

第六节　地铁工程的防水

地铁工程的车站和隧道大都处于地面标高以下,一方面受到地面洪涝灾害积水回灌危害,另一方面受到岩土介质中地下水渗漏浸泡危害。地下水或地表水进入地铁车站和隧道内,可以使装修材料霉变,电气线路、通讯、信号元件受潮浸水损坏失灵,造成工程事故。地下水积存，使地铁内部潮湿度增加，使进入车站的乘客胸闷，不舒适。

一、防洪涝积水回灌

夏季暴雨在街道沉积，如没有足够的排涝设备，地面水位高，当地面水位高于地铁车站入口标高或风亭、排烟、排水孔标高时，就可能大量向车站回灌。沿海城市受到海潮汛影响，海水沿内陆河道回流，漫出防汛堤，也可能向地铁出入口回灌。车站出入口及通风亭的门洞下沿应高出室外地面 150~450mm。必要时设临时防水淹措施，例如在洪汛期做好封堵进出口水流通道的材料和施工预案。在地铁车站、区间隧道设置足够的泵房设备，一旦进水时能及时外排，防止水淹地铁工程的设施。位于水域下的区间隧道两端应设电动、手动防淹门。

二、地铁工程防水材料

1. 防水卷材

主要用于防水层、防腐层、建筑防潮、简易防水及临时性建筑防水等，目前防水卷材主要为沥青系防水卷材、高聚物改性系防水卷材、合成高分子防水卷材三大系列，若干品种规格，分类如下：

- 防水卷材
  - 沥青系防水卷材
    - 纸胎石油沥青油毡
    - 玻璃胎布沥青油毡
  - 高聚物改性沥青系防水卷材
    - SBS 改性沥青柔性油毡
    - 铝箔塑料油毡
    - 化纤胎改性沥青油毡
    - 废胶粉改性沥青耐低温油毡
    - 塑料沥青聚脂胎弹性体油毡
    - 彩砂石聚脂胎弹性油毡
    - PVC 改性煤焦油沥青耐低温油毡
  - 合成高分子防水卷材
    - 硫化型合成橡胶防水卷材
      - 三元乙丙橡胶防水卷材
      - 氯磺化聚乙烯防水卷材
    - 硫化型橡—塑共混防水卷材→氯化聚乙烯—橡共混
    - 非硫化型塑—橡共混防水卷材→TPO 防水卷材
    - 合成树脂系防水卷材
      - 氯化聚乙烯防水卷材
      - 聚氯乙烯防水卷材
  - 膨润土防水毯：将钠基的膨润土填充在聚丙烯织布或非织布间，两层织物的纤维通过膨润土针压方法连接在一起。由此形成的毯板内部有许多纤维空间，其中的膨润土颗粒不能向一个方向流动，钠基膨润土与水反应发生水化膨胀形成不透水胶质隔膜，从而达到良好的防水效果。一些地铁车站底板成功地运用膨润土防水毯防水。

2. 防水涂料

防水涂料主要用于构筑物内外墙防水、装饰工程的防渗、堵漏。防水涂料一般按涂料的类型和成膜物质的主要成分进行分类，按涂料类型分为溶剂型、水乳型、反应型三类；按成膜物质的主要成分可分为如下五类：

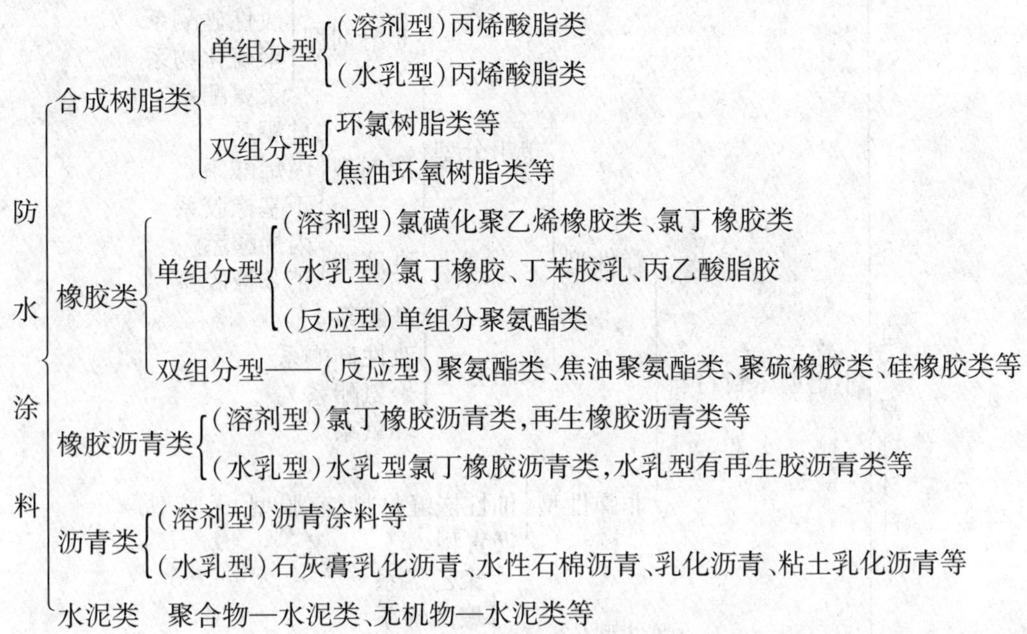

我国防水涂料产量较大，上述各类型在我国均有具体产品，其中水泥基防水涂料——“确保时”防水涂料，近年来，在广州、北京、大连、成都等地的地下工程、水池等防渗、堵漏施工中，收到了良好效果。“确保时”防水涂料是1983年引进美国“Coprox Concentrate”专利，配以白水泥和石英砂等材料制成的，具有无味、无毒、耐久性好的特点，与混凝土、砖、石等材料粘结力强、防渗、防漏效果好。“确保时”形成的防水层属刚性，无延伸性，故不能用于有裂缝和发生沉降、错动交界处的基层。

3. 结构自防水材料

结构自防水材料又统称刚性防水材料，是指以水泥、砂石为原材料，掺入少量外加剂、高分子聚合物等材料，通过调整配合比，抑制或减少孔隙率，改变孔隙特征，增加材料界面间密实性的方法，形成一种具有一定抗渗能力的水泥砂浆、混凝土类防水材料，可达到增强混凝土结构自身防水性能的目的。

水泥砂浆类防水材料多作为附加防水层，用于有防水、防潮等要求的地下工程的迎水面和背水面，弥补工程中出现的蜂窝、麻面等缺陷。

混凝土类防水材料是一种既可防水又可兼作承重围护结构的材料，可用于地下工程及各种防水、输水、贮水结构工程中。

这种材料具有较高的抗压（抗拉）强度、耐久性，抗冻、抗老化性能较好，一般为无机材料，不燃烧、无毒、无异味，有透气性，材料易得，造价低廉，施工方便，便于修补，综合经济效果理想，因此结构自防水材料在国内外防水领域中均是发展方向。

4. 嵌缝密封材料

建筑工程用密封材料，主要用于填充构筑物接缝、裂缝、镶嵌部位等，能起到水密、气密性作用。嵌缝材料与密封材料在狭义上有所不同，嵌缝材料只用于裂隙填充，密封材料用于设计上有意安排的接缝，在广义上两者统称嵌缝密封材料，可分为不定型密封材料和定型密封材料，前者是膏糊状材料，后者指按工程要求制成的带、条、垫一类材料。根据物理力学性能分类如下所示。

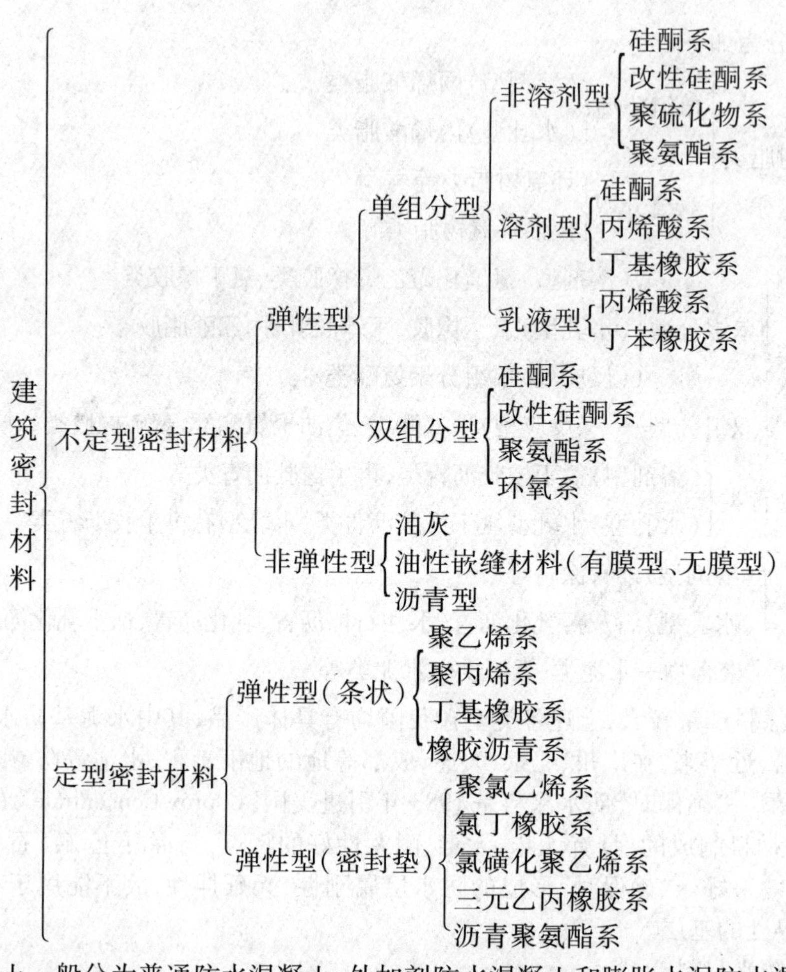

防水混凝土一般分为普通防水混凝土、外加剂防水混凝土和膨胀水泥防水混凝土三种,其特点和适用范围如表 7-17 所列。

防水混凝土的适用范围 表 7-17

种 类		最高抗渗压力(MPa)	特 点	使 用 范 围
普通混凝土		>3.0	施工简便、材料来源广泛	适用于一般工业、民用建筑及公共建筑的地下防水工程
外加剂防水混凝土	引气剂防水混凝土	>2.2	抗冻性好	适用于北方高寒地区,抗冻性要求较高的防水工程及一般的防水工程,不适用于抗压强度大于 20MPa 或耐磨损要求较高的防水工程
	减水剂混凝土	>2.2	拌和物流动性好	适用于钢筋密集或捣固困难的薄壁型防水构筑物,也适用于对混凝土凝结时间(促凝或缓凝)和流动性有特殊要求的防水工程(如泵送混凝土工程)
	三元醇胺防水混凝土	>3.8	早期强度抗渗强度高	适用于工期紧迫,要求早强及抗渗性较高的防水工程及一般防水工程
	氯化铁防水混凝土	>3.8		适用于水中结构的无筋、少筋的厚大防水混凝土工程及一般地下防水工程,砂浆修补抹面工程在接触直流电源或预应力混凝土及重要的薄壁结构上不宜使用

续上表

种　　类	最高抗渗压力(MPa)	特　点	使 用 范 围
膨胀水泥防水混凝土	3.6	密实性好、抗裂性好	适用于地下工程和地上防水构筑物、山洞、非金属油罐和主要工程的后浇缝

注:①不适用于裂缝开展宽度大于现行《钢筋混凝土设计规范》规定的结构;

②不适用于遭受剧烈振动或冲击的结构;

③防水混凝土不能单独用于(耐蚀系数耐蚀系数=在侵蚀性水中养护6个月的混凝土试块与在食用水中养护6个月的混凝土试块的抗折强度比值)小于0.8的受腐蚀防水工程。但在耐蚀系数小于0.8和地下混有酸、碱等腐蚀性介质条件下,应采取可靠的防腐蚀措施;

④用于受热部位时,表面温度大于100℃,则应采取相应隔热措施。

三、地铁车站防水

依据车站施工方法不同,地下水发育程度差别,不同车站防水等级的高低,采用的防水施工方案不同。山体中用钻爆法施工的地铁车站,一般采用离壁式结构,复合式支护防水夹层施工方法。浅埋矩形框架车站多采用外包防水卷材的施工方法。利用连续墙挡土,又兼作车站结构一部分时,既要注意连续墙本身的防水性能,接头的防水,以及充填防水卷材、抹刷防水涂料等防水技术。不管采取何种防水技术,混凝土结构本身的自防水是基础。沉降缝、收缩缝和施工缝是地下工程防水最薄弱的位置,合理设缝并选用有效的接缝嵌固材料是成功的关键。地下车站及机电设备集中区段的防水等级应为一级,不允许渗水,结构表面无湿渍。

1. 离壁式衬套拱顶与侧墙防水技术

如图7-18,为位于山体中地下铁道车站主洞室的离壁式支护防水设计图。对于开挖的洞室可以用喷锚支护或者整体现浇被复保证围岩结构稳定性,由于地下水较发育,采用复合支护的方式难以达到较高的防水要求,则采用离壁式支护。PVC卷材粘贴之前,基层应平整、清洁,坚硬的杂物用刀具清洗干净。卷材每卷长20m,幅长2.05m,厚1.0~2.0mm。卷材与卷材的连接可搭接或对接,长边搭接不少于5cm,短边搭接不少于10cm,对接面上加焊PVC卷材条,宽度不少于10cm。卷材搭接热焊时要保证焊接受热均匀,有熔浆。卷材与混凝土面粘结采用聚氨酯粘合剂,涂抹均匀,卷材敷贴平顺。

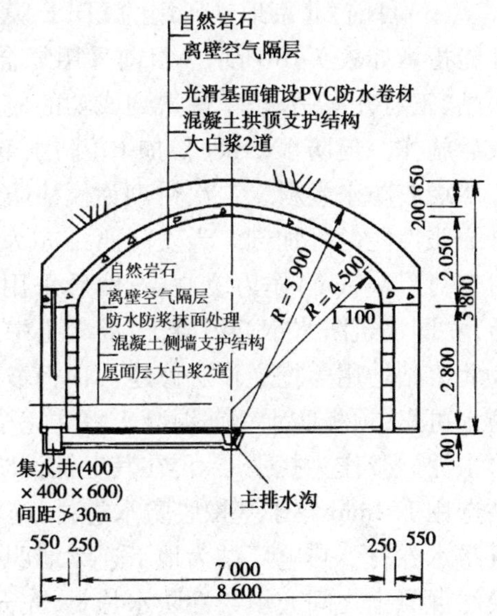

图7-18　车站主洞室断面防水设计示意(尺寸单位:mm)

离壁式衬套支护侧墙可以用轻质混凝土砌块砌筑,为防止上部漏水流经砌缝渗入工程内部,应以膨胀防水水泥砂浆抹面。在水泥砂浆内加入PVC膨胀剂、FNC流化剂、微晶活性二氧化硅掺合料,迎水面采用2~3层防水砂浆抹面,可以达到良好的防水效果。

离壁式支护拱肩部位是拱部渗漏水汇集处。在拱肩部位的卷材边缘用水泥砂浆压实,一方面防止漏水沿边缘下渗,另一方面在拱肩形成一道排水槽,供拱顶集中的渗漏水有组织的排放至落水口。落水口间距 10 ~ 15m，落水口接有落水管，落水管入水口四周与 PVC 卷材焊接形成一体，防止集水从管壁外流出。落水管长 2.0 ~ 2.5m，用以减少自由落水的高度，防止水落地时溅湿墙体。如图 7-19 所示。

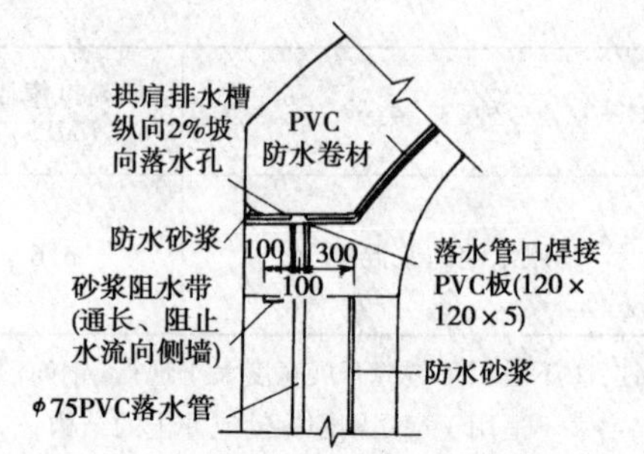

图 7-19　拱肩防排水设计示意（尺寸单位：mm）

2. 复合式衬砌防水技术

地铁车站或者区间隧道当采用复合式衬砌支护时，通常由初期支护、缓冲层、防水卷材、二次衬砌模注混凝土结构。初期支护为钢筋格栅加钢筋网再加喷射混凝土，厚度 0.25 ~ 0.30m。缓冲垫层用较柔软且具有相当强度的片材，以克服喷射混凝土粗糙凹凸不平的基面对防水板（膜）的损伤。防水板（膜）除具有不透水性外，还应具有在二次衬砌灌注混凝土时承受机械作用不致损伤的性能，具有耐久性良好和接缝处严密且操作简单的特点。二次衬砌为模注防水混凝土，其抗渗等级 S8。

根据以上要求，选择防水材料时应注意以下几点：

（1）缓冲层选用聚乙烯（PE）泡沫塑料衬垫，厚度 4 ± 0.5mm，幅宽 1 200 ± 50mm，表观密度 45 ± 5kg/m^3；拉伸强度 > 0.5MPa，断裂延伸率 > 100%。

（2）防水板（膜）选用以下三种材料：

1）LDPE 膜（即低密度聚乙烯膜，俗称高压聚乙烯）。其特点是拉伸强度、延伸率较大，比较柔软，易于施工。在所应用塑料防水片材中价格最低，且电绝缘性好，耐酸碱，燃烧速度比 EVA 快。不耐阳光照射，故在地下工程中使用较广泛。区间隧道防水选用厚度为 0.8mm。

2）EVA 膜（即乙烯—醋酸乙烯共聚物膜）。其特点是拉伸强度、延伸率大，密度小，柔软，易于铺设；电绝缘性及耐酸碱性能良好，适宜用于复合式衬砌防水层。

3）EBC 板，系乙烯—醋酸乙烯与沥青共聚物合成，厚度一般为 1.0 ~ 2.0mm。其特点是拉伸强度、延伸率大，耐气候性好，使用温度范围为 -30 ~ +12℃，耐久性好，不易老化，不仅可用于地下建筑，也可用于屋面。由于具有一定的抗穿刺能力，因而用于二次衬砌模注混凝土时效果更好。

（3）目前，北京地铁所用的 LDPE 膜（厚 0.8mm）、EVA 膜（厚 0.8mm）、ECB 板（厚1.2mm）性能指示如表 7-18 所示。目前采用复合衬砌防水层的技术在北京地铁复八线的西单、天安门西站、王府井车站、东单站得到成功的应用。西单车站为复合式衬砌。拱顶及边墙初期支护完成后施作一道防水砂浆（掺加 BR 防水剂），再在其上施作焦油聚氨酯涂膜胶，底部铺设氯化聚乙烯橡胶防水卷材。二次衬砌为模注防水钢筋混凝土（抗渗等级 S8），混凝土中掺加了具有复合膨胀性能的外加剂。天安门西站亦为复合式衬砌结构。初期支护完成后，铺设 PE 泡沫塑料垫衬（厚 4mm）作为缓冲层，然后采用热粘合工艺铺设 EVA 薄膜（0.8mm），待防水层作完后，立即浇筑防水钢筋混凝土，混凝土中掺加 FS-I 型多功能防水剂。天安门东站、永安里站及大北窑站均用盖挖逆作法修建。顶板覆土厚度小于 2m，仍受到地表水及上层滞水影响。为使防水可靠，顶板防水钢筋混凝土灌注完毕后，在其上涂聚合物水泥浆 2 道，然后用 20mm 厚防水水泥砂浆作为找平层，再在其上铺设防水卷材。防水卷材有两种规格，天安门东站、大北窑站选用 1.2mm 厚丁基橡胶防水卷材，施作 2 层。永安里站采用 2 层各 4mm 厚的 SBS 改性沥青防水卷材。热电厂站为地下连续墙明挖顺作法施工，采用复合式侧墙结构，在连续墙与内衬模注混凝土之间充填柔性防水片材，先充填水泥防水板，再施作丁基橡胶防水卷材，底板素混凝土垫层加铺 3mm 厚 SBS 改性沥青防水卷材。

LDPE、LLDPE、EVA、ECB 防水板(膜)性能指标 表 7-18

项目名称(单位)	LDPE	LLDPE	EVA	ECB
拉伸强度(MPa)	17.9	23.71	23.58	16.95
最大强度伸长率(%)	685.4	760.2	742.8	700
抗渗透性	0.2MPa 24h 不透水	0.2MPa 24h 不透水	0.2MPa 24h 不透水	0.2MPa 24h 不透水
低温弯折性	-30℃ 无裂纹	-40℃ 无裂纹	-40℃ 无裂纹	-40℃ 无裂纹

3. 卷材防水技术

对于采用明挖法施工的单层双跨矩形隧道或者多层多跨箱形结构车站,主体钢筋混凝土结构施工完成后,回填覆土之前,要施作柔性防水卷材。结构混凝土自防水厚度和强度等级由结构设计选定,抗渗等级不应小于 S8,在混凝土中宜掺微膨胀剂、密实剂、减水剂等。车站地下水位高,水头渗透压力大,车站防水等级高,应采用全合成高分子防水卷材,厚度不应小于 2mm,高聚合物改性沥青防水卷材(聚脂胎)厚度不应小于 5mm。防水要求较低时,上述卷材厚度可以相应减薄。卷材全外包防水宜采用“外防外贴”法。将卷材直接粘贴在侧墙的结构混凝土外侧,并与混凝土底板下面的卷材防水层连接,以形成整体封闭防水层。如图 7-20、图 7-21 所示。

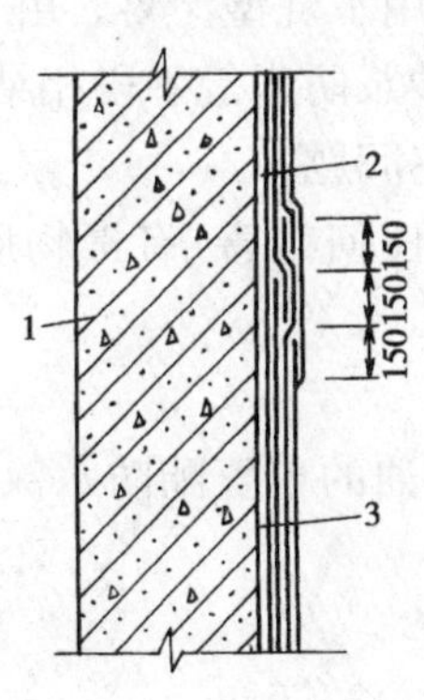

图 7-20 立面防水错槎接缝(尺寸单位:mm)

1-立墙;2-防水层;3-找平层

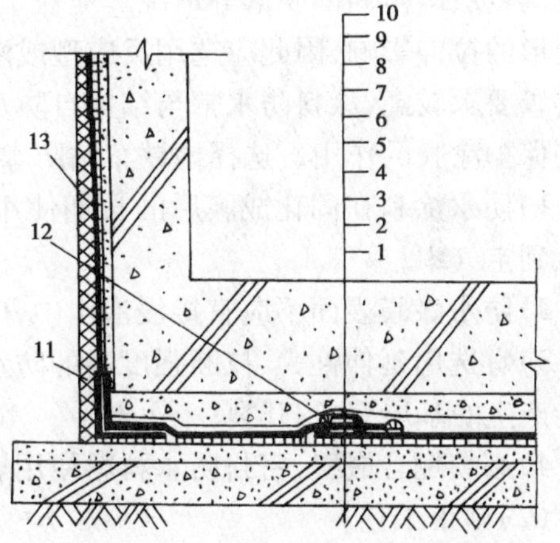

图 7-21 地铁工程卷材防水构造图

1-素土夯实;2-素混凝土垫层;3-防水砂浆找平层;4-聚氨酯底胶;5-基层胶粘剂;6-卷材搭接缝;7-卷材附加补强层;8-油毡保护隔离层;9-细石混凝土保护层;10-需防水结构;11-卷材附加层;12-嵌缝密封膏;13-5mm 厚聚乙烯泡沫塑料保护层

外防外贴的施工顺序是:首先在抹好水泥砂浆找平层的混凝土垫层四周砌筑永久性保护墙,其高度约为所需防水结构厚度加上 500mm,下部应干铺一层油毡隔离层,上部用石灰砂浆砌筑临时性保护墙,以便以后拆除。

铺贴立面油毡时,应先将接槎处的各层油毡揭开,并将其表面清理干净,如油毡有损伤,应修补后才能施工。

立面接槎采用错槎粘结,上层油毡盖过下层油毡不应小于 150mm。

粘贴油毡的沥青胶结材料的厚度为 1.5~2.5mm,油毡的搭接长度,长边不应小于 100mm,短边不应小于 150mm,上下两层和相邻两幅卷材的接缝错开,上下层卷材不得相互垂直铺贴。

油毡防水层铺设完成后,应立即进行保护层施工。对立面涂刷防水层:在铺最后一层沥青胶结材料时,趁热粘上干净的热砂或散麻丝,经冷却后,随铺随抹一层 10 ~ 20mm 厚的 1∶3 水泥砂浆。对于平面,可铺设一层 30 ~ 50mm 厚的 1∶3 水泥砂浆或细石混凝土。在防水保护层完工后,再砌筑保护墙,以压紧和保护外部防水层。全部完工后,按设计要求及时进行基坑回填土施工,以防止防水层受日晒雨淋而老化损伤,并防止因温度剧烈变化而产生温度应力裂缝。

高聚合物改性沥青防水卷材、合成高分子卷材施工要点和防水构造基本与沥青系防水卷材施工系统相同,但应注意用汽油喷灯或热空气等进行热熔焊接,保证接槎的止水效果。

4. 涂料防水

(1)材料选择

防水涂料与防水卷材同为当今国内公认的并被广泛应用的新型防水材料。防水涂料是一种液态材料,且能形成连续的防水层,不像卷材那样存在很多搭接接缝,施工方便,特别适合于地铁车站复杂的基层施工涂膜防水层。但它不能像卷材防水层那样在工厂加工成型,而是在施工现场由液态材料转变成固态材料,防水膜的厚度不象卷材那样能由工厂生产准确控制,受工地人为因素影响大。虽然有些种类的涂膜可以获得较高的延伸率,但其拉断强度、抗撕裂强度、耐摩擦、耐刺穿等指标都较同类防水卷材低,涂膜一般较薄,长期泡在水中,会发生粘结力下降的现象。水乳型涂料自然蒸发固化形成的涂膜,长期泡水后还会出现溶胀、起皱,甚至局部脱离基层以至局部脱落等情况。地铁车站和隧道的防水层要长期浸泡水中,经受地层不均匀变形的拉伸影响,因此应选用反应型或溶剂型涂料,不宜选用水乳型涂料。由于地铁车站防水等级要求较高,涂料防水常与结构自防水、卷材防水、防水砂浆防水等手段相结合,它们同时起到保护涂膜的作用。选择地铁车站防水涂料时,应注意下述问题:

1)防水涂料在固化成膜后的长期使用过程中,不得产生任何有害、有毒物质掺入水中或扩散到空气中;

2)防水涂膜表面不应直接浸泡水中,应有砂浆等保护层;

3)宜选用延伸性大、拉断强度高的防水涂料(如不含煤焦油的聚氨酯防水涂料等)以适应可能产生的基层变形、开裂;

4)必须配合嵌缝、密封防水材料使用。

(2)施工工艺

1)涂料配制

应根据涂料出厂使用说明现场配制。防水涂料可以单组份,也可以双组份。无论采用何种配合比,均应在容器内先放入规定量的稀释剂,例如水、酒精等,然后把粉料(塑料袋包装,净重 5kg)徐徐放入水中,边搅拌边放入粉料,持续 10min,使其成为均匀糊状物。然后,静置 30min,使其充分化合作用(温度较低时,静置时间要适当延长),施工时仍需搅拌,以防沉淀。

2)施工要点

①抹压法施工

在已充分湿润的基层上,将已配好的第一遍涂料用钢抹子或硬胶板均匀抹压。抹压时要按顺序操作,紧密搭接,避免漏抹。

刮压时,当涂层开始收水,手指轻压没有印痕时,应即开始喷雾(或轻轻洒水),进行湿润养护。养护时间一般要求在 6 ~ 8h,此段时间的养护是保证防水效果的关键,切勿令其早期失水干燥,否则将出现粉化现象,损害防水效果。

在养护后,即可进行第二遍施工。将调好的涂料用毛刷或毛辊子涂刷在第一层涂层上,待收水后并用手指轻压不出现印痕时，再用水湿润养护 24h。

②涂刷法施工

用刷子将配好的第一遍涂料均匀涂刷在充分湿润的基面上，然后按上述抹压法的养护要求进行 6～8h 的湿润养护。

待第一遍涂层养护后，即可进行第二遍涂刷，其养护方法同抹压法。

③填塞法施工

在大量漏水的情况下，应先排水，然后堵塞缝洞。施工时，先将缝凿宽至 20mm、深 15～20mm，清除缝内浮灰，用水湿润，然后于裂缝底部及四周，涂刷涂料（配合比按涂刷法第一遍涂料）配制，待干燥 1h 后，将配好的填塞料搓成条状（或团状）。用力压填于裂缝或孔洞内，填塞料要与基层面齐平。养护 6h 左右，然后将稀涂料（配合比同前）涂刷于表面，并洒水养护。

如漏洞不大，可先用木塞打入洞内堵住漏水，然后按上述方法施工。

地铁车站大多采用内外防水涂层，矩形区间隧道多采用外防水涂层。车站防渗堵漏，为方便施工多采用内防水涂层构造。地铁车站内，内、外和外防水涂层的构造如图 7-22 所示。

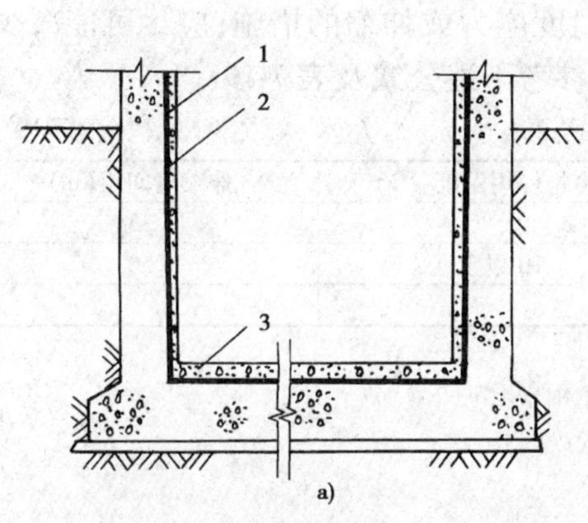

a）地铁内防水涂层构造

1-防水涂层；2-砂浆或饰面砖保护层；3-细石混凝土保护层

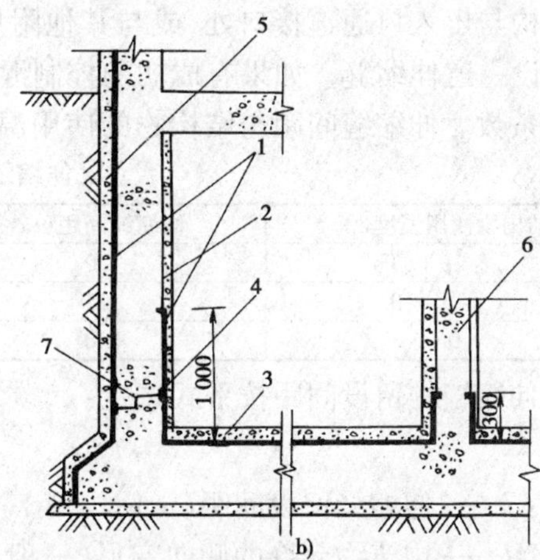

b）地铁内、外防水涂层构造

1-防水涂层；2-砂浆保护层；3-细石混凝土保护层；4-嵌缝材料；5-砂浆或砖墙保护层；6-内隔墙、柱；7-施工缝

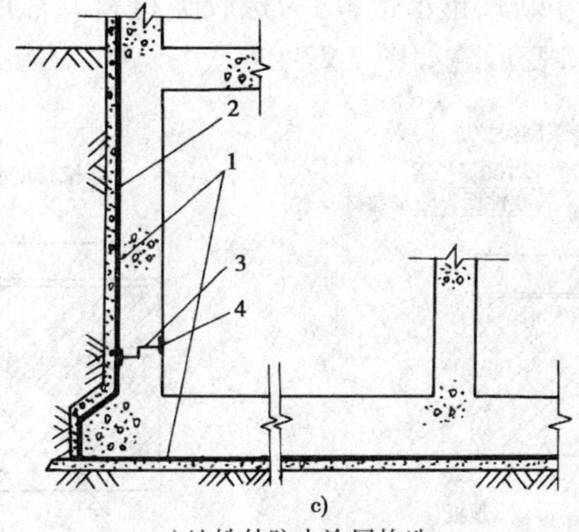

c）地铁外防水涂层构造

1-防水涂层；2-砂浆或砖保护层；3-施工缝；4-嵌缝材料

图 7-22　地铁工程涂膜防水构造示意图

5. 接缝防水

浅埋矩形隧道和箱形车站一般不设置沉降缝,只设置施工缝、伸缩缝或诱导缝和后浇带。

(1)施工缝

建造长条形、矩形隧道和车站(约 230m×24m),由于材料、设备、劳力的限制,不可能连续一次浇筑,一般分段、分层施工,两次间隔浇筑的混凝土之间有施工缝。车站分段长度 15~24m,按三层浇筑,即底板、中板(含底板和侧墙)、顶板(含中板以上侧墙)。新旧混凝土接槎结合不致密,可引起地下水渗漏。无内衬墙车站结构,作为底板、中板、顶板与地下墙纵向连接的施工缝通过设置遇水膨胀腻子止水条等措施防水,见图 7-23。对于纵向及环向的施工缝,也可设置镀锌止水钢板或橡胶止水带防水。

(2)伸缩缝(诱导缝)

长条形的隧道和车站,混凝土浇筑硬化过程中,由于内外温度差异,产生膨胀和收缩,在周围围岩介质的约束作用下,有可能出现温度应力裂缝。长条形钢筋混凝土结构受到昼夜、季节温差影响,也会产生构造应力裂缝。因此设置伸缩缝以释放变形引起的应力集中。在车站主体结构与出入口通道接口处,或与其他附属结构相接处,也要设置伸缩缝。沿纵向一般 35~50m 设一道伸缩缝。如果有成功的控制混凝土结构温度应力或伸缩的措施,应尽可能减少设缝的条数。伸缩缝间距与结构物的使用温度有关,可参考下述公式及表 7-19 。

伸缩缝间距选择参考表 表 7-19

结构物使用温度(℃)	伸缩缝间距(m)	结构物使用温度(℃)	伸缩缝间距(m)
-10 以下	20	10~0	35
-5~10	25	10 以上	50
0~5	30		

伸缩缝的留设间距按下式选定:

$$l = \frac{\Delta l}{\alpha \Delta t} \tag{7-11}$$

式中:l——伸缩缝留设间距(m);

Δl——构筑物允许的侧向变形(一般取 0.01m);

α——混凝土的膨胀系数(1/℃);

Δt——温度差,即混凝土的浇筑温度与使用期间所遭受的最大温度差(℃)。

目前变形缝的间距大多数根据已有的工程实际经验,结合施工条件对比选定。伸缩缝的防水主要有埋入式止水带和外贴式止水带,均为橡胶类材料。常用形式如图 7-24、图 7-25、图 7-26。上海地铁新客站出入口变形缝如图 7-27。

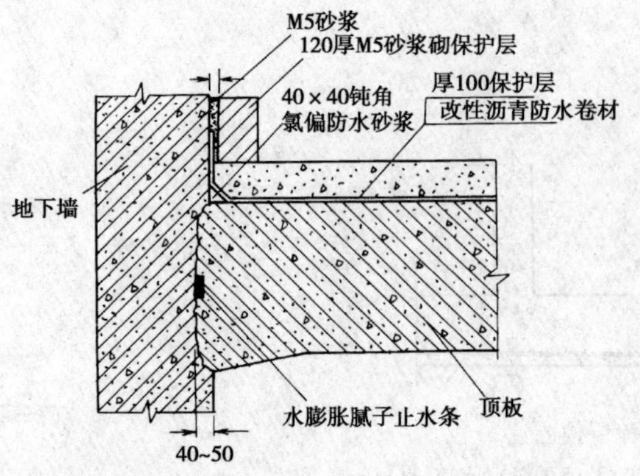

图 7-23 单层侧墙顶板与地下墙接头施工缝图(尺寸单位:mm)

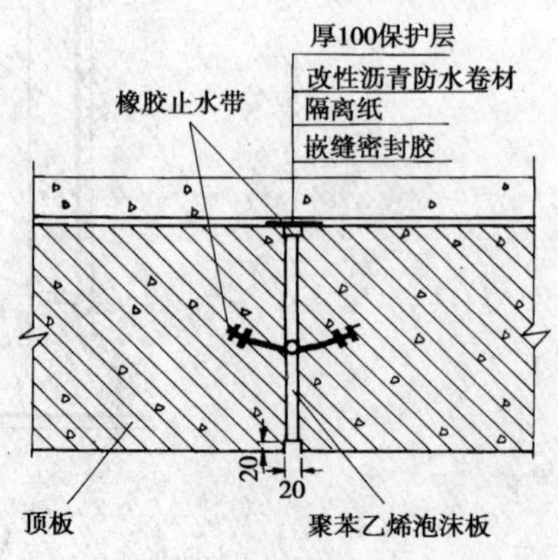

图 7-24 顶板伸缩缝图(尺寸单位:mm)

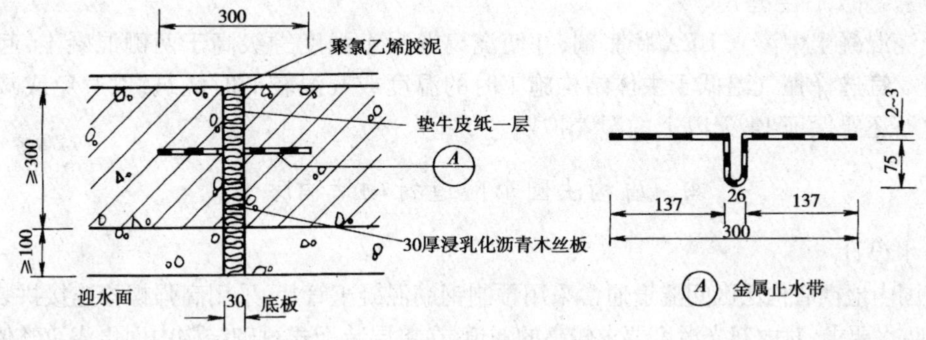

图 7-25　埋入式金属止水带变形缝(尺寸单位:mm)

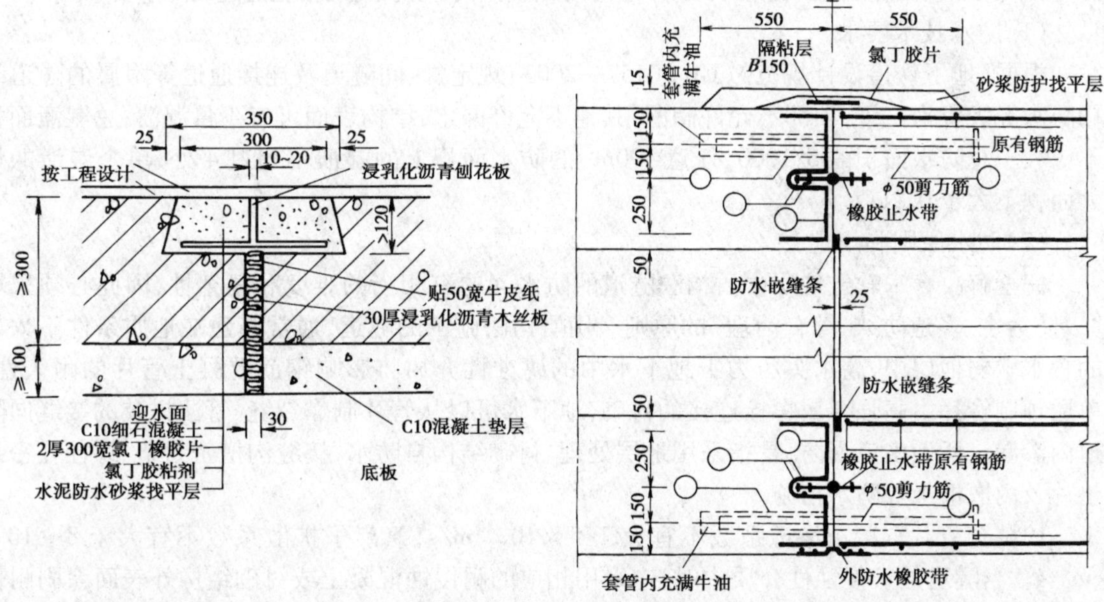

图 7-26　粘贴橡胶板变形缝(尺寸单位:mm)

图 7-27　上海市地下铁道新客站出入口变形缝(尺寸单位:mm)

诱导缝与变形缝的使用功能基本一致。从防水施工上分析,诱导缝处混凝土可以连续浇筑,内表面留有一定深度与宽度的凹槽。变形缝处则必须支撑模板,中止混凝土浇筑,待混凝土硬化后拆除模板,方可继续混凝土的施工。上海地铁 1 号线在 1992 年以后施工的 6 个车站均设置“诱导缝”,在防止底板与墙面开裂中收到明显的效果。底板与侧墙诱导缝如图 7-28、图 7-29。

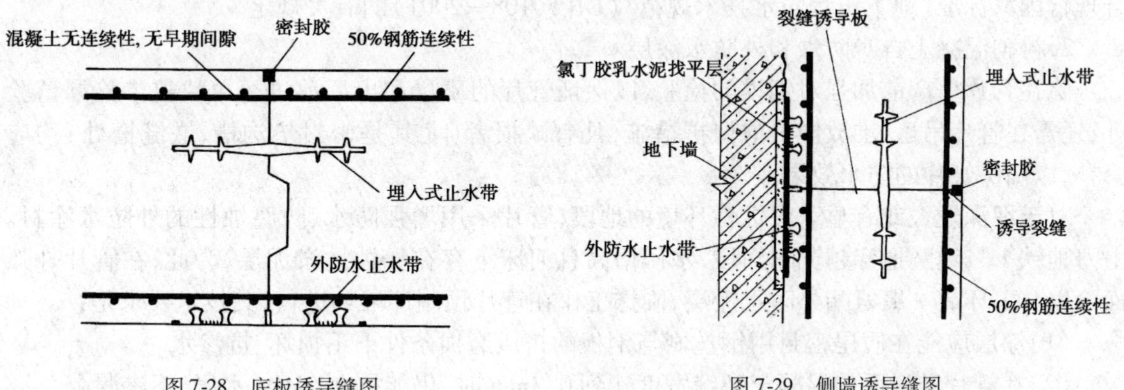

图 7-28　底板诱导缝图

图 7-29　侧墙诱导缝图

(3)后浇带(后浇缝)

在后浇混凝土中渗入UEA膨胀剂,并使浇捣混凝土强度等级高于两侧混凝土,起到补偿收缩作用。宜选择在气温低于主体结构施工时的温度或气温较低时浇筑,以避免或减少收缩裂缝。此外还要保证14天以上的湿养护期。

四、盾构法圆形隧道衬砌结构防水

1.防水设计

目前国内地铁盾构法区间隧道通常采用预制钢筋混凝土管片,采用高强螺栓连接拼装而成圆形隧道。防水要求,对内部光滑度要求较高的隧道,在单层装配式衬砌结构内面再浇筑整体式混凝土内衬结构,成为复合式双层衬砌结构。在两层衬砌结构之间,铺设防水卷材,使其防水等级大大提高。国内盾构法隧道施工经验表明,单层衬砌,采用一系列防水措施,也能达到防水要求。

(1)防水技术要求

根据《地下铁道设计规范》(GB 50157—2003)规定,区间隧道及连接通道等附属的隧道结构防水等级应为二级,顶部不允许滴漏,其他不允许漏水,结构表面可有少量湿渍,总湿渍面积不应大于总防水面积的6/1000;任意$100m^2$的防水面积上的湿渍不超过4处,单个湿渍的最大面积不大于$0.2m^2$。

(2)防水原则和规定

完全解决含水软土地层中盾构法隧道的防水问题有相当的难度和复杂性,因此必须采取"以防为主、多道防线、综合治理"的原则。用盾构法施工的隧道,通常修建在地质条件不太好的含水软弱地层中,高水头压力下地下水中的腐蚀性介质将影响钢筋混凝土管片的耐久性。单层预制管片由高强金属螺栓连接的衬砌,地下水可以从管片制作裂缝、管法拼装的接缝向隧道内渗漏。所谓多道设防,是指采用地层处理、衬砌结构自防水、接缝沟槽密封垫、螺栓孔密封垫片及内嵌槽绝等防水措施。

1)隧道管片混凝土渗透系数不宜大于$5\times10^{-13}m/s$,氯离子扩散系数不宜大于$8\times10^{-9}cm^2/s$。当隧道处于侵蚀性介质中时,应采用相应的耐侵蚀混凝土或衬砌结构外表面涂刷耐侵蚀的防水涂层,其混凝土的渗透性系数还要相应提高。

2)混凝土管片应根据所处地层水头压力梯度,达到衬砌结构的自防水。

3)管片接缝至少设置一道沟槽密封橡胶止水垫,并应满足在设计水压和最大张开错位值下不渗漏水。

4)螺孔的密封垫片、嵌缝槽、接缝的注入密封剂等防水材料的规格、防水技术措施还应符合现行国家标准《地下工程防水技术规范》(GB 50108—2001)的有关规定。

2.衬砌混凝土自身防水和外防水涂层

除在管片生产前加强对钢模的检验,以保证管片的质量和出厂前进行单块抗渗检漏试验外,还需在管片吊运、堆放中采取保护措施,凡有缺损者(尤其是密封垫沟槽,嵌缝槽处)均应修补,以确保管片的防水效果。

对于埋深较大或有显著侵蚀性环境的地段,管片采用增强防水、防腐蚀性的外防水涂料。上海地铁1号线隧道穿越苏州河段,水压增高且河床下存在侵蚀性淤泥层,为此,在管片外弧面涂以911环氧—聚氨酯外防水涂层,刷抹工作在管片预制厂堆场进行,其技术要求是:

(1)涂层应能在盾尾密封用钢丝刷与钢板的挤压磨损条件下不损坏、抗渗水。

(2)在管片外弧面的混凝土裂缝宽度达到0.3mm时,仍能抗0.6MPa水压,不渗漏。

(3)涂层的耐化学腐蚀性好,抗微生物侵蚀好,耐久性好。

(4)涂层具有防迷流的功能,其体积电阻率、表面电阻率高。

(5)施工简便,对作业场地要求低,可露天施工,冬天能操作。

(6)成本较低,经济合理。

911 环氧—聚氨脂的主要技术性能指标见表 7-20。

911 环氧—聚氨酯的主要技术性能指标 表 7-20

项目	粘结强度(MPa)	抗渗性①(MPa)	抗渗系数(m/s)	耐腐蚀性(地下水浸三月)	抗冲击(cm/kg)	耐磨性②
指标	71.0	70.8	$<1\times10^{-13}$	无变化	>20	无损

注:①指基面张开 3mm 时,不渗水所能承受的水压力;

②指 0.3mm 钢丝束,在 0.5MPa 水压力下的多次摩擦。

但由于施工受环境条件(场地、堆放方式)、气候条件(晴雨、温度、湿度)的影响,衬砌密封垫外沿环纵面的涂刷有一定困难,其防水、防腐蚀的实际效果尚待验证。

3. 管片接缝防水

为了加强接缝防水效果,在管片接缝中设置了弹性密封垫和嵌缝等两道防水措施,并以弹性密封垫为接缝防水主要措施。

(1)弹性密封垫

上海地铁 1 号线隧道采用了甲、乙、丙三种不同类型的钢筋混凝土管片,其中甲、丙型管片采用氯丁橡胶加遇水膨胀止水橡胶复合型密封垫,见图 7-30;乙型管片则选用掺聚氨酯类水膨胀树脂的遇水膨胀橡胶。

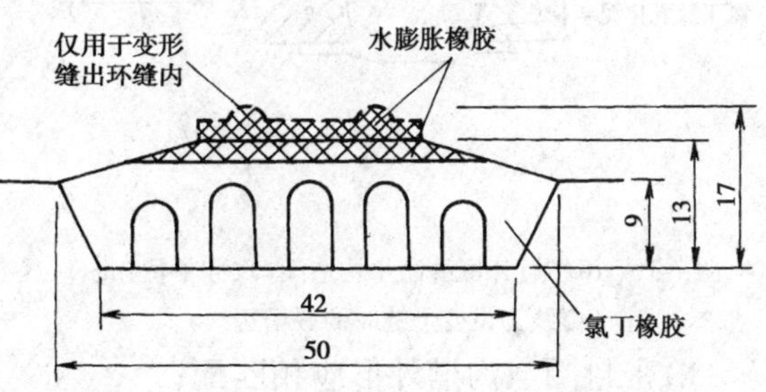

图 7-30 甲、丙型管片弹性密封垫剖面图(尺寸单位:mm)

(2)嵌缝防水

嵌缝的范围:进出洞 20 ~ 30m 环;联络通道两侧 8 ~ 10m 处等变形量大的衬砌环段进行整环嵌填,其余区段则在拱底 90°范围内嵌填。

甲、乙型管片分别设计了:遇水膨胀橡胶腻子、外封氯丁胶乳水泥和特殊齿形橡胶条内插塑料芯材等嵌缝材料。实践证明,遇水膨胀橡胶腻子的防水效果较好,它具有能适应接缝缝隙不同宽窄、错位、高差等优点。这是因为:

1)在工字形控膨材料限制下,膨胀腻子能充分发挥单侧向膨胀应力;

2)氯丁胶乳水泥,刚柔相济,能增加抗裂性;

3)界面处理剂可加强密封。

特殊齿形橡胶条内插塑料芯材法,虽有预制成型、可调换、作业环境无污染等优点,但对较窄接缝的适应性较差,如图 7-31、图 7-32 的所示。水膨胀橡胶腻子的技术性能指标见表 7-21。

遇水膨胀橡胶腻子的技术性能指标 表 7-21

项目	指标
吸水膨胀率(%)	60 ± 10
伸长率(%)	≥400
剪切粘接强度(MPa)	≥0.1
体积电阻(Ω·cm)	$>10^9$

(3)楔形管片环面垫片与纵向传力衬垫片

在平曲线和竖曲线地段,根据环、纵面的不同受力特点和压缩要求,分别采用石棉橡胶片和丁腈软木橡胶。环面纠偏时,衬垫片应贴成渐变曲线，避免大阶梯型，以免影响纠偏效果，进而降低防水效果。

纵缝传力衬垫片是用以解决衬砌环面内、外张角所造成的局部应力集中。纵缝传力衬垫虽然也是采用丁腈软木橡胶，但与曲线段环面所用的硬度不同，选用时应注意有针对性。

(4)螺栓密封与螺栓防腐蚀

螺孔防水也是衬砌接缝防水的一项措施。采用螺栓密封垫圈（遇水膨胀橡胶类），利用压密和膨胀双重作用止水。其设计要点是：

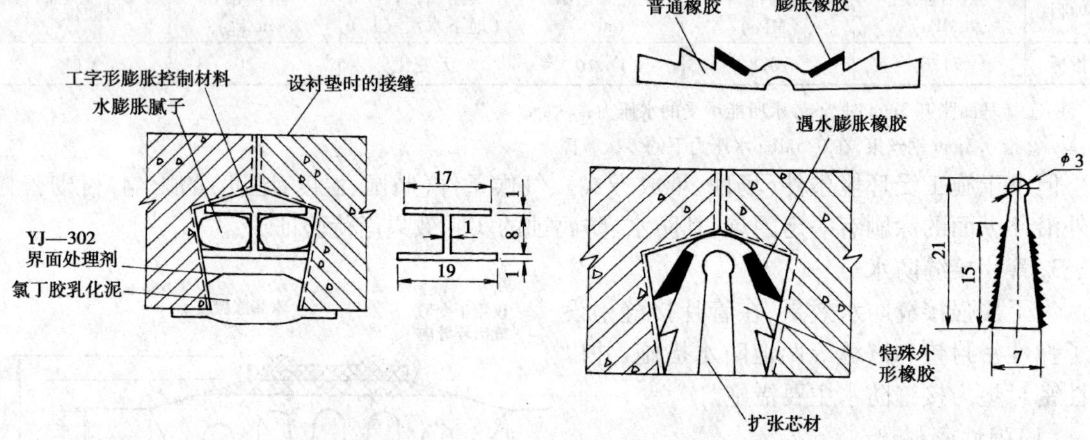

图 7-31　甲型管片嵌缝防水构造图（尺寸单位：mm）
（虚线为设变形缝时的嵌槽边线）

图 7-32　乙型管片嵌缝防水构造图（尺寸单位：mm）

1)密封圈与沟槽外形应相匹配；

2)要充分考虑密封圈在螺栓偏心位置下的抗水压密封性；

3)密封圈断面尺寸应与螺栓尺寸相适应。

螺栓采用手孔混凝土填实保护法，或刷涂带防锈水性涂料，外封微膨胀水泥、加盖塑料罩的方法。该方法防腐蚀较简单、实用、有效。

4. 竖井与圆隧道接头

上海1号线的车站竖井与圆隧道接头以刚性方式连接，采取了以下措施：

(1)在刚性接头中设置了柔性填缝材料、施工缝止水条，加强防水效果。

(2)在进出洞附近设置较密的隧道变形缝环，自洞口向隧道纵深，由密至疏，靠变形缝环吸收、缓和竖井与圆隧道的不均匀沉降。

(3)在变形缝前、后环的相对环面设置了加厚的弹性密封垫及垫片，确保了环缝较大的张开时的密封。

第七节　施工诱发环境灾害的预测和防护

一、引　言

采用盾构法或钻爆法进行隧道施工，连续墙护壁明挖法施工车站，打桩或钻空灌注桩施工高架桥基等，都将不同程度的引起地面沉降、深层土体的挤压扰动，导致地面建筑和地下构筑物开裂破损、甚至倒塌。有一些施工方法还产生大量的粉尘、泥浆、渣土，严重污染环境。打桩、爆破法引起震动、噪声、烟雾等公害，严重影响城市居民正常的工作和生活。上海市番禺路、遵义路两处高层商住楼施工时，打桩引起临近居民旧式住房开裂，当地居民和开发商矛盾尖锐，致使工程停工，不得不改用其他施工方法。上海地铁2号线人民广场站、杨高路站，车站开挖时，支撑失稳滑落，使得多幅连续墙倾斜，较大面积基坑沉陷。在广州地铁的施工过程中，由日本青木株氏会社承担施工的一区间隧道，曾引起局部地面沉陷20几厘米，遭到业主的罚款。2003年7月1日凌晨六时，上海地铁4号线旁通道施工，由于技术管理不善，土体冻结厚度均匀性不够，施工作业面内，大量细流砂和水涌入，引起旁通道、主隧道、风井损坏，周边地面严重塌陷。有三幢高层建筑倾斜，部分建筑物倒塌，大段防汛墙断裂塌陷，地面管线断裂等等，直接经济损失达数亿元。修复困难，影响上海轨道交通网络形成。同在2003年10月9日，正在施工的北京崇文门车站施工搭建的26m长，2.2m高，10余吨重钢筋支架由于支撑剪力支架突然滑脱导致整体塌陷，造成一定的经济损失和人员伤亡。总之，近年来由施工方法不当、管理不善诱发的环境灾害时有发生，教训是十分深刻的。

近年来，由于施工机械和施工工艺的改进，地铁工程施工引起的环境土工问题，已有了一定程度的缓解。但是就全国范围内，施工遇到下面一些复杂情况时，上述环境土工公害仍比较突出。

1. 市区地下铁道车站施工

地下连续墙、桩排墙施工时产生泥浆、噪声、振动；井点降水造成地下水位变化及地下水径流紊流的混乱、水质的变化，引起土层的沉降、密实度、孔隙水压力变化；甚至导致支撑的失稳，连续墙的倾倒，大面积土体的滑移、坍陷；车站深大基坑开挖，引起近旁道路的地下管线（煤气、地下电缆、热力蒸气等）的开裂。

2. 地铁区间隧道施工

软土盾构法隧道进（出）工作井、转弯（纠偏）、穿越大楼桩群、浅覆土易引起流砂等不良地质现象，钻爆法施工山岭隧道引起振动、烟尘、渣土，断层和强烈破碎带引起冒顶塌落；浅埋暗挖法化学注浆时易引起土性的改变、塌方冒顶；沉管法隧道对航道、河床和水流的速度有影响。

3. 高架桥施工

钻孔桩、挖孔桩、打（压）桩施工引起振动、地面沉陷、土体的位移、泥浆污染和噪声的干扰。预制桥梁制作、吊运过程会阻碍交通；高架桥对视线、景观的影响等。

已经建成的地铁与轻轨交通是城市客运交通的大动脉，一旦投入运营，日夜担负巨大客流运输任务，在地铁车站、隧道和高架桥周近进行土方开挖、顶管、盾构推进和打桩等工程活动，处理不当可能对地铁工程产生危害。地铁工程运营管理公司制定地铁沿线建筑物保护规程，对施工活动对地铁工程的影响加以限制。首先应以预防为主，即采取合理的施工工艺和技术方案，将产生的地面沉降、深层土体扰动降低到工程变形允许范围内。其次对既有建筑物和地下管线进行监测、脱换、补强、加固等工程措施，保证在施工扰动发生后不致产生大的影响使用的残余变形。在开工前，对沿线建筑物及管线做好详细的记录，包括摄影和录像。依不同的结构形式，不同的使用功能，不同的地质环境条件，应采取不同的保护对策。建筑物和管线进行施工环境保护的步骤如图7-33。

二、建筑物和公用设施损坏判据

地铁区间隧道及地下车站施工活动均会对其周围土层产生扰动，从而引起一定的地层损失，位于影响区内的建筑物和地下管线必将受到不同程度的不利影响，甚至影响使用安全。

地铁施工对土层和地表的主要影响为：浅地表以下土层竖向和水平向的位移和变形以及地面沉降。其中，土层的竖向位移和变形将引起地面下沉、倾斜、曲率变化和扭曲等；而水平向的土层位移和变形则将引起地面水平位移、拉伸和压缩。地表移动和变形对地面与地下建(构)筑物的影响亦不尽相同,在建筑物和地下管线中产生大小不等的附加应力和变形,严重时将导致建筑物和管线的破坏。

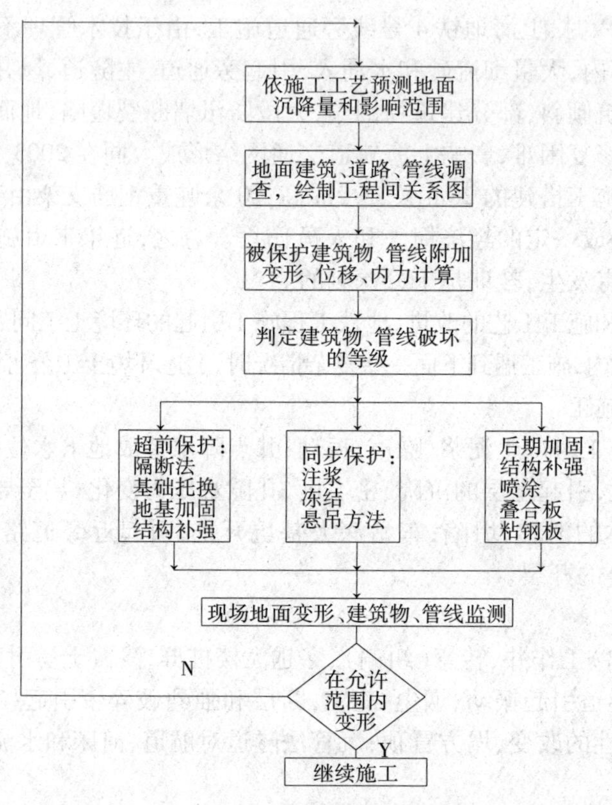

图7-33 工程保护程序

1. 建筑物

(1)施工场地周围邻近建筑物状况调查

1)周围建筑物分布(地形现状图);

2)周围建筑物的建筑特色、荷载、结构形式及各种建筑物的沉降反应;

3)环境测点布置、地面沉降盆的拐点位置及建筑物不均匀沉降敏感的部位。

(2) 建筑物的破坏程度及其特征,如表7-22、表7-23所示。

建筑物损坏程度和破坏特征 表7-22

破坏程度		典型破坏症状描述	近似裂缝宽度
0	可忽略	发丝状裂缝宽度小于0.1mm	不大于0.1mm
1	非常轻微	很细小裂缝,一般在装修时即可处理,建筑物可能存在分散的轻微断裂,仔细观察可发现外部墙体上有可见裂缝	不大于1.0mm
2	轻微	内墙上出现几处轻微裂缝,外墙上的裂缝可见,有些需要嵌缝以防风雨,门窗轻微倾斜	不大于5.0mm
3	中等	裂缝需要清理并修补,重新生成的裂缝可以适当的衬材遮盖,外部砖墙可能需要重砌,门窗倾斜,公共服务设施可能中断	5~15mm,或者较多,但小于3.0mm

续上表

破坏程度		典型破坏症状描述	近似裂缝宽度
4	较严重	门框、窗框、楼板显著倾斜,墙体显著倾斜或凸出,梁支撑部分松脱,管道开裂	15 ~ 25mm,但决定于裂缝数量
5	非常严重	梁支撑松脱,墙倾斜严重并需加支撑,窗扭曲断裂,有失稳危险	通常大于25mm,但也决定裂缝数量

注:①裂缝宽度是评估破坏情况的主要因素之一,但不应仅将此作为衡量破坏程度的唯一标准;

②一般情况下,局部偏离水平或竖直方向大于1/100时将清晰可见;总偏差超过1/150时将产生不安全感。

建筑物损坏程度判断 表7-23

裂缝宽度(mm)	损坏程度			对结构和建筑物使用影响
	住宅	商业及公共设施	工业建筑	
<0.1	不考虑	不考虑	不考虑	没影响
0.1 ~ 0.3	非常轻微	非常轻微	不考虑	
0.3 ~ 1.0	轻微	轻微	非常轻微	影响美观,加速墙面的风化
1.0 ~ 2.0	轻微—中等	轻微—中等	非常轻微	
2.0 ~ 5.0	中等	中等	轻微	结构危险性增加
5.0 ~ 15.0	中等—严重	中等—严重	中等	
15.0 ~ 25.0	严重—非常严重	中等—严重	中等—严重	
≥25.0	非常严重—危险	严重—危险	严重—危险	

(3)建筑物在地铁施工过程引起不同程度的位移及变形。地基沉降引起的建筑物的下沉及伴随不均匀沉降的倾斜、开裂。不同结构整体竖向位移和破坏特征如表7-24、表7-25、表7-26描述。

建筑物在不同差异沉降下的反应 表7-24

建筑结构类型	δ/L(L为建筑物长度,δ为差异沉降)	建筑物反应
一般砖混承重结构(包括有内框的结构),长高比小于10;有圈梁,天然地基	达1/150	分隔墙及承重墙有相当多的裂缝,可能发生结构破坏
一般钢筋混凝土框架结构	达1/150	发生严重变形
	达1/500	开始出现裂缝
高层刚性建筑物(箱形基础、桩基)	达1/250	可观察到建筑物倾斜

续上表

建筑结构类型	δ/L（L 为建筑物长度，δ 为差异沉降）	建筑物反应
有桥式行车的单层排架结构的厂房	达 1/300	桥式行车运转困难，不调整轨面水平难以运营
有斜撑的框架结构	达 1/600	处于安全极限状态
一般对沉降差反应敏感的机器基础	达 1/850	机器使用可能发生困难，处于可运行的极限状态

注：①不同基础形式的框架对沉降的反应也不同，上表只提出了一般框架对差异沉降的反应，因此对重要框架结构的差异沉降下的反应，还要仔细调研其基础形式和使用要求，以确定允许差异沉降量；

②各种基础形式的高耸烟囱、塔罐、气柜、高炉、塔桅结构（如电视塔）、影院、会场空旷结构等特别的建筑设施要专门调研，以明确允许差异沉降值；

③内框架（特别是单排内框架）和底层框架（条形或独立基础）的多层砌体建筑结构，对不均匀沉降很敏感，亦应专门调研。

建筑物最大许可沉降或差异沉降（角变形）　　表 7-25

房屋和结构分类	房屋结构类型	最大许可最终沉降 δ_{max}（mm）	结构物中共线的邻近三点或基础的最大许可角变形 α_{max}
1	大体积结构，刚性大体积混凝土基础，刚性混凝土片筏基础	150 ~ 200	结构中不同点的最大差异沉降引起的基础倾斜不应大于 1/100 ~ 1/200（结构高度/基础平面尺寸）
2	铰接静定结构（三铰拱、单跨钢架和木结构）	100 ~ 150	1/100 ~ 1/200
3	超静定钢结构；砌体承重结构，每层均有圈梁，横墙不小于 250mm 厚，跨度不大于 6m；桩距不大于 6m 的框架结构条形基础或片筏基础	80 ~ 100	1/200 ~ 1/300
4	第三类结构，但其中有一条不满足；独立基础的钢筋混凝土结构	60 ~ 80	1/300 ~ 1/500
5	有大跨板或大型构件的装配式结构	50 ~ 60	1/500 ~ 1/700

注：①较小的数值对应于公共建筑、住宅或对差异沉降特别敏感的构件或装修的建筑；较大的数值对应的具有相当大水平刚度的较高的建筑或可承受此移动的结构；

②特殊情况下（如吊车梁、高压锅炉、特殊的储藏罐以及差异荷载下的筒仓等），最大许可沉降量或差异沉降，应采用由维修工程师、机械工程师或制造商特别提供的值。

高耸结构的地基极限变形 表 7-26

建筑物分类	高度(m)	地基极限变形值		
		倾　斜　度	容许平均沉降(cm)	
			高压缩性粘性土	中压缩性粘性土
高钢筋混凝土烟囱	$H \leqslant 100$	$1/2H$	40	
电视塔 微波塔 输电塔	$100 < H \leqslant 200$	$1/2H$	30	
	$200 < H \leqslant 300$	$1/2H$	20	
	$H > 300$	$1/2H$	10	
	$H \leqslant 20$	8/1 000	40	20
	$20 < H \leqslant 50$	6/1 000	40	
	$50 < H \leqslant 100$	5/1 000	40	
	$100 < H \leqslant 150$	4/1 000	30	
	$150 < H \leqslant 200$	3/1 000	30	
	$200 < H \leqslant 250$	2/1 000	20	
	$250 < H \leqslant 300$	1.5/1000	20	
	$300 < H \leqslant 400$	1/1 000	10	10
石油化工塔	一般石油化工塔	4/1 000	20	10
	分罐类 $D \leqslant 3.2$m	4/1 000		
	石油化工塔 $3.2 < D \leqslant 5.4$m	2.5/1 000		
高达 100m 的稳固性好的刚性建筑物		1/250	20	

注:①H——地面至高耸结构顶部的总高度(m);

②D——石油化工塔的内径(m);

③一般石油化工塔指立式容器、填料塔和新罐塔;

④对特殊要求的高耸结构,地基变形按专门规范的要求来确定。

不同建筑物的结构构件的竖向许可变形值,如表 7-27 所示

结构构件的竖向许可变形 表 7-27

构　　件	分类标准	竖向许可变形
墙	总体变形	$L/200$
	混凝土梁	$L/300$ 或 30mm
	砖墙块部分开裂	$L/500$ 或 15mm
	轻质隔墙部分开裂	$L/350 \sim L/360$ 或 20mm
	活荷载作用下可见弯曲变形	$L/360$
	由于预拱产生的反向歪曲变形	$L/300$
楼板或屋顶	差异沉降	$L/250 \sim L/300$
	木楼板	$L/330$
	石材或沥青面层	$L/250$
	可弯曲的短跨层面薄板	$L/750$ 坡度
	位移敏感设备(如发电机)	$L/175$ 坡度
	可视弯曲变形	$L/180$
悬臂梁	填充墙开裂(沿边界的相对位移)	$L/250 \sim L/500$,视填充墙而定
龙门架起重机梁	顶部起重机行走不便	$L/700$

整体结构物和结构构件的水平位移及变形特征,如表 7-28、表 7-29。

破坏等级与破坏的特征 表 7-28

建筑物长度变化(m)	破坏等级	典型破坏描述
小于0.03m	非常轻微	墙上有头发丝般的细小裂缝
0.03~0.06	轻微	有多条小裂缝,门窗轻微凸出
0.06~0.12	中等	门窗凸出,自来水管可能断开
0.12~0.18	严重	自来水管断开,墙上有张开性裂缝,门窗歪斜,墙倾斜而失去某些支撑,屋顶隆起、砖砌体隆起,出现水平裂缝
>0.18	极严重	损坏如上,但更厉害,需要部分或全部加固,梁鼓出,墙歪斜需支撑,墙和屋顶严重弯曲或隆起

结构构件的水平向许可变形 表 7-29

构件	分类标准	水平向许可变形
柱	多层房屋侧向位移	高度/1 000 建议值
	有斜撑框架破坏	高度/600
	砖混结构墙体或填充墙裂缝	高度/500
	单层或低矮的柔性框架	高度/300
	防雨屋面可视变形	高度/250
门窗直棂	装配玻璃支架的弯曲	L/175
龙门超重机架	起重机轨道分离	L/500

2. 地下管道及构筑物设施

(1)施工场地周围邻近建筑物状况和邻近地区地下管道资料调查,包括管道使用功能、埋深、管径、埋设年代、构造及接头形式等。

(2)管线在地铁施工工程中引起的差异沉降及曲率的限值;

①差异沉降:承插接口及机械铸铁管道和柔性接缝管道,每节许可差异沉降为小于等于L/1 000(L为管节长度);

②常见地下管道位移容许值可参考表7-30。

常见地下管道容许位移值 表 7-30

管道名称	雨水管	上水管	煤气管	盾构隧道
容许垂直位移(mm)	50	30	10~15	5
容许水平位移(mm)	50	30	10~15	5

如上所述对于不同构造和使用要求的建(构)筑物、各种用途和类型的地下管线和不同等级的道路路面、路基等,应分别制定能安全承受不同种类变形位移和差异沉降的技术参数。依据本节所列各类建筑物、构筑物、管线受扰动损坏变形的判据,综合考虑,变通采用。

三、施 工 监 测

施工监测对于隧道及地下工程施工十分重要。因为设计和施工的开始阶段对沿线的地质评价一般都不够完善和确切,据此所制定的设计及施工方案也常与实际情况不相适应,靠施工监测数据、信息反馈指导施工,修改设计是当今地下工程最先进的方法。地下结构因介质的复杂多变性,荷载不确定性,计算的结果常与实际情况有较大差异,往往要靠工程师根据经验做出判断,测量数据常常是工程师判断的依据。有人把测试仪表比作现场施工工程师、监理工程师的“耳目”,当今大型地下工程的设计、施工中,监测单位同业主、施工单位、监理单位一样,是不可缺少的一方。

1. 监测项目

(1)地下水文地质的监测

主要监测地下水水位和孔隙水压的变化,以检验降水效果,或为确定压缩空气的压力和地下工程防水设计提供依据。

(2)土体分层变形监测

土体变形监测是地下工程施工监测的主要项目。所测数据是修改施工方案、施工参数的重要依据。这些数据也是分析地面建筑物和地下管线产生破坏原因的重要参考资料。

1)地表沉降观测。主要测定纵横沉降槽曲线及最大下沉坡度,最小曲率半径和沉降速率等,一般用精密水准仪测量。

2)土体分层沉降观测。主要观测盾构或顶管正上方和基坑周边不同深度处土体沉降量。一般采取土体的分层沉降观测装置测定。

3)地表水平位移观测。一般采用精密经纬仪观测,用以随时分析地面建筑物的安全性。

4)土体水平位移量测。沿隧道(管道)两侧或基坑周边布置测斜仪量测土体发生的水平位移。由此研究盾构推进或基坑开挖引起的深层土体扰动。

5)土体回弹观测。可在盾构推进的前方一侧设深层回弹桩,基坑开挖到设计标高后基底设回弹桩,可以观察施工中底部以下土体的回弹量,据以估计下卧土层可能发生的回弹沉陷。

6)现场静力触探,采用的触探仪探头可以有不同的功能,有的可以同时记录锥尖阻力 q_c、侧壁摩阻力 f_s、孔隙水压力 u 及探头倾斜度 φ。据此可以推算施工扰动后土体的承载力、强度、弹性模量等地基土的物理力学性能。

7)现场十字板剪切试验、标准贯入试验,可用于确定地基土的容许承载力,估计粘性土的变形指标,判断粘性土的稠度和砂土的密实度以及估计施工振动时砂土液化的可能性。

(3)建筑物监测

在建筑物周围设置测点,观测施工扰动发生前后地表发生的不均匀水平位移和沉降量,墙身和楼板、地坪的倾斜变形,以及公用管道发生的挠曲应变等,据以判断临近建筑物的安全性、以及采用的工程保护措施的可靠性。

(4)地下结构自身的强度和变形监测

1)用收敛仪量测隧道及管道收敛变形,判断联络通道施工、临近隧道打桩、深基坑开挖、其他隧道穿越,对地下结构产生的破坏。

2)水压力、土压力盒、电子压力传感器、钢筋应力计、钢弦式位移传感器等量测地下结构周边荷载、衬砌的变形、内力等,据以判断现有结构完成预期功能的可靠性,检验和修正所采用的设计计算方法。

3)隧道和地下工程施工面前方障碍物的探测。软土中推进的盾构(顶管)、前方的大断层、软弱破碎带、流砂、大漂石(砾石)、断桩、流木、废弃管道等都会对掘进机推进带来困难,有时甚至造成工期延误,工程事故。地下工程开挖时有时遇到沼气、瓦斯、地下暗河等,可燃性气体突然爆燃,地下水大量涌入洞室,都可能造成机毁人亡,对生命财产造成极大的损失。安装探地雷达、声波发射接收装置,或者小钻孔摄像装置等,据此提前发现隧道及地下工程施工前方障碍物,及早采取措施,方可防患于未然。探地雷达是一种高分辨率的现代地球物理探测仪器,它具有很强的抗干扰能力和较高的现场测试效率。探地雷达是利用一对天线进行工作的。发射天线向地下发射高频率电磁脉冲波,电磁波在地下介质中传播,遇到地层介质中电性差异分界面,产生波的反射与透射,在地表的接收天线接收来自地下介质中电性分界面的反射回波,通过逐点记录反射回波序列的走时与波形特征,构成雷达反射剖面,以判断地下的地质结构和障碍物。

2. 监测仪器和测量要求

地铁工程施工和环境保护监测项目及所用仪表如表 7-31 所示。

地铁工程施工现场监测内容及仪表 表 7-31

监测对象	监　测　项	测试元件与仪器	监测必要性
地铁车站	围护桩墙顶水平位移和沉降	经纬仪、水准仪	必须
	桩墙深层挠曲	测斜仪	必须
	桩墙内力	钢筋应力传感器、混凝土应变计、频率仪	选择
	桩墙的水土压力	压力盒、孔隙水压力探头、频率仪	选择
	水平支撑、拉锚轴力	钢筋应力传感器、位移计、锚索压力盒	必须
	圈梁、围檩内力	钢筋应力传感器、频率仪	选择
	圈梁、围檩水平位移	经纬仪、GPS 定位仪、多点位移计	选择
	立柱垂直沉降和倾斜	水准仪、倾角计	必须
	坑内外地下水变化	渗透压力计、观察井、频率仪	必须
隧道施工	隧道沉降	水准仪(DS1)、多点液体水准系统、铟瓦尺	必须
	隧道四周水土压力	渗透压力计、钢弦式土压力盒	选择
	隧道管片内力	钢筋应力计、混凝土应变计、频率仪	选择
	隧道的裂缝	单向多向测缝计	选择
	收敛变形	尺式收敛仪、巴塞特收敛测试系统	必须
	隧道轴线控制	GPS 定位精度导线网、铅垂仪、陀螺仪、激光定向仪(前置尺、后置尺)、全站仪(TC2002)、经纬仪(T2, J2)、水准仪(S3, NA2)	必须
高架桥施工	梁板的位移	经纬仪、水准仪、多点位移计	选择
	梁板的内力	钢筋应力计、混凝土应变计	选择
	打桩振动	检振仪、S—6 峰值振动监测仪	必须
	墩台沉降	水准仪、沉降仪	必须
	墩台倾斜	测斜仪、经纬仪、倾角计	必须

续上表

监测对象	监 测 项	测试元件与仪器	监测必要性
临近环境监控	土体分层沉降、地面沉槽	分层沉降仪、频率仪、水准仪(DS1)、II级全站仪、铟钢尺	必须
	土体水平位移	测斜仪、经纬仪、倾角计、多点位移计	必须
	地下管线垂直位移	水准仪、多点液体水准系统	必须
	地面管线水平位移	经纬仪	必须
	房屋垂直沉降	水准仪	必须
	房屋倾斜	经纬仪、多点液体水准系统	必须
	房屋开裂	裂缝观测仪、放大镜	必须
	道路开裂	单向多向测缝计	必须
	水位变化	观测井、孔隙水压计	选择
	分层水压	孔隙水压力探头、渗透压力计	选择
	地下管线、障碍物	探地雷达(频率25MHz~200MHz,精度±10cm,最小分辨率10cm,最深50m)	选择

四、沿线建筑物调查

地铁工程开工前,应对建筑物和管线进行调查分析,对不同结构类型,不同使用状况、重要程度,选择不同的保护方法。

(1)制定并填写每栋建筑物的调查表。每栋建筑物应给一记录编号,列出一般情况、有关材料、状况和已损坏或目检中发现的损伤等特殊情况。

(2)对建筑物的内外构件包括表面修整和维修保养情况进行目检。摄影资料应包括缺陷如裂缝、抹面脱落和其他损坏。已有裂缝应用光学裂缝仪量测并予以记录。

(3)记录并拍摄主要结构裂缝、开裂和磨损的混凝土,外露或锈蚀的钢筋。用光学裂缝仪量测并记录已有裂缝。保存重要的照片并加示意草图或说明以显示拍摄物的位置。

(4)调查四层或更高建筑物垂直度,和建筑物一部分位于工程影响范围内,则对整栋建筑物进行调查。

(5)承包商应负责安排进入调查范围涉及的所有房地产。业主对此将作必要调整和帮助。

(6)建筑物调查应由建筑物业主、调查者签名。为了保证将来对施工引起的房屋损伤的赔偿的公正性,有时要委托专门的房屋建筑质量鉴定部门对沿线建筑的安全性做出评价。

五、建筑物及管线的保护方法

对隧道及地下工程引起环境病害的保护方法分以下两类。

(1)积极保护的方法。按照不同的工程地质和水文地质条件,做好盾构选型,施工方案的综合比较，施工技术参数优化，精心设计精心施工，使得对周围环境的干扰最小，从而减少周围建筑物、管线搬迁，加固维修的费用。

(2)工程保护方法。根据对地面沉降和土层扰动的预测，吸取同类工程的经验教训，对各种在影响范围内的地面建筑和公用设施，具体分析，采取不同的方法。盾构和顶管施工应尽量避开建筑群，特别是高层建筑的桩基，因为土压平衡盾构及顶管的刀盘难以切割高层建筑的钢筋混凝土桩体，同时高层建筑进行基础拖换也非常困难，对于那些对沉降很敏感又必须保护的建筑和设施，其基础(天然地基或桩基)底向下卧地基土扩散附加应力的有效范围，应离开隧道周围和上方土体受扰后的塑性区，以防塑性区土体的施工沉降和后期固结沉降引起建筑物不能承受的差异沉降。地下管线在土体中，随着施工扰动而变形，各种管线能经受的挠曲变形程度不同，因此应对不同管线提出不同的保护方法，建筑物的工程保护方法有：地基托换、主体加固、隔水墙、保护墙、土壤加固、向加固基础底板下预注浆加固、紧跟沉降发展跟踪注浆、以减少建筑物或构筑物沉降和不均匀沉降。对地下公用设施管线保护主要有跟踪注浆地基加固或开挖暴露并悬吊保护。

建筑物、构筑物受施工扰动引起损伤的积极保护方法已在第五章中做了详细介绍，本节不再赘述。下面结合工程实例介绍施工活动引起环境破坏的工程保护方法，亦称为托换方法。

六、建筑物、构筑物、管线保护实例

1. 隔断法

在建筑物附近进行地下工程施工时，在施工开掘面与附近建筑物(或建筑物)之间设置隔断墙，以减少土体的水平位移和沉降量，避免由工程施工导致建筑物(或构筑物)产生破坏的工程保护法，称为隔断法。

隔断墙可由钢板桩、地下连续墙、树根桩、深层搅拌桩和对地层进行注浆加固等构成，主要用于承受地下工程施工引起的侧向土压力和由地基差异沉降产生的阻力，减少建筑物一侧土体的滑移和沉降变形。

[工程实例-1]延安东路外滩天文台已有一百多年历史，建筑物总高度48.65m，其中塔顶12.40m，为工字形铁桅杆。整个结构支承在直径为14m的桩承台上。桩承台表面在地面以下2.7m处，下方估计为8~14m洋松桩。延安东路隧道南线使用国产网格式机械化盾构，隧道直径$D=11.3$m，盾构中心线至地面的垂直深度20m，地层损失量$V_e=(5\%\sim10\%)V_0$，该天文台一侧距隧道中心线最近距离为14.5m，另一侧最远距离为25m。工程所在位置及土层分布如图7-34所示，隧道穿越的地层为灰色粘土和灰色粉质粘土层，顶部为淤泥质粘土。

树根桩隔断方案见图7-35a)，离天文台边缘3.5m处，沿隧道轴线推进方向打一排树根桩，相隔0.6m再打第二排桩。每排桩桩排墙长度14m，由47根桩组成，两排桩共94根。桩长30m，纵向配筋4ϕ25，顶部浇筑截面1m×1m的横梁，将所有的树根桩连成一体。树根桩钻孔直径20 cm，中心间距30m，由于成桩过程中采用了两次压浆工艺，桩间浆液互相贯通，施工后实际上树根桩形成一道连续的钢筋混凝土墙，为了减少隧道施工时树根桩的侧向位移，在距排桩16m处设置两组锚桩，用ϕ50的钢拉杆与锚桩上的横梁连接，锚桩的尺寸与排桩相同，共设46根。

在设计研究中按照派克公式估算地面沉降。地表沉降估算的结果示于表7-32，其中i为最近点和最远点相对差异沉降。

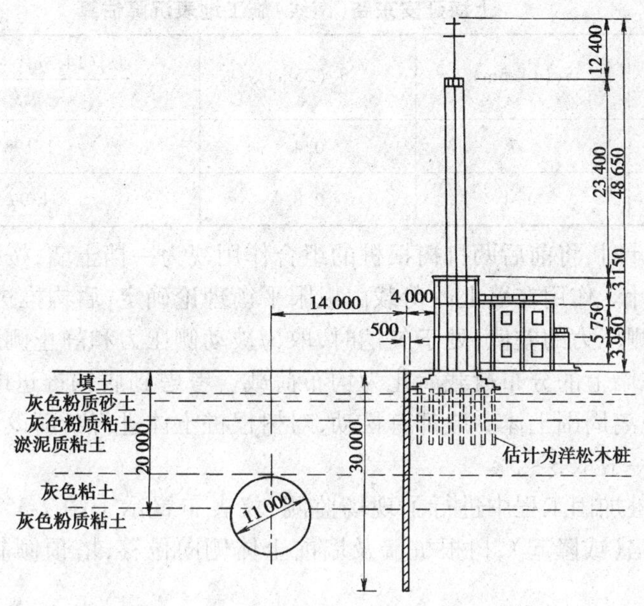

图 7-34　上海延安东路越江隧道工程位置及土层分布(尺寸单位:mm)

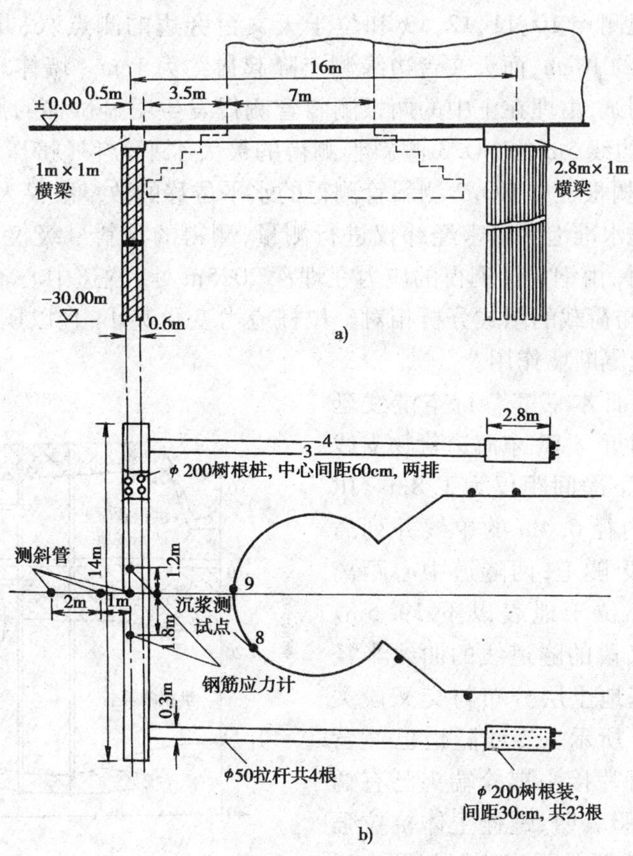

图 7-35　上海延安东路越江隧道工程树根桩隔断墙设置方案

上海延安东路(南线)施工地表沉降估算 表7-32

地层损坏	S_{MA} X	$S_X(14.5m)$	$S_X(25m)$	$i=\frac{S_x(14.5m)-S_x(25m)}{L}$	塔尖偏斜
$V_e=5\% V_0$	21.5	5.7	0.4	1/198	24.6
$V_e=10\% V_0$	43	11.4	0.8	1/99	49.1

进行断面设计时,将前后两排树根桩的组合作用视为一挡土墙,按弹性地基上的连续梁进行内力计算的设计。作用在墙上的荷载由极限平衡理论确定,盾构推进处于超挖状态时,取为静止压力和主动侧压力的差值;处于欠挖时,取为被动侧压力和静止侧压力的差值。为了使计算简化,将作用在墙上的分布荷载简化为均布荷载。考虑到盾构推进时对前方土体总是有挤压作用,而盾尾脱离周围土体一般都有松动,对树根桩土体进行断面设计按双向配筋计算。设计中的安全系数一般取3~5。

天文台树根桩加固工程中进行了现场监测,仪表布置示于图7-35b),监测的内容包括盾构施工时地表沉陷(或隆起),树根桩墙及墙前土体侧向位移,塔顶倾斜,塔身倾斜,塔身应力和拉杆应力等。

盾构推进穿越该区时基本保持每天1环(1m)的速度,控制出土量约为隧道盾构所占空间的90%以上,并应及时进行压浆。监测表明,盾构胸板通过前后,地表所呈现的都是隆起,并在垂直于隧道轴线的方向上出现有明显裂缝,但裂缝都未超过树根桩墙加固线。在隧道中心轴线上的四个地面观测点10、11、12、13和位于天文台旁边的测点八、九上测得的隆起量为20cm,一个月后降为约10cm,而天文台边缘测点隆起量约为1cm。墙体和土体的侧向位移由活动式测斜仪进行测试,由埋在土中的两根测斜管测得发生明显位移的部分在深度10~25m范围内,其中距隧道边线5m的NO.3测斜管测得的最大水平位移(挤压、偏向天文台,下同)为2~3cm,而由埋在树根桩中NO.2测斜管测得的水平位移的数量级仅为mm。

塔身倾斜采用电水准泡和精密经纬仪进行测量,测得的测斜量级仅3cm左右,相应的测斜度不超过3°。此外,由钢筋计测得的应力在埋深20.5m处(隧道中心轴线埋深)最大,最大压应力约为40MPa,与荷载的图式分析相对。拉杆应力变化甚小,且以压应力为主,可见树根桩墙能按设计意图起隔断墙作用。

[工程实例-2]日本京滨急行空港线延伸工程在海老取川附近与JR东海道货物支线立体交叉,两者的上下净间距仅为1.8m。JR东海道货物支线为内径6.4m的单线并列盾构法施工的上下行线 隧道,两隧道中心距离17~18m。隧道中心位于地表以下19.5m。在与急行空港线交叉段的隧道线的曲线半径$R=800m$。该工程基地土层分布与交叉段关系如图7-36、图7-37所示。支线隧道已经营运约20年之久,其管片接头螺栓端头已有锈蚀,施工前的拉力试验表明,螺栓主体抗拉强度均可达到标准强度,螺栓强度应无问题。隧道所用混凝土管片每环长80cm,材料的允许

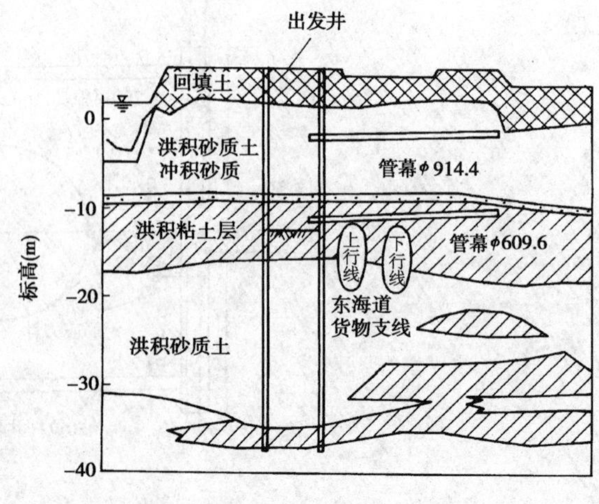

图7-36 土层分布及交叉段关系图

应力整理如表7-33。显然如果不在急行空港线施工前，对支线隧道上方、急行空港线下方的土

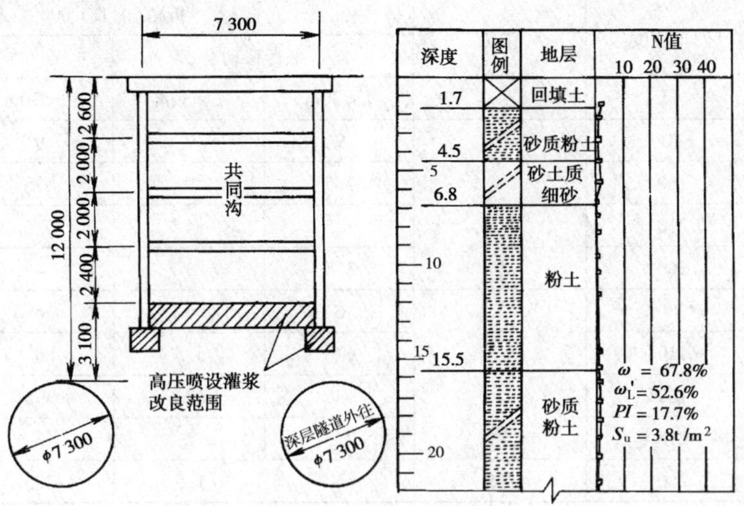

图7-37　地层状况

环片设计基准强度及容许应力　　表7-33

材　　料	应　　力		设计(MPa)	临时(MPa)
混凝土	容许基准强度		54	—
	容许弯曲压缩应力		18	23.3
	容许承压应力		16.2	21
钢筋	容许拉应力	SR24	137	178.5
		SD30	0.9	204
容许剪应力			157	1.1

注：①临时工程之容许应力提高30%；

②考虑环片间接头螺栓可能腐蚀，设计时容许力采用137MPa。

体进行加固改良，则急行空港线施工必然导致货运支线隧道的非均匀隆起，进而可能给货运支线隧道带来破坏性灾害。经过评估后决定以管幕法施工，在急行空港线矩形隧道结构外围先插入连续钢管形成管幕，用支撑系统配合管幕内挖土，浇筑矩形隧道。管幕内土砂挖除后，导致下部JR支线隧道上浮。以有限元方法分析结果显示，中央部分之最大上浮量约2mm，符合日本JR线轨道允许变位量要求。隧道管片应力量测结果也都在设计容许应力范围内，无危险事故发生。对于管幕法，JR线和急行空港线所夹土层注浆加固等方法综合比较，管幕法能更有效地保护货运支线盾构法隧道安全，既可有效地抑制隧道本体的上浮，又能保证管片应力在设计范围内，也能解决管片漏水问题，防止上面矩形隧道对于下部货运交通线的冲击。

本案例实际施工时，均以监测系统指导施工。管幕土砂挖掘完成后，实际测量下行隧道上浮5.1mm，上行隧道上浮4.9mm，箱形隧道浇筑完毕下行隧道上浮量为3.5mm，上行隧道上浮量2.9mm，皆在预测范围内。表7-34为日本承载列车结构物轨道表面之容许变位量，表7-35为日本JR线轨道允许变位量。参考两表数值可以确定盾构通过地面和地下铁路线时轨道的允许变形。

日本承载列车结构轨道面之容许变位量　表 7-34

变位方向	列车速度(km/h)	错位(mm)	折角(θ)1/1 000			
			平行移动		折曲	
			$L<30m$	$L\geqslant 30m$	$L<30m$	$L\geqslant 30m$
垂直	70	2	9	9	9	9
	160		7.5	0	0.5	9
	210		4.5	4	5.5	4.5
	260		3.5	3	4	3
水平	70	2	6	6	6	6
	110		4	5.5	5	6
	160		3	3	3.5	4
	210		2.5	2	3	2.5
	260	1.5	2	1.5	2.5	2

注:有关错位、平行移动及曲折之定义如下图示。

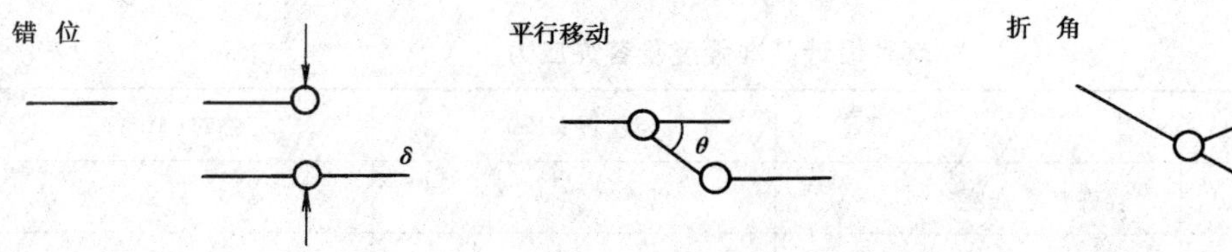

日本 JR 线轨道容许变位量　表 7-35

构造物	基准	基准值(单位:mm)					
		线级	轨距	舒适感整备基准值(静的)			
				水平	高低(mm/10m)	方向(mm/10m)	平面性(mm/5m)
旧线轨道	旧线轨道整备基准(规程)	1 级线 2 级线 3 级线 4 级线	+6,-4 +6,-4 +6,-4 +6,-4	7 8 9 11	7 8 9 11	7 8 9 11	
		整修基准值					
		一般区间	+1,-3	4	4	4	4*
		RC 版区间	0,-3	2	2	2	2*
新干线	新干线轨道整备轨道基准	线别	整修基准值(动的)				
			轨距	水平	高低(mm/10m)	方向(mm/10m)	平面性(mm/5m)
		列车速度 110km/h 以上	±2	3	4	3	3
		列车速度 110km/h 以下	±2	4	5	3	4

注:标*数值不含超高递减量。

[工程实例-3]盾构在高层建筑物下穿越。上海地铁静安寺站至石门路站区间段,盾构穿越名城广场和向阳大厦两幢高层、多层地面建筑物。名城广场位于南京路、常熟路口,为地下两层、地上六层框架结构。其底板埋深 6.3m,底板厚度为 1m,底板底距隧道顶部仅 1m。该多层建筑采用 90 根 $\phi600$,长 35m 的钻孔灌注桩承载,基坑采用钻孔灌注桩加深层搅拌桩围护,在盾构通过的断面上打入 167 根 11m 的 H 形钢做钢板桩围护。盾构到达时,钢板桩拔除,该

盾构通过。向阳大厦位于南京西路、茂名北路口，其结构为地下一层，地面二十层，基础底距隧道顶为 1.2～1.5m。基础承载桩为 43 根 ϕ1 000长 67m 的钻孔灌注桩。其桩边距隧道最近距离仅为2m，见图 7-38。由于采取地面建筑物基底注浆加固，优化施工参数和盾构内及时注浆，盾构机安全穿越桩区，未出现任何事故。

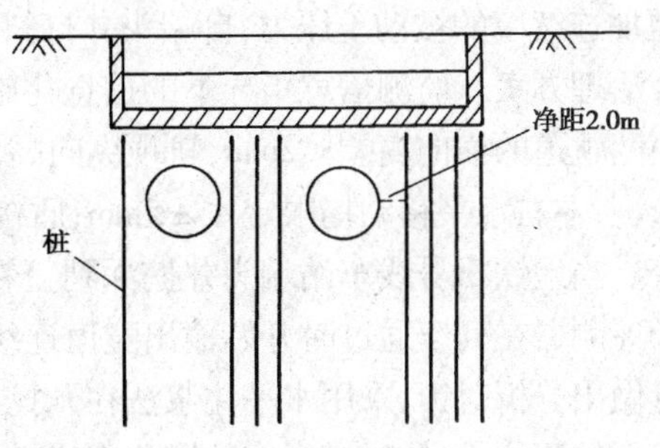

图 7-38　名城广场、向阳大厦与地铁盾构施工相互关系示意图

[工程实例 -4]盾构穿越已建隧道。在地铁 2 号线隧道施工中，盾构刚出人民公园东端头井即要穿过地铁 1 号线的已运营的两条隧道，两隧道相距 1.06m，如图 7-39a)。该处 1 号线隧道的覆土深为 5.7m，其底部距 2 号线仅为 1.302m。该区段地层为淤泥质粘土。为保证地铁 1 号线正常运营，要求下部隧道的施工对两条隧道产生极少的变形影响。采用调整东端头井开挖支撑顺序，底板下注浆

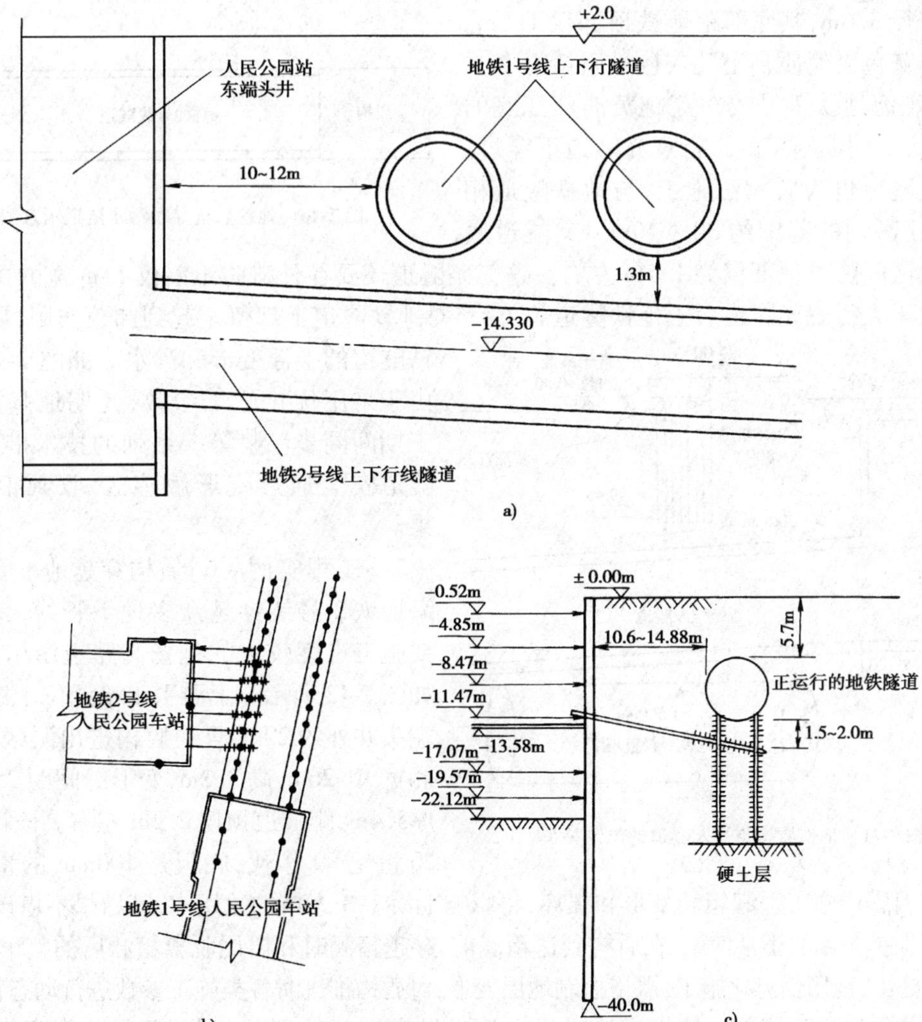

a)

b)

c)

图 7-39　人民公园东端头井深基坑开挖中控制邻近巴运行地铁隧道监控示意

a)上海地铁 2 号线两台盾构穿越 1 号线运营隧道剖面相对位置；b)上海地铁 2 号线人民公园车站东端头井与地铁 1 号线平面相对位置示意图；c)注浆剖面图

增加连续墙的被动土压力，自端头井打斜管注浆，在地铁1号线隧道运营的间隙底部注浆加固等综合治理方案。监测信息指导下的信息化施工。正在运营的上海地铁1号线保护等级为一级。隧道内两轨道的横向高差≤2mm，轨顶纵向高低偏差<2mm/10m；纵向差异沉降<1.4‰；隧道结构横向隆沉，左右水平移动均限定≤±5mm；盾构隧道收敛值<20mm。当监测变形超过上述限值1/2时报警。当地铁2号线车站端头井挖深到正在运行地铁隧道标高以下时，预先设置在该区段隧道中电子遥测器在列车通过时开始输出隧道连续振陷数据（振陷速率为0.07mm/h）。由此初步显示的信息做出分析对策，采用水平注浆法在开挖施工阶段控制住振陷，并在基坑封底后在隧道内夜间进行垂直加固注浆，使隧道得以长期稳定。其平面图和注浆剖面图如图7-39b)、c)所示。

[工程实例-5]盾构穿越污水管、高架桥，三条盾构法隧道交叠的相互影响。

(1)成都路合流污水隧道位于南北高架桥之下，地铁2号线十字交叉如图7-40所示。该处地面标高为2.66m，隧道埋深3.88m，隧道内径3m，外径3.6m，其底部距地铁顶部仅1.8m。隧道处于灰色淤泥质粘土及灰色粉质粘土中。

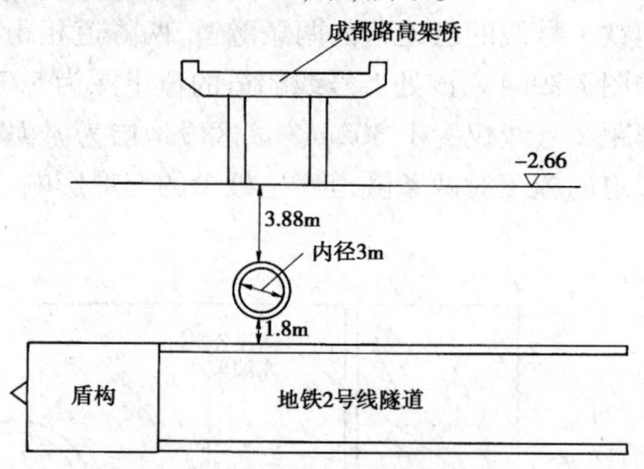

图7-40　地铁盾构穿越污水隧道示意图

(2)上海地铁2号线在穿越黄浦江江底的过程中，将从同期施工的人行观光隧道下穿过。人行观光隧道也为盾构法施工，与地铁隧道相斜交，相互影响的范围约30~40m。其隧道底部于地铁区间隧道顶部仅为1.5m左右。这三条隧道还要在外滩防汛墙仅11m宽的预留孔中穿过。由于人行观光隧道后于地铁隧道施工，将对地铁隧道上部覆土起到卸载作用，易引起地铁隧道的上浮变形和渗水。如图7-41所示。由于采用优化施工参数，先期地基加固，施工期间同步注浆等一系列的技术措施，上述隧道安全通过变形敏感区，收到很好的效果。

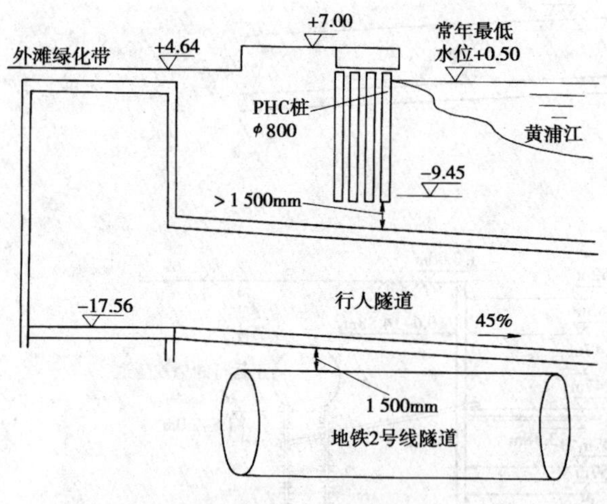

图7-41　地铁盾构与行人隧道的位置关系

[工程实例-6]盾构穿越地下管线。上海地铁2号线穿越众多地下管线，其中最重要施工难度较大的是杨高路上游引水箱涵，如图7-42所示。上游引水箱涵位于杨高路东端头井外约20m，且在盾构进出洞区域，该箱涵宽10.26m，高3.2m，变形缝间距25m，底板厚5.4m，距隧道顶仅2.2m左右。该箱涵建于20世纪80年代，底板是100mm的素混凝土层。一旦因盾构施工引起箱涵变形和损坏，将影响上海1/3人口的饮用水，其后果不堪设想。

为了保护箱涵的正常使用，在盾构到达箱涵前、穿越箱涵时和盾尾脱离箱涵后的整个过程中，必须精心施工，运用信息化施工，严格控制地层变形，对盾构推进时各类施工参数进行动态管理。

(1)盾构到达箱涵前。依据理论土压力值先设定密封舱压力，利用测量信息反馈指导调整密封舱内压力、出土量，采用均衡施工的方法使盾构较匀速地向前推进，以减少土体的扰动，并在这一段时期的施工中摸索出推进速率、出土量、注浆量和地层变形的相互关系。

(2)在盾构到达箱涵前 1 至 2 环至盾尾全部进入箱涵，按设定土压力值和出土量推进。自盾构进入箱涵至全部脱离，既要控制设定的土压力和出土量，又要控制同步注浆量。经过精心施工此过程中箱涵的沉降量控制在 8.5mm 以下。

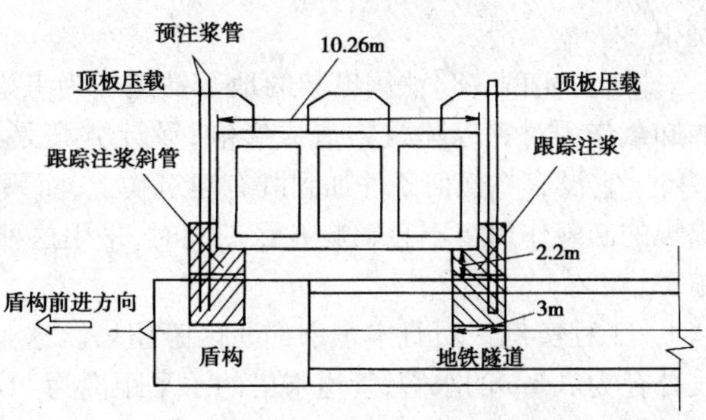

图 7-42　盾构与引水箱涵的相互位置与加固措施

(3)盾尾全部脱出箱涵后，严密注意推进的速度和同步注浆量。为了减少后期的沉降量，在箱涵两侧第 18 环和第 35 环处拆除封顶管片外注浆孔向外压注双液浆液，形成两道环箍，对箱涵下部土体向两侧的位移起到抑制作用，从而控制其后期沉降。

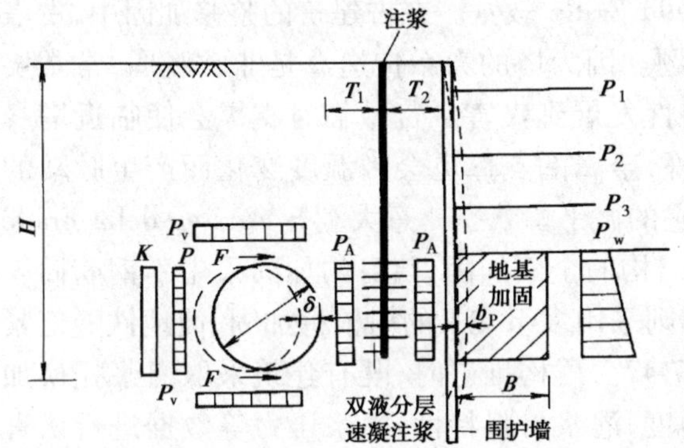

图 7-43　双液控制注浆法控制隧道位移

[工程实例 - 7]在上海广场和万象广场深基坑施工中，由于坑外邻近是正在运营的地铁隧道，局部位移超出临界值。采取如图 7-43 所示的双液分层速凝控制注浆法和隧道单侧注浆纠偏方法，取得了满意的效果。

[小结]为了保证盾构掘进时，不致引起周围的建筑物、管线、其他构筑物损坏，采用的方法汇总示于图 7-44。

2. 基础拖换方法

世界各国采用树根桩、搅拌桩、注浆等方法保护受地铁隧道施工影响的建筑物，成功的实

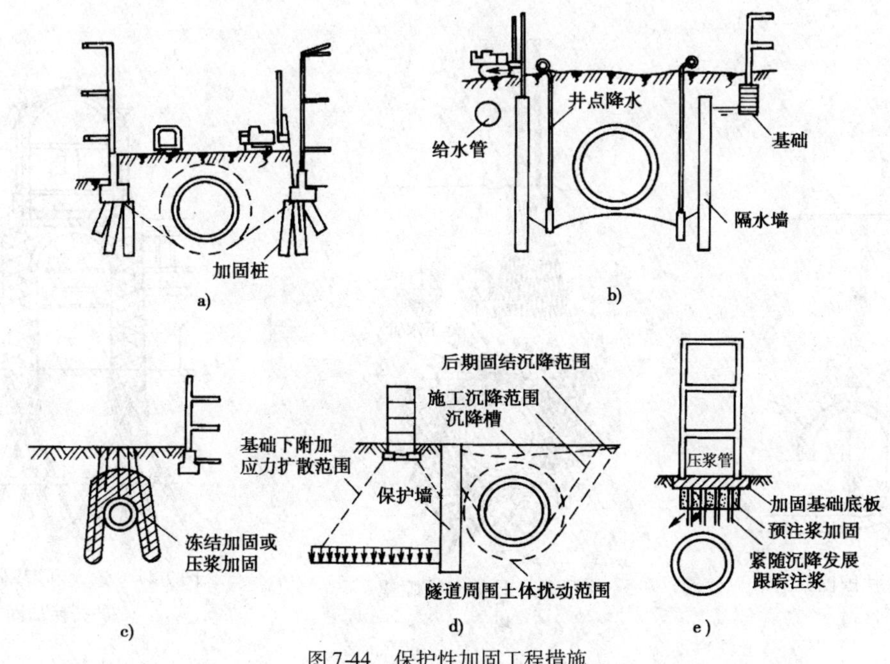

图 7-44　保护性加固工程措施

a)房屋基础支护；b)隔水墙；c)土壤加固；d)保护墙；e)向加固基础底板下注浆控制沉降

例很多。

[工程实例－8]法国巴黎的地下铁道。为考虑不致因地下铁道的开挖，地基土或多或少的卸载作用对邻近建筑物造成影响，设计方案是在人行道的下面构筑网状结构树根桩(图7-45)，它没有将任何条件加到既有建筑物上，而只是作为*A*区和*B*区的分隔墙，这样*A*区可能出现的卸载作用将不会影响*B*区。同时，采用这种托换方法又可在不妨碍地面交通的条件下施工。

[工程实例－9]日本东京都北区瞭望塔。这是一所公园中的一座瞭望塔，要在其邻近新设外径为7.6m的水管，管道与塔的水平距离为11m，覆土厚度约16.5m，经研究采用网状结构树根桩托换方案(图7-46)。在沿圆形片筏基础的周围布置长30m的树根桩两圈，每圈40根，共计80根，钻孔方向与铅垂线成11°～30°，最后盾构施工时安全通过。虽此工程邻近构筑物及地下管道设施，但树根桩布置有其独特之处，同样可以借用在其他托换工程。

[工程实例－10]意大利罗马的S. Andrea della Fratte教堂。在古建筑的整修加固中，古塔(包括教堂和钟楼)的托换加固成为一个特殊问题。因为塔的力系传递总是非常脆弱，常常要担心在进行托换加固时，可能从它不可靠的稳定性发展到灾害。若做临时支撑会使临近塔身地基土增加附加应力，有可能导致失去平衡；另外，金属的支撑也会因温度变化而产生脉动的应力，所以对这类古建筑托换时，要求不会影响它的微平衡状态。意大利S. Andrea della Fratte教堂建于12世纪，1960年进行了地基土和上部结构的全面加固，墙身的加固采用了钢筋插入墙体，并用低压力灌浆，成为一个坚固整体，基础则采用多组交叉的树根桩加固，使地铁隧道紧靠其基础掘进，未引起任何可能破坏变形，如图7-47。盾构推进时，既有建筑采取灌浆托换加固措施，如图7-48，对注浆孔间距、深度、孔径、角度、灌浆材料特性、灌浆压力等数据进行认真分析计算，同时要求在施工现场进行试验和验证。对于被托换建筑物及四周邻近建筑物是否会在灌浆过程中产生抬高或下沉，进行跟踪监测。

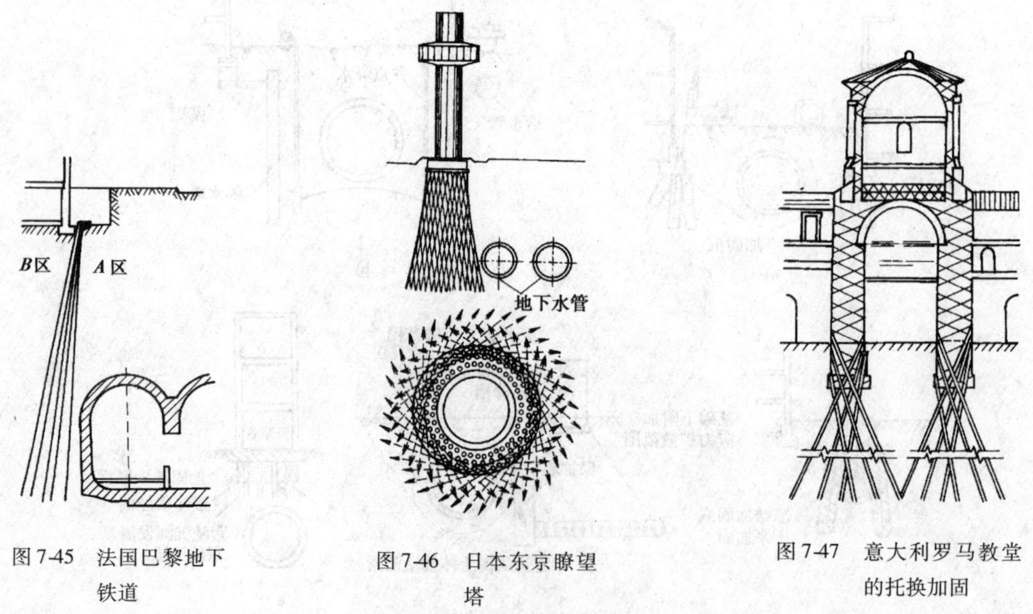

图7-45　法国巴黎地下铁道

图7-46　日本东京瞭望塔

图7-47　意大利罗马教堂的托换加固

[工程实例－11]广州地铁1号线隧道穿越四栋住宅楼基础工程托换。

(1)工程概况

1)在中山七路至长寿路段两条并行的转弯隧道,隧道的转弯半径为300m,中心距13.3m,隧道中心线位于地面以下12m深处,隧道采用盾构法施工,每台盾构施工通廊直径为8.2m。由于该区段人口密度大,建筑物密集,隧道无法避免地要从四栋不同结构形式的住宅大楼下方的群桩中穿过,在盾构施工通廊范围内四栋楼房共192根桩受到影响需要托换。

2)受地铁施工影响的四栋大楼编号分别为D—P_3—2,D—P_3—3,D—P_3—4,D—P_3—5。楼房的结构情况见表7-36,楼房与隧道的相对位置见图7-49。

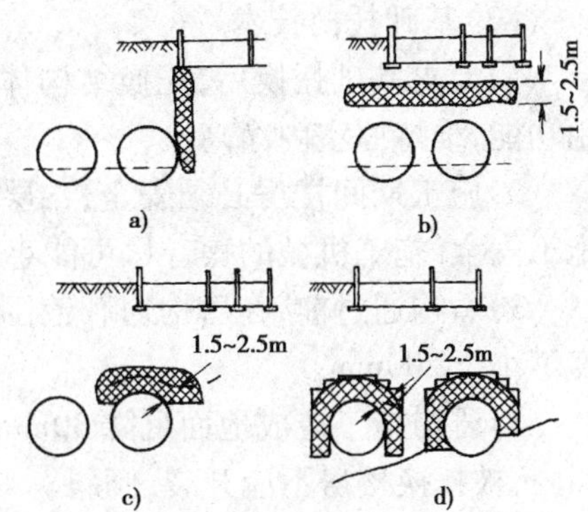

图7-48 盾构推进时在既有建筑物下采取的灌浆托换加固措施

a)基础下灌筑加固墩墙;b)基础下灌筑加固板;c)基础下灌筑单独加固拱;d)基础下落筑加固拱,拱脚深至隧道底板平面以下

3)根据地铁公司提供的地质勘察报告,该区段属珠江三角洲平原,场地内原分布较多水塘和耕地,后经填土平整后建筑住宅。场地内覆盖层厚13~20m,由沉积层和残积层组成,沉积层主要由淤泥、粘土、粗砂组成,其中淤泥层较厚,厚度为3.5~11.0m,基岩为泥质砂岩,中—微风化岩的顶面埋深20.0~31.0m,地面水位埋深0.5~1.5m。

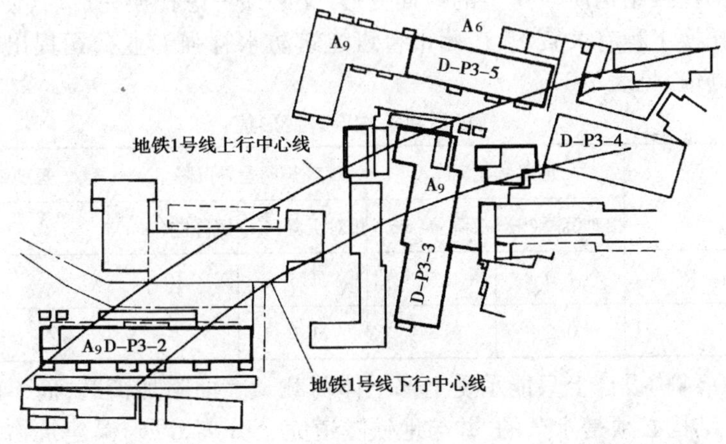

图7-49 楼房与隧道相对平面图

楼房结构情况表

表7-36

楼房编号	D—P_3—2	D—P_3—3	D—P_3—4	D—P_3—5
楼房层数	9	6~9	8	6
建筑物高度	31.65	30.40	26.80	18.90
结构类型(m)	钢筋混凝土框架	钢筋混凝土框架	钢筋混凝土框架	砖混结构
基础类型(m)	ϕ480mm灌注桩	ϕ600mm灌注桩	ϕ460mm灌注桩	ϕ480mm灌注桩
基础桩长(m)	14~18	20~22	18	15~18
首层层高	3.8	3.2	3.0	3.2
楼房质量(t)	6 600	6 200	1 600	2 750

(2)基础托换技术

1)要求基础托换后,托换结构体系应是永久的,且不得改变首层的结构和平面布置及使用功能,维持原室内净高。

2)施工期间楼房必须安全,二层以上居民能照常使用,保证路通、水通、电通等,必须保证施工安全,施工机械的噪音尽可能小。

3)盾构通过前,在盾构通廊范围内的桩基必须与楼房的上部结构完全分离,分离切断高度不小于200mm。

4)盾构施工造成地面沉降30mm,影响边线为隧道衬砌边沿,方向为45°斜线,在该影响范围内,被托换楼房不应开裂、倾斜。

5)影响施工的地下管线可以预先搬迁,但施工后需修复;

6)根据广州地区的基本风压和抗震烈度要求进行结构荷载分析。被托换的建筑物为6~9层住宅楼,需托换的荷载高,托换范围大,且要求能承受7度地震作用,为了确保上部结构与原基础分离后的安全,托换结构的受力必须明确、可靠、满足竖向及水平向荷载的要求。

7)已建成多年的楼房,进行基础托换和转换层施工时,上部结构将产生一定程度的不均匀沉降;另一方面盾构通廊内土体受隧道施工扰动产生一个沉陷盆,加剧上部建筑的沉降和相对沉降。由于钢筋混凝土结构在长期荷载作用下具有徐变性,托换结构在设计上既要考虑原建筑物荷载转移到托换结构阶段产生的短期变形,又必须考虑托换完成后,使用阶段的长期变形。参考国内外托换工程有关资料,广州市鲁班建筑防水补强专业公司提出被托换工程建筑物的沉降变形容许值,见表7-37。

托换后建筑物容许变形值 表7-37

结构类型	短期差异沉降		长期差异沉降		短期最大相对沉降量
	相对沉降(‰)	沉降差(mm)	相对沉降(‰)	沉降差(mm)	
钢筋混凝土框架结构	1.0	5	1.5	10	10
砖混结构	0.5	3	1.0	5	8

8)地铁隧道在结构设计上只能承受上部土体荷载及表面附加荷载,而不能承受上方建筑物荷载,因此托换结构必须是永久的,并与地铁隧道完全分离,以确保建筑物荷载不会传递到地铁隧道上。

9)盾构通过时周围的地基将受到扰动并产生一定的沉陷变形,形成盆状沉降槽。地基的沉陷将对楼房原桩基及托换结构桩基产生一定的负摩阻力。

10)托换结构必须全部置于室内地面标高以下,使建筑物的使用空间和使用功能不受到影响。

11)由于工程地点位于建筑物密集的市中心,托换结构施工时不宜大面积深挖基坑和大幅度降低地下水位,以免较大幅度削弱托换楼房的基础承载力或给相邻建筑物、构筑物造成危害。

12)基础托换工作大部分需在建筑物内进行,作业空间受到限制,托换结构的施工不能依赖于大型施工设备,而必须依靠平面尺寸小、施工方便、灵活的小型设备。

(3)基础托换方案比较优化

托换分析在考虑各方面因素的基础上,本工程可能的基础托换方案有地基改良法、斜向网状树根桩法和桩基转换层托换法。

1)地基改良法

通过静压注浆或高压注浆工艺把化学—水泥浆液注入需加固的地层,提高土层的物理力学指标,并在地铁隧道区域内形成加固土拱体,从而实现被托换基础与原结构分离。把原桩基基础转变为复合地基浅基础,实现楼房的托换。该方案的优点是施工简单、工期相对较短,但无法克服地基变形较大,难以满足基础的沉降差要求,可能导致楼房结构严重开裂或破坏。

2)斜向网状树根桩加固法

在原承台附近或钻穿原承台设置斜向树根桩,以形成空间网状结构,由树根桩把托换荷载传递到隧道以下较深的地基土中。该方案的主要问题是:其一,原桩基布置密度大,无规则,且托换的范围大,斜向树根桩布置难度大;其二,场地的软土层深厚,需布置的桩数多而长,工程造价高,且由于桩数多,形成网状对基础托换后的断桩带来困难。

3)桩基转换层托换法

通过转换层把楼房需托换的荷载传递到托换桩基上,然后由桩基传递到隧道以下深部地层中。转换层可设置在原基础桩基承台的下方、楼房首层或楼房地面、原基础承台附近位置。桩基则设置在结构施工通廊外侧。在原基础承台下方设置转换层,施工转换层及切断原桩基时,需大面积深挖基坑及降水。由于基坑支护体的位移及降水,会对托换建筑物及相邻建筑物的安全产生影响,且工程造价也会大幅提高。在楼房首层或地面设置转换层,由于要改变楼房的使用功能,且占用的施工场地较大,该方案能满足设计技术要求;在原承台附近位置设置转换层,在盾构施工通廊外侧设置桩基,形成一个完整的托换结构体系,该方案受力明确、可靠,对转换层施加预应力,变形易于控制,同时因基坑开挖小,施工对建筑物的影响也小,工期相对较短,造价也较低。该方案须解决转换层包柱或与原承台新旧混凝土连接问题,以及桩基施工期间对原建筑物的影响问题。

经上述综合分析,在原承台附近设置转换层,盾构通廊外侧设置桩基的托换方案对于本工程比较合理。

(4)转换层的优化

转换层的结构型式有板式、梁板式、梁式、拱式、桁架式等,其中板式、梁板式转换层承载力高,刚度也较大,但不便于完成后的托换结构与原柱或桩基的分离,且施工时需开挖的基坑较大;拱式或桁架式转换层具有受力合理能解决大跨度、大荷载的转换,但受空间条件限制,难以实现。梁式转换层结构合理、受力明确、可靠,造价较低,布置灵活,既可通过柱在原承台上设置大梁直接托换,也可在原承台之间设置大梁,在大梁之间通过柱位设置小梁,形成主次梁结构。在托换结构体系完工后及盾构通过前,进行原桩基与楼板的分离比较方便,易于施工。因此本工程选择梁式转换层。对于大跨度的楼房托换结构,为了控制转换层的变形,其转换层必须施加预应力,但它同普通的预应力张拉不同,上部结构和下部桩基对转换层都有一个竖向的约束作用。预应力的张拉过程也不是一个单纯的自由反拱过程,而是一个复杂条件下微变形反拱过程,同时也是一个被托换桩基向转换桩基转移部分荷载的过程。

(5)桩型的选择

目前比较成熟的托换桩型有:室内静压桩、微型钻孔桩或微型钢管嵌岩桩、人工挖孔灌注桩、室内钻孔灌注桩。

1)室内静压桩　其优点是单桩承载易于保证,造价比较低,施工时对原建筑物没有影响,但其单桩竖向承载力不高,持力层与原基础桩基本相同,桩的布置数量较多,受到场地的限制。

2)微型钻孔桩　也称树根桩,由于竖向和横向的承载较低,需布置的数量较多,且在深厚的软土地层对抗震不利。

3)微型嵌岩钢管灌注桩　该桩型是采用钻机钻孔入岩后放入钢管,然后注浆形成钢管混凝土桩,其承载力相对较高,施工质量易保证。由于桩径小,在深厚软土中,抵抗水平能力较差,不适合地震设防区域。

4)人工挖孔灌注桩　该桩型具有单桩承载力高,技术经济合理,易于保证质量,施工简便,灵活机动,工作面小等优点,但它不适合地下水位高,软土层厚的托换工程。

5)室内钻孔灌注桩　该桩型具有单桩承载力高,操作简便无振动,施工工艺成熟,但在城市内施工泥浆排放有一定困难,且必须有足够措施保证桩底清渣干净。经分析对比,对于托换结构体系的桩基采用室内钻孔灌注桩比较合理,对于隧道通廊外侧沉陷范围内未被托换结构体系托换的基础,采用微型嵌岩钢管桩加固比较合理。

(6)托换结构体系的设计和计算

依据托换楼房变形控制要求及托换结构的承载力要求,托换结构体系实现托换后,托换桩基沉降量须控制在3.0mm以内,转换层须小于5.0mm,楼房柱位最大沉降量控制在8.0mm以内。

1)托换桩基的设计和计算根据各栋楼托换荷载要求,基岩的埋深、物理力学性能及桩的平面布置要求,托换结构体分别采用了ϕ600钻孔桩30根;ϕ700钻孔桩19根;ϕ800钻孔桩530根托换桩,其平面布置形式见典型托换结构布置图(图7-50)。三种桩的持力层为中—微风化泥质砂层,均按嵌岩桩设计与计算,设计单桩竖向承载力分别是2 000kN,2 500kN,3 000kN。考虑到桩的沉降量控制非常严格,桩的设计上还要求桩底预埋两根注浆管,在严格控制孔底沉渣的基础上,待桩身终凝后,对桩底可能存在的少量沉渣作补救性压力注浆。在隧道通廊外侧,由于盾构通过造成地面下陷,需加固的楼房基础共采用97根ϕ140嵌岩钢管灌注桩

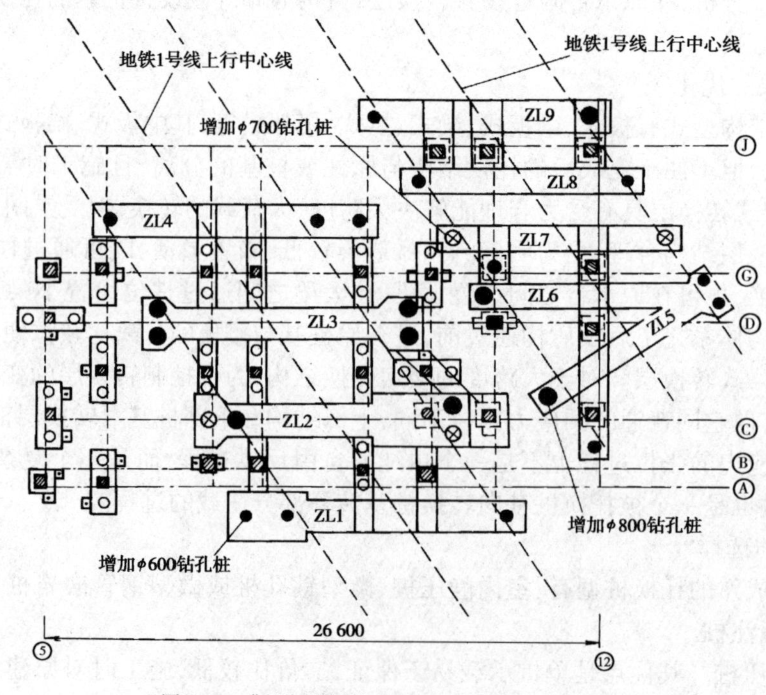

图7-50　典型托换结构平面图(尺寸单位:mm)

加固。

2)转换层的设计与计算

转换层的设计除依据结构体系计算方法进行转换层内力计算配置预应力钢筋及非预应力钢筋外,更重要的是,转换层的变形计算及转换层与原结构新旧混凝土的连接设计。

3)变形计算的楼房实现托换转换层产生短期挠度后,楼房柱脚同时产生相应的短期沉降量 Δ_1。由于混凝土结构的徐变性质,转换层结构随时间的推移最终产生长期挠度值,柱脚也同时产生相应的长期沉降 Δ_2,考虑到桩的沉降变形 Δ_3,楼房各柱脚沉降量及柱间相对沉降量表达为:

$$\left.\begin{array}{ll}\text{柱脚短期沉降量:} & \Delta_s = \Delta_1 + \Delta_3 \\ \text{柱脚长期沉降量:} & \Delta_1 = \Delta_2 + \Delta_3 \\ \text{柱间相对短期沉降量:} & \delta_s = (\Delta_{s1} - \Delta_{s2})/L \\ \text{柱间相对长期沉降量:} & \delta_1 = (\Delta L_1 - \Delta_{L2})/L \end{array}\right\} \tag{7-12}$$

Δ_1 数值上等于柱位挠度计算值减去柱位的预应力反拱值。

$$\Delta_2 = \left[\frac{M_L}{M_S}(\theta - 1) + 1\right]\Delta_1 \tag{7-13}$$

式中:L——柱间距离;

θ——荷载长期效应的挠度增大影响系数;

M_L、M_S——长期荷载和短期荷载托换梁的弯矩。

经过各栋楼房的沉降量的计算,托换结构符合设计要求,见表7-38。

大楼沉降计算结果 表7-38

楼房编号	最大沉降量(mm)		最大柱间相对沉降量(‰)		最大相对沉降(‰)	
	短期	长期	短期	长期	短期	长期
D—P_3—2	7.5	12.0	2.2	4.4	0.72	1.44
D—P_3—3	7.6	12.2	1.9	3.8	0.38	0.74
D—P_3—4	6.5	10.0	1.2	2.4	0.38	0.76
D—P_3—5	7.2	11.4	—	—	0.43	0.86

4)转换层的新旧混凝土的联接设计

新旧混凝土联接处理的好坏,直接关系到转换层设计的成败,在四栋楼的托换设计中特别是 D—P_3—2, D—P_3—3 号楼房,仅通过一个 600~700mm 高的柱周区域界面传递的荷载高达 2 500~3 000kN,结构对界面的力学性能要求很高。为了探讨新旧界面处的抗剪性能及计算公式,该公司完成了 25 组试件的试验研究工作。新旧界面处理方式为:对新旧混凝土界面凿毛 10~20mm,在界面四周增设箍筋及"TN 粘结剂"锚筋;在浇筑新混凝土前 45min 内喷涂以乳液环氧为主剂的"LB 界面处理剂"。经过对试验数据的统计、回归分析,在抗力分项系数为 1.55 的情况下,新旧界面受剪承载力取经验公式为

$$V = 0.24 f_c A \tag{7-14}$$

式中:V——界面受剪承载力设计值(kN);

f_c——新旧混凝土轴心抗压强度设计值的较低值(kN/mm^2);

A——界面面积(mm^2)。

(7)托换基础与建筑分离设计

1)托换基础与建筑物的分离方式

采用断桩、断柱两种方式,断柱是指在转换层底面以下把被托换的框架柱彻底截断;断桩是指在原承台下面把桩彻底截断,断面高度不小于200mm,依据设计和施工条件,D—P_3—2楼房以断柱为主,局部辅以断桩,其余楼房均采用断桩方式,四栋楼共断柱21根,断桩152根。

2)托换基础与建筑物分离是对桩基托换结构的决定性考验,分离过程须进行严格监测。制定相应的变形报警值:柱位沉降小于8mm,转换层梁挠度小于5mm,转换层主梁受拉区应变小于150μm,受压区应变小于1 000μm。基础托换结构平面如图7-50。

(8)托换效果

从全面的监测结果和建筑的外观检查结果分析,托换结构的应力水平较低,安全度较高,楼房的最大沉降量和最大相对沉降量大多得到了有效控制,楼房主体结构和围护结构完整无损,更没有发生倾斜现象。盾构穿过托换桩群时进展顺利,居民反应感觉不到震动现象。从实现基础分离到广州地铁完工投入使用已两年有余,经长期监测,测试结果如表7-39。楼房变形已经稳定。桩基托换工程实现了预期托换目标。

四栋房最大沉降量(mm) 表7-39

时　间	D—P_3—2	D—P_3—3	D—P_3—4	D—P3—5
基础分离前	0.9	1.0	0	0.2
基础分离后	3.0	1.8	2.4	1.4
盾构通过前	5.3	2.5	3.9	3.3
盾构通过后	6.3	4.1	4.6	5.5
盾构通过后半年	7.3	4.5	4.7	6.2
盾构通过后一年	7.3	4.6	4.7	6.2

(9)结语

1)通过对各栋楼房监测,反映托换建筑物容许变形值的确定是合理的,能保证建筑物的安全。

2)新旧混凝土界面通过一定措施处理后新旧混凝土连接性能良好,满足设计要求,该处理工艺对新旧混凝土的连接具有十分广泛的意义。

3)本托换结构设计,技术可靠,经济效果明显,据地铁公司估算本工程与拆迁重建相比节约投资近5 000多万元,该托换方法在托换工程中可推广利用。

第八节　战争灾害的防护

一、现代战争的特点

当前,和平、交流和发展是世界形势的主流,但是战争的威胁依然存在。第二次世界大战以来,民族矛盾、政治宗教分歧、边界争端引发的战争持续不断。在核威胁下的常规武器的局部战争，特别是高新技术下的空袭作战，已不再是战争的辅助手段和预备阶段，而成为现代化战争的重要作战手段和基本作战阶段。现代空袭兵器的头部可以是核、化学、生物弹头，也可是常规弹头。其运载工具包括陆基、海基的弹道导弹、巡航导弹和轰炸机。现代空袭兵器追求的共同目标是发展威力大、射程(航程)远投掷能力强、命中率高、突防能力强、武器系统自身机动生存能力强。1991 年的海湾战争，1999 年的科索沃战争都是以空袭为主要手段的现代化战争。在海湾战争中，多国部队在空间相对狭小的战场上，以日平均约2 300架次的强度对伊拉克实施战略和战术空袭，严重摧毁了伊拉克战争的潜力，并给伊拉克军队造成严重损失，有力地压制伊拉克地面部队的行动。多国部队空袭作战达 38d，而地面战争只进行了 100h。这场战争以多国部队付出极小的兵力损失获得全胜而结束。

二、地铁工程防护设计

地铁作为城市客运交通的动脉，重要的城市市政设施，既是战时敌人袭击的目标，也是战时我方防御的重点。地铁工程的车站和区间隧道一般都埋置在岩土介质中，加上自身用钢筋混凝土支护衬砌，本身具有对爆炸冲击破坏的防御能力。地下铁道工程具有通风、给排水、通信、讯号、自动报警和防灾的系统，如果与城市民防系统连通 ，经过改进，可以很好地为战争时防空袭服务。

地铁工程对城市防空袭的重要作用早已为世界各国公认。前苏联在第二次世界大战期间，德国空袭莫斯科时成千上万的城市居民在地铁车站躲避空袭，有的地铁车站成了战时的地下医院和救护所，即使德国军队兵临莫斯科城下，地铁修建也一刻没停止。欧洲各国地铁结构构件存在有较大的安全度，不同程度的考虑了战时空袭防护。近年修建的新加坡地铁设置了完善的防空袭的系统。1964 年我国开始修建的首都北京第一期地铁，作为等级人防工事建造。天津地铁 1 号线是在城区人防干道的基础上建造的。1989 年开始修建的上海地铁 1 号线原设计未考虑战时的人防功能，但其车站主体结构经过估算也可以达到五级人防工程抗力。通过对上海市地铁 1 号线工程按平战功能转换的要求修改设计，仅增加投资 500 万元(不足总投资的百分之一)，就使得地铁具有人防功能，使上海市的人防工程一下子增加 18 万 m^2，如果地铁 2 号线也照此办理，还可以再增加 36 万 m^2。目前正在修建的广州、深圳、南京地铁，都不同程度的考虑到人防的要求。南京地铁一期南北线工程，在从敞口段过渡到暗埋段中，设置了防护门。

1. 规划建筑设计

地铁工程战时的防护功能应该结合城市总体防御规划和城市建设相结合，统筹安排。为增加防护抗力，地铁车站和隧道应尽量深埋，尽可能设置在岩石或坚硬的土层中，一方面可以衰减核爆炸引起的早期核辐射 β 射线、γ 射线和中子流，另一方面提高对爆炸和冲击动荷载的承受能力。但是埋置太深则使用不便，增加工程费用。地铁工程平时主要功能是满足城市的客运交通，战时既要满足人口疏散运输，又要满足人员掩蔽、救护等功能。因此，地铁工程应该做好平战功能转换设计和施工准备。

地铁车站作为一个独立的有防毒要求的民防掩体由三部分组成，如图 7-51 所示。第一部分为出入口消毒区；第二部分为主体人员掩蔽空间清洁区；第三部分为设备辅助用房的消毒区。车站站厅和站台层面积较大，战时可掩蔽人员众多，一般要划分防爆单元和防护单元。抗爆单元的目的主要减少常规武器破坏引起的杀伤作用，对于浅埋掘开式修建的地铁车站，其遭受航弹破坏的概率，必然随着建筑面积增大而增大。某一局部出现爆炸破坏时，应使破坏限制在一个较小的范围内,不致影响工程的整体。按现行《人民防空地下室设计规范》(GB 50038—2005)要求,人员掩蔽工程每一防护单元面积不能大于2000m²,每人掩蔽面积1m²,一个防护单元最高容纳人数为2000人。一旦遭到破坏,人员伤亡仍很大,为减少人员伤亡,故提出每一个防护单元又划分4个防爆单元。按《人民防空工程设计防火规范(2001年版)》(GB 50098—98)防火分区划分,每个防火分区的允许最大建筑面积,不应大于500m²。当设置自动灭火系统时,允许最大建筑面积可增加一倍。在需要设排烟设施的部位,应划分防烟分区,每个防烟分区面积不应大于500m²。每个抗爆单元面积刚好同每个防火分区及防烟分区面积相同。相邻防爆单元之间设置抗爆隔墙。每一个防护单元的防护设施和内部设备应自成系统。相邻防护单元之间应设置防护密闭隔墙。防火、防烟分区应与防护单元和抗爆单元结合划分,其中防爆隔墙要有密闭的措施,防护密闭隔墙应达到相应的耐火极限。

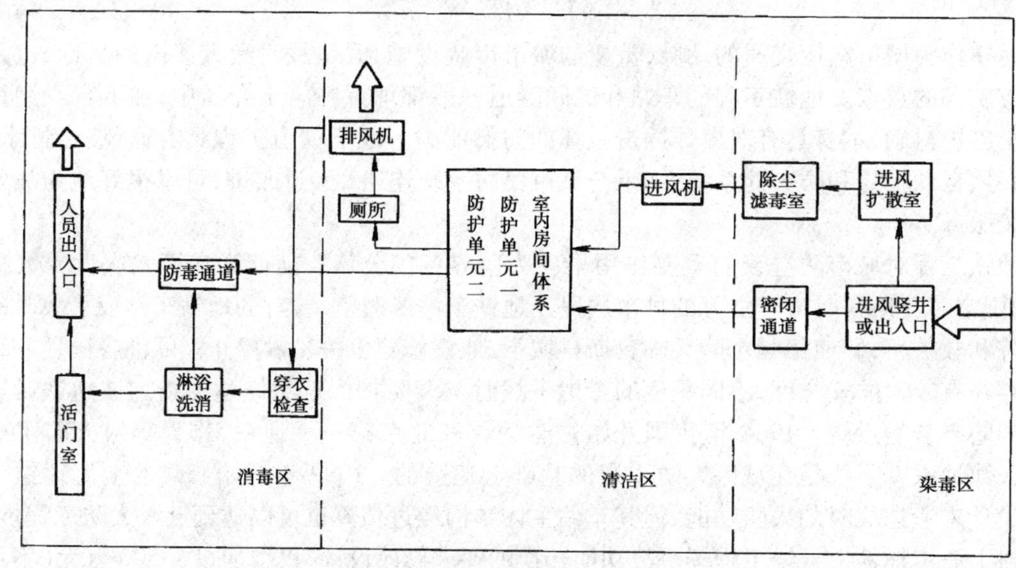

图7-51 地铁车站战时防护功能划分示意图

2. 口部设计

(1)地铁车站视车站规模应至少设2~3个主要出入口,满足平时客流的进出,战时应做好快速封堵或预转换。这些主要的出入口应设在室外,且不宜采用竖井方式。两个出入口应设在不同的方向,保持一定的距离。出入口的通道尺寸、防护门、防护密闭门设置的数量,应按照防护要求和防护规范确定。每个防护单元应设不少于2个次要出入口。同济大学、总参工程兵三所和山东省人防办共同研究编制的《人防工程口部平战功能转换建筑结构设计参考图集》,其中对一系列不同跨度,不同使用要求的通道,绘制了快速封堵和预留转换参考图。图7-52为大型出入口战时快速封堵的方案之一,图7-53为有代表性的预留转换施工方案图。

(2)地铁车站出入口口部建筑应位于地面高层建筑的倒塌范围之外,宜采用单层轻型建筑。处于倒塌范围以内或地面建筑为低层时,应设置防倒塌棚架。

(3)作为等级的地铁车站掩蔽部,主要出入口应按规定设置放毒通道,洗消间和简单洗消间。进风口和排风口宜在室外单独设置。供战时使用和平战时使用的进风口,排风口应采取防倒塌、防堵塞装置。等级人防工事进风口,排风口应设防爆活门,扩散室和扩散箱等滤波设施。出入口防护洗消设施的布置如图7-54。

(4)有防毒要求的人员掩蔽部,应设滤毒室,滤毒室和进风房宜分室布置。滤毒室应设在

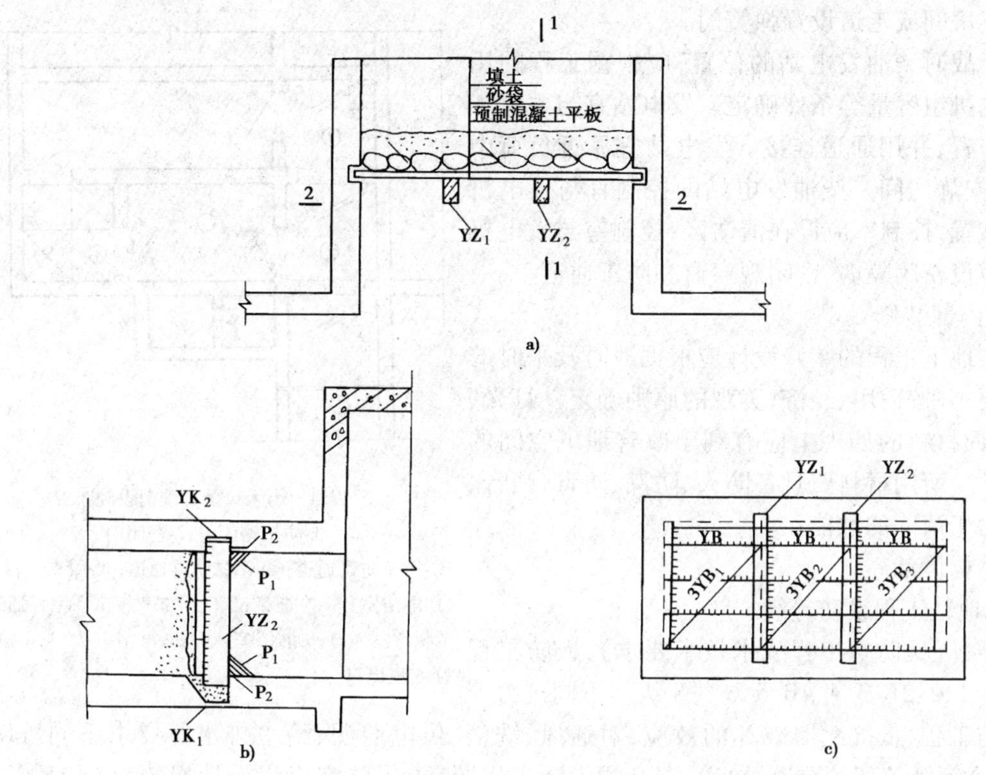

图 7-52　大型出入口战时快封堵方案图

a)平面图;b)1-1 剖面;c)2-2 剖面

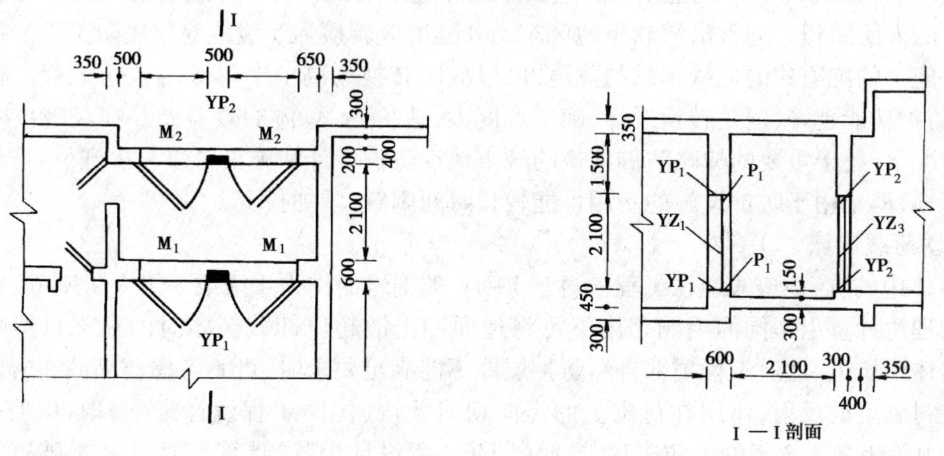

图 7-53　防护门钢门框预留设计(尺寸单位:mm)

染毒区,滤毒室的门应设置在直通地面和清洁区的密闭通道和防毒通道内,并宜设密闭门;进风机室应设在清洁区。

(5)辅助房间设计

地铁车站的站厅、站台层,平时用作休息室、会议室、站长办公室、乘务室等房间应转变为战时的用房。对于医疗救护和专业队员掩蔽部宜设水冲厕所。人员掩蔽部应设干厕(便桶),当因平时乘务人员需要,设置水冲厕所时,也应根据战时掩蔽人员的增加增设便桶。医疗救护工程应开设开水间。开水间、盥洗室、饮水间、储水间、厕所等宜相对集中布置在排风口附近,并在上述房间或走道设置弹簧门。

用于战时柴油发电站的位置,应根据工程的用途和发电机组容量等条件确定。发电站宜与主体工程分开布置,并用通道连接。发电站宜靠近负荷中心,远离安静房间。柴油发电站的控制宜与发电机室分室布置,控制室应设在清洁区,控制室与发电机室之间应设密闭隔墙、密闭观察窗和防毒通道。

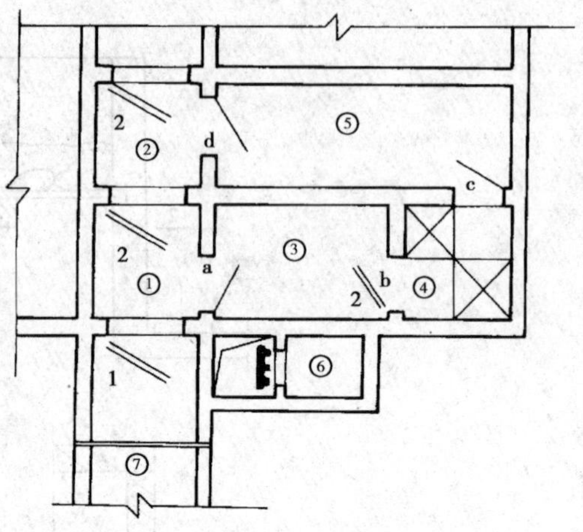

图 7-54　出入口防护洗消设施布置
1-防护密闭门;2-密闭门
①-第一防毒通道;②-第二防毒通道;③-脱衣室;④-淋浴室;⑤-检查穿衣室;⑥-扩散室;⑦-室外通道
a-脱衣室入口;b-淋浴室入口;c-淋浴室出口;d-检查穿衣室出口

(6)内部装修

民防地下工程的装修设计应根据战时及平时的功能需要,并按适用、经济、美观的原则确定。灯光、色彩、饰面材料的处理上应有利于改善地下空间的环境条件。所用材料要具备防火、防潮、防毒、消音、倒塌后易于清除的性能。

3. 结构设计

(1)地铁工程设防等级

按照《人民防空工程战术技术要求》,人防工程等级分为1、2、2B、3、4、4B、5、6共8级。不同抗力等级的人防工程,抵抗武器破坏的效应,对通风、洗消、供电照明、给水排水等要求不同。1、2、2B、3四个等级较高的坑道、地道、掘开式人防工程照《人民防空工程设计规范》(GB 50025—95)(坑道、地道、掘开式工事)规定设计;4、4B、5、6四级人民防空工程按照《人民防空地下室设计规范》(GB 50038—94)规定设计。地铁车站和隧道因面积大,平战转换困难,一般宜转换为低等级的人防工程。通常沿海软土地区车站和隧道应转换为5级或6级民防工程。在山区以钻爆法施工的坑道式的地铁车站与隧道,可以战时转换为高一个等级的人防工程。转换等级越高,防护功能越好,但是转换设计、施工难度大,造价高,总体的效益差。在经济技术条件允许的情况下,处于重要的战略防御地位的城市地铁防护设计和施工可以一次到位,避免战时转换的麻烦,但是用于防护设施的费用可能较长时间闲置,增加投资。

(2)动荷载计算

1)岩体中的坑、地道式地铁工程。对于Ⅰ~Ⅳ类围岩的作为4级或3级人防工程,应该依卸载拱的理论计算出不同的毛洞跨度下可将地面冲击波超压卸载至零时的顶部自然防护厚度。若岩体中坑道、地道工程顶部自然防护层厚不能满足要求时,可不考虑压缩波在岩体中的衰减及在衬砌上的反射,作用在衬砌上的竖向动荷载按《国防工程设计规范》取(0.1~0.2)ΔP_{m}。抗力等级高于3级的人防工程,参照《国防工程设计规范》计算。对于Ⅴ类破碎软弱围岩可近似按碎石中坑地道人防工程处理。

2)土中的坑地道式地铁工程。基于土中卸载荷拱理论,计算土中坑地道工程在核爆炸作用下,结构动荷载为零时的毛洞顶土层厚度,称为最小安全防护厚度。土体的最小防护层厚度,按照内摩擦角不同分别给出。具体计算参照有关规范。

3)土中掘开式地铁工程。影响土中浅埋掘开式地铁工程结构动荷载因素很多,作用机理复杂。地面冲击波参数、围岩介质的特性、层状、含水量、顶盖覆土厚、结构顶盖的形状、尺寸、刚度等是决定土中浅埋结构荷载的主要条件,近年来对土体和结构在冲击波动荷载下共同作用进行了较多理论和试验研究,取得了较好的成果,提出了多种结构荷载计算模型。人防工程规范采取单自由度等效体系的三系数(衰减系数、反射系数、动力系数)方法。对有关系数给出了计算公式和图表,设计时可参考有关文献。

4)附建式地铁车站工程(防空地下室)即地铁车站上方建有多层或高层建筑物,如上海地铁1号线新闸路车站,地面附有中心控制室办公楼等。该地铁车站类似附建式人防地下室。在结构计算中,核爆炸地面空气冲击波超压波形,可取峰值压力处按切线简化的无升压时间的三角形波。土中压缩波波形可取简化为有升压时间平台形。防空地下室设计采用的地面空气压缩波最大超压 ΔP_m 应按国家民防工程的战术技术要求及工程的设计任务书选定。

①土中压缩波的最大压力 P_h 及土中压缩波升压时间 t_{0h},可按下列公式确定:

$$\left.\begin{aligned} P_h &= \left[1 - \frac{h}{v_1 t_2}(1-\delta)\right]\Delta P_{ms} \\ t_{0h} &= (\gamma - 1)h/v_0 \end{aligned}\right\} \tag{7-15}$$

式中:P_h——土中压缩波的最大压力(kN/m^2),当土的计算深度小于或等于1.5 m时,P_h 可近似取 ΔP_{ms};

t_{0h}——土中压缩波升压时间(s);

h——土的计算深度(m),计算顶板时取顶板覆土厚度,计算外墙时取防空地下室外墙中点至室外地面的深度;

v_0——土的起始波速(m/s);

v_1——土中峰值压力波速(m/s);

γ——波速比;

δ——土的应变恢复比;

t_2——地面空气冲击波按等冲量简化的等效作用时间(s);

ΔP_{ms}——空气冲击波超压的计算值(kN/m^2),不计入地面建筑物影响时,取地面超压值 ΔP_m。

②顶板核爆动荷载。对4B、4级人防地下室,计算顶板冲击波超压时,可不计入地面建筑影响,取地面超压值 ΔP_{ms};对5、6级防空地下室顶板时,应计入地面建筑影响,地面建筑层数,外墙材料厚度,开孔比例影响作用在建筑底层地面空气冲击波压力。6级防空地下室建筑物底层空气冲击波超压采用有升压时间平台形,空气冲击波超压值取 ΔP_{ms},升压时间取0.025s。符合规范规定的5级防空地下室,建筑物底层空气冲击波超压波形可采用有升压时间的平台形,空气冲击波超压计算值可取 $0.95\Delta P_m$,升压时间取0.025s。计算土中外墙的核爆动荷载时,4B级以下的附建式地下室,均应考虑地面建筑的影响。

设防空地下室结构底板的核爆动荷载最大压力为 P_{c1}(kN/m^2),升压时间 t_{0h}(s),不计入上部建筑物影响的防空地下室计算公式为:

$$\left.\begin{aligned} P_{c1} &= k_f P_h \\ t_{0h} &= (\gamma - 1)h/v_0 \end{aligned}\right\} \tag{7-16}$$

若顶板计算中计入上部建筑物影响,顶板核爆动荷载计算公式为:

$$\left.\begin{aligned} P_{c1} &= 0.95 k_f P_h \\ t_{0h} &= 0.025 + (\gamma - 1)h/v_0 \end{aligned}\right\} \tag{7-17}$$

式中:k_f——顶板核爆动荷载的综合反射系数,与复土厚度、顶盖形状、结构和四周介质相对刚度有关。

③侧墙核爆动荷载计算。土中结构外墙上的水平均匀布核爆动荷载的最大压力 P_{c2}(kN/

m^2)及升压时间 t_{0h}(s)可按下式计算：

$$\left.\begin{aligned} P_{c2} &= \xi P_h \\ t_{0h} &= (\gamma - 1)h/v_0 \end{aligned}\right\} \tag{7-18}$$

式中：ξ——土的侧压力系数。

对 6 级防空地下室的顶板底面高出地面，直接承受空气冲击波作用的外墙最大水平匀布压力 P_{c2} 可取 $2\Delta P_m$。

④底板核爆动荷载计算。结构底板核爆动荷载最大压力 P_{c3}(kN/m^2)可用下式计算：

$$P_{c3} = \eta P_{c1} \tag{7-19}$$

式中：η——底压系数，当底板位于地下水位以上时取 0.7 ~ 0.8，其中 4B 级及 4 级时取小值；当底板位于地下水位以下时取 0.8 ~ 1.0，其中含气量 $\alpha_1 \leqslant 0.1\%$ 时取大值。

⑤出入口通道结构构件上的核爆动荷载。防空地下室出入口通道门框墙、临空墙、防护密闭门、防爆波活门、相邻防护单元之间防护挡墙及防护密闭门等构件直接承受地面空气冲击波作用。由于通道的入射、扩散、反射的作用，难以确切计算，一般取地面冲击波超压的 2 ~ 3 倍，即 $P_c = (2 \sim 3)\Delta P_m$。

⑥荷载的组合。作用在防空地下室结构上的荷载，应包括核爆动荷载、上部建筑物自重、土压力、水压力、防空地下室自重和内部永久设备自重。对核爆动荷载，设计时采取一次作用。如果考虑常规武器冲击侵彻爆炸作用的较高等级的民防工程，常规武器只考虑一次命中。核武器和常规武器的作用不互相叠加，以一种荷载的破坏作用为主，另一种荷载破坏仅做复核，做局部加强。高层建筑物的地下室往往承受上部结构风荷载及地震作用影响。视抗震设防烈度、风荷载等级及民防地下室等级，考虑其中荷载的组合。核爆炸动荷载不与地震荷载叠加组合，应在抗震设计基础上对地下室进行核爆动荷载下抗倾覆、抗剪切、主要构件强度的复核。

(3)结构动力计算

用等效静载法进行结构动力计算分三步进行：第一步将结构体系拆成顶板、外墙、底板等构件，分别按等效单自由度体系进行动力分析，按各构件的自振频率 ω，核爆炸波形及升压时间 t_{0h}，参考允许延性比 β 查表或计算确定动力系数；第二步计算各构件的等效静载；第三步将拆开的各构件组合成整体结构，将等效静载、其他永久荷载和可变荷载组合构成新的结构计算模型，按结构力学方法求其效应。

核爆动荷载的波形简化为无升压时间的三角形时，动力系数为：

$$k_d = \frac{2[\beta]}{2[\beta] - 1} \tag{7-20}$$

式中：$[\beta]$——结构构件工作状态的指标，称为允许延性比，是结构构件允许的最大变位与结构构件弹性极限变位的比，对于砌体结构构件，允许延性比 $[\beta]$ 取 1.0；密闭和防水要求高的结构构件宜按弹性设计，$[\beta]$ 值取 1.0。有一般密闭和防水要求的结构构件，宜按弹塑性阶段设计，$[\beta]$ 值宜按设计任务书要求取值。

对于核爆动荷载波形简化成有升压时间的平台形荷载，及其他一次性瞬态动荷载，可根据构件自振频率 ω、升压时间、允许延性比 $[\beta]$ 查表或曲线确定构件的动力系数 k_d。

核爆动荷载作用下，顶板、外墙、底板的均布等效静荷载标准值为：

$$\left.\begin{aligned} q_{e1} &= k_{d1} P_{c1} \\ q_{e2} &= k_{d2} P_{c2} \\ q_{e3} &= k_{d3} P_{c3} \end{aligned}\right\} \tag{7-21}$$

式中：q_{e1}、q_{e2}、q_{e13}——分别为作用在顶板、外墙、底板的均布等效静荷载标准值(kN/m^2)；

k_{d1}、k_{d2}、k_{d3}——分别为顶板、外墙、底板的动力系数，其中底板的动力系数 k_{d3} 可取 1.0。

(4)截面设计

民防工程在确定等效静荷载标准值和永久荷载标准值后，其承载能力极限状态设计直接采用钢筋混凝土结构，砌体结构和钢木结构截面设计的公式进行截面选择和配筋设计。民防工程截面设计与一般民用建筑不同点在于：

1)民防工程安全度主要由防护等级控制，其概念与一般民用工程不同。用结构重要性系数描述更适合。因为民防工程抗爆动荷载是百年不遇的偶然作用。在此打击之下，只要结构不塌落，不折断，就可达到相应的掩蔽作用。因此其结构重要性系数取 1.0，或比此略小。

2)材料动力强度调整。在核爆动荷载与静载同时作用或核爆炸单独作用下，材料动力强度设计值可取静力荷载作用下材料强度设计值乘以材料强度综合调整系数 k_d。k_d 约为 1.10～1.40，各种结构材料动力荷载下强度提高系数可查取人防工程设计手册。混凝土和砌体的弹性模量核爆动荷载作用可取静载荷载作用时的 1.15 倍。钢材弹性模量及各种材料的泊松比，均可取静载荷载作用时的数值。

3)民防工程结构的梁、板、柱构件的重要性系数应取不同值。强柱、弱梁、板更次之。按等效静载法分析得出的内力，进行墙柱受压构件正截面承载验算和梁、柱斜截面承载力验算时，其混凝土和砌体的动力设计强度应乘以折减系数 0.8。

4)构造要求。民防地下室工程结构选材、配筋率、构造钢筋和三缝(沉降缝、伸缩缝和抗震缝)设置必须满足相应的民防工程设计施工规范要求。

(5)常规武器破坏作用防护

地铁战时一般用于低等级民防工事，通常不考虑常规武器的炮、航空炸弹、导弹一次直接命中的侵彻、爆炸、震坍局部破坏和整体作用。高等级防护工程防常规武器局部和整体破坏作用设计，可参考国防工程设计规范。

三、地铁工程平战功能转换

地铁工程主要解决城市交通拥挤、客运交通繁忙的难题，战时除能满足客运交通外，兼顾民防功能，这样一举两得，社会效益、经济效益显著。

1. 若经济条件允许，重点设防的城市地铁的设计和施工一次到位，使地铁工程建成后直接达到等级人防工事的要求。

2. 做好地铁工程作为民防工程使用的预留转换设计，如对增设战时出口，增设的钢梁、柱承重构件，预埋防护门铰链、闭锁、门框墙连接件，并登记归档。战时或临战前做好平战功能转换施工，使其达到等级人防工程的要求。

3. 如果建造初期未做平战功能转换设计和节点预留，可对现有地铁车站，出入口通道，区间隧道进行抗爆动力荷载下的复核校验。对浅覆土大跨度顶板，当抗力不能满足要求时，可以考虑增设立柱、承重墙，以减少跨度，提高承载力。试验证明，在钢筋混凝土梁板结构的受拉区粘贴钢板，可以有效的限制钢筋混凝土梁板结构裂缝的开展，提高抗冲击爆炸的能力。

4. 地铁车站出入口一般跨度较大，有的达到 4～6m。这样大的通道战时设置防护门、防闭门困难。可以采取封大放小的方法，对于大型出入口战时封堵墙，小型出入口则设置防护门、防闭门等防护设施。也可将大型出入口部分封堵，留有较小的战时出入口。

思考题

1. 试述地铁和轻轨产生破坏的灾害分类及各类灾害破坏特点。

2. 试述地下工程防水的重要性及地铁车站和隧道防水工程的新材料、新技术、新工艺。

3. 试述地震对地下车站和高架车站不同的破坏形式及相应的设计特点?

4. 地铁车站发生火灾有何特点? 地下工程消防的困难是什么?

5. 地铁车站、隧道消防的要求,自动监控、自动喷淋、化学药剂灭火的配置方法和要求有哪些?

6. 试述城市工程活动诱发的灾害对地铁运营的影响? 施工引发土层变形、构筑物破坏的判别标准和加固方法有哪些?

7. 地铁车站用作等级人防工事有哪些不足? 怎样加固改造?

8. 核武器、常规武器、生化武器对地铁和轻轨交通破坏的特点是什么? 怎样设防?

附　录

一、常用国际单位制(SI)单位

SI 基本单位　　附表 1-1

量的名称	量符号	单位名称	国际符号
长　度	$l(L)$	米	m
质　量	m	千克(公斤)	kg
时　间	t	秒	s
电　流	I	安(培)	A
热力学温度	T	开(尔文)	K
物质的量	n	摩(尔)	mol
发光强度	$I(Iv)$	坎(德拉)	cd

SI 辅助单位　　附表 1-2

量的名称	量符号	单位名称	国际符号
平面角	α、β、θ、ϕ	弧　度	rad
立体角	Ω	球面度	sr

SI 常用导出单位　　附表 1-3

量的名称	单位名称	单位符号	其他表示举例
频　率	赫(兹)	Hz	s^{-1}
力、重力	牛(顿)	N	$kg \cdot m/s^2$
压力、压强、应力	帕(斯卡)	Pa	N/m^2
能量、功、热量	焦(耳)	J	N · m
功率、辐射通量	瓦(特)	W	J/s
电荷量	库(伦)	C	A · s
电位、电压、电动势	伏(特)	V	W/A
电　容	法(拉)	F	C/V
电　阻	欧(姆)	Ω	V/A
电　导	西(门子)	S	A/V
磁通量	韦(伯)	Wb	V · s
磁通量密度、磁感应强度	特(斯拉)	T	Wb/m^2
电　感	亨(利)	H	Wb/A
摄氏温度	摄氏度	℃	
光通量	流(明)	Lm	cd · sr
光照度	勒(克斯)	Lx	lm/m^2

用于构成十进倍数(含分数)单位的词头 附表 1-4

表示的因数	词头名称	词头符号
10^{18}	艾(可萨)	E
10^{15}	拍(它)	P
10^{12}	太(拉)	T
10^{9}	吉(伽)	G
10^{6}	兆	M
10^{3}	千	k
10^{2}	百	h
10^{1}	十	da
10^{-1}	分	d
10^{-3}	毫	m
10^{-6}	微	μ
10^{-9}	纳(诺)	n
10^{-12}	皮(可)	p
10^{-15}	飞(母托)	f
10^{-18}	阿(托)	α

二、非国际单位制单位及换算关系

我国选定的非国际单位制的一些单位 附表 2-1

单位名称	单位名称	单位符号	换算关系
长　度	海　里	n mile	1n mile = 1 852m(只用于航程)
质　量	吨	t	$1t = 10^3kg$
体积	升	L,(1)	$1L = 1dm^3 = 10^{-3}m^3$
	(角)秒	(″)	$1'' = (\pi/648\ 000)rad$
平面角	(角)分	(′)	$1' = (\pi/10\ 800)rad$
	度	(°)	$1° = (\pi/180)rad$

三、基本物理常数

基本物理常数 附表 3-1

量	符号	数值
圆周率	π	3.141 592 7
自然对数的底	e	2.718 281 8
真空电容率	ε_0	$(8.854\ 187\ 818 + 0.000\ 000\ 071)\times10^{-12}C^2N^{-1}\times m^{-2}$
真空磁导率	μ_0	$4\pi\times10^{-7}H/m = 12.566\ 370\ 614\ 4\times10^{-7}H/m$
真空中光速	C	$(2.997\ 924\ 58 + 0.000\ 000\ 012)\times10^{8}m/s$
基本电荷(元电荷)	e	$(1.602\ 189\ 2 + 0.000\ 004\ 6)\times10^{-19}C$
普朗克常数	h	$(6.626\ 176 + 0.000\ 036)\times10^{-34}J.S$
阿伏加德罗常数	N_A. L	$(6.022\ 045 + 0.000\ 031)\times10^{23}mol^{-1}$

续上表

量	符　　号	数　　值
原子质量单位	$u=10^{-3}$kg. mol^{-1}/N_A	$(1.660\ 565\ 5+0.000\ 008\ 6)\times10^{-27}$kg
法位第常数	$F=N_A\cdot e$	$(9.648\ 456+0.000\ 027)\times10^{4}$C/mol
里德伯常数	$R_\infty=\mu_0 me^4c^3/8h^3$	$(1.097\ 373\ 177+0.000\ 000\ 083)\times10^{7}$m^{-1}
摩尔气体常数	R	$(8.314\ 41+0.000\ 26)$J/mol. K
标准温标零度	T_0	273.15K
标准大气压	P_0	$1.013\ 25\times10^{5}$Pa
理想气体标准摩尔体积	$V_0=RT_0/P_0$	$(2.241\ 383+0.000\ 070)\times10^{-2}$m^3/mol
理想气体标准数密度	n_0	$(2.687\ 0+0.000\ 3)\times10^{25}$m^{-3}
玻尔兹曼常数	$K=R/N_A$	$(1.380\ 662+0.000\ 044)\times10_{-23}$J/K
引力常数	G	$(6.672\ 0+0.002\ 7)\times20^{-11}$m^{3}kg^{-1}s^{-2}
标准自由落体加速度	δ_n	9.806 65m/s^2
电子伏特	eV	$(1.602\ 189\ 2+0.000\ 004\ 6)\times10^{-19}$J
电子半径	r_e	$(2.817\ 938\ 0+0.000\ 007\ 0)\times10^{-15}$m

四、材料强度

钢筋强度标准值(MPa)　　附表4-1

种　　类		f_{yk}或f_{pyk}或f_{atk}或f_{ptk}
热轧钢筋	I级(Q235)	235
	II级(20MnSi、20MnNb(b))	335
	III级(20MnSiV、20MnTi、K20MnSi)	400
	IV级(40Si2MnV、45SiMnV、45SiMnTi)	540
冷拉钢筋	I级($d\leqslant12$)	280
	II级($d\leqslant25$)	450
	III级	500
	IV级	700
冷轧带肋钢筋	LL550($d=4\sim12$)	550
	LL650($d=4$、5、6)	650
	LL800($d=5$)	800
热处理钢筋	40Si2Mn($d=6$) 48Si2Mn($d=8.2$) 45Si2Cr($d=10$)	1 470

钢丝、钢绞线强度标准值(MPa)　　附表4-2

种　　类		f_{atk}或f_{ptk}
碳素钢丝	ϕ4、ϕ5	1 770、1 670、1 570、1 470
	ϕ6	1 670、1 570
	ϕ7、ϕ8、ϕ9	1 570、1 470

续上表

种类			f_{atk}或f_{ptk}	
刻痕钢丝	ϕ5、ϕ7		1 570、1 470	
冷拔低碳钢丝	甲级：		I 组	II 组
		ϕ4	700	650
		ϕ5	650	600
	乙级：ϕ3 ~ ϕ5		550	
钢绞线	二股	$d=10.0$	1 720	
		$d=12.0$		
	三股	$d=10.8$	1 720	
		$d=12.9$		
	七股	$d=9.5$	1 860	
		$d=11.1$	1 860	
		$d=12.7$	1 860	
		$d=15.2$	1 860　1820　1720	
		($d=9.0$)	(1 770、1 670)	
		($d=12.0$)	(1 670、1 570)	
		($d=15.0$)	(1 570、1 470)	

注：①钢绞线直径 d 系指钢绞线截面的外接圆直径，即国家标准 GB 5224—95 中的公称直径 DN，GB 5224—85 中的公称直径 D；

②表中括号内的数值系根据国家标准 GB5224—85 生产、现尚在延期使用的钢绞线直径及其对应的强度标准值；

③用作预应力钢筋的甲级冷拔低碳钢丝机械调直后，强度标准值应降低 50MPa。

钢筋抗拉、抗压强度设计值(MPa)　　附表 4-3

种类			f_y 或 f_{py}	f_y 或 f_{py}
热轧钢筋	I 级(Q235)		210	210
	II 级(20MnSi、20MnNb(b))		310	310
	III 级(20MnSiV、20MnTi、K20MnSi)		360	360
	IV 级(40Si2MnV、45SiMnV、45Si2MnTi)		500	400
冷拉钢筋	I 级($d \leqslant 12$)		250	210
	II 级	$d \leqslant 25$	380	310
		$d=28 \sim 40$	360	310
	III 级		420	360
	IV 级		580	400
冷轧带肋钢筋	LL550($d=4 \sim 12$)		360	360
	LL650($d=4$、5、6)		430	380
热处理钢筋	40Si2Mn($d=6$) 48Si2Mn($d=8.2$) 45Si2Cr($d=10$)		1000	400

注：①在钢筋混凝土结构中，轴心受拉和小偏心受拉构件的钢筋抗拉强度设计值大于 310MPa 时，仍应按 310MPa 用，其他构件的钢筋抗拉强度设计值大于 360MPa 时，仍应按 360MPa 取用；对于直径 12mm 的 I 级钢筋，如经冷拉，不得利用冷拉后的强度；

②当钢筋混凝土结构的混凝土强度等级为 C10 时，光面钢筋的强度设计值应按 190MPa 取用，变形钢筋的强度设计值应按 230MPa 取用；

③成盘供应的 LL550 级冷轧带肋钢筋经机械调查后，抗拉强度设计值应降低 20MPa，且抗压强度设计值不应大于相应的抗拉强度设计值；

④构件中配有不同种类的钢筋时，每种钢筋根据其受力情况应采用各自的强度设计值。

钢丝、钢绞线抗拉、抗压强度设计值(MPa) 附表 4-4

种类			f_y 或 f_{py}		f_y 或 f_{py}
碳素钢丝	$\phi4\sim\phi9$	$f_{ptk}=1770$	1 200		400
		$f_{ptk}=1670$	1 130		
		$f_{ptk}=1570$	1 070		
		$f_{ptk}=1470$	1 000		
刻痕钢丝	$\phi5$、$\phi7$	$f_{ptk}=1\ 570$	1 070		360
		$f_{ptk}=1\ 470$	1 000		
冷拔低碳钢丝	甲级	组别	Ⅰ组	Ⅱ组	400
		$\phi4$	460	430	
		$\phi5$	430	400	
	乙级	用于焊接骨架和焊接网时	320		320
		用于绑扎骨架和绑扎网时	250		250
钢绞线	二股	$f_{ptk}=1\ 720$	1 170		360
	三股	$f_{ptk}=1\ 720$	1 170		360
	七股	$f_{ptk}=1\ 860$	1 260		360
		$f_{ptk}=1\ 820$	1 240		
		$(f_{ptk}=1\ 770)$	(1 200)		
		$(f_{ptk}=1\ 720)$	1 170		
		$(f_{ptk}=1\ 670)$	(1 130)		
		$(f_{ptk}=1\ 570)$	(1 070)		
		$(f_{ptk}=1\ 470)$	(1 000)		

注:①冷拔低碳钢丝用作预应力钢筋时,应按附表 4-2 规定的钢丝强度标准值逐盘进行检验,其强度设计值应按甲级采用:乙级冷拔低碳钢丝可按分批检验,并宜用作焊接骨架、焊接网、架立筋、箍筋和构造钢筋;

②用作预应力钢筋的甲级冷拔低碳钢丝经机械调直后,抗拉强度设计值应降低 30MPa,且抗压强度设计值不应大于相应的抗拉强度设计值;

③当碳素钢丝,刻痕钢丝、钢绞线的强度标准值不符合附表面化的规定时,其强度设计值应进行换算;

④表中括号内的数值系根据国家标准 GB 5224—85 生产,现尚在延期使用的钢绞线强度标准值和设计值。

钢筋弹性模量(MPa) 附表 4-5

种类	E_s
Ⅰ级钢筋、冷拉Ⅰ级钢筋	2.1×10^5
Ⅱ级钢筋、Ⅲ级钢筋、Ⅳ级钢筋、热处理钢筋、碳素钢丝、冷拔低碳钢丝	2.0×10^5
冷轧带肋钢筋	1.9×10^5
冷拉Ⅱ级钢筋、冷拉Ⅲ级钢筋、冷拉Ⅳ级钢筋、刻痕钢丝、钢绞线	1.8×10^5

注:钢绞线也可采用实测的弹性模量。

混凝土强度标准值(MPa) 附表 4-6

强度种类	符号	混凝土强度等级											
		C7.5	C10	C15	C20	C25	C30	C35	C40	C45	C50	C55	C60
轴心抗压	f_{ck}	5	6.7	10	13.5	17	20	23.5	27	29.5	32	34	36
弯曲抗压	f_{cmk}	5.5	7.5	11	15	18.5	22	26	29.5	32.5	35	37.5	39.5
抗拉	f_{tk}	0.75	0.9	1.2	1.5	1.75	2	2.25	2.45	2.6	2.75	2.85	2.95

混凝土强度设计值 附表 4-7

强度种类	符号	混凝土强度等级											
		C7.5	C10	C15	C20	C25	C30	C35	C40	C45	C50	C55	C60
轴心抗压	f_e	3.7	5	7.5	10	12.5	15	17.5	19.5	21.5	23.5	25	26.5
弯曲抗压	f_{cm}	4.1	5.5	8.5	11	13.5	16.5	19	21.5	23.5	26	27.5	29
抗　　拉	f_t	0.55	0.65	0.9	1.1	1.3	1.5	1.65	1.8	1.9	2	2.1	2.2

注:①计算现浇钢筋混凝土轴心受压及偏心受压构件时,如截面的长边或直径小于300mm,则表中混凝土的强度设计值应乘以系数0.8;当构件质量(如混凝土成型、截面和轴线尺寸等)确有保证时,可不受此限;

②离心混凝土的强度设计值应按有关专门规定取用。

混凝土弹性模量 E_e(MPa) 附表 4-8

混凝土强度等级	弹性模量	混凝土强度等级	弹性模量
C7.5	1.45×10^4	C35	3.15×10^4
C10	1.75×10^4	C40	3.25×10^4
C15	2.20×10^4	C45	3.35×10^4
C20	2.55×10^4	C50	3.45×10^4
C25	2.80×10^4	C55	3.55×10^4
C30	3.00×10^4	C60	3.60×10^4

Q235—A 钢钢材分组尺寸(mm) 附表 4-9

组　　别	圆钢、方钢和扁钢的直径或厚度	角钢、工字钢和槽钢的厚度	钢板的厚度
第 1 组	≤40	≤15	≤20
第 2 组	>40~100	>15~20	>20~40
第 3 组		>20	>40~50

注:工字钢和槽钢的厚度系指腹板的厚度。

钢材的强度设计值(MPa) 附表 4-10

钢材			抗拉、抗压和抗弯 f	抗剪 f_y	端面承压(刨平顶紧) f_{ce}
钢　组	组　别	厚度或直径(mm)			
Q235—A 钢	第 1 组	—	215	125	320
	第 2 组	—	200	115	320
	第 3 组	—	190	110	320
	—	≤16	315	185	445
16Mn 钢	—	17~25	300	175	425
16Mna 钢	—	26~36	290	170	410
15MnV 钢	—	17~25	335	195	435
15MnVq 钢	—	26~36	320	185	415

注:3 号镇静钢材的抗拉、抗压、抗弯和抗剪强度设计值,可按表中的数值增加5%。

钢铸件的强度设计值(MPa) 附表 4-11

钢号	抗拉、抗压和抗弯 f	抗剪 f_{v}	端面承压(刨平顶紧) f_{ce}
ZG200—400	155	90	260
ZG230—450	180	105	290
ZG270—500	210	120	325
ZG310—570	240	140	370

焊接的强度设计值(MPa) 附表 4-12

焊接方法和焊条型号	构件钢材			对接焊缝				角焊缝
	钢号	组别	厚度或直径(mm)	抗压 f_{e}^{w}	焊缝质量为下列级别时,抗拉和抗弯 f_{i}^{w}		抗剪 f_{e}^{w}	抗拉、抗压和抗剪 f_{i}^{w}
					一级、二级	三级		
自动焊、半自动焊和E43××型焊条的手工焊	Q235—A 钢	第 1 组	—	215	215	185	125	160
		第 2 组	—	200	200	170	115	160
		第 3 组	—	190	190	160	110	160
自动焊、半自动焊和E50××型焊条的手工焊	16Mn 钢、16Mnq 钢	—	≤16	315	315	270	185	200
		—	17～25	300	300	255	175	200
		—	26～36	290	290	245	170	200
自动焊、半自动焊和E55××型焊条的手工焊	15MnV 钢、15MnVq 钢	—	≤16	350	350	300	205	220
		—	17～25	335	335	285	195	220
		—	26～36	320	320	270	185	220

注:自动焊和半自动焊所采用的焊丝和焊剂,应保证其熔敷金属抗拉强度不低于相应手工焊焊条的数值。

铆钉连接的强度设计值(MPa) 附表 4-13

铆钉和构件的钢号		构件钢材		抗拉(铆钉头拉脱) f_{i}	抗剪 f_{v}		承压 f_{e}	
		组别	厚度(mm)		I 类孔	II 类孔	I 类孔	II 类孔
铆钉	ML2 或 ML3	—		120	185	155	—	
构件	Q235—A 钢	第 1～3 组	—	—	—		445	360
	16Mn 钢、16Mnq 钢	—	≤16	—	—		610	500
		—	17～25	—	—		590	480
		—	26～36	—	—		565	460

注:(1)孔壁质量属于下列情况者为 I 类孔:

①在装配好的构件上按设计孔径钻成的孔;

②在单个零件和构件上按设计孔径分别用钻模钻成的孔;

③在单个零件上先钻成或冲成较小的孔径,然后在装配好的构件上再扩钻至设计孔径的孔。

(2)在单个零件上一次冲成或不用钻模钻成设计孔径的孔属于 II 类孔。

螺栓连接的强度设计值(MPa) 附表 4-14

螺栓的钢号(或性能等级)和构件的钢号		构件钢材		普通螺栓						锚栓	承压型高强度螺栓	
				C级螺栓			A级、B级螺栓					
		组别	厚度	抗拉	抗剪	承压	抗拉	抗剪	承压	抗拉	抗剪	承压
普通螺栓	Q235—A钢	—		170	130	—	170	170	—	—	—	—
锚栓	Q235—A钢	—		—	—	—	—	—	—	140	—	—
	16Mnq	—		—	—	—	—	—	—	180	—	—
承压型高强度螺栓	8.8级	—		—	—	—	—	—	—	—	250	—
	10.9级	—		—	—	—	—	—	—	—	310	—
构件	Q235—A钢	第1~3组	—	—	—	305	—	—	400	—	—	465
	16Mn钢、16Mnq钢	—	≤16	—	—	420	—	—	550	—	—	640
		—	17-25	—	—	400	—	—	530	—	—	615
		—	26-36	—	—	385	—	—	510	—	—	590
	15MnV钢、15MnVq钢	—	≤16	—	—	435	—	—	570	—	—	665
		—	17-25	—	—	420	—	—	550	—	—	640
		—	26-36	—	—	400	—	—	530	—	—	615

注:孔壁质量属于下列情况者为I类孔;

①在装配好的构件上按设计孔径钻成的孔;

②在单个零件和构件上按设计孔径分别用钻模钻成的孔;

③在单个零件上先钻成或冲成较小的孔径,然后在装配好的构件上再扩钻至设计孔径的孔。

钢材和钢铸件的物理性能指标 附表 4-15

弹性模量 E (MPa)	剪变模量 G (MPa)	线膨胀系数 α (以每℃计)	质量密度 l (kg/m^3)
206×10^3	79×0^3	12×10^{-6}	7 850

砖砌体的抗压强度设计值(MPa) 附表 4-16

砖强度等级	砂浆强度等级							砂浆强度
	M15	M10	M7.5	M5	M2.5	M1	M0.4	0
MU30(300)	4.16	3.45	3.10	2.74	2.39	2.17	1.58	1.22
MU25(250)	3.80	3.15	2.83	2.50	2.18	1.98	1.45	1.11
MU20(200)	3.40	2.82	2.53	2.24	1.95	1.77	1.29	1.00
MU15(150)	2.94	2.44	2.19	1.94	1.69	1.54	1.12	0.86
MU10(100)	2.4	1.99	1.79	1.58	1.38	1.26	0.91	0.70
MU7.5(75)	—	1.73	1.55	1.37	1.19	1.09	0.79	0.61

注:灰砂砖砌体的抗压强度设计值,应根据试验确定。

五、土的分类

土的专门分类

附表 5-1

<table>
<tr><td rowspan="2">指标 \ 规范
土名</td><td rowspan="2">国家标准
《建筑地基基础设计规范》
（GB 50007—2002）</td><td rowspan="2">上海市标准
《地基基础设计规范》（DGJ 08—11—1999）</td><td rowspan="2">天津市
《天津市建筑地基基础设计规范》
（TBJ 1—88）</td><td rowspan="2">北京市
《北京地区建筑地基基础设计规范》（DBJ 01—501—92）</td><td colspan="2">交通部</td><td rowspan="2">铁道部
《铁路桥涵设计基本规范》
（TB 10002.1—2005）</td></tr>
<tr><td>《港口工程地基规范》
（JTJ 250—98）</td><td>《公路桥涵地基基础设计规范》
（JTJ 024—85）</td></tr>
<tr><td>碎石土</td><td colspan="7">漂（块）石：粒径大于 200mm 的颗粒超过总质量 50%
卵（碎）石：粒径大于 20mm 的颗粒超过总质量 50%
圆（角）砾：粒径大于 2mm 的颗粒超过总质量 50%</td></tr>
<tr><td rowspan="2">砂土</td><td colspan="7">砾　砂：粒径大于 2mm 的颗粒占全重 25% ~50%
粗　砂：粒径大于 0.5mm 的颗粒超过全重 50%
中　砂：粒径大于 0.25mm 的颗粒超过全重 50%</td></tr>
<tr><td colspan="5">细砂：粒径大于 0.075mm 的颗粒超过全重 85%
粉砂：粒径大于 0.075mm 的颗粒超过全重 50%</td><td colspan="2">细砂：粒径大于 0.1mm 的颗粒超过总质量 75%
粉砂：粒径大于 0.1mm 的颗粒超过总质量 75%</td></tr>
<tr><td>粉土</td><td>$I_p \leq 10$</td><td colspan="2">$I_p \leq 10$ { 砂质粉土：$\rho_c \leq 10\%$
粘质粉土：$\rho_c > 10\%$</td><td>砂质粉土：
$7 < I_p \leq 7$
粘质粉土：
$7 < I_p \leq 10$</td><td></td><td>—</td><td></td></tr>
<tr><td>粘性土</td><td colspan="3">粉质粘土：$10 < I_p \leq 17$
粘土：$I_p > 17$</td><td>粉质粘土：
$10 < I_p \leq 14$
重粉质粘土：
$14 < I_p \leq 17$
粘土：$I_p > 17$</td><td>粉质粘土：
$10 < I_p \leq 17$
粘土：$I_p > 17$</td><td>亚砂土：
$1 < I_p \leq 7$
亚粘土：
$7 < I_p \leq 17$
亚砂土：$I_p > 17$</td><td>粘砂土：
$3 < I_p \leq 7$
砂粘土：
$7 < I_p \leq 17$
粘土：$I_p > 17$</td></tr>
<tr><td>备注</td><td>国家标准《岩土工程勘察规范》（GB50021—2001）和该标准相同</td><td>1. 对砂土，当 $\rho_c > 10\%$ 时，按混合土定名，如含粘性土粗砂等；
2. 无碎石土定名</td><td>分类中没有碎石土和砾砂的定名</td><td></td><td></td><td>1. I_p 系按 100g 锥入土 20mm 的液限计算而来；
2. 没有粉土档</td><td>没有粉土档</td></tr>
</table>

注：①分类时应按颗粒含量以最先符合者确定；

②I_p 除注明外，系按 76g 锥入土 10mm 测得液限计算而来；

③上海市标准 DBJ 08—11—89 中粗细粒界限是 0.074mm，不是 0.075mm，实际上 0.074 和 0.075 是一样的，都是根据美国 200 号筛径英尺寸换算而来，只因换算时位数取舍不同而引起，今后统一用 0.075mm；

④ρ_c——粘性粒（<0.005mm）含量。

土的侧压力系数 K_0 和泊松比 v 的经验值　　附表 5-2

土　名	碎石土	砂土	粉土	粉质粘土			粘　土		
				硬　塑	可　塑	软　塑	硬　塑	可　塑	软　塑
K_0	0.18 ~ 0.25	0.25 ~ 0.33	0.33	0.33	0.43	0.53	0.33	0.53	0.72
v	0.15 ~ 0.20	0.20 ~ 0.25	0.25	0.25	0.30	0.35	0.25	0.35	0.42

变形模量 E_0 与压缩模量 E_s 经验关系　　附表 5-3

土　　类	$K = E_0/E_s$	
	范 围 值	平 均 值
淤泥及淤泥质土	1.05 ~ 2.97	1.90
新近沉积粘性土、粉土	0.35 ~ 1.94	0.93
粘土、粉质粘土	0.60 ~ 2.80	1.35
粉土	0.54 ~ 2.68	0.98
老粘性土	1.45 ~ 2.80	2.11
黄土	2 ~ 5	
红粘土	1.04 ~ 4.87	2.36

注：本表取自天津大学等合编. 地基与基础. 北京：中国建筑工业出版社，1978：155。

土的变形模量 E_0 和回弹变形模量 E_u 的经验值　　附表 5-4

土　　名		E_0（MPa）	E_u（MPa）
砂	碎石、卵石、角砾、圆砾		40 ~ 56
	粗砂	33 ~ 46	40 ~ 48
	中砂	30 ~ 40	32 ~ 40
	细砂	24 ~ 37	干细砂：24 ~ 32
	粉砂	10 ~ 14	饱和细砂：8 ~ 16
粉土		8 ~ 23	硬　塑：32 ~ 40
			可　塑：8 ~ 16
粉质粘土		8 ~ 40	硬　塑：32 ~ 40
			可　塑：8 ~ 16
粘土			坚　塑 88 ~ 160

注：①表中 E_u 值取自天津大学等合编，地基与基础，北京：中国建筑工业出版社，1978：157；

②E_0 值取自李伯宁. 中国土木工程手册. 上海：上海科学技术出版社，1989。

基床系数 K_v 的经验值（Bowles，1982）　　附表 5-5

土　　类		K_v 值（kN/m^3）
砂	松　散	4 800 ~ 16 000
	中　密	9 600 ~ 80 000
	密　实	64 000 ~ 128 000
细粒土质砂	粘土质中密砂	32 000 ~ 80 000
	粘土质中密砂	24 000 ~ 48 000

续上表

土类		K_v 值(kN/m^3)
粘性土	$100 < q_a \leqslant 200$kPa	12 000 ~ 24 000
	$200 < q_a \leqslant 400$kPa	24 000 ~ 48 000
	$q_a > 400$kPa	> 48 000

注:Bowels 经验公式 $K_v = 120q_a$,q_a 是地基容许承载力;q_a、K_v 以 kN/m^2、kN/m^3 计。

六、岩体与隧道围岩分级

岩体基本质量分级(GB 50218—94)　　附表 6-1

基本质量级别	岩体基本质量的定性特征	岩体基本质量指标(BQ)
I	坚硬岩,岩体完整	>550
II	坚硬岩,岩体较完整; 较坚硬岩,岩体完整	550 ~ 451
III	坚硬岩,岩体较破碎; 较坚硬岩或软硬岩互层,岩体较完整; 较软岩,岩体完整	450 ~ 351
IV	坚硬岩,岩体破碎; 较坚硬岩,岩体较破碎 ~ 破碎; 较软岩或软硬岩互层,且以软岩为主,岩体较完整 ~ 较破碎; 软岩,岩体完整 ~ 较完整	350 ~ 251
V	较软岩,岩体破碎; 软岩,岩体较破碎 ~ 碎碎; 全部极软岩及全部极破碎岩	<250

岩石坚硬程度的定性划分(GB 50218—94)　　附表 6-2

名称		定性鉴定	代表性岩石
硬质岩	坚硬岩	锤击声清脆,有回弹,震手,难击碎; 浸水后,大多无吸水反应	未风化 ~ 微风化的: 花岗岩、正长岩、闪长岩、辉绿岩、玄武岩、安山岩、片麻岩、石英片岩、硅质板岩、石英岩、硅质胶结的砾岩、石英砂岩、硅质石灰岩等
	较坚硬岩	锤击声较清脆,有轻微回弹,稍震手,较难击碎; 浸水后,有轻微吸水反应	1. 弱风化的坚硬岩; 2. 未风化 ~ 微风化的: 熔结凝灰岩、大理岩、板岩、白云岩、石灰岩、钙质胶结的砂岩等
软质岩	较软岩	锤击声不清脆,无回弹,较易击碎; 浸水后,指甲可刻出印痕	1. 强风化的坚硬岩; 2. 弱风化的较坚硬岩; 3. 未风化 ~ 微风化的: 凝灰岩、千枚岩、砂质泥岩、泥灰岩、泥质砂岩、粉砂岩、页岩等
	软岩	锤击声哑,无回弹,有凹痕,易击碎; 浸水后,手可掰开	1. 强风化的坚硬岩; 2. 弱风化 ~ 强风化的较坚硬岩; 3. 弱风化的较软岩; 4. 未风化的泥岩等
	极软岩	锤击声哑,无回弹,有较深凹痕,手可捏碎; 浸水后,可捏成团	1. 全风化的各种岩石; 2. 各种半成岩

岩石风化程度的划分(GB 50218—94)　　附表 6-3

名　称	风 化 特 征
未风化	结构构造未变,岩质新鲜
微风化	结构构造、矿物色泽基本未变,部分裂隙面有铁锰质渲染
弱风化	结构构造部分破坏,矿物色泽较明显变化,裂隙面出现风化矿物或存在风化夹层
强风化	结构构造大部分破坏,矿物色泽明显变化,长石、云母等多风化成次生矿物
全风化	结构构造全部破坏,矿物成分除石英外,大部分风化成土状

岩体完整程度的定性划分(GB 50218—94)　　附表 6-4

名　称	结构面发育程度		主要结构面的结合程度	主要结构面类型	相应结构类型
	组数	平均间距(m)			
完　整	1～2	>1.0	结合好或结合一般	节理、裂隙、层面	整体状或巨厚层状结构
较完整	1～2	>1.0	结合差	节理、裂隙、层面	块状或厚层状结构
	2～3	1.0～0.4	结合好或结合一般		块状结构
较破碎	2～3	1.0～0.4	结合差	节理、裂隙、层面、小断层	裂隙块状或中厚层状结构
	>3	0.4～0.2	结合好		镶嵌碎裂结构
			结合一般		中、薄层状结构
破　碎	>3	0.4～0.2	结合差	各种类型结构面	裂隙块状结构
		<0.2	结合一般或结合差		碎裂状结构
极破碎	无序		结合很差		散体状结构

注:平均间距指主要结构面(1～2 组)间距的平均值。

结构面结合程度的划分(GB 50218—94)　　附表 6-5

名　称	结 构 面 特 征
结合好	张开度小于 1mm,无充填物;
结合好	张开度 1～3mm,为硅质或铁质胶结; 张开度大于 3mm,结构面粗糙,为硅质胶结
结合一般	张开度 1～3mm,为钙质或泥质胶结; 张开度大于 3mm,结构面粗糙,为铁质或钙质胶结
结合差	张开度 1～3mm,结构面平直,为泥质或泥质和钙质胶结; 张开度大于 3mm,多为泥质或岩屑充填
结合很差	泥质充填或泥夹岩屑充填,充填物厚度大于起伏差

岩石单轴饱和抗压强度(R_c)与定性划分的岩石坚硬程度的对应关系(GB 50218—94)　　附表 6-6

R_c(MPa)	>60	60～30	30～15	15～5	<5
坚硬程度	坚硬岩	较坚硬岩	较软岩	软岩	极软岩

K_v 与定性划分的岩体完整程度的对应关系(GB 50218—94)　　附表 6-7

K_v	>0.75	0.75～0.55	0.55～0.35	0.35～0.15	<0.15
完整程度	完整	较完整	较破碎	破碎	极破碎

注:K_v—岩体完整性指数,采用实测值。

J_v 与 K_v 对照表(GB 50218—94)　　附表 6-8

J_v(条/m^3)	<3	3~10	10~20	20~35	>35
K_v	>0.75	0.75~0.55	0.55~0.35	0.35~0.15	<0.15

注:①J_v 为岩体的体积节理数;

②K_v 为岩体的完整性指数,采用实测值。

基岩承载力基本值(f_0)(GB 50218—94)　　附表 6-9

岩体级别	I	II	III	IV	V
f_0	>7.0	7.0~4.0	4.0~2.0	2.0~0.5	<0.5

岩体物理力学参数(GB 50218—94)　　附表 6-10

岩体基本质量级别	重力密度 γ(kN/m^3)	抗剪断峰值强度		变形模量 E(GPa)	泊松比 v
		内摩擦角 φ(°)	粘聚力 C(MPa)		
I	>26.5	>60	>2.1	>33	<0.2
II		60~50	2.1~1.5	33~20	0.2~0.25
III	26.5~24.5	50~39	1.5~0.7	20~6	0.25~0.3
IV	24.5~22.5	39~27	0.7~0.2	6~1.3	0.3~0.35
V	<22.5	<27	<0.2	<1.3	>0.35

岩体结构面抗剪断峰值强度(GB 50218—94)　　附表 6-11

序号	两侧岩体的坚硬程度及结构面的结合程度	内摩擦角 φ(°)	粘聚力 c(MPa)
1	坚硬岩,结合好	>37	>0.22
2	坚硬~较坚硬岩,结合一般; 较软岩,结合好	37~29	0.22~0.12
3	坚硬~较坚硬岩,结合差; 较软岩,软岩,结合一般	29~19	0.12~0.08
4	较坚硬~较软岩,结合差~结合很差; 软岩,结合差; 软质岩的泥化面	19~13	0.08~0.05
5	较坚硬岩及全部软质岩,结合很差; 软质岩泥化层本身	<13	<0.05

地下水对岩体基本质量指标(BQ)影响修正系数 K_1(GB 50218—94)　　附表 6-12

BQ / K_1 / 地下水出水状态	>450	450~351	350~251	<250
潮湿或点滴状出水	0	0.1	0.2~0.3	0.4~0.6
淋雨状或涌流状出水,水压<0.1MPa或单位出水量<10L/min·m	0.1	0.2~0.3	0.4~0.6	0.7~0.9
淋雨状或涌流状出水,水压>0.1MPa或单位出水量>10L/min·m	0.2	0.4~0.6	0.7~0.9	1.0

主要软弱结构面产状对岩体基本质量指标(BQ)影响修正系数 K_2(GB 50218—94) 附表 6-13

结构面产状及其与洞轴线的组合关系	结构面走向与沿轴线夹角 < 30° 结构面倾角 30° ~ 75°	结构面走向与洞轴线夹角 > 60° 结构面倾角 > 75°	其它组合
K_2	0.4 ~ 0.6	0 ~ 0.2	0.2 ~ 0.4

初始应力状态对岩体基本质量指标(BQ)影响修正系数 K_3(GB 50218—94) 附表 6-14

初始应力状态 \ K_3 \ BQ	> 550	550 ~ 451	450 ~ 351	350 ~ 251	< 250
极高应力区	1.0	1.0	1.0 ~ 1.5	1.0 ~ 1.5	1.0
高应力区	0.5	0.5	0.5	0.5 ~ 1.0	0.5 ~ 1.0

地下工程岩体自稳能力(GB 50218—94) 附表 6-15

岩体级别	自 稳 能 力
I	跨度 < 20m,可长期稳定,偶有掉块,无塌方
II	跨度 10 ~ 20m,可基本稳定,局部可发生掉块或小塌方; 跨度 < 10m,可长期稳定,偶有掉块
III	跨度 10 ~ 20m,可稳定数日 ~ 1 月,可发生小 ~ 中塌方; 跨度 5 ~ 10m,可稳定数月,可发生局部块体位移及小 ~ 中塌方; 跨度 < 5m,可基本稳定
IV	跨度 > 5m,一般无自稳能力,数日 ~ 数月内可发生松动变形、小塌方,进而发展为中 ~ 大塌方。埋深小时,以拱部松动破坏为主,埋深大时,有明显塑性流动变形和挤压破坏; 跨度 < 5m,可稳定数日 ~ 1 月
V	无自稳能力

注:①小塌方:塌方高度 < 3m,或塌方体积 < 30m³;

②中塌方:塌方高度 3 ~ 6m,或塌方体积 30 ~ 100m³;

③大塌方:塌方高度 > 6m,或塌方体积 > 100m³。

国标《锚杆喷射混凝土支护技术规范》(GB 50086—2001)围岩分类 附表 6-16

围岩类别	主要工程地质特征							毛洞稳定情况
	岩体结构	构造影响程度、结构面发育情况和组合状态	岩石强度指标		岩体声波指标		岩体强度应力比	
			单轴饱和抗压强度(MPa)	点荷载强度(MPa)	岩体纵波速度(km/s)	岩体完整性指标		
IV	同 II 级围岩块状结构和层间结合较好的中厚层或厚层状结构	同 II 级围岩块状结构和层间结合较好的中厚层或厚层状结构特征	10 ~ 30	0.42 ~ 1.25	2.0 ~ 3.5	0.50 ~ 0.75	> 1	

续上表

围岩类别	主要工程地质特征							毛洞稳定情况
	岩体结构	构造影响程度、结构面发育情况和组合状态	岩石强度指标		岩体声波指标		岩体强度应力比	
			单轴饱和抗压强度（MPa）	点荷载强度（MPa）	岩体纵波速度（km/s）	岩体完整性指标		
	散块状结构	构造影响严重，一般为风化卸荷带。结构面发育，一般为3组，平均间距0.4～0.8m，以构造节理、卸荷、风化裂隙为主，贯通性好，多数张开，夹泥，夹泥厚度一般大于结构面的起伏高度，咬合力弱，构成较多的不稳定块体	>30	>1.25	>2.0	>0.15	>1	
IV	层间结合不良的薄层、中厚层和软硬岩互层结构	构造影响严重。结构面发育，一般为3组以上，平均间距0.2～0.4m，以构造、风化节理为主，大部分微张（0.5～1.0mm），部分张开（>1.0mm），有泥质充填，层间结合不良，多数夹泥，层间错动明显	>30（软岩，>10）	>1.25	2.0～3.5	0.20～0.40	>1	毛洞跨度5m时，围岩能维持数日到一个月的稳定，主要失稳形式为冒落或片帮
	碎裂状结构	构造影响严重，多数为断层影响带或强风化带。结构面发育，一般为3组以上。平均间距0.2～0.4m，大部分微张（0.5～1.0mm），部分张开（>1.0mm），有泥质充填，形成许多碎块体	>30	>1.25	2.0～3.5	0.20～0.40	>1	
V	散状体结构	构造影响很严重，多数为破碎带、全强风化带、破碎带交汇部位。构造及风化节理密集，节理面及其组合杂乱，形成大量碎块体，块体间多数为泥质填充，甚至呈石夹土状或土夹石状	–	–	<2.0	–	–	毛洞跨度5m时，围岩稳定时间很短，约数小时至数日

注：①围岩按定性分级与定量指标分级有差别时，一般应以低者为准；

②本表声波指标以孔测法测试值为准，如果以其他方法测试时，通过对比试验，进行换算；

③层状岩体按单层厚度可划分为：

厚层：大于0.5m

中厚层：0.1～0.5m

薄层：小于0.1m

④一般条件下，确定围岩级别时，应以岩石单轴湿饱和抗压强度为准。当洞跨小于5m，服务年限小于10年的工程，确定围岩级别时，可采用点荷载强度指标代替岩块单轴饱和抗压强度指标，可不做岩体声波指标测试；

⑤确定岩石强度，做单轴抗压强度测定后，可不做点荷载强度测定。

铁路隧道围岩基本分析（**TB** 10003—2001）　　附表 6-17

围岩级别	岩体特征	土体特征	围岩弹性纵波速度(km/s)
Ⅰ	极硬岩，岩体完整	–	>4.5
Ⅱ	极硬岩，岩体较完整； 硬岩，岩体完整	–	3.5~4.5
Ⅲ	极硬岩，岩体较破碎； 硬岩或软硬岩互层，岩体较完整； 较软岩，岩体完整	–	2.5~4.0
Ⅳ	极硬岩，岩体破碎； 硬岩，岩体较破碎或破碎； 较软岩或软硬岩互层，且以软岩为主，岩体较完整或较破碎； 软岩，岩体完整或较完整	具压密或成岩作用的黏性土、粉土及砂类土，一般钙质、铁质胶结的碎（卵）石土、大块石土，黄土（Q_1、Q_2）	1.5~3.0
Ⅴ	软岩，岩体硫碎至极破碎； 全部极软岩及全部极破碎岩（包括受构造影响严重的破碎带）	一般第四系坚硬、硬塑黏性土，稍密及以上、稍湿、潮湿的碎（卵）石土、圆砾土、角砾土、粉土及黄土（Q_3、Q_4）	1.0~2.0
Ⅵ	受构造影响很严重呈碎石、角砾及粉末、泥土状的断层带	软塑状黏性土、饱和的粉土、砂类土等	<1.0（饱和状态的土<1.5）

公路隧道围岩分级（**JTG D**70—2004）　　附表 6-18

围岩级别	围岩或土体主要定性特征	围岩基本质量指标 BQ 或修正的围岩基本质量指标[BQ]
Ⅰ	坚硬岩，岩体完整，巨整体状或巨厚层状结构	>550
Ⅱ	坚硬岩，岩体较完整，块状或厚层状结构； 较坚硬岩，岩体完整，块状整体结构	550~451
Ⅲ	坚硬岩，岩体较破碎，巨块（石）碎（石）状镶嵌结构； 较坚硬岩或较软硬岩层，岩体较完整，块状体或中厚层结构	450~351
Ⅳ	坚硬岩，岩体破碎，碎裂结构； 较坚硬岩，岩体较破碎~破碎，镶嵌碎裂结构； 较软岩或软硬岩互层，且以软岩为主，岩体较完整~较破碎，中薄层状结构	350~251
	土体：1. 压密或成岩作用的粘性土及砂性土； 2. 黄土（Q_1、Q_2）； 3. 一般钙质、铁质胶结的碎石土、卵石土、大块石土	

续上表

围岩级别	围岩或土体主要定性特征	围岩基本质量指标 BQ 或修正的围岩基本质量指标[BQ]
V	较软岩,岩体破碎; 软岩,岩体较破碎~破碎; 极破碎各类岩体,碎、裂状,松散结构	≤250
	一般第四系的半干硬至硬塑的粘性土及稍湿至潮湿的碎石土,卵石土、圆砾、角砾土及黄土(Q_3、Q_4)。非粘性土呈松散结构,粘性土及黄土呈松软结构	
VI	软塑状粘性土及潮湿、饱和粉细砂层、软土等	

注:本表不适用于特殊条件的围岩分级,如膨胀性围岩、多年冻土等。

隧洞和斜井的锚喷支护类型和设计参数参考表 附表 6-19

毛洞跨度(m) 围岩类别	$B \leqslant 5$	$5 < B \leqslant 10$	$10 < B \leqslant 15$	$15 < B \leqslant 20$	$20 < B \leqslant 25$
I	不支护	5cm 厚喷射混凝土	①8~10cm 厚喷射混凝土; ②5cm 厚喷射混凝土,设置 2.0~2.5m 长的锚杆	10~15cm 厚喷射混凝土,设置 2.5~3.0m 长的锚杆,必要时配置钢筋网	12~15cm 厚钢筋网喷射混凝土,设置 3.0~4.0m 长的锚杆
II	5cm 厚喷射混凝土	①8~10cm 厚喷射混凝土; ②5cm 厚喷射混凝土,设置 1.5~2.0m 长的锚杆	①12~15cm 厚喷射混凝土,必要时配置钢筋网; ②8~10cm 厚喷射混凝土,设置 2.0~3.0m 长的锚杆,必要时配置钢筋网	12~15cm 厚钢筋网喷射混凝土,设置 2.5~3.5m 长的锚杆	15~20cm 厚钢筋网喷射混凝土,设置 3.0~4.0m 长的锚杆
III	①8~10cm 厚喷射混凝土; ②5cm 厚喷射混凝土,设置 1.5~2.0m 长的锚杆	①12~15cm 厚喷射混凝土,必要时配置钢筋网; ②8~10cm 厚喷射混凝土,设置 2.0~2.5m 长的锚杆,必要时配置钢筋网	10~15cm 厚钢筋网喷射混凝土,设置 2.0~3.0m 长的锚杆	15~20cm 厚钢筋网喷射混凝土,设置 3.0~4.0m 长的锚杆	

续上表

围岩类别 \ 毛洞跨度(m)	$B \leqslant 5$	$5 < B \leqslant 10$	$10 < B \leqslant 15$	$15 < B \leqslant 20$	$20 < B \leqslant 25$
IV	8～10cm 厚喷射混凝土,设置 1.5～2.0m 长的锚杆	10～15cm 钢筋网喷射混凝土,设置 2.0～2.5m 长的锚杆,必要时,采用仰拱	15～20cm 厚钢筋网喷射混凝土,设置 2.5～3.0m 长的锚杆,必要时,采用仰拱		
V	12～15cm 厚钢筋网喷射混凝土,设置 1.5～2.0m 长的锚杆,必要时采用仰拱	15～20cm 厚钢筋网喷射混凝土,设置 2.0～3.0m 长的锚杆,采用仰拱,必要时,加设钢拱架			

注:①表中的支护类型和参数,是指隧洞和倾角小于30°的斜井的永久支护,包括初期支护和后期支护的类型和参数;围岩类别是按 GBJ85—85 规范规定的围岩分类,以后凡涉及 GBJ85—85 的问题,均按此分类;

②服务年限小于10年及洞跨则于3.5m的隧洞斜井,表中的支护参数,可根据工程具体情况,适当减小;

③复合式衬砌的隧洞和斜井,其初期支护采用表中参数时,应根据工程具体情况,予以减小;

④急倾斜岩层中的隧洞或斜井易失稳的一侧边墙,缓倾斜岩层中的隧洞或斜井顶部,应采用表中第二种支护类型和参数,其它情况,两种支护类型和参数均可采用;

⑤I、II 类围岩中的隧洞和斜井,当边墙高度小于10m时,边墙的辅杆和钢筋网可不予设置,边墙喷射混凝土厚度可取下限值,III 类围岩中的隧洞和斜井,当边墙高度小于10m时边墙的锚喷支护参数可适当减小。

参 考 文 献

[1] 中华人民共和国国家标准. 地下铁道设计规范(GB 50157—2003). 北京:中国计划出版社,2003. 8

[2] 中华人民共和国国家标准. 地下铁道工程施工及验收规范(GB 50299—1999). 北京:中国计划出版社,1999

[3] 中华人民共和国行业标准. 公路隧道设计规范(JTG D70—2004). 北京:人民交通出版社,2004

[4] 中华人民共和国行业标准. 公路隧道施工技术规范(JTJ 042—94). 北京:人民交通出版社,1995

[5] 交通部工程建设监理总站. 监理概论. 北京:人民交通出版社,1993

[6] 工程质量监理. 北京:人民交通出版社,1993

[7] 工程进度监理. 北京:人民交通出版社,1993

[8] 工程费用监理. 北京:人民交通出版社,1993

[9] 交通部工程建设监理总站合同管理. 北京:人民交通出版社,1993

[10] 施仲衡,张弥等主编. 地下铁道设计与施工. 西安:陕西科学技术出版社,1997

[11] 何宗华主编. 城市轻轨交通工程设计指南. 北京:中国建筑工业出版社,1996

[12] 夏明耀,曾进伦主编. 地下工程设计施工手册. 北京:中国建筑工业出版社,1999

[13] 张庆贺,朱合华编著. 土木工程专业毕业设计指南——隧道及地下工程分册,北京:中国水利水电出版社,1999

[14] 丁大钧,蒋永生编. 土木工程总论. 北京:中国建筑工业出版社,1997

[15] 孙钧著. 地下工程设计理论与实践. 上海:上海科学技术出版社,1996

[16] 范立础编著. 桥梁抗震. 上海:同济大学出版社,1997

[17] 章在墉编著. 地震危险性分析及其应用. 上海:同济大学出版社,1995

[18] 黄绳武主编. 桥梁施工及组织管理. 北京:人民交通出版社,1992

[19] 崔元鉴编. 地下铁道. 北京:中国铁道出版社,1984

[20] 孙钧,侯学渊主编. 地下结构. 北京:科学出版社,1991

[21] 侯学渊,钱达仁,杨林德. 软土工程施工新技术. 合肥:安徽科学技术出版社,1999

[22] 高渠清著. 隧道及地下工程论文选集. 北京:中国铁道出版社,1996

[23] 地铁与轻轨中国地铁工程咨询公司主办. 1995. 1 ~. 北京:北方交通大学印刷厂,1995

[24] 城市轨道交通研究. 上海铁道大学. 1998. 1 ~. 上海:上海铁道大学出版社,1998

[25] 地基处理手册编写委员会. 地基处理手册. 北京:中国建筑工业出版社,1988

[26] 叶书麟等. 基础托换技术. 北京:中国铁道出版社,1991

[27] 地方标准. 广东省建筑地基基础设计规范(DBJ 15—3—91).

[28] 桩基工程手册编写委员会. 桩基工程手册. 北京:中国建筑工业出版社,1995

[29] 谷伟平,李国雄. 广州地铁 1 号线基础托换工程的理论分析与设计. 岩土工程学报,第 22 卷第 1 期,2000. 1

[30] 刘悦耕,朱忠吉,陈志龙著. 防护工程建筑学. 南京:军事科学出版社,1993. 6

[31] (德国)Theo Rehn, Hubert Hochbruck, Friedzich W. Møller 编. 孙彤,孙翔译. 詹裴生校.

采用高新技术的德国铁路 ICE 高速列车. 成都:西南交通大学出版社,1992.6
[32] 高德龙. 北京地铁复八线工程防水技术. 施工技术,第 28 卷第 4 期. 1999.4
[33] 崔玖江. 隧道及地下工程防水存在主要问题及解决对策. 施工技术,第 28 卷第 4 期. 1999.4
[34] 于书翰,杜谟远主编. 隧道施工. 北京:人民交通出版社,1992.6
[35] 张庆贺,赖见瑾. 人防工程口部平战功能转换的理论与实践. 防护工程学会主编. 防护工程,1991 年第 3 期
[36] 总参工程兵部人防办公室. 人防工程口部平战功能转换建筑结构设计参考图集. 北京:1992.3
[37] 徐栋,项海帆. 轻轨建设高新技术产业化的设计施工方法. 同济大学学报,第 29 卷第 1 期. 2001.1
[38] 徐经纬,杨勇. 莘庄立交 4.4 标施工技术. 见:上海隧道施工技术研究所科技情报室编. 1999 ~ 2000 软土隧道及地下工程技术文集.
[39] 董海斌. 漳沼高速公路超厚淤泥土地基现浇箱梁支模技术. 见:上海隧道施工技术研究所科技情报室编. 1999 ~ 2000 软土隧道及地下工程技术文集.
[40] Walter J Hinkel/KarI Trekker/Gethard va1enta Underground Railways, yesterday. today. tomorrow. From 1863 upto the year 2000. compress verlag.
[41] 陆忠良. 轻轨技术讲座概要,中国市政工程,第四期(总第 79). 1997.12.25
[42] 钱七虎. 城市可持续发展与地下空间开发利用,地下空间 V0l8NO.2,1998.6
[43] 陆梁. 城市轨道交通的发展、分类与系统选择. 城市轨道交通研究. 1999
[44] 刘建航,侯学渊. 盾构法隧道. 北京:中国铁道出版社,1991.11
[45] 尹旅超,朱振宏,李玉珍,袁少军等. 日本隧道盾构新技术. 广州:华中理工大学出版社,1999.7
[46] C. H. 勿拉索夫,B. H. 阿历克德罗夫,H. N. 库拉金著;钱七虎、戚承志译,俄罗斯地下铁道建设精要,中国铁道出版社,2002 年 1 月第 1 版.
[47] 伍勇、刘国琦、何川、唐志成主编,地下铁道新技术文集 2003——中国土木工程学会隧道及地下工程学会地下铁道专业委员会第十五届学术交流会论文选集. 西南交通大学出版社,2003.10
[48] 焦桐善主编,中国城市轨道交通 2004、第二届城市轨道交通中青年专家论坛第十六届地下铁道学术交流会论文集,中国铁道出版社,2004
[49] 中华人民共和国国家标准. 地下工程防水技术规范(GB 50108—2001). 北京:中国计划出版社,2002
[50] 中华人民共和国国家标准. 建筑地基基础设计规范(GB 50007—2002). 北京:中国建筑工业出版社,2002
[51] 中华人民共和国国家标准. 建筑抗震设计规范(GB 50011—2001). 北京:中国建筑工业出版社,2002

人民交通出版社股份有限公司公路教育出版中心
土木工程/道路桥梁与渡河工程类本科及以上教材

一、专业基础课

1. 材料力学(郭应征) …… 25 元
2. 理论力学(周志红) …… 29 元
3. 理论力学(上册)(李银山) …… 52 元
4. 理论力学(下册)(李银山) …… 50 元
5. 工程力学(郭应征) …… 29 元
6. 结构力学(肖永刚) …… 32 元
7. 材料力学(上册)(李银山) …… 49 元
8. 材料力学(下册)(李银山) …… 45 元
9. 材料力学(石晶) …… 42 元
10. 材料力学(少学时)(张新占) …… 36 元
11. 弹性力学(孔德森) …… 20 元
12. 水力学(第二版)(王亚玲) …… 25 元
13. 土质学与土力学(第五版)(钱建固) …… 35 元
14. 岩体力学(晏长根) …… 38 元
15. 土木工程制图(第三版)(林国华) …… 39 元
16. 土木工程制图习题集(第三版)(林国华) …… 22 元
17. 土木工程制图(第二版)(丁建梅) …… 42 元
18. 土木工程制图习题集(第二版)(丁建梅) …… 19 元
19. ◆土木工程计算机绘图基础(第二版)(袁　果) …… 45 元
20. ▲道路工程制图(第五版)(谢步瀛) …… 46 元
21. ▲道路工程制图习题集(第五版)(袁　果) … 28 元
22. 交通土建工程制图(第二版)(和丕壮) …… 38 元
23. 交通土建工程制图习题集(第二版)(和丕壮) …… 17 元
24. 工程制图(龚　伟) …… 38 元
25. 工程制图习题集(龚　伟) …… 28 元
26. 现代土木工程(第二版)(付宏渊) …… 59 元
27. 土木工程概论(项海帆) …… 32 元
28. 道路概论(第二版)(孙家驷) …… 20 元
29. 桥梁工程概论(第三版)(罗　娜) …… 32 元
30. 道路与桥梁工程概论(第二版)(黄晓明) …… 40 元
31. 道路与桥梁工程概论(第二版)(苏志忠) …… 49 元
32. 公路工程地质(第四版)(窦明健) …… 30 元
33. 工程测量(胡伍生) …… 25 元
34. 交通土木工程测量(第四版)(张坤宜) …… 48 元
35. ◆测量学(第四版)(许娅娅) …… 45 元
36. 测量学(姬玉华) …… 34 元
37. 测量学实验及应用(孙国芳) …… 19 元
38. 现代测量学(王腾军) …… 55 元
39. ◆道路工程材料(第五版)(李立寒) …… 45 元
40. ◆道路工程材料(第二版)(申爱琴) …… 48 元
41. ◆基础工程(第四版)(王晓谋) …… 37 元
42. 基础工程(丁剑霆) …… 40 元
43. ◆基础工程设计原理(袁聚云) …… 36 元
44. 桥梁墩台与基础工程(第二版)(盛洪飞) …… 49 元
45. ▲结构设计原理(第三版)(叶见曙) …… 59 元
46. ◆Principle of Structural Design(结构设计原理)(第二版)(张建仁) …… 60 元
47. ◆预应力混凝土结构设计原理(第二版)(李国平) …… 30 元
48. 专业英语(第三版)(李　嘉) …… 39 元
49. 土木工程材料(孙　凌) …… 48 元
50. 道路与桥梁设计概论(程国柱) …… 42 元
51. 道路建筑材料(第二版)(黄维蓉) …… 49 元
52. 钢结构设计原理(任青阳) …… 48 元

二、专业核心课

1. ◆路基路面工程(第五版)(黄晓明) …… 65 元
2. 路基路面工程(何兆益) …… 45 元
3. ◆▲路基工程(第二版)(凌建明) …… 25 元
4. ◆道路勘测设计(第四版)(许金良) …… 49 元
5. ◆道路勘测设计(第三版)(孙家驷) …… 52 元
6. 道路勘测设计(裴玉龙) …… 38 元
7. ◆公路施工组织及概预算(第三版)(王首绪) … 32 元
8. 公路施工组织与概预算(靳卫东) …… 45 元
9. 公路施工组织与管理(赖少武) …… 36 元
10. 公路工程施工组织学(第二版)(姚玉玲) …… 38 元
11. 公路施工组织与管理(吕国仁) …… 45 元
12. ◆桥梁工程(第二版)(姚玲森) …… 62 元
13. 桥梁工程(土木、交通工程)(第四版)(邵旭东) …… 65 元
14. ◆桥梁工程(上册)(第三版)(范立础) …… 54 元
15. ◆桥梁工程(下册)(第三版)(顾安邦) …… 49 元
16. ▲桥梁工程(第三版)(陈宝春) …… 49 元
17. 桥梁工程(道路桥梁与渡河工程)(刘龄嘉) …… 69 元
18. ◆桥涵水文(第五版)(高冬光) …… 35 元
19. 水力学与桥涵水文(第二版)(叶镇国) …… 46 元
20. ◆公路小桥涵勘测设计(第五版)(孙家驷) …… 35 元
21. ◆现代钢桥(上)(吴　冲) …… 34 元
22. ◆钢桥(第二版)(徐君兰) …… 45 元
23. 钢桥(吉伯海) …… 53 元
24. ▲桥梁施工及组织管理(上)(第三版)(魏红一) …… 45 元
25. ▲桥梁施工及组织管理(下)(第二版)(邬晓光) …… 39 元
26. ◆隧道工程(第二版)(上)(王毅才) …… 65 元
27. 公路工程施工技术(第二版)(盛可鉴) …… 38 元
28. 桥梁施工(第二版)(徐　伟) …… 49 元
29. ▲隧道工程(丁文其) …… 55 元
30. ◆桥梁工程控制(向中富) …… 38 元
31. 桥梁结构电算(周水兴) …… 35 元
32. 桥梁结构电算(第二版)(石志源) …… 35 元
33. 土木工程施工(王丽荣) …… 58 元
34. 桥梁墩台与基础工程(盛洪飞) …… 49 元

三、专业选修课

1. 土木规划学(石　京) …… 38 元
2. ◆道路工程(第二版)(严作人) …… 46 元
3. 道路工程(第三版)(凌天清) …… 42 元
4. ◆高速公路(第三版)(方守恩) …… 34 元

注:◆教育部普通高等教育“十一五”、“十二五”国家级规划教材
▲建设部土建学科专业“十一五”、“十三五”规划教材

5. 高速公路设计(赵一飞) …………………… 38 元
6. 城市道路设计(第二版)(吴瑞麟) ………… 38 元
7. 公路施工技术与管理(第二版)(魏建明) … 40 元
8. ◆公路养护与管理(第二版)(侯相琛) ……… 45 元
9. 路基支挡工程(陈忠达) …………………… 42 元
10. 路面养护管理与维修技术(刘朝晖) ……… 42 元
11. 路面养护管理系统(武建民) ……………… 22 元
12. 公路计算机辅助设计(符锌砂) …………… 30 元
13. 测绘工程基础(李芹芳) …………………… 36 元
14. 现代道路交通检测原理及应用(孙朝云) …… 38 元
15. 道路与桥梁检测技术(第二版)(胡昌斌) …… 40 元
16. 软土环境工程地质学(唐益群) …………… 35 元
17. 地质灾害及其防治(简文彬) ……………… 28 元
18. ◆环境经济学(第二版)(董小林) ………… 40 元
19. 桥梁钢—混凝土组合结构设计原理(第二版)
(黄　侨) …………………………………… 49 元
20. ◆桥梁建筑美学(第二版)(盛洪飞) ……… 24 元
21. 桥梁抗震(第三版)(叶爱君) …………… 26 元
22. 钢管混凝土(胡曙光) ……………………… 38 元
23. ◆浮桥工程(王建平) ……………………… 36 元
24. 隧道结构力学计算(第二版)(夏永旭) …… 34 元
25. 公路隧道运营管理(吕康成) ……………… 28 元
26. 隧道与地下工程灾害防护(张庆贺) ……… 45 元
27. 公路隧道机电工程(赵忠杰) ……………… 40 元
28. 公路隧道设计 CAD(王亚琼) …………… 40 元
29. 地下空间利用概论(叶　飞) ……………… 30 元
30. 建设工程监理概论(张　爽) ……………… 35 元
31. 建筑设备工程(刘丽娜) …………………… 39 元
32. 机场规划与设计(谈至明) ………………… 35 元
33. 公路工程定额原理与估价(第二版)
(石勇民) …………………………………… 39.5 元
34. Theory and Method for Finite Element Analysis of Bridge Structures(刘　扬) …………… 28 元
35. 公路机械化养护技术(丛卓红) …………… 30 元
36. 舟艇原理与强度(程建生) ………………… 34 元
37. ◆公路施工机械(第三版)(李自光) ……… 55 元

四、实践环节教材及教参教辅

1. 土木工程试验(张建仁) …………………… 38 元
2. 土工试验指导书(袁聚云) ………………… 16 元
3. 桥梁结构试验(第二版)(章关永) ………… 30 元
4. 桥梁计算示例丛书—桥梁地基与基础(第二版)
(赵明华) …………………………………… 18 元
5. 桥梁计算示例丛书—混凝土简支梁(板)桥
(第三版)(易建国) ………………………… 26 元
6. 桥梁计算示例丛书—连续梁桥(邹毅松) …… 20 元
7. 桥梁计算示例丛书—钢管混凝土拱桥
(孙　潮) …………………………………… 32 元
8. 结构设计原理计算示例(叶见曙) ………… 40 元
9. 土力学复习与习题(钱建固) ……………… 35 元
10. 土力学与基础工程习题集(张　宏) ……… 20 元
11. 桥梁工程毕业设计指南(向中富) ………… 35 元
12. 道路勘测设计实习指导手册(谢晓莉) …… 15 元
13. 桥梁工程综合习题精解(汪莲) ………… 30 元

五、研究生教材

1. 路面设计原理与方法(第三版)(黄晓明) …… 68 元
2. 道面设计原理(翁兴中) ………………… 45 元
3. 沥青与沥青混合料(郝培文) …………… 35 元
4. 水泥与水泥混凝土(申爱琴) …………… 30 元
5. 现代无机道路工程材料(梁乃兴) ……… 42 元
6. 现代加筋土理论与技术(雷胜友) ……… 24 元
7. 高等桥梁结构理论(第二版)(项海帆) … 70 元
8. 桥梁概念设计(项海帆) ………………… 68 元
9. 桥梁结构体系(肖汝诚) ………………… 78 元
10. 工程结构数值分析方法(夏永旭) ……… 27 元
11. 结构动力学讲义(第二版)(周智辉) …… 38 元

六、应用型本科教材

1. 结构力学(第二版)(万德臣) …………… 30 元
2. 结构力学学习指导(于克萍) …………… 22 元
3. 结构设计原理(黄平明) ………………… 47 元
4. 结构设计原理学习指导(安静波) ……… 35 元
5. 结构设计原理计算示例(赵志蒙) ……… 40 元
6. 工程力学(喻小明) ……………………… 55 元
7. 土质学与土力学(赵明阶) ……………… 30 元
8. 水力学与桥涵水文(王丽荣) …………… 27 元
9. 道路工程制图(谭海洋) ………………… 28 元
10. 道路工程制图习题集(谭海洋) ………… 24 元
11. 土木工程材料(张爱勤) ………………… 39 元
12. 道路建筑材料(伍必庆) ………………… 37 元
13. 路桥工程专业英语(赵永平) …………… 44 元
14. 工程测量(朱爱民) ……………………… 30 元
15. 道路工程(资建民) ……………………… 30 元
16. 路基路面工程(陈忠达) ………………… 46 元
17. 道路勘测设计(张维全) ………………… 32 元
18. 基础工程(刘　辉) ……………………… 26 元
19. 桥梁工程(第二版)(刘龄嘉) …………… 49 元
20. 工程招投标与合同管理(第二版)
(刘　燕) …………………………………… 39 元
21. 道路工程 CAD(第二版)(杨宏志) ……… 35 元
22. 工程项目管理(李佳升) ………………… 32 元
23. 公路施工技术(杨渡军) ………………… 64 元
24. 公路工程试验检测(第二版)(乔志琴) … 55 元
25. 工程结构检测技术(刘培文) …………… 52 元
26. 公路工程经济(周福田) ………………… 22 元
27. 公路工程监理(朱爱民) ………………… 33 元
28. 公路工程机械化施工技术(第二版)
(徐永杰) …………………………………… 32 元
29. 城市道路工程(徐　亮) ………………… 29 元
30. 公路养护技术与管理(武　鹤) ………… 58 元
31. 公路工程预算与工程量清单计价(第二版)
(雷书华) …………………………………… 40 元
32. 基础工程(第二版)(赵　晖) …………… 32 元
33. 测量学(张　龙) ………………………… 39 元

教材详细信息,请查阅"中国交通书城"(www.jtbook.com.cn)
咨询电话:(010)85285865
道路工程课群教学研讨 QQ 群(教师)　328662128　　桥梁工程课群教学研讨 QQ 群(教师)　138253421
交通工程课群教学研讨 QQ 群(教师)　185830343